HANGIL GREAT BOOKS

인류의위대한지적유산

HANGIL
GREAT BOOKS
173

자본주의의 문화적 모순

출간 20주년 기념판

다니엘 벨 지음 | 박형신 옮김

한길사

HANGIL
GREAT BOOKS
173

Daniel Bell
The Cultural Contradictions of Capitalism

Translated by Park Hyong-Shin

THE CULTURAL CONTRADICTIONS OF CAPITALISM, *Twentieth Anniversary Edition*
by Daniel Bell

First Published in the United states by Basic Books, a member of the Perseus Books Group.
This Korean edition is published by arrangement with Basic Books, a member of the Perseus Books Group through Duran Kim Agency Co., Seoul.

이 책의 한국어판 저작권은 듀란킴 에이전시를 통해 저작권자와의 독점 계약으로 도서출판 한길사에 있습니다. 저작권법에 의해 한국 내에서 보호를 받는 저작물이므로 무단 전재와 무단 복제를 금합니다.

Published by Hnagilsa Publishing Co. Ltd., Korea, 2021

다니엘 벨(Daniel Bell, 1919~2011)
벨은 20세기의 가장 중요한 사회학자 가운데 한 사람으로 꼽힌다.
『자본주의의 문화적 모순』은 제2차 세계대전 종전 이후 영향력을 가장 많이 발휘한 100대
저서에 선정되기도 했다. 그는 근대사회의 두 가지 충동, 즉 자본주의의 경제적 충동과
근대성의 문화적 충동이 금욕주의에서 쾌락주의로의 이행을 이끌었다고 설명한다.
이를 통해 자본주의의 이중적 모습—낮에는 금욕자이지만 밤에는 쾌락 탐닉자인 현대인을
발견하는—을 예리하게 분석하고, 무엇이 다시 전체 사회를
하나로 결합할 수 있을지에 대해 진지하게 고민한다.

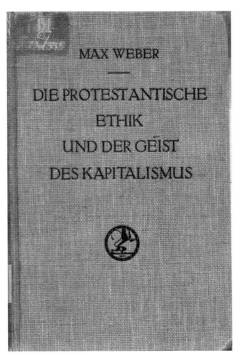

◀막스 베버(Max Weber, 1864~1920)
▶『프로테스탄트 윤리와 자본주의 정신』 독일어 초판 표지
자본주의에 대한 지배적 견해의 대부분은 베버를 통해 구성되었다. 그는 칼뱅주의와
프로테스탄트 윤리—바른 노동의 역할과 부의 추구의 정당화—가 서구에서 독특한 합리적 생산
및 교환조직의 발흥을 용이하게 한 교의였다는 점을 강조했다.
반면 벨은 자본주의의 기원이 이중적이라고 주장했다. 하나의 원천이 베버가 강조한
금욕주의였다면, 다른 하나는 물욕이라는 것이다.

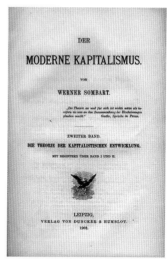

▲ 베르너 좀바르트(Werner Sombart, 1863∼1941)

▼ 『근대 자본주의』 속표지

좀바르트가 볼 때, 탐욕과 금은 자본주의의 근원이다. 그는 돈에 대한 사랑이 인간사회를 창시한 사람들의 사랑이라고 말했다. 그것이 결혼을 정하고 조약을 낳고 국가와 도시를 수립하고 명예와 명성을 제공한다는 것이다. 마찬가지로 상업과 연금술과 의학을 자극하며 전쟁의 기술도 마찬가지로 돈 벌기를 통해 유지된다고 말하기도 했다.

▲장 칼뱅(Jean Calvin, 1509~1564)

▼제러미 벤담(Jeremy Bentham, 1748~1832)

벨에 따르면 프로테스탄트 윤리는 물욕을 제한하는 데 기여해왔다. 하지만 프로테스탄트 윤리가 부르주아 사회에서 단절되었을 때, 단지 쾌락주의만이 남게 되었다. 이제는 쾌락주의 ─즉 하나의 삶의 방식으로서의 쾌락이라는 관념─가 자본주의를 도덕적으로는 아니지만 문화적으로 정당화하고 있다. 벨은 자본주의의 문화적 모순을 이루는 것이 바로 이것이라고 했다. 즉 이런 모순이 이중적 속박을 초래해왔다는 것이다.

HANGIL GREAT BOOKS 173

자본주의의 문화적 모순

출간 20주년 기념판

다니엘 벨 지음 | 박형신 옮김

한길사

자본주의의 문화적 모순

출간 20주년 기념판

제1부 근대성의 이중적 구속

펄에게 사랑과 함께 이 책을 바친다.

생각과 행동의 끝없는 순환
끝없는 발명, 끝없는 실험은
운동에 대한 지식은 가져다주지만,
정지에 대한 지식은 가져다주지 않고,
말하기에 대한 지식은 가져주지만,
침묵에 대한 지식은 가져다주지 않고,
말에 대한 지식은 가져다주면서도,
하느님의 말씀에 대해서는 무지하게 만드는구나.
• T.S. 엘리엇, 『바위』에서

일러두기

1. 이 책은 다니엘 벨(Daniel Bell)이 쓴 『자본주의의 문화적 모순』 출간 20주년 기념판 (*The Cultural Contradictions of Capitalism*, Twentieth Anniversary Edition, Basic Books, New York)을 번역한 것이다.
2. 맞춤법과 외래어 표기는 한글 맞춤법 규정에 따랐다. 단, 이미 굳어진 인명 등 몇 가지 외래어에 한해서는 예외로 했다.
3. 원서의 이탤릭체는 고딕으로 표기했다.
4. 독자의 이해를 돕기 위해 옮긴이주를 넣고 '——옮긴이'라고 표시했다.
5. [ ]로 묶은 부분은 문장의 흐름을 매끄럽게 하거나 지시관계를 분명히 하기 위해 지은이 또는 옮긴이가 삽입한 것이다.

금욕자와 탐닉자: 자본주의적 이중 인간의 출현

박형신 연세대학교 연구교수

1. 다니엘 벨은 누구인가[1]

다니엘 벨(Daniel Bell, 1919~2011)은 누가 뭐라고 하더라도 미국을 대표하는 사회학자 가운데 한 사람이다. 사실 사회학이론은 미국이 아닌 유럽을 근거지로 한다고 할 수 있다. 사회학의 역사를 다루는 책을 살펴보면, 사회이론가로 거론되는 학자들은 대부분 유럽의 학자들이다. 그러나 간혹 미국의 사회학자가 거론될 경우 벨은 탤콧 파슨스(Talcott Parsons), 어빙 고프먼(Erving Goffman) 등과 함께 늘 빠지지 않고 언급된다. 그는 미국 사회학자 중에서 학문적 평전이 나온 몇 안 되는 학자 중 한 사람이다.

다니엘 벨은 동료나 주변의 이론가들로부터 "1970년대의 가장 감각 있고 뛰어난 사회분석가", "탈산업사회의 탁월한 이론가", "위대한 사회이론가", "위대한 사회예견자", "20세기의 가장 중요한 사회

---

1) 이 부분은 김원동·박형신, "다니엘 벨과 탈산업사회이론의 현대적 의미(해제)," 김원동·박형신 옮김, 『탈산업사회의 도래』, 아카넷, 2006에 의거한 것이다.

학자 중 한 사람", "당대의 가장 저명한 사회학자", "이 시대에 남아
있는 진정한 지식인의 한 사람"이라는 다채로운 찬사를 받아왔다.[2]
국내에서도 이러한 상황을 반영하듯, 그리고 한국에서의 '정보사회'
의 물결과 함께 1980년대와 1990년대에 벨의 저작들이 번역되고 그
의 학문세계에 대해 소개하는 글들도 제법 제출되었다.[3] 그러나 그
의 탈산업사회이론이 정보사회의 낙관론으로 오독되며 그는 한국의
비판적인 학계에서 다시 멀어지게 되었다.

하지만 벨이 91세를 일기로 사망하자, 서구 언론매체는 그를 "미국
의 가장 역동적인 사상가의 한 사람," "매우 영향력이 큰 사회학자,"
"세상의 작동 방식에 관한 폭넓은 일반화를 시도하는 데 관심을 기
울인 인물," "탈산업사회에 관해 광범위한 저술 활동을 한 학자", "정
치, 경제 및 문화에 대한 열정적인 평가자"라는 찬가로 그를 애도했
다.[4] 한국의 언론 역시 벨의 타계 소식을 전했다.[5] 한국의 언론이 전

---

2) 스티븐 마일스(Steven Miles), 『현실세계와 사회이론』, 박형신·정헌주 옮김, 일
신사, 2003; 보리스 프랭켈(Boris Frankel), 『탈산업사회의 이상과 현실』, 김용
규·박선권 옮김, 일신사, 1997; 아르민 퐁스(Armin Pongs), 『당신은 어떤 세계
에 살고 있는가? 1』, 이홍균·김희봉 옮김, 한울, 2003; Malcolm Water, Daniel
Bell, Routledge, 1996; George Ritzer.(ed.), *The Blackwell Companion to Major
Contemporary Social Theorists*, Blackwell, 2003 등을 보라.

3) 임희섭, "D. 벨," 한국사회과학연구소 편, 『현대의 사회사상가』, 민음사, 1983;
이숙종, "대니얼 벨의 사상: 사회주의 연속성의 시각에서," 『한국논단』 10월호,
1990; 노병일·김선건, "기술주의적 유토피아: 대니얼 벨의 후기산업사회론,"
『충남대 사회과학연구소 논문집』 제4권, 1993; 김원동, "대니얼 벨: 정보화사
회". 박길성 외, 『현대사회의 구조와 변동』, 사회비평사, 1996.

4) 김원동, "대니얼 벨과 탈산업사회의 사회학," 김문조·박형신 외, 『오늘의 사회
이론가들』, 한울, 2015, p. 24.

5) "'이데올로기의 종언' 석학 대니얼 벨 타계," 「조선일보」(2011.01.27.); "'이데
올로기의 종언' 대니얼 벨 별세," 「한국일보」(2011.01.27.); "세계적인 사회학자
대니얼 벨 타계," 「뉴시스」(2011.01.26.)

한 그의 학문적 성과는 그의『이데올로기의 종말』(*The End of Ideology*)의 보수적 성격을 과장하고『탈산업사회의 도래』(*The Coming of Post-Industrial Society*)를 미래학자들의 저술에 견주어 미래 예측적 성격을 부각시키는 방식이었다. 사실 한국에 초판본이 완역된 것은 그의 3대 저작 중 하나인『자본주의의 문화의 모순』뿐이었는데도, 이상하리만큼 이 책에 대한 언급은 없다. 아마도 그 책에서 벨이 분석해낸 현실 자본주의의 모순적 모습 ── 쾌락주의에 빠진 세상 ── 을 애써 무시하고 싶었는지도 모른다. 그러나 벨의 사망 이후 후학들에 의해 계승되는 것은 그의 방법론적 입장과 자본주의 문화에 대한 그의 치밀한 분석인 것으로 보인다. 이를 대표적으로 보여주는 저서가 바로 벨의 이 저작의 제목을 부제로 차용한 에바 일루즈(Eva Illouz)의『낭만적 유토피아 소비하기: 사랑과 자본주의의 문화적 모순』(*Consuming the Romantic Utopia: Love and the Cultural Contradictions of Capitalism*)일 것이다. 사실 그녀는 벨의 제목을 차용한 것만이 아니라 그녀의 사랑의 소비에 대한 분석의 단초들을 벨로부터 얻었다고 해도 과언이 아니다.[6]

다니엘 벨은 언론인으로 출발하여 학계로 진입한 학자로, 수많은 저작을 남겼다. 먼저 단독 저술로는 앞에 언급한 그의 3대 저작, 즉『이데올로기의 종언』,『탈산업사회의 도래』,『자본주의의 문화적 모순』외에도『일과 그 불만: 미국에서의 효율성 숭배』(*Work and Its Discontents: The Cult of Efficiency in America, 1956*),『일반교육의 개혁』(*The Reforming of General Education*, 1966),『꼬불꼬불한 샛길: 사회학적 여행 에세이 1960-1980』(*The Winding Passage: Essays and Sociological Journeys 1960-1980*, 1980),『제2차 세계대전 이후의 사회과학』(*The Social Science*

---

6) 박형신,『에바 일루즈』, 커뮤니케이션북스, 2018을 보라.

Since World War II, 1981) 등이 있고, 그가 편집한 책으로도 『미국의 신우파』(The New American Right, 1955), 『극우파』(The Radical Right, 1963), 『대결: 대학』(Confrontation: The Universities, 1969), 『오늘날의 자본주의』(Capitalism Today, 1971), 『경제이론의 위기』(The Crisis in Economic Theory, 1981) 등 다수가 있다.

이와 같은 생산적인 연구 성과로 인해 벨은 뉴욕시립대학의 '타운센드 해리스 메달'(1984), 미국학술원의 '탤콧 파슨스 사회과학상'(the Talcott Parsons Prize for the Social Science, 1992), 미국 사회학회의 '평생에 걸쳐 저명한 업적을 남긴 학문상'(a distinguished career of life-time scholarship, 1992) 등을 수상했고, 뉴욕시립대학과 하버드 대학교를 비롯한 여러 대학에서 10개가 넘는 명예박사 학위를 받았다.

이러한 벨의 경력에서 돋보이는 점은 그가 지난 50여 년간 왕성한 연구 활동을 하면서도 사회적 현실과 현장을 결코 소홀히 하지 않았다는 사실이다. 주된 활동 무대를 학계로 바꾼 이후로도 벨은 상아탑에 안주하지 않고 자신의 '행동가적 기질'을 맘껏 펼치면서 활발한 사회활동을 병행해왔다. 이를테면 '대통령 자문 기술·자동화·경제진보 위원회'(President's Commission on Technology, Automation and Economic Progress)의 위원(1964~1966)으로 활동하면서 이 위원회에서 주관한 「기술과 미국경제」(Technology and the American Economy)라는 보고서의 공동 편집자로 일했고, '사회지표 패널'(Panel on Social Indicators)의 공동의장(1966~1968)을 맡으면서 「사회보고서를 향하여」(Toward a Social Report)라는 보고서의 관리자 역할도 했다. 이외에도 벨은 미국학술원(The American Academy of Arts and Sciences)의 '2000년 위원회'(Commission on the Year 2000)의 의장(1965), 경제협력개발기구의 '인터퓨처 프로젝트'(Inter-Futures

Project Project)의 미국 대표(1976~79), '1980년대를 위한 국가 의제 위원회'(Commission on a National Agenda for the 1980's)의 위원이자 이 위원회 산하 '에너지와 자원 패널'(the Panel on Energy and Resources)의 의장(1979), '원격통신과 컴퓨터 위원회 산하 국가연구협의회'(the National Research Council, Board on Telecommunications and Computers)의 위원(1986~1990) 등으로 활약했다.

이와 같이 다니엘 벨은 1940~50년대에 걸친 언론인 생활과 1960년대 이후의 학자 생활이라는 대조적인 두 시기의 경력을 기저로 하면서도 동시에 전 생애에 걸쳐 탁월한 연구자이자 의욕에 찬 실천적 지식인으로서 총체적인 삶의 여정을 보였다.

2. 다니엘 벨의 이데올로기적 입장

그러나 이와 같은 벨에 대한 긍정적 또는 예찬적(?) 평가와는 달리 그에게 쏟아진 비판 또한 엄청나다. 마일스는 이 비판만으로 거의 한 권의 책을 쓸 수 있을 정도라고 말하기도 한다.[7] 하지만 이러한 그에 대한 이중적 평가는 또한 그가 석학의 반열에 오른 인물이었다는 것을 반증하기도 한다. 그리고 벨 역시 부정적 비평들에 대해 자신을 적극적으로 방어해왔다. 다니엘 벨은 자신의 3대 저작의 새로운 판을 출간할 때마다 자신의 각 저작에 대해 쏟아진 비판들에 답하고 방어하는, 그리고 초판 이후의 사회의 변화된 모습에까지 자신의 관점을 확대하는 긴 새로운 서문 또는 후기들을 추가해왔다. 우리는 벨의 이러한 자기옹호 속에서 그 스스로가 말하는 이데올로기적 입장과

---

7) 마일스, 2003, p.67.

방법론적 입장을 포착할 수 있다.

먼저 벨은 『이데올로기의 종말』 1988년 판의 후기에서 다음과 같이 말한다.

내용보다 제목이 더 잘 알려져 있는 몇몇 책들이 있다. 아마도 나의 저서 『이데올로기의 종말』도 그중 하나일 것이다. 대체로 좌파로부터 나온 다양한 비판들은 이 책의 테제를 반증하는 증거로 1960년대 중반에 급진주의가 급증한 것을 지적했다. 다른 비판들은 이 책이 '테크노크라트적' 사고 내지 '현상 유지'를 '이데올로기적'으로 방어한다고 주장한다. 몇몇 비판들은 훨씬 더 터무니없게도 이 책이 정치에 있어서 이상(理想)의 역할을 공격하는 것이라고 믿었다. 이러한 비판 중 어느 것도 사실이 아니다.[8]

그렇다면 벨이 정말로 주장한 것은 무엇인가? 벨은 『자본주의의 문화적 모순』에서 『이데올로기의 종말』의 부제 "50년대 정치사상의 고갈에 대하여"가 말하듯, 1950년대를 특징지은 '이데올로기의 종말'(end of ideology)은 "종래의 급진운동의 정치적 관념들이 쇠진되어, 더 이상 인텔리겐치아 사이에서 충성 또는 열정을 강요할 힘을 가지지 못했다는 것을 의미"할 뿐이었다고 말한다. 그리고 그는 자신의 '이데올로기의 종말' 분석이 모든 사회적 갈등이 끝났고 인텔리겐치아가 새로운 이데올로기의 추구를 포기할 것이라고 가정하지 않았다는 점을 다시 한번 강조한다. 그리고 그는 자신이 그 당시 젊은 좌파 지식인들이 끊임없이 이데올로기를 갈구하는 것을 목도하

---

8) Bell, *The End of Ideology: On the Exhaustion of Political Ideas in the Fifties*. Harvard University Press, 1988, p. 407.

고 새로운 영감이, 새로운 이데올로기가, 새로운 동질화가 제3세계로부터 나올 것이라고 보았다는 점을 재차 지적한다.[9]

벨은 그럼에도 불구하고 『이데올로기의 종말』이 '냉전의 도구'로 평가되고, 심지어는 자신을 "공산주의 이데올로기에 대항하는 세계의 투쟁을 무기력하게 만들어버리는" 염세주의적인 카르페 디엠(carpe diem, 현재를 즐겨라) 철학을 조장한다고 비난했다고 주장한다.[10] 또한 『탈신업사회의 도래』의 '1999년판 머리말'에서는 마르크스주의자들은 소비에트의 시각에서는 자신을 '국가독점자본주의' 체계에서 권력과 영향력을 공유하는 '거대기업'(Big Business)의 '하위 파트너'가 되고자 하는 사람으로 보고 있지만, 자신은 반마르크스주의자가 아니며, 굳이 나누자면 마르크스의 통찰력과 문제점을 동시에 인정하는 포스트-마르크스주의자(post-Marxist)라고 강변한다.[11]

둘째로, 벨은 『탈산업사회의 도래』 '1976년판 머리말'에서는 자신을 미래학자나 낙관적론적 정보사회이론가로 바라보는 시각을 바로잡고자 한다. 그는 다음과 같은 언급으로 자신을 앨빈 토플러(Alvin Foffler)식의 미래학자로 바라보려는 것에 대해 불만을 표현한다.

사회체계를 달리하는 국가들을 공히 '산업사회'로 정의할 수 있다는 것이 일단 분명해지자 사람들은 제조보다는 채취를 주로 하는

---

9) Bell, *The cultural Contradiction of Capitalism*. Basic Books, 1996, p. 42.

10) Bell, 1988, p. 424.

11) 그러면서 벨은 마르크스에 대해 이렇게 평가한다. "마르크스의 분석은 여전히 1750년에서 1970년에 이르는 시기의 서구 자본주의 사회를 가장 예리하게 분석한 것 중 하나이다. 문제는 마르크스가 어디에서 잘못된 방향으로 나아갔는가 하는 것이다." Bell, *The Coming of Post-industrial Society: A Venture in Social Forecasting*, New York: Basic Books, 1999, p. xxviii.

사회들을 '전산업'사회'로 분류했고, 기술의 성격에서 중요한 변화들이 발생했을 때 사람들은 '탈산업'사회에 대해 생각할 수 있었다. 또한 숨 막힐 정도의 단조로움을 변화의 속도로 오해하는 '미래충격'이라는 말이 유행하고 있음을 놓고 볼 때, 새로운 사회의 윤곽에 대한 가설이 관심을 끄는 것은 당연하다. 만약 내가 이 유행의 수혜자였다면, 나는 그것을 유감스럽게 생각한다.[12]

벨은 이를 정당화하기 위해 예언(prediction)과 예측(forecasting)을 구별한다.

예언은 '사건 발생의 시·공간적 지점'(point events), 즉 어떤 일이 그러한 시간과 장소에서 일어날 것이라는 점을 규정하는 것이다. 예측은 문제를 발생시키는 구조적 맥락 또는 실현될 추세를 확인하는 것이다. 일단의 사건—사람들이 예언하고자 하는 것—은 흔히 구조적 경향과 특별한 우연성이 결합하여 발생한다. 그러한 우연성은 예측할 수 없기 때문에(우연적인 것은 법칙에 종속시킬 수 없고 또 알고리듬으로 정식화할 수 없기 때문에), 사람들이 예언할 때 '첩보'(내부정보), 예리한 추측, 지혜에 의지할 수 있지만, 어떤 사회과학 방법론에 의지할 수는 없다. 요컨대 우리는 조건을 다룰 수는 있지만, 촉발요인은 다룰 수 없다. 다시 말해 우리는 구조를 다룰 수는 있지만, 우연성을 다룰 수 없다. 이것은 비록 분석의 한계는 아니지만, 모든 예측의 한계다.[13]

---

12) Bell, The Coming of Post-industrial Society, 1999, p. lxxxviii.
13) Bell, 1996, p. 205.

그렇다면 벨이 『탈산업사회의 도래』에서 하고 있는 작업은 무엇인가? 벨은 그 책의 '1999년판 머리말'에서 "나는 미래를 예언한 것이 아니라…… 가공의 이야기를 기술했었다"라고 말한다.[14] 다시 말해 "그것은 앞으로 있을 법한 것에 대한 하나의 논리적 구성물", 즉 베버가 말하는 이상형(ideal type)이라고 말한다. 사실 그는 그 책의 초판 '종장'에서 이를 분명하게 밝힌 바 있다.

탈산업사회 개념은 하나의 분석적 구성물이지 특정한 또는 구체적인 사회의 모습이 아니다. 그것은 선진 서구사회의 사회조직의 새로운 기축들 및 사회계층의 새로운 기축들을 규명하는 하나의 패러다임 또는 사회학적 준거 틀이다. ……그것은 하나의 '이상형', 즉 사회분석가가 사회의 다양한 변화들—그것들을 모아놓고 다른 개념적 구성물들과 대비시켰을 때 다소 일관성을 가지게 되는—을 종합해놓은 하나의 구성물이다.[15]

즉 탈산업사회 개념은 새로 출현하고 있는 특징들에 기반한 하나의 가정으로, 사람들로 하여금 이를 미래의 사회현실과 비교하여 사회가 취하고 있는 변화의 방향 속에 무엇이 개입하여 사회를 변화시키는지를 파악할 수 있게 해주는 하나의 색출적 장치일 뿐이다.

따라서 벨은 이 새로이 출현하는 특징들에 '서비스사회'나 '정보사회' 또는 '지식사회'라는 이름을 붙이고자 하는 유혹을 거부했다고 주장한다. 왜냐하면 비록 그런 요소들이 있기는 하지만. 그런 용어들은 부분적일 뿐이거나 유행하는 바람을 타려거나 유행시킬 목

---

14) Bell, 1999, pp. xix~xx.
15) Bell, 1999, pp. 483, 487.

적으로 그것을 왜곡하기 때문이다.[16] 이것이 실제로 벨의 사고를 왜곡시킨 것도 사실이다. 벨은 그 책에서 토플러의 『제3의 물결』(*The Third Wave*)과 같은 낙관론적인 정보사회론을 펼치기보다는 오늘날 우리가 직면한 지식정보사회의 문제, 특히 자동화에 따른 일자리의 상실 등의 문제를 예리하게 포착하고, 이에 대처하기 위해서는 앞으로는 '경제학화 양식'(economizing mode)에서 '사회학화 양식' (sociologizing mode)으로 사회구조가 재편되어야 함을 강력하게 주장한다.[17]

벨은 이 책 『자본주의의 문화적 모순』의 '1978년판 머리말'에서는 자신처럼 자신의 저작에서 '해방'에 대한 천박한 주장을 하는 현대 문화의 여러 측면을 비난하는 사람들에게 자주 '신보수주의'라는 꼬리표를 달아놓는다는 것에 대해 불쾌감을 드러낸다.[18] 그는 자신에 대한 이러한 평가는 아주 바쁜 평론가들이 전설적인 박식가 새뮤얼 존슨(Samuel Johnson)처럼 페이지들을 빠르게 대충 훑어보며 관심 가는 부분만 읽고 나머지는 모두 건너뛰고 나서는 내용도 제대로 알지 못한 채 시장성 있는 어휘로 그냥 재단해놓은 것일 뿐이라고 지적한다. 그러면서 벨은 자신은 "경제에서는 사회주의자고 정치에서는 자유주의자며 문화에서는 보수주의자"라고 말한다.[19] 그리고 곧 그는 사람들은 한 사람이 한 영역에서 급진주의자라면 그는 다른 모든 영역에서도 급진주의자며 역으로 그가 한 영역에서 보수주의자라면 그는 다른 영역들에서도 역시 보수적이어야만 한다고 가정하

---

16) Bell, 1999, p. lxxxviii.
17) 이에 대해서는 한길사에서 다시 출판될 『탈산업사회의 도래』와 그 책에 실려 있는 해제를 참고하라.
18) Bell, 1996, p. xi.
19) Bell, 1996, p. xi.

기 때문에 이러한 진술은 많은 사람을 당혹스럽게 할 것이라고 말한다. 하지만 그는 그러한 가정은 사회학적으로도 그리고 도덕적으로도 이들 서로 다른 영역들의 본성을 오독하는 것이라고 믿는다. 그렇다면 그는 이러한 모순적 진술을 어떻게 정당화하는가? 이를 이 책에서 언급하고 있기에 중복되기는 하지만, 벨의 논거를 간략히 요약해보자.

> 내가 경제에서 사회주의자라는 것은 바로 이러한 이유에서다. 나에게 사회주의는 국가주의나 생산수단의 집합적 소유가 아니다. 그것은 경제정책의 우선성에 대한 하나의 양식이다. ……나는 이 영역에서 공동체가 개인에 우선한다고 믿는다. ……사회에서 자원은 최우선적으로는 개인들이 자존감이 있는 삶을 살아갈 수 있게 배분되어야만 한다. ……이것은 일을 하고자 하는 사람들에게 일자리를 제공하고 시장의 위험에 맞서 적절한 안전을 보장하고 질병의 피해에 맞서 적절한 의료보호에 적절히 접근할 수 있게 해주는 것을 우선시하는 것을 의미한다.[20]

> 하지만 나는 정치에서는 자유주의자다. ……내가 정체(政體) 내에서 집단이…… 아니라 개인이 기본적 행위자이어야 한다고 믿는다는 점에서, 나는 자유주의자다. 그리고 나는 정체는 공적인 것과 사적인 것의 구분을 유지해야만 하며, 따라서 공산주의 국가들에서처럼 모든 행동이 정치화되거나 전통적인 자본주의 사회의 자유방임주의의 정당화에서처럼 아무런 제약 없이 방치되어서는 안 된다고 믿는다.[21]

---

20) Bell, 1996, pp. xii~xiii.

나는 문화에서는 보수주의자다. 왜냐하면 나는 전통과 〔기존의 권위〕를 존중하기 때문이다. ……나에게서 문화는 모든 인간존재가 그들의 삶의 경과 속에서 직면하는 실존적 곤경에 대해 일단의 일관성 있는 답변을 제공하고자 하는 노력이다. 이러한 이유에서 전통은 한 문화의 생명력에 필수적인 것이 된다. 왜냐하면 그것은 선조들이 동일한 실존적 곤경에 어떻게 대처했는지를 계속해서 기억할 수 있게 해주기 때문이다.[22]

벨은 이러한 자신의 이 삼중의 입장은 그러한 입장들이 문명화된 질서의 세 가지 필요조건—즉 자긍심을 가질 수 있게 하는 경제적 최소한도의 보장을 통해 모든 사람이 시민권을 가지게 해야 한다는 믿음, 개인들의 실적에 기초한 사회적 지위 획득의 원리, 그리고 과거와 현재의 연속성—을 미래의 모습을 틀 짓기 위해 하나로 통합시킨다는 점에서 일관성을 지닌다고 주장한다. 벨의 이러한 주장은 자신의 세 가지 영역 모델에 근거한다.

3. 다니엘 벨의 방법론: 세 가지 영역 모델

벨의 세 가지 영역 모델은 전통적인 사회학의 단일체적 사회관(monolithic view of society)에서 벗어나고자 하는 노력에서 비롯한다. 사회를 하나의 망(그리고 문학적 환상으로는 거미줄)으로 보는 견해

---

21) Bell, 1996, p. xiv.
22) Bell, 1996, p. xv.

가 19세기의 상상력에서 중심을 이루고 있었다.[23] 벨은 이러한 전체주의적(holistic) 견해는 사회학의 상충하는 두 지배적인 패러다임에서도 공통의 전제를 이루고 있다고 파악한다. 즉 두 지배적인 관점은 사회는 구조적으로 상호 관련된 체계이고, 어떠한 사회적 행위도 단지 그러한 통일된 체계와 관련해서만 이해될 수 있다고 파악한다. 그에 따르면, 마르크스주의자들은 사회가 생산양식에 의해 조직화되며, 이 생산양식이 하부구조와 상부구조——토대로서의 경제와 부수현상으로서의 정치와 문화——를 하나로 통합한다고 이해한다. 뒤르켐(Emile Durkheim)과 파슨스(Talcott Parsons)는 사회가 가치체계에 의해 조직화되며, 그러한 가치체계가 파생적 규범과 행위를 정당화한다고 본다.[24]

벨은 서구 역사의 몇몇 지점——중세 기독교 시대, 부르주아 문명의 등장——에서 하나로 통합된 사회적·문화적 양식이 존재했을지도 모르지만, 오늘날 이것은 거부되고 있다고 주장한다. 대신에 벨은 "사회는 통합되어있는 것이 아니라 분리되어 있다"고 말한다. 즉 사회는 서로 다른 기축원리와 기축구조에 의해 특징지어지는 세 가지 별개의 영역들, 즉 기술-경제적 구조, 정체 그리고 문화로 이루어져 있다. 이것들은 서로 조화되지 않으며 서로 다른 변화의 리듬을 가지고 있다. 즉 그것들은 서로 다른, 그리고 심지어는 서로 대조되는 행동유형을 정당화하는 서로 다른 규범을 따른다. 사회 내의 다양한 모순들에 책임이 있는 것이 바로 이들 영역 간의 부조화다.[25]

그렇다면 기술-경제적 구조, 정체 그리고 문화란 구체적으로 무엇을 의미하는가? 벨은 이것 역시 이상형적으로 규정한다. 벨의 논의

---

23) Bell, 1996, p. 8.
24) Bell, 1999, p. xix.
25) Bell, 1996, p. 10.

는 다음과 같이 보다 축약될 수 있다.

기술-경제적 질서는 생산조직과 재화와 서비스의 할당과 관련되어 있다. 그것은 직업, 그리고 사회의 계층체계를 틀 짓고, 도구적 목적을 위해 기술을 사용한다. 근대사회에서 기술-경제적 질서의 기축원리는 기능적 합리성이다. ……[더 적은 비용으로 더 많은 이익을 낳는] ……이른바 효율성이 [경제영역을] 규제[한다]. 기축구조는 관료제와 위계질서다. ……거기에는 하나의 단순한 가치기준이 있다. 그것이 바로 유용성이다. 그리고 거기에는 하나의 단순한 변화원리가 있는데. …… 그것이 바로 생산성의 원리다.[26]

정체는 사회정의와 권력의 장(場)이다. ……정체의 기축원리는 정당성이며, 그것은 민주적 정체 속에서 피지배자의 동의에 의해서만 권력이 소유되고 통치가 이루어질 수 있다는 원리다. 그것의 암묵적인 조건이 바로 평등사상, 즉 모든 사람은 그러한 합의를 이루는 데서 동일한 발언권을 가진다는 사상이다. ……그것의 기축구조는 대의제도와 참여다.[27]

문화는…… 표출적 상징성의 장이다. ……문화의 영역은 의미의 영역이다. ……특히 모든 자의식적 인간존재가 그의 삶의 일정 지점에서 대결해야만 하는 실존적 곤경으로부터 발생하는 비극과 죽음 같은 '불가해성'을 이해하고자 하는 노력이다. 그러므로 역사적으로 그간 문화는 종교와 융합되어왔다. ……근대문화의 기축원리

---

26) Bell, 1996, p. 11.

27) Bell, 1996, pp. 11~12.

는 자기실현과 자기충족을 이루기 위한 '자아'표현과 '자아' 재형성에 있다.[28)]

벨에 따르면, 이처럼 서로 다른 리듬과 변화의 원리를 갖는 세 가지 영역 사이에서 우리는 사회에서 구조적 긴장이 발생하는 원천을 식별할 수 있다. 관료제적이고 위계적인 사회구조(주로 기술-경제적 질서)와 형식적으로 평등과 참여를 내세우는 정체 간의 긴장, 그리고 근본적으로 역할과 전문화와 관련하여 조직화되는 사회구조와 자기 향상과 자아실현 그리고 '전인적' 인간에 관심을 두고 있는 문화 간의 긴장이 그것이다. 그러한 모순 속에서 우리는 소외, 탈인격화, 권위에 대한 공격 등으로 이데올로기적으로 표현되는 많은 잠재적인 사회적 갈등을 인식한다.[29)]

벨이 이 세 가지 영역 중에서 기술-경제적 질서를 중심에 두고 그 모순구조들을 포착해내는 작업을 수행한 것이 『탈산업사회의 도래』였다면, 『자본주의의 문화적 모순』은 문화 영역을 중심축으로 하여 동일한 작업을 수행하고 있다. 벨은 자신의 이러한 작업을 다음과 같이 요약한다.

그 책[『탈산업사회의 도래』]에서 나는 혁신과 정책의 새로운 원리로서의 기술(지적 기술을 포함하여)과 이론적 지식의 부호화가 어떻게 기술-경제적 질서, 그리고 그것과 함께 사회의 계층체계 역시 새로 만들고 있는지를 보여주고자 노력했다. 나는 여기[『자본주의의 문화적 모순』]에 실린 글들에서는 문화, 특히 근대성의 관

---

28) Bell, 1996, pp. xxvii, 12, 13.
29) Bell, 1996, p. 14.

념, 그리고 사회의 가치들이 무제한의 욕구 추구를 강조할 때 복잡한 정체(政體)를 어떻게 운영할 것인가의 문제를 다룬다.[30]

따라서 벨은 이 두 책은 '변증법적' 관계에 있다고 말한다. 『탈산업사회의 도래』에 대한 자세한 내용은 곧 재출간될 그 책에 대한 해제에서 다루기로 하고, 여기서는 『자본주의의 문화적 모순』의 구조와 내용에 대해서만 간략히 다루고자 한다.

4. 『자본주의의 문화적 모순』의 구조와 내용

이 책 『자본주의의 문화적 모순』의 20주년 기념판은 원래의 서문과 서론, 1978년판 서문과 1996년판 후기, 그리고 문화의 영역을 다룬 제1부와 사회와 정치의 영역을 다룬 제2부로 구성되어 있다. 그중서론은 앞서 논의한 세 가지 영역 모델을 구체화하여 이어지는 논의들에 대한 전제로 삶고 있다면, 제1부의 제1장 「자본주의의 문화적 모순」이 이 책의 핵심부에 해당한다. 그리고 제2장 「문화담론의 분리」는 자본주의 문화의 한 축을 형성하는 '모더니즘'의 특징을 개괄하고, 제3장에서는 모더니즘의 한 사례로서 '1960년대의 감성'을 분석한다. 이 과정을 통해 벨은 자본주의 사회를 지배한 문화가 어떻게 금욕주의에서 쾌락주의로 이행했는지를 밝힌다. 그리고 제4장에서는 이러한 자본주의의 문화적 모순의 교정책으로서의 종교를 검토한다. 제2부 제5장에서는 그러한 문화적 모순을 배양해온 사회구조적 특징을 검토하고, 제6장에서는 그러한 모순 속에서 정체는 무엇

---

30) Bell, 1996, p. xxx.

을 해야 하고 어떤 딜레마에 빠지는지를 '재정사회학'이라는 이름으로 검토한다.

벨이 이 책을 이 같은 구조로 편성한 것은 그의 세 가지 영역 모델 때문인 것으로 보인다. 이 세 가지 영역 모델의 장점은 앞서 언급했듯이 각 영역 간의 모순구조를 포착하여 전체로서의 하나의 사회가 어떻게 작동하고 있는지를 역동적으로 설명할 수 있게 해준다는 것이다. 그러나 하나의 분석적 도식을 넘어 그러한 세 영역 간의 관계를 하나의 글 내에서 역동적으로 보여주기란 여간 쉽지 않다. 따라서 대부분의 학자들은 그것들을 두 영역씩 묶어 그 둘 간의 관계를 (이를테면 문화와 사회 간의 관계, 문화와 정치 간의 관계 등으로 나누어) 각각 설명하는 방식을 취한다. 그리고 각 영역 또한 그 영역들 내부의 모순 발생구조 역시 지니고 있다. 따라서 벨 역시 제1부에서는 자본주의의 문화 영역 내의 모순구조를 먼저 전반적으로 밝히고 그다음에 그 모순의 발현구조를 다른 장들에서 나누어 검토한다. 그리고 영역 간의 모순의 문제는 제2부에서 검토한다.

그러다 보니 독자들은 사실 그 논리를 따라가기가 쉽지 않고, 논평자들 역시 하나의 단편에 치우쳐서 전체를 평가하기도 한다. 벨 역시 논평자들의 오해는 자신의 세 가지 영역 모델을 제대로 이해하지 못하고 있기 때문이라고 본다. 따라서 벨은 자신의 책들의 2판에서는 긴 서문을 통해 책의 내용을 축약적으로 재진술하여 독자의 이해를 돕는다. 그리고 그의 기념판들에서는 초판 이후에 전개된 상황을 추가적으로 분석한다. 이 책에서도 벨은 마찬가지로 동일한 작업을 하고 있으며, 특히 이 20주년 기념판에서는 포스트모더니즘의 전개가 갖는 의미를 평가한다. 이 같은 벨의 친절한 노력에도 불구하고 이 방대한 저작을 한 번에 끝까지 읽지 않는다면(그러나 그렇게 하기는 결코 쉽지 않다), 그가 자신의 해박한 지식을 통해 복잡한 논증을 하는 과정에서 미로에 빠지고 말기도 한다. 따라서 옮긴이는 이 해제에서 중복 요약의 문제를 인식하면서도 문화영역에 초점을 맞추어 그의 논지를 다시 한번 축약적으로 요약하여 독자들이 그의 논지를 따라가는 일을 돕고자 한다.[31]

1) 자본주의의 이중적 기원: 물욕과 금욕주의의 간의 긴장

벨의 해석에 따르면, 자본주의 세계는 16세기 이후 군사적 또는 종교적 관심보다는 경제활동을 통해 근대세계를 혁명적으로 변화시켜온 상업과 제조업에 종사한 길드, 즉 중간계급 또는 부르주아계급에 의해 창출되었다. 그리고 이것이 바로 이 사회의 핵심적 특징이다. 그러나 벨의 세 가지 영역 모델에 의거할 때, "자본주의는 비용과 가격의 합리적 계산을 통한 상품생산에, 그리고 재투자를 목적으로 하는 지속적인 자본축적에 의거하여 작동하는 하나의 사회경제적 체계"일 뿐이다.[32] 따라서 이 경제체계가 안정성을 확보하기 위해서는 자신의 독특한 문화 및 성격구조를 필요로 한다.

막스 베버(Max Weber)의 테제에 따르면, 문화적 영역에서 금전적 영리욕에 입각한 천민자본주의에서 근대자본주의로 이행하게 한 것은 프로테스탄트 윤리의 금욕주의 정신이었다.[33] 즉 베버는 칼뱅주의와 프로테스탄트윤리―규율 바른 노동의 역할과 부의 추구의 정당화―가 서구에서 독특한 합리적 생산 및 교환조직을 발흥시킨 교의였다고 파악했다. 벨 역시 이처럼 종교가 상이한 역사적 문명의 시

---

31) 옮긴이는 각 영역 간의 관계적 모순의 문제에 대해서는 『탈산업사회의 도래』와 『자본주의의 문화적 모순』을 동시에 다루는 별도의 책에서 다룰 예정이다.
32) Bell, 1996, p. xvi.
33) 막스 베버, 『프로테스탄티즘의 윤리와 근대자본주의 정신』, 김덕영 옮김, 길, 2010.

기에 문화의 통일성을 가져다준 요인이라는 점을 인정한다.[34]

그러나 벨은 베버와 달리 초기 자본주의의 발흥지가 정확히 어디든 간에 자본주의의 기원은 처음부터 이중적이었다고 주장한다.[35] 그중 하나의 원천이 베버가 강조한 금욕주의—청교도주의에서 구체화된—였다면, 다른 하나는 물욕이었다. 후자는 베르너 좀바르트(Werner Sombart)의 중심 테마였다. 좀바르트가 볼 때, 탐욕과 금은 자본주의의 근원이었다. "돈에 대한 사랑은 인간사회의 창시자들의 사랑이다. 그것이 결혼을 정하고 조약을 낳고 국가와 도시를 수립하고 명예와 명성을 제공하고…… 상업과 연금술과 의학을 자극한다. ……전쟁의 기술도 마찬가지로 돈 벌기에 의해 유지된다."[36]

벨에 따르면, 금욕주의가 부르주아의 타산적인 계산정신의 경제적 기반을 이루었다면, 물욕의 배후에는 끊임없는 파우스트적 충동이 자리하고 있었다. 후자의 특징은 그것의 '무한성'이다. 즉 "획득에는 어떠한 절대적 한계도 존재하지 않고, 그 체계는 무한히 확장하고자 하는 심리적 충동을 실행한다. ……그 목적의 추상적이고 비인격적인 성격은 그것이 무한하다는 것을 말해준다. ……수익이 얼마나 많든 간에 그것은 결코 경제적 행위자를 충족시키기에 충분할 만큼 높은 수준에 이를 수 없다. ……그러므로 획득은 무제한적이고 절대적인 것이 된다."[37] 베버가 전자의 전형적 인물로 벤저민 프랭클린(Benjamin Franklin)을 들었다면, 벨은 좀바르트가 후자의 전형적 인물로 염두에 두고 있던 사람이 바로 "모든 도덕적 제약을 거의 어린애처럼 무시하고 지나치는 방법"을 알고 있던 존 D. 록펠러(John D.

---

34) Bell, 1996, p. xxi.
35) Bell, 1996, p. xxi.
36) Bell, 1996, pp. 291~292.
37) Bell, 1996, p. 292.

Rockefeller)였다는 것은 분명하다고 말한다.

벨에 따르면, 두 충동의 뒤얽힘이 근대 합리성 개념을 틀지었다. 이둘 간의 긴장이 초기 정복시대를 특징짓던 사치적 과시에 도덕적 제약을 가했다. 벨은 막스 베버의 테제대로 근대자본주의는 노동을 소명으로 찬양하고 욕구충족의 연기에 의한 절약을 고무하는 칼뱅주의와 초기 프로테스탄트 사상에 의해 재가된 금욕주의에 의해 가능해졌다고 본다.[38] 하지만 벨은 시간이 경과하며 금욕적 요소, 즉 자본가적 행동의 도덕적 정당화 방식이 사라졌다는 것은 분명하다고주장한다.[39] 즉 시간이 경과하며 물욕에 대한 충동이 승리해왔다.

그렇다면 왜 이러한 일이 발생했는가? 벨은 이에 답하기 위해 문화영역에서 작동한 또 다른 대립적 충동에 주목한다.

2) 자본주의 경제적 충동 대 근대성의 문화적 충동: 부르주아 사회와 모더니즘

벨은 이러한 자본주의의 문화적 모순의 발생과정을 자본주의의 경제적 충동과 근대성의 문화적 충동의 대립으로 설명한다. 이 두 충동은 처음에는 하나의 공통의 원천, 즉 자유와 해방의 관념을 공유했다. 서구의 이상은 점점 더 자결적이 되는 과정에서 자유를 성취하는 자율적인 인간이었다. 이 '새로운 인간'에 의해 기존의 여러 제도가거부되었고(이는 개인의 양심을 판단의 근거로 삼게 만든 종교개혁이낳은 놀라운 결과였다), 새로운 지리적·사회적 미개척 영역들이 열렸고, 또한 자연을 지배하고 옛 뿌리를 버림으로써 스스로를 전적으로개조하려는 욕망이 일어났고, 또 그러한 능력이 증가했다. 이제 중요

---

38) Bell, 1996, p. 283.
39) Bell, 1996, p. xxi.

해진 것은 과거가 아니라 미래였다.[40]

이처럼 이 두 충동은 전통과 과거의 권위를 거부하는 데서 연원했지만, 그 둘 사이에서 적대적 관계가 급속히 진전되었다. 이것은 이중의 발전 속에서 표현된다. 경제영역에서는 부르주아 기업가가 등장한다. 기업가는 획득을 방해하던 전통적 세계의 귀속적 속박에서 해방되어, 경제 세계를 개조함으로써 자신의 부를 추구한다. 이제 재화와 돈의 자유로운 이동과 개인의 경제적·사회적 이동이 이상(理想)이 된다. 그것의 극단에서 자유방임주의는 '자유분방한 개인주의'(rampant individualism)가 된다. 문화영역에서는 교회와 군주의 후원자에게서 벗어난 독자적인 예술가들이 등장하여, 자신의 후원자가 아니라 자신을 만족시키는 글을 쓰고 그림을 그린다. 시장이 예술가를 자유롭게 해준다. 문화의 발전 속에서 그러한 독립의 추구, 즉 후원자뿐만 아니라 모든 관습으로부터 해방되고자 하는 의지는 모더니즘으로 그리고 극단적으로는 구속받지 않는 자아(untrammeled self)라는 관념으로 그 모습을 드러낸다.[41]

이 '구속받지 않는 자아'는 자유분방한 개인주의를 찬미하는 부르주아 사회의 산물이었다. 그러나 부르주아 사회가 경제에서 자유분방한 개인주의를 용인했지만, 문화에서의 자아의 과잉을 두려워하고 그것을 억제하고자 했다.[42] 부르주아는 경제에서는 급진적이지만, 도덕과 문화적 취향에서는 보수적이었다. 부르주아의 경제적 충동은 그 에너지를 재화 생산에 돌리고 본능, 자발성, 변덕스러운 충동을 우려하는, 노동에 대한 일단의 태도를 형성하는 등 매우 제한적

---

40) Bell, 1996, p. 16.
41) Bell, 1996, p. 16.
42) Bell, 1996, pp. 144~145.

인 성격구조로 조직화되었다.[43] 반면 '문화적 자아'(cultural self)는 반(反)부르주아적이 되었고, 그 운동의 일부 분파들은 정치적 급진주의와 동맹했다. 하지만 '문화적 자아'의 충동은 실제로는 급진적인 것이 아니라 반항적이었다. 그것은 제약을 부정하고 해방을 추구함으로써 자신을 '표현'하고자 했다.[44]

벨에 따르면, 문화의 이러한 반항적 충동의 구현체가 바로 모더니즘이다. 벨은 모더니즘을 부르주아 세계관의 해체 행위로, 그리고 지난 반세기 동안 문화에서 헤게모니를 획득한 것으로 본다. 벨은 모더니즘을 "스타일과 감성을 '의식의 진보'의 최전선에 남아 있게 하고자 하는 외고집적 노력"으로 정의한다.[45] 벨에 따르면, 모더니즘은 질서, 특히 부르주아적 질서정연함에 대한 격분이었다. 그것은 자아 그리고 부단한 경험의 추구를 강조한다. 모더니즘은 합리주의를 활력을 앗아가는 것으로 인식한다. 이제 악마적인 것의 탐구가 창조성을 파동치게 한다. 그러한 탐구 속에서 사람들은 그러한 변화무쌍한 상상력의 범위에 심미적 한계 (또는 도덕적 규범조차도) 설정할 수 없다. 결정적인 것은, 경험은 그것의 갈망에 어떠한 한계도 없다는 것, 즉 거기에 "어떤 신성한 것도 전혀" 존재하지 않는다는 것이다. (프로이트적 용어로) 꿈과 환상, 즉 본능과 충동의 '원초적 과정'이 강조되었다.[46]

전통적 모더니즘은 종교나 도덕을 대신하여 삶을 심미적으로 정당화하고자 했다. 즉 예술작품의 창조, 즉 예술작업만이 자신을 초월하고자 하는 인간의 노력에 의미를 부여했다. 하지만 1960년대에 강력

---

43) Bell, 1996, p. 17.
44) Bell, 1996, p. 145.
45) Bell, 1996, p. 46.
46) Bell, 1996, p. xxi.

한 포스트모더니즘의 흐름이 발전하여 모더니즘의 논리를 그 극단으로까지 몰고 갔다. 포스트모더니즘은 삶의 심미적 정당화에 반대하고 그것을 본능적 정당화로 완전히 대체했다. 충동과 쾌락만이 실재하며, 삶을 확인한다. 그 밖의 모든 것은 신경증이며 죽음이다.[47]

벨이 볼 때, 지난 100년 동안의 역사는 교의와 라이프스타일 모두에서 반부르주아 문화가 승리를 거두어온 과정이었다. 그 결과 문화에서 도덕률 폐기론과 반제도주의가 지배했다. 벨에 따르면, 이 과정에서 두 가지 근본적인 점에서 새로운 혁명이 시작되었다. 첫째, 예술에서 획득한 문화의 자율성은 이제 삶의 영역으로 넘어오기 시작한다. 포스트모더니즘적 경향 이전에는 판타지와 상상력 속에서 펼쳐지고 있던 것이 삶 속에서 역시 실행되어야만 한다고 요구한다. 이제 예술과 삶 간에는 어떠한 구분도 존재하지 않는다. 예술에서 허용되는 것은 어떤 것이든 삶 속에서도 허용된다. 둘째, 한때 소수의 동인들이 행하던 생활양식이 이제 '많은 사람'—사회 속에서는 소수 집단임이 분명하지만, 그럼에도 불구하고 수적으로 많은—에 의해 모방되면서 문화적 장면을 지배하고 있다. 이러한 규모의 변화가 한때 소수의 엘리트에게 한정되었던 보헤미안적 생활방식이 이제 매스미디어의 대형 화면에서 행해지고 있다는 사실과 결합하며, 1960년대의 문화에 커다란 파동을 일으켰다.[48]

벨은 자신이 현대 자본주의 속에서 파악한 모순들은 이처럼 한때 문화와 경제를 한데 묶어놓고 있던 실—프로테스탄트 윤리의 금욕주의—이 풀어진 것에서, 그리하여 우리 사회를 지배하는 가치가 되어온 쾌락주의에서 파생한다고 본다. 그렇다면 부르주아 문화 속

---

47) Bell, 1996, p.51.
48) Bell, 1996, pp.53~54.

에서 쾌락주의는 어떻게 그 에너지를 얻고 사회 속에 뿌리를 내릴 수 있었는가?

3) 금욕주의에서 쾌락주의로

지금까지의 벨의 논리에 따르면, 프로테스탄트 윤리는 물욕을 제한하는 데 기여해왔다. 하지만 프로테스탄트 윤리가 부르주아 사회로부터 단절되었을 때, 단지 쾌락주의만이 남았고, 자본주의 체계는 그것의 초월적 윤리를 상실했다. 이제는 쾌락주의—즉 하나의 삶의 방식으로서의 쾌락이라는 관념—가 자본주의를 (비록 도덕적으로는 아니지만) 문화적으로 정당화하고 있다. 그리고 오늘날을 지배하는 자유주의적 에토스 속에서 모더니즘적 충동이 하나의 행동양식으로서의 충동추구라는 그것의 이데올로기적 원리와 함께 문화적 이마고 모델이 되었다. 벨에 따르면, 자본주의의 문화적 모순을 이루는 것이 바로 이것이다. 즉 근대성의 이중적 속박을 초래해온 것이 바로 이것이다.[49]

벨은 이 쾌락주의가 부르주아 사회에서 자리 잡을 수 있었던 이유를 세 가지로 설명한다. 우선 쾌락주의를 철학적으로 정당화해준 것은 제러미 벤담(Jeremy Bentham)의 공리주의의 철학이었다. 벨에 따르면, 부르주아 사회에서 부르주아이자 시민으로서의 이중의 개인은 한편에서는 자기 자신의 사적 이익을 추구하면서도 신의 소명에 대한 책무 때문에 공동체의 규약을 이행하기 위해 일했다.[50] 그러나 제러미 벤담이 볼 때 공동체는 하나의 '허구'였고, 개인만이 사회의 단위였다. 그리고 사회의 복리는 그러한 쾌락주의적 계산의 총합이

---

49) Bell, 1996, pp. 21~22.
50) Bell, 1996, pp. 20~21.

었다.[51] 또한 벤담이 보기에, 금욕주의는 인간을 지배하는 '천부적' 쾌락주의 ─ 쾌락의 추구와 고통의 회피 ─ 를 위반하는 것이었다. 벤담에 따르면, 금욕주의는 그것의 순수한 의도가 무엇이든 간에 인간에 대한 '전제주의'(despotism)를 낳을 뿐이었다. 그리하여 공통의 목적 관념이 개인적 선호로 해체되었다.[52]

벨에 따르면, 이제 부르주아 사회에서는 '욕구' 충족의 토대가 생물학에서 심리학으로 대체되었다. 아리스토텔레스의 용어로 표현하면, '욕망'(wants)이 '필요'(needs)를 대체했다. 욕망은 그 본성상 무한하며 만족시킬 수 없는 것이다.[53] 이렇게 사치를 위한 축적 ─ 비록 자본축적은 아니지만 ─ 을 제한하는 데 기여했던 프로테스탄트 윤리가 근대 부르주아 사회로부터 떨어져 나가자, 쾌락주의만이 남았다. 그 결과 실제로 중간계급의 사회적 현실이자 라이프스타일로서의 프로테스탄트 윤리가 물질적 쾌락주의로, 그리고 청교도적 기질은 심리적 행복주의로 대체되었다.[54]

그러나 벨에 따르면, 이러한 관념상의 변화가 자동적으로 쾌락주의적 생활양식을 출현시킨 것은 아니다. 그것은 사회구조 자체의 변화에 의해 연료를 공급받았다. 프로테스탄트 윤리와 청교도 기질은 노동, 절제, 검약, 성적 자제, 삶에 대한 엄격한 태도를 강조하는 규준이었다. 그것들이 도덕적 행동과 사회적 존경의 본질을 규정했다. 미국에서 프로테스탄트 윤리와 청교도 기질은 농업적인 소도시의 상인과 장인들의 생활방식이었다. 그러나 미국 사회구조의 변화와 함께 하나의 사회적 사실로서의 미국인의 삶의 소도시 지배가 끝났다.

---

51) Bell, 1996, p. 287.
52) Bell, 1996, p. xx.
53) Bell, 1996, p. 224.
54) Bell, 1996, p. 74.

먼저 계속해서 인구학적 변화가 일어나면서, 도시 중심지들이 성장했고, 그것의 문화는 보다 코즈모폴리턴적이 되었다. 그러나 좀 더 넓게는 대량소비 사회가 출현하여 지출과 물질적 소유를 강조했고 검약, 자제, 충동 억제를 강조하던 전통적 가치체계를 훼손했다. 이러한 사회변동을 이끈 것은 기술혁명이었다. 자동차, 활동사진, 라디오는 농촌의 고립을 깨뜨리고, 처음으로 시골을 공통의 문화와 국가사회에 융합시켰다. 이 같은 사회적 변화는 전통적 가치체계를 뒷받침하던 청교도주의의 종말의 원인이 되었다.[55]

벨이 볼 때, 전통적인 부르주아적 가치체계를 붕괴시킨 것은 사실 부르주아 경제체계 자체 — 보다 정확하게는 자유시장 — 였다. 20세기 자본주의는 기술혁명을 통한 대량생산의 달성과 함께 그 지렛대를 생산에서 소비로 이동시켰다. 그 과정에서 자본주의는 프로테스탄트 윤리를 약화시킨 '전복적' 수단인 할부판매법과 신용제도를 발명했다. 사람들은 삶 속에서 좋은 것을 사기 위해 저축하는 대신 그것을 바로 사고 나중에 대금을 지불할 수 있게 되었다. 벨은 이러한 변화를 "빚지는 것에 대한 공포와는 반대로, 이제는 신용불량에 대한 공포가 존재한다"고 지적한다.[56] 이 과정에서 과거의 사치품이 계속해서 필수품으로 재정의되었고, 마케팅과 쾌락주의가 자본주의의 원동력이 되었다. 이제 자본주의에 신성한 것은 아무것도 없어졌다. 변화가 규범이 되었다.

벨이 볼 때, 쾌락주의의 세계는 패션, 사진, 광고, 텔레비전, 여행의 세계이다. 그것은 가상의 세계로, 그 속에서 사람들은 예상되는 일을 위해, 즉 존재하는 것이 아니라 앞으로 다가올 것을 위해 산다. 그 결

---

55) Bell, 1996, pp. 64~65.
56) Bell, 1996, p. 293.

과 즐거움의 도덕(fun morality)이 충동의 억제를 강조하는 선의 도덕(goodness morality)을 대체했다. 즐겁지 않다는 것은 자기반성의 한 원인이다. 벨은 이 쾌락주의 세계의 특징을 울펜슈타인(Martha Wolfenstein) 박사의 말을 인용하여 다음과 같이 묘사한다. "전통적으로 금지된 충동을 충족시키는 것이 죄의식을 불러일으켰지만, 이제는 즐겁지 못하다는 것은 자존감을 떨어뜨린다."[57]

하지만 자본주의적 기업 세계에서 생산영역과 조직영역에서의 명목상의 에토스는 여전히 노동, 만족 연기, 경력지향, 기업에 대한 헌신이다. 하지만 마케팅 측면에서 매력과 섹스의 그럴듯한 이미지로 포장된 제품의 판매는 관능적 욕망의 만족을 약속하는 쾌락주의적 생활방식을 조장한다. 그 결과 이중적인 현대인이 출현한다. 현대인은 "낮에는 '성실'하고 밤에는 '탐닉자'여야 한다. 이것이 자기충족이고 자기실현이다!"[58]

4) 문화적 위기와 종교

지금까지 살펴보았듯이, 벨의 논지에 따르면, 미국의 자본주의는 그것의 전통적 정당성을 상실해왔다. 그것의 정당성은 프로테스탄티즘의 노동의 신성화에 뿌리박고 있는 도덕적 보상체계에 기초하고 있었다. 하지만 그것은 물질적 안락과 사치를 약속하는 쾌락주의로 대체되어왔다. 여기서 벨이 발견하는 중요한 사실이 바로 사회구조(기술-경제적 질서)와 문화 간의 근본적 분리다. 종래에 이 두 영역을 묶어주던 프로테스탄트 윤리의 약화는 이제 적나라한 쾌락주의만을 남겨놓았다.

---

57) Bell, 1996, p. 71.
58) Bell, 1996, pp. xxv, 72.

벨이 볼 때, 이것이 바로 모든 서구 부르주아 사회의 역사적인 문화적 위기를 이루고 있다. 이 문화적 모순이 보다 장기적으로는 사회에 가장 치명적인 분열을 가져올 것이다. 왜냐하면 쾌락주의적 삶 속에서 사람들은 서로 사치 경쟁을 벌이고 따라서 공유와 희생의 능력을 상실하기 때문이다. 즉 사람들은 서로를 형제로 느끼게 만드는 연대감, 다시 말해 서로 간의 애정과 서로를 위해 기꺼이 싸우고 죽는 것을 의미하는 집단감정을 상실한다.[59] 게다가 벨을 더욱 우려하게 하는 것은 역사적으로 문명의 성쇠 과정을 살펴볼 때 금욕주의가 새로운 시대를 알렸다면 쾌락주의는 그것의 붕괴를 조짐했다는 것이었다.[60]

그렇다면 이 원자화·파편화된 세계에서 무엇이 사회를 하나로 묶을 수 있는가? 벨은 그 가능성의 토대로 자연, 역사, 종교를 검토하고, 인간행동의 지침이 될 수 있는 것으로 종교를 제시한다.

그렇다면 인간행동의 지침이 되는 것은 무엇인가? 이 지침은 자연 속에 있을 수 없다. 왜냐하면 자연은 단지 한쪽 극단에서는 일단의 물리적 제약으로 작동하고 다른 쪽 극단에서는 일단의 실존적 질문을 제기할 뿐이며, 인간은 그 사이를 지도도 없이 헤치고 나아가기 때문이다. 역사도 그러한 지침일 수 없다. 왜냐하면 역사는 어떤 텔로스도 가지고 있지 않으며, 단지 도구적인 것으로, 자연에 대한 인간의 능력을 확장시키는 과정일 뿐이기 때문이다. 다음으로 시대에 뒤진 전통적인 답변이 있다. 그것이 바로 종교다. 그것은 인간을 외부의 상징에 사회적으로 '투사'한 것으로서의 종교가 아니라,

---

59) Bell, 1996, p. 83.
60) Bell, 1996, pp. 81~82를 보라.

인간 밖에 있지만 인간 자신을 넘어서는 그 무엇과 인간을 연결시켜주는 초월적 개념으로서의 종교다.[61]

벨에 따르면, "궁극적인 가치와 관련한 의식의 양식으로서의 종교"는 역사적으로 "문화적 상징의 원천으로," "공유된 도덕질서의 기반"이 되어왔다.[62] 종교는 어떤 공통의 목적을 지향하고 있고, 그 문화의 요소들은 신비함을 강조하고 경외감을 만들어내고 찬양하고 초월하기 때문이다.[63] 역사적으로 종교는 의례, 즉 공통의 감상을 묶어주는 메커니즘을 통해 사회적 연대를 획득하는 수단이었다.[64] 종교는 적대적인 환경 속에서 공동체의 제재규약을 강화하기 위해 필요한 것이었다.[65]

하지만 우리가 위의 인용문에서 알 수 있듯이, 벨이 말하는 종교는 우리가 말하는 일반적인 의미에서의 종교가 아니다. 벨은 뒤르켐이 말하는 '신성한 것'에서 종교의 본질적 의미를 찾고 있다.[66] 벨에 따르면, "종교는 신 또는 신들의 영역이 아니다. 그것은 신성한 것, 즉 우리를 넘어서 있고 또 우리가 범할 수 없는 것에 대한 (불가피한) 의식이다."[67]

종교의 힘은 (이기심 또는 개인적 욕구의) 어떤 공리주의적 속성에서 파생하는 것이 아니다. 그리고 종교는 어떤 사회계약도 아니고

---

61) Bell, 1996, p. 166.
62) Bell, 1996, pp. 154, xxi.
63) Bell, 1996, p. 99.
64) Bell, 1996, p. 167.
65) Bell, 1996, p. 56.
66) 에밀 뒤르켐, 『종교생활의 원초적 형태』, 민혜숙·노치준 옮김, 한길사, 2020.
67) Bell, 1996, p. 338.

일반화된 우주론적 의미의 체계일 뿐인 것도 아니다. 종교의 힘은 …… 종교가 신성한 것 ― 한 민족의 집합의식으로 별개로 설정된 것 ―에 대한 의식을 하나의 압도적 힘을 가진 사람에게로 한데 모을 수 있는 수단이었다는 사실로부터 파생한다.[68]

벨이 볼 때, 이 신성한 것은 사람들을 하나로 묶어주는 공유된 감상과 정서적 유대를 만들어내는 것이고, 이러한 연대감은 모든 사회적 존재에서 중심을 이루는 것이다. 그러나 자본주의와 모더니즘이 문화에 침투하며 그것들이 모든 유대를 끊임없이 파괴함으로써 그곳에 신성한 것이라고는 아무것도 존재하지 않게 되었다. 벨이 볼 때, 이것이 자본주의의 문화적 모순의 요체이다. 하지만 이러한 근대문화의 혼란상태에도 불구하고, 벨은 이 문제를 해결하기 위한 어떤 종교적 답변이 분명 나올 것이라고 믿고 있다. 왜냐하면 "종교는 인간의 의식을 구성하는 한 부분이며, 존재의 '일반적 질서'의 유형에 대한 인지적 탐색이고, 의례를 확립하고 그러한 관념들을 신성한 것으로 만들고자 하는 감정적 욕구이고, 자신에 대해 초월적으로 반응하게 하는 몇몇 타자 또는 일단의 의미체계와 관계를 맺고자 하는 근원적인 욕구이고, 고통과 죽음이라는 종국성에 대처하고자 하는 실존적 욕구"이기 때문이다.[69]

그러나 벨이 볼 때, 문제는 종교가 "제조될 수 없다"는 것에 있다. 왜냐하면 그것의 "날실과 씨실을 짜는 것은 사람들에게 삶의 비극적 의식을 심어주는 경험들, 즉 유한성과 자유의 갈림길에 살고 있는 삶"이기 때문이다.[70] 하지만 벨은 이 새로운 종교가 출현하여 세

---

68) Bell, 1996, p.154.
69) Bell, 1996, p.169.
70) Bell, 1996, p.30.

대의 연속성을 회복할 것이라고, 즉 "죽은 자와 산 자, 그리고 태어날 인간을 연결시키는 유대의 구도를 제시하는 밧줄을 찾게 될 것"이라고 믿는다.[71]

5. 글을 맺으며

독자들은 아마도 이 시점에서 실망할지도 모른다. 벨의 이 저작 역시 다른 많은 사회학적 저술처럼 또다시 공허한 윤리적 진술로 마무리되기 때문이다. 따라서 누군가는 벨이 그리는 새로운 종교의 모습을 그의 글에서 찾아보고자 할지도 모른다. 그러나 그의 이 책에서 그러한 모습을 찾을 수는 없다. 우리는 다만 그 이유를 그의 논지 속에서 찾아볼 수 있다.

우선, 우리가 방금 논의했듯이, 종교는 제조될 수 있는 것이 아니라, 사람들이 실존적 문제를 해결하는 노력 속에서 형성되는 것이다. 그리고 어쩌면 이것이 우리가 사회의 안정성의 근원인 문화를 창조하는 과정이기도 할 것이다. 또한 종교를 제조한다고 하더라도, 그것은 인간의 내부에서 자생적으로 발생한 것이 아니라 외부에서 만들어진 것이기 때문에 그것을 통해 연대를 형성하기 위해서는 '강요' 되어야 하고 그것이 초래하는 결과는 '전제주의'적이 될 수 있다. 이 것이 또한 벨이 전체주의적인 전통적인 사회학적 접근을 거부하고자 했던 핵심적 이유였다. 만일 벨이 새로운 종교의 모습을 체계화하고 그것의 실천을 통한 새로운 사회의 구축을 주장했다면, 벨은 아마도 단일체적 사회관으로 회귀하고 말 것이다.

---

71) 대니얼 벨, 『정보화 사회와 문화의 미래』, 서규환 옮김, 1992, p. 321.

또한 벨이 주장하듯이, 전체로서의 사회는 단일한 원리에 의해 작동하는 것이 아니라 서로 다른 원리들에 의해 작동하는 영역들로 이루어진다. 그럼에도 불구하고 벨이 종교에서 문화적 모순의 해결책을 찾고자 한 것은 역사적으로 영역 간의 통일성을 확보해준 것은 종교였기 때문이다. 하지만 벨의 방법론적 입장을 따를 때, 그 미래의 모습은 사회과학의 수준에서 예측할 수 있는지는 모르지만 예언할 수는 없다. 따라서 벨은 이를 현실에서 구체적으로 제시하는 것이 아니라 하나의 바람의 영역으로 남겨놓고 있다. 그 과정에서 벨은 전통과 권위에 의지한다는 점에서 그가 밝힌 대로 보수적이다.[72]

하지만 벨이 모순의 모든 해결책을 미래에 방치한 것은 아니다. 그는 일상생활의 세속적 문제를 해결해야 하는 임무를 맡고 있는 정체에 주목한다. 벨이 볼 때, 현대 세계의 대부분의 경우에서 사회의 진정한 통제체계가 된 것은 시장이 아니라 정체이다. 왜냐하면 부르주아 가치체계를 붕괴시킨 것이 바로 시장이기 때문이다. 정체는 개인적 목적을 증진시키기 위해 수립된 자유주의 사회에서 집합적 목적을 추구해야 하는 모순적 과제에 직면한다. 이 과제를 수행하기 위해 벨이 제시하는 개념이 바로 '공공가계'이다. 벨에 의하면, 공공가계의 관념은 정체의 영역에서 사회를 하나로 결합시키는 것, 즉 사회적 시멘트를 발견하고자 하는 노력으로, '좋은 재산 상태'가 아니라 '좋은 인간 상태'를 사회적 목적으로 삼는다.[73] 벨은 이러한 점에서 자신은 여전히 사회주의자라고 주장한다. 하지만 벨이 볼 때, 우리는 강제력으로부터 개인을 보호하고 적절한 영역들 내에서 개인의 노력과 공과에 대한 보상을 보장하기 위해서는 정치적 자유주의를 필

---

72) 그의 보수성은 이 해제의 제목으로 사용한 '금욕자'를 '정상인' 또는 '성실한' 사람으로 표현하는 것에서도 그대로 드러난다.

73) Bell, 1996, p. 278.

요로 한다.[74] 따라서 그는 이 둘을 중재하고 하나로 묶어줄 새로운 공공철학이 요청된다고 주장한다. 이는 곧 자신이 밝힌 바 있는, 일견 모순적으로 보이는 자신의 세 가지 이데올로기적 입장을 하나의 이상형적 형태로 논리적으로 결합하고자 하는 것이라고 할 수 있다.

하지만 벨이 정확하게 인식하고 있듯이, 그것은 현실이 아니다. 왜냐하면 현실의 욕구는 자신을 규제하고자 하는 공공철학에 저항하기 때문이다. 그가 지적하듯이, 그리고 우리 사회에서도 우리가 목도하듯이, 현실 속에서 "부르주아적 욕망은 도덕적으로 또는 세금에 의해 물욕에 제약을 가하는 것에 저항하고, 민주적 정체는 점점 더 많은 자격으로서의 사회적 서비스 요구에 의해 과부하되고, 개인의 자유라는 관념은 공동체적 사회에 필요한 사회적 책임과 사회적 희생을 회피하고 있는 것"이 사실이다.[75]

그렇다면 벨의 꿈과 그가 그린 현실 간의 간극을 어떻게 보아야 하는가? 우리는 단순하게 벨의 논의를 이상형의 색출적 수단으로서의 의미를 보여주는 하나의 실례로 파악할 수도 있을 것이다. 좀 더 넓게 보면, 다니엘 벨의 이 같은 작업은 보다 나은 사회를 구축하고자 하는 '사회학의 야망'[76]과 모순적 현실 사이에서 줄타기를 할 수밖에 없는 현실의 사회학자들의 고뇌를 보여주는 것일 수도 있다. 그리고 우리는 또한 벨의 이러한 작업 속에서 사회학적 모순 분석 작업의 유효성을 감지할 수 있다. 아무쪼록 독자들이 이 책에서 그의 치밀한 사회학적 분석과 사회학적 열정을 느껴보기를 바란다.

---

74) Bell, 1996, p. 277. 그렇기에 벨은 자신이 정치에서는 여전히 자유주의적이라고 주장한다.
75) Bell, 1996, pp. 248~249 참조.
76) 크리스 실링, 필립 A. 밀러, 『사회학적 야망』, 박형신 옮김, 한울, 2013.

1978년판 머리말

I

전설적인 박식가 새뮤얼 존슨(Samuel Johnson)은 제정신인 사람은 결코 책을 처음부터 끝까지 읽지 않는다고 주장했다. 그의 책 읽기 방식은 페이지들을 빠르게 대충 훑어보며 관심 가는 부분만 읽고 나머지는 모두 건너뛰는 것이다.

그것도 책을 보는 하나의 방식이고, 보다 똑똑한 독자는 그것만으로도 충분할 수 있다. 그러나 요즘 많은 사람은 책을 읽는 것이 아니라 그 책에 대한 글을 읽거나 대개는 논평자들로부터 배운다. 미디어의 제약이나 문화의 성격을 감안할 때, 이러한 한 발자국 떨어진 지식은 위험을 포함하고 있다. 우선 첫째로, 어떤 책이 복잡한 주장을 하고 있을 때조차 대부분의 논평자들 ─ 그들은 바쁜 사람들이다 ─ 은 책을 가능한 한 빨리 읽으면서, 그 주장을 요약하고 있는 몇 줄을 잡아내어 그 책의 저자를 시장성 있는 대화 어휘들 가운데 적절히 자리매김할 수 있는 꼬리표를 찾아내고자 한다. 자유주의적 편견이 미국문화를 지배하고 있기 때문에, 그러한 자유주의에 반하는 어떤 주장은 일부 논평자들을 불쾌하게 만든다. 그리고 자신의 저작에서 '해방'에 대한 천박한 주장을 하고 나서는 현대문화의 여러 측면을 비난하는 사람들은 자주 자신에게 '신보수주의'라는 꼬리표가 달려 있음을 발견한다.

어쨌든 간에 그러한 호칭은 무의미하다. 왜냐하면 그것은 사회적 견해를 단일한 차원에 따라 정렬할 수 있다고 가정하기 때문이다. (사실 아이러니한 것은 '일차원적' 사회를 비난하는 사람들도 자주 정치에 대해 그러한 일차원적 견해를 펼친다는 것이다.) 더 큰 역사적 맥락에서 보더라도 그러한 표현은 이치에 맞지 않는다. 왜냐하면 내가 하고 있는 종류의 문화비평 — 그리고 나는 피터 버거(Peter Berger)와 필립 리프(Philip Rieff)의 유사한 비평을 염두에 두고 있다 — 은 통상적인 자유주의의 범주를 넘어서고 또 매우 다른 틀 내에서 현대사회의 딜레마를 다루고자 하기 때문이다.

어떤 저자의 관점을 이해하기 위해서는 그의 의중을 알 필요가 있다. 그렇기 때문에 나는 내가 여기서 경제에서는 사회주의자고 정치에서는 자유주의자며 문화에서는 보수주의자라고 밝힌다고 해도 이상할 것은 없다고 생각한다. 많은 사람이 이러한 진술에 당혹스러워하며, 한 사람이 한 영역에서 급진주의자라면 그는 다른 모든 영역에서도 급진주의자며 역으로 그가 한 영역에서 보수주의자라면 그는 다른 영역들에서도 역시 보수적이어야만 한다고 가정한다. 그러나 그러한 가정은 사회학적으로도 그리고 도덕적으로도 이들 서로 다른 영역들의 본성을 오독한다. 나는 내가 이 머리말에서 입증하고자 하는 나의 견해가 일관성 있다고 믿는다. 나는 내가 견지하는 가치들에 대한 논의로 이 글을 시작할 것이며, 다음 절에서 사회학적 구분에 대해 논급할 것이다.

경제에 대해 말해보자. 오늘날 경제영역은 대체로 그저 도구적인 것으로 인식된다. 이 책의 테마 중 하나는 자본주의 사회가 축적을 강조하면서 그러한 활동을 그 자체로 하나의 목적으로 만들어 왔다는 것이다. 그러나 아리스토텔레스(Aristotle)와 토마스 아퀴나스(Thomas Aquinas)에서부터 존 로크(John Locke)와 애덤 스미스(Adam Smith)에 이르기까지 그 어떤 도덕철학자도 경제학을 일단의 도덕적 목적과 분리하거나 부의 생산이 그 자체로 하나의 목적이라고 주장하지 않았다. 오히려 그것은 덕(德)을 실현하는 수단, 즉 문명화된 삶을 인도하는 수단으로 인식되었다.

근대경제학은 하나의 '실증과학'이 되었다. 그리고 이 실증과학은 개인적이고 다양한 목적들이 추구되는 것으로 가정하고, 경제학은 단지 '수단'의 과학 또는 경쟁하는 개인들 사이에서 자원을 할당하는 합리적 선택의 과학일 뿐이라고 본다. 하지만 가격체계는 일반화된 종류의 수요 틀 내에서 재화와 서비스를 상대적으로 할당하기 위한 하나의 메커니즘일 뿐이다. 그렇지만 그러한 수요는 기존의 소득분배로부터 파생한다. 게다가 경제가 나아갈 방향을 궁극적으로 설정하는 것은 경제가 그 뿌리를 내리고 있는 문화의 가치체계다. 경제정책은 하나의 수단으로서 유효할 수 있지만, 경제정책은 단지 그것을 틀 짓는 문화적 가치체계가 정당한 만큼만 정당하다.

내가 경제에서 사회주의자라는 것은 바로 이러한 이유에서다. 나에게 사회주의는 국가주의나 생산수단의 집합적 소유가 아니다. 그것은 경제정책의 우선성을 판단하는 하나의 양식이다. 경제정책을 정당화하는 가치라는 측면에서 내가 이 영역에서 공동체가 개인에 우선한다고 믿는 것은 바로 이러한 이유 때문이다. 따라서 한 사회의 자원의 배분과 관련한 최우선적 선취특권은 개인들이 자긍심 있는 삶을 살아갈 수 있게 해주는, 즉 공동체의 성원이 되게 해주는 '사회적 최소한도'(Social Minimum)를 확립하는 것에 있어야만 한다.[1] 이것은 일을 하고자 하는 사람들에게 일자리를 제공하고 시장의 위험에 맞서 적절한 안전을 보장하고 질병의 피해에 맞서 적절한 의료보호에 적절히 접근할 수 있게 해주는 것을 우선시하는 것을 의미한다.

나는 필요(needs)와 욕망(wants) 간의 고전적 구분을 받아들이고 또 이 책에서 재해석하고자 한다. 필요는 모든 개인이 '종'(種)의 성원으로서 가지는 것이다. 욕망은 개인의 취향과 특이성에 따른 각양각색의 욕구(desires)를 말한다. 나는 사회의 첫 번째 책무는 그러한 본질적 필요를 충족시키는 것이라고 생각한다. 만약 그렇지 않다면, 개인들은 사회의 완전한 '시민'이 될 수 없다. 분명 필요라는 단어는 모호하다. 존 메이너드 케인스(John Maynard Keynes)는 일찍이 다음과 같이 기술했다. "……인간의 필요가 만족을 모르는 것처럼 보일 수도 있다는 것은 사실이다. 그러나 그것은 두 부류로 나뉜다. 하나

---

1) 근대사상의 전환점은 제러미 벤담(Jeremy Bentham)과 함께 왔다. 벤담은 모든 인간은 행복을 원한다고 가정한다. 그는 이를 쾌락의 최대화와 고통의 최소화로 단순하게 기술했다. 실제로 이것은 개인들이 그들 자신의 행복을 무엇으로 규정하든 간에 그것들은 추구할 하나의 '목적'으로 받아들여진다는 것을 의미했다. 애덤 스미스는 『국부론』(The Wealth of Nations) 말고도 『도덕감정론』(The Theory of Moral Sentiments)이라는 책을 썼다. 그 책에서 '공평한 관찰자'는 공동체의 판단을 대표했다. 그리고 그는 올바른 생각을 가진 사람이라면 모두가 공동체를 고려했을 것이 틀림없다고 보았다. 그러나 벤담은 『도덕과 입법 원리 입문』(Introduction to the Principles of Morals and Legislation)에서 "공동체는 허구적 조직체며 공동체의 이익은 그것을 구성하는 몇몇 개인들의 이익의 총합이다"라고 썼다.

근대 자본주의 사상은 자신의 유해물에 대한 주장을 받아들여 왔다. 왜냐하면 개인의 이익에만 또는 그것에 크게 근거한 정당화는 충분한 도덕적 주장이 되지 못하기 때문이다. 나의 동료 어빙 크리스톨(Irving Kristol)이 지적하듯이, 경제학은 규범적 고려—개인적 결정을 총합한 결과가 공정하고 정당한가에 대한 판단—와 결부될 수밖에 없다. 어떠한 사회도 무엇이 적절하고 바람직한가에 대해 이성적 판단을 내리고 경제적 결정의 결과를 그러한 기준에 견주어 평가하는 것을 피할 수 없다.

는 우리 동료 인간존재들이 어떤 상황에 있든 간에 우리가 그것을 느끼낀다는 의미에서 절대적인 필요이고, 다른 하나는 그것의 충족이 우리를 동료보다 뛰어나게 할 때만, 즉 동료보다 우위에 있다고 느끼게 할 때만 그것을 느끼게 한다는 의미에서 상대적인 필요이다. 두 번째 부류의 필요, 즉 우월성의 욕구를 충족시키는 필요는 실제로 만족을 모를 수 있지만…… 절대적 필요의 경우에는 그것은 사실이 아니다."[2]

이 책에서 나는 아리스토텔레스의 구분과 후일 토마스 아퀴나스의 구분을 통해 그러한 차이를 추적한다. 아퀴나스가 지적했듯이, 돈에 대한 욕구는 어떠한 한계도 알지 못한다(이것이 가톨릭교회가 고리대금과 자유로운 가격결정을 제한한 이유다). 그러나 음식, 옷, 집 등의 형태 속에서 표현되는 필요는 소비자의 능력에 의해 설정된 한계를 가진다.

부지불식간에 근대경제학은 필요와 욕망 사이에 그것 나름의 구분, 즉 자유재량소득(discretionary income)이라는 개념을 확립해왔다. 어떤 사람의 지출의 한 부분—자신이 정의한 기본적 (또는 케인스의 의미로는 절대적) 필요의 양—은 상대적으로 고정되어있다. 다른 부분은 가변적이다. 즉 그것은 연기될 수 있고, 다른 욕망을 충족시키기 위해 사용될 수도 있고, 아주 자주 신분의 표시와 우월성의 욕구를 표현하기 위해 지출될 수도 있다.

내가 제시하는 사회적 최소한도는 기본적인 필요를 충족시키는 데 요구되는 가구소득의 양이다. 그리고 이것은 또한 문화적 정의이기

---

2) J.M. Keynes, "Economic Possibilities for Our Grandchildren," in *Essays in Persuasion*, The Collected Works of J.M. Keynes, vol. IX(London: Macmillan, 1972), p. 326.

때문에, 그것은 당연히 시간이 경과함에 따라 변화한다.[3] 그리고 나는 또한 부(富)가 그것과 무관한 영역들에서 부당한 특권으로 전환될 수 있어야 한다고 생각하지 않는다는 점에서 사회주의자다. 따라서 나는 의료시설 이용이 모든 사람에게 부여된 사회적 권리인 상황에서 부가 의료시설을 이용하는 데서 부당한 이익을 요구하는 것은 부당하다고 주장한다(423쪽 이하를 보라). 부, 지위, 권력의 영역에는 각각의 영역에 독특한 공정한 할당 원리가 존재한다.

하지만 나는 정치에서는 자유주의자다(두 용어 모두를 칸트적 의미에서 정의할 때). 내가 정체(政體) 내에서 집단—그것이 가족이든, 기업이든, 집단이든, 인종집단이든 아니면 소수집단이든 간에—이 아니라 개인이 기본적 행위자여야 한다고 믿는다는 점에서, 나는 자유주의자다. 그리고 나는 정체는 공적인 것과 사적인 것의 구분을 유지해야만 하며, 따라서 공산주의 국가들에서처럼 모든 행동이 정치화되거나 전통적인 자본주의 사회의 자유방임주의의 정당화에서처럼 아무런 제약 없이 방치되어서는 안 된다고 믿는다.

공적 영역은 모든 사람에게 똑같이 적용되는 법의 지배 아래서 작동하며, 따라서 그것은 절차적인 것이다. 즉 그것은 개인들 사이에서 나타나는 구체적 성과를 명시하지 않는다. 다시 말해 그것은 '개인들을' 평등하게 '만들려고' 하기보다는 그들을 평등하게 다룬다. (도덕과 경제에서) 사적 영역은 그 파급효과(어떤 경우에는 포르노, 다른

---

3) 나의 동료 리 레인워터(Lee Rainwater)는 다수의 경험적 연구에서 다양한 인종 집단 출신으로 아주 다양한 생활환경 속에서 사는 노동계급 개인들에게 무엇이 그들에게 '버젓한' 삶을 살 수 있게 해줄 것 같으냐고 물었을 때 그들의 답변이 한결같이 하나의 공통의 수치로 수렴한다는 사실을 발견했다. 즉 약 절반이 사회의 중간소득이라고 답했다. Rainwater, *What Money Buys*(New York: Basic Books, 1976)를 보라.

경우에는 오염)가 공적 영역을 뒤흔들지 않는 한 서로 동의하는 당사자들이 그들 나름으로 자신의 결정을 내리는 영역이다.

나는 사회적 지위를 상속하거나 미리 정해진 바에 따라 할당하는 원리보다는 개인적 성취의 원리를 믿는다. 그러나 나는 법이 사람들을 평등하게 만들어야 한다는 현재 유행하는 의미에서의 평등주의자가 아니다. 그러한 상황은 사실 평등이 아니라 수적 할당에 의거하는 대의제다. 내가 필요와 욕망을 구분하는 이유 중 하나는 내가 경제영역에서 임금을 똑같게 만들 수 있는 방법을 알지 못하기 때문이다. 임금차별에 대한 주장—노동자들 사이에서 가장 강력한—은 숙련과 노력에서의 차이가 차별적으로 보상되어야만 한다는 도덕적 직관을 반영한다. 일단 사회적 최소한도가 마련되고 나면, 사람들이 자신들의 나머지 돈을 가지고 무엇을 하는가는 (부당한 전환이 일어날 가능성이 있기는 하지만) 그들의 소관이다. 이는 사람들이 도덕의 영역에서 무엇을 하는가는 그것이 사적으로 행해지는 한 그들의 소관인 것과 마찬가지다. 그리고 나는 보편주의가 사회적 경쟁을 지배하는 원리라면, 실적이라는 기준이 사회에서 개인적 성과를 보상하는 정당한 원리라고 믿는다.

나는 문화에서는 보수주의자다. 왜냐하면 나는 전통을 존중하기 때문이다. 즉 나는 예술작품의 질과 관련하여 심사숙고하여 내린 좋고 나쁘다는 평가를 믿는다. 그리고 나는 경험의 가치와 예술과 교육을 평가하는 데서 권위의 원칙이 필요하다고 생각한다.

나는 문화라는 용어를, (이 책에서 분명하게 드러나듯이) 문화를 어떤 '유형화된 생활방식'으로 정의하는 인류학적인 포괄적 규정보다는 좁은 의미로, 그리고 문화를 세련된 것 그리고 고급예술에 한정하는 귀족주의적 전통보다는 넓은 의미로 사용한다. 나에게서 문화는 모든 인간존재가 그들의 삶의 경과 속에서 직면하는 실존적 곤경에 대해 일단의 일관성 있는 답변을 제공하고자 하는 노력이다(이 책 101~102쪽을 보라). 이러한 이유에서 전통은 한 문화의 생명력에 필수적인 것이 된다. 왜냐하면 그것은 선조들이 동일한 실존적 곤경에 어떻게 대처했는지를 계속해서 기억할 수 있게 해주기 때문이다. (이것이 바로 찬송가 작가가 "만약 내가 예루살렘을 잊으면 나의 오른손은 그것의 간지奸智를 잃는 것이다"라고 말한 이유다.)

내가 평가를 강조하는 까닭은 '의미 있는' 모든 경험을 무차별적으로 좋은 것으로 간주하고 각 집단의 '문화'를 다른 어떤 문화와 마찬가지로 타당하다고 주장하는 것을 피하기 위해서다. 근대성의 타락이란 자아표현을 강조하고 예술과 삶의 구분을 없애버림으로써 상상력에 대한 성찰적 규율보다 충동의 실행이 만족의 기준이 되는 것을 말한다. 어떤 문화가 의미를 지니기 위해서는 현재를 초월해야만 한다. 왜냐하면 문화란 근본적인 질문들—그 답변이 일단의 상징을 통해 존재의 의미에 확실한 일관성을 제공하는 질문들—과 거듭 대결하는 것이기 때문이다. 그리고 문화에서의 전통에 대한 평가와 예술에서의 판단(그리고 교육에서의 일관된 커리큘럼)은 학습되는 것이 틀림없기 때문에, 권위—학문, 교육, 숙련된 해설 형태에서의—는 당혹스러움에서 벗어나는 데 필요한 하나의 지침이다. 그리고 그러한 권위는 입으로 말함으로써가 아니라 학습에 의해서만 획득될 수 있다.

내가 견지하는 이 삼중의 입장은 그것이 문명화된 질서의 세 가지 필요조건—즉 자긍심을 가질 수 있게 하는 경제적 최소한도를 보장함으로써 모든 사람이 시민권을 가지게 해야 한다는 믿음, 개인들의 실적에 기초한 사회적 지위 획득의 원리, 그리고 과거와 현재의 연속성—을 미래의 모습을 틀 짓기 위해 하나로 통합시키고 있다는 점에서 일관성을 지닌다.

II

보다 광범한 의미에서 이 책의 테마는 단지 자본주의 자체의 문화적 모순만이 아니라 부르주아 사회의 문화적 모순까지를 포함한다. 이 새로운 세계는 16세기 이후 군사적 또는 종교적 관심보다는 경제활동을 통해 근대세계를 혁명적으로 변화시켜온 상업과 제조업에 종사한 길드, 즉 중간계급 또는 부르주아계급에 의해 창출되었다. 그리고 이것이 바로 이 사회의 핵심적 특징이다.

자본주의는 비용과 가격의 합리적 계산을 통한 상품생산에, 그리고 재투자를 목적으로 하는 지속적인 자본축적에 의거하여 작동하는 사회경제적 체계다. 그러나 이 특이한 새로운 작동양식은 독특한 문화 및 성격구조와 융합되었다. 이 문화에서 독특한 것은 자아실현의 관념이었다. 개인이 전통적 속박과 귀속적 유대(가족과 출생)로부터 해방되면서, 개인은 자신을 그가 원하는 것으로 '만들' 수 있었다. 성격구조에서 독특한 것은 자기통제와 만족 연기의 규범, 즉 잘 정의된 목적을 추구하는 합목적적 행동의 규범이었다. 부르주아 문명을 구성한 것은 바로 이 경제체계, 문화, 성격구조의 상호관계성이다. 이 책의 줄거리는 바로 이러한 통일성과 그 결과를 해명하는 것이다.

나는 두 개의 프리즘을 통해 모순을 독해한다. 첫 번째 프리즘은 하나의 종합적 구성물인 '이상형'(ideal type)이다. 이상형은 '몰역사적'이고, 현상을 하나의 폐쇄체계로 간주한다. 따라서 그것은 '가설-연역적'일 수 있으며, 현상의 범위를 구체화한다. 하나의 이상형으로서 그러한 구성물이 갖는 가치는 (끊임없는 역사적 변화에 의해 때때로 모호해지기도 하는) 경계 지어진 사회적 영역들의 본질적 특징들—내가 기축원리(axial principle)와 기축구조(axial structure)라고 부르는 것—을 확인하게 해줄 수 있다는 것이다. 하지만 이상형은 정적(靜的)이기 때문에 기원 또는 미래의 방향을 설명하지 못한다. 따라서 역사와 그것의 내용을 이루는 구체적인 경험적 복잡성을 포착할 수 있는 두 번째 프리즘이 필요하다.

나는 이상형을 이용하여 사회의 기술-경제적 구조, 정치구조, 문화구조의 근저에 자리하고 있는 상반되는 원리 속에서 자본주의의 모순을 포착한다. 그런데 자본주의의 시작과 함께 중심이 된 기술-경제영역은 오늘날의 모든 산업사회처럼 경제학화(economizing)라는 기축원리에 기초해있다. 여기서 경제학화는 모든 활동을 (재무회계체계에 의해 규정되는) 단위비용의 최소 구성요소로 분해시킴으로써 효율성을 달성하고자 하는 노력을 의미한다. 전문화와 위계질서에 기초한 그것의 기축구조는 관료제적 조정의 구조다. 그 속에서 개인들은 필연적으로 사람이 아니라 '사물'로, 즉 이윤극대화를 위한 수단으로 간주된다(사회학적 전문용어로 그들의 행동은 역할요구에 의해 규제된다).[4] 요컨대 개인은 그들의 기능으로 분해된다.

갈등을 규제하는 정치영역은 평등——법 앞의 평등, 평등한 시민적 권리 그리고 가장 최근에는 평등한 사회적·경제적 권리의 요구——

---

4) 나는 여기서 이윤이라는 단어를 투기 또는 이를테면 공급부족이나 독점과 카르텔의 행사로부터 발생하는 초과소득의 의미에서가 아니라 자원의 효율적 사용 속에서 생산성으로부터 파생하는 이익이라는 엄격한 경제학적 의미로 사용한다. 그런 만큼 모든 경제체계는 이윤을 추구한다. 왜냐하면 그것의 역은 낭비기 때문이다. 사회학적 질문은 사람들이 이윤을 계산할 때 고려하는 요인이 무엇인지를 묻는다. 50년 전까지만 해도 자본주의 기업은 편협한 계산법을 채택하는 경향이 있었고, 따라서 (오염에서부터 노동이 노동자의 건강 및 안전에 미치는 영향에 이르는) 사회적 비용은 노동자 또는 사회가 부담했다. 그러나 공산주의 국가들에서도 상황은 자주 전혀 다르지 않다. 그곳에서도 관료제적 기업은 (집을 짓거나 휴가비를 지불하는 데 필요한) 공장의 재원을 증가시키기 위해 높은 사회적 비용(이를테면 물가에 위치한 종이공장들에 의한 바이칼호의 오염)을 발생시켜 자신의 이윤을 증대시킬 것이다.

이라는 기축원리에 의해 지배된다. 이러한 요구들이 자격으로 전환되기 때문에, 정치질서는 사회 속에서 경제체계에 의해 산출되는 지위와 보상을 시정하기 위해 경제체계와 사회체계에(기업, 대학, 병원의 업무에) 점점 더 개입한다. 정체의 기축구조는 대의제도 그리고 보다 최근에는 참여다. 하나의 원칙으로서의 참여의 요구는 오늘날 사회의 다른 모든 영역으로까지 확산되고 있다. 관료제와 평등 간의 긴장이 오늘날의 사회적 갈등을 틀 짓고 있다.

마지막으로, 문화영역은 자아표현과 자기충족의 영역이다. 그것은 개인이 만족의 단위로 설정된다는 점에서, 그리고 질과 가치에 대한 어떤 객관적 기준이 아니라 자신의 감정, 감상, 판단이 문화적 대상의 가치를 결정한다는 점에서 반(反)제도적이고 도덕률 폐기론적이다. 가장 노골적으로는 이러한 감상은 시, 연극, 회화에 그것이 건전한지 아니면 저속한지가 아니라 "그것이 나에게 어떤 도움이 되는가?"라고 묻는다. 이러한 문화의 민주화 속에서 모든 개인은 당연히 자신의 완전한 '잠재력'을 실현하고자 하며, 따라서 개별 '자아'는 점점 더 기술-경제적 질서의 역할요구와 충돌하게 된다.

많은 비평가가 '권력'이 여전히 근본적으로 경제영역에, 특히 대기업의 수중에 있고 문화에서 자아표현의 충동이 자본주의 체계에 의해 '매수'되어 상품(즉 판매를 위한 물건)으로 전환되어왔다는 점에 근거하여 이러한 정식화에 반대해왔다.

그러한 의문들은 우리의 분석양식, 즉 영역들 간의 분리의 관념이 유용한지 그렇지 않은지가 아니라 특정한 가정을 검증하는 경험적 질문이다. 이 질문에 대한 답은 여전히 역사의 법정에 있다. 그리고 나는 나의 역사적 설명, 즉 나의 분석의 두 번째 맥락을 종결지을 때 이 문제로 다시 돌아갈 것이다.

III

자본주의(지난 30년간의 자본주의)에 대한 지배적 견해의 대부분
은 막스 베버(Max Weber)에 의해 틀지어졌다. 그는 칼뱅주의와 프로
테스탄트윤리 —— 규율 바른 노동의 역할과 부의 추구의 정당화 —— 가
서구에서 독특한 합리적 생산 및 교환조직의 발흥을 용이하게 한 교
의였다는 점을 강조했다. 그러나 자본주의의 기원은 이중적이다. 하
나의 원천이 베버가 강조한 **금욕주의**였다면, 다른 하나는 **물욕**이었다.
후자는 베르너 좀바르트(Werner Sombart)의 중심 테마로, 그의 저작
은 그 당시에 거의 완전히 무시되었다.[5]

---

5) 좀바르트의 주요 저작으로는 세 권으로 이루어진 방대한 저작『근대 자본주의』
   (*Der Moderns Kapitalismus*)(첫 두 권은 1916~17년에 출간되었고, 마지막 권은 10년
   후인 1927년에 출간되었다), 유대인과 자본주의, 사치와 자본주의, 전쟁과 자
   본주의에 대한 일련의 초기 저작들, 그리고 그러한 저작의 극치인『부르주아』
   (*Der Bourgeois*, 1917)가 있다.
   　좀바르트의 명성이 극적으로 실추한 것은 두 가지 이유 때문인 것으로 보인
   다. 제1차 세계대전 이전에 좀바르트는 사회주의에 대해 매우 동정적이었으며,
   1896년에 그의 첫 번째 주요 저작『사회주의와 사회운동』(*Sozialismus und soziale
   Bewegung*) —— 이 책은 20개 언어 이상으로 번역되었다 —— 을 출간한 후 그가 높
   은 명성을 얻게 한 여러 저작을 집필했다. (1904년에 출간한, 미국에 대한 그의
   저작『미국에는 왜 사회주의가 존재하지 않는가?』(*Warum gibt es kein Sozialismus in de
   Vereinigten Staaten*)는 사회주의 사상이 미국에 뿌리를 내리는 데 실패한 것에 대한
   표준적 설명이 되었다). 하지만 제1차 세계대전 이후에 좀바르트는 마르크스
   주의에 등을 돌렸고, 1934년에는『독일 사회주의』(*Deutscher Sozialismus*) —— 이 책
   은『새로운 사회철학』(*A New Social Philosophy*)이라는 이름으로 영역되었다 —— 에
   서 국가사회주의를 막연히 신봉했고, 그러한 견해는 그가 1941년에 사망할 때
   까지 인간에 대한 애매한 영적 견해를 신봉한 다른 저작들에서도 계속되었다.
   　두 번째 이유 —— 정치적이기보다는 이론적인 —— 는 자본주의에 대한 좀바르
   트의 저작이 대단히 풍부하고 다양한 자료를 사용하기는 했지만(그는 아마도
   이 주제에 대해 다른 어떤 저술가보다도 많은 자료를 수집했을 것이다) 결국 많은
   이해하기 어려운 요소들을 마구 섞어놓아 잡탕이 되었고, 어떤 명확한 인과관

좀바르트는 자신의 책 『부르주아』(Der Bourgeois)에서 자본주의의 기원의 다양성을 강조하기 위해 '자본주의적 기업가'의 여섯 가지 기본 유형을 규명한다. 약탈자(16세기 영국에…… 만연했던 무자비한 해적들), 지주(이를테면 18세기 초의 프랑스에서처럼 광업과 제철소 설립에 착수한 자본주의적 농민), 공무원(프랑스의 장-밥티스트 콜베르Jean-Baptiste Colbert 같은 기업 장려자들), 투기업자(영국에서 해외 투자를 위해 국가 채무를 인수한 남해회사South Sea company의 배후에 있던 사람들), 무역업자(원래는 중간상인들로, 그들은 기업가가 되었다), 장인 또는 제작자(이들은 제조업자가 되었다)가 그들이다.

좀바르트는 자본주의적 기업의 주요 지역을 네덜란드, 영국 또는 미국과 같은 프로테스탄트 국가들이 아니라 플로렌스 세계에 위치시켰고, 벤저민 프랭클린(Benjamin Franklin) — 개인적 삶에서는 호사스러운 사람이었다 — 과 연관된 타산적인 부르주아적 금언과 동

계도 분명하게 제시하지 않았다는 것이다. 때에 따라 좀바르트가 이러저러한 사회집단(이를테면 유대인 또는 플로렌스 사람들) 또는 이러저러한 사회적 사실(이를테면 귀금속의 새로운 공급 또는 기술)의 중요성을 강조하고자 했지만, 이 모든 것들의 배후에는 기본적으로 물욕 충동에 대한 강조가 자리하고 있었다.

프레데릭 L. 누스봄(Frederick L. Nussbaum)이 마음대로 편집하여 번역한 『근대 유럽 경제제도의 역사: 베르너 좀바르트의 '근대 자본주의' 입문』(A History of the Economic Institutions of Modern Europe: An Introduction to Der Moderne Kapitalismus of Werner Sombart, New York, F.S. Crofts, 1933)이 출간되었지만, 『근대 자본주의』의 완역판은 아직 출간되지 않았다. 『부르주아』는 미하일 엡스타인(Mikhail Epstein)에 의해 편집 · 번역되어 『자본주의의 정수: 근대 기업인의 역사와 심리에 관한 연구』(The Quintessence of Capitalism: A study of the history and psychology of the modern business man, New York: E.P. Dutton & Co., 1915)라는 이름으로 출간되었다. 기묘하게도 그 책에는 그것이 『부르주아』의 번역본이라는 진술을 어디서도 찾아볼 수 없다. 그 책이 전시에 런던에서 출간되었다는 사실이 독일어판에 대한 언급이 없는 이유를 설명해줄지도 모른다. 우리는 좀바르트에 대한 가장 간명한 진술을 그의 논문 "Capitalism," The Encyclopedia of the Social Sciences(New York: The Macmillan Co., 1930) vol. 3, pp. 195~208에서 발견할 수 있다.

일한 종류의 것들을 수백 년 전 레온 바티스타 알베르티(Leon Batista Alberti)의 저술들에서 발견할 수 있다고 주장한다. 알베르티의 책 『가족의 관리』(*Del governo della famiglia*)는 그 당시에 하나의 고전이었으며, 중간계급의 덕목, 행위의 적절한 조정, 시간의 유익한 이용에 대한 그의 견해들은 이탈리아와 프랑스의 수많은 부르주아와 상인들에 의해 채택되었다.[6]

초기 자본주의의 발흥지가 정확히 어디든 간에 처음부터 금욕주의와 물욕이라는 두 가지 충동이 함께 작동했다는 것은 분명하다. 전

---

6) *The Quintessence of Capitalism*, pp. 104~113. 알베르티를 시간과 공간에 대한 합리적 미학을 수립한 핵심적 인물 중 한 사람으로 논의하고 있는 것으로는 이 책 pp. 140~143을 보라.
자본주의가 가톨릭 이탈리아에서 기원했으며 프로테스탄트 윤리가 아닌 반종교개혁이 자본주의를 확산(trans-location)시켰다는 주장을 뒷받침하는 흥미로운 최근의 논의로는 Hugh Trevor-Roper, *Religion, the Reformation and Social Change, and Other Essays*(London: Macmillan, 1967), pp. 23, 27~28을 보라. 그는 다음과 같이 쓰고 있다.

중세 유럽을 비자본주의적이라고 보는 마르크스, 베버, 좀바르트에게 문제는 왜 자본주의가 16세기에 창출되었는지를 발견하는 것이었다. 적어도 종교개혁에 이르렀을 때 가톨릭 유럽이 자본주의경제를 완전히 창출할 수 있었다고 믿는 우리에게, 문제는 왜 16세기에 그러한 경제의 그렇게도 많은 행위자—기업가뿐만 아니라 노동자들까지도—가 옛 중심지들(주로 가톨릭의 땅)을 떠나 새로운 중심지들(주로 프로테스탄트의 땅)로 이주했는가 하는 것이다. ……그들은 쫓겨났다. 그리고 그들은 종교 때문에 쫓겨났다. ……
칼뱅주의가 새로운 유형의 인간을 창출하고 그들이 다시 자본주의를 창출한 것이 아니었다. 오히려 유럽의 옛 경제 엘리트들이 여러 세대 동안 그들 나름의 심적 태도를 지녀왔다는 이유로 이단으로 몰렸고, 갑자기 그리고 일부 지역들에서 이단으로, 그리고 용납할 수 없는 사람들로 선언되었다. ……
항상 우리는 이것으로 돌아간다. 즉 북유럽의 칼뱅교도 기업가들, 그리고 이 문제라면 유대인 기업가들은 토착적으로 성장한 것이 아니라 이미 성장한 후 이식된 것이었다.

자가 부르주아의 타산적인 계산정신이었다면, 후자는 끊임없는 파우스트적 충동으로, 근대경제와 기술에서 표현되는 바와 같이 '끝없는 개척'(endless frontier)을 그 모토로, 그리고 자연의 완전한 변형을 그것의 목적으로 삼는다. 두 충동의 뒤얽힘이 근대 합리성 개념을 틀지었다. 이 둘 간의 긴장이 초기 정복시대를 특징짓던 사치적 과시에 도덕적 제약을 가했다. 또한 분명한 것 — 그리고 이것은 이 책의 주장 중 하나다 — 은 금욕적 요소가, 그리고 그것과 함께 자본가적 행동의 도덕적 정당화 방식의 하나가 실제로 사라졌다는 것이다.

철학적 정당화의 수준에서 금욕주의에 대한 주요한 공격은 제러미 벤담(Jeremy Bentham)에 의해 시작되었다. 그는 금욕주의(종파적인 사람들이 내키지 않아 하는 사람들에게 가하는 '고통')는 인간을 지배하는 '천부적' 쾌락주의 — 쾌락의 추구와 고통의 회피 — 를 위반하는 것이라고 주장했다. 그것의 '해악'은, 그것의 순수한 의도가 무엇이든 간에, 금욕주의가 인간에 대한 '전제주의'(despotism)를 낳는다는 것이다. 이제 효용성의 원리만이 다양한 목적을 충족시키고자 하는 인간을 규제하는 도구로 기여할 수 있었다. 그리하여 공통의 목적 관념이 개인적 선호로 해체되었다.

역사의 단계에서 '경제적 충동'은 초기에는 관습과 전통에 의해, 즉 어느 정도는 공정한 가격이라는 가톨릭의 도덕 원리에 의해, 그리고 나중에는 검약에 대한 청교도의 강조에 의해 제약되어왔다. 종교적 충동이 약화되었을 때, 복잡한 역사 자체도 자제력을 잃었다. 자본주의에서 독특한 것 — 자본주의 자체의 원동력 — 은 자본주의에 끝이 없다는 것이다. 기술을 동력으로 하여 추진되는 자본주의에는 자본주의의 기하급수적 성장을 교정할 수 있는 어떠한 수단도 존재하지 않는다. 어떠한 한계도 존재하지 않는다. 신성한 것은 아무것도 없었다. 변화가 규범이 되었다. 19세기 중엽에 이것이 바로 경제적 충동의 궤도였다. 그것은 또한 문화의 궤도기도 했다.

IV

문화의 영역은 의미의 영역이다. 즉 문화는 일정한 상상의 형식 속에서 예술과 의례의 표현력을 통해 세계를, 특히 모든 자의식적 인간존재가 그의 삶의 일정 지점에서 대결해야만 하는 실존적 곤경으로부터 발생하는 비극과 죽음 같은 그것의 '불가해성'을 이해하고자 하는 노력이다. 그러한 불가해한 것들과의 마주침 속에서 사람들은 다른 모든 문제를 틀 짓는 근본적 문제들 ─ 괴테(Johann Wolfgang von Goethe)가 근원적 현상(Urphanomen)이라고 부른 것 ─ 을 인식하게 된다. 이러한 '미스터리'를 이해하고자 한 가장 오랜 노력인 종교는 역사적으로 문화적 상징의 원천이었다.

과학이 자연의 통일성을 탐색한다면, 종교는 서로 다른 역사적 문명의 시기에 문화의 통일성을 탐색해왔다. 종교는 그러한 순환을 끝내기 위해 전통을 의미의 구조로 조직화했고, 종교의 도덕적 규범을 위협하는 예술작품들을 거부함으로써 문화의 문을 지켰다.

근대운동은 그러한 통일성을 파괴한다. 그것은 세 가지 방식으로 그렇게 한다. 즉 그것은 도덕적 규범으로부터 미학의 자율성을 주장함으로써, 새로운 것과 실험적인 것에 더 높은 가치를 부여함으로써 그리고 (독특성과 독창성을 추구하는) 자아를 문화적 평가의 기준으로 삼음으로써 그렇게 한다.

그 운동의 가장 공격적인 선도자가 바로 스스로를 모더니즘이라고 부르는 자칭 아방가르드다. 모더니즘에 대한 논의(이 책 148~160쪽 그리고 제2장과 제3장을 보라)는 이 책의 내적 맥락을 이루고 있다. 왜냐하면 나는 모더니즘을 부르주아 세계관의 해체 행위로, 그리고 지난 반세기 동안 문화에서 헤게모니를 획득한 것으로 보기 때문이다.

모더니즘을 정의하는 어려움은 악명이 높다. 나는 모더니즘을 세 가지 차원에서 도식적으로 구체화할 것이다.

1. 테마라는 측면에서 모더니즘은 질서, 특히 부르주아적 질서정연함에 대한 격분이었다. 그것은 자아 그리고 부단한 경험의 추구를 강조한다. 테렌티우스(Terence; Publius Terentius Afer)가 한때 "인간적인 그 어떠한 것도 나에게 생경한 것은 없다"라고 말했다면, 모더니스트는 똑같은 열정을 가지고 "비인간적인 그 어떠한 것도 나에게 생경한 것은 없다"라고 말할 수 있을 것이다. 합리주의는 활력을 앗아가는 것으로 인식된다. 악마적인 것의 탐구가 창조성을 파동치게 한다. 그러한 탐구 속에서 사람들은 이러한 변화무쌍한 상상력의 범위에 심미적 한계를 (또는 도덕적 규범조차도) 설정할 수 없다. 결정적인 주장은 경험이 갈망하는 것에는 어떠한 한계도 없다는 것, 즉 거기에 "그 어떤 신성한 것도 전혀" 존재하지 않는다는 것이다.[7]

2. 스타일의 측면에서 볼 때, 거기에는 내가 '거리의 소멸'(the eclipse of distance)이라고 부르는 공통의 구문이 존재한다. 이것은 심미적·심적 거리를 제거함으로써 즉각성, 충격, 동시성, 감각을 획득하고자 하는 시도다. 사람들은 심미적 거리를 줄임으로써 관조를 절멸시키고 구경꾼들을 경험 속에 가둔다. 사람들은 심적 거리를 제거함으로써 (프로이트적 용어로) 꿈과 환상, 즉 본능과 충동의 '원초적 과정'을 강조한다. 이 모두 속에서 모더니즘은 르네상스 시대 동안에

---

7) 나는 이 주장을 다음의 글에서 19세기와 20세기의 주요 문학작품들을 검토함으로써 정교화한 바 있다. Bell, "Beyond Modernism, Beyond Self," Quentin Anderson, Stephen Donadio and Steven Marcus eds. *Art, Politics and Will: Essays in Honor of Lionel Trilling*(New York: Basic Books, 1977).

도입되고 알베르티에 의해 부호화된 '합리적 우주론', 회화공간에서의 전경과 배경, 시간에서의 시작, 중간, 끝 또는 순서, 그리고 장르와 각 장르에 적합한 작품양식을 거부한다. 하나의 형식적 구문으로서의 이러한 거리의 소멸은 모든 예술에 ── 문학에서는 '의식의 흐름'에, 회화에서는 캔버스 내의 '내적 거리' 제거에, 음악에서는 멜로디와 하모니의 균형 전복에, 시에서는 질서정연한 운율 파괴에 ── 영향을 미친다. 가장 광범위한 의미에서 이 공통의 구문은 하나의 예술원리로서 미메시스(mimesis)를 거부한다.[8]

3. 모더니즘은 매개체 그 자체에 몰두한다. 문화사의 모든 시기에 예술가들은 매개체의 성격과 복잡성을 ("머릿속에 그린 것"을 '형상화된' 결과로 변화시키는) 형식의 문제로 인식해왔다. 지난 25년 동안 우리는 내용 또는 형식(이를테면 스타일과 장르)이 아니라 (자주 다른 모든 것을 배제한 채) 예술의 매개체 그 자체, 즉 회화에서는 물감과 재료의 실제 질감, 음악에서는 심원한 '소리', 시에서는 음운론 그리고 심지어는 '호흡', 그리고 문학에서는 언어의 추상적 속성에 몰두하는 것을 목도해왔다. 따라서 재스퍼 존스(Jasper Johns)의 그림에서, 흥분을 불러일으키는 것은 이미지가 아니라 채색된 표면이고, 존 케이지(John Cage) 음악에서 우리를 흥분시키는 것은 우발적인 또는 우연적인 요소들이고, 그리고 로버트 크릴리(Robert Creeley) 시의 경

---

8) 모든 모더니즘적 저술가들이 어떤 겉으로 드러나는 의미에서 '반(反)부르주아적'인 것은 분명 아니다. T. S. 엘리엇(Thomas Stearns Eliot)은 고교회파 국교도(High-Church Anglican)였고, 윌리엄 포크너(William Faulkner)는 남부 정치에서 전통주의자였다. 하지만 두 사람은 모두 시와 소설에서 위대한 '실험자'였다. 그들의 독특한 정치적 또는 문화적 신념에도 불구하고, 그들의 '모더니즘 양식'이 초래한 결과 중 하나는 시간과 공간의 질서정연한 관계에 관한 부르주아적 세계관의 근저를 이루는 '합리적 우주론'을 파괴했다는 것이다(이 책 205~221쪽을 보라).

우에 우리는 단시(短詩)의 수단으로서의 음절보다는 기음에서 흥분한다. 이 모든 것들은 매개체 자체의 한계와 성격에 대한 형식적 탐구라기보다는 오히려 자아를 표현하는 것이다.

모더니즘은 분명 서구문화에서 거대한 창조성의 파고 중 하나의 원인이었다. 아마도 사람들은 우리가 알고 있는 어떤 이전의 시기보다도 1850년부터 1930년까지의 시기에 문학, 시, 음악, 회화에서 (비록 더 위대한 걸작은 아닐지라도) 더 다양한 실험을 목도했을 것이다. 그중 많은 것이 부르주아 사회구조에 대해 적대적 태도를 가지고 그것에 맞서는 문화의 창조적 긴장으로부터 생겨났다. 하지만 거기에는 대가가 있었다. 그중 하나가 특히 도덕적 규범 그리고 심지어는 문화적 평가의 관념 그 자체에 대한 도덕률 폐기론적 태도가 확산되면서 문화에서 응집성이 상실되었다는 것이다. 그보다 더 큰 대가는 예술과 삶의 구분이 흐려져서 한때 상상 속에서 허용되었던 것(살인, 육욕, 도착에 관한 소설들)이 자주 판타지로 전환되었다는 것, 그리고 비평의 '민주화'와 함께 어떤 기준에 대한 동의적 합의가 아니라 예술이 '자아'를 강화하는지에 대한 각각의 '자아'의 판단이 판단 기준이 되면서 자신의 '삶'을 예술작품으로 만들고자 하는 개인들에 의해 그것이 행동으로 옮겨지고 있다는 것이다.

문화에서의 변화는 사회구조와 복잡한 방식으로 상호작용한다. 후원체계가 존재하는 곳에서는 후원자—그것이 군주든, 교회든 또는 국가든 간에—가 예술작품을 의뢰하고, 교회와 같은 제도의 문화적 욕구, 군주의 취향, 또는 국가에 의한 미화의 요구가 그 시대의 지배적 양식을 틀 지을 것이다. 그러나 예술작품이 매매되는 곳에서는 시장이 문화와 사회구조를 매개한다. 우리는 문화가 하나의 '상품'이 된 곳에서는 부르주아의 취향이 지배적일 것이라고 생각할 수 있다.

그러나 역사적으로 특이하게도 이것은 사실이 아니었다.

'문화적 헤게모니'(cultural hegemony)라는 표현 — 이탈리아 마르크스주의자 안토니오 그람시(Antonio Gramsci)와 동일시되는 — 은 (사람들에게 시대에 대한 하나의 해석의 틀을 제공하는) 유력한 세계관을 틀 짓는 데서 어떤 단일집단이 지배력을 행사하는 것을 의미한다. 역사적으로 특정 지배계급으로부터 성장하여 그 계급에 봉사한 단일한 세계관이 시대를 지배한 경우가 많이 있었다. 우리는 12세기 — 인노켄티우스 3세(Innocent III)에 의해 상징되는 '신앙의 시대'(Age of Faith) — 에 한결같은 신앙심이 아니라 브라이언 윌슨(Bryan Wilson)이 지적했듯이 "교회의 권위에 의해 각인된 신앙과 질서가 사회의 틀을 지배함으로써" 사회에 대한 교회의 통제가 절정에 달했음을 알고 있다. 그것과 가장 가까운 오늘날의 유사물 — 일상적 삶의 규제, 생산과 분배의 고압적 통제, 그리고 충동의 억제와 권위의 찬양이라는 면에서 — 이 소비에트 세계. 그곳에서는 당이 완전한 문화적 헤게모니를 행사한다. 소비에트 세계는 하나의 이데올로기에 의해 규정되어있는 사회질서다.

마르크스주의자들은 자본주의 아래서도 역시 하나의 단일한 문화적 헤게모니 — '지배계급'의 관념 — 가 존재해왔다고 가정해왔다. 하지만 놀라운 사실은 적어도 지난 백 년 동안 지배적인 영향력을 행사해온 것이 있었다면(적어도 고급문화에서), 그것은 그 계급의 공인된 적(敵), 즉 모더니즘이었다.

자본주의의 경제적 충동과 근대성의 문화적 충동은 처음에는 하나의 공통의 원천, 즉 자유와 해방의 관념을 공유했다. 그것의 구현물이 경제적 상황에서는 '철저한 개인주의'(rugged individualism), 그리고 문화에서는 '제약받지 않는 자아'(unrestrained self)였다. 비록 이 둘 모두가 전통과 과거의 권위를 거부하는 데서 연원했지만, 그 둘 사이에서 적대적 관계가 급속히 진전되었다. 누군가는 지그문트 프로이트(Sigmund Freud)처럼 노동에 의해 요구되는 규율이 문화로 전화된 리비도 에너지에 의해 위협받았다고 말할 수도 있다. 이것이 어쩌면 사실일 수도 있지만, 그것은 추상적이다. 보다 적절한 역사적 설명인 것으로 보일 수 있는 것은 체계적 계산과 자제에 대한 부르주아적 태도가 낭만주의에서 발견되어 모더니즘으로 이양된 감각과 흥분의 충동적 추구와 충돌하게 되었다는 것이다. 노동과 생산 조직이 관료제화되고 개인들이 역할로 축소됨에 따라 그러한 적대감은 심화되었고, 그에 따라 작업장의 규범이 점점 더 자기탐색과 자기만족에 대한 강조와 상충되게 되었다. 블레이크(William Blake)와 바이런(Baron Byron)과 보들레르(Charles Baudelaire) — 모더니즘의 화신인 — 를 이어주던 실은 단단한 것이 아닐지도 모른다. 그것은 다만 하나의 상징적 계보일 뿐이다.

노동과 부가 종교에 의해 재가를 받자 그것들은 초월적으로 정당화되었다. 그러나 그러한 윤리가 부식되었을 때, 그것들은 정당성을 상실했다. 왜냐하면 부의 추구 그 자체는 부의 추구를 정당화시켜주는 소명이 아니기 때문이다. 조지프 슘페터(Joseph Schumpeter)가 일찍이 예리하게 논평했듯이, 주식거래는 성배의 빈약한 대체물일 뿐이다.

여기서의 중심적 논점은 (처음에는 선진적 사회집단, 즉 인텔리겐치아와 교육받은 계급에서 그리고 나중에는 중간계급 자체에서) 사회적 행동을 정당화해주던 것이 종교에서 모더니즘 문화로 넘어갔다는 것이다. 그리고 그것과 함께 강조점이 '성격'(character) — 도덕적 규약과 규율된 목적의 통합체 — 에서 '퍼스낼리티'(personality) — 개인적 차별화의 충동적 추구를 통한 자아의 강화 — 로 이동했다. 요컨대 노동이 아니라 '라이프스타일'이 만족의 근원이자 사회에서 바람직한 행동의 기준이 되었다.

하지만 역설적이게도 자유로운 자아의 이마고(imago)가 된 라이프스타일은 자신의 '역동적 충동'을 통해 그 자신을 표현하는 기업가의 라이프스타일이 아니라 사회의 관습에 도전하는 예술가의 라이프스타일이었다. 그리고 내가 보여주고자 노력해왔듯이(이 책 137~141쪽을 보라), 점점 더 관객을 지배하고 바람직한 것과 구매할 것에 대한 자신의 판단을 강요하기 시작한 것은 예술가다. 이 역설은 사회에서 붕괴되고 있던 부르주아 윤리가 문화 속에서 방어자들을 거의 발견할 수 없을 때(대체 어떤 저술가가 어떤 제도를 방어하는가?), 그리고 정통에 대한 공격으로서의 모더니즘이 승리하여 그 시대의 지배적 정설이 될 때 완성된다.

V

모든 긴장은 그 자신의 변증법을 창출한다. 시장이 사회구조와 문화가 교차하는 곳이기 때문에, 지난 50년 동안 경제는 문화가 자랑스럽게 제시해온 라이프스타일을 생산하는 쪽으로 자신을 조정해왔다. 따라서 영역들 간에 모순이 존재해왔을 뿐만 아니라 그러한 긴장이 경제적 영역 자체 내에 또 다른 긴장을 산출해왔다. 자본주의적 기업 세계에서 생산영역과 조직영역에서의 명목상의 에토스는 여전히 노동, 만족 연기, 경력지향, 기업에 대한 헌신이다. 하지만 마케팅 측면에서 매력과 섹스의 그럴듯한 이미지로 포장된 제품의 판매는 관능적 욕망의 만족을 약속하는 쾌락주의적 생활방식을 조장한다. 내가 이 책에서 지적하듯이, 이러한 모순이 초래하는 결과는 기업이 낮에는 정상인이고 밤에는 쾌락 탐닉자인 직원들을 발견한다는 것이다.

지난 25년 동안 (종교적 윤리의 부식과 재량소득 증가의 결과) 발생해온 것은 문화가 **변화**를 촉진하는 데서 주도권을 잡았고 경제는 그러한 새로운 욕망을 충족시키는 쪽으로 방향을 틀어왔다는 것이다.

이러한 점에서 사회변동의 역사적 유형에는 하나의 중요한 반전이 있었다. 자본주의가 발흥하는 동안 (즉 모든 전통사회가 '근대화'하는 사이에) 우리는 사람들을 강제로 토지에서 공장으로 이주시킴으로써, 새로운 리듬과 노동규율을 강요함으로써, 그리고 자본을 증대시키기 위해 잔인한 수단과 유인(이를테면 소비 '자제'에 대한 보상으로서의 이자이론)을 이용함으로써 사회의 경제구조를 보다 쉽게 변화시킬 수 있었다. 그러나 '상부구조'──가족생활 유형, 종교와 권위에 대한 집착, 사람들의 사회적 현실에 대한 인식을 틀지어 온 통념──는 더욱 완강하게 변화에 저항했다.

오늘날에는 이와 대조적으로 변화하기가 더 어려운 것은 경제구조다. 기업 내에서는 견고한 관료제적 층들이 유연한 적응을 어렵게 하는 반면, 노동조합의 규칙은 경영진이 일자리의 할당을 통제하는 권한을 제약하고 있다. 사회에서 경제적 기업들은 (이를테면 공장의 입지나 환경 이용에 대해) 다양한 거부집단(veto group)의 도전을 받고 있으며, 점점 더 정부의 규제를 받고 있다.

그러나 문화에서는 판타지가 거의 아무런 제약 없이 영향력을 행사하고 있다. 미디어는 사람들에게 새로운 이미지를 제공하고, 전통적인 관습을 어지럽히고, 다른 사람들에게 모방의 이마고가 되는 일탈적이고 기발한 행동들을 부각시키는 쪽으로 나아가고 있다. 전통적인 것이 케케묵은 것으로 간주되고 있지만, 가족과 교회 같은 '정통' 제도들은 변화에 대한 자신들의 무능력에 대해 수세적 입장을 취하고 있다.

하지만 자본주의가 일상화되어왔다면, 모더니즘은 평범화되어왔다. 충격적인 것이 전혀 남아있지 않다면, 결국 모더니즘이 얼마나 자주 계속해서 충격을 줄 수 있을까? 그리고 모든 안 좋은 역사들처럼 모더니즘은 한때는 미래파와 다다이즘의 장난감 총 격발 속에서, 그리고 두 번째 시기에는 팝 회화(Pop paintings)의 인광 패러디와 분별없는 개념예술의 미니멀리즘 속에서 자신의 목적을 되풀이해왔다. 각각의 선언문의 문장을 끝맺은 감탄부호는 끝없는 반복이 낳는 지루함 속에서 희미해지는 그냥 네 개의 점이 되고 말았다. 그럼 결국 거기에는 무엇이 남는가? 사무엘 베케트(Samuel Beckett)가 그의 슬픈 대화에서 요약했듯이,[9]

블라디미르: 그렇다고 말해. 설령 사실은 그렇지 않더라도.
에스트라공: 뭐라고 말해.
블라디미르: 기쁘다고 말해.
에스트라공: 기뻐.
블라디미르: 나도.
에스트라공: 나도 역시.
블라디미르: 우린 기뻐.
에스트라공: 우린 기뻐. (침묵) 우리가 기쁘니, 이제 우리 뭐하지.
블라디미르: 고도를 기다리자.

미네르바의 부엉이는 지혜가 드러나는 황혼 녘에 난다. 왜냐하면 삶이 점점 더 회색이 되었기 때문이다. 승리한 모더니즘의 묵시록 속

<hr>

9) Samuel Beckett, *Waiting for Godot*(New York: Grove Press, 1954) p. 39. 허가를 받아 재수록함.

에서, 새벽은 뚜렷하게 감지할 수 없는 빛 속에서 소용돌이치고 있는 일련의 현란한 색깔들이다. 오늘날 모더니즘은 진지한 예술가들의 작품이 아니라 문화인(culturati), 즉 '문화대중'(cultural mass)(이 책 110~111쪽을 보라)의 소유물, 다시 말해 문화적 생산물의 유통부문의 소유물이다. 그들에게 옛것의 충격은 새로운 것의 독특한 스타일이 되었다. 문화인은 레토릭 속에서 부르주아의 질서정연함과 절제에 대해 적대적 입장을 계속해서 드러내지만, 자신들을 방어하는 교의를 벗어나는 사람들에게 자신들의 교의에 순응할 것을 강요한다.

1960년대에 사람들은 반문화(counterculture)라는 새로운 현상을 목도했다. 하지만 바로 그 이름이 하나의 자만이었다. '대항문화'(adversary culture)는 예술——즉 상상력을 이용하여 다루기 어려운 기억이나 가공하기 어려운 소재를 가능한 한 초시간적인 하나의 작품으로 미화하는 것——에 관심을 가졌다. 그것은 문화영역 속에 존재했다. 이른바 반문화는 판타지와 현실 사이의 경계선을 제거하고 해방의 기치 아래 그 충동을 삶 속에서 행동으로 옮기고자 하는 하나의 소년 십자군(children's crusade)이었다. 그것은 단지 자유주의적 부모들의 내밀한 행동을 떠벌이고 있는 것일 뿐이면서도, 부르주아의 고상한 척하기를 조롱할 것을 주장했다. 그것은 반세기 전의 그리니치 빌리지(Greenwich Village) 보헤미아의 젊은이들의 장난을 보다 무질서하고 소란한 형태로 단지 반복하고 있으면서도(록의 소음은 매스미디어의 전자 반향실에서 증폭되었다), 새롭고 또 대담하다고 주장했다. 그것은 반문화라기보다는 하나의 위조된 문화였다.

자본주의의 이러한 이중적 모순 속에서 지난 30년간 수립된 것은 일시적 열광과 유행의 비속한 규칙, 즉 중간계급을 위한 '다양한' 문화적 쾌락주의와 대중을 위한 포르노토피아(pornotopia)의 규칙이었다. 그리고 그것은 문화를 평범화해왔다. 왜냐하면 그것이 바로 유행의 본질이기 때문이다.

VI

헤르베르트 마르쿠제(Herbert Marcuse)가 시사하듯이, 모더니즘은 '매수'되었는가? 한 가지 차원에서는 그렇다. 그것은 판매촉진과 이윤을 위한 하나의 상품으로 전화되어왔다. 그러나 구조의 보다 심층적인 변형 속에서 그러한 과정은 단지 자본주의의 토대 그 자체를 훼손할 수 있을 뿐이다. 사회학적으로 진부하게 말하면, 사회질서는 자신의 정당화——자신을 경멸하는 사람에 맞서 자신을 방어하는 것——를 통해 지탱된다. 그러나 내가 주장해왔듯이, 문화를 정당화하는 것은 자기만족의 추구와 '퍼스낼리티'의 표현이다. 문화는 개인적 자율성과 이단의 이름으로 기존의 정설을 공격한다. 하지만 근대문화가 그간 이해하지 못한 것이 바로 정설은 기존 질서의 보호자가 아니라, 그 자체가 '올바른 이성'의 관점에서 이루어진, 신념의 적절성과 도덕적 성격에 관한 하나의 판단이라는 것이다. 역설은 '이단' 그 자체가 자유주의적 집단들 속에서 체제 순응적이 되어왔으며 도덕률 폐기론의 기치하에 순응한다는 것이다. 그것은 공유된 도덕적 질서를 해체하기 위한, 그 자체가 혼란에 빠져있는 하나의 처방이다.

권력은 여전히 경제적 영역, 그리고 주로 거대기업의 수중에 놓여있는가? 서구사회에서 여전히 상당 정도 그렇지만, 그러한 주장은 오늘날 사회변화의 본질을 오독한다. 자본주의 질서는 역사적으로 그것이 체계의 연속성을 유지하기 위해 일단의 유력한 가족들을 통해 재산과 권력을 융합했을 때 힘을 가졌다. 자본주의에서 일어난 최초의 심층적인 내적 구조변화는 가족과 재산이 경영능력과 분리된 것과 일련의 엘리트들을 통해 연속성을 상실한 것이었다. 오늘날 경제적 권력은 제도에 자리하고 있다. 이 제도의 장(長)은 자신의 권력을 자신의 상속자에게 양도할 수 없고, (재산은 사유재산이 아니라 법인의 재산이고 재산이 아니라 전문기술이 관리직의 기반이기 때문에) 그는 점점 더 그러한 권력 행사에서 더 이상 전통적인 자연적 권리, 정당화, 정당성을 가지지 못한다. 그리고 그는 이것들을 분명하게 알고 있다.[10] 더 큰 사실은 근대사회가 유권자의 수를 증가시킨다는 것과 경제적 결과와 사회적 결과의 상호의존성이 증대함에 따라 정치질서가 그러한 상호의존성과 다른 국가주도적 경제들의 경쟁 증가로부터 발생하는 체계 문제들을 다루기 위해 권력을 행사하는 장소가 된다는 것이다. 그것의 주요한 결과가 내가 '공공가계'(Public Household)에 관한 절(이 책 407쪽 이하)에서 주장하듯이 국가권력이 확대된다는 것, 기업 내에서의 수익 분할이 아니라 국가예산이 (자본 형성을 포함한) 경제적 결정의 주요한 조정자가 된다는 사실, 그리고 (기업이 여전히 상당한 정도로 영향력을 행사하지만) 자본가와 노동자 간의 경쟁이 아니라 다양한 유권자들 간의 경쟁이 사회에서 권력을 할당하는 양식이 된다는 것이다.

VII

종교에 대한 나의 최종 의견이 이 책의 지렛대를 이루고 있다. 나

---

10) 이러한 변화에 대한 보다 자세한 논의로는 나의 책 *The End of Ideology*(Glencoe, Il.: The Free Press, 1960)에 실려 있는 나의 글 "The Break-up of Family Capitalism"을 보라.

는 (에밀 뒤르켐Émile Durkheim에게는 실례지만) 종교를 사회에 대한 하나의 '기능적 필수품'으로 보거나 종교가 없다면 사회가 해체될 것이라고 보지 않는다. 나는 종교를 사회의 풀린 이음매를 잇는 헝겊이라고 생각하지 않는다. 비록 (전시와 같은) 극단적 위기의 시기에 정당성의 상실이 저항의지를 약화시킬 수는 있지만, 그렇다고 사회가 해체되지는 않는다. 종교는 제조될 수 없다. 설령 종교가 제조된다고 하더라도 그 결과는 겉으로만 그럴듯할 것이며, 그다음의 유행의 소용돌이 속에서 곧 사라질 것이다.

반세기도 더 전에 막스 베버가 예리하게 지적했듯이,

종교적 감정을 자신들의 감상과 감각의 원천 목록 속에 그리고 논의의 주제들 속에 포함시키고자 한 문학적, 학문적 또는 카페사회의 지식인들의 욕구는 결코 새로운 종교를 낳지 못했다. 책을 쓰는 저자들의 욕구도 그리고 그러한 책을 파는 더 영리한 출판사들의 훨씬 더 실제적인 욕구도 종교를 부흥시킬 수 없다. 광범위한 종교적 관심이 제아무리 종교의 출현을 자극할지라도, 종교가 지식인들의 욕구와 그들의 잡담으로부터 유래한 적은 결코 없다. 끊임없이 변하는 유행이 곧 그 유행을 널리 퍼뜨려온 대화와 저널리즘으로부터 그 주제를 제거할 것이다.[11]

종교는 공통의 각성을 공유하는 개인들의 가장 심층적인 욕구로부터 성장하지 '영혼의 엔지니어들'에 의해 창조되지 않는다.

종교에 대한 나의 관심은 내가 문화를 구성하는 특징이라고 가정

---

11) Max Weber, *The Sociology of Religion*, translated by Ephraim Fischoff(Boston: Beacon Press, 1963), p. 137.

한 것—우리를 다시 실존적 곤경에 이르게 하는 일련의 문제들, 인간의 유한성과 자신들의 능력의 냉혹한 한계(이것을 위반하는 것은 판단 착오이다)에 대한 인간의 인식, 그리고 그 결과 그러한 것들과 인간조건 간을 화해시킬 수 있는 일관된 해답을 발견하려는 노력—으로 돌아간다. 이러한 인식이 의식의 가장 심층적인 근원을 건드리기 때문에, 나는 세속적인 것을 탐구하는 데서 한계를 인식하게 된 문화는 어느 시점에는 신성한 것을 발견하고자 노력하게 될 것이라고 믿는다.[12]

나는 우리가 우리 앞에 있는 빈터에 서 있다고 생각한다. 모더니즘의 고갈, 공산주의적 삶의 무미건조함, 제약받지 않는 자아의 지루함, 획일적인 정치적 구호의 무의미성, 이 모든 것은 하나의 긴 시대가 서서히 마감하고 있음을 알려준다. 모더니즘의 충동은 급진적 자아의 자기무한화 정신(self-infinitizing spirit of the radical self)이 추동한 무한한 것(apeiron)을 탐구하기 위해 자연을 넘어, 문화를 넘어, 비극을 넘어 비약하는 것이었다.

우리는 그 핵심어가 '한계'인 것으로 보이는 새로운 어휘들—성장의 한계, 환경파괴의 한계, 무력의 한계, 생물학적 본성의 부당한 변경의 한계—을 모색하고 있다. 하지만 만약 우리가 경제와 기술에 일단의 한계를 설정하고자 한다면, 우리는 또한 모든 경험이 '창조적'이라는 망상 속에서 도덕적 규범을 넘어서고 악마적인 것을 받아들이는 것과 같은 문화적 경험의 탐험에도 한계를 설정할 것인가? 우리는 오만에 한계를 설정할 수 있는가? 이러한 질문에 대한 답변이

---

12) 이것이 내가 런던경제학교에서 1977년 5월 19일에 했던 홉하우스의 강연 (Hobhouse Lecture) 주제다. 이 강연은 학술지에 다음의 제목으로 게재되었다. "The Return of the Sacred: the Argument on the Future of Religion," *British Journal of Sociology*, December 1977.

자본주의와 그것의 현혹적인 닮은꼴인 근대성 문화의 문화적 모순을
해소할 수 있을 것이다. 하지만 그것은 어쩌면 우리를 경제적 일상과
정치적 일상에 길들여지게 할지도 모른다.

1978년 1월
매사추세츠 케임브리지에서
다니엘 벨

서문

이 책은 내가 앞서 출간한 『탈산업사회의 도래』(*The Coming of Post-Industrial Society*)와 변증법적 관계에 있다. 그 책에서 나는 혁신과 정책의 새로운 원리로서의 기술(지적 기술을 포함하여)과 이론적 지식의 부호화가 어떻게 기술-경제적 질서, 그리고 그것과 함께 사회의 계층체계 역시 새로 만들고 있는지를 보여주고자 노력했다. 나는 여기에 실린 글들에서는 문화, 특히 근대성의 관념, 그리고 사회의 가치들이 무제한의 욕구 추구를 강조할 때 복잡한 정체(政體)를 어떻게 운영할 것인가의 문제를 다룬다. 내가 현대 자본주의 속에서 파악한 모순들은 한때 문화와 경제를 한데 묶어놓고 있던 실이 풀어진 것에서, 그리고 우리 사회를 지배하는 가치가 되어온 쾌락주의에서 파생한다.

이전의 책에서처럼, 나는 또한 보다 공식적인 이론적 목적을 가지고 있다. 거의 모든 현대 사회과학은 사회를, 지배적인 제도들을 통해 스스로를 '재생산'하고자 하는 어떤 단일한 주요한 원리—카를 마르크스(Karl Marx)에서 그것은 재산관계이고, 탤콧 파슨스(Talcott Parsons)에서는 그것은 성취와 같은 지배적 가치다—를 축으로 하여 조직된 얼마간 통합된 '체계'로 생각한다. 반면 나는 근대사회를 세 가지 별개의 영역 ─ 사회구조(주로 기술-경제적 질서), 정체, 문화 ─ 의 불편한 혼합물로 생각함으로써 그것을 가장 잘 분석할 수 있다고 믿는다. 나는 탈산업주의(post-industrialism)라는 관념이 구체적으로 기술-경제적 질서 속에서 일어난 변화에만 한정된다고 주장했다. 그리고 사회구조에서 일어난 변화가 정체나 문화를 결정짓는 것도 아니다. 오히려 현대세계의 대부분의 경우에서 사회의 진정한 통제체계가 된 것은 정치질서다.

이 책에서 정교화한 주장은 세 가지 영역, 즉 경제, 정체, 문화는 서로 대립하는 기축원리들 ─ 경제에서는 효율성, 정체에서는 평등, 그리고 문화에서는 자아실현(또는 자기만족) ─ 에 의해 지배된다는 것이다. 그 결과로 발생하는 분리가 지난 150년간 서구사회의 긴장과 사회적 갈등을 틀지어 왔다.

이 책의 각 장들은 원래는 엄청난 분량과 세세한 내용으로 인해 장황하고 복잡한 주장을 하고 있던 더 방대한 원고로부터 끌어내겼다. 각각의 원고들이 서로 다른 시기에 발표되었지만, 그것들은 하나의 공통의 원천에서 끌어낸 것이었으며, 현재의 원고는 부르주아 사회의 상호 관련된 경제적 위기와 문화적 위기 그리고 문화적 모더니즘의 고갈에 대한 일관된 진술을 전개하기 위해 재집필된 것이다.

이 책에서 나는 내가 앞으로 펼쳐나갈 주장의 전반적인 근거를 설정한다. 나는 다음 몇 해 동안 이 테마들을 발전시켜서 보다 정연한 이론적 구조를 개관하는 다른 많은 책을 출간했으면 하는 바람을 가지고 있다.

모든 책은 (적어도 나의 경우에는) 친구와의 대화 또는 때로는 논쟁의 산물이다. 이것은 이 책의 경우 특히 그렇다. 내가 문화적 삶의 중심적 특징으로서의 모더니즘에 대해 몰두하게 된 것은 스티븐 마커스(Steven Marcus)와의 때로는 지속되고 때로는 중단되었지만 여전히 계속되고 있는 대화와 논쟁을 통해서였다. 수년 동안 나는 컬럼비아 대학교에서 그와 함께 문학과 사회에 대한 세미나 수업을 진행하면서, 매해 근대성의 서로 다른 측면들을 탐구했다. 나는 그 세미나들에서 그리고 그것들에서 파생한 토론들에서 마커스로부터 많은 것을 배웠다. 그가 문화에 대한 나의 정식화와 그것으로부터 도출한 보수적 결론을 아마도 거부했을 것이라는 사실이 내가 그에게 진지적·개인적 빚이 줄어들게 하지는 않는다. 하나의 정치철학으로서의 자유주의를 긍정하고자 하는 노력인 마지막 글 「공공가계」(Public Household)에서 정교화하고 있는 테마도 마찬가지로 나의 친구 어빙 크리스톨(Irving Kristol)과의 계속된 대화와 논쟁으로부터 나왔다. 그가 사회정책에 대한 나의 자유주의적 결론에 대해 (비록 나의 정식화에 대해서는 아니지만) 거부할 수도 있다는 사실이 그에 대한 나의 감사의 마음에 어떠한 변화도 일으킬 수 없다.

사람들은 주변으로부터도 덕을 본다. 나는 여러 쟁점과 관련해서도 친구들의 반응으로부터 덕을 보았다. 자유주의 문화에 대한 다이애나 트릴링(Diana Trilling)의 논평, 모더니즘에 대해 어빙 하우(Irving Howe)와 나눈 많은 의견, 지식인에 대한 시모어 마틴 립셋(Seymour Martin Lipset)의 사상, 기술에 대해 로버트 하일브로너(Robert Heilbroner)와 함께 한 여름 강연, 경제문제에 대한 로버트 M. 소로(Robert M. Solow)의 명료한 교수법이 그러했다. 두말할 필요도 없이, 이들 친구 중 누구도 내가 그들의 반응을 이용해온 방식에 대해서는 어떠한 책임도 없다.

나는 베이식 북스(Basic Books)의 나의 편집자 미지 덱터(Midge Decter)에게 감사한다. 그녀는 텍스트를 면밀히 독해하여 나의 주장을 분명하게 해주었다.

내가 애초에 제도적 빚을 진 곳은 러셀 새이지 재단(Russell Sage Foundation)이다. 나는 러셀 새이지 재단에서 1969~70년의 안식년을 객원연구원으로 보내면서 이 책의 많은 것의 근간이 된 방대한 원고를 쓰기 시작했다. 나의 지난번 책과 마찬가지로 나는 이 책으로 그 빚을 상환한다. 나는 또한 아스펜 인문학연구소(Aspen Institute for Humanistic Studies)의 후의에도 감사를 표하고 싶다. 1974년 7월에 아스펜에 체류학자로 있으면서 「공공가계」라는 글을 쓸 수 있었다. 미국인문학기금(National Endowment for the Humanities)은 S.M. 립셋과 나에게 4개국 지식인의 비교연구를 시작할 수 있는 연구비를 제공해주었다. 나는 그 연구를 위해 준비한 워킹페이퍼에 근거하여 이 책 제1부의 글들 속에서 사용한 개념들의 일부를 재정식화했다. 나는 또한 엄청나게 바쁜 상황에서도 이 원고보다도 더 방대한 분량을 타이핑해준 나의 비서 사라 헤이젤(Sara Hazel) 부인의 도움에도 감사한다.

무엇보다도 나를 가장 기쁘게 한 것은 내가 나의 아내 펄(Pearl)에게 줄 수 있는 하나의 책—그 테마들이 지적일 뿐만 아니라 개인적이고, 그것의 강조점들이 사회학적일 뿐만 아니라 인간주의적인—을 가지게 된 것이다. 그녀의 뛰어난 문학적 비평은 혼란스러운 세계에서 분별력을 깨워주는 것이었고, 내가 충족시키기 위해 노력해온 기준을 설정해주었다.

알리는 글

이 책의 각 장들은 테마와 주장의 연속성을 갖추기 위해 이전의 초고로부터 재집필되었다.

첫 번째 글 「자본주의의 문화적 모순」은 1969~70년 겨울에 쓴 더 방대한 초고로부터 나왔다. 그 초고의 한 절은 그 글의 제목으로 사용되어 1970년 가을 *The Public Interest*에 발표되었다. 현재의 장에 통합된 또 다른 절은 컬럼비아 대학교 경영대학원과 생명보험연구소의 아덴 하우스 콘퍼런스(Arden House conference)에서 발표되었고, 그 일부가 작은 편집서 속에 다음의 제목으로 발표되었다. "American Culture and the Concept of Change," Edward Sullivan ed., *Change or Revolution*(1971).

두 번째 글 「문화담론의 분리」는 아래의 세 편의 서로 관련된 에세이에 자료를 추가하여 재구성한 것이다. "The Eclipse of Distance," *Encounter*, May 1963; "Modernity and Mass Society," *Studies in Public Communication*, University of Chicago, Summer 1961; "The Disjunction of Culture and Social Structure," *Daedalus*, Winter 1965.

세 번째 글 「1960년대의 감성」은 1969~70년에 쓴 더 방대한 원고에서 나온 것으로, 다음과 같은 제목으로 이미 학술지에 발표된 글이다. "Sensibility in the Sixties," *Commentary*, June 1971.

「위대한 부흥을 향하여: 탈산업시대의 종교와 문화」는 1974년 12월 이스라엘 하이파에서 하이파 테크니컨(Haifa Technicon) 50주년을 기념하여 개최된, 윤리와 기술에 관한 심포지엄의 기조강연 원고로, *Social Research*, Fall 1975에 발표되었다. 현재의 장은 그 강연을 수정한 것이다.

다섯 번째 글 「불안정한 미국: 국가적 위기의 일시적 요소와 항구적 요소」의 첫 번째 절은 다음의 제목으로 발표되었다. "Unstable America" *Encounter*, June 1970. 그 글의 두 번째 부분은 더 방대한 페이퍼 "The Next Twenty-five Years"에서 나왔다. 이것은 런던의 CIBA 재단의 콘퍼런스를 위해 1974년 봄에 쓴 것이다.

「공공가계: '재정사회학'과 자유주의 사회에 대하여」는 원래는 *The Public Interest*, Fall 1974에 발표한 글을 다소 축약한 것이다.

영역들의 분리: 테마에 대한 진술

· 서론

1888년 봄에 프리드리히 니체(Friedrich Nietzsche)는 걸작을 쓸 작정으로 기획한 그의 마지막 책『권력에의 의지』(*The Will to Power*) 서문을 다음과 같이 개략적으로 기술한다.

내가 이야기하는 것은 다음 2세기의 역사다. 나는 그 다가오고 있는 것, 이제 더 이상 다른 식으로는 다가올 수 없는 것, 즉 허무주의의 도래에 대해 서술한다. 이 역사는 현재와도 관련되어있다. 그 자체의 필요성 때문에 현재에도 작동하고 있기 때문이다. 이 미래는 지금도 수많은 징후를 드러내고 있다. ……우리의 유럽 문명 전체는 수십 년에 걸쳐 증대하고 있는 극심한 긴장과 함께 오랫동안 파국을 향해 움직여가고 있다. 그것은 끝에 도달하기를 원하는 강물처럼 가만히 있지 못하고 난폭하고, 곤두박질치며, 더 이상 성찰하지 못하고, 성찰하기를 두려워한다.[1]

---

1) Friedrich Nietzsche, *The Will to Power*, ed. Walter Kaufmann(New York: Random House, 1967), p. 3. 강조는 원저자.

니체에서 이 허무주의의 원천은 합리주의와 계산, 즉 '비성찰적 자발성'을 파괴하는 것을 목적으로 하는 삶의 기질이었다. 그가 보기에 허무주의의 힘을 요약하는 하나의 단일한 상징이 존재한다면, 그것은 근대과학이었다.[2]

니체가 볼 때, 그간 일어난 일은 바로 전통—즉 "오랜 세대 동안 동질성과 지속성을 획득해온 [의식하지 못하고 의심하지 않았던] 수단"—이 파괴되었다는 것이다. 대신에 "우리는 [지금] 정반대 지점에 도달했다. 실제로 우리는 거기에 도달하기를 원했다. 가장 극단적인 의식, 다시 말해 자신과 역사를 간파하는 인간의 능력 말이다." 땅과의 유기적인 결합—"즉 재산의 양도 불가능성"—은 끊어졌고, 그 자리에서 상업적 문명화가 일어났다. 니체는 이 시간의 해체원리들에 대해 이렇게 말한다. "신문(매일의 기도를 대신하는)과 철도와 전신, 그리고 엄청난 수의 서로 다른 이해관계들의 단 하나의 영혼으로의 집중화(바로 이러한 이유에서 이 영혼은 매우 강력하고 변화무쌍

---

2) 이것은 또한 (그러나 긍정적인 의미에서) 자신을 최초의 허무주의자로 천명한 이반 투르게네프(Ivan Sergeevich Turgenev)의 소설 속 등장인물인 바자로프(Bazarov)의 테마이기도 했다. 그에게 허무주의의 원천은 "근대과학의 회의주의적 의식이었고…… 그의 슬로건은 현실이지 부정이 아니었다." 이 성격묘사는 에드워드 가네트(Edward Garnett)가 1895판 『아버지와 아들』(*Fathers and Children*)에 쓴 서문에 들어있다. 가네트는 다음과 같이 기술한다. "그렇다면 바자로프는 어떤 사람인가? ……유럽의 모든 수도에서 호전적 형태의 혁명가들을 생산해낸 신조를 대변하는 인물이었던 그는 최초로 과학을 정치에 적용한 단순한 사람이다. 그의 행동의 직접적 원천은 그러한 강렬한 논리적 정신, 러시아적 광신주의 또는 이상에의 헌신(이것이 어쩌면 슬라브인들의 독특한 기질일 수도 있다)에 의거하여 해석된 독일 과학이다. ……과학 자체가 미신, 혼동, 과거의 감상에 속박되어있음을 깨달았던 까닭에 순수한 과학적 정신의 초기 작업이 필연적으로 파괴적이었다는 점에서 바자로프의 첫 번째 임무는 파괴하는 것이었다. Turgenev, *Fathers and Children*(London: Heinemann, 1951), p. 10을 보라.

해야만 한다)."[3]

이 테마는 니체가 26세였던 1870~71년에 쓴 그의 첫 번째 책 『비극의 탄생』(*The Birth of Tragedy*) 속에서 예고된다. 그의 위대한 악마, 즉 의식의 괴물은 '전제적인 논법가'인 소크라테스(Socrates)다. 그의 "커다란 키클롭스(Cyclops)의 눈"은 "예술가의 신성한 광분으로 타오른" 적이 결코 없었고, 그의 "목소리는 항상 **만류하기 위해** 말하는 것이었다." 소크라테스는 거리두기와 의심하기를 도입함으로써, 즉 도취와 환상에 의해 얻어진 지식에 대해 회의하게 만듦으로써 문화의 활력을 약화시킨다. 소크라테스는 "이론적 인간의…… 위대한 표본"이다. 그는 "지식에 대한 만족할 줄 모르는 열정"을 가지고 있고, "베일 벗기기 과정 그 자체에서 최고의 만족을 느끼고, 그것이 그에게 자신의 능력을 입증한다."[4]

따라서 허무주의는 합리주의의 최종 과정이다. 허무주의는 자신의 과거를 파괴하고 자신의 미래를 통제하려는 인간의 자의식적 의지다. 그것은 근대성의 극단이다. 비록 본질적으로는 그것은 하나의 형이상학적 조건이지만, 허무주의는 사회의 모든 것에 스며들고, 종국적으로는 스스로 붕괴될 것이 틀림없다.[5]

---

3) *Op. cit.*, p. 44.

4) Friedrich Nietzsche, *The Birth of Tragedy*, trans. Francis Golffing(Garden City, N.Y.: Doubleday Anchor, 1956). 여기에 인용된 구절은 각기 pp. 84, 92, 95에 나온다. 모든 강조체는 원저자의 것이다.

5) 하지만 과학과 근대성의 종말을 예견하는 데서 두 책 간에 나타나는 분위기의 변화를 비교해보라. 『비극의 탄생』에서 니체는 다음과 같이 기술한다. "지식과 과학적 낙관주의에 대한 변증법적 추동력이 비극의 경로를 바꾸는 데 성공해왔다는 사실은 이론적 세계관과 비극적 세계관에는 영원한 갈등이 존재할 수 있다는 점을 시사한다. 그러한 경우 비극은 단지 과학이 마침내 그 한계에 몰렸을 때, 그리고 그러한 한계에 직면하여 자신의 보편적 타당성 주장을 포기할 수밖에 없을 때만 다시 탄생할 수 있었다."(p. 104) 그러나 『권력에의 의지』에서,

허무주의에 대한 매우 다른 제2의 견해도 존재한다. 사람들은 이를 서구 종교의 역사에서 발견한다. 그리고 그것은 니체가 미쳤을 때 글쓰기를 시작한 조지프 콘래드(Joseph Conrad)의 현대문학 속에 표현되어있다. 그것이 바로 문명이란 존재의 표면 바로 밑에 숨어서 항상 분출하려고 하는 삶의 무정부적 충동과 격세유전적 뿌리를 막고 있는 얇은 코팅이라는 관념이다. 니체에서 권력에의 의지가 구원에 이르는 길이라면, 콘래드에서 권력에의 의지는 문명을 위협하는 것이다.

힐리스 밀러(Hillis Miller)에 의하면, "콘래드가 보기에 문명화는 어둠이 빛으로 변신하는 것이다. 문명화는 알려져 있지 않거나 불합리하거나 불분명한 모든 것이 인간에 의해 이름 붙여지고 질서 지어지고 의미와 용도를 부여받아 분명한 형태로 변형되는 과정이다." 문명은 두 가지 차원을 포함하고 있다. 첫째, "문명화된 인간은 안전해지기 위해 즉각적인 실제적 과업에 맹목적으로 헌신—빅토리아 시대의 일(Work)에 대한 숭배를 생각하게 하는 헌신—해야만 한다. 토머스 칼라일(Thomas Carlyle)에서와 마찬가지로 콘래드에서 일은 불건전한 의심 또는 의지의 신경증적 마비를 막는 방벽이다." 그리고 두 번째는 신의(信義)의 관념, 즉 다른 사람들에 대한 당연한 신뢰의 관념이다. 콘래드에서 문명은 "사회적 이상이자 개인적 삶의 이

즉 1884년에 쓴 한 메모에서 니체는 다음과 같이 말한다. "나는 유럽의 점진적 군사화 속에서 그리고 그것의 내적 무정부 상태 속에서 크게 기뻐한다. ……비열한 위선의 시대가 (콩트Auguste Comte가 꿈꾸던 것처럼 상층에 고관들이 자리하는 것과 함께) 끝이 난다. 우리 각자의 내부에 있는 야만인과 야수가 확인된다. 바로 이러한 이유에서 철학은 서둘러야 할 것이다. 언젠가 칸트Immanuel Kant는 허수아비로 간주될 것이다." no. 127, 그리고 Kaufmann edition, p. 78을 보라. 나는 여기서 이 구절의 요지를 강조하기 위해 카우프만이 번역한 니체의 대략적인 메모를 다시 다듬어서 인용했다.

상이다. 이상적인 사회는 질서가 잘 잡혀있는 배에 타고 있는 사람들 간의 관계 속에서 그려진다. 즉 이상적인 사회는 하층 사람들이 상층 사람들에게 복종해야 하는 위계구조를 이루고 있고, 전체가 하나의 완벽한 유기체를 형성하고 있다."[6]

하지만 콘래드에서 중요한 사실은 사회가 자연적인 것이 아니라, 예의범절이라는 얇은 껍질이 깨지지 않게 하기 위해 사회적 관계를 규제하는 일단의 임의적인 규칙들로 이루어진 하나의 구성물이라는 것이다. 이 구상 속에서 사회는 사회의 상층부에서 하층부까지, 정치적 우파부터 좌파까지 그러한 규칙을 유지하기 위해 무언의 비밀스러운 공모하에 서로 연결되어있으며, 그렇기 때문에, 고관과 경찰관에서부터 체계를 전복하고자 하는 급진파들에 이르기까지 모든 성원이 관습이 정한 배역에 따라 자신들의 자세를 취하고 동작을 하고 역할에 맞는 말을 한다. 그런 까닭에 사회는 신비화의 한 형태다.

이것이 허무주의에 대한 콘래드의 영향력 있는 소설 『비밀요원』 (*The Secret Agent*)의 테마다. 이 소설은 세기의 전환기에 무정부주의자들의 활동 ─ 폭파, 그리고 거리에서 "부르주아로 보이는" 사람들의 무차별적 살해 ─ 에서 실마리를 얻은 것이다. 그것은 1960년대 급진파들의 보다 광범위한 테러를 예시하는 소설이다.

사회는 매우 취약하기 때문에, 하나의 단일한 소행, 즉 한발의 폭탄을 투하하는 것만으로도 사회조직을 산산조각 내고 모든 역할을 파괴하고 사람들이 자신들의 충동을 그대로 드러내게 할 수 있다. 이것이 항상 무정부주의자들의 행동(die Tat) 개념, 즉 한 번의 섬광 속

---

6) J. Hillis Miller, *Poets of Reality*(Cambridge: Harvard University Press, 1965), pp. 14, 16. 생시몽(Henri de Saint-Simon)도 역시 배의 이미지 ─ 그리고 또한 오케스트라의 이미지 ─ 를 기능적으로 질서 지어진 조화로운 사회를 묘사하기 위해 사용했다는 것은 흥미롭다.

에서 사회를 변혁시킬 수 있다는 낭만적 행동 개념의 이론적 근거였다. 그러나 콘래드의 소설에서는 은밀한 계획을 실행에 옮기는 행위를 개시한 반동적 인물인 러시아 대사관의 1등 서기관에 의해 이러한 생각이 초래할 수 있는 보다 구체적인 문제들이 자세하게 설명된다. 그는 베를로크(Verloc)에게 다음과 같이 말한다. "당신이 모든 사회적 창조물들을 깨끗이 일소하기로 단호하게 결심했음을 분명하게 보여줄" 만큼 행위가 파괴적이어야만 한다. 그러나 그렇게 하기 위해서는 "인간의 일상적인 열정의 범위를 뛰어넘어 어떤 것"에 맹공을 퍼부어야만 한다. 평범한 폭파는 "단지 계급 증오"로 치부되고 말 수 있다. 그는 계속해서 다음과 같이 말한다.

〔그렇다면 사람들은〕 너무나도 터무니없어서 이해할 수 없고 설명할 수 없고 거의 생각할 수도 없는, 실제로는 미친, 파괴적인 만행에 대해 뭐라고 말할까? 진정으로 두려운 것은 광기뿐이야. 왜냐하면 당신은 그것을 위협으로도, 설득으로도, 또는 뇌물로도 달랠 수 없기 때문이지.

따라서 행동이 전개된다. 1등 서기관은 계속해서 말한다. "나는 문명이야. 나는 당신에게 단순한 학살을 하게 할 생각은 결코 꿈에도 하지 않아. 〔그리고〕 나는 학살로부터 내가 원하는 결과를 얻을 것이라고 기대하지도 않아. 살인은 항상 우리와 함께 있어. 그것은 거의 하나의 관례이지. 시위는 학문—과학—에 반해야만 해. 그렇다고 모든 과학에 반하는 것은 아니지만. 공격은 충격적일 만큼 무의미한 이유 없는 모독이어야만 해." 그리고 그 행동은 그리니치 천문대, 즉 기준자오선, 다시 말해 시간대의 경계를 폭파하는 것이다. 즉 그것은 시간 그리고 상징적으로는 역사 또한 파괴하는 것이다.

물론 실제 이야기에서는 폭탄을 운반하던 청년, 즉 뜻하지 않게 그 소행을 맡은 심부름꾼이 꾸물거리다가 폭탄이 터져 죽는다. 그러나 우리는 콘래드를 통해 개인적 수준과 상징적 수준에서 허무주의의 근본적인 무서운 측면, 즉 무의미한 행동(acte gratuit)—광기—을 본다.[7] 이것이 바로 미래에 대한 (비록 그의 예언은 아니지만) 그의 공포다.

이것—기술합리성의 논리로서의 허무주의 또는 모든 관습을 폐기하고자 하는 문화적 충동의 최종 산물로서의 허무주의—이 우리의 운명인가? 우리 앞에는 예견되어온 징후 중 많은 것을 드러내고 있는 여러 광경이 존재한다. 하지만 나는 이러한 유혹적이고 단순한 정식화들을 거부하고, 대신 보다 복잡하고 경험적으로 검증 가능한 사회학적 주장을 제시하고자 한다.

나는 서구사회에 분기점이 다가오고 있다고 믿는다. 즉 우리는 지난 200년 동안의 근대 시기를 틀지어 온 부르주아적 관념—인간행위와 사회적 관계, 그중 특히 경제적 교환에 대한 견해—의 종말을 목도하고 있다. 그리고 나는 모더니즘—하나의 문화운동으로서 지난 125년 동안 모든 예술을 지배하고 우리의 상징적 표현을 틀지어 온—의 창조적 충동과 그것의 이데올로기적 지배가 종말에 도달했다고 믿는다. 이러한 주장을 전개하면서 나는 그러한 강력한 문학적 개념들—그것들이 문제를 극적으로 표현하기 때문에 강력한—이나 또는 같은 맥락에서 새로운 시대의 예언가로 환호받았던 야코브 부르크하르트(Jacob Burckhardt)와 오스바르트 슈펭글러(Osward

7) Joseph Conrad, *The Secret Agent*(Garden City, N.Y.: Doubleday Anchor, 1953). 1등 서기관의 발언에 대해서는 pp. 39~40을 보라.

Spengler)의 개념 같은 다른 개념들에서 출발하라는 커다란 유혹을 받았다. 하지만 나는 그렇게 하지 않기로 결정했다. 그 까닭은 그것들이 틀렸기 때문이 아니라 그것들이 오해의 소지가 있기 때문이다.

니체와 콘래드는 양면 거울의 서로 다른 면에서 각기 그 나름으로 모든 사회에서 해체가 재현될 가능성을 강조한다. 왜냐하면 특히 그들이 자신들의 생각과 이미지들을 문화영역으로부터 끌어냈기 때문이다. 그러나 역사학과 사회학 입장에서 볼 때, 그것은 오해를 불러일으킬 소지가 있다. 그들의 세계관과 사회변동관은 종말론적이다. 이 전통은 요한계시록, 즉 '최후의 날' 관념까지 거슬러 올라가고, 아우구스티누스(Augustine)의 로마 멸망에 대한 성찰에 의해 힘을 부여받는다.

우리가 계시 그리고 나중에는 혁명에 집착함에도 불구하고, 사회구조—생활양식, 사회적 관계, 규범, 가치—는 하룻밤 사이에 뒤집히지 않는다. 권력구조는 급속히 변화될 수도 있다. 즉 새로운 사람들이 도래하고, 새로운 사회적 상승의 길이 열리고, 새로운 명령의 토대가 창출될 수도 있다. 하지만 그러한 극적인 전복은 대체로 엘리트의 순환이다. 사회구조는 훨씬 더 서서히 변한다. 습관, 관습, 그리고 기성의 전통적 방식들은 특히 더 그러하다. 우리가 계시에 홀리는 것은 우리로 하여금 세속적인 것—경제적·사회적 교환관계, 일과 직업의 특성, 가족생활의 본질, 그리고 일상생활을 규제하는 전통적인 행동양식—을 보지 못하게 한다. 전쟁 또는 혁명에 의해 정치질서가 와해되었을 때조차 새로운 사회구조를 수립하는 임무는 오래 걸리는 어려운 일이며, 필연적으로 구질서의 벽돌들을 사용할 수밖에 없다. 만약 어떤 과학의 의도가 그 외양의 근간을 이루는 실체의 구조를 우리에게 보여주는 것이라면, 우리는 사회변화의 시간 차원은 극적인 양식의 종교적 또는 혁명적인 계시론적 견해가 우리로 하여금 믿게 한 것보다 훨씬 더 느리고 그 과정은 더욱 복잡하다는 것을 깨달아야 한다.

만약 첫 번째 어려움이 역사적 시간의 왜곡에서 온다면, 두 번째 어려움은 단일체적 사회관에서 온다. 사회를 하나의 망(그리고 문학적 환상으로는 거미줄)으로 보는 견해가 19세기의 상상력에서 중심을 이루고 있었다. 또는 보다 추상적인 철학적 맥락에서 헤겔(Georg Wilhelm Friedrich Hegel)이 정교화했듯이, 각각의 역사 '시대'와 그에 상응하는 각각의 사회는 일정한 내적 원리에 의해 통합된, 구조적으로 상호 관련된 하나의 전체였다. 헤겔에서 그것은 시대정신(Geist) 또는 내적 정신(inner spirit)이었다. 마르크스에서 그것은 생산양식으로, 그것이 다른 모든 사회적 관계를 결정지었다. 따라서 역사적 또는 사회적 변동은 근본적으로 다른 통일된 문화들 — 그리스 세계, 로마 세계, 기독교 세계 — 의 계승으로 규정된다. 이들 문화 각각은 질적으로 서로 다른 의식의 '요소' 또는 질적으로 서로 다른 생산양식 — 노예제, 봉건제, 자본주의 — 을 가지고 있고, 각각은 서로 다른 종류의 사회적 관계와 생산력에 의거한다. 이러한 견해 속에서 역사는 변증법적이다. 즉 새로운 양식은 이전 양식을 거부하고 다가올 다음 양식을 위한 길을 마련한다. 그리고 그다음 양식을 근원에서 이끄는 힘이 바로 합리성이라는 텔로스다.[8]

---

8) 헤겔-마르크스주의적 개념은 역사는 하나의 목적을 가지고 있다고 가정한다. 그 목적이 바로 부단히 진전하는 의식 활동과 인간의 자연 및 자신에 대한 통제를 통해 필연성의 제약으로부터 벗어나는 것이다. 오늘날 사람들은 역사가 그러한 텔로스를 가지고 있다고 말할 수 있는가?

슈펭글러의 『서구의 몰락』(*Decline of the West*)은 또 다른 종류의 예언이다. 그는 생물학적 은유를 사용한다. "모든 유기체에서 출생, 사망, 젊음, 나이, 생애 등의 관념은 기본적인 것이다……." 그리고 그가 볼 때, 문화는 형태학을 가지고 있다. "루이 14세 시대의 미분학과 왕조정치의 원리 사이에는, 고대 도시국 각각의 시대 내에서 한 문화의 모든 국면 —도덕과 예술에서부터 정치형태를 거쳐 철학에 이르기까지—은 단일한 시대정신에 의해 틀지어진다(이것은 문화사에서는 한 시대의 '스타일'(style)이라는 관념으로 이어진다). 또는 한 사회의 모든 측면은 직접 또는 간접적으로 지배적인 경제양식 —개인들 간의 관계가 봉건 영주와 농노의 위계적 관계이든, 아니면 재화에서 문화에 이르기까지 모든 것이 금전적 판매에 의해 매개되는 형식적으로 자유로운 상품교환 관계이든 간에—에 의해 결정된다.

이러한 상호 관련성의 관념, 즉 하나의 망(web)이라는 견해가 19세기 소설, 특히 사회의 모든 층위를 묘사하고자 했던 사회실재론(Social Realism)의 대표적 소설들에서 하나의 강력한 이미지를 구축하고 있다. 리처드 로크(Richard Locke)가 지적했듯이, 찰스 디킨스(Charles Dickens)의 소설 『황폐한 집』(*Bleak House*)에서는 "런던 경찰청 조사

가와 유클리드 기하학 사이에는, 서구 유화의 공간 관점과 철도, 전화, 장거리 무기에 의한 공간 정복 간에는, 그리고 대위법 음악과 신용경제 사이에는…… 그 심층에 합치되는 것이 자리하고 있다." 그렇기에 슈펭글러는 문화의 '운명' 또는 운명적 궤적 관념을 끌어낼 수 있다.

이러한 주장이 갖는 난점은 대위법 음악과 신용경제와 같은 겉으로는 달라 보이는 양식들이 개념적으로, 말하자면 추상적인 관계 속에서 공통의 근원을 가질 수 있지만 그것들이 그다음의 발전에서는 반드시 연계되지 않는다는 것이다. 사회주의 경제는 신용을 포기할 수도 있지만, 대위법 음악은 여전히 유지한다. 왜냐하면 내가 뒤에서 보여주려고 노력하듯이, 경제체계와 문화체계에 내장된 요소들은 서로 다른 발전 '규칙'과 관례를 따르기 때문이다. 경제적 항목은 유용성의 규칙을 따르고, 사람들은 효용성에 기초하여 그것을 사용하거나 그렇게 하지 않기로 결정한다. 그러나 문화에서 서로 다른 문화의 예술가들이 여러 형식을 재조합하는 데서 이용하는 혁신은 인류의 영원한 레퍼토리의 일부가 된다. 요컨대 나는 문화 또는 사회를 하나의 유기체로 생각하는 것은 아주 잘못이라고 생각한다.

Spengler, *The Decline of the West*(New York: Alfred A. Knopf, 1939), pp. 5, 7을 보라.

관 버킷이 조사 중에 있던 여주인공을 영국의 상징적 중심지, 즉 런던 슬럼가의 어두운 묘지로 데리고 갈 때" 사건이 해결된다. 그곳은 바로 "천연두 전염병과 벽에 부딪친 법적·성적 요구들이 더러운 우물 속에서 파문처럼 전 영국 사회로 퍼져나간" 곳이다. 그리고 스티븐 마커스가 지적했듯이, "망의 관념은 거의 모든 곳에서 발견된다. 그것은 디킨스의 후기 작품들에서 두드러지며, 조지 엘리엇(George Eliot)의 작품들, 특히 『미들마치』(*Middlemarch*)의 도처에서 나타나고, 찰스 다윈(Charles Darwin)의 『종의 기원』(*Origin of Species*)에서도 중심적 특징을 이룬다. 이 망의 관념이 말하자면 사회학의 근간을 이루는 구조적 개념을 형성한다. 사회학은 사회를 관계들의 망으로 간주한다."[9]

이러한 견해 속에 한때 존재했을 수도 있는 진리가 무엇이든 간에, 나는 그것은 더 이상 지지될 수 없다고 생각한다. 서구 역사의 몇몇 지점 ─ 중세 기독교 시대, 부르주아 문명의 등장 ─ 에서 하나로 통합된 사회적·문화적 양식이 존재했을지도 모른다. 종교와 그것의 위계질서 관념은 봉건세계의 사회구조 속에 반영되어 있었고, 종교적 열정은 그 시대에 상징성을 불어넣었다. 부르주아의 등장과 함께 거기에 경제적 관계에서부터 도덕적 행동과 문화적 관념을 거쳐 성격구조에까지 이르는 모든 영역을 관통하는 하나의 단일한 사회적 양

---

9) Steven Marcus, *Engels, Manchester and the Working Class*(New York: Random House, 1974), pp. 57~58. 로크 씨의 논평은 존 르 카레(John le Carré)의 『팅커, 테일러, 솔저, 스파이』(*Tinker, Tailor, Soldier, Spy*)에 대한 그의 비평(*New York Times Book Review*, June 30, 1974)에 나온다. 사회를 하나의 망으로 보는 견해가 현대문학에서, 즉 경찰과 스파이 활동 소설에서 가장 두드러지게 나타나는 것은 아마도 결코 우연이 아닐 것이다. 즉 경찰은 모든 사람을 감시하여 사회의 모든 수준을 연결시키는 일을 하고, 스파이 활동은 비밀, 즉 사회적 네트워크의 숨어있는 유대관계를 다룬다.

식이 존재했을지도 모른다. 그리고 그 당시에 사람들은 역사를 자연과 인간 자신에 대한 인간의 능력을 점진적으로 진보시켜온 것으로 바라볼 수도 있었다.

오늘날에는 이 중 어느 것도 지지되지 않는다. 역사는 변증법적이지 않다. 사회주의는 자본주의의 뒤를 이은 것이 아니었고, 스스로를 사회주의 국가라고 부른 국가들은 선진 산업사회 속에서라기보다는 거의 전적으로 전자본주의적인 사회나 농업이 지배적인 사회에서 출현했다. 그리고 나는 사회는 통합되어있는 것이 아니라 분리되어있다고 말할 것이다. 즉 사회의 서로 다른 영역들은 서로 다른 규범을 따르고, 서로 다른 변화의 리듬을 가지고 있고, 또 서로 다른, 심지어는 상반되는 기축원리에 의해 규제된다. 만약 사람들이 자본주의의 문화적 모순의 정점에 달한 부르주아의 삶과 모더니즘 문화의 부침에 대한 나의 주장을 이해하고자 한다면, 사람들은 우선 사회에 대해 생각하는 방식에 관한 나의 명제를 이해해야만 한다.

나는 사회에 대한 전체주의적(holistic) 견해에 반대하며, 현대사회를 각기 서로 다른 기축원리를 따르는 세 가지 별개의 영역들로 보는 것이 더욱 유용하다고 생각한다(이것이 사회의 본질적 성격에 일반적으로 적용될 수 있는가의 문제는 논외로 한다). 나는 사회를 분석적으로 기술-경제적 구조, 정체(polity) 그리고 문화로 나눈다. 이것들은 서로 조화되지 않으며 서로 다른 변화의 리듬을 가지고 있다. 즉 그것들은 서로 다른, 그리고 심지어는 서로 대조되는 행동유형을 정당화하는 서로 다른 규범을 따른다. 사회 내의 다양한 모순들에 책임이 있는 것이 바로 이들 영역 간의 부조화다.[10]

---

10) 이러한 방법론적 전제는 현대사회학의 두 가지 지배적인 패러다임, 즉 마르

기술-경제적 질서는 생산조직과 재화와 서비스의 할당과 관련되어 있다. 이것은 직업, 그리고 사회의 계층체계를 틀 짓고, 도구적 목적을 위해 기술을 사용한다. 근대사회에서 기술-경제적 질서의 기축원리는 **기능적 합리성**이고, 그 규제양식은 **경제학화**다. 본질적으로 경제학화는 효율성, 최소 비용, 최대 이익, 극대화, 최적화, 그리고 자원의 혼합과 고용에 대한 이와 유사한 판단기준을 의미한다. 비용과 이익이 대비되고, 그러한 것들은 일반적으로 금전적 용어들로 표현된다. 기술-경제적 질서의 기축구조는 관료제와 위계질서다. 그리고 이것들은 기능의 특화와 분할 그리고 활동들을 조정할 필요성에서 파생한다. 거기에는 하나의 단순한 가치기준이 있다. 그것이 바로 유용성이다. 그리고 거기에는 하나의 단순한 변화원리가 있다. 그것이 바로 제품 또는 공정을 대체하는 능력이다. 왜냐하면 그것이 보다 효율적이고 더 적은 비용으로 더 많은 이익을 낳기 때문이다. 이것이 곧 생산성의 원리다. 사회구조는 하나의 물화(物化)된 세계다. 왜냐하면 사회구조는 사람들의 구조가 아니라 역할들의 구조이기 때문이다. 그리고 그것은 위계서열과 기능의 관계를 구체화하는 조직도(組織圖)에서 잘 드러난다. 권위는 개인이 아니라 지위에 내재한다. 그리고 (업무들이 긴밀하게 연관되어있어야만 하는 상황에서) 사회적

크스주의와 기능주의와 상충한다. 비록 두 도식이 다른 점들에서는 분명하게 다르지만, 둘은 공통의 전제를 가지고 있다. 즉 사회는 구조적으로 상호 관련된 체계이고, 어떠한 사회적 행위도 단지 그러한 통일된 체계와 관련해서만 이해할 수 있다. 마르크스주의자들이 볼 때, 경제와 문화는 상품생산과 교환의 과정을 통해 규정되는 '총체'의 일부다. 뒤르켐에서 파슨스에 이르는 기능주의자들이 볼 때, 사회는 (사회 속에서 분기된 모든 행동을 정당화하고 통제하는) 공통의 가치를 통해 통합된다. 나는 이들 이론과 나의 차이점을 러셀 새이지 재단의 의뢰를 받아 내가 편집한 책『사회변동이론』(*Theories of Social Change*, New York: Basic Books, 근간)에 실린 글에서 보다 상세하게 설명한 바 있다.

교환은 역할들 간의 관계다. 사람은 하나의 대상 또는 하나의 '사물'이 된다. 왜냐하면 기업이 비인간적이기 때문이 아니라 업무의 수행이 조직의 목적에 종속되기 때문이다. 업무가 기능적이고 도구적이기 때문에 기업 경영은 기본적으로 그 성격상 기술관료제적이다.

정체는 사회정의와 권력의 장(場)이다. 즉 (법의 지배 속에 있는 자유주의 사회에서는) 정체 속에서 사회의 전통 또는 그것의 성문헌법과 불문헌법 속에 내장된 특정한 정의개념을 달성하기 위해 무력의 정당한 사용이 통제되고 갈등이 규제된다. 정체의 기축원리는 정당성이며, 그것은 민주적 정체 속에서 피지배자의 동의에 의해서만 권력이 소유되고 통치가 이루어질 수 있다는 원리다. 그것의 암묵적인 조건이 바로 평등사상, 즉 모든 사람은 그러한 합의를 이루는 데서 동일한 발언권을 가진다는 사상이다. 그러나 그러한 개념을 구현하는 시민권 사상은 지난 100년 동안 계속해서 확장되어, 공적 영역에서의 평등뿐만 아니라 사회적 삶의 다른 모든 차원에서의 평등 — 법 앞의 평등, 시민적 권리들의 평등, 기회의 평등, 심지어는 결과의 평등 — 까지를 포함하게 됨으로써, 사람들은 시민으로서 사회에 전적으로 참여할 수 있게 되었다. 이 가운데 많은 것이 형식적일 수도 있지만, 시민권 사상은 권리를 침해받은 집단들이 사회에서 정의를 추구할 때 항상 의지하는 원천이다. 그것의 기축구조는 대의제도와 참여다. 즉 정당 그리고/또는 사회집단은 사회의 특정 분파의 이해관계를 표현하기 위해, 다시 말해 대의제도의 매개물 또는 의사결정에 참여하는 수단으로 존재한다. 정체의 행정적 측면들은 기술관료제적일 수 있고, 문제들이 더욱 기술적이 됨에 따라 기술관료제적 양식이 확산되는 경향이 있다. 그러나 근본적으로 정치적 행위가 상충하는 그리고 자주 양립할 수 없는 이해관계들을 조정하고자 하거나 또는 포괄적인 법령이나 헌법적 양식의 권위를 판단 근거로 삼고자 하기 때문에, 정치적 결정은 기술관료제적 합리성이 아니라 협상 또는 법에 의해 이루어진다.

나의 제3의 영역인 문화는 문화를 인공물과 한 집단의 유형화된 생활방식으로 보는 인류학자들의 문화 정의보다는 좁지만, 문화를 개인에게서 완성된 성과물로 보는 매슈 아널드(Matthew Arnold)식의 고상한 정의보다는 넓은 것을 뜻한다. 내가 문화라는 용어로 지칭하고자 하는 것―나는 여기서 에른스트 카시러(Ernst Cassirer)를 따른다―은 상징적 형태들의 영역이며, 좀 더 좁게 이 책의 논지의 맥락에서 보면 **표출적 상징성**(expressive symbolism)의 장이다. 다시 말해 문화는 회화, 시, 소설 속에서 또는 기도, 예배, 의례와 같은 종교적 형태 내에서 다소 상상적인 형태로 인간존재의 의미를 탐구하고 표현하고자 하는 노력을 의미한다.[11] 문화의 양식(modality)은 소수이며, 그것들은 모든 인간존재가 매 순간 의식의 형태로 직면하는 실존적 상황―죽음에 대처하는 법, 비극의 본질과 영웅주의의 성격, 충성과 책무의 규정, 영혼의 구제, 사랑과 희생의 의미, 동정심에 대한 인식, 동물의 본성과 인간 본성 간의 긴장, 본능의 요구와 그것의 자제―으로부터 파생한다. 그러므로 역사적으로 그간 문화는 종교와 융합되어왔다.

따라서 우리는 서로 다른 사회변동의 '리듬'이 존재하고 세 가지 영역 간에는 어떠한 단일한 명확한 관계도 존재하지 않는다는 것을 알 수 있다.[12] 기술-경제적 질서 속에서 일어나는 변화의 성격은 선

---

11) 여기서 나는 인지적 양식, 철학, 과학―이것들은 분명 문화의 영역에 속한다―에 대해서는 논의하지 않는다. 완전한 사회학적 문법의 윤곽을 그리는 것은 이 글의 목적이 아니다. 나는 앞서 언급한 러셀 새이지 재단을 위해 편집한 책에 실려 있는 글에서 이미 이러한 문제 및 여타 개념적 문제들을 다룬 바 있다.

형적이며, 그 속에서 유용성과 효용성의 원리가 혁신, 전환, 그리고 대체와 관련한 분명한 규칙을 제공한다. 보다 효율적이거나 생산적인 기계 또는 공정이 덜 효율적인 것을 대체한다. 이것이 진보의 의미 중 하나다. 그러나 문화 속에는 항상 역류(ricorso) —즉 인간존재의 실존적 고민을 이루는 걱정과 문제로 되돌아가는 것 —가 존재한다. 그 대답이 변할 수도 있지만, 그것이 취하는 형태는 사회의 다른 변화로부터 나올 수도 있다. 시대에 따라 대답이 달라지거나 새로운 심미적 형태로 재조명될 수도 있다. 그러나 거기에 변화의 분명한 '원리'가 존재하는 것은 아니다. 불레즈(Pierre Boulez)가 바흐(Johann Bach)를 대체하는 것은 아니다. 새로운 음악이나 새로운 회화 또는 새로운 시는 인류의 더 커진 레퍼토리의 일부가 된다. 개인들은 그 영원한 저장소를 이용하여 심미적 경험을 새로운 방식으로 구성할 수 있다.

우리는 개념적인 의미에서 변화와 관련한 서로 다른 조직 원리들을 구체화할 수 있다. 사회구조, 특히 기술-경제적 질서에서의 변화는 에밀 뒤르켐이 최초로 규정한 경로를 따른다. 사회적 영역의 확장은 더 큰 상호작용으로 이어지고, 그러한 상호작용은 다시 전문화, 상보적 관계 그리고 구조적 분화로 이어진다. 이것을 가장 분명하게 보여주는 본보기가 경제적 기업이다. 기업에서 전문화와 구조적 분

---

12) 거기에는 또 다른 보다 복잡한 문제가 존재한다. 즉 인간 본성은 역사적으로 시간이 경과하면서 생산양식의 변화나 어떤 다른 역사적 전환에 반응하여 변화하는가, 아니면 인간 본성은 불변하는 것인가? 만약 인간 본성이 동일성을 유지한다면, 우리는 '의식'의 성장에 대해 어떻게 말할 수 있는가? 반대로 인간 본성이 변화한다면, 우리는 어떻게 과거를 이해할 수 있는가? 나는 다음의 글에서 이 문제들을 다룬 바 있다. Bell, "Technology, Nature, and Society," *The Frontiers of Knowledge*, The Frank Nelson Doubleday Lectures, 1st series(Garden City, N.Y.: Doubleday, 1975).

화는 그 규모의 변화에 대한 반응으로 일어난다. 그러나 문화에서 분절된 사회의 붕괴나 교구 문화의 붕괴에서 기인하는 상호작용의 증대는 **혼합주의**(syncretism)로 이어진다. 콘스탄티누스 대제 시대의 생소한 신들의 혼합 또는 근대예술에서의 (또는 심지어는 중간계급 전문직 가족의 거실에서의) 문화적 인공물들의 혼합이 바로 그러한 것들이다. 근대예술에서 혼합주의는 스타일들을 뒤범벅한다. 이를테면 아프리카의 가면 또는 일본의 판화가 공간지각을 묘사하는 양식으로 흡수되거나, 동양의 종교와 서양의 종교가 그것들의 역사와 분리되어 근대의 명상 의식 속에서 합체된다.

근대문화는 세계의 창고를 찾아 돌아다니며 우연히 발견하는 모든 스타일을 게걸스럽게 먹어 치우는 이 같은 엄청난 자유에 의해 특징지어진다. 그러한 자유는 근대문화의 기축원리가 자기실현과 자기충족을 이루기 위한 '자아' 표현과 '자아' 재형성에 있다는 사실에서 나온다. 그리고 그러한 자아추구 과정에서 경험의 어떠한 한계와 경계도 부정된다. 즉 금지되는 것은 아무것도 없고, 모든 것이 탐구된다.

이러한 틀 내에서 우리는 사회에서 구조적 긴장이 발생하는 원천을 식별할 수 있다. 관료제적이고 위계적인 사회구조(주로 기술-경제적 질서)와 형식적으로 평등과 참여를 내세우는 정체 간의 긴장, 그리고 근본적으로 역할과 전문화와 관련하여 조직화되는 사회구조와 자기향상과 자아실현 그리고 '전인적' 인간에 관심을 두고 있는 문화 간의 긴장이 그것이다. 그러한 모순 속에서 우리는 소외, 탈인격화, 권위에 대한 공격 등으로 이데올로기적으로 표현되는 많은 잠재적인 사회적 갈등을 인식한다. 이러한 대립관계 속에서 우리는 영역의 분리를 발견한다.

이 영역 분리 관념은 근대사회를 분석하기 위한 일반적인 이론적 접근방식이다. 이 시점에서 사회-기술체계, 사회-경제체계, 사회-정치체계를 구분 짓는 특수한 용어들을 정의해놓는 것이 유익할 것으로 보인다.

산업주의는 에너지와 기계를 재화의 대량생산에 적용하는 것을 의미한다. 미국과 소련은 비록 여타 측면들에서 현저히 다르지만, 모두 기술·산업사회다. 탈산업주의 단계는 사람들이 수행하는 일의 종류가 제조업에서 서비스업(특히 인간 서비스와 전문 서비스)으로 이전하고 경제적 혁신과 정책에서 이론적 지식이 새롭게 중심을 차지하는 단계를 의미한다. 유사한 이유에서 미국과 소련 모두 탈산업사회가 될 수 있다.

자본주의는 경제적으로는 소유권제도와 상품생산을 축으로 하여 조직되고 문화적으로는 교환관계, 즉 사고파는 관계가 사회의 대부분에 침투해왔다는 사실에 기초하는 하나의 경제-문화체계다. 민주주의는 정당성이 피지배자의 동의에 의거하고 다양한 경쟁하는 집단들이 정치적 장을 이용할 수 있고 기본적인 자유가 보장되는 사회-정치체계다.

비록 자본주의와 민주주의가 역사적으로 함께 등장했지만, 그리고 공히 철학적 자유주의에 의해 정당화되어왔지만, 둘이 결합되어있어야 할 필요는 이론적으로도 실제적으로도 전혀 없다. 근대사회에서 정치적 질서는 점점 더 자율적이 되고, 기술-경제적 질서의 관리나 민주적 계획 또는 경제 관리는 점점 더 자본주의와 독립되어 이루어진다.

소비에트 공산주의 ―보다 정확하게는 관료제적 집산주의(bureaucratic collectivism)라고 불러야만 한다― 는 국가주도 사회로, 모든 영역을 단일체에 융합시키고, 공산당이라는 하나의 단일 제도를 통해 경제에서부터 정치와 문화에 이르기까지에서 공통의 명령을 내리고자 해왔다. 사회가 점점 더 분화되고 있는 상황에서 의사결정에 엘리트 참여의 장을 확대하지 않은 채 그러한 단일체적 통제를 유지할 수 있을지는 점점 더 의심스러워지고 있다.

이러한 구분들은 두 가지 이유에서 필요하다. 첫째, 이러한 구분들은 산업사회에서 탈산업사회로의 전환 문제와 자본주의에서 사회주의 또는 관료제적 집산주의로의 전환 문제는 매우 다른 축을 따라 진전된다는 점에서 두 가지 별개의 문제라는 사실을 지적한다. 탈산업사회는 기술, 사람들이 하는 일의 종류(비록 노동계급의 상대적 쇠퇴에는 정치적 함의가 내포되어있지만), 그리고 지식의 조직화를 중심축으로 하고 있다. 하나의 체계가 자본주의적인가 아니면 사회주의적인가 또는 자본주의적인가 아니면 관료제적 집산주의적인가의 문제는 경제의 운용과 사회의 에토스에 관한 문제다. 둘째, 내가 여기서 말하는 자본주의의 모순은 경제영역에서 요구되는 조직의 종류와 규범과 오늘날 문화에서 중심적인 위치를 차지하는 자기실현의 규범 간의 분리와 관련되어있다. 역사적으로 결합하여 하나의 단일한 성격구조 ─ 청교도의 성격과 그의 소명 ─ 를 산출해왔던 이 두 영역은 이제 분리되었다. 경제영역의 원리와 문화의 원리는 이제 사람들을 서로 반대 방향으로 이끌고 있다. 이러한 모순은 주로 미국과 여타 서구사회에서 발생해왔다. 효율성을 추구하고 자기실현을 약속하는 공산주의 세계가 이러한 모순에 면역되어있는지는 분명하지 않다. 우리는 기다려봐야만 하고 소련에 소비사회가 이룩될 때 (또는 된다면) 알 수 있을 것이다. 마오쩌둥(毛澤東)의 중국이 보기에 러시아인들은 이미 저주받은 사람들이다.

우리의 분석적 구분에서부터 사회학적 역사로 눈을 돌려보면, 우리는 사회구조와 문화의 분리를 현저히 대비되는 도덕적 기질의 변화 속에서도 추적할 수 있다.

근대성의 근본적 가정, 즉 16세기 이후 서구문명을 관류해온 공통의 주제는 사회의 사회적 단위가 집단, 길드, 종족 또는 도시가 아니라 개인이라는 것이다. 서구가 추구하는 이상은 점점 더 자결적이 되는 과정에서 자유를 성취하는 자율적인 인간이었다. 이 '새로운 인간'에 의해 여러 제도가 거부되었고(이는 개인의 양심을 판단의 근거로 삼게 만든 종교개혁이 낳은 놀라운 결과였다), 새로운 지리적·사회적 미개척 영역들이 열렸고, 또한 자연을 지배하고 스스로 자기 자신을 만들어내고 심지어는 옛 뿌리를 버림으로써 스스로를 전적으로 개조하려는 욕망이 일어났고, 또 그러한 능력이 증가했다. 이제 중요해진 것은 과거가 아니라 미래였다.

이것은 이중의 발전 속에서 표현된다. 경제영역에서는 부르주아 기업가가 등장한다. 그는 정해진 지위에 묶여 획득을 방해하던 전통적 세계의 귀속적 속박에서 해방되어, 경제세계를 개조함으로써 자신의 부를 추구한다. 재화와 돈의 자유로운 이동과 개인의 경제적·사회적 이동이 이상(理想)이 된다. 그것의 극단에서는 자유방임주의가 '자유분방한 개인주의'(rampant individualism)가 된다. 문화영역에서는 교회와 군주의 후원자에게서 벗어난 독자적인 예술가들이 등장하여, 그의 후원자가 아니라 자신을 만족시키는 글을 쓰고 그림을 그린다. 시장이 그를 자유롭게 만들 것이다.[13] 문화의 발전 속에

---

13) 18세기에 출판업의 성장과 시장의 창출은 문필가를 독립시켰을 뿐만 아니라 때로는 알렉산더 포프(Alexander Pope)처럼 아주 부유하게 만들어주기도 했다. 1792년에 올리버 골드스미스(Oliver Goldsmith)는 다음과 같이 기술했다. "현재 영국에서 소수의 시인은 이제 더 이상 생계를 위해 지위가 높은 사람들에 의존하지 않는다. 그들은 이제 어떤 다른 후원자가 아니라 공중을 가진다. 하나의 집합체로 간주되는 공중이 훌륭하고 후한 고용주다. ……공동체의 모든 품위 있는 성원들이 문학가의 저술을 구입함으로써 그들에게 보수를 주는

서 이러한 독립의 추구, 즉 후원자뿐만 아니라 모든 관습으로부터 해방되고자 하는 의지는 모더니즘으로 그리고 극단적으로는 구속받지 않는 자아(untrammeled self)라는 관념으로 그 모습을 드러낸다.

기업가와 예술가 모두를 추동한 충동은 새로운 것을 찾고 자연을 개조하고 의식을 개혁하고자 하는 들뜬 마음이다. 마르크스는『공산당선언』(*The Communist Manifesto*)에서 거의 부르주아에 대한 과장된 찬가라고 할 수 있는 형태로 다음과 같이 기술했다.

부르주아는 자신들이 지배한 100년도 채 안 되는 시간 동안에 앞서의 모든 세대가 함께 이룩한 것보다도 더 엄청나고 더 거대한 생산력을 창출해왔다. 자연의 힘의 정복, 기계장치, 공업과 농업에서의 화학의 응용, 증기선을 이용한 항해, 철도, 전신, 전 대륙의 개간, 강의 운하화, 마치 땅에서 솟아오르는 것 같은 인구의 폭발적 증가──이 같은 생산력이 사회적 노동의 품속에서 잠자고 있었다는 것을 이전의 어느 세기가 예감이나 할 수 있었을까?

……부르주아는 생산수단, 그리하여 생산관계 그리고 그것들과 함께 사회의 모든 관계를 끊임없이 혁명적으로 변화시키지 않고서는 존재할 수 없다. ……모든 고정되고 단단한 동결된 관계들이 그것에 수반하는 오래된 유서 깊은 일련의 편견 및 견해들과 함께 일소되고, 새롭게 형성된 것들조차도 자리를 잡기도 전에 낡은 것이

데 기여한다. 그러므로 다락방에서 산다는 비웃음은 지난 시대의 위트가 되었고, 더 이상 그것이 사실이 아니기 때문에 그러한 비웃음은 더는 지속되지 않는다." Alexander Beljame, *Men of Letters and the English Public in the XVlllth Century*(London: Kegan Paul, 1948), p. 385에서 인용함. 이 책의 프랑스어 초판은 1881년에 출간되었다. 포프가 그의 책을 팔아서 쌓은 부에 대해서는 pp. 366~370을 보라.

되고 만다. 모든 견고한 것들이 대기 중에 용해되고, 모든 신성한 것들이 모독되고, 마침내 인간은 자기 삶의 실제 조건과 관계들을 냉철한 눈으로 바라보지 않을 수 없게 된다.[14]

예술가들이 갖는, 구속받지 않는 자아라는 들뜬 허영심을 가장 잘 표현한 사람이 바이런이다. 그의 충동적 낭만주의는 한 시대를 풍미했다.

삶의 중요한 동기는 감각하는 것이다. 감각한다는 것은 고통 속에서조차도 우리가 존재한다는 것을 느끼는 것이다. 우리가 게임을 하게 하고 싸움을 하게 하고 여행을 하게 하고 무절제하지만 예리하게 느끼면서 온갖 종류의 것들—그것들의 주요한 매력은 그것들의 성취와 분리할 수 없는 흥분이다—을 추구하게 하는 것은 이러한 '공허한 갈망'(craving void)이다.[15]

역사적으로 볼 때, 이 두 가지 충동은 또한 근대성의 사회학적 파고의 두 측면을 형성한다. 이 둘은 함께 급진적인 방식으로 서구세계를 개막했다. 하지만 각각의 충동이 상대를 매우 의식하고 두려워하고 그것을 파괴하고자 했다는 것은 엄청난 역설이다. 부르주아는 경제에서는 급진적이지만, 도덕과 문화적 취향에서는 보수적이 되었다. 부르주아의 경제적 충동은 그 에너지를 재화 생산에 돌리고 본능, 자발성, 변덕스러운 충동을 우려하는, 노동에 대한 일단의 태도를 형성하는 등 매우 제한적인 성격구조로 조직화되었다. 미국에서

---

14) Karl Marx, *Selected Works*(Moscow: 1935), vol. I, pp. 208~210.

15) *Byron's Letters and Journals*, ed. Leslie A. Marchand(Cambridge: Harvard University Press, Belknap, 1974), vol. 3, p. 109.

는 극단적인 청교도주의 속에서 무절제한 행동을 제약하는 법이 통과되었지만, 회화와 문학에서 부르주아의 취향은 영웅적인 것과 진부한 것으로 치달았다.

따라서 문화적 충동 ─ 나는 보들레르를 그 전형적인 인물로 본다 ─ 은 부르주아적 가치에 대한 격분으로 바뀌었다. 보들레르는 "유익한 인간이 된다는 것은 항상 내게는 아주 흉측한 어떤 것으로 보였다"라고 선언했다. 유용성, 합리주의, 물질주의는 메마른 것이었고, 부르주아는 어떠한 영적인 삶도 그리고 어떠한 지나침도 없었다. 근대의 상점이 창출한 것은 산업의 "잔인하고 무자비한 규칙성"이었다. 즉 "기계화는 우리를 미국화할 것이고, 진보는 우리의 영적인 부분 전체를 위축시킬 것이다."[16]

놀라운 것은 부르주아 사회가 경제에 급진적 개인주의를 도입했고 그 과정에서 모든 전통적 사회관계를 기꺼이 파기했지만 부르주아 계급은 문화에서 모더니즘의 급진적인 실험적 개인주의를 두려워했다는 점이다. 역으로 보들레르에서 랭보(Arthur Rimbaud)를 거쳐 알프레드 자리(Alfred Jarry)에 이르기까지 문화에서의 급진적 실험주의자들은 경험의 모든 차원을 기꺼이 탐구하고 나섰지만, 부르주아적 삶은 격렬하게 증오했다. 이러한 적대주의가 어떻게 발생했는가? 이 사회학적 수수께끼의 역사는 여전히 기술되고 있는 중이다.[17]

---

16) 다음에서 논의되는 것과 관련되어있는 보들레르의 악(惡)의 개념에 대해서는 César Graña, "Bourgeois Enterprise and Modern Life," *Bohemian versus Bourgeois*(New York: Basic Books, 1964), esp. pp. 95~98과 Joseph D. Bennett, *Baudelaire: A Criticism*(Princeton: Princeton University Press, 1944), 특히 chs. 2~3을 보라.

17) 공산주의 세계에도 유사한 것이 존재하는가? 러시아혁명은 모든 예술에서 전례 없는 활력과 실험을 분출시켰다. 많은 예술가와 문필가들이 열정적으로 혁명에 가담했다. 말레비치(Kazimir Malevich)는 "입체파(cubism)와 미래

부르주아 사회의 역사에서 문화적 영역과 경제적 영역 모두를 급격히 변화시킨 많은 사회학적 '교차점'이 발생했다. 문화에서는 개인의 의미가 존재에서 자아로 급격히 변화했다. 똑같이 중요한 것으로 충동의 억제에서 충동의 수용으로 변화가 일어났다. 경제에서는 사람으로 하여금 일을 하게 하고 자신을 일과 긍정적·부정적으로 관련시키게 하는 동기의 성격에서 결정적인 변화가 일어났다.

고전철학은 아서 러브조이(Arthur Lovejoy)의 표현으로 존재는 하나의 본성을 가지며 그러므로 공통의 자질을 가진다고 생각하는 형이상학적 신학을 가지고 있었다. 플라톤(Platon)이 『티매우스』(Timaeus)에서 썼듯이, "'선한' 존재는 '시기심'이 없어야만 한다. 보다 완전한 것에 대한 시기심은 필연적으로 덜 완전한 것을 발생시키

파(futurism)는 정치적·경제적 삶에서 1917년의 혁명을 전조하는, 예술에서의 혁명 형태였다"라고 선언했다. 구성주의(constructivism)는 공산주의 사회의 새로운 미학으로 선언되었다. 디자인, 회화, 조각에서는 칸딘스키(Wassily Kandinsky)와 말레비치의 추상주의뿐만 아니라 타틀린(Vladimir Tatlin), 리시츠키(El Lissitzky), 가보(Naum Gabo), 페프스너(Antoine Pevsner)의 혁신이 있었다. 연극에서는 메이예르홀트(Vsevolod Meyerhold), 타이로프(Alexander Tairov), 바흐탄고프(Yevgeny Vakhtangov)의 스타일 실험이 있었다. 시에서는 마야콥스키(Vladimir Mayakovsky)("거리는 우리의 붓이고 광장은 우리의 팔레트다") 같은 성공한 미래파와 (혁명을 종교적 계시로 해석한) 블로크(Aleksandr Blok), 벨리(Andrei Belyi) 같은 상징주의자들이 있었다. 소설에서는 바벨(Isaac Babel)과 필냐크(Boris Pilnyak), 자먀틴(Evgenii Zamyatin), 불가코프(Mikhail Bulgakov)의 저술들이 있었다. 영화에서는 아이젠슈타인(Sergei Eisenstein)과 푸돕킨(Vsevolod Pudovkin)의 영화가 있었다.

1930년대 경에 그것은 끝났다. 남아있는 것이라고는 당이 '사회주의 리얼리즘'(socialist realism)이라고 규정한 차가운 푸딩뿐이었다. 뜨거운 실험을 창조해왔던 사람들은 죄수가 되거나 자살하거나 침묵하거나 외국으로 나갔다. 하지만 오직 민중을 산업화에 동원하는 데만 초점을 맞추는 사회에서 예술가와 문필가의 독립성과 종잡을 수 없는 충동이 당이 추구하는 '새로운 인간'을 창조하고 또 경제적 에너지로 '전환'될 수 있을까 하는 의문이 제기되기도 했다.

거나 그것으로까지 넘쳐 든다. 즉 시기심은 '선함 내에 머무를' 수 없다." 미덕에는 위계질서가 있었고, 그 속에서는 보다 높은 것에서 보다 낮은 것이 파생한다. 그러나 근대의식에는 공통의 존재가 아니라 자아가 존재하고, 이 자아의 관심사는 개인의 진정성이다. 그것의 독특하고 환원 불가능한 성격은 계략과 관습, 가면과 위선으로부터 벗어나 있고 자아가 사회에 의해 왜곡되지 않는다는 것이다. 진정한 자아에 대한 이러한 관심이 행위가 아니라 동기를 (즉 사회에 내한 도덕적 결과가 아니라 자아에 미치는 영향을) 윤리적·심미적 판단의 원천으로 만든다.[18]

그러나 더 큰 맥락에서는 근대사회에서 표출적 행동이 처리되는 방식이 종교적 방식에서 세속문화의 방식으로 바뀌었다. 사회, 특히 서구사회의 역사에서는 항상 해방과 속박의 변증법이 있어왔다. 우리는 역사상의 대(大) 종교들 속에서 악마적인 것, 즉 억제되지 않은 인간의 본성에 대한 두려움을 발견할 수 있다. 그리고 이러한 종교는 억압의 종교가 되어왔다. 19세기 중반 종교적 권위의 붕괴와 함께 해방으로의 전환이 일어난다. 실제로 문화──특히 모더니즘 문화──는 악마적인 것에 대한 진술을 종교로부터 양도받았다. 그러나 세속문화(예술과 문학)는 종교처럼 악마적인 것을 길들이고자 노력하기는커녕 그것을 받아들이고 탐구하고 그것에 빠져들면서 그것을 창조성의 원천으로 바라보게 된다. 미학의 자율성이라는 기치하에 경

---

18) 이러한 변화의 모습을 면밀하게 묘사하고 있는 것으로는 다음의 두 권의 책을 보라. Arthur O. Lovejoy, *The Great Chain of Being*(Cambridge: Harvard University Press, 1936). 특히 그리스철학에 대해서는 ch. 2를, 그리고 낭만주의에 대해서는 ch. 10을 보라(앞의 『티매우스』에서의 인용은 이 책 pp. 315~316에서 따온 것이다). Lionel Trilling, *Sincerity and Authenticity*(Cambridge: Harvard University Press, 1972).

험 그 자체가 최고의 가치이며, 모든 것이 탐구의 대상이며, 그 어떤 것도 (비록 삶 속에서 행동으로 옮길 수 없다고 하더라도 적어도 상상의 형태로나마) 허용되어야 한다는 관념이 발생했다. 행위의 정당화 속에서 진자가 속박으로부터 해방 쪽으로 이동했다.[19]

따라서 모더니즘은 유혹자였다. 그것의 힘은 자기숭배에서 나왔다. 그것의 호소력은 삶 자체가 하나의 예술작품이어야만 하고, 예술은 단지 사회, 특히 부르주아 사회의 관습에 대항해서만 자신을 표현할 수 있다는 관념으로부터 나왔다. 때때로 그러했듯이, 그것이 정치와 결합되었을 때, 윈덤 루이스(Wyndham Lewis)와 같은 우파인사들의 격분 속에서든 아니면 앙드레 브르통(Andre Breton)과 초현실주의자들 같은 좌파인사들의 농담 속에서든 간에, 모더니즘은 현대사회에 대해 전복적이 되었다.

오늘날 모더니즘은 소진되었다. 거기에는 아무런 긴장도 없다. 창조적 충동은 약해졌다. 그것은 빈 그릇이 되었다.[20] 반란의 충동은

---

19) 이 주장은 종교와 문화에 대한 나의 글(이 책 제4장)에 상세히 설명되어있다. 악마적인 것과 신학 및 예술의 관계에서 악마적인 것의 역할에 대한 비범한 논의로는 Paul Tillich, "The Demonic," *The Interpretation of History*(New York: Charles Scribner's Sons, 1936), pp. 77~115를 보라. 이 글은 원래 1926년에 독일어로 발표되었다.

20) 한 노련한 모더니스트 시인인 옥타비오 파스(Octavio Paz)는 다음과 같이 썼다. "오늘날…… 근대예술은 그것의 부정의 힘을 상실하기 시작하고 있다. 몇 해 동안 그 부정의 힘이 의례적으로 반복해서 거부되면서 이제 반란은 절차로, 비판은 수사로, 위반은 의식(儀式)으로 전화되었다. 부정은 이제 더 이상 창조적이 아니다. 내가 우리가 예술의 종말시대를 살고 있다고 말하고 있는 것은 아니다. 우리는 근대예술 관념의 종말시대를 살고 있다." 파스 씨는 근대적인 것의 관념, 특히 히스패닉 문화 속에서 나타나는 다소 다른 형태에 대한 창의적인 논의를 해왔다. 나의 유일한 불평은 '오늘날'이라는 말뿐일 것이다. 나는 모더니즘이 50년 전에 이미 그 힘을 상실했다고 믿는다. Octavio Paz, *Children of the Mire: Modern Poetry from Romanticism to the Avant-*

'문화대중'에 의해 제도화되었고,[21] 그것의 실험적 형태는 광고와 고급 패션(haute couture)의 구문론과 기호학이 되었다. 하나의 문화 스타일로서의 모더니즘은 급진적 스타일로 존재하며, 문화대중에게 경제체계——그것의 동기 역시 변화되어온——내에서 안락한 일자리를 가지고 '보다 자유로운' 라이프스타일을 즐기게 해준다.

경제적 충동으로 눈을 돌리면, 시민이자 부르주아라는 이중의 그리고 필연적으로 모순적인 개인의 역할 때문에 미덕의 문제가 발생

Garde(Cambridge: Harvard University Press, 1974)를 보라. 여기서의 인용은 p. 149에서 한 것이다.

보다 적대적인 전거에 의거한 이전의 견해에 대해서는 Renato Poggioli, *The Theory of the Avant-Garde*(Cambridge: Harvard University Press, 1968)를 보라. 근대성과 모더니즘에 대한 매우 설득력 있는 논의로는 특히 pp. 209~231을 보라.

21) '문화대중'이라는 말은 우선 문화생산의 세계를 스스로 유지하기에 충분할 정도로 큰 청중을 의미한다. 직업 측면에서 보면, 이 문화대중은 주로 지식산업과 커뮤니케이션 산업에 종사하는 사람들로 구성되어있을 것이다. 그들은 그 가족을 포함하여 수백만 명에 달할 것이다.

사회학적으로 말하면, 이 문화대중은 세 부분으로 구성되어있다. 문화대중은 문화의 창조자들이 아니라 전달자들로 이루어져 있다. 이들은 고등교육, 출판, 잡지, 방송매체, 연극, 박물관에 종사하는 사람들로, 중요한 문화 신물들을 가공하고 그것들에 영향을 미친다. 문화대중은 자체로 서적, 인쇄물, 중요한 음반을 구매하는 하나의 문화시장을 형성하기에 충분할 정도로 크다. 그리고 문화대중은 또한 문필가, 잡지 편집인, 영화 제작자, 음악가 등으로 보다 광범위한 대중문화 청중을 위한 대중적 소재를 생산하는 집단이기도 하다.

그러나 이 용어는 단지 대규모의 문화대중만을 포함한다. 불가피하게 거기에는 보다 문화적인 기풍을 수립하고자 노력하는, 즉 '전위적'이거나 "유행을 알거"나 "유행의 최첨단을 걷"고자 하는 더 작은 서클들——톰 울프(Tom Wolfe)가 문화인(culturati)이라고 부르는 사람들——이 존재한다. 독일인들은 이러한 문화적 동향을 따르는 것을 지칭하는 용어로 풍조(Tendenz)라는 말을 쓴다. 패션(fashion)이 양재업자와 관련된 말이고, 패드(fad)가 청년문화와 관련된 말이라면, 텐덴즈 또는 텐덴즈 벤딩(Tendenz vending)은 문화인과 관련된 말이다.

했다. 전자로서의 개인은 자신이 구성원인 정체에 대한 책무를 지닌다. 반면 후자로서의 개인은 자기 자신의 이익을 추구하는 사적 관심사를 가지고 있다. 제러미 벤담은 거기에 공동체와 같은 실체가 존재한다는 것을 부정해왔다. 그에 따르면, 공동체는 허구적 조직체다. 그러나 사회적 결정과 개별적 결정의 총합 간에는 실제로 차이가 있다. 즉 사회는 국제수지의 적자를 메우기 위해 석유를 보존하기로 결정할 수도 있지만, 개인은 자기 자신의 욕구에 따라 구매를 증대시킬 수도 있다. 개인이 스스로를 위해 원하는 것들(무료 고속도로와 같은)이 집합적으로는 아주 끔찍한 상황이 되는 것도 역시 사실이다. 따라서 사적 욕구와 공적 책임의 균형을 맞추는 것은 현실적인 균형의 문제다. 그러한 균형은 어떻게 유지되는가?

자본주의의 초기 발전 속에서는 억제되지 않은 경제적 충동이 청교도적 자기억제와 프로테스탄트 윤리에 의해 제약되었다. 사람들은 자신의 소명에 대한 책무 때문에 또는 공동체의 규약을 이행하기 위해 일했다. 그러나 프로테스탄트 윤리는 모더니즘이 아니라 자본주의 자체에 의해 훼손되었다. 프로테스탄트 윤리를 파괴시킨 최대의 단일한 엔진은 할부판매법 또는 즉석신용제도 발명이었다. 이전에는 구매하기 위해서는 돈을 모아야만 했다. 그러나 신용카드로 인해 사람들은 즉각적인 만족을 즐길 수 있게 되었다. 대량생산과 대량소비, 즉 새로운 욕구 창출과 그러한 욕구를 충족시키는 새로운 수단의 창출은 체계를 변형시켰다.

프로테스탄트 윤리는 (비록 자본축적은 아니지만) 사치를 제한하는데 기여해왔다. 프로테스탄트 윤리가 부르주아 사회로부터 단절되었을 때, 단지 쾌락주의만이 남았고, 자본주의 체계는 그것의 초월적 윤리를 상실했다. 자본주의가 자유의 토대로 작동했고 생활수준의 향상과 빈곤퇴치에 기여했다는 주장은 여전히 유지되고 있다. 하지만 비록 이러한 주장이 사실이라고 하더라도, (자유는 자본주의 체계 자체보다는 특정 사회의 역사적 전통에 더 의존하며 그 체계가 경제를 성장시키는 능력이 현재 의문시되고 있다는 것은 분명하기 때문에) 초월적 결속의 결여 — 이는 사회가 그것의 성격구조, 노동, 문화에 '궁극적 의미들'을 제공하지 못한다는 것을 의미한다 — 는 체계를 동요시키게 된다.[22]

이제는 쾌락주의 — 즉 하나의 삶의 방식으로서의 쾌락이라는 관념 — 가 자본주의를 (비록 도덕적으로는 아니지만) 문화적으로 정당화하고 있다. 그리고 오늘날을 지배하는 자유주의적 에토스 속에서 모더니즘적 충동이 하나의 행동양식으로서의 충동 추구라는 그것의 이데올로기적 원리와 함께 문화적 이마고 모델이 되었다. 자본주의의 문화적 모순을 이루는 것이 바로 이것이다. 근대성의 이중적 속박을 초래해온 것도 바로 이것이다.

'경제'(economics)라는 단어는 그리스어 오이코스(oikos), 즉 가계(household)라는 말에서 나왔지만, 고대세계는 우리가 알고 있는 경제(economy), 즉 가격에 의해 규제되는 상호의존적인 시장체계를 알지 못했다. 그리고 그들은 '경제적인' 용어로, 다시 말해 계산이라는 관념에 의해 사고하지도 않았다. 생산은 가계를 위한 것이었고, 필요에 맞게 이루어졌다. 그러한 필요는 생물학적으로 생긴 것이었다. 충분한 음식, 적당한 주거환경, 효율적인 위생시설이 그러한 것들이었다. 아리스토텔레스가 말했듯이, "〔가계경영의 기술에 필요한 재산

---

22) 이러한 주장을 정교화하고 있는 것으로는 Irving Kristol, "When Virtue Loses All Her Loveliness: Some Reflections on Capitalism and 'The Free Society,'" *The Public Interest*, no. 21(Fall 1970)을 보라. 이 글은 Daniel Bell and Irving Kristol eds., *Capitalism Today*(New York: Basic Books, 1971)에 재수록되어있다.

에는] 일정한 한도가 있다."

　부르주아 사회를 규정하는 것은 필요가 아니라 욕망이다. 욕망
은 생물학적이 아니라 심리적이며, 그 성격상 무제한적이다. 사회
는 공통의 목적에 의해 지배받는 사람들의 자연적 결사체 ─ 폴리스
(polis) 또는 가족 ─ 가 아니라 그들 자신의 만족을 추구하는 원자적
인 개인들의 집합으로 인식된다. 토마스 홉스(Thomas Hobbes)가 자
신의 첫 번째 저작『리바이어던』(*Leviathan*)에서 묘사한 바와 같이 인
간의 심리는 플라톤식의 합리적 정신의 위계를 뒤집는 욕구 충동이
고, 그러한 욕구가 그로 하여금 자신의 원망을 달성하도록 사납게 몰
아친다. 근대사회에서 욕구의 엔진은 생활수준의 향상, 그리고 삶
의 많은 것을 화려하게 채색할 수 있게 해주는 다양한 제품들이다.
그러나 그것 역시 과시를 강조함으로써 자원을 분별없이 낭비하게
한다. 장 자크 루소(Jean-Jacques Rousseau)가『두 번째 강의』(*Second
Discourse*)에서 훌륭하게 묘사했듯이, 불평등의 심리적 기원은 '고립
된' 개인들이 모이기 시작하여 가장 힘이 센 사람, 가장 잘생긴 사람,
춤을 가장 잘 추는 사람, 노래를 가장 잘하는 사람이 재화의 과도한
몫을 가져간다는 것을 발견할 때 발생한다. 시기심이 그 모습을 드러
낸다. 가장 잘생긴 것처럼 또는 기량이 뛰어난 것처럼 보이기 위해
다른 사람들이 가식적으로 꾸미기 시작한다. 거칠고 추한 것을 숨기
기 위해 화장품을 사용하기 시작한다. 외모가 본성보다 더 중시되기
시작한다. 소비가 지위에 대한 심리적 경쟁을 표현한다면, 누군가는
부르주아 사회는 시기심의 제도화라고 말할 수도 있다.[23]

---

23) 시기심이라는 관념이 사회학적 문헌들에서 지위 경쟁의 원천으로 거의 이용
　　되지 않았다는 것은 놀라운 일이다. 이러한 점에서 그간 무시된 저술가가 바
　　로 애덤 스미스다. 그는『도덕감정론』에서 만약 사람들이 경제적 동기에 의
　　해서만 지배된다면 필수품 또는 필요 이상으로 생산을 증대시키고자 하는

자원이 풍부한 곳에서는, 또는 개인들이 높은 수준의 불평등을 정상적인 것이나 공정한 것으로 받아들이는 곳에서는 그러한 소비가 받아들여질 수도 있다. 그러나 사회의 모든 사람이 그 이상의 것을 요구하고 그것을 권리의 문제로 기대하고 자원이 (양적으로보다는 가격에 의해) 제한되어있을 경우, 사람들은 정체에서의 요구와 경제에 의해 설정된 한계 간에 존재하는 긴장의 토대를 인식하기 시작한다. 우리는 여기서 '억제되지 않은 욕구'가 경제적 영역에서 정체로 옮겨가는 분기점을 보게 된다. 20세기 후반기의 서구 정체를 살펴보면, 우리는 다섯 가지 요소들이 함께 어우러져 종래의 시장체계를 구조적으로 변형시키고 있음을 알 수 있다.

첫째, 우리는 경제성장과 생활수준의 향상에 대한 제도화된 기대를 발견한다. 그것들은 현재의 가치변화 속에서 자격(entitlements)에 대한 의식으로 전환되어왔다. 오늘날 우리는 자격상승혁명(revolution of rising entitlements)을 경험하고 있다.

둘째, 우리는 다양한 욕망, 그리고 보다 중요하게는 다양한 가치들의 양립 불가능성을 알고 있다. 계몽철학자들은 어떤 단일한 문제에는 단일한 답변이 있다고 가정했다. 이러한 답변들이 일관성을 이루며 하나로 묶일 때, 사회문제에 대한 합리적 해결책이 생겨난다. 답변을 정식화하는 데서 기본적으로 필요한 것이 바로 그것이 '객관적'이어야 한다는 것이다. 다시 말해 양육환경에서 파생하는 '편견'을 줄이고, 선입견과 맹신을 제거하고, 전통과 이기심을 버리는 것

자극은 거의 존재하지 않을 것이라고 선언했다. 경제 '발전'이 시작된 것은 바로 인간이 지위를 얻고자 하는 충동에 의해 추동되기 때문이다. 이것이 소스타인 베블런(Thorstein Veblen)이 그의 유명하지만 지금은 무시되고 있는 저작 『유한계급론』(Theory of the Leisure Class)에서 역시 정교화시키고 있는 테마다.

등이다. 사람들은 객관적이 되기 위하여 생각을 '순화'해야만 하고 (이것이 돈키호테식 용어인 이데올로기의 원래 의미였다), 윤리적으로 합리적이기 위하여 자신의 행동을 정언명령으로 '보편화'해야만 한다. 하지만 우리는 이제 자유와 평등, 효율성과 자발성, 지식과 행복 같은 가치들은 본래 양립할 수 없다는 것을 알고 있다. 그리고 (1959년에 아이젠하워 국가목표위원회Eisenhower Commission on National Goals 이래로 정부기관들이 추진해온 것처럼) 사회가 결정한 모든 사회적 목표를 달성하는 데 소요되는 비용을 모두 합산해보면, 우리는 그것들을 동시에 달성하는 데 필요한 자원을 충분히 가지고 있지 못하다는 사실을 발견한다는 것을 경험적으로 알고 있다. 따라서 선택의 문제는 불가피하다.

셋째, 우리는 경제성장이 낳는 엄청난 '부수' 효과들을 인식하고 있다. 자동차 수의 증가가 여러 도시에 숨 막힐 듯한 스모그를 만들어낸다는 것은 분명하다. 하지만 그것은 대처하기가 상대적으로 쉬운 문제다. 더욱 곤란한 것은 식량을 증산하기 위해 더 많은 화학비료를 사용하는 것—이것이 미국 농업을 세계에서 가장 효율적으로 만들었다—이 질산염이 강과 호수로 흘러 들어가서 물을 오염시키는 결과를 초래한다는 사실이다. 그렇다면 식량과 오염 사이에서, 또는 유사한 사례로 석탄의 노천채굴과 그것이 시골에 남기는 대규모의 상처 사이에서 어떻게 균형을 잡을 것인가?

넷째, 수요의 증대, 능력(특히 철강에서처럼 기본적인 가공처리 능력)의 지체, 그리고 (석유 가격의 정치적 조작은 말할 것도 없이) 자원 가격 상승이 동시에 발생하면서 전 세계적으로 인플레이션이 발생해왔다. 그러나 우리가 이제 살펴보듯이, 인플레이션은 일시적인 요소가 아니라 근대경제의 구조적 요소다. 즉 그것은 경제성장과 완전고용에 대한 헌신이 초래한 거의 불가피한 결과다. 하지만 문제는 그러한 인플레이션을 관리 가능한 비율로 '통제할' 수 있는가 하는 것이다.

그리고 다섯째, 우리는 경제와 사회에 대한 중대한 결정들을 분산되어있는 시장들의 총화에 맡기기보다는 정치적 싸움터에 집중시키기 시작했다. 이것은 이데올로기적 전향의 결과가 아니라(오히려 아이젠하워Dwight David Eisenhower와 닉슨Richard Nixon처럼 자신들의 이데올로기에도 불구하고 정치적 통제체계를 유지하고 확대해온 사람들조차 그러한 전향에 저항해왔다), 서구 정체의 구조적 변화의 결과다.

20세기 후반을 특징짓는 기본적인 정치적 사실은 **국가주도 경제**가 확장되어왔다는 것이다. 이 같은 일이 일어난 이유는 처음에는 불황으로부터 체계를 구할 필요성 때문이었고, 나중에는 전시경제의 요구와 군사개입의 확대 때문이었고, 마지막으로는 지출수준과 투자유형에 영향을 미치는 데서 재정정책이 수행하는 전략적 역할 때문이었다. 20세기의 마지막 분기에 우리는 이제 **국가관리 사회**(state-managed society)로 옮겨가고 있다. 그리고 그러한 사회가 출현한 까닭은 주민들에게 하나의 자격이 되어온 대규모의 사회적 요구들(의료, 교육, 복지, 사회 서비스)이 증대해왔기 때문이다.

탈산업사회에서의 새로운 '계급투쟁'은 경제적 기업에서 벌어지는 경영진과 노동자의 갈등 문제라기보다는 국가예산에 영향을 미치고자 하는 다양한 조직화된 분파들이 벌이는 줄다리기다. 국가지출이 미국처럼 국민총생산의 거의 40퍼센트에 달하거나 스칸디나비아 국가들처럼 50퍼센트 이상이 되는 곳에서, 돈의 할당과 조세부담은 주요한 정치적 문제가 된다. 근대 정치경제의 중심적 특징으로서의 '재정사회학'(fiscal sociology) ─ 이는 슘페터의 용어다 ─ 의 출현이라는 것을 통해 내가 말하고자 하는 것이 바로 이것이다.

'국가-사회' 관계, 즉 공적 이익과 사적 욕구의 관계 문제는 앞으로 수십 년간 정체에서 주요한 문제가 될 것이 분명하다. 부르주아 사회에서 법, 경제, 정치의 제도들은 (형식합리성의 관념을 통해, 그리고 실제적이기보다는 절차적인 법의 지배를 통해) 개인을, 그리고 개인들 간의 교환을 규제하는 것을 지향해왔다. 공동체의 실제적 요구를 개인의 요구에 우선하는 것으로 다루는 '공법'(公法)의 본질이 법 이론에서 중요한 문제 중 하나가 될 것이다.

사회학적으로 말하면, 거기에는 국가 영향력의 비중이라는 문제가 존재한다. 국가자본주의 체계는 법인국가(corporate state)로 쉽게 변형될 수 있다. 그리고 국가 사회주의 체계는 경쟁하는 사회집단들의 요구를 과도하게 짊어짐으로써 경제의 성장능력을 제약받을 수도 있고, 수많은 요구들로 인해 정치체계가 과부하에 걸릴 수도 있다. 그러나 또한 미국에서 국가주도 경제와 국가관리 사회는 누구도 만족시키지 못할 가능성이 크다. 기업체들은 정부 규제가 자신들의 이익을 보전해줄 수 있을 때조차 정부 규제에 분개한다. 왜냐하면 정부 규제가 실제로 일정 정도 경영자의 권한을 간섭할 수밖에 없기 때문이다. 급진주의자들은 (마치 정부 규제 자체가 공공선과 서로 경계를 접하는 것이기나 한 것처럼) 어떤 문제에 대한 자신들의 첫 번째 대응이 더 많은 '규제'를 요청하는 것일 때조차 규제와 계획을 점점 더 (계획자와 관료들에게만 이익이 되는 것이 아닌가 하고) 의구심을 가지고 바라본다. 그리고 앞으로 출현할 국가관리 기구는 다루기 힘든 관료제적 괴물이 될 것이다. 즉 국가관리 기구들은 다양한 조합집단과 공동체적 집단들의 보조금과 자격 요구에 의해 사방으로 뒤틀리면서도, 증가된 정부예산을 마구 먹어 치우며 스스로 리바이어던이 될 것이다.

두 가지 요소가 문제의 근원을 이루고 있다. 하나는 서구사회가 공동체의식(civitas), 즉 어떤 공공선을 위해 자발적으로 기꺼이 희생하고자 하는 의식을 결여하고 있다는 것이고, 다른 하나는 사회에 우선권 및 할당과 관련한 규범적 규칙을 정당화하는 정치철학이 부재한다는 것이다.

자유주의 경제학은 시장이 공적 복리의 충분한 조정자라고 가정했다. 즉 자유주의 경제학은 개인들이 소유한 서로 다른 유용한 것과 그들이 결여하고 있는 서로 다른 재화가 시장에서 개인들이 특정 재화에 대해 갖는 욕망의 강도와 그 재화의 제시가격을 기꺼이 지불할 의향이 조화를 이루는 지점에서 균형을 이루게 될 것이라고 가정했다. 고전 마르크스주의는 사회에서 상대적 정의(正義)를 실현하는 문제에 대해 전혀 다른 답변을 가지고 있었다. 고전 마르크스주의는 경쟁, 시기심, 사악함 모두가 결핍으로부터 초래되었고, 재화의 풍부함이 그러한 갈등을 불필요하게 만들 것이라고 가정했다. 그러나 우리가 그간 깨달아온 것은 자원문제와는 별개로 우리가 결코 결핍을 극복할 수 없으리라는 것이다. 탈산업사회에는 (내가 이전 책에서 지적했듯이) 19세기의 유토피아주의자들은 결코 상상하지도 못했을 새로운 결핍, 즉 정보의 결핍이 존재하게 될 것이다. 정보의 결핍은 기술적 지식의 성장과 그것의 대중화 욕구의 증대에서, 그리고 정치과정에 대한 개인의 참여 증대로 인한 '시간' 비용의 증대와 그러한 활동을 조정할 필요성에서 기인한다.

경제학은 희소자원을 경쟁하는 수요자들에게 할당하는 기술이다. 마르크스주의의 자만은 공산주의에서는 경제학이 '폐기'될 것이라고 생각한 것이었다. 그 이유는 공산주의에서는 사람들이 상대적 특권과 사회정의에 대해 생각할 필요가 없기 때문이었다. 그러나 중요한 것은 우리는 여전히 경제학의 측면에서 생각해야만 하며, 아마 앞으로도 항상 그러할 것이라는 점이다. 따라서 문제는 우리가 '경제학'의 제약 내에서 자유를 수호하고 성과를 보상받고 사회적 선(善)을 고양시키고자 하는 일단의 규범적 규칙에 도달할 수 있는가 하는 것이다.

이 책에서 나는 **공공가계**(public household)라는 관념을 제시한다. 이것은 가정가계와 시장경제와 나란히 존재하는 제3의 영역이 아니라, 그 둘을 포괄하고 가능한 한 시장 메커니즘을 사용하고자 하지만 명백한 사회적 목적의 틀 내에서 그렇게 하고자 하는 영역이다. 이것은 자유주의적 개념이다. 왜냐하면 나는 개인이 시민사회의 기본 단위여야만 하고 또 개인의 성취가 정당한 보상을 받아야만 한다고 믿기 때문이다. 그러나 나는 정치적 자유주의를 부르주아 사회로부터 분리시키고자 한다. 역사적으로 이 둘은 그 기원에서는 결합되어있지만, 하나가 다른 하나에 의존하지는 않는다. 사실 하나의 철학으로서의 정치적 자유주의는 그것이 사적인 경제적 욕구의 무제한적 요구를 정당화하는 데 이용되어왔기 때문에 고통받아왔다. 공공가계의 문제는 문제가 옳음 또는 그름의 문제라기보다는 옳음 대 옳음의 문제인 곳에서 집단 대 집단의 주장들을 어떻게 판결하고, 개인의 권리와 집단 성원들의 주장의 경중을 어떻게 가리고, 자유와 평등, 형평성과 효율성을 어떻게 균형 잡는가 하는 것이다. 나는 다양한 주장들의 정당성을 결정하는 데서 자원과 필요(욕망이 아니라)의 공적 성격을 인정하고 **상대적 차등**의 원칙을 따르는 것이 그 출발점이어야만 한다고 믿는다. 이것들이 바로 이 책에서 정체에 대해 논의한 부분에 들어있는 주요한 글이 다루는 내용이다.

우리가 20세기의 마지막 4분기에 경제력과 정치력에서 일어나는 중요한 변화를 목도하게 될 것이지만, 그것들은 자본주의와 사회주의 같은 사회체계의 경쟁에서 발생한 변화라기보다는 대체로 개별 국가들의 권력에서 일어난 변화일 것이다.[24) 선진 산업사회에서 경제력은 그것의 고도 기술, 그것의 자본동원 능력 그리고 그것의 경영능력에 의지한다. 우리는 경제사에서 있었던 대호황 중의 하나 — 이는 사반세기 이상이나 지속되었다 — 가 바로 그것들 덕분이었다는 것을 거의 잊고 있다. 세계 산업생산은 1948년에서 1973년 사이에 놀랍게도 3.5배 증가했고, 연평균 성장률은 5퍼센트였다. (일본의 성장률은 세계 평균 성장률의 두 배였고, 영국은 그것의 절반이었다. 하지만 이 둘은 모두 자본주의 사회다.)『이코노미스트』(*Economist*)가 지적했듯이, 한 세대 내내 모든 산업국가가 번영했다.[25] 1970년대 초반에 선진 자본주의 사회에서 발생한 전 세계적인 인플레이션의 구조적 토대는 사실 이 투자 붐이었다.

　서구 산업사회들이 석유에 의존하기 때문에 발생한 에너지 문제는 그들 사회의 취약성을 드러내는 것이었다. 석유 가격이 저렴하다는

---

24) 로버트 하일브로너(Robert Heilbroner)는 그의 계시록적 저작『인류의 전망』(*The Human Prospect*)에서 서로 다른 국가사회 또는 서로 다른 사회체계, 즉 자본주의와 사회주의가 세기말에 자신이 예견한 대규모 생태학적 자원위기와 인구위기에 대처할 수 있는가 하는 문제를 제기한다. 그다음에 그는 계속해서 '자본주의' 또는 '사회주의'가 그러한 위기들에 대처할 가능성에 대해 논의한다. 그러나 그러한 가능성은 정치적 문제이고, 정치적 행위의 실제 단위는 추상적인 사회체계가 아니라 필연적으로 서로 다른 국가사회들이다. 내가 한 사회 내에서 소득과 권력의 분배 유형을 틀 짓고 그것에 실제적인 영향력을 행사하는 데서 사회체계의 성격이 수행하는 역할을 최소화하려는 것은 아니다. 그러나 나는 그러한 분배 형태들이 특정 사회가 위기에 대처하는 방식 — 그리고 실제적인 이유들 — 이라고 생각하지 않는다. 스웨덴과 미국, 소련과 유고슬라비아 모두 다르게 반응할 수 있다. 그 까닭은 그들의 '사회체계'라기보다는 그들의 국가적 전통과 공동체의식 속에 구현되어있는 정치적 의지 때문이다. 보다 공식적으로 표현하면, 사회적 '행위자'는 '체계'가 아니라 정치사회다.

25) "Who Will Survive the Slump?," *Economist*, December 28, 1974, pp. 40~42.

것이 그러한 상황을 초래했다. (소련은 공산주의였기 때문에 또는 석유와 천연가스의 공급량이 충분했기 때문에 이 문제에서 벗어나 있었는가?) 그리고 석유 소득으로 인한 자본 이동은 거의 전적으로 달러에 연동되던 세계경제의 약점을 잘 보여주는 것이었다.

하지만 서구의 경제력을 실패한 것으로 보는 것은 지나친 속단이다. 10년쯤 지나면 서방국가들이 중동의 석유에 의존하는 정도는 크게 줄어들 것이다. 즉 새로운 다른 종류의 에너지원이 생겨날 것이다. 얼마 동안 자본이 중동국가들로 대규모로 흘러 들어갈 수도 있지만, 서구의 기본적인 경제적 우위는 고도 기술과 경영에 있으며, 그것은 다시 효력을 발휘할 것이다. 1970년대의 국제경제적 사건들이 보여준 것은 정치적 의지가 경제적으로 긴급한 일들에 제대로 대처하지 못했다는 것이고, 이것은 국제질서 불안정성의 또 다른 그리고 보다 불안스러운 측면이다.

그러나 나는 이 10년의 사건들에 관해 기술하려는 것이 아니라, 부르주아 사회를 괴롭히고 장기적으로 한 나라의 활력을 빼앗고 개인들의 동기를 혼란시키고 카르페 디엠(carpe diem, 현재를 즐겨라) 의식을 주입시키고 시민의 의지를 약화시키는 보다 심층적인 문화적 위기들에 대해 기술하고자 한다. 이 문제는 제도의 적합성 문제라기보다는 한 사회를 지탱하는 의미 유형의 문제다.

어빙 크리스톨은 부르주아 사회는 도덕적·지적으로 재앙에 대처할 준비가 되어있지 않다고 기술한 바 있다. 부르주아 사회의 한편에는 모든 실존적 질문들을 '문제'로 재정의하고 그 문제들에 대한 해결책을 모색하는 자유주의적 기질이 자리하고 있다. (한 번 더 말하지만, 이것이 바로 어떤 단일한 질문에는 하나의 단일한 답변이 존재한다는 합리주의적 관념이다.) 다른 한편에는 무한한 목적들이 (비록 기술적 효율성은 아니지만) 경제적 효율성이라는 훌륭한 엔진을 통해 달성될 수 있다고 보는 유토피아적 가정이 자리하고 있다. 하지만 재앙은 닥쳐왔고, 앞으로도 되풀이해서 닥칠 것이다.

과거에 인간사회는 경험에 뿌리를 두고 있으면서도 현실에 대한 초시간적인 개념들을 제공하는 의지처를 통해 재앙에 대비해왔다. 전통적으로 이러한 의지처가 된 것이 바로 종교였다. 왜냐하면 클리퍼드 기어츠(Clifford Geertz)가 지적했듯이, 종교는 "인간의 행동을 상상 속에서 그린 우주질서에 맞게 조율하고 우주질서의 이미지를 인간 경험의 지평으로 투영하기" 때문이다.[26] 근대사회는 종교를 유토피아 — 초월적 이상으로서의 유토피아가 아니라 기술을 자양분으로 하고 혁명을 산파로 하여 역사(진보, 합리성, 과학)를 통해 실현되는 유토피아 — 로 대체해왔다.

근대성의 실제적 문제는 신념의 문제다. 유행에 뒤진 표현을 사용하면, 그것은 영혼의 위기다. 왜냐하면 새로운 의지처가 환상이라는 것이 입증되어왔고, 종래의 의지처는 침잠해버렸기 때문이다. 이것이 바로 우리로 하여금 허무주의로 되돌아가게 하는 상황이다. 다시 말해 과거 또는 미래를 결여하고 있기 때문에 거기에는 단지 공허함만이 존재할 뿐이다. 한때 허무주의는 자극적인 철학이었다. 바자로프(Bazarov)의 경우에서처럼, 파괴해야 할 어떤 것이 있고 또 제자리에 돌려놓아야 할 어떤 것이 있을 때 그러했다. 하지만 오늘날 과거 속에 파괴되기 위해 남아있는 것은 무엇이고, 누가 다가올 미래에 대해 희망을 가지고 있는가?

종교의 대체물로서의 문학과 예술에서 흥분과 의미를 발견하고자 하는 노력은 하나의 문화양식으로서의 모더니즘으로 이어졌다. 하

---

26) Clifford Geertz, *The Interpretation of Cultures*(New York: Basic Books, 1973), p. 90.

지만 모더니즘은 고갈되었고, (의식을 무한히 확대시키고자 하는 도취적인 시도를 하는) 다양한 종류의 포스트모더니즘(post-modernism)은 개인의 에고(ego)를 지우고자 하는 노력 속에서 단지 자아(self)를 해체할 뿐이다. 혁명의 관념은 여전히 일부 사람들을 매혹시키고 있지만,[27] 실제적 문제는 "혁명 이후의 날"——즉 세속적인 세계가 다시 의식 속으로 침입할 때, 그리고 사람들이 물질적인 유인에 대한 제어할 수 없는 욕망 또는 특권을 자신의 아이들에게 물려주고자 하는 욕망에 맞서기에는 도덕적 관념은 단지 이상적일 뿐이라는 것을 발견할 때——에 발생한다. 따라서 사람들은 혁명이 낳은 사회 자체도 관료제적이 되거나 영구혁명의 혼란에 끊임없이 휘말린다는 것을 발견한다.[28]

　세속적인 의미체계가 하나의 환상임이 입증되었을 때, 무엇이 사

---

27) 나데즈다 만텔스탐(Nadezhda Mandelstam)은 러시아의 경험에 대해 이렇게 기술했다. "나의 형 예브게니 야코블레비치(Evgeni Yakovlevich)는 인텔리겐치아를 예속시키는 데서 결정적 역할을 한 것은 테러나 뇌물이 아니라(신도 알다시피, 이 둘로 충분했지만), 그들 중 누구도 포기할 수 없는 '혁명'이라는 단어였다고 말하곤 했다. 그것은 모든 국민이 굴복했던 단어이고, 그 힘은 우리의 통치자가 왜 여전히 감옥과 극형을 필요로 했는지를 의심하게 할 정도로 강력한 것이었다." Nadezhda Mandelstam, *Hope Against Hope*(New York: Atheneum, 1970), p.126.

28) 중국 문화혁명과 관련한 가장 재미있고 폭로적인 에피소드 중 하나가 바로 다음과 같은 사실이었다. 수십만 명의 고무된 젊은이들이 1966년에 베이징에 몰려들었을 때, 그들은 각 대표단이 그 도시를 알리는 버튼 배지를 달고 있었지만 몇몇 배지는 다른 배지보다 더 부족했고 그리하여 더 희소하다는 것을 발견했다. 즉각 그리고 자발적으로 시장이 생겨났고, 서로 다른 배지들이 할인되어 거래되었다. 젊은이들은 자본주의의 회복을 반대하고 문화혁명을 지지하는 시위를 하면서, 자신들이 거래를 통해 얻을 수 있었던 희소한 배지들을 자랑스럽게 과시했다. Gordon A. Bennett and Ronald N. Montaperto ed., *Red Guard: The Political Biography of Dai Msiau-ai*(Garden City, N.Y.: Doubleday Anchor, 1972), p.99를 보라.

람들을 현실에 묶어주는가? 나는 위험을 무릅쓰고 유행에 뒤진 답변을 제시할 것이다. 그것이 바로 종교 관념의 일부를 서구사회에 복귀시키는 것이다. 랭보는 그의 「견자(見者)의 편지」(Lettre du voyant)에서 "나는 감히 견자이어야 하며, 의식적으로 견자가 되어야 한다고 말하겠습니다"라고 말했다. 견자가 된다는 것은 역사와 예술의 저편에서 다른 사람들의 눈으로는 여전히 볼 수 없는 현실을 식별하는 것, 즉 "보이지 않는 것을 보고 들리지 않는 것을 듣는 것"이다.[29]

만약 이 시인이 말하는 것이 미래에 귀를 기울이라는 것이라면, 현대시가 가장 강렬한 발언권을 가지고 있고 인간의 가장 고통스러운 고뇌를 표현해온 나라—소련—에서, 만약 체제의 정치적 족쇄가 풀릴 경우, 종교가 문화 속에서 가장 화려하게 꽃 피울 것이다. 왜냐하면 소리 없이 들리는 보이지 않는 저술들 속에서 반복적으로 되풀이되는 은밀한 테마가 전통적 신앙의 부활을 통한 인간의 구제이기 때문이다.[30]

---

29) Poggioli, *op. cit.*, p. 215를 보라. 「견자의 편지」의 전문은 다음과 같은 제목으로 서툴게 번역되어있다. "The Poet as Visionary," in Edgell Rickword, *Rimbaud: The Boy and the Poet*(London: Background Books, 1963), pp. 153~155.

30) 이것이 『닥터 지바고』(*Doctor Zhivago*) 속의 시들을 관통하는 줄거리다. 마지막 시인 「겟세마네 동산」(Garden of Gethsemane)에서 파스테르나크(Pasternak)는 다음과 같이 쓰고 있다.

그러나 생명의 책은 이제 모든 성스러운 것 가운데서
가장 귀중한 페이지에 이르렀다.
이제 거기에 적혀 있는 것들이 실현되어야만 한다.
그것이 실현되게 하소서, 아멘
* * *
나는 무덤으로 내려가 3일 만에 다시 일어날 것이다.
그리고 뗏목이 강을 따라 흘러가듯이,
대상(隊商)처럼 줄을 지어서

종교가 회복할 수 있는 것은 세대의 연속성이다. 세대의 연속성은 우리로 하여금 겸손과 다른 사람들에 대한 배려의 근거가 되는 실존적 범주들로 돌아가게 한다. 하지만 그러한 연속성은 제조될 수 없고, 문화혁명 역시 제작될 수 없다. 그 날실과 씨실을 짜는 것은 사람들에게 삶의 비극적 의식을 심어주는 경험들, 즉 유한성과 자유의 갈림길에 살고 있는 삶이다.

수 세기가 어둠으로부터
내게 심판을 받으러 흘러들어올 것이다.

그리고 이 줄거리는 10년 후에 조지프 브로드스키(Joseph Brodsky)에 의해 다시 이어졌다.

오늘날의 모든 포옹을 합하더라도
십자가 위에서 두 팔을 벌린 그리스도가 베푼 사랑에는
훨씬 미치지 못할 것이다.
이 절름발이 시인의 소견이
1967년 고난의 주간에 내 앞에 아련히 떠올라
내가 1990년으로 비약하는 것을 방해한다.

"The poems of Yurii Zhivago," trans. Bernard Guilbert Guerney, in *Doctor Zhivago*(New York: Pantheon, 1958), pp. 558~559; Joseph Brodsky, "Adieu, Mademoiselle Véronique," in *Selected Poems*, trans. George Kline(New York: Harper & Row, 1973), p. 136. 번역자가 주석을 달아놓았듯이, '절름발이 시인'은 약간 절뚝거리며 걸은 파스테르나크를 직접적으로 언급한 것이다.

제1부
근대성의 이중적 구속

제1장 자본주의의 문화적 모순

한 문명의 사회경제적 구조와 그 문화 간의 관계는 아마도 사회학자에게 가장 까다로운 문제일 것이다. 마르크스주의적 개념이 깊이 주입되어있는 19세기 전통은 사회구조의 변화가 인간의 상상력의 범위를 결정한다고 주장했다. 인간에 대한 그 이전의 시각—호모 파베르(homo faber), 즉 도구를 만드는 동물로서의 인간보다는 호모 픽토르(homo pictor), 즉 상징을 생산하는 동물로서의 인간—은 인간을 후일 현실 속에서 '대상화'하거나 구성할 수 있는 것을 미리 형상화할 수 있는 독특한 피조물로 보았다. 따라서 변화의 이니셔티브는 문화의 영역에 돌려졌다. 이러한 종래의 주장들이 과거와 관련하여 그 진위가 어떠하든 간에, 오늘날에는 문화가 분명 가장 중요한 것이 되었다. 예술가의 상상력 속에서 벌어지던 것들은 비록 희미하기는 하지만 내일의 사회적 현실을 전조하고 있다.

문화가 가장 중요한 것이 되어온 데는 두 가지 상보적인 이유가 있다. 첫째, 문화는 기술 그 자체의 활력을 넘어서는, 우리 문명의 가장 역동적인 요소가 되었다. 오늘날 예술 속에는 (지난 100년 동안 점점 더 그러해왔던 것처럼) 새로운 것과 독창적인 것을 향한 현저한 충동,

즉 미래의 형태와 감각에 대한 자의식적 탐구가 자리하고 있으며, 그리하여 변화와 새로움에 대한 관념이 실제적 변화의 차원을 압도하고 있다. 그리고 둘째, 지난 50년 동안 그러한 문화적 충동이 정당화되었다. 과거에 문화는 규범을 설정하고 도덕철학적 전통을 확인하는 것으로 인식되었고, 그러한 규범과 도덕철학에 준하여 새로운 것이 측정되고 (자주) 검열되었다. 하지만 이제 사회는 그러한 문화적 충동이 상상력에 대해 수행하는 역할을 받아들이고 있다. 실제로 사회는 혁신을 수동적으로 받아들이는 것 이상을 수행해왔다. 즉 사회는 새로운 것들을 열심히 먹어 치우는 시장을 제공해왔다. 왜냐하면 사회가 새로운 것이 종래의 모든 형태에 비해 그 가치 면에서 우월하다고 믿기 때문이다. 따라서 우리의 문화는 전례 없는 사명을 가지게 되었다. 그 사명이 바로 새로운 감성을 끊임없이 공식적으로 추구하는 것이다.

물론 변화의 관념이 근대경제와 근대기술 역시 지배한다는 것은 사실이다. 그러나 경제와 기술에서 일어나는 변화는 가용 자원과 재정적 비용에 의해 제약된다. 정치에서도 역시 혁신은 기존의 제도적 구조에 의해, 각축하는 집단들의 거부권에 의해, 그리고 일정 정도는 전통에 의해 제한된다. 그러나 비록 많은 사람이 표출적 상징과 형태들을 쉽게 받아들이기가 어려울 수도 있지만, 그것들은 문화영역 자체 내에서는 어떠한 저항도 받지 않는다.

이러한 '새로운 것의 전통'(tradition of the new) ──해럴드 로젠버그(Harold Rosenberg)는 그것을 이렇게 지칭했다──에서 독특한 것은 그것이 예술의 족쇄를 풀어주고 모든 장르를 붕괴시키고 모든 경험과 감각의 양식들을 탐구할 수 있게 해준다는 것이다. 오늘날 판타지는 개인적 광기의 위험 외에는 다른 어떤 비용도 거의 수반하지 않는다(오늘날 대체 어떤 것이 기괴하거나 말도 안 되는 것으로 간주되는가?). 그리고 광기조차도 이제 미셸 푸코(Michel Foucault)와 로널드 랭(Ronald Laing) 같은 사회 이론가들의 저술에서 진리를 표현하는 중요한 형식으로 간주되고 있지 않은가! 새로운 감성, 그리고 그것과 연관된 새로운 행동 스타일들은 새로운 것을 탐구하는 데 몰두하는 동인(同人)들에 의해 창출된다. 즉 새로운 것은 그 자체로 가치를 지니며, 따라서 거의 저항받지 않기 때문에 새로운 감성과 그 행동 스타일이 사회에 급속히 확산되며, (비록 대다수의 사람은 아니지만) 문화대중—즉 지식산업과 커뮤니케이션 산업에 종사하는 인텔리겐치아들로 구성된 새로운 커다란 층—의 행동과 사고를 변화시킨다.

새로운 것에 대한 이러한 강조와 함께 예술가들이 의식적으로 받아들이는 이데올로기가 등장했다. 예술이 길을 인도할 것이고 예술가들이 아방가르드 역할을 하리라는 것이 바로 그것이다. 이제 아방가르드—선발 공격대—라는 바로 그 관념은 근대예술 또는 문화가 결코 근원적인 사회구조에 대한 하나의 '성찰'로서의 역할을 하는 데 그치지 않고 오히려 근본적으로 새로운 어떤 것들을 위한 길을 여리라는 것을 암시한다. 사실 우리가 앞으로 살펴보듯이, 아방가르드라는 관념 자체가 일단 그 정당성을 인정받을 경우, 그것은 매너, 도덕 그리고 궁극적으로는 정치영역에서 문화의 우위성을 제도화하는 데 기여한다.

이 아방가르드 개념을 처음으로 주요하게 정식화한 사람은 아이러니하게도 바로 기술관료제적 지배를 상징하는 인물로 간주되어온 앙리 드 생시몽(Henri de Saint-Simon)이었다. 엔지니어를 새로운 사회의 추동력으로 보는 그의 시각에도 불구하고, 생시몽은 인간은 영감을 필요로 하는데, 기독교 자체는 힘을 잃었고 그리하여 새로운 숭배가 필요하다는 것을 알았다. 그는 예술의 숭배 그 자체 속에서 그러한 새로운 숭배를 발견했다. 예술가가 사회에는 영광스러운 미래를 계시하고 사람들에게는 새로운 문명의 전망을 제시함으로써 그들을 흥분시키리라는 것이었다. 생시몽은 예술가와 과학자 간의 대화 속에서 '아방가르드'라는 용어에 (그것의 초기의 군사적 의미 대신에) 문화적 의미를 부여했다.

앞으로 아방가르드 역할을 하게 될 것은 우리 예술가들이다. 예술의 힘은 사실 가장 즉각적이고 가장 빠르다. 우리가 새로운 사상들을 확산시키기 원할 때, 우리는 그것들을 대리석에 새기거나 캔버스에 그린다. ⋯⋯그리고 그러한 방식으로 어쨌든 우리는 강렬하고 의기양양하게 영향력을 행사한다. 우리는 상상력과 인류의 감상에 호소한다. 그러므로 우리는 항상 가장 생생하고 가장 과단성 있는 행위를 수행해야만 한다. ⋯⋯

예술의 운명은 정말 매우 아름답지 않은가! 그것은 사회에 대해 긍정적 힘을 행사하고, 즉 진정한 성직자의 기능을 수행하고 가장 위대한 발전의 시기에 모든 지식인 집단의 선두에 서서 힘차게 행진한다. 이것이 예술가의 임무고 그들의 사명이다⋯⋯.[1]

오늘날 더 이상 유력한 아방가르드는 존재하지 않는다 ─ 즉 충격을 주는 새로운 예술과 충격을 받는 사회 간에 더 이상 근본적 긴장은 존재하지 않는다 ─ 는 진부한 논평은 단지 아방가르드가 승리를 거두었다는 것을 의미할 뿐이다. 스스로를 완전히 혁신에 맡기고 변화를 즐겁게 받아들이는 사회는 실제로 아방가르드를 제도화해왔

---

1) Henri de Saint-Simon, *Opinions litteraires, philosophiques, et inderstrielles*, quoted by Donald Egbert, "The Idea of 'Avant-Garde' in Art and Politics," *American Historical Review 73*(December 1967), p. 343에서 인용함.

고, 어쩌면 결국에는 스스로 크게 당황해하면서 아방가르드에 모든 것을 항상 새롭게 만드는 일을 맡겼다. 실제로 '문화'는 백지수표를 건네받았고, 사회를 변화시키는 데서 그것이 차지하는 우월한 지위를 확고하게 인정받아왔다.

I

문화의 의미

사회, 집단 또는 개인에게 문화는 일관된 심미적 관점, 도덕적 자아 개념, 그리고 삶의 양식(자신의 집과 자신을 치장하는 대상 속에서 그리고 그러한 관점들을 표현하는 취향 속에서 그러한 개념들을 드러내는)에 의해 획득되는 일관성을 통해 정체성을 유지하는 계속적인 과정이다. 따라서 문화는 감성, 감정과 도덕적 기질, 그리고 (그러한 감정들에 질서를 부여하고자 하는) 지성의 영역이다.

역사적으로 볼 때, 비교적(秘敎的)이고 일탈적이고 대체로 방종한 가치들을 표현하는 소수집단이 항상 존재해왔지만, 대부분의 문화와 사회구조는 통일성을 드러내 왔다. 고전문화는 덕을 추구하는 과정에서 이성과 의지를 융합시킴으로써 자신의 통일성을 표현했다. 기독교 문화가 일관성을 드러낼 수 있었던 것은 구원의 추구과정에서 그것의 사회적 표상과 심미적 표상 모두 속에 천국과 지옥의 위계질서를 따라 사회의 위계질서와 교회의 위계질서를 모사했기 때문이었다. 근대 초기 시대에 부르주아 문화와 부르주아 사회구조는 그 질서와 노동의 테마를 축으로 한 독특한 성격구조를 통해 독특한 통일성을 만들어냈다.

고전 사회이론—나는 여기서 '고전'이라는 말을 19세기와 20세기 초를 지칭하기 위해 이용한다—또한 문화를 사회구조와 하나로 통합되어있는 것으로 보았다. 내가 말했듯이, 마르크스는 생산양식이 사회의 모든 차원을 틀 짓는다고 주장했다. 이데올로기로서의 문화는 하부구조를 반영하며, 그 나름의 자율성을 지닐 수 없다. 게다가 부르주아 사회에서 문화는 경제와 결합되어있다. 왜냐하면 문화 역시 하나의 상품이 되어 시장에 의해 평가되고 교환과정을 통해 매매되기 때문이다. 막스 베버는 사상, 행동, 사회구조는 고도로 통합되어있으며, 그 속에서 사회의 모든 분야—과학, 경제, 법, 문화—는 대부분 합리주의적이라고 주장했다. 예술양식조차도 대체로 합리주의적이었다. 베버가 볼 때, 이것은 이중적인 의미에서 사실이었다. 즉 서구사상과 문화의 우주론적 측면들은 주술의 제거(프리드리히 실러Friedrich Schiller의 표현으로는 '세계의 탈주술화'disenchantment of the world)에 의해 특징지어졌다. 그리고 예술의 구조와 공식조직 그리고 양식론(stylistics)은 합리적이었다. 베버가 제시한 구체적 실례가 바로 서구의 화성음악이었다. 그것은 원시 음악 및 비서구 음악과는 달리 최대한의 질서정연한 관계를 허용하는 음계에 의존한다.[2] 마지막으로, 피티림 소로킨(Pitirim Sorokin)은 그의 『사회·문화적 동학』(*Social and Cultural Dynamics*)에서 문화는 정신("그것의 중심원리인 '이성'")에 의해 통합되어있다고 주장했다. 그리고 이 정신이 사상과 의미를 통합하고, 사회의 모든 측면에 침투한다. 현대사회는 경험적이고 물질주의적이고 외향적이고 기교지향적이고 쾌락주의적이라는 점에서 감각적이다.

---

2) Max Weber, *The Rational and Social Foundations of Music*, ed. Don Martindale et al.(Carbondale, Ill.: Southern Illinois University Press, 1958)을 보라.

이러한 견해들에 반대하여 내가 오늘날 발견하는 주목할 만한 사실은 사회구조(기술-경제적 질서)와 문화 간의 근본적 분리다. 전자는 효율성과 기술합리성과 관련하여 규정되는 경제적 원리, 즉 (사물로서의 인간을 포함하여) 사물의 배치를 중심축으로 하는 경제조직에 의해 지배된다. 반면 후자는 낭비적이고 문란하다. 그리고 그것은 반합리적·반지성적 기질에 의해 지배되며, 그러한 기질 속에서는 자아가 문화적 판단의 기준이 되며, 자아에 미치는 영향이 경험의 심미적 가치의 척도가 된다. 19세기로부터 물려받은 자기규율, 만족 연기, 자제를 강조하는 성격구조는 여전히 기술-경제적 구조의 요구와 관련되어있다. 그러나 그러한 성격구조는 문화와 격렬하게 충돌한다. 문화 속에서 그러한 부르주아적 가치들은 전적으로 거부되어왔다. 그것은 역설적이게도 부분적으로는 자본주의적 경제체계 자체의 작동 때문이었다.

자유재량적인 사회적 행동

하나의 학문으로서 사회학은 다음과 같은 가정에 기초해있다. 사회에서 개인이나 집단의 행동에서 나타나는 변이는 그들의 계급이나 사회구조에서 그들이 차지하는 서로 다른 전략적 지위에서 기인하는 것일 수 있다. 그리고 매우 상이한 위치를 차지하고 있는 개인들의 이해관계, 태도, 행동은 독특한 사회적 속성 ─ 공통의 연령, 성, 직업, 종교, 도시-농촌 거주 등등 ─ 에 따라 매우 체계적으로 다를 것이다. 그리하여 그러한 속성들은 특정한 방식으로 군집을 이루고 (이는 보통 사회계급의 측면에서 식별된다), 그 결과 투표 행동, 구매 습관, 자녀 양육 등은 계급 또는 신분별로 체계적으로 다르게 나타나며, 따라서 예측 가능하다.

대부분의 사회에서 그리고 사회적 삶의 많은 측면(이를테면 투표)

에서 이러한 일반명제는 여전히 사실일 수 있다. 그러나 인구의 상당 부분에서 사회적 지위와 문화적 양식의 관계가 (특히 노동계급, 중간계급, 상층계급과 같은 커다란 차원에서 판단해볼 때) 더 이상 유지되지 않는다는 것은 점점 더 분명해지고 있다. 누가 약물을 사용하고 난교파티와 부부교환에 참여하고 공개적인 동성애자가 되고 외설을 정치양식으로 이용하고 '해프닝'과 언더그라운드 영화를 즐길 것인가 하는 문제는 사회학적 담론의 '표준 변인'들과 쉽게 연관 지어지지 않는다. 연령과 교육이 보다 적절한 판별기준일 수도 있다. 그러나 고등교육의 대중화를 감안할 때, 교육조차도 단지 그것만으로는 더 이상 행동의 손쉬운 예측자가 아니다. 사람들은 중상계급(upper-middle-class)의 많은 아이가 자신들이 노동계급이나 흑인, 즉 하층계급의 라이프스타일이 누리는 '자유'라고 생각하는 것을 즐겁게 받아들이는 반면 다른 아이들은 그렇지 않음을 발견한다. 자녀교육 유형에서도 상당한 평준화가 일어나고 있다. 과거에 자녀교육 유형은 서로 다른 계급양식의 주요한 지표 중 하나였다.

경제에서 경제학자들이 자유재량 소득이라고 부르는 것 —기본적인 욕구 충족에 필요한 것 이상의 소득—의 증가가 개인들에게 서로 다른 소비 스타일을 예증하기 위해 많은 다양한 품목(수영장, 보트, 여행)을 선택할 수 있게 해준 것과 마찬가지로, 고등교육의 확대와 관대한 사회적 분위기의 확산은 자유재량적인 사회적 행동의 범위를 확장시켜왔다. 개인의 경험과 생활사의 보다 독특한 측면들 —퍼스낼리티 특성이나 신체의 체형적 체질, 부모와의 긍정적 또는 부정적 경험, 또래집단과의 경험 —이 사람들의 라이프스타일을 틀 짓는 유형화된 사회적 속성들보다도 점점 더 중요해지고 있다. 전통적인 사회계급 구조가 해체됨에 따라, 점점 더 개인들은 자신들이 (마르크스주의적 의미에서의) 자신의 직업적 토대에 의해서가 아니라 문화적 취향과 라이프스타일에 의해 식별되기를 원한다.

예술가가 관객을 만든다

예술과 공중의 관계에서도 변화가 일어났다. 19세기 낭만주의가 만들어낸 친숙한 이미지는 예술가 집단이 난해한 실험적인 작업을 하는 반면 잘난체하는 중간계급 관중은 그것에 경멸과 분노를 드러내는 것이었다. 이것이 인상파 화가이 운명이었다. 그들은 '낙선전'(Salon des Refusés, 1863)에서 처음으로 등장하여 지배적 취향에 대한 자신들의 혐오를 드러냈지만, 그들이 '독립미술가전'(Salon des Indépendants)에서 동일한 자유를 드러내기 위해서는 20년을 기다려야만 했다. 아방가르드 예술가는 그러한 거부를 자유와 동일시했다. 그리고 그들은 자신들의 작품 활동을 관객과의 그러한 긴장관계에 의존했다. 이 널리 알려진 유형이 나중에는 근대예술의 기질적 조건의 하나로 간주되었다. 그러나 제임스 애커먼(James Ackerman)이 기술하듯이, "지난 10년 동안에 〔이 유형은〕 예술과 그 공중의 관계에서 일어난 역사상 가장 갑작스럽고 급격한 변화 중 하나에 의해 깨져버렸다. ……1950년대 중반과 후반에 뉴욕파 예술가들의 작품이 마침내 수용되면서 새로운 시대가 처음으로 인지되기 시작했다." 잭슨 폴록(Jackson Pollock), 윌럼 데 쿠닝(Willem de Kooning), 프란츠 클라인(Franz Kline), 마크 로스코(Mark Rothko), 바넷 뉴먼(Barnett Newman), 로버트 머더웰(Robert Motherwell), 데이비드 스미스(David Smith)가 바로 클레멘트 그린버그(Clement Greenberg)가 '추상적 표현주의'(그리고 해럴드 로젠버그가 행위미술action painting)라고 불렸던 것에 책임 있는 사람들이다. 이들은 일반인들은 경험할 수 없는 특별하고 심원한 본질의 구조와 그 표현기법에 몰두하며, 이젤을 벗어나서 그림을 그리는 예술가 자신의 몸을 포함하여 그림 자체를 예술의 주제로 이용했다. 애커먼 교수는 "그들의 예술은 접근하기가 너무 어려워서 그것에 고개를 끄덕이는 전문 비평가들조차 대다수가 정곡을 벗어나서 적절하지 못한 이유로 그것을 칭찬했다"라고 지적했다. 실제로 의심 많은 공중이 즉각적으로 드러낸 반응은 그것을 엉터리라고 부르는 것이었다. 그러나 5년도 채 지나기 전에 뉴욕파의 주요 인물들이 갈채를 받았고, 그들의 그림이 박물관과 화랑을 지배했다. 그들의 예술 개념이 오늘날 공중의 취향을 설정하고 있다.[3]

이와 같은 예술에서 일어난 변화는 아마도 애커먼 교수가 생각했던 것만큼 갑작스러운 것이 아닐 수도 있다. 일찍이 피카소(Pablo Picasso)와 마티스(Henri Matisse)가 공중의 취향을 틀 짓기 시작했던 수십 년 전에도 파리에서 '난해한' 예술들이 유사한 변화를 일으킨 적이 있었다. 그러나 전반적인 논점은 유효하다. 중간계급 관객, 즉 부유한 구매자는 더 이상 예술을 통제하지 않는다. 이제 회화와 영화에서 예술가, 특히 아방가르드 예술가가 문화의 무대를 지배하고 있다(아마도 고급 음악에서는 그보다 덜할 것이다). 관객과 시장이 예술가를 틀 짓기보다는 예술가가 관객과 시장을 신속하게 틀 짓고 있다.

나는 이러한 변화가 사회적 장소와 문화양식의 분리와 관계되어있다고 믿는다. 애커먼 또한 다음과 같이 쓰고 있다.

만약 사회에서 어떤 사람이 차지하는 위치가 그 사람의 능력 이외의 영역에서 그를 판단하는 결정적인 기준이 되지 않는다면, 사람들은 어떠한 견해도 가지지 않는 것과 전문가의 견해를 받아들이

---

3) James Ackerman, "The Demise of the *Avant Garde*: Notes on the Sociology of Recent American Art," *Comparative Studies in Society and History* 2(October 1969), pp. 371~384, 특히 p. 378.

는 것 사이에서 선택해야 한다. 그리고 가장 쉽게 이용할 수 있는 전문가가 바로 전문적인 여론 제조자다. 나는 예술에 대한 반응에서 일어난 변화는 공중이 박물관, 상업화랑, 뉴스 매체에 대해 맹종한 결과라고 생각한다.

오늘날에도 "전문가를 신뢰하는" 일반적 습관이 있는지는 논쟁의 여지가 있다. 정치에서는 전문가 또는 기술관료에 대한 민중주의적 반발이 현저하게 발생해왔다. 그러나 예술의 상황에서는 다르다. 여기서 우리는 전문가의 승리가 아니라 '문화' 그 자체, 보다 구체적으로는 그것의 유력한 흐름, 즉 모더니즘의 승리를 목도한다. 지난 100년의 문화, 즉 '근대운동'의 문화는 사회—그 사회의 구조(경제, 기술 그리고 직업적 토대)가 여전히 부르주아적인—에 대해 승리해왔다. 문화는 분리되어 스스로 결정해왔다. 하지만 그런데도 문화는 (근대운동이 예증하듯이) 자신의 승리를 인식하거나 받아들이는 것이 아니라 공격받고 있다고 느끼며, 여전히 라이오넬 트릴링(Lionel Trilling)의 표현으로 '대항문화'로 남아있다.

트릴링은 다음과 같이 쓰고 있다. "근대 시기의 문학을 연구하는 어떤 역사가도 근대 저술들의 특징인 대항하고자 하는 의도, 실제로는 전복하고자 하는 의도를 실제로 당연한 것으로 간주할 것이다. 그는 문학의 분명한 목적이 독자를 더 큰 문화가 강요하는 사상과 감정의 습관으로부터 분리시키는 것, 즉 독자에게 그간 독자를 만들어온 문화를 심판하고 비난하고 어쩌면 수정할 수 있는 근거와 관점을 제공하는 것이라는 점을 인식하게 될 것이다."[4]

모더니즘의 전설은 부르주아와 싸우는 자유로운 창조적 정신의 전

---

4) Lionel Trilling, *Beyond Culture*(New York: Viking, 1965), pp. xii~xiii.

설이다. 이를테면 제임스 휘슬러(James Whistler)가 "공중의 얼굴에 페인트 통을 집어 던졌다"라고 비난받았던 때, 그러한 견해의 진실이 무엇이었든 간에, 우리 시대에 그러한 생각은 하나의 풍자다. 오늘날의 세계에서, 특히 문화세계에서 누가 부르주아를 옹호하는가? 하지만 문화에 대해 진지하게 생각하는 사람들과 널리 퍼져 뻗어나가고 있는 그들의 후계자들 영역에서는 더 이상 단지 부르주아 사회만이 아니라 '문명'이나 '억압적 관용'과 싸우는, 또는 '자유'를 박탈하는 어떤 다른 기관과 싸우는 자유로운 창조적 정신이 여전히 대항문화를 떠받치고 있다.

그간 대항문화가 문화적 질서를 지배해왔다. 그리고 이것이 바로 오늘날 문화의 대변자들—화가, 문필가, 영화제작자—이 오늘날 관객을 지배하지 그 반대가 아닌 이유다. 실제로 이러한 대항문화를 지지하는 사람들은 하나의 독자적인 문화계급을 형성하기에 충분할 정도로 많다. 그렇지만 전체로서의 사회에 견주어보면, 이 계급의 성원은 그리 많지 않다. 그 수치는 어떤 통계학적 추정도 가능하지 않고, 몇십만 명에서 몇백만 명에 이르기까지 다를 수 있다. 그러나 단지 규모만으로는 의미가 없다. 왜냐하면 과거에 비해 세 가지 독특한 변화가 일고 있음이 분명하기 때문이다.

첫째, 규모 면에서 명백한 변화가 있었다. 전체 사회의 숫자에 비하면 비록 적지만, 현재의 문화계급은 그 같은 개인들이 더 이상 사회에서 방랑자나 보헤미안 집단이 되지 않기에 충분할 정도로 그 수가 많다. 그들은 동류의식에 의해 묶인 하나의 집단으로서 제도적으로 기능한다.

둘째, 소수집단의 라이프스타일과 문화가 자주 다수집단의 그것들과 충돌해왔지만, 오늘날 두드러지는 것은 다수집단이 더 이상 대항문화와 대치하는, 지적으로 존중할 만한 그 자신의 독특한 문화를 가지고 있지 않다는 것이다. 그들에게는 문학, 회화 또는 시에서 중요한 인물조차 가지고 있지 못하다. 이러한 의미에서 부르주아 문화는 분쇄되었다.

셋째, 그리고 어쩌면 가장 중요한 것으로, 대항문화의 주역들은 전통적인 부르주아적 가치에 대한 역사적 전복 효과 때문에, 오늘날의 문화기관들 ―출판사, 박물관, 화랑, 주요 뉴스, 사진, 주간·월간 문화잡지, 연극, 영화, 대학―을 비록 지배히지는 않지만 그것들에 실제적인 영향을 미친다.

오늘날 자신들의 문화적 부모들의 대항문화가 획득한 기준에서 출발하는 각각의 새로운 세대는 현재의 상태가 철 지난 보수주의나 억압을 대변하고 있기 때문에 광범위한 선회 속에서 사회구조에 대해 새롭고 신선한 공격을 개시해야 한다고 전면적으로 선포한다.

내가 개관해온 역사적 과정은 과거에 깊이 뿌리박고 있다. 그것은 주목할 만한 문화적 동력과 연속성을 지니고 있다. 그러한 동력의 많은 것이 1950년대에 약화되었다. 그 시대는 본질적으로 정치적 보수주의와 문화적 당혹스러움의 10년이었다. 그것은 정치적으로는 환멸의 시대였다. 지식인들은 스탈린주의와 최종적으로 결별했고, 소련이 단지 스스로를 사회주의 국가라고 불렀다는 이유만으로 '진보적'이라고 생각했던 믿음은 산산이 깨졌다. 따라서 많은 사회학자―레몽 아롱(Raymond Aron), 에드워드 실즈(Edward Albert Shils), 시모어 마틴 립셋 그리고 나 자신―는 1950년대를 '이데올로기의 종말'(end of ideology)에 의해 특징지어지는 것으로 보았다. 이것은 종래의 급진운동의 정치적 관념들이 쇠진되어 더 이상 인텔리겐치아 사이에서 충성 또는 열정을 강요할 힘을 가지지 못했다는 것을 의미했다.[5]

정치적 급진주의의 천년왕국설적 약속에 대한 환멸이 널리 퍼져있 었지만, 그것을 대신할 긍정적 관점은 거의 존재하지 않았다. 복지국 가와 혼합경제는 인텔리겐치아의 열정을 사로잡을 수 있는 종류의 목표가 아니었다. 게다가 급진정치적 희망이 순간적으로 산산이 부 서졌지만, 부르주아적 가치의 거부라는 기본적인 문화적 입장은 여 전히 동일하게 유지되었다. 실제로 1950년대의 급진주의는 정치를 통해서가 아니라 문화를 통해 연속될 수 있었다.

1940년대의 경험은 1950년대의 인텔리겐치아의 마음에 상처 를 입혔고, 그러한 경험에 대한 성찰이 그들의 문화적 관심을 결 정했다. 그 시대에 널리 퍼져있던 문화적 테마는 개인의 탈인격화 (depersonalization)와 사회의 원자화(atomization)였다. 제2차 세계대 전은 물론 끔찍했다. 그러나 전쟁, 심지어는 도시의 대규모 폭격은 상상 속에서 예견된 것이었고, 일단 어떤 것이 상상되고 나면, 그것 은 완전한 분노 또는 공포를 불러일으키는 능력을 일부 상실한다. 그 러나 수천만 명을 감금한 포로수용소와 수백만 명의 사람들을 소처 럼 도살장에서 살해한 죽음의 수용소는 결코 상상할 수 없었다.[6]

---

5) 나는 '이데올로기의 종말' 분석이 모든 사회적 갈등이 끝났고 인텔리겐치아가 새로운 이데올로기의 추구를 포기할 것이라고 가정하지 않았다는 점을 지적해 두어야만 한다. 사실 내가 1959년에 썼듯이, "젊은 지식인은 불행하다. 왜냐하 면 '중도'는 중년을 위한 것이지 그를 위한 것이 아니기 때문이다. 중도는 열정 이 없고 무디어지는 것이다. ……하나의 '대의'를 추구하는 데에는 깊고 절망 적이고 거의 비통한 화가 자리하고 있다." 그 책에서 나는 또한 새로운 이데올 로기들이 급진주의의 한 원천으로 등장할 것이며, 그것들은 19세기 서구사회 의 인본주의적 이데올로기들이 아니라 제3세계의 이데올로기일 것이라고 주 장했다. Bell, *The End of Ideology*(Glencoe, III.: Free Press, 1960), pp. 373 이하를 보라.

6) 1950년대의 문화 ─ 현대 정신의 실례들로 읽히고 연구되는 작가들 ─ 는 그 러한 전체주의적 테러의 불가해성을 성찰했다. 당시 첫 번째로 꼽힌 작가가

1950년대의 사회학도 유사하게 '대중사회' 이론과 '소외'의 재발견에 관심을 기울였다. 대중사회 이론은 근대세계에서 가족과 지역 공동체 같은 전통적인 1차 집단적 유대가 산산이 부서지고 있음을 목격했다. 즉 그것은 전통적 질서가 '대중'사회에 의해 대체되고 그 속에서 각자 개인은 원자적 또는 아노미적 방식으로 살고 있다는 점을 발견했다. 소외의 재발견은 사회학의 기본 테마가 되었다(그것이 재발견인 까닭은 비록 소외가 마르크스주의와 연관되어져 있었지만 제 1세대 마르크스주의 저술가들 ─ 카우츠키Karl Kautsky, 플레하노프 Georgi Plekhanov, 레닌Vladmir Lenin ─ 이 그 용어를 결코 사용하지 않았기 때문이다). 소외는 이 시기 이전에는 논의되지 않았었다.[7]

프란츠 카프카(Franz Kafka)였다. 그가 30년 전에 쓴 소설과 이야기들은 정의(正義)가 자리할 수 없고 고문기계가 그 희생자들을 잔혹하게 죽이는 극단적인 관료제적 세계를 예기했던 것으로 해석되었다. 쇠렌 키르케고르(Sören Kierkegaard)의 저술들이 '발견된' 까닭은 아마도 그가 궁극적 의미에 대한 어떠한 합리적 믿음도 불가능하며, 단지 신앙의 도약만이 존재할 뿐이라고 조언했기 때문일 것이다. 존 바스(John Barth)와 라인홀드 니부어(Reinhold Niebuhr)의 신정통 신학은 인간이 인간의 자만심에 내재하는 사악함을 극복할 수 있는 능력에 대해 회의적이었다. 시몬느 베이유(Simone Weil)의 에세이들은 은총이 절망저 추구에 대해 다루었다. 알베르 카뮈(Albert Camus)는 정치적 행위의 도덕적 억설들을 자세히 조사했다. 외젠 이오네스코(Eugene Ionesco)는 『의자』(The Chairs)와 같은 희곡을 썼다. 그러한 '부조리극'(theater of the absurd)에서는 마치 세계의 물화된 사물들이 인간으로부터 정신을 꺼내어 그의 의지를 넘겨받았다는 듯이, 대상들은 그 나름의 생명을 가지게 되었다. 베케트의 『고도를 기다리며』(Waiting for Godot)가 예증하듯이, 침묵극(theater of silence)에서는 시간과 자아의 혼동이 최소한의 직사각형의 현실 속에서 연출되었다.

이러한 지적이 필요한 까닭은 정치적 보수주의가 그 시대를 지배했기 때문에 문화가 메말랐다고 가정하는 경향이 있기 때문이다. 사실은 그렇지 않았다.

7) 오늘날 소외가 재발견된 데는 두 가지 원인이 있다. 한편으로 소외는 막스 베버의 저술을 통해 개인들이 사회에서 느끼는 무력감과 연계되어있었다. 베버의 관점에서 보면, 마르크스가 노동자들이 생산수단으로부터 '분리되어'있음

보다 세속적인 수준에서 1950년대에 사회학에서 가장 인기를 끈 책이 데이비드 리즈먼(David Riesman)의 『고독한 군중』(*The Lonely Crowd*)이었다. 그 책은 현대사회에서 일어난 주요한 성격구조의 변화—즉 자기규율적이고 자기주도적이었던 개인(요컨대 역사상으로는 부르주아적 인간)에서 주로 그의 또래집단과 '타자'의 압력에 대해 반응하는 개인으로의 변화—를 묘사했다. 그 책의 제목 자체는 그러한 변화의 성격에 대한 저자의 평가를 전달해주는 것이었다. 비슷한 경우로, 1950년대에 출현하고 있던 청년문화의 원형을 보여주는 저작이 제롬 샐린저(Jerome Salinger)의 『호밀밭의 파수꾼』(*The Catcher in the Rye*)이었다. 그 책의 내레이터인 홀든 콜필드(Holden Caulfield)는 이 새로운 종류의 인간을 집약적으로 보여준다. 그는 자신을 둘러싼 세계와 실제적 관계를 맺지 못하는 거의 자폐증적인 인물이다. 1950년대 청년운동의 선구자들인 앨런 긴즈버그(Allen Ginsberg)와 잭 케루악(Jack Kerouac)이 주도한 '비트족'(beats)은 이미 사회의 '낙오자'였다.

요컨대 비록 정치적 관념들이 쇠진되었지만(그리고 정치적 삶이 외국의 공산주의라는 적敵의 위협에 의해 지배되었지만), 문화적 인텔리겐치아는 절망, 아노미, 소외라는 테마, 즉 1960년대에 정치적 모습을 갖추게 된 테마들에 대해 골똘히 생각하고 있었다.

을 강조한 것은 근대 병사가 폭력수단으로부터, 과학자가 탐구수단으로부터, 공무원이 행정수단으로부터 분리되는 보편적 추세의 한 특별한 사례였다. 다른 한편 소외는 주로 스탈린주의 이후 세대의 수정주의적 마르크스주의자들이 개진한 테마였다. 그들은 마르크스의 초기 저술, 주로 『경제학·철학 수고』(*Economic-Philosophical Manuscripts*)에서 새로운 인본주의의 원천을 찾고자 했다. 이 두 경우 모두에서 대중사회 이론과 소외라는 테마는 근대사회의 삶의 질에 대한 비판적인 문화적 평가와 연루되어있었다.

1950년대의 중간 교양층

1950년대 미국 중간계급의 풍요는 그 대응물로 광범위한 '중간 교양'(middlebrow) 문화를 가지게 되었다. 이 용어 자체는 새로운 스타일의 문화비평을 반영했다. 실제로 문화라는 말이 중간계급 대중잡지 속에서 사용되기 시작하면서, 문화는 순수 예술작품에 대한 토론이 아니라 조직되고 '소비되는' 하나의 삶의 양식을 지칭하게 되었다. 그리하여 마찬가지로 문화비평도 지식인인 체하는 사람들의 '게임'이 되었다. 즉 그것은 광고업자, 잡지 삽화가, 실내 장식가, 여성잡지 편집인, 이스트사이드의 동성애자들이 행하는 또 하나의 유행하는 놀이였다. 일단 중간 교양층이 자리를 잡자, 고급과 저급 그리고 중간으로 나누기 게임은 시대에 뒤진 것이 되어, 안과 밖(in-and-out)으로 나누기라는 새로운 게임으로 대체되었다. '안'이 된다는 것은 유행에서 군중보다 훨씬 앞서 있다는 것 또는 비꼬아서 표현하면 잘난 체하는 중간계급이 좋아하는 것보다 저속한 대중들이 좋아하는 것(뉴욕의 『데일리 뉴스』*Daily News*, 템포가 빠른 B급 스릴러 영화, 대중가요)을 좋아한다는 것을 의미했다. 안과 밖 나누기가 '캠프'(camp, 수전 손택Susan Sontag이 제안한 용어로, 사전적으로는 "케케묵거나 속된 것이 오히려 멋있다고 보기", "기상천외의 것이나 케케묵은 것 또는 속된 것의 좋은 점 인정하기(살리기), 그러한 태도, 행동, 예술표현"으로 정의된다. 벨은 이에 대해 이 책의 1996년 후기에서 다루고 있다—옮긴이)로 대체되었을 때, 유행이 저급 유행이 되었다는 것을 제외하고는 게임은 동일했다.

그러나 비록 문화비평이 하나의 게임이 되었지만, 그간 자신이 항상 조롱했던 문화 속에서 이제 중요한 역할을 해줄 것을 부탁받은 지식인에게 그것은 중대한 문제였다. 『파르티잔 리뷰』(*Partisan Review*)의 필진들이 이제 1930년대와 1940년대에 경멸받던 잡지였던 『뉴요커』(*New Yorker*)를 지배하게 되었다. 『코멘터리』(*Commentary*)의 필진들이 『뉴욕 타임스 선데이 매거진』(*New York Times Sunday Magazine*) 섹션에 글을 써달라는 청탁을 받았다. 심지어는 『새터데이 이브닝 포스트』(*Saturday Evening Post*)조차도 "정신의 모험"(Adventures of the Mind) 시리즈를 그러한 필진들과 랜들 재렐(Randall Jarrell)과 클레멘트 그린버그 같은 비평가들이 집필하게 하기 시작했다. 많은 급진 저술가들은 대중매체가 대중잡지에 위세를 부여하기 위해 자신들을 유혹한다고 느꼈다. 그리고 그들은 급진적 비평을 아주 '무력화' 하려는 훨씬 더 사악한 동기가 숨어있는 것은 아닌가 하고 의심했다. 하지만 그들이 깨닫지 못한 것은 사회 자체가 자신의 문화적 지주를 상실했다는 것이다.

진지한 비평가 및 지식인과 새로 싹트고 있던 대중문화의 관계는 그 자체로 별개의 문제가 되어, 많은 장문의 에세이와 심포지엄의 원천이 되었다. 급진적 지식인들이 드러낸 기본적인 반응은 중간계급 문화에 대한 광범위한 공격이었다. 진지한 비평가에게 진정한 적(敵), 즉 최악의 작품은 방대한 양의 졸작들이 아니라 중간 교양층의 문화 또는 드와이트 맥도널드(Dwight MacDonald)가 명명한 바로는 '미드컬트'(Midcult)였다. 맥도널드는 다음과 같이 쓰고 있다. "매스컬트(Masscult)의 책략은 분명하다. 그것은 모든 수단을 통해 대중을 즐겁게 하는 것이다. 그러나 미트컬트는 양다리를 걸치고 있다. 즉 그것은 고급문화의 기준을 존중하는 체하면서, 실제로는 그러한 기준을 희석하고 저속하게 만들어버린다."[8]

---

8) 맥도널드의 표현법은 설명을 필요로 한다. 1930년대 초 미국의 급진주의가 '강세'를 보이던 시기에 볼셰비키들이 단어를 단축하여 사용하던 습관——당정치국(political bureau of the Party)을 '폴리트뷰로'(Politburo)라고 칭하고 조직국(organization bureau)을 '오르그뷰로'(orgburo)라고 칭했다——이 유행했다. 따

사려 깊고 또 불안을 조장하는 사회 비평가인 한나 아렌트(Hannah Arendt)는 고전적 주장을 진일보시켜, 그것을 역사적-마르크스주의 적 분석과 혼합했다. 그녀는 부르주아 '사회'—여기서 그녀가 말하 는 부르주아 사회란 교육받은 교양 있는 사람들로 구성된 비교적 동 질적인 공동체를 의미한다—가 항상 문화를 하나의 상품으로 취급 했고 그것의 교환으로부터 속물적 가치를 획득했다고 주장했다. 따 라서 문화(즉 예술의 생산자)와 (그것을 소비하는) 사회 간에는 항상 일정한 긴장이 존재했다.[9] 그러나 그녀가 볼 때, 과거와 현재 사이에 는 두 가지 결정적인 차이가 있었다. 이전 시대에는 개인주의가 번성 했고, 사회로부터의 도피를 통해 종종 반란을 일으키거나 보헤미안 적 세계를 만드는 것이 가능했다. ("대중사회의 조건하에서 개인의 절 망의 상당한 부분은 사회가 인구의 모든 층을 통합하자마자 그러한 탈 출 수단이 폐쇄되었다는 사실에서 기인한다.") 게다가 과거에는 비록 '사회'가 대체로 문화의 고상한 척하는 속성(snob appeal) 때문에 문 화를 선망하기는 했지만, 사회는 문화를 매도하거나 평가절하하고 문화적 사물을 사회적 상품으로 전화시킬지라도 문화를 소비하지는 않았다. 이에 반하여 대중사회는 문화가 아니라 오락을 갈망하고, 사 회는 오락산업이 제공하는 물건을 어떤 다른 물건과 마찬가지로 실 제로 소비한다.

요컨대 1950년대에 비록 급진정치적 의지가 소진되었지만, 그러

라서 프롤레타리아 문학의 유행은 '프롤레컬트'(proletcult)라고 지칭되었다. 맥도널드는 이러한 특수한 표현법을 자신의 냉소적인 스타일을 위해 채용했 다. Macdonald, *Masscult & Midcult*, Partisan Review Series, no. 4, 1961을 보라.

9) Hannah Arendt, "Society and Culture," in Norman Jacobs ed., *Culture for the Millions?*(Princeton: Van Nostrand, 1961), pp. 43~53. 이 주장은 Arendt, *Between Past and Future*(New York: Viking, 1961), pp. 197~226에 자세히 설명되어있다.

한 급진적 의지 ─ 자신을 사회와 떼어놓기 ─ 는 문화 속에서, 그리고 문화비평을 통해 유지되었다. 1960년대에 새로운 정치적 충동이 일었을 때, 급진주의는 대항문화 ─ 대중사회, 아노미, 소외와 같은 테마를 통한 사회에 대한 공격 ─ 가 새로운 급진시대를 출현시킬 수 있는 아리아드네의 실(Ariadne's thread, 그리스신화에서 아리아드네는 테세우스에게 미궁으로부터 탈출할 수 있도록 실을 준다 ─ 옮긴이)로서 갖는 가치를 발견했다.

모더니즘의 등장

우리는 여기서 엄청난 사회학적 수수께끼와 마주한다. 사회구조에 대해 공격을 반복하며 유지해온 하나의 단일한 문화적 기풍·분위기·운동 ─ 그것의 매우 무정형적이고 변화무쌍한 성격이 그것을 단일한 하나의 용어로 요약적으로 표현할 수 없게 한다 ─ 이 지난 한 세기하고도 사반세기 이상 동안 지속되어왔다. 이러한 문화적 기풍을 가장 포괄적으로 표현해주는 용어가 바로 모더니즘 ─ 스타일과 감성을 '의식의 진보'의 최전선에 남아있게 하고자 하는 외고집적 노력 ─ 이다. 그렇다면 심지어 마르크스주의보다도 앞서 발생해서 부르주아 사회를 공격해왔고, 정치운동이 갖고 있는 모종의 지속적 정치조직도 없이 그러한 프로그램을 유지할 수 있었던 감상의 본질은 대체 무엇인가? 대체 왜 그것이 그렇게도 예술가의 상상력을 사로잡아 수 세대를 거쳐 유지되고, 각각의 새로운 코호트의 인텔리겐치아들에게 새로운 호소력을 지닐 수 있었는가?

모더니즘은 모든 예술에 침투하고 있다. 하지만 개별 사례들을 살펴보면, 하나의 단일한 통일된 원리는 존재하지 않는 것처럼 보인다.

스테판 말라르메(Stéphane Mallarme)의 새로운 구문론, 또는 입체파(cubism)에서의 형식의 탈구(脫臼), 버지니아 울프(Virginia Woolf)와 제임스 조이스(James Joyce)의 '의식의 흐름', 알반 베르크(Alban Berg)의 '무조주의'(atonality)가 그것에 속한다. 이것들 각각은 처음 등장했을 때 이해하기 '어려웠다.' 사실 많은 저자가 제시해왔듯이, 독창적 난해함은 모더니즘의 표시다. 그것은 의도적으로 이해할 수 없게 만들고, 친숙하지 않은 형식을 가지고 작업하고, 의식적으로 실험적이고, 일부러 관객을 혼란스럽게 하고자 — 즉 충격을 주고, 흔들어놓고, 심지어는 종교적 개종에서처럼 바꾸어놓고자 — 한다. 바로 이러한 난해함이 초보자들에게 그것이 갖는 매력의 한 원천임이 분명하다. 왜냐하면 마법사들의 특별한 주문이나 고대 사제들의 신비주의와 같은 비밀스러운 지식이 사람들에게 평범한 것이나 미개한 것에 비해 강화된 권력의식을 부여하기 때문이다.

어빙 하우는 근대적인 것은 무엇이 근대적이 아닌지와 관련한, 하나의 '포괄적 부정'(inclusive negative)으로 정의되어야만 한다고 제시했다. 그는 근대성은 "지배적 스타일에 대한 반란, 즉 공식 질서에 대한 굴하지 않는 격분에 있다"라고 기술한다. 그러나 하우가 지적하듯이, 바로 이러한 조건이 하나의 딜레마를 만들어낸다. 즉 "모더니즘은 항상 투쟁해야만 하지만, 결코 완전히 승리하지 말아야만 하며, 따라서 얼마 후에는 승리하지 않기 위해 투쟁해야만 한다."[10] 나는 이것은 사실이며, 그것이 끊임없는 대항적 자세를 설명해준다고 생각한다. 그러나 그것은 '굴하지 않는 격분' 또는 결국에는 그 자신을 포함하여 모든 지배적 스타일을 부정할 필요성을 설명해주지는 않

---

10) Irving Howe, ed., *The Idea of the Modern in Literature and the Arts*(New York: Horizon Press, 1967), p. 13. 강조 첨가.

는다.

 하나의 전체로 인식되는 모더니즘은 19세기 후반 사회과학의 공통 가정과 현저한 유사성을 드러낸다. 마르크스, 프로이트, 파레토(Vilfred Pareto)가 볼 때, 현실의 하부구조의 비합리성은 현상의 표면적 합리성이 허위임을 보여준다. 마르크스가 볼 때, 교환과정의 이면에는 시장의 무정부성이 자리하고 있었다. 프로이트가 볼 때, 자아(ego)의 엄격한 통제 이면에는 본능에 의해 움직이는 무한한 무의식이 자리하고 있었다. 그리고 파레토가 볼 때, 논리의 형식 밑에는 비합리적인 감상과 감정의 잔기들이 놓여있었다. 모더니즘 역시 현상의 무의미성을 주장하고 상상력의 하부구조를 폭로하고자 했다. 모더니즘은 이를 두 가지 방식으로 표현한다. 하나는 스타일과 관련한 것으로, 모더니즘은 '거리'(distance) — 심적 거리, 사회적 거리, 심미적 거리 — 를 소멸시키고자 하며, 경험의 절대적 현재성, 즉 경험의 동시성과 즉시성을 주장한다. 다른 하나는 테마와 관련된 것으로, 모더니즘은 자아, 즉 인간의 절대적 오만성 — 인간을 내세를 추구할 수밖에 없는 "자신을 무한화하는 피조물"(self-infinitizing creature)로 바라보는 — 을 강조한다.

 모더니즘은 19세기에 일어난 두 가지 사회변화에 대한 반응이다. 그중 하나는 사회환경에 대한 감각적 지각의 수준에서 일어난 반응이고, 다른 하나는 자아에 대한 의식의 수준에서 일어난 반응이다. 일상의 감각적 인상의 세계에서는 시간과 공간 인식에서 방향감각을 상실하는 일이 발생했다. 이는 교통 및 통신에서 일어난 혁명의 결과, 움직임과 속도, 빛, 소리를 새롭게 인식한 데서 기인한다. 자아의식의 위기는 종교적인 확신, 즉 내세(지옥과 천당)에 대한 믿음의 상실로부터, 그리고 삶 저편에 있는 불변의 경계와 죽음의 무상함(nothingness)에 대한 새로운 자각으로부터 발생했다. 실제로 이것들은 사회를 경험하는 새로운 두 가지 방식이었다. 그리고 예술가 자신도 자주 그러한 방향감각 상실을 결코 완전히 인식하지 못하고 있었다. 그러한 일을 불러일으킨 사회적 환경은 세계를 뒤흔들어 놓았고, 마치 세계에는 단지 부서진 조각들만이 존재하는 것처럼 보이게 만들었다. 하지만 예술가는 그러한 조각들을 새로운 방식으로 다시 조합해야만 했다.

모더니즘: 구문과 형식

따라서 19세기 후반기에 질서 있는 세계는 단지 하나의 불가능한 희망(chimera)일 뿐이었다. 환경을 감각적으로 지각하는 과정에서 갑자기 움직임과 흐름만이 실재했다. 심미적 지각의 본질에 갑자기 급격한 변화가 발생했다. 누군가가 근대인은 감각 또는 감정을 경험하는 데서 고대 그리스인들과 심미적 측면에서 어떻게 다르냐고 묻는다면, 그 답변은 모든 연령에 공통적인 우정, 사랑, 공포, 잔인함, 공격성 같은 기본적인 인간 감정이 아니라 움직임과 높이에 대한 시간적–공간적 탐구와 관련되어있을 것이다. 19세기에 사람들은 역사상 처음으로 걷거나 동물의 등에 올라타고 갈 때보다 더 빨리 여행할 수 있게 되었고, 전에는 결코 경험할 수 없었던 풍경의 변화, 연속되는 영상(映像), 희미한 움직임을 다르게 감각할 수 있었다. 또는 사람들은 처음에는 풍선을 타고, 그리고 나중에는 비행기를 타고 수천 피트까지 하늘로 올라가서, 고대인들은 결코 볼 수 없었던 지형(地形) 유형을 공중에서 바라볼 수 있었다.

물리적 세계에서 사실이었던 것이 똑같이 사회적 세계에서도 사실이었다. 도시의 수와 밀도의 증가와 함께 사람들 간의 상호작용이 더 많아졌고, 이전에는 전혀 경험할 수 없었던 새로운 삶의 양식과 지리적·사회적 이동에 갑자기 노출되면서 다양한 경험들이 한데 융합되었다. 예술가의 캔버스에서도 이제 화제(畵題)는 더 이상 과거의 신화적 피조물이나 자연의 정물이 아니라 산책로와 바닷가, 혼잡한 도시적 삶, 그리고 전깃불에 의해 변화된 도시환경 속의 휘황찬란한 밤의 삶이었다. 예술에 새로운 구문을 제공하고 전통적 형식들을 탈구시킨 것도 바로 움직임, 공간, 변화에 대한 이러한 반응이다.

고전적인 전근대적 견해 속에서 예술은 기본적으로 관조적인 것이었다. 구경꾼 또는 관객은 예술작품과 거리를 유지함으로써 경험에 대한 '권한'을 장악하고 있었다. 모더니즘에서는 예술작품 자체가 (회화에서는 원근법의 단축법 그리고 시에서는 제라드 맨리 홉킨스 Gerard Manley Hopkins의 '도약률'sprung rhythm을 이용하여) 관객을 '압도'하고자 했다. 모더니즘에서는 예술의 '장르'가 낡아빠진 개념이 되었고, 그리하여 장르의 구분은 경험의 흐름 속에서 묵살되었다.

나는 "1910년 12월에 또는 그 무렵에 인간의 본성이 변했다"라는 버지니아 울프의 격언적 논평에 의미를 부여한 것은 바로 흐름을 포착하고자 한 모더니즘의 노력이라고 생각한다. 어빙 하우가 논평하듯이, 이러한 과장 속에는 "전통적인 과거와 뒤흔들린 현재 사이에는 엄청난 단절이 자리하고 있다. ……역사의 선(線)이 구부러졌다. 아니 어쩌면 부러졌다."

이러한 단절 속에서, 즉 절대적 현대에 대한 강조 속에서 예술가와 관객 모두는 매 순간 스스로를 새롭게 만들고 또 새롭게 만들 것을 강요받는다. 사람들은 완전한 연속성을 부정하면서, 그리고 미래가 현재 속에 있다는 믿음을 부정하면서, 고전적인 의미의 온전성 또는 완전성을 상실한다. 단편 또는 부분이 전체를 대체한다. 사람들은 경계가 있는 완전체 속에서보다는 부서진 토르소, 유리된 손, 원시적인 찡그린 표정, 그리고 틀에 의해 절단된 형상 속에서 새로운 미적 특질을 발견한다. 스타일의 혼합과 충돌 속에서 장르와 영역이라는 관념, 즉 어떤 장르에 특유한 원칙이라는 관념 그 자체가 폐기된다. 누군가는 실제로 심미적 대실패 그 자체가 하나의 심미적인 것이 된다고 말할지도 모른다.

모더니즘: 무상함과 자아

이러한 운동과 변화에 대한 인식 — 세계와 마주하는 양식에서 일어난 급격한 변화 — 이 사람들이 자신들의 감각적 지각과 경험을 판단하는 강렬한 새로운 관습과 형식을 확립했다. 그러나 변화에 대한 인식은 보다 미묘하게 인간 정신의 위기, 즉 무상함에 대한 공포를 불러일으켰다. 종교의 쇠퇴, 특히 불멸의 영혼에 대한 믿음의 쇠퇴는 인간과 신 간의 메울 수 없는 간극에 대한 수 세기에 걸친 관념과 결정적으로 결별하게 했다. 인간은 이제 그 간극을 가로지르고자 시도했고, 최초의 근대인인 파우스트(Faust)의 표현으로 "신과 같은 지식"을 획득하여 "인간 속에서 신의 능력을 입증"하든가 그렇지 않으면 그가 "벌레의 친족"임을 고백해야만 했다.

이러한 초인적 노력의 결과, 19세기에 자아의식이 대두되었다. 개인은 각자의 열망을 지닌 독특한 존재로 간주되었고, 생명은 더 큰 존엄성과 가치를 지니는 것으로 가정되었다. 유일한 삶을 향상시키는 것은 그 자체로 가치 있는 것이 되었다. 경제개선론, 노예제도 반대 감상, 여성의 권리, 아동노동과 잔인한 형벌의 종식이 당시에 사회적 쟁점이 되었다. 보다 심층적인 형이상학적 의미에서는 이러한 진취적 정신이 인간은 숙명을 넘어설 수 있다는 사상, 즉 더 이상 자연에 구속되지 않고 헤겔의 표현으로 역사의 종말에, 즉 완전한 자유의 왕국에 도달할 수 있다는 사상의 토대가 되었다. 헤겔이 말했던 '불행한 의식'이란 인간이 성취하고자 분투해야만 하는 신의 능력과 지위를 깨닫는 것이다. 근대인의 가장 심층적인 본질, 즉 근대 형이상학이 폭로한 근대인의 영혼의 비밀은 근대인이 자신의 너머로 뻗어나가고자 한다는 것이다. 근대인은 부정성—죽음—이 자신을 제한하고 있음을 알면서도 그것을 받아들이기를 거부한다. 근대인의 천년왕국설의 배후에는 자기무한화(self-infinitization)라는 과대망상증이 자리하고 있다. 그 결과 발생한 근대적 오만이 바로 한계를 받아들이기를 거부하고 계속해서 뻗어나갈 것을 역설하는 것이다. 그리고 근대세계는 항상 넘어서는 것—도덕을 넘어서고 비극을 넘어서고 문화를 넘어서는 것—을 하나의 운명으로 상정한다.[11]

의지의 승리

서구 의식에는 항상 인간을 추동하는 힘으로서의 합리적인 것과 비

---

11) 두 현대 문필가를 통해 이러한 강력한 진술들을 비교해보자. 앙드레 말로 (André Malraux)의 『인간의 조건』(*Man's Fate*)에서 노인 지조르(Gisors)는 패럴(Ferral)이라는 남자와 그의 욕망에 대해 이렇게 기술한다. "인간세계에서 인간 이상이 되고 싶다는 것, 인간의 운명을 벗어나고 싶다는 것은 단지 권력자가 아니라 전능한 권력자가 되기를 바라는 것이다. 이 공상의 질병이 바로 신이 되고자 하는 의지이다. 권력에의 의지는 단지 그것에 대한 지적 정당화일 뿐이다. 모든 사람은 신이 되기를 꿈꾸고 있다." Malraux, *Man's Fate*(New York: Vintage Books, 1961), p. 228.
   솔 벨로(Saul Bellow)의 『샘러 씨의 혹성』(*Mr. Sammler's Planet*)에서 늙은 샘러는 다음과 같이 심사숙고한다. "사람들은 ……가장 약한 순간에 문명을 (이성의 이름으로 그리고 비합리성의 이름으로, 본능적 심연의 이름으로, 성性의 이름으로, 그리고 완전한 즉각적 자유의 이름으로) 공격하는, 그 문명이 총애하는 지식인들이 바로 문명의 최악의 적이라는 것이 입증되지는 않을까 하고 궁금해했다. 왜냐하면 그것과 매한가지인 것이 바로 무한한 요구—만족할 줄 모름, 즉 불운한 피조물이 불만족스러운 이 세계를 떠나는 것(확실한, 그리고 종국적인 죽음)을 거부하는 것—였기 때문이다. 따라서 각 개인은 요구사항과 불평으로 가득 채워진 목록을 제시했다. 협상이 불가능한 목록들을 말이다. 그 어떤 분야에서도 인간의 결핍을 전혀 인정하지 않는 목록 말이다." Saul Bellow, *Mr. Sammler's Planet*(New York: Viking, 1970), pp. 33~34.

합리적인 것, 이성과 의지, 이성과 본능 간에 긴장이 존재해왔다. 그 구체적인 특성이 무엇이든 간에, 합리적 판단은 전통적으로 위계질서에서 우위에 있는 것으로 생각되었고, 이러한 질서가 거의 2000년 동안 서구문화를 지배했다.

모더니즘은 이러한 위계질서를 분리시킨다. 모더니즘은 기운참, 즉 의지의 승리였다. 홉스와 루소에서 "지성은 욕구와 열정의 노예"다. 헤겔에서 의지는 앎의 필수적 구성요소다. 니체에서 의지는 심미적 양식과 융합하고, (그가 『비극의 탄생』의 첫 줄에서 말하는 것처럼 "확인된 것이 아니라 이해된") 지식은 도취와 몽상으로부터 가장 직접적으로 도출된다. 그리고 만약 심미적 경험만이 삶을 정당화한다면, 도덕은 정지되고 욕망은 어떠한 한계도 가지지 않는다. 이러한 자아 찾기 속에서는 자아와 감성의 관계를 탐구하는 것도 가능하다.

모더니즘은 현재 또는 미래를 강조하지만, 결코 과거는 강조하지 않는다. 하지만 사람들이 과거로부터 단절될 때, 그들은 종국적인 무상함을 벗어나서 미래를 열어갈 수 없다. 믿음은 더 이상 가능하지 않다. 그리고 예술이나 자연 또는 충동은 디오니소스적 행위의 흥분 또는 열광 속에서 순간적으로만 자아를 지울 수 있을 뿐이다. 그러나 흥분은 항상 사라지고, 새벽과 함께 냉혹하게 다가오는 쌀쌀한 아침이 있을 뿐이다. 이 피할 수 없는 종말론적 불안은 필연적으로 각자의 삶이 세상이 끝나는 시점에 있다는 감정 ── 모더니즘 사상의 음울한 맥락 ── 으로 이어진다. 프랭크 커모드(Frank Kermode)가 지적했던 것처럼 "계시록의 유토피아주의가 정치혁명을 특징짓는 것만큼이나" 종말의식 ── 즉 우리가 계시록의 시대에 살고 있다는 감정 ── 이 우리가 모더니즘이라고 부르는 것을 특징짓고 있다. ……그러한 의식의 재현이 우리의 문화적 전통의 한 특징이다."[12]

모더니즘을 논의할 때, '좌파'와 '우파'라는 범주는 거의 무의미하다. 토마스 만(Thomas Mann)의 표현으로 모더니즘은 "심연에 대한 연민"을 계발한다. 니체, 예이츠(WIlliam Butler Yeats), 파운드(Ezra Pound), 윈덤 루이스는 정치적으로 우파였다. 지드(André Gide)는 이교도였고, 말로(André Malraux)는 혁명가였다. 그러나 그들의 정치적 입장이 무엇이든 간에 근대운동은 그것의 첫 번째 대의인 사회질서에 대한 격분, 그리고 종국적 대의인 계시에 대한 믿음에 의해 통일되어있었다. 이 운동에 변함없는 매력과 영원한 급진주의를 제공한 것이 바로 이러한 역정(歷程)이다.

전통적 모더니즘은 종교나 도덕을 대신하여 삶을 심미적으로 정당화하고자 했다. 즉 예술작품의 창조, 즉 예술작업만이 자신을 초월하고자 하는 인간의 노력에 의미를 부여했다. 그러나 다시 예술로 돌아가면, 니체에서 분명하게 드러나듯이, 자아의 뿌리 찾기 그 자체가 모더니즘의 탐구를 예술에서 심리학으로, 작품에서 작가로, 대상에서 정신으로 이동시킨다.

1960년대에는 강력한 포스트모더니즘의 흐름이 발전하여 모더니즘의 논리를 그 극단으로까지 몰고 갔다. 노먼 O. 브라운(Norman O. Brown)과 미셸 푸코의 이론적 저술들에서, 윌리엄 버로스(William Burroughs), 장 주네(Jean Genet), 그리고 어느 정도는 노먼 메일러(Norman Mailer)의 소설에서, 또한 이제는 우리에 관한 모든 것이 된 포르노-팝 문화에서 사람들은 모더니즘의 의도의 논리적 정점을 본다. 다이애나 트릴링의 표현으로, 그들은 "의식을 넘어선 모험가들"이었다.

포스트모더니즘의 풍조에는 몇 가지 차원이 있다. 이를테면 포스

---

12) Frank Kermode, *The Sense of an Ending*(New York: Oxford University Press, 1967), p. 98.

트모더니즘은 삶의 심미적 정당화에 반대하여 그것을 본능적 정당화로 완전히 대체한다. 충동과 쾌락만이 실재하며, 삶을 확인한다. 그 밖의 모든 것은 신경증이며 죽음이다. 전통적인 모더니즘은 아무리 대담하더라도 상상력 속에서, 즉 예술의 제약 내에서 그것의 충동을 표현했다. 판타지는 그것이 악마적이든 아니면 잔인하든 간에, 심미적 형식의 정연한 원리를 통해 표현되었다. 그러므로 예술은 사회에 대해 전복적일 때조차도, 여전히 질서 편에, 그리고 암묵적으로는 (비록 내용은 아닐지라도) 형식합리성(rationality of form) 편에 머물러 있었다. 포스트모더니즘은 예술이라는 그릇으로부터 넘쳐 흘러나온다. 그것은 경계를 허물고, 구분하기보다는 실행하기가 지식을 획득하는 방법이라고 주장한다. '해프닝'과 '환경', '거리'와 '현장'은 예술이 아니라 삶에 적절한 장(場)이다.

이 중 어떠한 것도 그 자체로서는 특별히 전적으로 새로운 것은 아니다. 모든 서구 종교 내에는 항상 비교적(秘敎的)인 전통이 있었다. 이를테면 '그노시스교도들'(gnostics)처럼 비밀스러운 지식을 통해 비밀스러운 종파를 창시해온 사람들에게는 해방, 도락, 전적인 자유를 위해 비밀 의례에 참여하는 것이 재가되어왔다. '그노시스교'는 자신의 지적 정식화 속에서 모든 사회가 그 성원들에게 강요해온 속박에 대한 공격을 정당화해왔다. 하지만 과거에 그러한 지식은 비밀리에 유지되었고, 그 성원들은 숨어있었다. 포스트모더니즘의 가장 두드러진 특징은 한때 비밀스럽게 유지되었던 것이 이제는 이데올로기로 선포되고, 한때 성령(聖靈) 귀족들의 소유물이었던 것이 서민 대중의 소유물이 된다는 것이다. 이러한 신비한 양식은 항상 역사적으로 문명의 심리적 금기들과 싸워왔다. 그러한 공격은 오늘날 광범한 문화운동의 플랫폼을 만들어왔다.

느슨하게 결합된 일단의 교의들로 간주되는 탈근대적 경향은 두 가지 방향으로 나아가고 있다. 하나는 철학적 방향으로, 부정적 헤겔주의(negative Hegelianism)의 일종이다. 미셸 푸코는 인간을 단명하는 역사적 화신, 즉 파도에 휩쓸려 나가는 '모래 위의 흔적'이라고 본다. "페스트가 들끓는 폐허가 된 인간—'영혼' 또는 '존재'라고 불리는—의 도시들은 해체될 것이다." 그것은 더 이상 '서구의 몰락'이 아니라 모든 문명의 종말이다. 그러나 그러한 것의 대부분은 유행을 따르는 것으로, 하나의 사상을 불합리한 논리성으로 밀고 나가는 언어의 유희일 뿐이다. 그것은 초현실주의의 거친 장난기처럼, 기억된다고 하더라도 문화사에 하나의 각주(脚註)로서 기억될 것이다.

하지만 또 다른 방향으로 움직이고 있는 탈근대적 경향은 훨씬 더 중요한 함의를 지니고 있다. 그것은 '일상적인' 행동의 가치와 동기 유형에 대해 해방, 에로티시즘, 그리고 충동의 해방 등의 이름으로 공격을 퍼붓는 데서 심리적 선봉에 서 있다. 포스트모더니즘적 교의에서 중요한 것이 보다 대중적인 형태로 치장하고 있는 바로 이것이다. 왜냐하면 그것은 중간계급 가치의 위기가 가까이에 있음을 의미하기 때문이다.

부르주아적 세계관의 사망

19세기 중반까지는 부르주아적 세계관—합리주의적, 사무적, 실용주의적 세계관—이 기술-경제적 구조뿐만 아니라 문화, 특히 아이들에게 '적절한' 동기를 주입하는 종교적 질서와 교육제도까지도 지배했다. 부르주아적 세계관이 모든 곳을 의기양양하게 지배했고, 단지 문화의 영역에서만 그것의 시대 풍조 순응적 태도뿐만 아니라 비영웅적이고 반비극적 분위기를 경멸하는 사람들이 그것에 반대했다.

우리가 살펴보았듯이, 지난 100년 동안 반부르주아 문화는 처음에는 예술의 영역에서 부르주아적 가치를 부정함으로써, 그리고 그다음에는 보헤미안과 아방가르드 예술가들이 대항적인 삶의 양식을 영위할 수 있는 영지(領地)를 만듦으로써 사회구조로부터 자율성을 획득하고자 노력해왔다. 세기의 전환기 경에 아방가르드는 그 자신의 '삶의 공간'을 확보하는 데 성공했고, 1910년부터 1930년 사이에는 전통문화에 대해 공세를 취했다.

교의와 라이프스타일 모두에서 반부르주아 문화가 승리했다. 이러한 승리는 문화에서 도덕률 폐기론과 반제도주의가 지배했다는 것을 의미한다. 예술의 영역에서는 심미적 교의의 수준에서 무한한 실험, 속박 없는 자유, 제약받지 않는 감성, 관습에 굴하지 않는 충동, 그리고 단순한 합리적 비판에 면역된 상상력 등의 관념에 반대하는 사람은 거의 없었다. 이제 더 이상 아방가르드는 존재하지 않는다. 왜냐하면 탈근대문화에서는 누구도 질서나 전통의 편에 있지 않기 때문이다. 거기에는 단지 새로운 것에 대한 욕망―또는 옛것과 새로운 것에 대한 싫증―만이 존재한다.

전통적인 부르주아적 삶의 조직―그것의 합리주의와 절제―은 문화 속에서 그 옹호자를 거의 가지고 있지 못하고, 그것은 이제 지적 또는 문화적 존중을 받는 그 어떤 기존의 문화적 의미 및 스타일 형식의 체계도 가지고 있지 못하다. 사회 비평가들처럼 기술관료적 심성이 문화질서를 지배한다고 가정하는 것은 가까이에 있는 온갖 증거에 위배된다. 오늘날 우리 앞에 있는 것은 문화와 사회구조의 철저한 분리이고, 역사적으로 보다 직접적인 사회혁명의 길을 열어온 것도 바로 그러한 분리였다.

두 가지 근본적인 점에서 그러한 새로운 혁명이 이미 시작되었다. 첫째, 예술에서 획득된 문화의 자율성이 이제 삶의 영역으로 넘어오기 시작하고 있다. 포스트모더니즘적 기질은 이전에는 판타지와 상상력 속에서 펼쳐지고 있던 것이 삶 속에서도 또한 실행되어야만 한다고 요구한다. 예술과 삶 간에는 어떠한 구분도 존재하지 않는다. 예술에서 허용되는 것은 어떤 것이든 삶 속에서도 허용된다.

둘째, 한때 소수의 동인들이 행하던 라이프스타일 ― 그것이 보들레르 같은 사람의 차가운 라이프 마스크건 아니면 랭보 같은 사람의 환각적 격분이건 간에 (이 이제 '많은 사람들') 사회 속에서는 소수집단임이 분명하지만, 그런데도 수적으로 많은 ― 에 의해 모방되면서 문화적 장면을 지배하고 있다. 이러한 규모의 변화가, 한때 소수의 엘리트들에게 한정되었던 보헤미안적 라이프스타일이 이제 매스미디어의 대형 화면에서 행해지고 있다는 사실과 결합하며, 1960년대의 문화에 커다란 파동을 일으켰다.

이 두 가지 변화가 결합하여 결국에는 '사회구조'에 대한 '문화'의 공격을 새로운 차원으로 끌어올렸다. 예전에는 그러한 공격이 감행되었을 때(이를테면 앙드레 브르통이 1930년대 초반에 노트르담의 탑들을 거대한 유리 양념병으로 바꾸고, 그 병들 중 하나는 피로 채우고, 다른 하나는 정액으로 채우고, 교회 자체가 처녀들을 위한 섹스 학교가 될 것을 제안했을 때), 그것들은 사회가 인정한 천하의 '바보'가 행한 극히 지나친 농담으로 이해되었다. 그러나 대중적 수준에서 히피-약물-록 문화(그리고 문화의 장에서의 검은 미사black-mass 유머와 폭력이 지닌 새로운 감성)의 등장은 사회구조를 지탱해온 동기체계 및 심적 보상체계를 공격함으로써 사회구조의 토대를 침식하고 있다. 이러한 의미에서 1960년대의 문화는 하나의 끝으로서 그리고 하나의 시작으로서 새로운 그리고 어쩌면 독특한 역사적 의미를 지닌다.

II

프로테스탄트 윤리에서 도취적인 상점가로

문화적 관념에서 발생한 변화들은 내재성과 자율성을 지닌다. 왜냐하면 그것들은 문화적 전통 내에서 작동하는 내적 논리를 따라 발전하기 때문이다. 이러한 의미에서 새로운 관념과 형태들은 이전의 관념과 형태들과의 일종의 대화 또는 그것들에 대한 반항으로부터 파생한다. 그러나 문화적 관행이나 라이프스타일에서 일어난 변화는 필연적으로 사회구조와 상호작용한다. 왜냐하면 예술작품, 장식, 음반, 영화, 연극들은 시장에서 매매되기 때문이다. 시장은 사회구조와 문화가 교차하는 장소다. 하나의 전체로서의 문화에서 일어나는 변화, 특히 새로운 라이프스타일의 출현은 감성의 변화뿐만 아니라 사회구조 자체의 변화에 의해서도 발생할 수 있다. 우리는 이를 미국 사회에서, 즉 고도 소비경제에서 새로운 구매 습관의 발전과 그것이 수반한 프로테스탄트 윤리와 청교도 기질의 부식에서 가장 쉽게 발견할 수 있다. 이 두 규준이 부르주아 미국 사회의 전통적 가치체계를 유지해왔다. 미국 사회에서 노동과 보상을 규율하고 정당화하던 신념을 약화시켜온 것은 문화에서의 변화만큼이나 사회구조에서의 변화에 기인하는 윤리와 기질의 붕괴였다. 오늘날의 공적 분위기를 특징짓는 방향감각 상실 및 당혹감에 상당 부분 책임이 있는 것이 바로 이러한 변화와 어떤 확고한 새로운 윤리의 결여다. 내가 여기서 시도하는 것은 모더니즘과 부르주아 사회에 대한 나의 전반적인 주장을 개진하고, 보다 구체적으로 그간 부르주아 양식의 본보기가 되어온 미국 사회에서 그것이 초래한 결과를 추적하는 것이다.

소도시의 삶

프로테스탄트 윤리와 청교도 기질은 노동, 절제, 검약, 성적 자제, 삶에 대한 엄격한 태도를 강조하는 규준이었다. 그것들이 도덕적 행동과 사회적 존경의 본질을 규정했다. 1960년대의 포스트모더니즘 문화는 그것이 스스로를 '반문화'라고 부르기 때문에 프로테스탄트 윤리에 반항하고 청교도주의의 종말을 알리고 부르주아적 가치관에 최후의 공격을 감행하는 것으로 해석되어왔다. 하지만 이것은 너무나도 안이한 해석이다. 사회적 사실로서의 프로테스탄트 윤리와 청교도 기질은 이미 오래전부터 부식하고 있었다. 이 두 가지는 현실의 행동양식이기보다는 도덕주의자들이 훈계하기 위해 그리고 사회학자들이 신비화하기 위해 사용하는 창백한 이데올로기로서 간신히 연명하고 있다. 전통적인 부르주아적 가치체계를 붕괴시킨 것은 사실 부르주아 경제체계 자체 ─ 보다 정확하게는 자유시장 ─ 였다. 이것이 바로 미국인의 삶에서 자본주의의 모순을 유발한 근본 원인이다.

미국에서 프로테스탄트 윤리와 청교도 기질은 농업적인 소도시의 상인과 장인들의 생활방식이었다. 페이지 스미스(Page Smith)가 우리에게 상기시키듯이, 미국에서 "20세기 초의 몇십 년에 이를 때까지 가족과 교회를 제외한다면 기본적인 사회조직 형태는 소도시였다."[13] 미국 사회의 삶과 성격은 소도시와 그것의 종교에 의해 틀지어졌다. 종교는 적대적인 환경 속에서 공동체의 제재규약을 강화하기 위해 필요한 것이었다. 즉 종교는 자급자족 경제 속에서 노동과 규제에 의미를 부여하고 그것을 정당화했다.

미국 사회의 핵심 가치가 '청교도 기질'과 '프로테스탄트 윤리'라

---

13) Page Smith, *As a City upon a Hill*(New York: Alfred A. Knopf, 1960), p. vii.

는 용어로 요약되었다면, 그것들은 미국의 초기 정신을 상징하는 두 사람, 즉 청교도인 조나단 에드워즈(Jonathan Edwards)와 프로테스탄트인 벤저민 프랭클린에 의해 대표된다. 이 두 사람의 사상과 설교가 미국인의 성격에 독특한 덕목과 행동원리를 규정했다.

반 위크 브룩스(Van Wyck Brooks)가 『성년기의 미국』(*America's Coming-of-Age*)에서 기술하듯이,

세 세대 동안 일반적인 미국인의 성격은 한 가지 유형으로 압축되었다. 즉 미국인은 행위하는 인간인 동시에 신의 종복이었다. 18세기에 이르러서야 이 성격에 균열이 생겼고, 그것과 함께 '높은 교양층'(Highbrow)과 '낮은 교양층'(Lowbrow) 간의 본질적 구분이 발생했다. 그것은 18세기의 삶을 함께했던 두 철학자, 즉 조나단 에드워즈와 벤저민 프랭클린 사이에서 나타났다. 두 사람은 자신들의 독자적인 순수한 철학 유형을 통해 그리고 분명히 양립할 수 없는 자신들의 목적을 가지고 하나의 인종적 사실로서의 미국인의 성격을 결정했고, 그들 이후에 혁명은 필연적인 것이 되었다. 채닝(Edward Channing), 링컨(Abraham Lincoln), 에머슨(Ralph Emerson), 휘트먼(Walt Whitman), 그랜트(Ulysses Grant), 웹스터(Daniel Webster), 개리슨(William Garrison), 에디슨(Thomas Edison), 록펠러(John D. Rockefeller), 에디 부인(Mrs Eddy), 윌슨(Woodrow Wilson) 모두는 이러저러한 방식으로 미국 정신의 두 위대한 선조들을 조합하고 치환한다.[14]

---

14) Van Wyck Brooks, *America's Coming-of-Age*(Garden City, N.Y.: Doubleday Anchor, 1958; 초판은 1915), p. 5.

브룩스, 그리고 그를 따라 페리 밀러(Perry Miller)가 주장했듯이, 청교도의 신권정치 사상이 미국 정신사에서 큰 영향을 미쳤다는 것은 분명한 사실이다. 18세기 중엽에 미국을 주도하던 지식인들은 목사였고, 그들의 사상은 신학에 관한 사상이었다. 그들의 사상은 100년 이상에 걸쳐 미국의 모든 사변철학을 지배했다. 그리고 심지어는 신학의 시대가 지나갔을 때도, 죄의식—특히 미국인의 성격 속에 그간 주입되어온 성적 행동에 대한 죄의식—은 또 다른 한 세기 동안 미국인들에게 아주 뿌리 깊게 각인된 채로 남아있었다.

50년도 더 전에 조지 산타야나(George Santayana)는 이렇게 지적했다. "청교도들을 이들 해안으로 오게 한 열정이 얼마나 형이상학적이었는지는 잘 알려져 있다. 즉 그들은 정신적으로 더욱 완전하게 살고자 하는 희망에서 여기로 왔다."[15] 청교도 신앙의 핵심은 문명에 대한 적의(敵意)였다. 당시의 사회는 타락해있었고, 사람들은 원래 교회의 원시적 순박함—교회의 뜻을 인간이 만든 제도로부터가 아니라 신으로부터 직접 끌어내는—으로 되돌아가야만 했다.

청교도들은 각자가 모범적인 삶에 헌신하겠다는 서약을 해왔다. 그러나 어떤 사람—또는 어떤 교의—도 오랜 시간을 고도의 긴장상태로 살아갈 수 없다. 그것이 충동의 분출을 엄격하게 규율하는 삶을 유지하는 것을 의미할 때 특히 그렇다. 미국 식민지 초기에 서조차, 아르미니우스주의(Arminianism)—존 웨슬리(John Wesley)의 감리교의 토대—와 같은 새로운 교의가 절대예정설(absolute predestination)을 조건적 선택설(conditional election)로 대체하고자 시도했을 때, 칼뱅주의는 빈번히 약화되고 있었다. 조나단 에드

---

15) George Santayana, *Character and Opinion in the United States*(New York: Braziller, 1955; 초판은 1920), p. 7.

워즈가 한 일은 절대자를 소생시키고 개인이 스스로 철저히 반성하고 스스로를 책임질 수 있게 하는 심리적 메커니즘을 제공하는 것이었다. 에드워즈는 『기독교 원죄론 옹호』(*The Great Christian Doctrine of Original Sin Defended*, 1758)에서 칼뱅주의를 완화하려는 사람들을 공격했다. 그는 타락이 불가피한 까닭은 의식의 동일성이 모든 사람에게 아담과 같은 의식을 가지게 하기 때문이라고 주장했다. 그는 노동이라는 외적 표시를 떠맡은 사람들이 아니라 어떤 내적 깨달음, 즉 변형 체험을 통해 구원의 은총을 경험한 사람들로 이루어지는 특권 선민을 믿었다.

조나단 에드워즈가 심미적이고 직관적인 청교도였다면, 벤저민 프랭클린은 실용주의적이고 공리주의적인 프로테스탄트였다. 프랭클린은 감정에 의해 흔들림 없이 세상을 바라보고, 검약과 근면 그리고 타고난 민첩함을 통해 '출세하는' 데 거의 전념한 실리적인 인간이었다. 프랭클린의 삶은 미국인의 기본적 특질, 즉 자기계발의 전형적인 실례였다. 프랭클린은 애디슨(Joseph Addison)의 『스펙테이터』(*Spectator*)의 글쓰기 방식을 모방하려는 노력 속에서 자신의 단평 기사를 쓰고 그것을 자신의 멘토와 비교하여 다시 고쳐 쓰는 방식으로 그 자신의 표현형식을 몸에 익히고 자신만의 스타일을 만들어갔다. 그는 악착같이 프랑스어, 이탈리아어, 스페인어, 라틴어를 배웠다. 그는 젊은 혈기의 '욕정'을 해소하기 위해 하숙집 여주인의 딸과 내연 관계를 맺어 두 아이를 낳았다.

프랭클린의 어휘에서 핵심어는 '유용하다'라는 단어였다. 그의 책 중 하나인 『자서전』(*Autobiography*)은 그의 아들에게 '유용할' 수 있는 어떤 것으로 집필되기 시작했다. 그 책은 그러한 목적에는 기여했지만, 결코 완성되지 못했다. 프랭클린은 스토브를 발명하고, 병원을 설립하고, 도로를 포장하고, 도시 경찰대를 창립했다. 왜냐하면

이 모든 것이 유용한 프로젝트였기 때문이다. 그는 신을 믿는 것도 유용한 일이라고 믿었다. 왜냐하면 신은 선행을 보상하고 악행을 처벌하기 때문이다. 프랭클린은 『가난한 리처드의 달력』(*Poor Richard's Almanack*, 1732~57)에서 세계의 격언 저장소의 격언을 조금씩 빼돌려서 그것을 가난한 사람들을 위한 설교로 개작했다. "가난한 리처드가 말하듯이"라는 표현은 모든 옳은 덕목에 중요성을 부여하는 말이 되었다. 프랭클린은 13개의 유용한 덕목이 있다고 말했다. 그것이 바로 절제, 침묵, 질서, 결단, 절약, 근면, 진실, 정의, 중용, 청결, 침착, 순결, 겸손이었다. 아마도 미국인의 신조를 이것보다 더 잘 나열한 목록은 없을 것이다. 프랭클린은 이 덕목 각각에 일주일 동안 엄격히 주의를 기울이고 매일 실제로 성공한 정도를 노트에 기록했다고 적고 있다. 그는 이렇게 하여 "한 코스를 13주 동안에 완전히 돌았고, 그리하여 1년에 네 바퀴를 돌았다."[16]

하지만 이 모든 것은 부분적으로는 간계였고, 어쩌면 심지어 책략이었다. 프랭클린이 검약하고 근면하기는 했지만, 그의 성공은 많은 선량한 양키들과 마찬가지로 영향력 있는 친구를 만드는 능력, 자신을 광고하는 뛰어난 능력, 그리고 그의 용모와 글에 반영되어있는 매력과 위트에서 나온 것이었다. (심지어는 그는 '욕정'조차도 갱신 가

---

16) 막스 베버는 그의 권위 있는 저작『프로테스탄트 윤리와 자본주의 정신』(*The Protestant Ethic and the Spirit of Capitalism*)에서 프랭클린을 양자 모두의 화신으로 본다. 베버는 그의 설교를 인용하면서("……시간은 돈이다. ……신용은 돈이라는 것을 명심하라. 만약 어떤 사람이 기한이 지난 후에도 자신의 돈을 그냥 나의 수중에 놓아둔다면, 그는 나에게 이자를 주는 것이다……."), 그를 '새로운 인간'의 독특한 에토스의 표상으로 지칭한다. 흥미롭게도 베버는 새로운 윤리의 윤곽을 묘사하기 위해 루터(Martin Luther), 칼뱅(Jean Calvin), 백스터(Richard Baxter), 베일리(Robert Baillie) 또는 여타 청교도 성직자들보다도 프랭클린을 더 자주 인용한다. Max Weber, *The Protestant Ethic and the Spirit of Capitalism*, trans. Talcott Parsons(London: G. Allen & Unwin, 1930)을 보라.

능함을 입증했다. 왜냐하면 그는 둘 이상의 사생아를 낳게 했기 때문이다.) 그는 적당한 재산을 모으고 은퇴하여, 자연철학과 전기(電氣)에 관한 자신의 관심을 추구했고, 다시 공적 삶에 휩쓸리기 전까지 6년 동안 한가한 시간을 사욕 없는 연구를 하며 보냈다.

이 두 이미지 — 인간의 타락에 골몰해온 조나단 에드워즈의 경건함과 고뇌, 그리고 가능성과 이득의 세계를 지향한 벤저민 프랭클린의 실용성과 사리 추구 — 가 우리에게 미국인의 성격의 요체로 전해져 내려왔다. 이 이원론을 가장 잘 묘사한 사람이 바로 다시 반 위크 브룩스다. 그는 거의 60년 전에 이렇게 기술했다.

따라서 우리는 미국 정신에서 처음부터 거의 뒤섞이는 일이 없이 (고층 기류와 저층 기류처럼) 나란히 달려온 두 가지 주요한 흐름을 발견한다. 그 두 가지는 똑같이 비사회적이었다. 한편에서는 초월적 흐름이 청교도의 경건함에서 시작하여, 조나단 에드워즈에서 하나의 철학이 되어, 에머슨을 거쳐 주요 미국 작가들의 세심한 고상함과 초연함을 낳았고, 종국적으로는 대부분의 현대 미국 문학의 비현실성을 초래했다. 그리고 다른 한편에서는 돈만 벌면 그만이라는 식의 기회주의 흐름이 청교도의 삶의 실용적 전환에서 시작하여, 프랭클린에서 하나의 철학이 되어, 미국의 유머 작가들을 거쳐 우리의 현대 비즈니스적 삶의 분위기로 귀착되었다……[17]

청교도 신학의 토대에 자리 잡고 있는 비합리적 미스터리가 무엇이든 간에, 공동체 자체는 합리적 도덕에 의해 지배되었고, 그 속에서 도덕률은 냉엄하고 당연한 숙명이었다. 청교도주의가 일단 신학

---

17) Brooks, *op. cit.*, p.10.

적 외피를 벗자, 그것의 핵심은 일상적 행동을 규제하고자 하는 강렬한 도덕적 열의였다. 하지만 그것은 청교도들이 무자비하거나 호색적이기 때문이 아니라 그들이 하나의 계약으로서의 공동체를 수립하고 그 안에서 모든 개인이 서로 계약 관계에 있기 때문이었다. 폐쇄된 세계에서 사는 삶의 외적 위험과 심리적 긴장을 감안할 때, 개인은 그 자신의 행동뿐만 아니라 공동체에도 관심을 기울여야만 했다. 한 사람의 죄는 단지 그 사람만이 아니라 집단을 위태롭게 했다. 즉 사람들이 계약상의 요구를 준수하지 않음으로써, 공동체가 신의 노여움을 살 수도 있었다.

계약 조건들은 각 개인에게 모범적인 삶에 헌신하게 했다. 그러나 바로 그 계약의 명시성 — 그리고 촌락생활의 친밀성 — 이 모든 사람으로 하여금 유혹의 죄와 육욕의 유혹을 의식하게 만들었다.[18] 이것이 그 성원들로 하여금 자신을 더욱더 채찍질하게 만들었고, 죄인

---

18) 어쩌면 이러한 부정한 충동을 보여주는 가장 강력한 문학적 실례가 너새니얼 호손(Nathaniel Hawthorne)의 단편소설 『젊은 굿맨 브라운』(*Young Goodman Brown*)일 것이다. 그 내용은 세일럼 숲속에서 벌어진 검은 미사에 대해 해몽하는 것이다. 이 소설에서 젊은 굿맨 브라운은 그의 아내를 남겨두고, 세례를 받고 죄를 찬양하는 비밀의식을 하기 위해 뱀 지팡이(남근상)를 들고 있는 악마와 함께 숲으로 들어간다. 브라운은 입회식을 하러 즐겁게 가고 있는 모든 '선량한' 사람들을 알아보고 또 그 자신의 젊은 아내 페이스(Faith) 역시 알아보고 놀라고 경악한다. 의식(儀式)과 음악은 종교적 예배의식의 형태를 하고 있지만, 그 내용은 악을 찬양하는 것이다. 종국에 가서는 굿맨 브라운에게는 그것이 실제 사건이었는지 아니면 그 자신의 죄가 되는 충동과 투쟁하던 꿈이었는지 전혀 분명하지 않다. 그러나 그 후 그의 삶은 비참했다. ("안식일에 신도들이 성스러운 찬송가를 부를 때, 그는 그 노랫소리에 귀를 기울일 수 없었다. 왜냐하면 죄악을 찬양하는 노랫소리가 그의 귀에 시끄럽게 밀려들어 왔기 때문이었다.") 그는 성미가 고약하고 쪼그라든 존재가 되었고, 그의 죽음의 시간이 어렴풋이 보였다. "Young Goodman Brown," in *The Novels and Tales of Nathaniel Hawthorne*(New York: Modern Library, 1937), pp. 1033~1042를 보라.

이 된 후에는 (거기에 부정한 성적 행동이 상당히 많이 존재하고 성에 대한 소박한 현실주의가 자리하고 있었기 때문에) 그들은 또한 위대한 회개자가 되었다. 뉴잉글랜드에서, 그리고 후일 도덕적 채찍질 — 비록 청교도 신학은 아니지만 — 을 전국에 확산시킨 중서부의 신앙부흥운동 공동체들에서도 고백 의례는 청교도주의의 중심에 자리 잡고 있었다.

처음에는 황야에 그리고 그다음은 대초원에 수립된 미국의 소도시는 자주 사회 부적응자와 게으름뱅이들이 많이 포함되어있는 주민들 사이에서 일정한 사회질서를 유지하는 문제에 직면했다. 몇백 가구로 이루어진 도시가 그 규약을 위반한 사람들을 감옥에 집어넣거나 그들 모두를 추방할 수도 없었다. 많은 공동체에서 험담이나 수치심 주기, 그리고 공개적인 고백과 회개를 통한 사회통제 체계가 공동체가 크게 붕괴되는 것을 막는 수단이 되었다. 존경이라는 관념 — 경박함, 쾌락, 음주 등에 대한 불신 — 이 매우 깊이 뿌리내려서, 초기의 물질적 결핍이 극복된 후에도 오랫동안 지속되었다. 처음에 일과 부(富)가 선택받음의 표시였다면, 그다음 세기에는 그것들은 존경의 표지가 되었다.

이데올로기로서의 청교도주의

가치체계는 자주 산만하고 불완전하다. 그것이 하나의 구체적인 규약으로 조직화되고, 일단의 종교적 교리체계, 명시적 맹약 또는 이데올로기로 정식화될 때, 그것은 공동체를 동원하는, 즉 규율이나 일단의 사회통제를 강화하는 수단이 된다. 왜 이데올로기가 초기에 그것과 조화를 이루던 사회운동이 사라진 후에도 오랫동안 살아남아 훨씬 더 강력하게 성장하는가는 지배사회학의 풀기 어려운 문제 중 하나다. 이를테면 도덕률 폐기론적인 진보적 계시 교의로부터 성장한 모르몬 신학은 오늘날 보수주의의 한 원천으로 작동하고 있다. 또한 소련에서는 평등지상주의적인 공산주의 이데올로기가 혁명 이후 반세기가 지나면서 새로운 계급의 부상을 정당화하고 있다. 이러한 상황 속에서 이데올로기는 그것과 함께 과거의 권위와 신성함을 실어 나르고 있다. 즉 그 이데올로기가 그간 아이들에게 주입되어왔고, 그리하여 도덕적 행동규범은 물론 세계를 인식하는 유일한 개념적 지도가 되고 있다. 자주 원래의 레토릭과 상징이 여전히 남아있지만, 그 내용은 시간이 지나면서 미묘하게 재정의되어, 지배계급의 사회적 권력을 뒷받침하는 기존의 사회규약과 사회통제를 정당화한다.

이것이 이데올로기의 기능적 구성요소다. 그러나 이데올로기에는 인지적 또는 지적 요소 또한 존재한다. 이데올로기는 기본적 현실을 반영하거나 정당화하는 것만이 아니다. 이데올로기는 일단 형성되면, 그 자신의 생명을 가진다. 진정으로 강력한 이데올로기는 삶에 대한 새로운 비전을 상상할 수 있게 해준다. 일단 정식화되고 나면, 그것은 도덕적 레퍼토리의 일부로 남아서 지식인, 신학자, 도덕가들에 의해 인류에게 열려있는 일련의 가능성의 일부로 이용된다. 경제나 시대에 뒤진 기술과는 달리, 이데올로기는 소멸되지 않는다. 헤겔의 표현으로 그러한 '의식의 순간들'은 재생될 수 있다. 즉 이데올로기는 문명의 역사 도처에서 불러 내어져 재정식화될 수 있다. 따라서 수많은 수필가, 도덕가, 지식인들에 의해 물어뜯기고 철저하게 괴롭힘당하고 주장되고 해부되고 재진술된 이데올로기는 하나의 독자적인 힘을 가지게 된다.

이것이 청교도주의의 운명이었다. 초기의 이데올로기를 부양한 가혹한 환경이 누그러진 후에도 오랫동안 그 신념의 힘은 여전히 남아있었다. 반 위크 브룩스가 한때 신랄하게 지적했듯이, "청교도의 와인이 엎질러졌을 때, 그 향기는 초월주의(transcendentalism)가 되었고, 와인 그 자체는 상업주의가 되었다."

하나의 사상체계로서의 청교도주의는 200년이라는 기간을 거치며 칼뱅주의의 엄격한 예정설에서부터 에드워즈의 심미적 깨달음을 거쳐 에머슨의 초월주의로 변모했고, 그것은 남북전쟁 이후 최종적으로 '고상한 전통'(genteel tradition)으로 해체되었다. 일단의 사회적 관행으로서의 청교도주의는 만연하는 개인주의와 축재(蓄財)를 사회적 다원주의적으로 정당화해주는 것으로(에드먼드 모긴Edmund Morgan이 지적했듯이, "벤저민 프랭클린은 자신이 돈을 벌었다. 그러나 존 D. 록펠러(John D. Rockefeller)는 그의 돈이 신으로부터 왔다고 생각했다), 그리고 소도시의 삶을 제약하는 규약으로 변형되었다.

새로운 해방

청교도주의에 대한 주요한 지적 공격은 주로 20세기의 첫 10년과 그 세기의 중반에 문화영역과 젊은 지식인들, 즉 하버드 대학교 그룹——거기에는 월터 리프만(Walter Lippmann), 반 위크 브룩스, 존 리드(John Reed), 해럴드 스턴스(Harold Stearns)가 포함되어있었다 ——으로부터 나왔다.[19] 반 위크 브룩스가 자신의 1915년 저작의 제목으로 달은 『성년기의 미국』은 문화가 새로운 현실에 대처해야만 하고 '현실'에 뛰어들어야만 한다는 것을 의미했다. 브룩스는 미국 문학이 현실과의 접촉을 피함으로써 구원을 받고자 하는 등 삶과 유리되어있었다고 주장했다. 그는 청교도주의는 "양키의 늙은 메마른 식물 줄기"가 되었다고 말했다.

---

19) 이들 젊은 지식인들에 관해 논의하고 있는 것으로는 Henry F. May, *The End of American Innocence*, pt. 3(New York: Alfred A. Knopf, 1959)을 보라. 그들의 독특한 주장에 대해서는 Harold Stearns, *America and the Young Intellectual*(New York: Doran, 1921)을 보라.

청교도주의는 몇 가지 측면에서 공격받았다. 첫째는 주로 브룩스가 표명한 것으로, 이주민과 흑인 그리고 도시 현장의 미국을 반영하는 보다 포괄적인 문화가 요구되고 있었다. 만일 미국이 성년에 도달했다면, 그것의 문화는 보다 코즈모폴리턴적이 되고 사회의 활력을 반영해야만 한다. 그리고 둘째로는 성적 자유가 요구되고 있었다. 해럴드 스턴스는 "청교도는 스스로 즐길 수 없는, 성적으로 부적절한 인간으로, 타인의 즐거움을 방해하는 것에서 자신의 유일한 만족을 얻었다"라고 기술했다. 중상계급 아이들은 새로운 보헤미아를 창조하기 위해 그리니치 빌리지로 몰려들었다. 브룩스는 당시를 회고하며 다음과 같이 썼다. "그들은 니체와 마르크스와 프로이트와 크라프트에빙(Richard Krafft-Ebing)을 읽었다. 그들 중 많은 사람이…… 지금까지 젊은이들이 마음속의 지하실에 감금해두었던 성(性)에 대한 새로운 관념을 시험해보기를 원했다."[20]

활기 넘치는 삶은 일련의 표제어들로 요약되었다. 그중 하나가 '새로운'(New)이라는 말이었다. 새로운 민주주의, 새로운 민족주의, 새로운 자유, 새로운 시(詩), 그리고 심지어는 『새로운 공화국』(*New Republic*)—이 잡지는 1914년에 발간되기 시작했다—도 있었다. 둘째가 섹스였다. 이 단어를 공개적으로 사용하는 것조차 신문 독자들을 두근두근하게 했다. 1913년에는 마거릿 생어(Margaret Sanger)는 '출산 통제'(birth control)라는 말을 만들어내었다. 스웨덴의 페미니스트 엘렌 케이(Ellen Key)는 결혼이 법적 또는 경제적 강제 문제여서는 안 된다고 주장했다. 무정부주의자인 에머 골드먼(Emma

---

20) Van Wyck Brooks, *The Confident Years: 1885-1915* (New York: Dutton, 1952), p. 487. "젊은 사람들의 마음속의 지하실"이라는 구절은 1900년대 초반 프린스턴의 삶을 묘사하고 있는 어니스트 폴(Ernest Poole)의 소설 『항구』(*The Harbor*)에서 따왔다.

Goldman)은 동성애(homosexuality/intermediate sex)에 대해 강의했다. 플로이드 델(Floyd Dell)은 자유연애를 찬양했고, 많은 젊은 지식인들이 드러내놓고 결혼하지 않은 채 일부일처제로 살았다. 그리고 세 번째 표제어는 해방이었다. 해방——그 운동은 자신을 의식적으로 이렇게 일컬었다——은 유럽으로부터 분 바람, 즉 미국 해안으로 불어온 모더니즘의 바람이었다. 미술에서는 1913년에 열린 '아머리 쇼'(Armory Show)에서 야수파(Fauve)와 입체파가 모더니즘을 선보였다. 연극에서 모더니즘은 상징주의, 암시, 분위기를 의미했으며, 이는 마테를링크(Maurice Maeterlinck), 던세이니(Lord Dunsany), 싱(John Synge)의 비현실주의의 영향을 받은 것이었다. 문학에서는 쇼(George Shaw), 콘래드, 로렌스(David Lawrence)가 호평을 받았다. 그러나 모더니즘이 가장 큰 영향을 미친 것은 '철학'이었다. 비합리주의, 생기론, 본능 등을 강조하는 경향이 베르그송(Henri Bergson)과 프로이트를 통해 굴절되어 통속화된 형태로 급속히 확산되었다.

헨리 메이(Henry May)가 쓰고 있듯이, "그 반란의 인기 있는 교의"는 완전한 본능적 자기표현이 행복을 가져다줄 수 있다는 것이었다. 천진한 프로이트주의는 세계에서 청교도의 악의 대부분은 자기절제에서 기인하며, 자유에 이르는 길은 억압된 성적 충동의 해방에 있다고 선언했다. 시적 산문 형태로 표현된 앙리 베르그송의 생기론의 교의——그의 『창조적 진화』(*Creative Evolution*)는 프랑스에서 15년에 걸쳐서 팔린 부수만큼이 2년 동안에 팔렸다——는 생명력——우주를 소생시키는 생물학적인 목적의식적 정신——에 대한 대중화된 교의의 토대가 되었다. 당시 좌파 지식인들 사이에 유행한 생디칼리즘도 베르그송의 철학적 제자로 갈채를 받고 있던 조르주 소렐(George Sorel)을 통해 베르그송의 생기론과 결부되어있었다. 신비주의적이며 금언적인 에세이들로 구성된 저작——"칼라일과 엘버트 허버드

(Elbert Hubbard)의 혼합"이라고 평가된——을 발표한 프랜시스 그리어슨(Francis Grierson)은 당시 시대의 예언자로 받아들여졌다.[21]

젊은 지식인들은 청교도주의에 대한 공격과 괴팍한 생활방식을 통해 쾌락주의, 즉 쾌락과 놀이의 윤리, 요컨대 소비윤리를 설파했다. 하지만 아이러니하게도 (또는 그러한 '반란'의 궤적 속에서는 아니지만), 소비주의 윤리는 10년도 채 안 되어 ('반란'의 메아리가 희미하게 남아있는 상황에서) 아무런 의식 없이 스스로를 '새로운 자본주의'라고 부른 자본주의에 의해 실현되었다.

청교도주의의 지적 정당화가 그간 물거품이 되어왔지만, 그것의 사회적 관행들은 소도시에서 새로운 힘을 획득했다. 그 이유는 바로 변화에 대한 공포 때문이었다. 여기서 변화란 새로운 생활방식——대도시의 소란스럽고 코즈모폴리턴적이며 죄가 많은 삶——의 부상을 의미했다. '고결함'(respectability)에 대한 정의가 위태로워지자, 그것은 '절제'(Temperance)라는 관념 속에서 자신의 상징을 발견했다.

하나의 생활양식이 일단의 가치들에 의해 정당화되고, 제도들(교회, 학교, 가족)에 의해 규제되고, 성격구조 속에 체현되었다. 이 생활양식이 일단의 동질적인 사람들에 의해 표현될 때, 사회학자들이 '신분집단'(status group)이라고 부르는 것이 성립된다. 절제운동이 상징하는 생활양식이 청교도주의보다 나중에 발전했지만, 그것은

---

21) 그리어슨이 오늘날에는 잊혀졌지만, 프랑스에서는 말라르메로부터 큰 칭찬을 받았고, 미국에서는 플로이드 델(Floyd Dell)과 프랜시스 하케트(Francis Hackett)의 찬사를 받았다. 새로운 사상에 대한 서사시적 설명인 에드윈 비요크만(Edwin Bjorkman)의 『내일의 목소리』(*Voices of Tomorrow*, New York: Mitchell Kennerly, 1913)는 베르그송과 마테를링크와 나란히 당대의 주요 경향을 대표하는 것으로 자리매겨졌다. 그리어슨의 묘사는 브룩스의 저작에서도 발견된다. Brooks, *The Confident Years*, pp. 267~270.

근면, 검약, 자제, 금주라는 프로테스탄트 교의에 그 근원을 두고 있었다. 즉 절제운동은 그 제도적 토대를 근본주의적 교회에 두고 있었고, 그 성격 특성으로 자제라는 관념을 강조했다.

절제 규범은 미국 사회의 공식적인 도덕의 일부가 되었다. 그 규범은 이주자, 빈민, 일탈자를 중간계급의 지위 ─ 비록 경제적 사실로서의 중간계급으로는 아니지만 ─ 에 동화시키는 장치였다. 그러나 19세기 말경에는 절제가 더 이상 자발적이지 않았다. 오히려 절제 규범은 더 이상 상승하지 못하는 생활양식을 가진 사회집단을 강제하는 무기였다. 왜냐하면 새로운 도시집단이 절제를 하나의 생활양식으로 기꺼이 받아들이지 않을 경우, 그것을 법으로 강제하여, 전통적인 중간계급의 가치에 의례적으로 복종하는 문제로 만들어버렸기 때문이다.

1896년에 술집퇴치동맹(Anti-Saloon League)의 발족과 함께, 절제운동은 전통적인 농촌 프로테스탄트 사회에서 신흥 도시산업 사회 체계에 대항하는 문화적 투쟁의 응축된 상징을 발견했다. 술집에 대한 공격은 금주운동(Prohibition movement)으로 하여금 하나의 정치적 기치 아래 많은 다양한 요소들을 함께 묶을 수 있게 해주었다. 소도시의 토착 미국 프로테스탄트에게 술집은 이주자 집단의 생활 습관을 집약적으로 보여주는 것이었다. 진보주의자에게 술집은 자신이 정치적 삶의 골칫거리라고 느낀 부패의 근원이었다. 민중주의자에게 술집은 악화되고 있는 도시적 삶에 대한 그의 반감의 뿌리였다.

유사한 형태로 도덕이 교화하기(moralizing)로 바뀌었고, 옳음은 독선이 되었다. 19세기적 삶에 대한 긍정과 신뢰는 미래에 대한 갑갑하고 알 수 없는 공포로 뒤바뀌었다. 리처드 호프스태터(Richard Hofstadter)는 다음과 같이 기술한 바 있다. "금주법은 온갖 감금당한 리비도(libido)의 고통의 배출구를 만들어낼 수도 있었다. 이전 시대에 반(反)가톨릭주의는 청교도의 포르노그래피로서의 역할을 해왔다. 억압된 정신은 사제와 수녀의 불륜 이야기에 빠져들었다. 금주운동 기간에 알코올과 성적 무절제의 연계성을 강조하는 사람들과 정신이상과 인종적 타락 그리고 심지어는 흑인의 인종적 자기주장의 공포를 강조하던 사람들은 색욕과 공포 모두를 이용했다." 사람들은 죄인을 개조할 수는 없어도 죄 ─ 그리고 죄인 역시 ─ 는 근절할 수 있었다. 금주법은 알코올 문제 그 이상의 것이었다. 그것은 성격의 요체였고, 삶의 방식에서 하나의 전환점이었다.

그러나 다른 일들도 진행되고 있었다. 즉 미국의 사회구조가 변화했고, 하나의 사회적 사실로서의 미국인의 삶의 소도시 지배가 끝났다. 첫째로, 계속해서 인구학적 변화가 일어나면서, 도시 중심지들이 성장했고, 정치적 중요성에서도 변화가 일어났다. 그러나 좀 더 넓게는 대량소비 사회가 출현하여 지출과 물질적 소유를 강조했다. 그리하여 그것은 검약, 자제, 충동억제를 강조하던 전통적 가치체계를 훼손하고 있었다. 이러한 두 가지 사회변동을 이끈 것이 기술혁명이었다. 자동차, 활동사진, 라디오는 농촌의 고립을 깨뜨리고, 처음으로 시골을 공통의 문화와 국가사회에 융합시켰다. 이 같은 사회적 변화는 전통적 가치체계를 뒷받침하던 청교도주의의 종말을 가져오는 원인이 되었다.

이러한 사회적 과정을 되짚어볼 때, 우리는 200년 전, 즉 18세기 초까지 사회구조가 그것을 떠받치던 문화와 융합되어있었다는 것을 알 수 있다. 하지만 점차 그러한 문화는 약화되었고, 20세기가 시작될 무렵에 소도시 프로테스탄티즘은 일단의 실제적인 상징적 의미를 제공하거나 공격에 대해 효과적으로 방어할 수 있는 어떤 유효한 문화적 상징이나 문화양식을 더 이상 가지고 있지 못했다. 도시 중간계급과 새로운 급진집단에 기초한, 당시 출현하고 있던 새로운 문화체계가 거의 누구도 방어하고자 하지 않는 옛 문화를 즉각 효과적으로 비판하고 나설 수 있었다. 전통적인 가치를 체현하고 있던 신분집단은 자신의 정당성을 주장하기 위해 자신의 지배를 재차 확인해주는 정치적 수단들에 의지했다. 그러나 하나의 신분집단은 자신의 사회적 토대가 사회구조와 조화를 이룰 때만 지배를 효과적으로 유지할 수 있다. 그리고 절제운동 집단의 토대, 즉 옛 사회적 토대——농업적 가치에 기초한 농촌의 소도시적 삶——는 20세기 초의 새로운 산업적 변화에 의해 침식되었다. 옛 중간계급의 덕목들을 그 나라의 법률로 제정하는 데 자신들의 운명을 건 절제운동 집단들은, 그 법이 폐기되었을 때 그러한 규범이 사회적으로 타당한 행동양식이 되는 것을 거부당했고 그만큼 그것의 정당성이 상실되었음을 발견했다. 이처럼 변화는 먼저 문화에서 일어났지만, 그것은 사회구조 자체 내에서 긍정되었을 때만 비로소 효력을 발휘할 수 있었다.

투명한 삶

근대사회의 문화적 변화는 특히 대량소비가 발생한 데서, 또는 한때 사회에서 사치품으로 간주되었던 것이 중간계급과 하층계급으로 확산한 데서 기인한다. 이 과정에서 과거의 사치품이 계속해서 필수품으로 재정의되고, 그리하여 결국에는 어떤 일상용품이 얼마 전까지만 해도 일반인들은 접근할 수 없는 것으로 간주되었다는 사실이 믿을 수 없어 보이게 된다. 이를테면 큰 창유리는 강도, 균질성, 투명도 때문에 한때 값비싼 사치품이었고 또 드물었다. 하지만 1902년에 프랑스인인 푸르코(Émile Fourcault)가 압출에 의해 창유리를 제조할 수 있는 공법을 도입했을 때, 그것은 도시 상점의 정면과 전원주택에서 볼 수 있는 흔한 것이 되었으며, 새로운 다양한 볼거리와 풍경을 만들어냈다.[22]

1920년대에 시작된 대량소비는 기술혁명, 그중에서도 전기 에너지를 가사에 적용한 물품들(세탁기, 냉장고, 진공청소기 등)에 의해, 그리고 다음과 같은 세 가지 사회적 발명에 의해 가능해졌다. 첫째는 일관 조립라인을 통한 대량생산으로, 이는 값싼 자동차를 가능하게 만들었다. 둘째는 마케팅의 발전으로, 이는 서로 다른 유형의 구매집단들을 규명하고 소비자의 욕구를 자극하는 기술을 합리화했다. 셋째는 할부구매의 확산으로, 이는 어떤 다른 사회적 장치보다도 옛 프로테스탄트들이 부채에 대해 가지고 있던 공포를 깨주었다. 이와 동반한 교통 및 통신 혁명은 하나의 국가사회가 형성되고 하나의 공통 문화가 시작되는 토대를 만들어주었다. 이 모든 것을 종합해볼 때, 대량소비는 라이프스타일의 중요한 영역에서 사회변화와 개인적 변화의 관념이 수용되었다는 것을 의미하고, 그것은 생산에서뿐만 아니라 문화에서도 솔선하고 혁신하는 사람들에게 정당성을 부여했다.

대량소비의 상징─그리고 기술이 사회적 습관을 혁명적으로 변화시키는 방식을 보여주는 주요한 실례─은 물론 자동차다. 프레데릭 루이스 앨런(Frederick Lewis Allen)은 운송을 말이 끄는 짐마차와 철도에 전적으로 의존하던 때에 지역사회들이 서로 얼마나 분리된 채로 멀리 떨어져 있었는지를 오늘날 우리가 실감하기가 얼마나 어려운지를 지적한 바 있다. 철도 인근에 소재하지 않는 타운들은 정말이지 외져있었다. 카운티 소재지로부터 5마일 떨어진 곳에 사는 농민에게 토요일 오후에 가족을 데리고 타운에 간다는 것은 하나의 행

---

22) 이 실례는 Jean Fourastie, *The Causes of Wealth*(Glencoe, III.: Free Press, 1959), p. 127에서 따왔다. 푸라스티에 교수의 이 책은 Siegfried Giedeon, *Mechanization Takes Command*(New York: Oxford University Press, 1948)와 마찬가지로 그러한 과정을 보여주는 사례들을 싣고 있는 매력적인 문집이다.

사였다. 10마일 떨어진 곳에 있는 친구에게 가는 여행에는 하루가 꼬박 소요되었다. 왜냐하면 말을 쉬게 하고 먹이를 주어야만 했기 때문이다. 각각의 작은 도시, 각각의 농장은 주로 그들이 가진 자원에 의존하여 오락과 친교 활동을 했다. 지평선은 닫혀있었다. 사람들은 친숙한 사람들과 친숙한 물건들 사이에서 살았다.

자동차는 폐쇄된 소도시 사회의 많은 제약을 일소했다. 앤드루 싱클레어(Andrew Sinclair)가 지적했듯이, 19세기 도덕의 억압적 위협은 상당 정도 부정행위자가 그 장소를 탈출하지 못하고 처벌받는다는 사실에 의존하고 있었다. 린드 부부(Robert Lynd and Helen Lynd)가 미들타운(Middletown)에서 관찰했듯이, 1920년대 중반경에 소년과 소녀들은 자동차로 20마일을 운전하고 나가 이웃들의 눈을 벗어나서 로드하우스에서 춤을 추는 것을 아무렇지도 않게 생각했다. 폐쇄된 자동차는 중간계급에 특별한 작은 방, 즉 대담한 젊은이들이 성적 금지를 버리고 옛 터부를 깨는 장소가 되었다.[23]

폐쇄된 작은 도시사회를 변화시킨 두 번째 주요한 도구는 영화였다. 영화는 실로 많은 어떤 것 —세계를 보는 창, 이미 만들어진 일

---

23) 린드 부부는 중서부의 한 논평자를 인용했다. "무엇이 이 나라를 변화시키고 있는지를 대체 왜 연구하는 거죠? ……내가 볼 때, 현재 모든 것은 단지 네 글자 속에서 일어나고 있어요, A-U-T-O!" Robert S. Lynd and Helen Merrell Lynd, *Middletown*(New York: Harcourt, Brace, 1929), p. 251. 1890년에 "미들타운 소년의 가장 허황된 꿈은 조랑말이었다. 1923년경 미들타운에서 '말 문화'는 거의 사라졌다." 1900년에 그곳에 처음으로 자동차가 등장했다. 1906년경 "그 도시와 카운티에는 약 200대"의 자동차가 있었다. 1923년 말경 거기에는 6,200대 이상의 자동차가 있었는데, 그것은 6명당 한 대 또는 대략적으로는 세 가구당 두 대꼴이었다. 린드 부부는 다음과 같이 지적했다. "집단을 제재하던 가치들이 자동차가 가계예산에 침입하면서 흔들리고 있다. 좋은 예가 바로 자동차를 사기 위해 집을 담보 잡히는 것이 흔한 일이 되었다는 것이다." (p. 254)

단의 몽상, 판타지와 투영, 도피주의, 전능한 것—을 의미하고, 그것의 감정적 힘은 엄청나다. 세계를 보는 창으로서의 영화는 먼저 문화를 변화시키는 데 기여했다. 린드 부부는 10년 후에 미들타운을 다시 방문했을 때 이렇게 논평했다. "섹스는 미들타운이 오랫동안 경외하라고 가르쳤던 것 중 하나다. 그곳의 제도들은…… 그 주제가 가능한 한 눈에 띄지 않고 생각나지도 않게 한다." 영화는 예외였다. 젊은이들은 영화로 몰려들었다.

청소년들은 영화를 즐길 뿐만 아니라 거기서 배웠다. 그들은 영화스타를 모방했고, 영화에서 나온 농담과 제스처를 흉내 냈고, 이성간의 미묘한 행동을 배웠고, 그리하여 세련된 겉치레를 몸에 익혔다. 그리고 그들은 그러한 세련됨을 행동으로 옮기고 당혹스러운 불확실성과 혼란스러움을 외견상 자신만만한 행위로 덮고자 노력했다. 이제 그들의 삶의 유형은 "그들의 신중한 부모의 삶이…… 아니라 그들과는 다른 대안적인 세계의 삶이었다." 영화는 젊음의 숭배를 찬미했고(소녀들은 머리를 짧게 자르고 짧은 스커트를 입었다), 중년 남녀들은 "때를 놓치지 말라"라는 조언을 받았다. '자유'의 관념은 주류 밀매점의 정당성에 의해, 그리고 난잡한 파티에서 기꺼이 내키는 대로 하는 것에 의해 예증되었다. 루이스 제이콥스(Lewis Jacobs)는 "윤리—즉 종래의 영화에서 남녀 주인공이 표현하던 '내적 선'(inner goodness)—에 대한 조롱이 물질적인 것에 대한 새로운 존중과 병행했다"라고 적고 있다.

자동차, 영화, 라디오가 기술에서 기원한 혁신이라면, 광고, 계획된 진부화, 신용 모두는 사회적 혁신이다. 데이비드 M. 포터(David M. Potter)가 논평한 바 있듯이, 광고에 대한 이해 없이 현대의 인기 있는 작가들의 작품을 이해한다는 것은 기사도 숭배에 대한 이해 없이 중세의 음유시인을 이해하려는 것과 마찬가지로, 또는 복음주의 신앙에 대한 이해 없이 19세기 신앙부흥운동을 이해하려는 것과 마찬가지로 가당치 않다.

광고에서 비범한 것은 그것의 침투성이다. 불 켜진 간판 말고 무엇이 대도시를 특징짓는가? 비행기를 타고 대도시를 통과하며, 우리는 무리를 이루고 있는 적색, 오렌지색. 청색, 흰색 간판들이 밤하늘에 굴절되어 잘 다듬어진 돌처럼 희미하게 빛나는 것을 본다. 대도시의 중심지들—타임스퀘어(Time Square), 피카디리(Piccadilly), 샹젤리제(Champs-Elysees), 긴자(Ginza)—에서 사람들은 거리에서 반짝이는 네온사인 밑으로 모여들어, 무리를 지어 돌아다니는 군중의 활기를 함께 나눈다. 광고의 가장 직접적이지만 일반적으로 주목되지 않는 사회적 영향은 그것이 도시의 물리적 중심지를 변화시켜왔다는 것이다. 광고는 그간 우리 문명의 마루 위에 '갈망하는 브랜드'를 세워, 옛 대성당이나 시청 또는 궁전의 탑을 대체함으로써, 물리적 지형도를 다시 그려왔다. 그것은 물질적 재화의 표지이자 새로운 생활양식의 표본이며 새로운 가치의 포고자다. 패션에서와 마찬가지로 광고는 황홀하게 만드는 매력을 강조해왔다. 이를테면 자동차는 '멋진 삶'을 살고 있다는 표시가 되고, 그러한 황홀한 매력은 널리 퍼져나간다. 누군가는 소비경제는 외양에서 그 본성을 발견한다고 말할지도 모른다. 사람들이 드러내는 것, 즉 보이는 것이 성과의 표시다. 성공한다는 것은 더 이상 19세기 후반기처럼 사회적 사다리를 올라가는 문제가 아니라 사람들을 한 소비공동체의 성원으로 특징짓는 특정한 생활양식—컨트리클럽, 예술가연하기, 여행, 취미—을 채택하는 문제다.

복잡하고 다양한 집단들로 구성되고 사회이동이 가능한 사회에서, 광고는 또한 많은 새로운 '중개' 기능을 떠맡는다. 미국은 아마도 역사상 문화적 변화가 사회를 만들어낸 최초의 대규모 사회였을 것이다. 그리고 많은 지위문제가 발생한 것은 단지 그러한 변화가 놀라울 정도로 급속히 이루어졌기 때문이다. 사실 급속한 변화를 흡수할 수 있는 사회는 거의 없다. 주요 사회제도들—가족, 교회, 교육제도—은 사회의 기존 습관을 전달하기 위해 수립된 것이었다. 급속히 변화하는 사회는 불가피하게 적절한 행동, 취향, 복장 양식과 관련하여 혼란을 초래한다. 사회이동을 한 사람은 이전보다 '더 나은' 삶을 사는 방식에 대한 새로운 지식의 획득과 관련한 어떤 유용한 지침을 가지고 있지 못하다. 따라서 영화, 텔레비전, 광고가 그의 지침이 된다. 이러한 점에서 광고는 단지 사람들의 욕망을 자극하는 것을 넘어 습관을 변화시키는 데서 좀 더 미묘한 역할을 수행하기 시작한다. 여성잡지, 가정생활 정기간행물 그리고 『뉴요커』와 같은 세련된 저널의 광고는 사람들에게 옷을 어떻게 입고 집을 어떻게 꾸미고 좋은 와인을 어떻게 구매하는지를, 요컨대 새로운 지위에 적합한 생활양식을 가르쳐준다. 처음에는 주로 매너, 복장, 취미, 음식 습관에서 변화가 일어나지만, 곧 또는 후에 그러한 변화는 더욱 근본적인 패턴—가정에서의 권위구조, 사회에서 독립된 소비자로서의 아이와 젊은 어른의 역할, 도덕의 유형, 그리고 사회에서 성취의 서로 다른 의미들—에 영향을 미치기 시작했다.

이 모든 일이 발생한 까닭은 일단 대량소비와 높은 생활수준이 경제조직의 정당한 목적으로 인식되자마자 사회가 변화에 맞게 자신을 조정하고 문화변동을 받아들였기 때문이다. 현대 미국에서는 판매가 가장 현저한 활동이 되었다. 판매활동은 절약 대신에 낭비를 그리고 금욕주의 대신에 사치스러운 과시를 강조한다.

이 중 어떠한 것도 도덕적 습관에서의 혁명, 즉 할부판매라는 관념 없이는 가능하지 않았을 것이다. 비록 할부판매가 제1차 세계대전 이전에도 미국에서 잠깐씩 실시되었지만, 그것은 두 가지 낙인을 가지고 있었다. 첫째, 대부분의 할부판매는 한꺼번에 많은 돈을 지불할 수 없는 가난한 사람들을 위한 것이었다. 가난한 사람들은 상품의 판매자이자 수금원인 행상인에게 매주 금액을 지불했다. 따라서 할부판매는 재정적 불안정성의 표시였다. 둘째, 할부판매는 중간계급에게는 빚을 의미했고 빚을 진다는 것은 옳지 않은 위험한 짓이었다. 미코버(Wilkins Micawber; 디킨스의 소설 『데이비드 코퍼필드』*David Cooperfield*에 나오는 낙천가—옮긴이)가 말했던 것처럼, 그것은 자기 분수에 넘는 삶을 산다는 표시며, 그 결과는 비참해질 것이다. 도덕적이라는 것은 부지런하고 검소하다는 것을 의미했다. 무엇인가를 사고 싶으면, 사람들은 그것을 위해 저금을 해야만 했다. 할부판매의 계책은 '빚'이라는 단어를 피하고 '신용'이라는 단어를 강조하는 것이었다. 매달 지불금은 우편으로 청구되었고, 따라서 거래는 사무적으로 처리되었다.

저축—또는 절제—는 프로테스탄트 윤리의 핵심이다. 애덤 스미스의 검약 또는 검소 관념과 나소 시니어(Nassau Senior)의 절제 관념과 함께 프로테스탄트 윤리는 저축이 미래의 성과를 증가시키고 이자에 의해 그 자신도 보상받을 수 있다는 생각을 확고하게 정착시켰다. 이러한 생각이 막을 내리게 한 것은 예금 습관의 변화였다. 수년 동안 중간계급의 도덕을 지배한 너무나 섬뜩한 유령은 은행에서 과도하게 인출하다가 수표가 부도나지나 않을까 하는 두려움이었다. 1960년대 말경 은행들은 예금자에게 (매달 할부로 갚아나가는 방식으로) 수천 달러까지 초과 인출할 수 있는 지불준비 서비스를 대대적으로 광고했다. 누구도 경매 때나 세일 때 자신의 충동 만족시키기를 억제할 필요가 없어졌다. 소비자를 유혹하는 것이 절대적이 되었다.

반 위크 브룩스는 한때 가톨릭 국가들의 도덕과 관련하여 천상의 덕목이 지탱되는 한 세속적 행동은 상황에 따라 바뀔 수도 있을 것이라고 논평한 바 있다. 미국에서 옛 프로테스탄트의 천상의 덕목은 거의 사라졌고, 세속적 보상이 무성해지기 시작했다. 미국인의 기본적 가치 패턴은 성과 — 행하고 만드는 것으로 정의되는 — 라는 덕목을 강조했고, 사람들은 자기 일의 특성을 통해 자신의 성격을 드러냈다. 1950년대까지 그러한 성과 패턴이 남아있었지만, 그것은 지위와 취향을 강조하는 쪽으로 재정의되어왔다. 문화는 이제 더 이상 어떻게 일하고 성취하는가가 아니라 어떻게 소비하고 즐기는가에 관심을 기울였다. 프로테스탄트 윤리의 언어들이 일부 계속해서 사용되었지만, 1950년대 경에 미국문화는 기본적으로 쾌락주의적이 되었고, 그것의 관심사는 놀이, 재미, 과시, 쾌락이었다. 그리고 이것이 미국의 상황을 강박적으로 대표한다.

쾌락주의의 세계는 패션, 사진, 광고, 텔레비전, 여행의 세계다. 그것은 가상의 세계로, 그 속에서 사람들은 예상되는 일을 위해, 즉 존재하는 것이 아니라 앞으로 다가올 것을 위해 산다. 그리고 그것은 노력 없이도 틀림없이 온다.『플레이보이』(Playboy)가 지난 10년 동안에 성공한 새로운 잡지라고 일컬어졌고, 그것의 성공 —1970년경에 그것의 발행부수는 6백만 부였다 — 은 주로 그것이 남성의 성적 능력의 판타지를 자극했다는 사실에서 기인한다는 것은 결코 우연이 아니다. 막스 러너(Max Lerner)가 한때 지적했듯이, 섹스가 미국인의 삶에서 마지막 변경이었다면, 현대사회에서 성취동기는 섹스에서 그 정점을 발견했다. 1950년대와 1960년대에 오르가슴 숭배가 돈의 숭배의 뒤를 이어 미국인의 삶의 기본적 열정이 되었다.

캘리포니아주만큼 미국의 쾌락주의를 집약적으로 보여주는 것은 아무것도 없다.『타임』(Time)은 "캘리포니아: 흥분의 주"(California: A State of Excitement)라는 제목의 커버스토리를 다음과 같이 시작했다.

캘리포니아는 실제로 그 자체로 하나의 국가지만, 그것은 미국인에게 이상한 희망, 흥분—그리고 공포—를 안겨준다. 그들 대부분이 알고 있듯이, 캘리포니아에서 가장 중요한 것은 즐겁고 사악하고 사교적인 쾌락을 추구하는 것이다. 이 열락의 나라의 시민들은 언제나 수영장에 나른하게 누워서 햇볕에 피부를 살짝 태우고, 시에라(Sierra)로 모여들고, 해변에서 벌거벗고 장난치고, 해마다 키가 더 자라고, 나무에서 돈을 따고, 토플리스 바에서 희롱해대고, 미국삼나무 숲을 거닐고, 그리고 (숨을 돌리기 위해 잠시 멈추어 섰을 때도) 부러워하는 세상 사람들 앞에서 카메라에 자신을 뽐내고 있는 것으로 보인다. 최근 캘리포니아에서 돌아온 방문객은 이렇게 말했다. "나는 미래를 보았다. 그리고 그것이 펼쳐지고 있다."[24]

그 결과 즐거움의 도덕(fun morality)이 충동의 억제를 강조하는 선의 도덕(goodness morality)을 대체했다. 즐겁지 않다는 것은 자기반성의 한 원인이다. "내게 어떤 잘못이 있는가?" 마사 울펜슈타인(Martha Wolfenstein) 박사가 지적하듯이, "금지된 충동을 충족시키는 것이 전통적으로 죄의식을 불러일으켰지만, 이제는 즐겁지 못하다는 것은 자존감을 떨어뜨린다."[25]

즐거움의 도덕은 대부분의 경우 섹스를 그 중심에 두고 있다. 그리고 거기서는 소비자를 유혹하는 것이 거의 전부가 되었다. 나는 이것을 가장 잘 보여주는 실례가 1973년 『뉴욕타임스』(New York Times)

---

24) *Time*, November 7, 1969, p. 60.

25) Martha Wolfenstein, "The Emergence of Fun Morality," in Eric Larrabee and Rolf Meyersohn eds., *Mass Leisure*(Glencoe, III: Free Press, 1958), p. 86.

에 양면에 걸쳐 실린 이스턴 항공의 다음과 같은 광고였다고 믿는다. "밥과 캐럴, 테드와 앨리스, 필과 앤의 휴가를 즐기세요." 이 야한 문구는 영화 「밥과 캐럴, 테드와 앨리스」(Bob and Carol and Ted and Alice)를 흉내 낸 것이었다. 이 킬킬거리는 영화는 친한 두 커플이 와이프 스와핑을 하려는 어설픈 시도를 묘사하고 있다. 그 광고에서 이스턴 항공은 실제로 이렇게 말하고 있다. "우리는 비행기로 여러분을 카리브해로 데려다줄 겁니다. 우리는 오두막집도 빌려드릴 겁니다. 지금 비행기를 타고, 돈은 나중에 지불하세요." 이스턴 항공은 당신에게 그 지불액이 얼마인지는 말하지 않고 당신이 지불을 연기하고 (그리고 죄책감은 잊고) 밥과 캐럴, 테드와 앨리스, (그리고 좀 더 간지럽게 하기 위해 늘린 또 다른 한 쌍인) 필과 앤의 휴가를 즐길 수 있다고 말하고 있다. 이것을 절제, 절약, 침착, 순결을 포함하는 프랭클린의 13개 유익한 덕목과 비교해보라. 세기의 전환기에 중서부의 한 교회가 매음굴이 있는 땅을 가지고 있었을 수도 있다. 그리고 당시에 사람들은 적어도 이렇게 말할 수 있었을 것이다. "우리는 육체를 잃어버리고 있지만, 영혼을 구하기 위해 돈을 벌고 있다." 오늘날에는 사람들이 몸을 팔 때, 그들은 더 이상 영혼을 구하지 않는다.

청교도주의와 프로테스탄트 윤리의 이러한 포기는 자본주의에는 어떠한 도덕적 또는 초월적 윤리도 남아있지 않다는 것을 의미한다. 그것은 또한 문화의 규범과 사회구조의 규범 간의 분리뿐만 아니라 사회구조 자체 내의 엄청난 모순을 부각시킨다. 한편에서 기업체는 개인이 열심히 일하고 경력을 추구하고 만족을 연기하기를—조야한 의미에서의 조직인이 되기를—원한다. 하지만 기업은 자신의 제품과 광고에서 쾌락, 즉각적 즐거움, 긴장을 풀고 마음 내키는 대로 할 것을 조장한다. 사람은 낮에는 '성실'하고 밤에는 '탐닉자'여야 한다. 이것이 자기충족이고 자기실현이다!

팝 쾌락주의

미국에서는 전통적 도덕이 심리학으로, 죄의식이 불안감으로 대체되는 일이 벌어졌다. 쾌락주의 시대는 그에 적절한 심리요법 또한 가지고 있다. 제1차 세계대전 이전에 정신분석학이 청교도주의의 억압을 다루기 위해 출현했다면, 쾌락주의 시대는 그 대응물로 감성훈련(sensitivity training), 참만남 집단(encounter group), 기쁨 요법(Joy therapy) 및 이와 유사한 기법들을 가지고 있다. 이 기법들은 본질적으로 쾌락주의적 분위기로부터 파생된 두 가지 특징을 지니고 있었다. 하나는 그것들이 거의 전적으로 집단 내에서 행해진다는 것이고, 다른 하나는 신체적 접촉에 의해, 즉 손으로 더듬고 만지고 애무하고 성적인 자극을 함으로써 개인이 "심적 장애에서 벗어나게" 하려고 노력한다는 것이다. 이전의 정신분석학 목표가 환자가 자기통찰을 할 수 있게 하여 그의 삶의 방향을 바꾸는 것이었다면(즉 그것의 목적이 도덕적 맥락과 분리할 수 없었다면), 새로운 요법은 전적으로 도구적이고 심리주의적이다. 즉 그것의 목적은 사람들을 금지와 제약으로부터 '해방'시켜 자신의 충동과 감정을 보다 쉽게 표출할 수 있게 하는 것이다.

쾌락주의 시대는 또한 그에 적합한 문화양식도 가지고 있다. 그것이 바로 팝아트(Pop art)다. 이 이름을 붙인 평론가인 로렌스 앨로웨이(Lawrence Alloway)에 따르면, 팝아트는 풍요의 미학을 반영한다. 팝아트의 표현대상은 일상생활에서 얻어진다. 가정용품, 영화와 대중매체(연재만화와 광고판)의 이미지, 식품(햄버거와 코카콜라병), 옷이 그것들이다. 팝에서 핵심은 회화에 아무런 긴장도 없다는 것이다. 단지 거기에는 패러디만이 있을 뿐이다. 사람들은 팝아트에서 알렉스 헤이(Alex Hay)가 5피트로 확대한 수신인 주소 라벨, 로이 리히텐슈타인(Roy Lichtenstein)의 거대한 작곡 노트, 클레스 올덴버그(Claes

Oldenburg)의 비닐에 싸인 거대한 햄버거를 발견한다. 이것들은 모두 물품들의 패러디였지만, 항상 가벼운 즐거움을 준다. 수지 개블릭(Suzi Gablic)이 기술했듯이, 팝 미학은 "기존에 확립된 주제의 위계서열을 부식시키고(피에트 몬드리안Piet Mondrian과 미키 마우스는 이제 똑같이 적절하다) 지금까지 예술의 영역 밖에 있는 것으로 고려되던 요소들(기술, 저속한 작품, 유머…… 같은)로까지 예술의 준거 틀을 확장하는 것"을 전제로 한다.[26]

그리고 마지막으로, 쾌락주의 시대에는 그에 적합한 예언가가 있었다. 그가 바로 마셜 맥루한(Marshall McLuhan)이다. 쾌락주의 시대는 마케팅의 시대다. 이 시대는 지식이 공식, 슬로건, 이항적 구분으로 조직화된 메시지 속에서 부호화된다는 사실에 의해 정의된다. 사람들은 그 부호를 파악함으로써 좋은 기분을 느끼며 그와 관련된 복잡한 세계를 이해한다. 맥루한은 쾌락주의 시대를 이러한 부호화 장치와 관련하여 정의했을 뿐만 아니라 그 시대에 대한 자신의 생각을 그 시대에 적절한 일단의 공식으로 부호화하는 장치들을 자기 자신의 스타일로 예증함으로써 그 트릭을 실행해온 저술가이다. 그의 생각은 이렇다. 미디어는 메시지다(따라서 관념은 이차적이거나 중요하지 않다). 어떤 미디어는 라디오(이것은 사람들을 배제한다)처럼 '뜨거운'(hot) 미디어지만, 다른 것들은 텔레비전(이것은 개입하여 참여를 완성할 것을 요구한다)처럼 '차가운'(cool) 미디어다. 인쇄문화는

---

26) "The Long Front of Culture," in John Russell and Suzi Gablik eds., *Pop Art Redefined*(London: Thames and Hudson, 1969), p. 14. 이 운동의 최고의 문건은 리처드 해밀턴(Richard Hamilton)이 1957년 1월 16일에 쓴 편지라고 알려져 있다. 그 편지에서 그는 팝아트는 "대중적이고(대규모의 청중을 위해 설계되고), 일시적이고(단기적으로 용해되고), 소모적이고(쉽게 잊히고), 저가고, 대량으로 생산되고, 젊고(젊은이를 대상으로 하고), 재치 있고, 섹시하고, 교묘하고, 매혹적이고, 사업성이 크다……"라고 썼다.

선형적이며, 시각 미디어는 동시적이다. 이 모든 구분은 분석적으로 이용되거나 어떤 경험적 수단에 의해 검증하기 위한 것이 아니다. 즉 그것들은 어떤 사람의 불안을 누그러뜨리기 위한 장황한 이야기로, 새로운 의사소통 양식 속에서 행복감을 강화한다. 그것들은 마음의 터키탕이다. 전체적으로 볼 때, 마셜 맥루한은 여러모로 광고인의 꿈이었다.

1960년대에 새로운 문화양식이 출현했다. 그것은 도취적(psychedelic)이라고 칭해지거나 그 문화의 주창자들이 칭한 대로 '반문화'라고 불린다. 이 문화양식은 부르주아적 가치관에 대해, 그리고 전통적인 미국인의 삶의 규약들에 대해 거칠게 반항했다. 그들은 이렇게 말했다. "부르주아는 탐욕에 사로잡혀 있다. 그들의 성생활은 무미건조하며 고상한 체한다. 그들의 가족 유형은 뒤처져있다. 그들의 독창성 없는 똑같은 옷과 차림새는 품격이 없다. 그들이 일상화한 탐욕적인 삶은 정말 참기 어렵다."[27]

이러한 선언에서 재미있는 것은 그것들이 이미 60년 전부터 오랫동안 젊은 지식인들(Young Intellectuals)이 짓밟아온 일단의 규약들을 논쟁적으로 그리고 이데올로기적으로 희화화한다는 것이다. 하지만 그러한 희화화는 새로운 반문화가 이전보다 더 대담하고 혁명적으로 보이게 만들기 위해 필요한 것이었다. 그러한 공격은 거기에 존재하지 않은 차이를 강조하기 위한 하나의 허세적 행위다. 왜냐하면 새로운 운동이 극단적이기는 했지만, 그것은 대담하지도 혁명적이지도 않았기 때문이다. 사실 그것은 단지 1950년대 쾌락주의의 확장이자 진보적인 상층계급 분파들이 이미 오래전에 성취한 자유주

---

27) Theodore Roszak, *The Making of a Counter Culture*(Garden City, N.Y.: Doubleday, 1969), p.35.

의의 민주화에 불과했다. 1960년대의 정치적 급진주의가 10년 전의 정치적 자유주의의 실패를 뒤따랐던 것과 마찬가지로, 도취적인 것의 극단들 — 섹슈얼리티, 노출, 도착, 마리화나, 록에서의 — 과 반문화는 1950년대의 강요된 쾌락주의를 뒤따라갔다.

우리는 이제 그 과정을 요약해야 할 지점에 와 있다. 미국인의 전통적인 가치의 침식은 두 가지 수준에서 발생했다. 문화와 관념의 영역에서 1910년대에 의식적으로 규정된 하나의 집단인 '젊은 지식인들'이 처음으로 소도시의 삶을 제약이 심하고 따분한 것으로 통렬하게 공격하고 나섰다. 그리고 이 공격은 다음 10년 동안에도 헨리 맹켄(Henry Mencken)의 저널리즘적 비평에서, 그리고 셔우드 앤더슨(Sherwood Anderson)과 싱클레어 루이스(Sinclair Lewis)의 단편과 소설에서 계속되었다.

그러나 보다 근본적인 변화는 사회구조 자체에서 발생하고 있었다. 즉 경제체계의 동기와 보상에서 변화가 발생했다. 남북전쟁 후의 황금기에 뚜렷하게 드러났던 부호계급의 증대하는 부는 노동과 축적이 더 이상 그 자체의 목적이 아니라(하지만 그것들은 존 D. 록펠러나 앤드루 카네기Andrew Carnegie에게는 여전히 결정적으로 중요한 것이었다) 소비와 과시의 수단이었다. 노동과 신의 선택이 아닌 지위와 그것의 표지가 성공의 표시가 되었다.

이러한 현상은 사회사에서 하나의 친숙한 과정으로, 그것은 새로운 계급의 부상과 함께했다. 하지만 과거에 그러한 계급은 군사적인 약탈자로, 그들의 자손들은 검소한 삶에서 향락에 빠지는 삶으로 나아갔다. 하지만 그러한 벼락부자 계급은 사회의 나머지 사람들과 스스로 거리를 둘 수 있었고, 따라서 그러한 사회적 변화는 자주 하층계급의 삶에서 일어나는 변화와는 별개로 발전했다. 그러나 근대사회에서 실제적인 혁명적 변화는 대량생산과 대량소비 현상이 등장하며 중간계급 자체의 삶을 변화시키기 시작한 1920년대에 다가왔다. 실제로 중간계급의 사회적 현실이자 라이프스타일로서의 프로테스탄트 윤리가 물질적 쾌락주의로, 그리고 청교도적 기질은 심리적 행복주의로 대체되었다. 그러나 그러한 옛 윤리에 의해 일찍이 에너지를 부여받아 정당화되고 추진되어온 부르주아 사회는 쉽게 변화를 인정할 수 없었다. 그러한 변화는 쾌락주의적 생활방식을 맹렬하게 부추겼지만(사람들은 1920년대에 광고에서 일어난 변화를 바라다볼 수밖에 없었지만), 그것을 정당화할 수는 없었다. 그것은 옛것을 대체할 새로운 종교 또는 가치를 지니고 있지 못했고, 그 결과 영역의 분리가 일어났다.

어떤 점에서는 여기서 우리가 살펴본 것은 인간사회에서 발생한 엄청난 역사적 변화다. 수천 년 동안 경제의 기능은 삶의 일상적 필수품, 즉 생존수단을 제공하는 것이었다. 여러 상층계급 집단들에게 경제는 지위와 검약 양식의 토대였다. 그러나 오늘날 경제는 대규모로 문화의 요구에 부응해왔다. 그리하여 또한 문화 — 표출적인 상징적 의미나 도덕적 의미로서가 아니라 라이프스타일로서의 문화 — 가 최고의 지위에 군림하게 되었다.

'새로운 자본주의' — 이 표현은 1920년대에 처음으로 사용되었다 — 는 생산영역, 즉 노동영역에서는 계속해서 프로테스탄트 윤리를 요구했지만, 소비영역에서는 쾌락과 놀이의 수요를 자극했다. 이 분리는 확대될 수밖에 없었다. 도시적 삶이 그것의 다양한 오락 및 자극과 함께 확산되었고, 사무직 일자리의 확대와 보다 자유로운 사회적·성적 접촉이 여성의 새로운 역할들을 창출했고, 영화와 라디오는 하나의 국가문화를 등장시켰다. 이 모든 것이 옛 가치체계에 기초한 사회적 권위를 상실시키는 데 기여했다.

청교도적 기질은 '만족 연기'(delayed gratification)와 만족 억제라는 용어에 의해 가장 단순하게 묘사될 수 있을 것이다. 이것은 물론 결핍세계에서의 맬서스식 검약 훈령이다. 그러나 미국 경제체계는 풍요를 낳았다고 주장했고, 풍요의 본성은 검약보다 낭비를 조장한다. 그리하여 하나의 목적으로서의 노동 그 자체가 아니라 보다 높은 생활수준이 변화의 엔진이 되었다. 부족함에 대한 굴복이 아니라 풍부함에 대한 찬양이 체계를 정당화했다. 그러나 이 모든 것은 19세기 프로테스탄티즘의 신학적·사회학적 토대와, 그리고 그다음으로는 미국 가치체계의 토대와 전혀 부합하지 않는 것이었다.

1920년대에, 그리고 1950년대와 1960년대에 이러한 부조화는 사회에는 물질적 풍요의 도덕적 진실성에 관한 합의가 존재한다는 경솔한 확신으로 인해 주목의 대상이 되지 못했다. 1920년대에는 조야한 선전광고 — 이를테면 예수는 역대 최고의 세일즈맨이었다는 브루스 바턴(Bruce Barton)의 주장[28] — 속에서 그것에 대해 도덕적으로 변명하고자 하는 저속한 시도가 있었다. 그리고 1950년대에는 헨리 루스(Henry Luce)의 잡지들 속에서 (미국 경제체계가 다가올 세계

---

28) 광고업자인 바턴은 널리 알려져 있는 광고대행사 BBD&O(Batten Barton Durstine and Osborn)의 창립자였다. 그의 테마는 1924년에 출간되자마자 베스트셀러가 된 책 『아무도 알지 못하는 남자』(*The Man Nobody Knows*)에 표현되어 있다. 프레데릭 J. 호프만(Frederick J. Hoffman)은 이렇게 묘사하고 있다. "바턴 씨가 성경으로부터 밝혀내고자 한 '실제 예수'는 과거에 무능했던 미천한 12명의 사람을 데려와서 '그들을 경합시켜' 역대 최고의 조직을 만듦으로써 기업조직자로서 그가 지닌 재능을 입증해왔다. 바턴은 예수는 '근대 세일즈맨십의 모든 것'을 알고 있었고 또 그것을 따랐다고 단언했다. 이 우화는 역대 가장 강력한 광고 중 하나였다. 그리고 예수가 근대기업의 창시자였다는 것과 관련하여, 바턴은 단지 그 대가가 한 말을 지적했을 뿐이다. '너희는 내가 나의 아버지의 사업을 한다는 것을 몰랐는가?'" Hoffman, *The Twenties*(New York: Viking, 1955), p. 326을 보라.

의 번영에 기여할) 생산성의 비밀과 '영구 혁명'에 관한 세련된 레토릭이 등장했다. 특이한 사실은 『타임』이 『리더스 다이제스트』(*Reader's Digest*)와 마찬가지로 1920년대에 창간되었다는 것이고, 두 잡지는 가치 ─ 후자가 도시 중간계급의 가치, 그리고 전자가 소도시 중하계급의 가치 ─ 를 20세기 중반의 미국의 라이프스타일로 변화시키는 수단이었다. 헨리 루스의 비범한 재능 ─ 그리고 미국이 아니라 중국에서 자란 타국인인 루스가 토착인보다도 더 토착적 가치를 찬양한다는 것은 사회학적 궤변이다 ─ 은 그가 미국의 전통적인 가치(즉 신, 노동, 업적에 대한 믿음)를 채택하여 그것을 도래하던 도시문명의 독특한 표현방식을 통해 미국의 운명('미국의 세기')의 교의로 세계적으로 전환시켰다는 것이다. 루스는 새로운 표출적 저널리즘의 간결한 리듬(즉 새로운 형세를 반영하는 문체)과 도시생활의 속도 및 새로운 쾌락주의를 융합시킴으로써 그렇게 했다. 이러한 맥락에서 루스 자신의 잡지이자 그의 단독 창조물이 『포천』(*Fortune*)이었다는 것은 결코 우연이 아니다. (『타임』은 루스의 예일 대학교 저널리스트 동료인 브리튼 하든Britton Hadden의 아이디어에서, 『라이프』*Life*는 다니엘 롱웰Daniel Longwell과 『타임』의 다른 편집자들의 아이디어에서 나온 것이었다.) 미국의 기업은 소도시의 삶을 파괴하여 미국이 일약 세계경제를 지배하게 만든 역동적인 기관이었다. 그리고 그것은 프로테스탄트 윤리의 언어와 엄호 내에서 그렇게 했다. 그러한 전환이 낳은 실상은 분명하다. 단지 언어와 이데올로기에서 드러나는 명백한 모순 ─ 어떠한 일관된 도덕적 또는 철학적 교의의 결여 ─ 이 오늘날에 이르러서야 현시되었을 뿐이다.[29)]

---

29) 이 문제에 대한 탁월한 탐구로는 Kristol, "When Virtue Loses All Her Loveliness," in *Capitalism Today*를 보라.

법인계급의 퇴위

어떤 사회체계를 궁극적으로 뒷받침하는 것은 주민들이 권위의 도덕적 정당화를 승인하는 것이다. 종래에 부르주아 사회는 사유재산의 옹호를 통해 정당화되었다. 그리고 사유재산 자체는 존 로크가 정교화한 대로 노동이 재산을 낳았다는 것에 근거하여 정당화되었다. 그러나 20세기의 '새로운 자본주의'는 그러한 도덕적 근거를 결여하고 있었고, 위기의 시대에 전통적 가치의 주장―점점 더 사회적 현실과 동떨어져 온―에 의지하거나 이데올로기적으로 무력해졌다.

미국의 법인자본주의(corporate capitalism)가 세기의 몇몇 주요 딜레마에 대처하려고 노력하는 과정에서 그 약점을 노정한 것도 바로 이러한 맥락에서다. 미국에서 발생한 정치적 갈등(과 가치갈등)은 두 가지 서로 다른 관점에서 고찰할 수 있다. 하나의 관점에서 볼 때, 미국에는 농민과 은행가, 노동자와 고용주를 분할시킨 경제적 쟁점과 계급 쟁점들이 존재해왔고, 그것은 특히 1930년대에 결렬했던 직능·이익집단 갈등으로 이어졌다. 또 다른 사회학적 축을 따라, 우리는 1920년대의 정치, 그리고 어느 정도는 1950년대의 정치를 '전통'과 '근대성'의 틀 내에서 개혁과 사회복지에 관심을 둔 코즈모폴리턴적 자유주의자에 대항하여 자신의 역사적 가치를 지키고자 하는 농촌 소도시 프로테스탄트의 목적과 관련하여 파악할 수도 있다. 여기서 쟁점은 기본적으로 경제적이 아니라 사회문화적인 것이다. 전통주의자들은 근본주의적 종교, 검열, 보다 엄격하게 제한되는 이혼, 반낙태법을 옹호한 반면, 모더니스트들은 세속적 합리성, 보다 자유로운 개인적 관계, 성적 일탈의 관용 등을 지지한다. 이것들은 문화적 쟁점의 정치적 측면에 해당한다. 그리고 문화가 경험의 상징적 표현이자 그것을 정당화한다는 점에서, 이것은 상징적 또는 표출적 정치의 영역이다.

이러한 점에서 금주법은 미국 문화정치의 커다란 상징적 쟁점이었다. 금주법은 소도시 세력과 전통주의적 세력이 특정한 가치, 즉 술의 금지를 사회의 다른 사람들에게 강요한, 주요한 (그리고 거의 마지막) 노력이었다. 그리고 물론 처음에는 전통주의자가 승리했다. 다소 다른 의미에서 1950년대의 매카시즘(McCarthyism)은 일부 전통주의적 세력이 아메리카니즘이라는 하나의 이데올로기와 적의에 찬 형태의 반공주의 신봉을 통해 획일적인 정치적 도덕을 사회에 강요하고자 한 시도를 대표하는 것이었다. 그리고 이와는 정반대되는 방식으로, 1972년의 맥거번(McGovern) 캠페인은 최첨단 모더니스트들—당시 흑인 및 여타 소수집단과 연합한 여성해방운동가, 비(非)이성애자, 문화적 급진주의자—의 경향을 대변하는 '새로운 정치'에 의해 자극받았다.

1920년대에 출현한 풍요한 '새로운 자본주의'가 오늘날에 이르러 경제적-정치적 갈등에 대해서와는 달리 이러한 문화적-정치적 쟁점에 대해서는 자신의 견해를 결코 분명히 밝힐 수 없었다는 것은 호기심을 끄는 사실이다. 새로운 자본주의가 그렇게 할 수 없었던 것은 그것의 분열된 성격을 놓고 볼 때 당연하다. 새로운 자본주의의 가치는 전통주의적 과거로부터 도출되고, 그것의 언어는 프로테스탄트 윤리의 고어(古語)다. 하지만 새로운 자본주의의 기술과 활력은 근대성의 정신—부단한 혁신과 할부계획에 입각한 '새로운' 욕구 창출의 정신—에서 도출된다. 새로운 자본주의를 철저하게 파괴할 수 있는 한 가지가 바로 만족 연기를 진지하게 실천하는 것이다.

법인계급의 성원들이 문화적-정치적 쟁점에 대해 어떤 입장을 취할 때, 그들은 자주 지리적 선(線)을 따라 분할되었다. 중서부 사람들이나 텍사스 사람들 또는 소도시 출신자들은 전통주의적 태도를 표명한다. 반면 동부 사람들이나 아이비리그 학교 출신들은 보다 자유주의적이다. 보다 최근에 이러한 분할은 지역보다는 교육수준과 연령에 기초해왔다. 하지만 하나의 중요한 사실은 여전히 남아있다. 새로운 자본주의는 사회를 변화시키고 그 과정에서 청교도 기질을 훼손시켰다. 그러나 그것은 결코 그러한 변화에 부합하는 새로운 이데올로기를 성공적으로 발전시킬 수 없었고, 그리하여 옛 프로테스탄트 가치의 언어들을 사용했고, 그로 인해 자주 함정에 빠졌다.

전통주의자들에 반대하여 이러한 사회적·문화적 쟁점을 주도해온 근대성 세력들은 정치적 이유에서 도시세력을 대변하는 노동운동 지도자와 소수민족 정치인들과 연합한 지식인, 교수 그리고 복지와 개혁을 염두에 두고 있는 사람들로 혼합되어있었다(하지만 역설적이게도 금주운동은 초기에 산업주의와 도시적 삶의 해악에 반대하는 개혁주의자들과 동맹을 맺고 있었다).[30] 그들을 지배하고 있는 철학은 자유주의 ─ 자본주의가 산출한 불평등과 사회적 비용에 대한 비판을 포함하는 ─ 였다. 법인 경제가 그 나름의 통일된 어떠한 가치체계도 가지지 못한 채 여전히 무기력한 형태의 프로테스탄트 덕목을 입으로 떠들고 있었다는 사실은 자유주의가 이데올로기적으로 도전받지 않을 수 있었다는 것을 의미했다. 문화의 영역에서 그리고 문화적-사회적 쟁점의 영역에서(요컨대 정치철학의 영역에서) 법인계급은 폐위되었다. 중요하게 고려해야 할 사항은 지난 수십 년 동안 문화 속에서 하나의 이데올로기로서의 자유주의가 지배적이 되어왔다는

---

30) 유사한 의미에서 AFL-CIO 역시 조직 노동운동 속에서 자신이 궁지에 몰려 있음을 발견한다. AFL-CIO는 경제적 문제와 관련하여 자유주의적이거나 좌파적이지만, 자신의 신념과는 다른 문화적 급진주의에 대해서는 단호하게 거부한다. 그 까닭은 AFL-CIO의 노동운동이 실로 미국적 운동이고, 자본주의의 지배적 가치를 공유했기 때문이다. 조지 버나드 쇼(George Bernard Shaw)가 한때 말했듯이, 노동조합주의도 적어도 경제질서가 팽창하고 풍요로울 때는 프롤레타리아의 자본주의다.

점이다.

문화적 관점에서 볼 때, 1920년대부터 1960년대까지의 정치는 전통과 근대성 간의 투쟁이었다. 1960년대에 새로운 문화양식이 부르주아적 가치와 전통적인 미국인의 생활규약을 공공연히 비난했다. 그러나 지금까지 내가 보여주고자 했던 것처럼, 부르주아 문화는 오래전에 사라졌다. 반문화가 구현한 것은 60년 전에 정치적 자유주의와 모더니즘 문화가 개시한 경향을 확장한 것이었다. 그리고 반문화는 실제로는 모더니즘 진영에서 발생하는 하나의 분열을 상징한다. 왜냐하면 반문화는 개인의 자유, 극단적 경험('강렬한 쾌감'과 '황홀감'), 성적 실험을 설파하는 것을 넘어 라이프스타일의 한 지점으로까지 가져가고자 했기 때문이다. 자유주의적 심성은 예술과 상상력 속에서는 그것들을 승인할 수 있지만 실제로 실행할 준비는 되어있지 않다. 그렇지만 자유주의는 왜 그러한지를 말하기가 어렵다. 자유주의는 기본적 관대함(permissiveness)에 대해서는 찬성하지만, 관대함의 경계를 확실하게 정할 수 없다. 그리고 이것이 바로 자유주의의 딜레마다. 이제 자유주의는 정치에서와 마찬가지로 문화에서도 벽에 부딪쳤다.

자유주의는 또한 자본주의 —경제—를 개혁하고자 하는 장(場)에서도 자신이 혼란에 빠져있음을 발견한다. 미국 자유주의 경제철학은 성장의 관념에 뿌리를 두어왔다. 사람들은 1940년대 후반과 1950년대에 월터 루더(Walter Reuther), 레온 카이절링(Leon Keyserling) 및 여타 자유주의자들이 생산능력을 확대하려 하지 않는다는 이유로 철강회사와 많은 미국 산업을 공격해왔고 또 정부가 성장 목표치를 설정할 것을 촉구해왔다는 점을 망각한다. 카르텔화, 독점, 그리고 생산제한은 자본주의의 역사적 경향이었다. 아이젠하워 행정부는 의식적으로 성장보다 물가안정을 선택했다. 정부의 유인

(이를테면 산업이 처음에는 원치 않았던 투자공제)과 정부투자를 통한 의식적인 성장계획 정책을 사회에 주입시킨 것은 바로 자유주의적 경제학자들이었다. 경제자문위원회(Council of Economic Advisers)에서 잠재적 GNP 관념과 '부족분'(shortfall) 개념 — 경제가 자원을 완전히 활용할 때 획득할 수 있는 목표를 설정하고 그것을 실제 수치와 비교하는 것 — 을 도입하게 한 것도 자유주의자들이었다. 성장 관념이 하나의 경제 이데올로기로 완전히 흡수되어, 내가 말해왔듯이, 사람들은 더 이상 그것이 얼마나 자유주의적 혁신이었는지를 깨닫지 못한다.

빈곤과 같은 사회문제에 대한 자유주의적 해답은 성장이 가난한 사람들의 수입을 끌어올릴 수 있는 자원을 제공하리라는 것이었다.[31] 공공서비스에 자금을 공급하기 위해 성장이 필요하다는 테제는 존 케네스 갤브레이스(John Kenneth Galbraith)의 『풍요한 사회』(*The Affluent Society*)의 핵심이었다. 하지만 역설적이게도 바로 이 경제성장의 관념이 오늘날 그것도 자유주의자들에 의해 공격받고 있다. 풍요는 이제 더 이상 해답으로 인식되지 않는다. 성장이 환경파괴, 자연자원의 탐욕적 사용, 휴양지로의 쇄도, 도시로의 인구밀집 등의 원인으로 주장된다. 사람들은 놀랍게도 이제 제로성장의 관념 — 또

---

31) 보다 전문적인 용어로 표현하면, 이는 파레토 최적(Pareto optimality) — 즉 사람들은 다른 사람들의 살림을 더 나쁘게 함이 없이 어떤 사람들의 형편이 더 나아질 수 있는 조건을 찾아야만 한다는 것 — 이라는 후생경제학의 공리에 기초한다. 소득의 직접적 재분배는 정치적으로 불가능하지는 않지만 어렵다. 하지만 새로운 또는 부가적인 국민소득으로부터 그 증가분의 보다 많은 부분을 사회복지 프로그램에 자금을 공급하는 데 사용할 수 있다. 그리고 오토 엑스타인(Otto Eckstein)이 지적한 것처럼, 이것이 바로 케네디(John F. Kennedy) 행정부하에서 경제가 다시 성장을 시작했을 때 의회가 기꺼이 추진하고자 했던 것이다. Otto Eckstein, "The Economics of the Sixties," *The Public Interest*, no. 19(Spring 1970), pp. 86~97.

는 존 스튜어트 밀(John Stuart Mill)의 '정지상태'(stationary state)의 관념—을 발견하고, 그것을 정부정책의 진지한 목표로 제안한다. 새로운 정치는 자신이 전통적인 미국 정치의 문제 해결적 실용주의를 거부했던 것과 마찬가지로, 이제는 사회의 적극적 목표로서의 더 새로운 자유주의적 경제성장 정책을 거부한다. 그렇다면 '경제성장'에 헌신하지 않는다면, 자본주의의 존재 이유는 무엇인가?[32]

역사의 전환점

역사를 되돌아볼 때, 부르주아 사회는 이중의 근원과 이중의 운명을 가지고 있었다. 하나의 흐름이 청교도적인 휘그 자본주의(Whig capitalism)다. 이 흐름은 경제활동뿐만 아니라 **성격** 형성(절제, 정직, 소명으로서의 노동) 역시 강조했다. 다른 흐름은 세속적 홉스주의(secular Hobbesianism), 즉 인간을 무한한 욕망을 가진 존재로 보는 급진적 개인주의였다. 이 욕망은 정치에서는 주권자에 의해 제약되지만, 경제와 문화에서는 전적으로 자유롭게 추구되었다. 이 두 가지 충동은 항상 불편한 협력 속에서 살아왔다. 시간이 지나면서 그러한 관계는 해소되었다. 이미 살펴본 바와 같이, 미국에서 청교도가 강조해온 것들은 단지 고결함의 관념만을 강조할 뿐인 괴팍한 소도시적 심성으로 타락했다. 세속적 홉스주의는 근대성, 즉 무한한 경험에 대한 탐욕스러운 갈망의 동력이 되었다. 역사를 열려있는 진보적인 것으로 바라보는 휘그당의 역사관은 사회의 자기관리(societal self-management)라는 자유주의적 견해를 퇴색시킨 새로운 관료제적 장

---

32) 이 문제에 대한 논의는 이 책의 제2부에서 계속 이어진다.

치가 출현하면서 비록 소멸되지는 않았지만 약화되었다. 이 모든 신념을 지탱하고 있던 믿음들이 산산이 부서졌다.

1960년대의 문화적 충동은 그것과 병행한 정치적 급진주의와 마찬가지로, 현재는 그 힘을 크게 잃었다. 반문화는 자만임이 입증되었다. 반문화는 대체로 자유주의적 라이프스타일을 즉각적인 만족과 자기현시적 과시의 세계로 변형시키고자 한 젊은이들의 노력이자 대체로 그 운동의 산물이었다. 반문화는 결국 문화를 만들어내지 못했고, 어떤 것에도 대항하지 못했다. 보다 깊고 더 견고한 뿌리를 가지고 있었던 모더니즘 문화는 상상력을 변화시키려는 노력이었다. 그러나 스타일과 형식에서의 실험, 격분, 그리고 충격을 주고자 한 노력, 이 모든 것들은 예술 속에서 눈부신 폭발을 불러일으켰지만, 이제는 소진되었다. 그것들은 이제 문화대중─그 자체로 창조적이지는 않지만, 문화를 배포하고 그것의 성질을 변화시키고, 그 흡수과정에서 예술이 창조성과 과거와의 변증법에 필요한 원천인 긴장을 잃게 하는 집단─에 의해 기계적으로 재생산되고 있다. 사회는 결함, 결핍, 인플레이션, 국가 내 및 국가 간의 소득과 부의 구조적 불균형과 같은 만성적이고 위협적인 문제에 몰두하게 되었다. 그리고 그러한 이유들 때문에 문화문제는 이제 뒤로 물러났다.

하지만 문화문제는 그 기저에 여전히 근본적인 문제로 남아있다. 어빙 크리스톨과 내가 『오늘의 자본주의』(*Capitalism Today*)의 서문에서 썼듯이, "우리는 자본주의의 불편한 자의식을 충분히 고려하지 않고는 근대사회에서 지금까지 발생해온, 그리고 지금도 발생하고 있는 중요한 변화를 이해할 수 없다. 이 자의식은 결코 단지 이데올로기적 상부구조에 불과한 것이 아니다. 그것은 체계 자체의 가장 숙명적이고 근원적인 현실의 하나다." 이러한 변화가 숙명적이고 근본적인 까닭은 그것이 사람들의 의지와 성격의 본성과 체계의 정당성과 도덕적 정당화—사회를 유지하는 바로 그 요소들—를 수반하기 때문이다.

문명의 발흥과 쇠퇴와 관련하여 주목할 만한 것—그리고 이것이 유능한 아라비아 사상가 이븐 할둔(Ibn Khaldun)의 역사철학의 기본 원리였다—은 사회가 그것의 몰락을 암시하는 변화를 드러내는 특별한 국면을 통과한다는 것이다. 그것이 바로 검소에서 사치로의 변화(플라톤이 『국가론』*The Republic* 제2책에서 이에 대해 기술하며 건강한 도시에서 열병에 걸린 도시로의 변화라고 부른 것), 즉 금욕주의에서 쾌락주의로의 변화다.

새로 부상하는 사회세력 모두—그것이 새로운 종교든, 새로운 군부세력이든, 아니면 새로운 혁명운동이든 간에—가 금욕적 운동으로 시작한다는 것은 인상적이다. 금욕주의는 비물질적 가치, 육체적 쾌락의 포기, 검소함과 자제, 그리고 목적의식을 지닌 고된 훈련을 강조한다. 그러한 훈련은 자신 밖에 있는 과업에 정신적·육체적 에너지를 동원하는 데, 즉 타인을 정복하기 위해 자신을 정복하고 예속시키는 데 필요하다. 막스 베버가 말했듯이, "종교전쟁 동안에 획득한 규율이 이슬람 기병대와 크롬웰(Oliver Cromwell) 기병대 모두의 정복할 수 없는 힘의 근원이었다. 마찬가지로 신을 기쁘게 하기 위한 현세 내적 금욕주의와 규율된 직업활동을 통한 구원의 추구가 청교도를 특징짓는 취득 기량의 원천이었다."[33]

옛 종교적인 '신의 전사들'의 규율은 군사조직과 전투로 이어졌다. 청교도 기질에서 역사적으로 독특한 것은 현세적 금욕주의가 직업적 소명 그리고 노동과 축적에 대한 헌신으로 이어진 것이었다. 하지

---

33) Max Weber, *The Sociology of Religion*, trans. Ephraim Fischoffs (Boston: Beacon Press, 1963), p. 203.

만 청교도의 존재 목적은 기본적으로 부가 아니었다. 베버가 지적했듯이, 청교도는 자신의 부를 자신을 위해 전혀 사용하지 않는다. 부는 단지 자신의 구원에 대한 증거일 뿐이었다.[34] 그리고 산업문명을 구축한 것은 바로 그러한 격렬한 에너지였다.

청교도에게 '가장 긴급한 과업'은 즉흥적인 충동적 행동을 저지하고 삶의 방식에 질서를 수립하는 것이었다. 오늘날 사람들은 금욕주의를 주로 혁명운동과 혁명정권에서 발견한다. 심리학적·사회학적 의미에서의 청교도주의는 공산주의 중국에서, 그리고 알제리나 리비아에서처럼 혁명적 감상과 코란의 목적을 융합한 정권들에서 발견된다. 14세기에 베르베르 문명과 아라비아 문명의 성쇠를 성찰한 할둔의 도식에서 변화는 베두인에서 정착민을 거쳐 쾌락주의적 삶으로 이어졌고 거기서부터 3세대 동안 사회가 몰락했다. 쾌락주의적 삶 속에서 의지와 용기가 상실된다. 보다 중요하게는 사람들은 서로 사치 경쟁을 벌이고, 공유와 희생의 능력을 상실한다. 할둔에 의하면, 그러면 '아사비야'(asabiyah), 즉 사람들이 서로를 형제로 느끼게 만드는 연대감, 다시 말해 "(서로 간의) 애정과 서로를 위해 기꺼이 싸우고 죽는 것을 의미하는 집단감정"을 상실한다.[35]

'아사비야'의 토대를 이루는 것은 단지 희생과 위험을 공유한다는 의식—전투소대와 지하 혁명 간부들을 단결시키는 요소—뿐만 아니라 일정한 도덕적 목적, 즉 사회를 도덕적으로 정당화하는 텔로스다. 미국은 처음부터 하나의 암묵적인 계약, 즉 그곳이 신의 계획이 펼쳐질 대륙이라는 인식, 다시 말해 토마스 제퍼슨(Thomas

---

34) Weber, *Protestant Ethic*, p. 71.

35) Ibn Khaldun, *The Muqaddimah: An Introduction to History*, trans. Franz Rosenchal(New York: Pantheon Books, 1958). 제1권 제3장이 특히 중요한 부분이다. 여기서는 p. 313에서 인용했다.

Jefferson)의 이신론의 기저를 이루는 신념에 의해 단결되어있었다. 이러한 믿음이 약화되었을 때, 사회를 하나로 묶어놓은 것은 독특한 정체(政體), 즉 개방적이고 적응력 있고 평등주의적이고 민주적인 체계였다. 이 체계는 사회에 편입되기를 원하는 많은 사람에게 우호적이었고, 헌법에 구현된 법의 원리를 존중했고, 대법원의 결정에 따랐다. 하지만 이러한 우호적 반응이 가능한 것은 대체로 경제가 팽창하고 있었고 사회적 긴장의 해결책으로서의 물질적 부가 약속되었기 때문이었다. 오늘날 경제는 어려움에 직면해있고, 정치체계도 전에는 결코 직면한 적이 없는 문제들로 괴롭힘을 당하고 있다. 한 가지 문제—이것은 나의 결론적 에세이 "공공가계"의 테마다—는 체계 자체가 엄청나게 과다한 문제들을 관리할 수 있는가 하는 것이다. 이것은 부분적으로는 '기술'-경제적 해답에, 그리고 똑같이 세계체계의 안정성에 달려있다. 그러나 보다 심층적이고 보다 어려운 문제는 개인들의 동기와 국가의 도덕적 목적 속에서 표현되는 사회의 정당화다. 그리고 문화적 모순—성격구조의 부조화와 영역의 분리—이 중요해지는 곳도 바로 여기다.

문화와 도덕적 기질에서 발생하는 변화—상상력과 라이프스타일의 융합—는 '사회공학' 또는 정치적 통제를 통해 처리할 수 있는 것이 아니다. 그러한 변화는 사회의 가치와 도덕적 전통에서 시작되며, 따라서 수칙에 의해 '설계'될 수 없다. 그것의 궁극적 원천은 한 사회를 떠받치고 있는 종교적 개념들이다. 즉 그것의 가장 가까운 원천은 노동의 장에서 파생하는 보상체계와 동기(그리고 그것의 정당화)다.

내가 지금까지 보여주려고 노력해왔듯이, 미국의 자본주의는 그것의 전통적 정당성을 상실해왔다. 그것의 정당성은 프로테스탄트의 노동의 신성화에 뿌리박고 있는 도덕적 보상체계에 기초하고 있었다. 그것은 물질적 안락과 사치를 약속하는 쾌락주의로 대체되어왔다. 하지만 그 쾌락주의는 그것의 사회적 관대함과 성적 자유주의에도 불구하고 '향락체계'가 지닌 모든 역사적 함의를 피했다. 지금까지 (중요 영역에서) 문화를 지배해온 것은 부르주아적 삶에 전복적이었던 모더니즘이었고, 중간계급 라이프스타일을 지배해온 것은 사회의 도덕적 토대를 제공한 프로테스탄트 윤리를 약화시켜온 쾌락주의였다. 진지한 예술가들이 발전시킨 하나의 양식이자 '문화대중'에 의해 그 효력을 다한 형식으로 제도화된 것으로서의 모더니즘과 기업의 마케팅체계에 의해 조장된 하나의 삶의 방식으로서의 쾌락주의의 상호작용이 자본주의의 문화적 모순을 구성한다. 모더니즘은 고갈되어 이제 더는 위협적이지 않다. 쾌락주의는 그것의 무미한 농담을 흉내 내고 있다. 그러나 사회질서는 모든 활력의 상징적 표현인 문화도, 그리고 하나의 동기나 구속력으로 작동하는 도덕적 충동도 결여하고 있다. 그렇다면 무엇이 사회를 하나로 묶을 수 있는가?

이것은 근대사회의 본성으로부터 파생된 보다 포괄적인 문제와 결합되어있다. 산업주의라는 독특한 양식은 경제학과 경제학화의 원리, 즉 효율성, 최소비용, 극대화, 최적화, 기능적 합리성의 원리에 기초해있다. 하지만 선진 서구세계의 문화적 경향과 갈등상태에 있는 것이 바로 이 양식이다. 왜냐하면 모더니즘 문화는 본능적 표현의 근원으로의 회귀를 간절히 바라는 반(反)인지적·반(反)지성적 양식을 강조하기 때문이다. 하나는 기능적 합리성, 기술관료제적 의사결정, 능력주의적 보상을 강조하는 반면, 다른 하나는 계시록적 분위기와 반(反)합리적 행동양식을 강조한다. 모든 서구 부르주아 사회의 역사적인 문화적 위기를 이루고 있는 것이 바로 이러한 분리다. 이 문화적 모순이 보다 장기적으로는 사회에 가장 치명적인 분열을 가져올 것이다.

제2장 문화담론의 분리

나는 앞 장에서 문화와 사회구조의 분리가 (개인뿐만 아니라) 사회가 다루기 어려운, 널리 퍼져있는 일단의 긴장을 만들어낸다는 것을 보여주고자 했다. 그러나 또 다른 중요한 문제가 남아있다. 그것은 근대사회에서 문화 자체가 일관성을 유지할 수 있는가 하는 문제와 (종교가 아니라) 문화가 일상생활에서 포괄적이고 초월적인 일단의 궁극적 의미들 또는 심지어 만족을 제공할 수 있는가 하는 문제다.

문화의 일관성 문제는 윌리엄 워즈워스(William Wordsworth)가 일찍이 "서정민요시집 서문"(Preface to the Lyrical Ballads, 1800)에서 제기한 바 있다. 거기서 그는 당시 커뮤니케이션의 급속한 확장과 삶의 빨라지는 속도가 사람들에게 '기이한 사건에 대한 갈망'과 '충격적인 자극에 대한 갈증'을 창출하며 "광기 어린 소설, 병약하고 바보 같은 독일 비극, 게으르고 사치스러운 이야기를 다룬 시가 범람하며…… 셰익스피어(William Shakespeare)와 밀턴(John Milton)의 작품들이 무시되고 있음"을 한탄했다. 거의 150년 후에 엘리엇(Thomas Stearns Eliot)도 이 문제에 대해 성찰하며, "문화가 전체 사회 또는 집단이나 계급과 관련될 때 상이한 의미를 지니게 되었다고 지적하면

제2장 문화담론의 분리 207

서 다음과 같이 결론 내렸다. "한 사회에서 기능의 복잡성과 분화가 진전되면서, 우리는 여러 가지 문화 수준이 출현할 것으로 예상할 수 있다. 요컨대 계급문화 또는 집단문화가 그 모습을 드러낼 것이다."[1]

이러한 사태 모두는 현대에 들어 악화되었고, 이 두 현상이 비록 주로 저명한 문인들에 의해 제기되었지만, 그것들은 문화에 대한 중요한 사회학적 문제들로 채택되었다. 통속성의 확대가 진지한 문화를 압도하지 않을까 하는 우려가 제기되어왔다. 그리고 매우 시끄러운 하위문화들이 성장하여 사회의 중요한 분파에 자기도취의 양식을 제공해왔다(최근의 청년문화를 보라).

그러나 나는 근본적인 문제는 이러한 겉으로 드러나는 사회학적 진전보다는 담론— 언어, 그리고 경험을 표현하는 언어의 능력— 그 자체가 붕괴되어 문화가 현재 일관성을 지니지 못하게 된 것이라고 제시한다. 담론 붕괴의 많은 것은 '근대성'이라는 용어와 그것이 표현하는 것의 모호성에서 기인한다. 하지만 더 많은 것이 문화양식의 기본적인 구문구조의 붕괴에서 기인한다. 그 근본에는 다음과 같은 사실— 또는 내가 앞으로 할 주장— 이 자리하고 있다. 그것이 바로 르네상스 이후 특히 '합리적인' 방식으로 시간과 공간에 대한 인식을 조직화해온 하나의 통일된 우주론이 원심적인 심미적 힘에 의해, 그리고 예술가가 심미적 경험과 관객 모두와 맺는 관계에서 발생한 근본적 변화(내가 거리의 소멸이라고 부른 것)에 의해 붕괴되었고, 그 결과 근대성 자체가 문화에서 비일관성을 산출한다는 것이다.

문화를 통해 확산되어 의식의 최전선에 만연되어있는 방향감각 상

1) William Wordsworth, *Selected Poems and Prefaces*(Boston: Houghton Mifflin, 1965), p. 449; T.S. Eliot, *Notes Towards the Definition of Culture*(London: Faber and Faber, 1948), p. 25를 보라.

실감──이는 근대성의 위기의 한 근원이다──은 사람들과 초월적인 관념들(궁극 원인에 관한 철학 또는 종국적 결과에 관한 종말론)을 적절히 관련지을 수 있는 언어를 가지고 있지 못하다는 데서 기인하는 것일 수도 있다. 우리의 이해양식에 스며들어있는 종교적 용어는 진부한 것이 되었고, 우리의 시(詩)와 수사(修辭)의 양식에 배어든 상징들도 약화되었다(킹 제임스 영역 성서King James Version와 신영역 성서New English Bible를 비교해보라). 우리 시대에 감정적 언어가 빈한한 것은 호칭 기도나 의례 없는 메마른 삶을 반영한다.

어떤 의미에서는 이 중 어떤 것도 새로운 것은 아니다. 표면적으로 사람들은 세상에서 잊히고 있다거나 세상에서 내쫓겼다는 느낌──소외, 버려짐, 실존적 절망으로 불리는──을 되풀이해서 가져왔다. 기독교적 감성 속에는 신과 인간의 분리라는 고통스러운 테마가 존재한다. 실러는 심미적 인간주의(aesthetic humanism) 속에서 그리스인의 삶의 '존재조건'──거기서 인간은 하나의 완전한 전체였다──이 기능적으로 분화하며, 직관적 지성과 사변적 지성 간의 불화와 감성의 분리가 초래되었음을 개탄한다. 헤겔에게는 이미 존재하던 원초적 통일성에서부터 자연과 역사, 사고와 경험, 인간과 영혼의 이중성을 거쳐 철학의 '깨달음' 속에서 절대자의 재통일로 이어지는 세계운동의 우주론적 드라마가 존재한다. 마르크스에게는 보다 자연주의적인 방식의 분업(정신노동과 육체노동, 도시와 시골)이 존재한다. 그리고 이 분업이 일반적으로 노동의 소외를 유발하고, 구체적으로 상품교환 사회에서는 인간이 그의 노동 속에서 '물화'되어 그의 퍼스낼리티가 그의 기능으로 분해되게 한다.

현대의 경험들은 이 모든 사변적·철학적 성찰에 의지하여 자신의 방향감각 상실을 표현하고자 노력한다. 그러나 때로는 '인간조건'에 대한 지나친 사색은 근대 시기가 갖는 독특한 성격을 모호하게 만들고, 또 그러한 일부 더 큰 진리들을 구체적으로 표현하는 독특한 방식을 흐리게 할 뿐이다. 왜냐하면 경험의 양식은 시간과 장소에 따라 크게 다르기 때문이다. 뤼시앵 페브르(Lucien Febvre)는 라블레(Rabelais) 시대에는 시각적 인식이 그리 중요하지 않았고, 특히 청각이 시각에 우선하고 그것보다 중요해 보였으며, 그러한 우위성은 당시 산문과 시의 상상력에 반영되어있다고 지적한 바 있다. 마르셀 그라네(Marcel Granet)는 (양量이 아니라) 수(數), 공간, 시간에 대한 특수한 개념들이 중국 고전 정치철학과 중국 고전 예술의 정치화에서 어떻게 독특한 역할을 했는지를 보여주고자 시도했다.

하지만 현대 사회과학은 이러한 분석 형태를 피하는 경향이 있었다. 그것은 공식조직과 (산업화와 같은) 사회적 과정을 다루지만, 경험 자체의 모순된 양식들, 즉 사회구조와 문화 간을 매개하는 양식들을 다루는 경우는 거의 없다. 뒤에서 나는 사회학적 분석에 입각한 탐구를 통해 사회적 지각이 모순적 경험양식에 의해 자주 무의식적으로 틀지어지는 방식, 그리고 부조화 상태에 있는 문화가 한 시대의 뿌리 깊은 혼란을 표현하는 방식을 예증하고자 한다.

감성 혁명

우리의 기술문명은 단지 생산(그리고 커뮤니케이션)에서의 혁명만이 아니었다. 그것은 또한 감성에서의 혁명이기도 했다. 이 문명 ―'대중사회' 또는 '산업사회'라고 불리는―의 독특성은 여러 가지 방식으로 이해될 수 있다. 나는 그것을 (전적으로는 아니지만) 수(數), 상호작용, 자아의식(self-consciousness) 그리고 미래 시간지향이라는 차원 내에서 정의하고자 한다. 실제로 우리가 세계와 마주하는 방식은 이러한 요소들에 의해 조건 지어진다.

수 1789년 조지 워싱턴(George Washington)이 미국 초대 대통령에 취임했을 때(그리고 헌법이 막 비준되었을 때), 미국 사회의 인구는 400만 명이 채 안 되었고, 그중에서 75만 명이 흑인이었다. 소수의 사람만이 도시에 살았으며, 당시에 수도인 뉴욕의 인구는 3만 3,000명이었다. 당시 '도시지역'이라고 정의되던 곳, 즉 주민 수가 2,500명이상인 장소에 살고 있던 사람들은 총 20만 명이었다. 미국의 주민은 젊었다. 평균 연령이 16세였고, 그 연령 이상의 남자는 80만 명뿐이었다.

미국은 작은 나라였기 때문에, 그 층이 얇은 주요 가문의 성원들이 그러하듯이, 정치적 엘리트의 성원들은 서로를 알고 있었다. 그러나 외딴 숲이나 사람들이 드문드문 거주하는 지역에 살고 있던 사람들의 삶은 아주 달랐다. 사람들은 좀처럼 장거리 여행을 하지 않았고, 먼 곳으로부터 찾아오는 손님도 거의 없었다. 그 지역의 가십이 뉴스였고, 몇 안 되는 한 장짜리 신문도 그 지방의 사건을 중심으로 엮어지고 있었다. 세계와 세계정치에 대한 일반 사람들의 이미지는 극히 제한적이었다.

오늘날 미국의 인구는 2억 1,000만 명을 넘었고, 그중의 1억 4,000만 명 이상이 대도시 지역 ― 그 안에 적어도 인구 5만 명 이상의 도시 하나를 포함하고 있는 카운티 ― 에 살고 있다. 농장에 살고 있는 사람은 1,000만 명이 안 된다. 평균 연령은 약 30세며, 1억 4,000만 명이 17세 이상이다. 소수의 사람만이 사회적으로 고립된 곳에서 살거나 일한다. 농장에서 일하는 사람들조차도 매스미디어와 대중문화에 의해 국가사회와 결합되어있다.

1789년과 비교해볼 때, 오늘날 우리가 세상을 인식하는 방식에서 두 가지 측면이 눈에 띈다. 그것이 바로 우리 각자가 **직접** 아는 사람의 수와 우리 각자가 간접적으로 아는 사람의 수의 차이다. 오늘날 한 개인은 직장에서, 이웃관계에서, 직업 속에서 또는 사회적 환경 속에서 글자 그대로 비록 수천 명은 아니지만 수백 명의 사람을 안다. 그리고 매스미디어의 증가와 함께(정치세계의 확대, 그리고 연예인과 공적 인물들의 엄청난 증가와 함께), 우리가 간접적으로 아는 사람들의 수가 가속적으로 증대한다. 따라서 간단히 말해, 우리 각자가 우연히 마주치는 사람의 수와 우리가 정확하게 알아야만 하는 이름, 사건, 지식의 범위가 증가한다. 이것은 오늘날 우리가 기정사실로서 마주하는 세계에 관한 가장 분명한 사실이다.

상호작용 하지만 '대중사회'는 수(數)만으로 구성되는 것이 아니다. 제정 러시아와 중국 제국은 광대한 땅과 거대한 인구를 가진 사회였다. 그러나 이들 사회는 본질적으로 분할되어있었고, 각 촌락은 대체로 다른 촌락의 특징들을 재현했다. 에밀 뒤르켐은 자신의 『사회분업론』(*The Division of Labor in Society*)에서 우리에게 대중사회를 특징짓는 것은 무엇인가에 관한 실마리를 제공해주었다. 새로운 사회형태는 그러한 분할이 붕괴되고, 사람들이 서로 상호작용할 때, 즉 계속되는 경쟁이 반드시 갈등이 아니라 보다 복잡한 분업, 상보적 관계, 구조적 분화의 증대로 이어질 때 출현한다.

따라서 현대사회에서 독특한 것은 그것의 규모와 수(數)뿐만 아니라 우리를 그토록 많은 사람과 직접적·상징적으로 결합시켜주는 상호작용—(여행, 더 큰 노동단위, 더 높은 주거 밀도를 통한) 물리적 상호작용과 (매스미디어를 통한) 심적 상호작용 모두—의 증대다. 이처럼 증대된 상호작용은 단지 사회분화뿐만 아니라 하나의 경험 양식으로서의 심적 분화로도 이어진다. 변화와 새로운 것에 대한 욕망, 감각의 추구, 문화의 융합, 이 모든 것도 현대적 삶의 리듬에 매우 독특한 특징들이다.

자아의식 정체성에 대한 고전적 질문, 즉 "당신은 누구입니까"라는 질문에 대해 전통적인 사람은 "나는 나의 아버지의 아들이다"라고 답할 것이다.[2] 오늘날 사람들은 "나는 나다. 나는 나 자신으로부터 오고, 선택과 행위를 통해 나 자신을 만든다"라고 대답한다. 이러한 정체성의 변화가 우리의 근대성의 특징이다. 우리에게는 전통이나 권위, 계시된 말, 심지어는 이성보다도 경험이 인식과 정체성의 원천이 되었다. 경험이 자아의식—즉 타인 및 다양한 다른 사람들 간의 대비—의 커다란 원천이다.

우리가 자기 자신의 경험을 진리의 기준으로 삼는 한, 우리는 공통의 의미를 찾기 위해 우리와 공통의 것을 경험한 사람들을 찾아 나선다. 그런 만큼 세대의 등장과 세대의식은 근대 정체성의 독특한 진원지다.[3] 그러나 이러한 변화는 또한 '정체성 위기'의 원천이기도 하다.

현실(reality) 관념은 사회학적으로는 꽤 단순한 관념이다. 현실은 '중요한 타자들'에 의해 승인받은 것이다. 전통적으로 바르미츠바

---

2) 우리는 이를 아버지의 이름을 따는 전통적인 러시아식 작명 형태나 알리 벤 아메드(Ali ben Ahmed)와 같은 아랍식 작명 형태 또는 존/슨(John/son), 톰/슨(Thom/son) 등과 같은 영국식 이름의 잔여물에서도 발견한다.

3) 전통적 서구사회 또는 현대사회의 초기 단계에서는 일반적으로 사회계급이 정체성의 주요한 원천이었다. 슘페터가 지적했듯이, 사회계급의 성쇠는 가문의 성쇠였다. 이전에는 사람들이 자신의 계급에 비례하여 사회에서 지위와 권력을 추구했다면, 더욱 열린 이동이 가능해짐에 따라 사람들은 계급을 벗어나서 상승하고자 했다(Stendhal, "Young Man from the Provinces"를 참조하라). 오늘날에도 여전히 사회계급이 정체성의 유력한 형성자이기는 하지만, 교육이 사회에서 "지위를 결정하는" 중요한 수단으로 등장함에 따라 그것의 중요성은 감소했다. 문학영역에서(그 과정은 긴 역사를 가지고 있다), 그리고 지금은 정치영역에서 세대가 커다란 중요성을 가지고 있다. 이민자들의 세계에서(그리고 미국은 많은 이민자의 땅이 되었다) 세대는 지식인들에게 심적 정체성의 주요한 원천이었다.

(bar mitzvah, 13세 남자의 성인식 —옮긴이)는 유대인 공동체가 의례 행위를 통해 새로운 지위의 획득(계약에 대한 책임의 수락)을 승인하는 것이다. 학교에서의 졸업식은 새로운 역할과 새로운 지위를 승인하는 것이다. 한 사람이 다른 사람들에 의해 승인받을 때, 거기에는 어떤 인정의 표시가 있어야 한다.

사회 속에 자신을 위치지우거나 사회 속에서 어떤 지위를 발견하고자 하는 사람들이 그들을 승인해줄 '타자들'에게 의미를 지니지 못할 때, 현실은 붕괴된다. 우리 시대에 현실에 대한 사회학적 문제—사회적 위치와 정체성에 관한 문제—가 발생하는 까닭은 개인이 옛 정박지를 떠났고 그리하여 더 이상 물려받은 방식을 따르지 않기에 항상 선택의 문제—경력, 라이프스타일, 친구 또는 정치적 대표자를 선택하는 능력은 사회사적으로 많은 사람에게 새로운 것이다—에 직면하고, 더 이상 그들을 인도할 권위 있는 기준이나 비판자들을 발견할 수 없기 때문이다. 이처럼 승인의 '구조적' 원천이 가족과 계급에서 세대로 변화한 것은 정체성에 새로운 긴장을 만들어낸다.

시간지향 우리 사회는 모든 차원에서 '미래지향적'이 되어온 사회다. 즉 정부는 미래의 성장을 위한 계획을 세워야 한다. 기업은 미래의 수요(자본 공급원, 시장, 생산의 변화 등)에 대한 계획을 세워야 한다. 개인은 일생에 대해 생각해야 한다. 실제로 사회는 이제 더 이상 점진적인 방식으로 진행되지 않는다. 즉 사회가 구체적인 목적을 위해 동원된다.

오늘날 최고의 압력은 젊은이들에게 가해지고 있다. 어린 나이에 그들은 확고한 선택을 하도록 압박받는다. 즉 학교에서 좋은 등급을 받고, 좋은 대학에 들어가고, 직업을 선택해야 한다. 그들은 모든 단계에서 평가받고, 이제 성적평가는 그들을 평생 따라다니는 신분증

명서가 된다. 과도기 동안 적절한 메커니즘(즉 학교 생활지도, 직업 상담)을 제공받지 못하는 것은 분명 긴장을 유발하고 체계로부터의 이탈을 야기한다. 이러한 점에서 1950년대 '비트족'의 일시적 유행은 농장을 떠났을 때 기계장치에 의해 떠밀려났던 초기의 산업노동자와 유사하다. 두 사례에서 우리는 격렬한 감정 폭발(어쩌면 초기 산업혁명기의 기계 파괴는 고등학교와 대학의 중퇴율과 비교될 수 있을 것이다)과 목가적 낭만(비트족의 경우에는 이것이 슬럼가의 낭만이 되었다), 그리고 유사한 형태의 비조직화된 계급투쟁을 발견한다.

개인적 계획뿐만 아니라 사회적 계획과 관련한 미래의 강조──그리고 미래의 강조가 수반한 새로운 종류의 압력으로 인한 그러한 강조에 대한 저항──가 미국 사회에서 우리가 겪는 새로운 차원의 경험이다.

이 네 가지가 개인들이 세계에 반응하는 방식을 틀 짓고 있다. 그중 두 가지, 즉 수(數)와 상호작용은 신문 1면의 분량과 활자 크기의 균형이 일정한 순서대로 우리의 눈이 따라가게 하는 방식으로 우리의 반응을 무의식적으로 구조화하는 사회적 환경의 특징들이다. 이두 가지가 바로 근대적 감성이 **직접성**, **충격**, **감각**, **동시성**을 강조하게 한다. 또한 이러한 리듬이 회화, 음악, 문학의 기술적 형식을 틀 짓기도 한다. 자아의식(또는 '경험 숭배')의 출현과 동원사회의 압박은 (특히 사회적 메커니즘이 혁신과 적응의 문제를 다루는 데 적합하지 않은 곳에서) 사회에 대해 보다 개방적이고 보다 의식적으로 이데올로기적 양식──즉 현대문화의 표면에 깊이 새겨져 있는 반란, 소외, 도피주의, 무관심 또는 순응──으로 반응하게 해왔다. 따라서 이 다른둘, 즉 자아의식과 동원된 시간은 그 자체로 경험의 양식이 된다.

문화의 괴리

이러한 경험양식들은 (산업사회의 보다 형식적인 몇몇 측면들, 주로 기능적 전문화와 새로운 '지적 기술'의 요구와 함께) 사회구조와 문화의 분리뿐만 아니라 인지적 표현양식과 감정적 표현양식의 분리 속에도 반영되어있다.

나는 이러한 분리가 일어난 세 가지 영역을 선택하여 그것들을 그 실례로 제시하고자 한다. (1) **역할**과 **사람**의 분리, (2) 기능의 전문화 또는 **역할**과 **상징적 표현**의 분리, (3) 은유에서 수학으로의 어휘 변화가 바로 그것들이다.

역할과 사람의 분리

전체 지식세계에서처럼 현대사회학에서도 근대사회가 비인간화를 증대시키는 사회인지 아니면 자유를 증진시키는 사회인지를 놓고 논쟁을 벌여왔다. 지적으로 책임 있는 사람들이 논쟁이 일고 있는 용어를 중재하고 조정하거나 심지어 확정하려는 노력을 거의 하지 않고 그러한 정반대되는 견해들을 주장하고 있다는 것은 이상해 보인다.

이론적인 면에서 볼 때, (근대사회학에서 표현된) 이 두 입장의 뿌리는 막스 베버와 에밀 뒤르켐까지 거슬러 올라간다. 베버가 볼 때, 사회는 관료제화(또는 기능적 합리성)가 증대되는 추세에 있었고, 그 속에서 기능이 더욱 전문화된다는 것은 개인이 자신이 속한 기업에 대한 통제로부터 점점 더 분리된다는 것을 의미했다. 이 견해에 따르면, 효율성, 계산 가능성, 전문화의 규범에 의해 규제되는 개인은 "관료제적 기구의 덜걱거리는 과정"의 부속물이다.

뒤르켐은 정반대의 관점을 가지고 있었다. 그가 이분화한 사회변화 방식을 따르면, '기계적 연대'(mechanical solidarity)에서 '유기적 연대'(organic solidarity)로의 변화는 동질성으로부터 이질성으로, 즉 균일성으로부터 다양성으로의 이동이었다. 첫 번째 유형의 사회에서는 분업이 그다지 이루어지지 않았다. 집합적 정신은 매우 강력해서 규칙 위반은 보복적 방식으로 처리되었다. 두 번째 유형의 사회는 복잡한 분업, 신성한 요소와 세속적 요소의 분리, 더 다양한 직업 선택, 그리고 정체성 또는 소속감의 원천으로서 지역집단보다 직업집단에 대한 충성을 특징으로 했다. (비록 헨리 메인Henry Maine 또는 허버트 스펜서Herbert Spencer의 단선적 진화이론은 아니지만) 19세기 진화론적 신념의 몇 가지 요소를 공유하고 있던 뒤르켐은 사회발전을 비록 새로운 종류의 문제를 촉발하기는 하지만 그 전개 과정상 본질적으로 '진보적인' 것이라고 파악했다. (어떤 의미에서는 베버가 합리화를 강조했다면, 뒤르켐은 합리적인 것을 강조했다.)

이러한 분기(分岐)는 현대사회학에서도 그리고 지적 삶 일반에서도 계속되었다. 마르크스주의적 입장 또는 실존주의적 입장을 지지하는 사람들은 근대 관료제적 삶에 내재하는 탈인간화를 지적한다 (마르쿠제, 프롬Erich Fromm, 틸리히Paul Tillich를 참조하라). 탤콧 파슨스나 에드워드 실즈 같은 다른 사람들은 근대사회가 더 많은 다양한 선택을 허용하고 업적, 직업의 향상, 더 많은 개인주의를 강조하는 방식을 역설한다.

사람들은 이 논쟁을 어떻게 풀어나가는가? 한때 윌리엄 제임스(William James)가 말했듯이, 모순과 마주치면 구분을 해야 한다. 왜냐하면 사람들은 자주 두 가지 다른 것을 의미하는 같은 단어들을 사용하기 때문이다. 기묘하게도 두 이론 모두가 옳다. 왜냐하면 대체로 각 이론이 서로 다른 차원에 대해 말하고 있기 때문이다. 만약 우리가 **역할**과 **사람**을 구분한다면, 우리는 아마도 각 이론이 상대 이론과는 다른 목적을 가지고 이야기하고 있다는 것을 알 수 있을 것이다.

나는 베버를 따라 근대사회가 점점 더 한정된 역할로의 전문화를 강요한다는 것은 아주 분명한 사실이라고 생각한다. 한때 가정을 중심으로 하고 있었던 삶의 광범위한 측면들(이를테면 일, 놀이, 교육, 복지, 건강)이 점점 더 전문화된 제도(기업, 학교, 노동조합. 사교클럽, 국가)로 양도되었다. 역할 정의(우리가 쓰고 있는 서로 다른 많은 모자)가 더욱 명확해졌고, 핵심적 노동영역 ─19세기의 미토스 (mythos, 어떤 집단과 문화에 특유한 신앙양식과 가치관─옮긴이) 속에서 사람들이 자신의 정체성을 발견하던 ─에서 업무와 역할이 세세하게 전문화되었다. (『직업 명칭 사전』*The Dictionary of Occupational Titles*은 직업 기회 분석 속에서 2만 개가 넘은 전문화된 직업을 열거하고 있다. 우리는 이를 지적 업무에서도 발견할 수 있다. 나라의 지적 인재 목록을 정리한 『전국 과학자·전문직 인명록』*The National Register of Scientific and Specialized Personnel*은 약 900개의 과학영역을 거론하고 있다.)

조직 내에서는 위계질서의 창출, 직무의 세분화, 세밀하게 규정된 책임, 평가시스템, 단계적 승진 등이 자아의 파편화 의식을 강화한다. 왜냐하면 자아가 **역할**을 통해 규정되기 때문이다. 동시에 **사람**으로서의 우리는 이제 어느 때보다도 더 광범하고 다양한 선택권을 가지고 있다는 것 또한 분명하다. 거기에는 이전보다 훨씬 더 다양한 종류의 일자리와 직업이 있다. 사람들은 다른 많은 지역을 여행하고 다른 도시들에서 살 수 있다. 소비영역에서도 (그리고 문화를 하나의 소비형태로 이용하여) 사람들은 보다 다양한 전거에 의거하여 개인적 생활양식을 창출하거나 어떤 생활양식을 선택할 수 있다. 이 모든 것은 '사회이동'(social mobility)이라는 용어 ─ 이는 근대적 용법 속에서 독특한 의미를 지니게 된 용어이다——로 요약된다.

근대적 삶은 역할과 사람을 분리시켰고, 이는 예민한 개인들에게는 긴장의 한 원인이 된다.[4]

기능의 전문화: 역할과 상징적 표현의 분리

조직화된 인간 활동의 거의 대부분이 그러하듯이, 과학 역시 점점 더 각 지식 분야의 분할, 분화, 전문화(세분화와 하위 전문화)에 의해 특징지어진다. 17세기에는 포괄적인 용어였던 자연철학은 그 후 물리학, 화학, 식물학, 동물학 등으로 세분화되었다. 19세기의 사변철학은 사회학, 심리학, 수학적 논리학, 기호논리학, 분석철학 등을 발생시켰다. 오늘날에는 모든 분야에서 새로운 문제는 또 다른 전문화를 낳는다. 한때 분석화학, 유기화학, 무기화학, 물리화학으로 나뉘어있던 화학은 오늘날에는 한 설명에 따르면 탄수화물화학, 스테로이드화학, 실리콘화학, 원자핵화학, 석유화학, 고체화학 등으로 세분화되어있다.

사람들은 이러한 과정을 지식 분야에서뿐만 아니라 사회조직의 성격에서도 발견한다. 왜냐하면 새로운 문제가 그것을 다룰 새로운 직무와 새로운 전문화를 낳기 때문이다. 이를테면 이전에는 단순한 직계참모조직이었던 기업체도 오늘날에는 연구, 마케팅, 광고, 품질관리, 인사, 홍보, 디자인, 재무, 생산 등의 광범한 많은 직무를 조정하

---

4) 이러한 역할과 사람의 구분은 직무(office)와 사람의 구분과는 다소 다르다. 어떤 사회는 권위를 강화하기 위해 지위와 그 지위를 담지하는 사람의 구분을 강조한다(이는 군대에서 가장 두드러진다). 우리는 그 사람이 아니라 지위에 복종한다. 우리는 직무(이를테면 재판관)를 존경하지만 반드시 그 개인을 존경하지는 않는다. 그러나 역할은 (지위 또는 직무처럼) 공식적으로 규정된 일단의 책임이 아니라 사회적 관례에 따라 정의된 일단의 규범적 행동유형이다.

는 문제들로 당황해하고 있는 자신을 발견한다. 게다가 각 직무 내에서도 많은 세부 전문화가 일어났다(이를테면 인사만 해도 노사관계, 내부 의사소통, 직업훈련, 시설보안, 안전, 시간 기록, 복지와 의료보호 등이 포함되어있다). 그리고 사람들은 모든 공식조직 — 그것이 기업체든, 대학이든, 병원이든 또는 정부기관이든 간에 — 에서 유사한 분할을 발견한다.

이 모든 것의 요점은 (지식 분야와 조직구조 모두에서의) 고도의 전문화가 불가피하게 문화와 사회구조 간에 거의 견딜 수 없는 긴장을 초래한다는 점이다. 사실 문화 '일반'에 대해 이야기하는 것조차 아주 어려워진다. 왜냐하면 전문화가 '하위문화' 또는 사적 세계 — 인류학적인 의미에서의 — 를 만들어낼 뿐만 아니라, 그것들이 다시 사적 언어와 사적 기호 그리고 상징을 만들어내고, 또 이것들이 (재즈 음악가의 경우에서 가장 분명하게 드러나듯이) 자주 '공적' 문화세계로 스며들기 때문이다.

오늘날 문화는 사람들이 살아가는 사회를 비록 전혀는 아니더라도 거의 반영할 수 없다. 사회관계 체계는 매우 복잡하고 분화되어있고, 경험은 매우 전문화되고 복잡해지거나 이해할 수 없기 때문에, 하나의 경험을 다른 경험과 관계지어주는 공통의 상징을 발견하기가 어렵다.

19세기에는 소설이 표현의 '매체'였다. 역설적이게도 소설의 기능은 사실을 보고하는 것이었다. 19세기에 사회계급들이 서로 대결하기 시작했을 때, 매너와 도덕에 대한 인생극 속에는 각 계급이 어떻게 살았는지 또는 사회적 사다리를 올라온 개인들이 어떻게 새로운 계급의 스타일과 양식을 익혔는지 아니면 어째서 그것에 실패했는지에 관한 호기심으로 가득했다. 그리고 일의 성격에 관한 관심 역시 많았다.

오늘날 매우 분화된 사회구조는 소설가가 (또는 사회학자조차도) 일의 세계의 본질을 정밀하게 탐색하기 어렵게 만들고 있다. 따라서 사회비평처럼 소설도 소비양식을 다루거나 소외와 관료제화라는 테마 속에서 벌집처럼 복잡한 사회구조에 대한 작가의 적개심을 성찰하지, 좀처럼 일의 경험을 다루지 않는다. (조지프 헬러Joseph Heller의 최근 소설인 『무슨 일이 있었지』*Something Happened*는 일을 배경으로 하고 있지만, 우리는 주인공이 무슨 일을 하는지 또는 그 회사가 무엇을 만드는지 전혀 알 수 없다. 그것은 자기 자신에 대한 하나의 긴 모놀로그다.)

사회에서의 경험이 더 이상 문화로 일반화될 수 없는 경우에, 문화 자체는 사적인 것이 되고, 개인의 예술은 기술적이거나 연금술적인 것이 된다. 세기의 전환기에 비평가의 기능은 회화나 음악에서 수행되는 새로운 창조적 실험들을 조정하고 그것들을 설명하기 위한 공통의 미학을 발견하는 일이었다. 오늘날에는 음악을 회화에 또는 회화를 음악에 융합시킬 수 있는 비평가는 전혀 없다. 그리고 이것은 아마도 비평가의 잘못은 아닐 것이다. 심지어 예술도 고도로 기술적이 되었다. 문학에서 신비평(New Criticism)은 소설의 거장들이 이룬 기술적 혁신과 병행하는 것이었고, 추상적 표현주의 회화는 복잡한 의도를 가지고 표면과 공간을 새롭게 강조했다.

(문학과 회화 모두에서) '모던한 것'을 감상하는 데서 겪는 실제적 어려움은 난해함 자체가 유행하고 또 보급자와 모방자들을 통해 소비문화에 널리 알려짐으로써 가려져 버렸다. 오늘날 유일한 진정한 아방가르드 운동은 음악 내에만 남아있는데, 그 까닭은 새로운 전자음악, 베베른(Anton von Webern) 이후의 조성(調聲), 음렬음악(serial music)의 새로운 수학이 너무나도 기술적이어서, 일반 공중은커녕 비평가들조차도 그것을 다른 예술과 중개하는 역할을 하기가 어렵

기 때문이다.

팝아트의 등장, 음악에서의 우연적 요소의 도입, '정크'(Junk)의 심미적 평가, 그리고 회화, 조각, 음악, 댄스를 하나로 융합하는 '해프닝'(happenings)의 유행—이 모든 것은 예술의 기술적·연금술적 요소에 대한 반발을 반영한다. 이러한 경향은 둔감한 공중에게 충격을 주는 새로운 방법일 뿐만 아니라 전통적 (그리고 공식적) 장르 개념에 대한 새로운 종류의 위협이기도 하다. 존 듀이(John Dewey)가 "예술은 경험이다"라고 말할 수 있었다면, 이 실천가들은 "모든 체험이 예술이다"라고 말하고 있다. 실제로 그들은 모든 예술의 융합을 역설하며 전문화를 거부한다. 그들은 예술 간의, 그리고 예술과 경험 간의 모든 경계를 지우라고 주장한다.

표현형식의 분리: 은유에서 수학으로

'현실'은 항상 추론에 의거하며(누가 관습을 본 적이 있는가?), 따라서 우리는 현실을 묘사하기 위해 개념을 이용한다. 문화의 역사를 놓고 볼 때, 이러저러한 경험양식은 항상 개념의 주요한 원천이 되어왔다. 우리의 경험 분리를 심화시키는 것이 바로 언어에서의 변화— 추상적 사고양식의 확장—다.

원시적 세계관 속에서 (그리고 선종禪宗과 같은 정교화된 원시주의 속에서) 세계는 직접적으로 그리고 구체적으로 제시되었다. 그리스의 우주진화론은 우리에게 첫 번째 수준의 추상적 표현형식을 제공했다. 은유는 소크라테스 이전에 도입되었다. 플라톤이 조물주(Demiurge)라는 관념과 함께 상징을 도입했고, 아리스토텔레스가 비유를 도입했다. (우리의 전통적인 사고양식은 세 가지 모두를 사용한다. 심상imagery은 시각적, 청각적 또는 촉각적일 수 있지만, 그것은 세계를 '묘사할' 때 은유, 상징 또는 비유의 기법을 이용한다.)

기독교적 사고에서 파생한 신학적 담화는 상징 — 십자가, 메시아, 구세주의 현현, 성체 — 으로 흠뻑 젖어있고, 그 언어는 신비성과 퍼스낼리티 — 은총, 카리스마, 카이로스(kairos), 열정이나 고통, 의례 —를 강조한다. 신학적 신념의 붕괴와 과학적 세계관의 등장은 물리학과 자연과학을 왕좌에 올리며, 우리에게 18세기와 19세기에 기계적 우주론 — 기계 또는 천체시계로서의 세계라는 이미지 — 을 가져다주었다. 이 정연한 세계는 두 개의 이미지 속에서 그 징짐에 도달했다. 그 하나가 피에르-시몽 라플라스(Pierre-Simon Laplace) 의 『천체역학』(*Mécanique céleste*)의 아름다움과 정교함이다. 거기서 우주는 하나의 보석 역할을 한다. 다른 하나는 '존재의 대사슬'(great chain of being)이라는 관념이다. 그 속에서 모든 창조물은 하나의 완벽한 실에 의해 결합되어있다. 알렉산더 포프(Alexander Pope)의 표현으로,

존재의 대사슬! 신으로부터
영묘한 자연, 인류, 천사, 인간,
야수, 새, 물고기, 눈으로 볼 수 없는 것,
망원경으로 볼 수 없는 것까지, 무한에서부터 그대에게까지……

이제는 초기 자연과학이 한때 신학에서 파생된 분석의 언어를 빼앗아갔다. (화이트헤드Alfred Whitehead의 지적처럼, 시詩가 과학에 의해 사실의 세계로부터 추방되어 모호함을 자신의 표현양식으로 삼게 된 반면, 근대 실존주의 신학은 패러독스 속에서 자신의 양식을 발견한다.) 힘, 운동, 에너지, 동력이 사회과학에서 핵심적 용어가 되었다(그리고 이러한 용어가 물리학에서는 구체적 지시대상을 가지고 있지만, 사회과학에서는 거의 조작적 구체성도 가지지 못한다). 그러나 자연과학

이 발전함에 따라, 사회과학에 물리학에서 파생된 은유에 새로운 생물학적 유추가 덧붙여졌다. 진화, 성장, 유기적 구조와 기능 등의 용어들은 아주 최근까지 사회학이 사용한 언어였다.

19세기에 사회과학이 그 자신의 용어 — '경제인', '심리학적 인간', '자본주의' 등 — 를 발견하기 위해 노력했을 때조차, 그것은 '개념적 실재론'(conceptual realism) 또는 화이트헤드가 '전도된 구체성의 오류'(fallacy of misplaced concreteness)라고 부른 것으로 이어졌다. 그러한 물화(reification)의 함정을 피하기 위해 "자신의 독자적인 언어"를 찾고자 하는 노력은 (탤콧 파슨스가 『사회적 행위의 구조』 *The Structure of Social Action*에서 예증했듯이) '분석적 추상화'(analytical abstraction)를 낳았다. 따라서 사회학의 이론구성은 파슨스의 행위도식에서의 유형변수(patterned variables)처럼 소수의 기본 공리와 실제적인 분석적 개념들로부터 파생된 고도로 연역적인 체계가 되었다. 그러한 체계 속에서 경험적 지시대상들은 더 이상 구체적인 실체들 — 개인, 사회 등 — 을 나타내지 못한다.

그러나 지식의 보다 일반적인 발전 속에서 볼 때, 오늘날 지적 언어의 지배적 양식은 수학적 언어다. 특히 새로운 '지적 기술'(선형 프로그래밍, 의사결정이론, 시뮬레이션) 속에서 우리는 변수, 파라미터, 모델, 추계과정, 알고리듬, 발견법, 미니맥스, 그리고 사회과학이 채택하고 있는 여타 용어들을 가지고 있다. 하지만 영향력 있는 수학의 유형은 고전역학의 결정론적 계산법이 아니라 확률의 계산법이다. 인생은 하나의 '게임' — 자연과의 게임, 인간 대 인간의 게임 — 이고, 사람들은 합리적인 전략, 즉 최대 위험에서 최대 이득을 얻고 최소 위험에서 최소 이득을 얻는 전략을 따른다. 다시 말해 사람들은 효용선호이론(utility preference theory)의 가장 멋진 용어로 '후회의 기준'(criterion of regret)이 제공하는 이득을 추구한다.

그러나 이 모든 것은 하나의 역설로 이어진다. 즉 근대의 어휘는 순수하게 합리적이며, 자기충족적인 수학적 공식 이상의 어떤 지시 대상도 가지지 않는다. (물리학에서 그리고 지금은 또한 다른 과학들에서처럼) 근대우주론에서 그림이 사라졌고, 단어도 사라졌다. 우아함 이외에 남아있는 것 ─ 하지만 여기서조차 우아함은 형식적 정교함의 우아함이다 ─ 은 추상적 공식뿐이다. 그리고 그러한 공식 아래에는 우리가 이전에 알고 있던 것과 같은 영원하고 보편적이고 불변하고 쉽게 식별할 수 있는 자연법칙은 전혀 존재하지 않는다. 그 밑에 존재하는 것은 불확실성과 시간적·공간적 순서의 붕괴다.[5]

그리하여 우리의 어휘는 (비록 신비적이지는 않지만) 추상적인 세계관을 강화한다. 그리고 이것이 사실과 경험의 일상적 세계와 개념과 질료의 세계 사이에서 일어나는 끝에서 두 번째 분리다.

거리의 소멸

우리는 모든 문화가 일정한 방식으로 일관성을 이루고 있다고 가정한다. 그리고 우리는 그것을 문화양식이라고 불러왔다. 종교문화는 다른 대부분의 문화보다 더 강한 통일성을 지니고 있다. 왜냐하면

---

5) 내가 이해한 바로는 소립자 물리학의 세계는 이 환영을 잡는 일에 미혹되어 당황하다가 은유 ─ '팔도설'(eightfold way), '참 쿼크'(charmed quarks) ─ 로 되돌아왔다. 물리학의 역사는 물질의 궁극적 단위를 찾는 것이었다. 그러나 결국 그러한 실체는 존재하지 않고 다만 관찰자의 위치에 따라 또는 소립자들 자체의 서로 다른 붕괴율(이는 그것들의 변화하는 관계와 함수관계에 있다)에 따라 변화하는 일단의 관계들만이 존재한다는 것이 입증될 것이다. 그리하여 우리는 결국 아낙시만드로스(Anaximandros, 고대 그리스의 자연철학자─옮긴이)가 그랬던 것처럼 경계 없는 '무한'에 직면할 것이다.

종교문화의 모든 요소가 어떤 공통의 목적을 지향하고 있기 때문이다. 종교 문화의 요소들은 신비함을 강조하고 경외감을 만들어내고 찬양하고 초월한다. 분위기 속에서 강조되는 이러한 통일성이 그 문화의 건축양식, 음악, 회화, 문학—그것의 뾰족탑, 성찬식, 호칭 기도, 형상의 공간적 표현, 성서에서 나타나는—을 하나의 실처럼 관통한다. 세속문화는 좀처럼 이러한 의식적 목적을 가지지 않는다. 하지만 세속문화도 역시 리듬과 분위기 속에서 표현되는 공통의 양식을 가지고 있다. 우리는 이를테면 바로크, 로코코 또는 매너리즘 양식에 대해 이야기한다. 그리고 이러한 양식들은 기법들—이 기법들은 문명의 근원적 요소들에 대한 반응들이다—로 전환된다. 또한 그러한 양식들은 인식되지만, 종종 의식적으로 표현되지는 않는다. 그러한 요소들은 문화의 모든 측면에 침투되어, 다양한 방식으로 표현된다. 고급문화(또는 순수문화)와 대중문화(오락문화)를 대비시키고 후자를 전자의 타락이나 변질로 파악하는 것은 오늘날의 비평가들 사이에서 흔히 있는 일이다. 하지만 둘 모두는 하나의 **공통문화**의 일부로 가정되며, 그것들은 어떻게든 공통의 근원적인 리듬이나 분위기를 표현해야만 한다.

하지만 만약 우리가 어떤 단일 시점에서 그러한 '세계'를 독특하게 정의할 수 있는 어떤 전체론적 원리가 존재한다고 가정하고(이를테면 헤겔이 그리스 세계나 로마 세계 또는 기독교 문명에 대해 이야기할 수 있었던 것처럼), 문화를 그러한 방식으로 바라보는 것은 오해를 낳을 수도 있다. 과거의 문화를 단일한 통일된 테마와 관련하여 생각하는 것이 유익한 것인가라는 역사적 문제는 논외로 하기로 하자. 우리가 그렇게 할 수밖에 없는 까닭은 그것이 이미 우리의 담론 언어로 주어져 있기 때문이다. 하지만 우리가 근대성을 정의하는 단일한 원리를 발견할 수 있을까? 그것은 그 자체로 파악하기 어려운 원리를 애타게 찾는 것과는 다른 것이다. 나는 우리가 그것을 발견할 수 있다고 생각하지 않는다. 그리고 나는 나의 주장을 뒷받침하기 위해 네 가지 논거를 제시할 것이다.

문화적 경험의 다양성

대중사회의 가장 현저한 측면은 그것이 광범위한 대중을 사회에 통합시키면서도 더 많은 다양성과 변종을 만들어내고 경험에 대한 강렬한 갈망을 창출한다는 점이다. 왜냐하면 세계의 점점 더 많은 측면—지리적, 정치적, 문화적 측면—이 일반인들의 시야에 들어오기 때문이다. 이와 같은 지평선의 확대, 예술의 다양한 융합, 그리고 새로운 것의 탐구—이것이 발견을 위한 항해든 또는 스스로를 다른 것과 구분하고자 하는 속물적 노력이든 간에—는 새로운 양식, 즉 근대성의 한 유형을 창출한다.

문제의 핵심은 문화라는 관념이 지니고 있는 의미다. 사람들이 (거의 세균배양bacterial culturem, 즉 독특한 식별 가능한 변종의 번식이라는 의미에서) 하나의 '고전문화' 또는 하나의 '가톨릭문화'에 대해 말할 때, 사람들이 생각하는 것은 그 역사의 경과 속에서 동질적인 어떤 양식을 획득해온, 오랫동안 결합되어온 일단의 신념, 전통, 의례, 훈령들이다. 그러나 근대성은 특이하게도 지나간 것으로서의 과거와 단절하고, 자신을 현재 속으로 발진시킨다. 알렉시스 드 토크빌(Alexis de Tocqueville)은 이렇게 말했다. 귀족사회는 왕에서부터 농민에까지 이르는 공동체의 모든 성원을 하나의 사슬로 묶어놓았다. 민주주의는 그 사슬을 끊고 그 모든 고리를 절단했다. 드 토크빌은 계속해서 이렇게 말했다. 그 결과 민주주의는 "모든 사람이 선조를 잊게 만든다." 월트 휘트먼(Walt Whitman)과 같은 사람에게 이것은 매력적인 생각이었다. 휘트먼은 이렇게 선언했다. 우리의 '적(敵)'은

'문화'라는 말과, "군주의 은혜를 은연중에 드러내고…… 전적으로 카스트 관념 위에 구축된" 문학이다. 드 토크빌이 볼 때, 근대성의 특징적 측면은 "시간의 씨줄이 매 순간 끊어지고 세대의 궤적이 지워진다는 사실이었다.

근대성은 '새로운 것의 전통'으로 정의되어왔다. 그러한 조건하에서는 아방가르드조차 불가능하다. 왜냐하면 아방가르드는 그 성격상 어떤 특정한 전통을 거부하는 것이기 때문이다. 아방가르드의 독특한 전략은 스캔들이다. 근대문화에서 스캔들은 단지 또 다른 센세이션으로서만 열성적으로 추구된다. 근대성은 자신이 태연하게 서양의 과거, 비잔틴의 과거, 동양의 과거(그리고 그것들의 현재)의 요소들을 자신의 잡동사니 문화 속으로 받아들이는 것과 마찬가지로, 아방가르드 역시 자신의 문화 속으로 재빨리 받아들임으로써 아방가르드를 거세한다. 종래의 문화개념이 연속성에 기초해있다면, 근대 문화개념은 다양성에 기초하고 있다. 종래의 것들이 전통을 존중한다면, 현대의 이상은 융합이다.

100년 조금 더 전까지 영미 세계의 교양 있는 담론들은 고전 문필가, 라틴의 시인, 그리스와 르네상스의 예술, 프랑스의 철학자들(볼테르Voltaire와 루소), 그리고 대부분이 칼라일의 번역을 통해 소개된 일부 독일 문학에 한정되어있었다.[6) 지리학적으로 말하면, 오늘

---

6) 화이트헤드는 『과학과 근대세계』(*Science and the Modern World*)에서 "18세기에 교육받은 사람이면 누구나 루크레티우스(Lucretius)를 읽고 또 원자(原子)에 대한 관념들에 대해 생각했다"라고 기술했다. 그리고 랠프 월도 에머슨(Ralph Waldo Emerson)이 그의 첫 번째 해외여행에서 현대 유럽 지식인들을 만났을 때, 그들의 담론 범위 역시 하나의 공통의 틀을 가지고 있었다. 그는 워즈워스에 대해 이렇게 쓰고 있다. "대화는 책에 의존했다. 그는 루크레티우스를 버질(Virgil)보다 훨씬 높은 수준의 시인으로 평가했다. ……그는 계속해서 괴테의 『빌헬름 마이스터』(*Wilhelm Meister*)를 매도했다. 그것은 온갖 종류의 우상숭배

날 세계의 경계는 무너졌다. 그리고 문학, 회화, 조각, 음악이라는 전통적 틀 내에서는 물론 그러한 틀 외부에서도 예술의 범위는 거의 무한하다. 이를테면 예술시장이 국제화되어, 폴란드 화가가 파리에서 전시회를 열고, 미국 그림이 영국에서 팔린다. 그리고 이제 연극은 국경을 무시한다(따라서 체호프Anton Chekhov, 스트린드베리Johan Strindberg, 브레히트Bertolt Brecht, 오닐Eugene O'Neill, 테네시 윌리엄스Tennessee Williams, 지로두Jean Giraudoux, 아누이Jean Anouilh, 이오네스코, 주네, 베케트의 작품이 파리, 런던, 뉴욕, 베를린, 프랑크푸르트, 스톡홀름, 바르샤바 그리고 여러 대륙의 100개 이상의 다른 도시에서 동시에 공연된다). 게다가 문화의 범위가 매우 확산되고 관심 '주제'가 급격히 증가하여, '교양'인을 진정으로 정의할 수 있는 무게중심을 발견하는 것도 거의 불가능하다. 현대예술의 대(大)전시장에서는 세계 문화를 알고자 하는 사람들을 위한 전시가 엄청나게 많이 열리고 있다.[7)]

로 가득했다." 칼라일에 대해서는 이렇게 썼다. "그는 플라톤을 읽지 않는다. 그리고 그는 소크라테스를 폄하했다. ……그는 기번(Edward Gibbon)을 '옛 세계와 새로운 세계를 잇는 훌륭한 다리'라고 불렀다. ……『트리스트럼 샌디』(*Tristram Shandy*)는 『로빈슨 크루소』(*Robinson Crusoe*) 이후 그의 최고의 책 중 하나였다." Emerson, *English Traits*(Boston: Houghton Mifflin, 1876), pp. 14~24를 보라.

7) 수년 전에 스탠리 에드가 하이먼(Stanley Edgar Hyman)은 다음과 같이 지적했다. "테이프 녹음과 LP 레코드의 발명은 그것의 폭발적인 생산 및 판매와 함께 보급판 책보다 훨씬 더 큰 문화혁명을 가져올지도 모른다. 그리고 그것들은 분명 어떤 출판형태보다도 시(詩) 출판을 망하게 했다. 글자 그대로 수백 개의 회사 ─ 일부는 매우 작은 규모다 ─ 가 헤아릴 수 없을 만큼 많은 레코드를 생산한다. 그리하여 광범위한 다양한 음악을 어디서나 접할 수 있게 되었고, 그것에 자극되어 친숙한 시설 외부에서도 라이브 음악에 대한 수요가 증가하고 있다. 기술적으로는 하이파이 스테레오 사운드로 재생된 소리는 20년 전만 해도 상상할 수 없는 음질과 음색의 것이다. 한 단일 회사, 즉 포크웨이스(Folkways)

그렇다면 문화란 무엇인가? 그리고 누가 교양 있는 사람인가? 담론공동체란 무엇인가? 이러한 질문이 어떤 단일한 답변을 가진다는 것을 부정하는 것이 바로 근대성의 본질이다.

중심지의 부재

분산감(分散感)이 들게 하는 것은 문화적 차원이 당혹스러울 만큼 다양하다는 사실(그리고 그 실천가들 ─ 진지한 전문가, 반전문가, 아마추어 ─ 이 크게 증가했다는 사실)만이 아니다. 그러한 의식은 권위를 제공하는 지리적 또는 정신적 중심지, 그리고 주요 화가, 음악가, 소설가들이 만나 서로를 알게 되는 장소가 부재한다는 사실에서도 기인한다. 과거에는 '고급문화'를 가진 사회는 거의 모두가 어떤 중심지 ─ 아고라나 피아자 또는 시장 ─ 를 가지고 있었다. 예술가들은 그곳에 모여 의견을 교환하고 경쟁하고 논쟁을 벌이면서 서로를 자극했고, 그러한 교류로부터 활기를 만들어내거나 끌어냈다. 20세기의 초기 시대(로저 샤툭Roger Shattuck이 '연회의 시대'banquet years 라고 불렀던 시대) 동안과 그 후 1920년대에는 파리가 그러한 중심지였다. 그곳에서 모든 예술가가 서로를 자극하며 어떤 식으로든 교류했다. 포킨(Michel Forkine)의 발레에서 샤갈(Marc Chagall)이나 피카소가 장식을 맡고, 스트라빈스키(Igor Stravinsky)나 사티(Erik Satie)가 음악을 맡았을지도 모른다. 영국에서는 퍼블릭 스쿨 그리고 옥스

는 수백 장의 포크 음악 레코드를 발매했고, 그중 일부는 알래스카와 허드슨만의 에스키모 음악이나 말라야의 테미아르 드림 송과 같이 이국적이고 예상치 못한 것이었다. 그리고 누구라도 가격을 지불하면 한 세대 전만 해도 세계의 거대 기록보관소 중 그 어떤 곳도 모으지 못했던 수집물을 가질 수 있다. 얼마 전까지만 해도 포크송에 관심이 있는 운 좋은 세계 여행자나 바쁜 일생 동안에 그렇게 많은 포크송을 들을 수 있었다." Norman Jacobs ed., *Culture for the Millions?*(Princeton: Van Nostrand, 1961), p. 126에서 인용함.

퍼드 대학교, 케임브리지 대학교, 런던 대학교라는 견고한 트라이앵글을 통해 엘리트 성원들이 서로 직접적인 학문적·사회적 친분을 쌓을 수 있었다. 어빙 크리스톨은『인카운터』(*Encounter*) 1955년 10월호에 다음과 같이 썼다. "나를 놀라게 했던 것 그리고 어떤 미국인을 놀라게 한 것은 거의 모든 영국 지식인이 친척—물론 글자 그대로가 아니라 공허한 레토릭 이상의 은유적 의미에서—이었다는 점이다. ……그들은 같은 퍼블릭 스쿨에 다녔다(이튼학교에서 조지 오웰 George Orwell을 알게 된 것으로 보이는 사람들의 수는 그에 대한 책을 쓰는 사람들의 수와 거의 비슷하다). 또는 누군가의 아버지가 다른 누군가의 아버지가 발행하는 잡지의 기고자였다. 그리고 기타 등등. 정말로 아주 작은 섬이다."

미국은 그러한 중심지를 가진 적이 없었다. 19세기 중엽에 보스턴이 통합의 근거지가 되어 교회, 부(富), 문화의 혼합을 통해 일종의 스타일을 만들어냈다. 그러나 그 통일성은 뉴잉글랜드 스타일이어서, 그 자체로 '자기 패배적'이었고, 따라서 결코 나라 전체를 지배할 수 없었다. 19세기 말경에는 뉴욕이 야심 있는 벼락출세자 사회의 중심지가 되어, 일정 정도 문화적 중심지 구실을 하기도 했다. 그러나 그곳은 자신들을 드러내기 시작했던 미국의 서로 다른 지역 문화—중서부, 국경의 여러 주(州), 남부, 남서부—를 결코 포괄할 수 없었다. 제1차 세계대전 직전과 직후에 그리니치 빌리지가 그 지역의 지형도의 중심과 상징으로 급속히 성장했지만, 뉴욕은 미국 문화의 한 가지 요소, 즉 아방가르드 문화만을 그것도 잠시 동안만 대변했다. 왜냐하면 그곳이 대체로 파리로 가는 길의 중간역으로 기여하고 있음이 판명되었기 때문이다.

나라의 엄청난 크기와 인종집단과 종교집단의 이질성 때문에, 미국 지식인들은 크리스톨의 표현을 빌리면 "말하자면 서로를 어둠 속에서 만났다." 큰 잡지의 편집자라고 하더라도 정치, 드라마, 음악 분야의 저명인사를 만날 기회는 거의 없었다. 정치인들은 워싱턴에 있었고, 출판인과 연극인들은 뉴욕에, 영화인들은 로스앤젤레스에 있었고, 대학교수들은 나라 이곳저곳의 큰 대학에 흩어져있었다. 오늘날 대학은 미국의 문화세계에서 지배세력이 되었다. 즉 많은 소설가, 작곡가, 화가, 비평가들이 널리 흩어져있는 대학에서 자신들의 안식처를 발견했다. 그리고 문학 및 문화와 관련한 주요 계간지의 대다수가 그곳에서 편집되고 있다.

뉴욕처럼 거기에 출판, 연극, 음악, 회화의 정평 있는 더 큰 중심지가 존재할 때조차, 거기에 모여든 엄청난 사람들은 전문성을 크게 강조하며 서로를 전문 예술가들로 구획하여 고립시킨다. 소수의 화가만이 연극인이나 음악가 또는 작가를 알고 있다. 작곡가는 작곡가와 대화하고, 화가는 화가와, 작가는 작가와 대화한다. 과거에는 자신들이 하나의 아방가르드를 형성하고 있다고 생각한 독특한 소수집단들이 동일 분야에서 실험하는 다른 사람들과 의식적으로 친교를 나누고자 했다. 그러한 사람들은 공통의 반항적 분위기나 공통의 미학에 근거하여 결합했다(이탈리아의 미래파의 경우처럼, 그들은 때로는 두 가지 모두에 의해 결합되었다). 오늘날의 세련된 열렬한 관중은 어떤 아방가르드가 반항을 선언할 기회를 가지기도 전에 그것을 재빨리 낚아채어 채택한다. 그리고 예술에서 일어나는 실험이 점점 더 기술적 성격을 띠게 되면서, 그것이 음악에서의 음열작곡이든 또는 회화에서의 미니멀리즘이든 간에 공통의 미학을 가지기가 어려울 것으로 보인다. 과거에는 이러한 기술적 고려사항들의 간극은 여러 분야를 쉽게 넘나들며 그것들 간을 공통의 가교로 연결시켜주는 능력을 지니고 있던 아폴리네르(Guillaume Apollinaire)와 크라우스(Karl Kraus) 같은 지식계급이나 비평가들에 의해 메워졌다. 그러나 오늘날에는 비평가조차도 전문가이고, 구획은 점점 더 밀폐되고 있다.

1930년대에는 마르크스주의를 통해 문화가 정치화되었다. 그 때문에 당시에는 특정한 기준을 가진 하나의 단일한 미학이 서로 다른 예술들을 설명했지만(따라서 비평가들은 하나로 통합된 문화 관념을 위해 그러한 단일 기준을 기계적으로 적용했지만), 그러한 과격한 세계가 예술가, 작가, 음악가에게는 공통의 환경을 제공했다. 오늘날과 같이 정치적으로 통합된 세계는 사라졌고, 전문적 결속, 또는 이따금씩의 학문적 결속을 제외하고는 공통의 환경은 존재하지 않는다.

가장 놀라운 것은 국가문화의 고립성이다. 1920년대와 1950년대의 지식인과 문필가들은 서로 잘 알고 있었고, 국제적인 교류도 상당 정도 이루어지고 있었다. 1920년대에는 T.S. 엘리엇의 『크리테리언』(*Criterion*)과 1950년대의 『파르티잔 리뷰』에 서로 다른 도시로부터 날아온, 예술과 문화의 새로운 테마를 보고하는 긴 논문이나 '편지'가 실렸다. 오늘날 이러한 교류의 결여는 이 영역이 활기를 잃게 하고 있다. 얼마간은 문필가와 지식인들이 자신들이 속한 사회의 정치에 더 열중하고 있기 때문일 수도 있다. 또는 어쩌면 예술이 더 기술적이 되고 전문적이 되었기 때문일 수도 있다. 그러나 나는 모더니즘의 고갈이 더 큰 원인이라고 제시하고자 한다. 모더니즘은 그 전성기에 새로운 혁명적 운동들―미래파, 이미지즘(imagism), 소용돌이주의(vorticism), 큐비즘, 다다이즘, 구성주의, 초현실주의 등등―을 (각각의 선언과 함께) 벌였다. 모더니즘은 새로웠고 뉴스였다. 그것은 새로운 미학, 새로운 형식, 새로운 스타일을 선언했다. 하지만 그러한 이즘(ism)들도 오늘날에는 시대에 뒤진 것이다(또는 누군가가 재치 있게 표현한 것처럼, 모든 '이즘ism'은 '워즘wasm'이다). 그리고 거기에는 중심지는 없고 단지 주변만이 존재할 뿐이다.

문화는 중심지가 자리하고 있는 곳에서, 그리고 사람들 간의 상호 작용 밀도가 집중 효과를 불러일으켜서 관련자들의 노력에 생기를 불어넣는 곳에서 번성한다. 모더니즘 문화에는 중심지가 (국내적·국제적으로 모두) 존재하지 않는다는 것, 그리고 문화가 구획화된 단편들로 파편화되어 있다는 것은 필연적으로 전체 사회의 문화를 떠받치는 담론을 해체시키는 경향이 있다.

시각 문화

근대성이 고급문화에 대항하는 가장 중요한 방식 중 하나는 단일한 예술 위계 관념 또는 문화의 통일성(이를테면 페리클레스 시대의 그리스, 이탈리아 르네상스 시대의 도시국가, 엘리자베스 1세 시대의 영국)을 부정하는 것이었다. 그러한 통일성은 근대세계에서는 이제 더 이상 가능하지 않으며, 어쩌면 사람들이 가정하는 것과는 달리 이전 시대에도 역시 그러한 통일성은 존재하지 않았을 수도 있다.[8] 이를

---

8) 그리스 시대에 시작된 서구문화는 항상 (여가와 노동 간의 구분에 병행하여) 창조적 예술과 실용적 예술을 구분해왔다. 비천한 장인을 높이 평가한다고 비난받은 교회조차도 그러한 구분을 받아들였다. 아마도 그 이유는 가톨릭교회가 역사적으로 여가와 노동이 날카롭게 분리되어있던 시기에 그 정점에 있었기 때문일 것이다. 명상적 예술로서의 문학과 음악은 항상 판테온(pantheon)에 있었다. 하지만 그 직업 지위가 보다 애매했던 회화와 조각이 거기에 포함되었던 것은 부분적으로는 그러한 예술이 종교적 권위를 강화하는 데 기여했기 때문이고, 부분적으로는 그 작품들이 수집가들의 지위를 높일 수 있는 물건들이었기 때문이다.

매우 흥미롭게도 전통적인 중국에서는 이러한 평가에서 다소 차이가 있었다. 최고의 예술은 시, 서예, 회화였다. 그것들은 문인계급들에 의해 자신들의 즐거움을 위해 행해졌고, 그들의 동료들에 의해서만 이해될 수 있었다. 중국인들은 다른 예술표현 형태들 ─ 조각, 청동제품, 가사용 및 장례용 도자기 ─ 은 그저 장인의 산물로 간주했다. 중국에 대한 논의에 대해서는 Mario Prodan, *Chinese Art*(New York: Pantheon, 1958), pp. 24~26을 보라.

테면 마이어 샤피로(Meyer Schapiro)는 다음과 같이 쓰고 있다.

영국에서 엘리자베스 1세 시대의 시와 드라마에 상응하는 회화양
식을 찾아보는 것은 허사다. 즉 19세기의 러시아에서와 마찬가지
로 그 시대의 회화에는 위대한 문학운동에 진정으로 대응할 만한
것은 존재하지 않았다. 우리는 이들 사례에서 다양한 예술들이 한
시대의 문화와 사회생활에서 서로 다른 역할을 하고 있고 그것들
의 스타일뿐만 아니라 내용 속에서도 서로 다른 관심과 가치를 표
현하고 있다는 것을 알 수 있다. 한 시대의 지배적 전망—설령 그
것을 분리해낼 수 있다고 하더라도—이 모든 예술에 똑같은 정
도로 영향을 미치는 것은 아니며, 또한 모든 예술이 동일한 전망을
똑같이 표현할 수 있는 것도 아니다.[9]

헨리 스튜어트 휴스(Henry Stuart Hughes)가 회상한 헨리 애덤스
(Henry Adams)의 논평에 따르면, 1800년에 미국이 가지고 있던 문화
적 능력은 전적으로 신학, 문학, 수사에 거의 전적으로 국한되어있었
다. 즉 시각예술과 감각적 소비의 영역은 실제로 전혀 존재하지 않았
다.[10] 오늘날 '지배적 전망'은 시각적이다. 소리와 시각 그리고 특히
후자가 미학을 조직하고 관중을 모은다. 대중사회에서 다른 방법으
로 그렇게 한다는 것은 거의 불가능할 것이다.[11]

---

9) Meyer Schapiro, "Style," in Sol Tax ed., *Anthropology Today*(Chicago: University of Chicago Press, 1953), p. 295.

10) H. Stuart Hughes, "Mass Culture and Social Criticism," in *Culture for the Millions?*, p. 143.

11) 감성의 역사—이례적으로 무시되어온 분야—를 놓고 볼 때, 놀라운 것은
16세기 프랑스 시인들의 수사적 표현이 후각, 미각, 청각을 강조하고 있지만
독자에게 그러한 '실체'를 제시하기 위해 특정 개인이나 장소를 '묘사'하거

대중오락—서커스, 쇼, 연극—은 항상 시각적이었다. 그러나 현대적 삶에는 시각적 요소가 강조될 수밖에 없는 두 가지 측면이 있다. 첫째, 근대세계는 도시세계다. 대도시의 삶과 그곳에서의 자극과 사교성을 정의하는 방식은 사람들이 (읽거나 듣는 것보다) 보는 것에, 그리고 보기를 원하는 것에 우위성을 부여한다. 둘째는 현대의 기질과 관련한 것으로, 그것은 행위(명상과 대비되는 것으로서의)에 대한 열망, 새로움의 추구, 감각에 대한 갈망을 특징으로 한다. 이러한 충동을 가장 잘 채워주는 것이 바로 예술에서의 시각적 요소다.

도시는 단지 하나의 장소가 아니라 하나의 정신상태다. 즉 도시는 다양성과 흥분을 자신의 주요한 속성으로 하는 하나의 독특한 생활 방식을 상징한다. 도시는 또한 규모에 관한 감각을 가지게 해준다. 도시의 규모는 도시의 의미를 포착하려는 어떤 단일한 노력도 왜소해 보이게 한다. 도시를 '알기' 위해서는 도시의 거리를 걸어야만 한다. 그러나 도시를 '보기' 위해서는 도시 전체를 감지하기 위해 그 도시 밖에 있어야만 한다.[12] 멀리서 바라보면, 스카이라인이 그 도시를 '상징한다.' 도시의 밀집된 밀도는 인지에 충격을 주고, 도시의 실루엣은 인지 속에 하나의 표지로 계속해서 남아있다. 이러한 시각적 요소들이 바로 그 도시의 상징적 표상이 된다.

인간이 만든 도시 풍경은 그곳의 건축물과 다리에 새겨진다. 산업 문명의 핵심 물질인 철과 콘크리트는 그러한 구조물 속에서 그것들

나 시각화하지는 못한 것 같다는 점이다. 경치, 또는 땅이나 바다 풍경에 대한 수사적 표현도 전혀 나타나지 않는다. 실체는 광경보다는 냄새와 소리로 묘사되었다.

12) 이 점에 대한 상상력이 풍부한 논의로는 R. Richard Wohl and Anselm L. Strauss, "Symbolic Representation and the Urban Milieu," *American Journal of Sociology* 64(March 1958), pp. 523~532를 보라.

의 독특한 용도를 발견한다. 벽돌 대신에 철을 사용하는 것은 건축가로 하여금 건물을 '도장할' 단순한 뼈대를 세우고, 그 뼈대를 하늘 높이 솟아오르게 할 수 있게 했다. 철근콘크리트의 사용으로 인해 건축가들은 그것 나름의 자유로운 생명을 갖는 '조각 같은' 외형을 만들어낼 수 있었다. 이러한 새로운 형태들 속에서 사람들은 공간에 대한 강력한 새로운 인식과 공간 조직화를 발견한다.

이 새로운 공간개념 속에서 거리는 소멸한다. 그러나 축소되는 것은 근대 운송양식에 의한 물리적 거리만이 아니다. 보다 새로운 근대 운송양식은 여행, 그리고 매우 많은 다양한 장소를 보는 시각적 즐거움을 새롭게 강조한다. 그리고 새로운 예술기법 자체, 특히 영화와 근대회화는 보는 사람과 시각적 경험 간의 심적·심미적 거리를 소멸시킨다. 입체파가 동시성을 강조하고 추상적 표현주의가 충격을 강조하는 것은 감정의 즉시성을 강화하여 관람객들에게 경험을 숙고하기보다는 행위하게 하기 위한 노력들이다. 이것은 또한 영화의 기본적 원칙이기도 하다. 영화는 편집을 통해, 즉 이미지, 각도, 단일 장면의 길이, 장면의 '연결방식' 등을 선택함으로써 어떤 다른 현대 예술보다도 훨씬 더 감정을 '규제'한다. 근대성의 이러한 중심적인 측면들—새로움, 감각, 동시성, 충격의 측면에서 사회적·심미적 반응을 조직하는 것—은 시각예술의 주요한 표현 형태다.

근대미학에서 가장 두드러진 것은 그것이 시각적이 되었다는 것이다. 시각적 미학 속에서 댐, 다리, 저장고, 도로 유형—구조와 환경의 생태학적 관계—모두가 미학적 관심사가 되었다.[13] 20세기 초의

---

13) 이에 대해 시사하는 바가 큰 책으로는 Erich Gutkind, *Our World from the Air*(Garden City, N.Y.: Doubleday, 1952)를 보라. 그리고 1961년 9월에 버나드 루도프스키(Bernard Rudofsky)가 현대미술박물관을 위해 조직한, 길에 관한 전시회도 보라.

몇십 년 동안 (베르그송, 프루스트Marcel Proust, 조이스에서) 시간의 문제가 주요한 미학적 관심사였던 것과 마찬가지로, 공간의 조직화는 20세기 중반의 문화—그것이 근대회화, 건축 또는 조각 무엇이든 간에—에서 주요한 미학적 문제가 되었다. 이러한 시간과 공간에 대해 몰두하는 근대문화의 활력은 건축, 회화, 영화에서 가장 잘 표현되어왔다. 이것들은 20세기 중반에 중요한 예술이 되었고, 그것들이 내세운 전망이 우리 시대의 중요한 전망이 되었다. 대중사회가 고급문화에 미치는 영향에 대한 논쟁이 (그러한 논쟁이 고급문화 개념을 주로 문학과 관련하여 정식화한 인문주의자들에 의해 틀지어져 왔기 때문에) 이러한 인식을 그간 간과해왔고, 그리하여 그 논쟁은 대중문화의 본질과 관련한 가장 중요한 측면, 즉 대중문화가 시각문화라는 분명한 사실을 직접적으로 다룰 수 없었다.

나는 현대문화가 활자문화보다는 시각문화로 변화하고 있다는 것은 분명한 사실이라고 믿는다. 이러한 변화의 근원을 이루는 것은 미디어로서의 영화와 텔레비전이라기보다는 오히려 사람들이 19세기 중반에 경험하기 시작한 지리적·사회적 이동에 대한 새로운 인식과 그에 반응하여 발생한 새로운 미학이다. 촌락과 집이라는 폐쇄된 공간은 이제 여행, (철도가 만들어낸) 속도의 흥분, 그리고 산책, 바닷가, 광장 및 그와 유사한 일상생활의 경험—르누아르(Pierre-Auguste Renoir), 마네(Eduard Manet), 쇠라(Georges Seurat)와 인상파 및 후기 인상파 화가들이 아주 훌륭하게 묘사한—이 주는 즐거움에 길을 양보하기 시작했다.

마셜 맥루한의 '뜨거운' 미디어와 '차가운' 미디어의 구분, 그리고 텔레비전이 창출한 '지구촌'이라는 관념은 내게는 사소한 수준을 제외하고는 큰 의미를 지니지 않는 것으로 보인다. (만약 어떤 의미가 있다면, 더욱 광범한 커뮤니케이션 망의 확대가 더 큰 사회를 단편적인 인종적·원시적 단위로 해체시키는 경향이 있다는 것 정도일 것이다.) 그러나 지식의 형성에서 인쇄물과 영상물이 갖는 상대적 비중이 문화의 응집성에 미치는 실제적 결과는 다르다. 인쇄 미디어는 논점을 이해하거나 이미지를 성찰할 때 스스로의 속도 조절과 대화를 허용한다. 인쇄물은 단지 인지적인 것과 상징적인 것을 강조하기만 하는 것이 아니다. 그것은 또한 가장 중요하게는 개념적 사고에 필요한 양식이기도 하다. 시가 미디어 ―여기서는 영화와 텔레비전을 의미한다 ―는 그것의 속도를 보는 사람에게 강요하고, 말보다 이미지를 강조하고, 개념화가 아니라 드라마화를 유도한다. 텔레비전 뉴스가 재해나 인간의 비극을 강조할 때, 그것은 정화나 이해를 유도하는 것이 아니라 감상성과 연민, 즉 사건에 대한 곧 소멸되는 감정과 유사 참여를 통해 유사 의례를 유도한다. 그리고 그러한 양식은 불가피하게 하나의 과잉 드라마화를 초래하기 때문에 그 반응은 과장되거나 이내 싫증 난다. 무대예술과 회화도 마찬가지로 계속해서 더더욱 충격적인 표현을 하는가 하면 극단적인 상황을 찾아 나선다. 그리고 보다 최근에는 관객들이 분화됨에 따라 영화도 마찬가지가 되었다. 텔레비전은 가장 '공개적인' 미디어이기 때문에 제약이 있다. 하지만 전체로서의 시각문화는 대중문화가 받아들인 모더니즘의 충동을 표현하는 데 인쇄문화보다 더 적합하기 때문에, 문화의 의미를 더 빨리 소진시킨다.

합리적 우주의 붕괴

16세기 중반에서 19세기 중반까지의 서구 미학의 목적은 시간과 공간의 합리적 조직화와 관련한 어떤 공식적 원리를 확립하는 것이었다. 조화라는 미학적 이상은 관계적 전체와 형식의 통일성에 초점을 맞추게 하는 하나의 규제 원리로 작동했다. 르네상스 시대의 회화는 알베르티가 규정한 원리에 따라 풍경 묘사에 수학적 원리(이를테면 비율과 원근법)를 적용했다는 점에서뿐만 아니라 심도로서의 공간과 순서로서의 시간이라는 합리적 우주구조론을 예술로 번역하고자 했다는 점에서 '합리적'이다. 음악에서 서구의 독특한 특징인 화성 코드의 도입은 질서정연한 소리 간격의 구조를 만들어냈고, 그것을 통해 리듬과 멜로디를 구조적으로 조화시키고 '전경'의 멜로디와 '배경'의 화음을 균형 잡았다.

신고전파 비평가들의 기본적인 목적은 이를테면 레싱(Gotthold Ephraim Lessing)이 그의 『라우콘』(*Laocoön*)에서 그랬던 것처럼 심미적 지각의 '법칙'을 제시하는 것이었다. 그에 따르면, 서로 다른 감각 매체를 통해 작동하는 시와 회화는 각각의 창작을 지배하는 원리에서도 다르다. 왜냐하면 회화가 단지 공간 속에서 어떤 단일한 순간의 행위에만 집중할 수 있는 반면, 시는 시간 속에서 연속하는 행위를 다루기 때문이다.[14] 각 장르는 자신만의 적합한 영역이 있으며, 그것들은 혼합될 수 없다. 이 모든 것의 배후에는 근본적인 우주론적 세계의 모습이 있었다. 심도, 즉 3차원적 공간의 투영이 '내적 거리'를 만들고, 이것이 현실세계를 시뮬레이션할 수 있게 해준다. 서사는 시작, 중간, 끝의 관념을 가지고 연대기적으로 연쇄적 순서를 설정하고, 이는 전개와 종국을 인식할 수 있게 해준다.

이러한 우주론의 기원은 르네상스 시대의 공간 개념으로까지 거슬러 올라가지만, 그것은 질서정연한 우주라는 뉴턴식 세계관에 뿌리

---

14) "그 규칙은 다음과 같다. 시간의 연속은 시인의 영역이고, 공간의 공존은 화가의 영역이다. 멀리 떨어져 있는 두 시점을 하나의 같은 화폭에 함께 담는 일은…… 화가가 시인의 영역을 침범하는 것이며, 따라서 이는 결코 좋은 취미로 재가받을 수 없다." G.E. Lessing, *Laocoön* (New York: Noonday Press, 1965), p. 109.

를 두고 있다. 조안 가돌(Joan Gadol)은 다음과 같이 기술했다.

유럽 예술의 기본적인 특징은 19세기 내내 이 유클리드식 공간 개념에 의해 형성되었다. 공간적 균형의 논리는 원근법 속에서, 유기적 형태라는 이상 속에서, 고전적 질서 속에서 미학적 조화(concinnitas) 이론이 폐기된 후에도 오랫동안 지속되었다. 철학에서 경험주의가 발흥한 이후 정연한 비율은 더 이상 그 자체로 '객관적인' 것으로, 즉 자연이 현상세계의 요소들을 묶어놓는 조화로운 관계로 간주될 수 없게 되었다. 하지만 예술 공간은 여전히 기하학적 법칙을 따르는 한결같은 것으로 남아있었다. 예술 공간은 여전히 합리적인 것으로 남아서, 매너리즘에서 인상주의에 이르는 르네상스 양식의 온갖 변형태들을 통해 '규칙'에 의해 지배되고 있었다. 그리고 이는 또한 세계에 대한 새로운 예술적 이미지를 질서 지우는 공간적 직관이 하나의 이론적인 세계상을 낳았기 때문이기도 했다. 새로운 우주론이 예술적 이미지를 뒷받침하며, 이전의 심미적-형이상학적 기초를 대체했다. 우주의 동질성과 그것의 규칙적·합리적 질서에 대한 유럽의 예술적 신념을 궁극적으로 정당화시킨 것은 코페르니쿠스적인 세계체계에서 기원한 과학적 우주론이었다.[15]

---

15) Joan Gadol, *Leon Battista Alberti, Universal Man of the Early Renaissance*(Chicago: University of Chicago Press, 1969), p. 151. 시간과 공간에 대한 근대 세계관의 출현과 변형을 수학에서부터 예술에 이르기까지에 관련지어 개관한 권위 있는 연구로는 Ernst Cassirer, "The Individual and the Cosmos," Ernst Cassirer et al. eds., *Renaissance Philosophy*(New York: Barnes and Noble, 1963)를 보라.
　카시러(Eanst Cassirer)의 생각은 기이하게도 광학이론 그리고 어빈 파노프스키(Erwin Panofsky)가 제시한 화가의 공간의 시각화와 관련되어있었다. 파노프스키는 알베르티에 대해 이야기하며, 다음과 같이 기술한다. "……회

대부분의 서구 예술과 문학의 심미적 목적을 규제하는 제2의 고전적 원리는 미메시스(mimesis)의 관념, 즉 모방을 통한 현실의 해석이다. 예술은 자연의 거울이며 인생의 표현이다. 지식은 거울 이미지(Spiegelbild)를 통해 알게 된 "거기 밖에 있는" 것의 반영, 즉 감각을 통해 지각된 것으로서의 '보이는 것'의 사본이었다. 판단은 본질적으로 관조, 즉 현실을 보는 것이며, 현실의 미메시스는 그것의 가치를 투영시키는 것이었다. 관조는 관찰자에게 이론(theoria, 원래는 보는 것을 의미했다)을 만들 수 있게 해주었고, 이론은 대상 또는 경험을 이해하고 판단하는 데 필요한 시간과 공간을 확보하기 위해 자신과 대상 또는 경험 사이에 거리—일반적으로는 심미적 거리—를 두는 것을 의미했다.

모더니즘은 미메시스의 붕괴를 의미한다. 모더니즘은 주어진 것으로서의 외부 현실의 우선성을 부정한다. 그것은 그러한 현실을 재배열하거나 자신의 내부로, 즉 자신의 관심사와 심미적 선입견의 원천인 사적 체험으로 퇴각시키고자 한다. 이러한 변화는 주로 데카르트(René Descartes)의 철학에서, 그리고 칸트의 새로운 원리의 부호화에서 연원한다. 이들의 철학은 인식의 시금석으로서의 자아를, 그리고 지식의 근원으로서의 대상의 특성보다는 인식하는 사람의 활동

화를 창(窓)과 비교하는 것은 현실에 대한 직접적인 시각적 접근방식을 화가에 또는 화가의 요구에 귀속시키는 것이다. ……이제 사람들은 더 이상 아리스토텔레스가 진술하고 토마스 아퀴나스와 마이스터 에크하르트(Meister Eckhart)가 주장했던 것처럼 화가가 그의 영혼에서 이상적 이미지를 끌어낸다고 믿지 않는다. 화가는 자신의 눈에서 광학적 이미지를 가지고 작업한다. ……요컨대 헬레니즘 시대와 로마 시대의 회화에서 상정하고 제시된 공간은 피카소의 등장에 이르기까지 근대예술에서 상정하고 제시한 공간을 특징 짓는 두 가지 속성, 즉 연속성(측정 가능성)과 무한성을 결여하고 있다. Erwin Panofsky, *Renaissance and Renascences in Western Art*(Stockholm: Almqvist and Wiksell, 1960), pp. 120, 122 이하를 보라.

을 강조한다. 칸트식 혁명(그는 이를 코페르니쿠스적 혁명이라고 불렀다)에서 정신은 적극적 작인(agent)이다. 즉 정신은 비록 여전히 고정된 시간과 공간 좌표를 인식의 축으로 삼고 있기는 하지만, 세계의 큰 소용돌이 속에서 경험을 자세히 조사하고 선택한다. 하지만 단절이 일어났다. 활동 — 만들기와 실행하기 — 이 지식의 원천이 된다. 실천과 결과가 이론과 제1원인을 대체한다.

예술과 문학에서는 이러한 활동에 근거한 지식이론(activity theory of knowledge)이 종래의 미메시스 양식과 소정의 시간과 공간 좌표를 변화시키는 동인이 되었다. 그리고 우리는 관조가 감각, 동시성, 즉시성, 충격으로 대체되었음을 발견한다. 이러한 새로운 의도들이 19세기 중반에서부터 20세기 중반에 이르기까지의 모든 예술에 공통의 형식적 구문을 제공한다.

알베르티는 회화를 가시적 세계를 바라보는 하나의 수단으로 간주했다. 즉 그것이 관조의 원리의 기초이자 관찰자와 경험 간의 '거리'의 기초였다. 근대회화는 이와 전혀 다른 개념을 가지고 있다. 세잔(Paul Cézanne)에서는 미메시스로서의 자연이 부정되었다. 그의 미학 속에서 그는 현실세계의 모든 구조는 세 가지 기본적 고형물, 즉 입방체, 구체(球體), 원뿔체에 근거한 변형체들이라는 유명한 언명을 만들어냈다. 그리고 그의 회화공간은 이 세 형태 중 하나 또는 다른 것을 강조하는 평면 속에서 조직된다. 터너(Joseph Turner)와 함께 우리는 우리가 대상을 아는 대로 묘사하는 것에서 지각이라는 감각을 포착하는 것으로 데카르트적 전환을 한다. 그의 「비, 증기 그리고 속도」(Rain, Steam and Speed)에서, 즉 템스강 다리를 건너가는 기차 그림에서 우리는 이전에는 결코 본 적 없는 움직임을 포착하려는 노력을 발견한다.

공간과 운동 개념에서의 이러한 변화는 모더니즘을 그 정점으로

이끈 다양한 운동 속에서, 즉 후기 인상주의, 미래파, 표현주의, 입체
파 속에서 논리적으로 산출되었다. 그리고 이러한 새로운 목적을 표
현하기 위한 기법들이 개발되었다. 뷔야르(Jean Vuillard)의 그림에
서는 전경(前景)의 인물들이 입은 옷의 무늬가 벽지 무늬에서 반복
되고, 그럼으로써 인물과 배경이 거의 하나로 합체된다. 뭉크(Edvard
Munch)의 그림에서는 그림의 '내부 거리'가 단축됨으로써 침대 가
장자리에 앉아 있는 소녀의 그림에서처럼 전경과 배경과의 구분이
거의 존재하지 않으며, 그림은 갑자기 하나로 합체 '된다.' "우리는 셔
터를 내려야만 한다"라고 말하는 새로운 정신의 신조를 확립한 사람
은 후기 인상주의 이론가인 모리스 드니(Maurice Denis)였다. 회화는
심도의 환상, 즉 2차원 속의 3차원의 환상이 아니라 직접성의 원리가
지배하는 단일한 표면이었다.

칸트는 "시간과 공간의 범주는 하나의 선험적 종합(synthetic a
priori), 즉 사람들이 경험을 조직할 수 있게 해주는 고정된 범주라고
말했다. 그러나 빌헬름 딜타이(Wilhelm Dilthey)의 역사주의 속에서
는 현실을 경험하는 기본적인 양식인 시간과 공간조차도 고정되어
있는 것이 아니라 서로 다른 문화양식들과 함께 변화한다고 주장되
었다. 따라서 상대주의와 역사적 관점이 관찰자의 고정된 관점과 객
관적 상관물을 대체했다. 예술에서 이런 변화하는 의식은 미래파와
입체파에서 예증되고 있다.

미래파 화가에게는 시간의 거리도, 그리고 공간의 거리도 존재하
지 않는다. 그들은 자신들의 「기술 선언」(Technical Manifesto)에서 회
화를 구성할 때 자신들의 목적은 "관객을 그림의 중심에 놓는 것"이
라고 말했다.[16] 그들이 추구한 것은 객체와 감정의 일체화, 즉 관조

---

16) 「기술 선언」은 Joshua Taylor ed., *Futurism*(New York: Museum of Modern Art,

가 아니라 행위를 통한 일체화였다. 똑같이 공정하게 조수아 테일러(Joshua Taylor)는 그들은 "우리는 세계를 관객의 정신 속으로 밀어넣고 싶다"라고 말했을지도 모른다고 논평한다. 입체파 속에서는 우리는 조금 혼란스럽기는 하지만 상대성 개념에 근접하려는 노력을 발견한다. 워딩턴(Conrad Waddington)은 상대성이론에서 "우리는 고전물리학에서는 관찰되지 않았던 것 ─ 각각이 다른 것만큼 유효한 다수의 공간 프레임 ─ 을 마주해왔다"라고 기술한다. 따라서 입체파 화가에게 현실의 파악은 "모든 측면에서 동시에" 사물을 보려는, 그리고 서로 다른 대상들의 다수의 평면을 그림의 납작한 표면의 단일한 평면에 중첩시킴으로써 그러한 동시성을 인식하려는 노력을 의미했다. 하나의 시각은 동일한 평면을 동시에 자르고 있는 다수의 시각에 의해 가려진다.

따라서 사람들은 근대회화의 목적을 알게 된다. 그것은 구문론적 수준에서는 질서정연한 공간을 파괴하는 일이고, 그것의 심미적 수준에서는 대상과 관객 간을 이어주고, 자신을 관객에게 '내맡기고', 그 충격에 의해 즉시 자신을 확립하는 일이다. 사람들은 장면을 해석하지 않는다. 대신에 사람들은 그것을 하나의 감각으로 느끼고 그 감성에 휘말린다.

말라르메는 이렇게 조언했다. "〔너무나도 정확한 의미가 ─ 옮긴이가 추가함〕 당신 문학의 애매한 부분에 밑줄을 그어 그 부분을 제거하게 한다." 그러하니 야만적 현실을 너무나도 구체적으로 언급하는 모든 단어를 삭제하고, 단어 자체 그리고 표현과 문장 내에서의 단어들의 관계에 집중하라. 조셉 프랭크(Joseph Frank)는 다음과 같이 기

————————
1961), pp. 125~127에서 찾아볼 수 있다.

술했다. "그러므로 근대시에서 심미적 형식은 독자에게 언어에 대한 태도를 완전히 새로 지향할 것을 요구하는 공간 논리에 기초해있다. 어떤 단어 무리가 일차적으로 언급하는 것은 시 자체 내의 어떤 것이기 때문에, 근대시에서 언어는 실제로 성찰적이다. 의미 관계는 차례대로 연속해서 읽을 때 (단어들 서로 간에 그것들을 이해할 수 있는 어떠한 관계도 없는) 단어 무리들의 공간을 동시에 지각함으로써만 완성된다."[17]

순서가 의미를 인도하는 역할만을 상실한 것이 아니다. 하나의 단어와 하나의 의미 간의 상응도 허물어졌다. 랭보는 폴 디므니(Paul Demeny)에게 보낸 유명한 편지에서 사전의 정의, 구문의 고정된 규칙, 문법은 학자들에게는 화석(化石)에 지나지 않는다고 선언했다. 각 단어는 하나의 관념――올더스 헉슬리(Aldous Huxley)의 표현으로는 "뇌리를 떠나지 않는 수수께끼"――이다. 로저 샤툭이 지적했듯이, "진정한 고전적 글쓰기 양식은 하나의 단어는 각각의 맥락에서 하나의 분명한 논리적인 의미를 가질 것을 요구했다. [이를테면 '우리의 생각 중 하나에 부여할 수 있는 서로 다른 모든 표현 가운데 정확한 표현, 즉 올바른 표현은 하나뿐이다'라는 라 브뤼에르(Jean de La Bruyere)의 언명.] 상징주의자――특히 말라르메――가 보기에 의미는 신비성을 부여받았고, 그 의미는 각각의 단어가 가리킬 수 있는 서로 다른 방향의 수와 함께 증가했다. 자리는 시의 의미에 관한 유사한 선진적인 이론을 전개하며 하나의 텍스트에서 발견될 수 있는 모든 의미는 똑같이 정당하다고 주장했다. 이제 그릇된 의미를 추방하는 어떤 단일한 진정한 의미는 존재하지 않는다.[18]

---

17) Joseph Frank, "Spatial Form in Modern Literature," in *The Widening Gyre: Crisis and Mastery in Modern Literature*(New Brunswick, N.J.: Rutgers University Press, 1963), p. 13.

19세기 말경에 문학이 단어와 문장의 관례 내에서 파악하기 위해 노력했던 것은 연속하는 분리된 실체로서의 삶의 의미가 아니라 의식의 흐름(stream-ofconsciousness)으로서의 삶의 의미였다. 의식의 흐름이라는 용어는 윌리엄 제임스의 표현으로, 그가 1890년에 출간한 『심리학의 원리』(*Principles of Psychology*)에서 등장한다. 그것은 1892년에 출판된 보급판 『심리학 강요』(*Psychology: The Briefer Course*)에서 중심적 위치를 차지하면서 널리 알려지게 되었다. 의식의 흐름이라는 개념은 시간 간격이 있을 때도 시간이 경과된 이후의 의식은 그 간격 이전의 의식과 겹치며, 따라서 경험된 시간은 연대기적이 아니라 동시적이라는 것을 함의한다. 우리가 시간을 의식의 흐름으로 경험할 때 우리의 의미 인식에서 똑같이 중요한 것이 바로 그러한 흐름의 타동사적 요소도 실체를 표시하는 명사 항목만큼이나 의미를 지니고 영향을 미친다는 점이다. 제임스는 한 놀랄만한 구절에서 다음과 같이 쓰고 있다. "우리가 **푸르**다는 느낌 또는 **춥**다는 느낌을 말하는 것처럼 아주 쉽게 그리고(and)라는 느낌, 만약(if)이라는 느낌, 그러나(but)라는 느낌, 의해(by)라는 느낌을 말해야만 한다. 하지만 우리는 그렇게 하지 않는다. 명사 부분의 존재만을 인식하는 습관이 너무나도 뿌리 깊기 때문에, 그러한 말에 좀처럼 어떤 다른 용도를 부여하려고 하지 않는다."

전통적인 언어가 타동사의 접속사에 의해 정돈된 명사들의 의미를 고수했다면, 모더니즘 문학은 그러한 타동사의 요소들을 감정의 충동을 나르는 신경 전달 세포로 이용하여 사람들을 감각의 큰 소용돌이에 빠지게 하고자 해왔다. 이러한 노력은 귀스타프 플로베르(Gustave Flaubert)의 『보바리 부인』(*Madame Bovary*)에서 예기된다. 시

---

18) Roger Shattuck, *The Banquet Years*(New York: Random House, 1968), p. 36.

골 장날 장면에서(나는 조셉 프랭크의 설명을 따르고 있다) 거리에는
몰려들어 복작거리는 군중과 가축이 뒤섞여 있다. 거리보다 약간 높
은 연단 위에는 거창하게 연설하는 관리들이 있다. 연인인 에마와 루
돌프는 여인숙 창문으로 이 광경을 내려다본다. 둘은 일련의 행동들
을 지켜보며 거드름 피우는 말씨로 대화한다. 후에 플로베르는 이 장
면에 대해 논평하며 다음과 같이 썼다. "모든 것이 동시에 들릴 것이
다. 사람들은 소의 울음소리, 연인들의 속삭임, 관리들의 레토릭 모
두를 동시에 들을 것이다." 그러나 말은 시간 속에서 진행되기 때문
에, 시간적 순서를 깨뜨리지 않고는 이러한 경험의 동시성을 만들어
낼 수 없다. 그리고 이것이 바로 플로베르가 한 일이다. 즉 그는 장면
을 앞과 뒤로 자름으로써 분해하고(이 영화 촬영법의 유추는 아주 의
도적이다), 마지막 클라이맥스에서 두 장면—통솔자인 것 같은 남
자가 킨키나투스(Cincinnatus)를 거론하고, 루돌프는 연인들 간의 거
역할 수 없는 자력 같은 끌림을 묘사한다—이 통합 효과를 거두기
위해 한 문장에 병치된다.

　(조셉 프랭크의 표현을 원용하면) 이러한 형식의 공간화는 서사의
시간적 흐름을 방해하여, 고정된 시간 영역 내의 여러 관계의 상호작
용에 주목하게 한다. 이것은 제임스가 '지각의 흐름'(perceptual flux)
이라고 불렀던 것을 포착하는 하나의 전략이다. 또 하나의 전략, 즉
거트루드 스타인(Gertrude Stein), 제임스 조이스, 버지니아 울프의
실험에서 중심을 이루는 전략은 독자들이 시간의 흐름 자체에 빠져
들게 하는 것이다. 버지니아 울프는 『야곱의 방』(*Jacob's Room*, 1922)에
서 서로로 분해되는 이미지들의 상호작용을 통해 감성의 변화를 만
들어낸다. 어느 여성의 하루를 다룬 이야기인 『댈러웨이 부인』(*Mrs.
Dalloway*, 1925)에서는 플래시백 기법이 의식의 흐름을 만들어낸다.
『파도』(*The Waves*, 1931)에서는 소설이 전적으로 일련의 내적 모놀로

그가 되어버렸다. 조이스의 『율리시스』(*Ulysses*, 1922)는 이야기를 전개하는 다양한 방법을 보여주기 위해, 매우 특출 난 기교를 통해 온갖 시간조합 기법을 과시하고 또한 병렬과 플래시백을 이용하는 것은 물론 각 장마다 서로 다른 스타일을 채택하여 서술함으로써 관점의 이동이라는 관념을 부각시킨다. 그리고 거트루드 스타인이 누구보다도 선구적인 노력 속에서(그의 『미국인의 형성』*The Making of Americans*은 1925년에 출간되었지만, 그가 그 글을 쓴 것은 20년 전이었다) 한 가족의 반복되는 전체 역사를 거의 전적으로 현재 시제로 기술함으로써(그 책은 900쪽에 달한다) 예증하고자 했던 것은 ('서사'가 아니라) '시간 인식'에 대한 자신의 관념이었다. 그녀는 그 소설에 대해 다음과 같이 논평했다.

……『미국인의 형성』에서…… 나는 점차 그리고 서서히 내가 생각하지 않으면 안 될 두 가지를 깨달았다. 즉 그것은 지식은 말하자면 기억에 의해 획득된다는 것이었다. 그러나 당신이 어떤 것을 알게 될 때, 기억은 관여하지 않는다. 당신이 어떤 것을 안다고 의식하는 모든 순간, 기억은 어떠한 역할도 하지 않는다. 누군가가 다른 어떤 사람을 느낄 때, 기억은 그 속으로 들어오지 않는다. 당신은 목전의 것을 의식한다.

…… 나는 다른 어떤 것도 끌어들이려고 노력하지 않은 채 이 현재의 즉시성을 얻으려고 했다. 나는 현재분사, 즉 새로운 문법의 구성을 이용해야만 했다. 문법의 구성은 옳았지만, 그 즉시성을 얻기 위해 그 문법 구성이 변화된다. 요컨대 나는 그때부터 즉시성의 느낌을 얻기 위해 모든 가능한 방법으로 노력하고 있었고, 실제로 내가 행한 모든 작업은 그러한 방향에서 이루어졌다.[19]

음악에서도 우리는 이와 유사한 변화양식을 발견한다. 모더니즘의 교의 속에서 음악은 점점 더 사운드, 즉 전경에만 사로잡혀갔다. 바그너(Wilhelm Richard Wagner)에서 쇤베르크(Arnold Schoenberg)로의 변화는 그러한 이행을 보여준다. 쇤베르크의 초기 작품은 바그너의 영향을 보여주었지만, 그 뒤 쇤베르크는 구조적 배경화음의 필요성을 거부하고 구조적 원리를 오직 전경에만 적용했다. 쇤베르크 이후 음악에서는 이 원칙마저도 내던졌고, 시간순서가 거의 폐기되고, 우연적 요소, 금속음 또는 (존 케이지의 희가극 혁신 속에서처럼) 침묵으로 대체되었다.

1890년부터 1930년까지의 시기는 찬란한 스타일들이 탐구되고 눈부신 형식들이 실험된 모더니즘 최고의 시대였다. 그 후의 45년 동안은 그 이전 시기에 시도되지 않았던 혁신은 거의 이루어지지 않았다. 예외적으로 기술을 음악에 또는 회화와 조각에 융합시키려는 노력(이를테면 라우셴버그Robert Rauschenberg는 빛의 유형과 '조각'의 배치가 관람객의 체중이 매트에 가하는 압력이나 관람객의 체온이 감지기에 미치는 영향에 의해 무작위로 변화하는 '환경'을 만들었다), 즉 예술의 짐을 (대상보다는 오히려) 기억에 지우려는 노력이 있었지만, 기억할 만한 것을 전혀 남기지 못했다. 이 기간에 어떤 단일한 미학이 있었다면, 그것은 대상의 관념을 파괴하려는 노력이었다. 이것은 예술의 '지속기간'에 대한 인식이 변화되면서 시작되었다. 첼리체프(Pavel Tchelitchew)는 한때 피카소의 그림은 캔버스의 질(質) 때문에 50년 이상 가지 못할 것이라고 불평했고, 피카소는 어깨를 으쓱하며

---

19) 스타인의 이 서술은 옥스퍼드 대학교에서 한 강의 "How Writing Is Written" 속에 들어있다. 이 글은 Somerset Maugham, *Introduction to Modern English and American Literature*(New York: New Home Library, 1943), pp. 1356~1365에 수록되어있다.

의아해했다. 예술에서는 팅겔리(Jean Tinguely)의 기계장치 작품들에서처럼 '자기파괴' 실험이 있었는가 하면, 피카소가 클루조(Henry-Georges Clouzot)를 위해 (영화로 기록된) "손전등으로 그린 그림"과 같은 '순간적인 행사들'도 있었다. 거기에 하나의 새로운 미학이 있었다면, 해럴드 로젠버그가 분석한 것처럼, 그것은 '행위' 속에서 그림의 의미를 규정하고자 하는 노력이었다. 이 입장에 따르면, 그림의 가치는 만들어진 물건에 있는 것이 아니라 그것을 만드는 화가의 행위에 있다. 그리고 관객이 체득하여 감상해야 하는 것은 그가 보는 이미지가 아니라 그것의 배후에 있는 운동감각 활동이 암시하는 것이다. 이러한 '새로운' 방향을 지향하는 예술에서는 무거운 짐이 예술을 지속시킬 '기억'에 지워졌다.

특별한 점은 모든 예술—회화, 시, 소설, 음악—에서 모더니즘 충동은 다양한 장르의 본성의 근간을 이루는 공통의 표현 구문을 가지고 있다는 점이다. 그것이 바로 내가 이미 말한 바 있는, 관객과 예술가, 즉 심미적 경험과 예술작품 간 거리의 소멸이다. 우리는 이것을 심적 거리의 소멸, 사회적 거리의 소멸, 심미적 거리의 소멸로 나누어 살펴볼 수 있다.

심적 거리의 소멸은 시간의 정지를 의미한다. 프로이트에 따르면, '무의식'에는 시간의식이 전혀 존재하지 않는다. 즉 사람들은 과거의 사건을 경험할 때, 마치 그것이 현재인 것처럼 경험하는 것이 아니라 현재의 현실 자체로 경험한다. 이것이 바로 과거, 그리고 특히 어린 시절 공포의 창고인 '무의식'이 여전히 그렇게 위협적이고 억압되어야만 하는 이유다. 프로이트에게 성숙은 필요한 거리를 삽입하는 능력이었다. 즉 그것은 과거로서의 지나간 것과 현재로부터 도출된 것 간을 구분하는 데 필요한 과거와 현재를 인식하는 것이었다.

그러나 모더니즘 문화의 추동력은 이러한 과거와 현재의 의식을 붕괴시키거나 파괴하고자 한다. 프루스트의 『잃어버린 시간을 찾아서』(*Remembrance of Things Past*)에서는 감각적 경험이 원치 않는 기억을 일깨우며, 과거가 우리 내부에 얼마나 깊이 남아있고 또 그것이 현재를 어떻게 극복할 수 있는지를 보여준다. 포크너(William Faulkner)는 『음향과 분노』(*The Sound and the Fury*, 1929)에서 거두절미하고 이야기를 시작한다. 누군가가 이야기를 하고 있지만, 우리는 그가 누구인지 알 수 없다. 단지 우리는 점차 그가 벤지(Benjy)라는 이름의 바보 아이임을 깨닫는다. 하지만 그것은 또 다른 등장인물의 이름이기도 하여 우리를 혼란스럽게 만든다. 그리고 소설이 전개됨에 따라 우리는 혼란스러운 기억으로부터 일련의 전후관계를 구분해내야만 한다. 심적 거리의 상실 속에서 통상적으로 시간성과 시간의 화살이 가리켜온 방향성이 상실된다. 나탈리 사로트(Nathalie Sarraute)가 주장했듯이, 사람들은 경고나 준비도 없이 그녀의 소설을 형성하는 '굴성'(tropisms) 또는 움직임의 중심으로 뛰어듦으로써 일정 정도의 자발성을 획득한다. 그러나 사람들은 그것 때문에 정점에 이르렀다는 의식, 즉 성취감 — 즉 개인이 자신의 의식의 초점을 여러 형태의 심술궂은 행동으로부터 성숙함에 맞추어나가고자 하는 분투적인 노력 — 을 상실한다.

심미적 거리의 붕괴는 사람들이 경험에 대한 통제력 — 한발 물러서서 예술과 대화할 수 있는 능력 — 을 상실해왔다는 것을 의미한다. 1920년대에 러시아 연출가 타이로프(Aleksandr Yakovlevich Tairov)의 실험연극에서는 무대와 객석 구별이 없어졌다. 즉 거기에는 앞 무대나 아치형 구조물 같은 형식적 장벽이 전혀 존재하지 않았다. 연기가 관객 속이나 주변에서 시작되어 행해지고 관객을 연기 속으로 끌어들여 관객을 사건에 연루시켰다. (마크 로스코는 너비 8피트, 높이 12피트에 이를 만큼 큰 강렬한 단색의 캔버스를 만들고, 관객은 18인치 떨어진 곳에서 볼 것을 주장했다.) 아마도 심미적 거리의 상실을 가장 두드러지게 보여주는 실례가 영화일 것이다. 영화는 지난 2,500년 동안 개발된 유일하게 새로운 예술형식이다. 영화는 기술적 속성을 통해 영화관의 어둠에 둘러싸여 앉아 있는 관객에게 사건——거리(클로즈업 또는 롱샷), '한 장면'의 길이, 어느 한 등장인물에의 집중, 영상의 속도와 리듬——을 '강요'한디(그리고 1930년대의 아벨 강스Abel Gance의 영화나 그 후의 시네라마와 멀티스크린 원형극장에서 이것은 문자 그대로 사실이다). 영화의 기법——래피드 커팅(rapid cutting), 플래시백, 주제 뒤섞기와 순서 파괴——은 소설을 압도하고 멀티미디어 라이트 쇼의 모델이 되고 광고와 모든 복합 감각적 자극의 표현을 틀 지을 정도로 그 영향력을 확장해왔다. 그리고 그것들은 (우리가 내던져져 있음을 발견하는) 세계 속에서 우리를 매일 습격하고 있다.[20]

이 모든 것들이 불가피하게 인간 경험의 전 영역에서 상식적인 지각을 왜곡한다. 심미적 (그리고 심리적) 경험의 양식으로서의 즉시

---

20) 나는 여기서 사회적 거리의 상실 문제에 대해서는 논의하지 않기로 한다. 그 이유는 미학적 고려보다는 사회학적 고려 때문이다. 하지만 그 결과는 똑같이 중요하다. 사회적 거리의 상실은 매너의 상실과 예의의 부식을 의미한다. 이것은 사람들 간의 접촉을 관리 가능한 것으로 만들었고, 개인들에게 자신들 나름의 '처세 공간'(walking space)을 가질 수 있게 해주었다. 그것이 수반한 평준화 속에서 말, 취향, 스타일의 구별이 사라지고, 따라서 그 어떤 용법이나 문법도 다른 그것들과 마찬가지로 좋은 것이 되었다. 개인적인 면에서 사회적 거리의 상실은 프라이버시의 침해를 의미한다. 즉 타인과의 공식적인 관계——이것이 바람직한 곳에서조차——를 유지하고 군중으로부터 벗어나고 자신의 임무나 일을 자기 나름으로 정의하는 일이 점점 더 어려워진다. 동원사회에서 개인은 정당이나 집단 또는 코뮌 속에 묻힌다. 쾌락주의적인 서구사회에서는 개인들——퍼스낼리티와 외모에 의해 매개되는——간의 표면적인 관계와 즉각적 교환이 강조된다.

성, 충격, 동시성, 감각은 매 순간을 극화하고 극도의 흥분상태에 대한 우리의 긴장을 증가시키지만, 결단이나 조정 또는 변화의 계기 —의례가 가져다주는 카타르시스 — 없이 우리를 떠난다. 이것은 필연적인 사실이다. 왜냐하면 초래된 결과가 내용(어떤 초월적 요청, 변형 또는 비극이나 희생을 통한 정죄)이 아니라 거의 전적으로 기법으로부터 파생하기 때문이다. 항상 자극이 있고 방향감각을 상실하기도 하지만, 황홀한 순간이 지나가고 나면 또한 덧없음이 남는다. 사람들은 심적 '도취감'이나 광기에 가까운 스릴에 휩싸이거나 내던져진다. 하지만 휘말렸던 감각의 소용돌이에서 벗어나면, 지루한 일상생활의 판에 박힌 일들이 기다리고 있다. 극장에서는 막이 내리면 연극이 끝난다. 그러나 삶에서는 사람들은 집으로 돌아가 잠자리에 들고, 다음 날 아침에 깨어 이를 닦고 세수하고 면도하고 화장실에 가고, 그러고 나서 출근해야만 한다. 일상적인 시간은 당연히 황홀한 시간과 다르다. 그럼 이 분리는 어디까지 확장될 수 있는가?

근대적인 것의 추구는 모든 차원에서 경험을 고양시키고자 하는 것이자, 그러한 경험에서 사람들의 감성을 즉각적으로 불러내려는 것이었다. 하지만 적어도 고급문화 —만약 그러한 표현이 여전히 가능하다면 — 의 영역에는 우리가 그러한 단계가 끝나고 있음을 시사하는 징후들이 많이 존재한다. 왜냐하면 그러한 추구가 심지어 문화 대중을 통속화시키는 데까지 이르렀기 때문이다. 근대성의 문학 —예이츠, 로렌스, 조이스, 카프카의 문학 —은 라이오넬 트릴링의 표현으로 "한때 종교의 일정 측면들이 인간정신에 행사했던 비밀스러운 힘"을 지니고 있었다. 그것은 그것 나름의 방식으로 정신적 구원과 관계하고 있었다. 그러나 그 후계자들은 구원 자체에 대한 관심을 잃어버린 것으로 보인다. 이러한 의미에서 오늘날의 예술은 탈근대적·탈기독교적이 되었다.

그리하여 15세기 이래로 이 궤적의 반대편 끝에서 서구사상을 틀 지어 온 '합리적 우주론'이 전복되었다. 이제 시간의 순서(시작, 중간, 끝), 공간의 내부 거리(전경과 배경, 인물과 장소), 그리고 (시간과 공간을 단일한 질서 개념 속으로 통합하는) 비율과 척도에 관한 의식이 사라졌다. 심미적·사회학적·심적 사실로서의 거리의 소멸은 인간 존재에게 그리고 사고의 조직화에 어떠한 경계도 그리고 경험과 판단을 질서화하는 이떠한 원리도 존재하지 않는다는 것을 의미한다. 근대인에게서 시간과 공간은 이제 더 이상 집의 좌표를 형성하지 않는다. 우리의 선조들은 아무리 먼 곳까지 방랑하고 다녔을지라도 그들의 뿌리가 되는 종교적 정박지를 가지고 있었다. 뿌리 뽑힌 개인들은 돌아갈 집이 없는 문화적 방랑자일 뿐이다. 따라서 문제는 문화가 일관성, 즉 형식의 일관성만이 아니라 생활과 경험의 일관성을 되찾을 수 있는가 하는 것이다.[21]

---

21) '거리의 소멸'이라는 테마는 처음에는 『인카운터』(*Encounter*, May 1963)에 실린 짧은 에세이에서 개괄적으로 서술되었다. 그리고 이 절은 실제로 그 에세이에 근거하여 많은 부분을 정교화한 것이다. 나는 나의 주장의 증거를 다양한 많은 전기에서 따왔다. 나는 앞의 각주에 인용한 것 외에도 다음과 같은 자료들에 크게 의존했다. Erich Auerbach, *Mimesis: The Representation of Reality in Western Literature*(Princeton: Princeton University Press, 1953); Joseph Frank, *The Widening Gyre*(New Brunswick, N.J.: Rutgers University Press, 1963)(이 책에는 빼어난 에세이 "Spatial Form in Modern Literature"가 실려있다. 이 글은 원래는 1945년에 더 짧은 글로 *Sewanee Review*에 발표되었다); Aldous Huxley, *Literature and Science*(New York: Harper & Row, 1963); Roger Shattuck, *The Banquet Years*(New York: Random House, 1968); Joshua Taylor, *Futurism*(New York: Museum of Modern Art, 1961); C.H. Waddington, *Behind Appearance: A Study of the Relations Between Painting and the Natural Sciences in this Century*(Cambridge: M.I.T. Press, 1970). 윌리엄 제임스의 '의식의 흐름'에 관한 논의는 Gordon Allport ed., *Psychology: The Briefer Course*(New York: Harper Torchbook, repr. 1961)에서 인용했다.

제3장 1960년대의 감성

각각의 10년 — 오늘날 우리는 10년 또는 세대를 사회적 시간의 단위로 여긴다 — 은 자신의 특징을 가진다. 1960년대의 특징은 정치적 급진주의와 문화적 급진주의였다. 이 두 급진주의는 반항충동이라는 공통점으로 이어져 있었다. 그러나 정치적 급진주의는 실제로 단지 반항적인 것만이 아니라 혁명적이었고, 이전 사회질서의 자리에 새로운 질서를 정착시키고자 했다. 이에 반해 문화적 급진주의는 양식과 구문에서의 형식적 혁명을 제외하고는 대체로 단지 반항적일 뿐이었다. 왜냐하면 그 충동이 격분에서 나온 것이었기 때문이다. 그러한 이유에서 1960년대의 감성 속에서 우리는 문화적 모더니즘의 결정적 측면의 고갈을 발견할 수 있다. 그러므로 나의 일반적인 주장을 하기 위한 하나의 사례연구로서 1960년대를 다루고자 한다.

1960년대의 감성을 정의하는 방식에는 두 가지가 있을 수 있다. 하나는 그것을 1950년대의 감성에 대한 반발로 보는 것이고, 다른 하나는 제1차 세계대전 시기의 모더니즘에서 그 정점에 도달한 이전의 감성으로의 복귀이자 또한 그것의 확장으로 보는 것이다. 1950년대의 감성은 대체로 문학적이었다. 라이오넬 트릴링, 이보르 윈터스(Yvor Winters), 존 크로 랜섬(John Crowe Ransom) 같은 대표적인 비평가들은 자신들의 저술 속에서 복잡성, 아이러니, 다의성, 패러독스를 강조하고 있었다. 이것들은 정신에 특유한 속성들이다. 그것들은 비판적 태도, 즉 초연함과 거리두기를 길러준다. 이 초연함과 거리두기는 사람들이 신조나 경험에 압도적으로 휩쓸리거나 흡수되거나 희생당하는 것을 막아준다. 최악의 경우 정적주의(quietism)의 한 형태이고 최선의 경우 자아의식의 한 양식을 이루는 이러한 태도는 그 논조상 본질적으로 온건하다. 1960년대의 감성은 그러한 분위기를 야만적이고 심지어는 어리석은 방식으로 거부했다. 이 새로운 감성은 시대에 대한 격분 때문에 시끄럽고 저주적이었으며, 외설스러운 경향이 있었고, 온갖 문제들—정치적 문제이든 또는 다른 문제이든—을 닥치는 대로 제기하고 나섰다.

하지만 보다 지속된 분위기는 그 이전의 충동으로부터 파생한다. 1895년부터 1914년 사이에 매우 눈부시게 타오른 모더니즘의 혁신은 문화에서 두 가지 놀라운 변화를 만들어냈다. 첫째로, 내가 앞장에서 논의한 바 있는 예술에서의 일단의 형식혁명이 발생했다. 시에서의 구문법의 붕괴, 소설에서의 '의식의 흐름', 캔버스 위의 다수의 화면, 무조(無調) 음악의 등장, 시간표현에서의 순서의 상실과 회화의 공간표현에서의 전경과 배경의 상실이 그것들이다. 그리고 둘째로, 자아가 새롭게 표현되었다. 로저 샤툭은 (『연회의 세월』*The Banquet Years*에서) 이것을 네 가지 특징과 관련하여 묘사했다. 즉 어린 시절의 숭배, 부조리 속의 즐거움, 더 고상한 충동보다 더 저급한 충동을 찬양하기 위한 가치의 전도, 그리고 환상에 대한 관심이 바로 그것이다.

우리는 미학적 혁신과 관련한 문제는 잠시 접어두고자 한다. 1960년대에 가장 두드러진 것은 자아에 관한 이전의 집착이 비록 더 날카롭고 더 거친 형태 속에서이기는 하지만 반복되었다는 점이다. 어린 시절의 고통에 대한 강조가 로버트 로웰(Robert Lowell), 앤 섹스턴(Anne Sexton), 실비아 플래스(Sylvia Plath)의 '고백적인' 시에서 시인의 완전히 사적인 경험 ― 심지어는 정신병의 발작 ― 의 폭로로 대체되었다. 하지만 순진무구함의 인식은 휘트먼, 블레이크, 인도의 베다문학에서 파생된 것에 대한 환상적 강조와 함께 앨런 긴즈버그 같은 시인들의 작품에서 여전히 그대로 등장했다. 부조리함에 대한 인식은 확대되어, (이오네스코의 희곡에서처럼) 사물이 그 자신의 생명을 가지기 시작했다. 가치는 실제로 완전히 전도되었다. 하지만 이 시기에 저속한 것에 대한 찬미에서 기쁨과 장난은 모두 사라졌다. 물론 환상에의 관심은 약물과 황홀함의 경험에 자리를 넘겨주었다.

하지만 1960년대의 감성은 이 모든 것에 그 자신만의 독특한 것을 덧붙였다. 폭력과 잔인성에 대한 관심, 성적 도착에의 집착, 소음을 만들어내고자 하는 욕망, 반(反)인지적·반(反)지적 풍조, '예술'과 '삶' 간의 경계를 완전히 지우고자 하는 노력, 예술과 정치의 융합이 바로 그것들이다.

이러한 특징들을 하나씩 차례로 간략히 살펴보자.

우리가 보는 영화에서 화려하게 다루는 폭력과 잔인함은 카타르시스를 가져다주는 것을 의도하는 것이 아니라 충격을 주고 상처를 입히고 구역질 나게 하기 위한 것이었다. 영화, 해프닝, 그림은 피투성이의 모습을 자세히 표현하기 위해 서로 경쟁했다. 사람들은 이러한 폭력과 잔인함은 우리를 둘러싸고 있는 세계를 반영할 뿐이라는 말을 들었다. 그러나 더욱 피비린내 나고 잔인했던 10년인 1940년대는 「우리에게 내일은 없다」(Bonnie and Clyde)나 「매시」(M*A*S*H) 같은 1960년대 영화에서처럼 피투성이의 모습을 길게 상세히 묘사하지는 않았다.

성적 도착은 적어도 역사적 기록 속에서는 소돔과 고모라만큼 오래된 일이지만, 1960년대처럼 공개적·직접적으로 과시된 적은 좀처럼 없었다. 앤디 워홀(Andy Warhol)의 「첼시 걸스」(The Chelsea Girls)와 스웨덴 영화 「아이 엠 큐리어스」(I Am Curious (Yellow)) 같은 영화에서, 그리고 「퍼츠」(Futz)와 「체」(Ché) 같은 연극에서, 사람들은 동성애, 복장도착, 수간 그리고 (가장 널리 퍼져있는 것으로는) 공개적으로 과시되는 구강성교에 대한 강박적 집착을 발견할 수 있었다. 이러한 강박관념은 이성애적 삶으로부터의 도피를 보여주는 것처럼 보였다. 그것이 어쩌면 여성의 공격적 섹슈얼리티의 방출에 대한 반응일 수도 있었다는 것은 그 10년이 끝날 때 분명해졌다.

사람들은 1950년대 감성에 대해 그 시대는 침묵의 시대였다고 말할 수 있다. 사무엘 베케트의 연극은 침묵이라는 의식을 일깨우기 위한 시도였고, 존 케이지의 음악은 침묵의 미학을 시도하기조차 했다. 그러나 1960년대는 현저하게 소음의 시대였다. 1964년 비틀스(The Beatles)의 "뉴 사운드"로부터 시작된 록 음악은 소리가 점점 최고조까지 치솟아 올라가서 사람들이 차분하게 생각한다는 것은 불가능했고, 어쩌면 그것이 그것의 실제 의도였을지도 모른다.

반인지적·반지적 분위기는 내용과 해석에 대한 공격, 형식과 스타일에 대한 강조, 그리고 영화와 댄스 같은 '보다 차가운' 매체로의 전환 ― 수전 손택의 표현으로는 "생각 없이 〔그리고〕 부정을 넘어선 무분별성에 기초한" 감성 ― 으로 요약되었다.

예술과 삶 간의 경계 지우기는 장르 깨기, 회화의 해프닝으로의 전환, 미술을 미술관 밖으로 끌어내어 환경으로 만들기, 모든 경험을 예술로 전환시키기(그것이 형식을 갖든 그렇지 않든 간에)의 더욱 진전된 측면이었다. 이 과정은 삶을 찬양함으로써 예술을 파괴하는 것으로 나아갔다.

1960년대에는 어쩌면 근대사의 어떤 시기보다도 예술과 정치가 더욱 강하게 융합되었다. 1930년대에는 예술이 정치에 봉사했다. 그러나 그것은 지나치게 이데올로기적 방식으로 이루어지고 있었다. 1960년대에는 이데올로기적 내용이 아니라 풍조와 분위기가 강조되었다. 가두연극과 시위예술에는 분노를 제외하고는 내용이 거의 없었다. 이와 필적할 만한 풍조를 발견하기 위해서는 예술 역시 정치로 가득 차 있던 1890년대의 무정부주의까지 거슬러 올라가야만 할 것이다. 그러나 1960년대에 가장 명백한 것은 반정부적일 뿐만 아니라 거의 전적으로 반제도적이고 궁극적으로는 도덕률 폐기론적인 감정의 규모와 강도였다.

하지만 1960년대에 현저한 것은 그러한 소란에도 불구하고 심미적 형식에서 어떤 주목할 만한 혁명이 전혀 없었다는 점이다. 단지 기계와 기술에 대한 몰두만이 바우하우스(Bauhaus)와 모홀리-나기(Laszlo Moholy-Nagy)를 연상시키는 데 기여할 뿐이었다. 연극은 알프레드 자리의 실천과 앙토냉 아르토(Antonin Artaud)의 이론을 그대로 흉내 낼 뿐이었다. 미술에서 있었던 장난들은 다다이즘을 반복하거나 초현실주의를 수사적으로 취하는 것에 그쳤다. 소설에서만, 즉 어쩌면 블라디미르 나보코프(Vladimir Nabokov)의 언어적인 재기발랄함, 윌리엄 버로스의 공간적 탈구, 프랑스에서의 누보로망(nouveau roman)의 몇몇 요소에서 어떤 흥미로운 혁신들이 등장했다. 이 10년간은 형식과 스타일에 대한 온갖 이야기에도 불구하고 그 양자 모두에서 독창성이 없었던 시대였다. 그러나 감성에서는 격분의 풍조와 분위기가 악화되었다. 이것은 정치에서 기원한 화(火)가 예술에까지 확산된 결과였다. 문화사에 여전히 중요한 것으로 남아 있는 것이라고는 두 가지뿐이었다. 그 하나가 예술에 등을 돌리게 한 분위기라면, 다른 하나는 문화대중이 그때까지는 소수의 재능 있는 엘리트의 소유물이었던 라이프스타일을 채택하여 실행하고자 노력했다는 것이다.

'예술'의 분해

1950년대의 문화 중개자들은 자신들이 매스미디어가 쏟아내고 있는 무분별하고 저속하고 쓰레기 같은 것들에 저항하고 있다는 점, 그리고 당시에 '중간교양주의'(middlebrowism)로 널리 알려진 것의 특징이었던 뽐내기와 예술가연하기에 맞서고 있다는 점에 자부심을 가지고 있었다. 그들은 고전적 문화 개념을 고집함으로써, 그리고 예술평가에 대한 초역사적·초월적 기준을 제시함으로써 그렇게 하고자 했다.

이러한 관점을 가장 예리하게 정식화한 것은 아마도 한나 아렌트였을 것이다. 그녀는 이렇게 기술했다. "예술작품은 오직 겉모습을 위해서만 만들어진다. 겉모습을 판단하는 기준은 미(美)다. ……겉모습을 인식하기 위해서는 우선 우리 자신과 대상 간에 일정한 거리를 자유롭게 설정할 수 있어야 한다……."

우리는 여기서 그리스의 예술관을 취하고 있다. 거기서 문화는 본질적으로 관조적이다. 예술은 삶이 아니라 어떤 의미에서는 삶과 반대되는 어떤 것이다. 왜냐하면 삶은 일시적이고 변화하지만, 예술은 영구한 것이기 때문이다. 아렌트는 이것에 헤겔식의 대상화(objectification) 개념을 덧붙인다. 예술작품은 창조적 인간이 어떤 관념이나 감정을 자신의 외부에 있는 대상에 투영시킨 것이다. 아렌트는 다음과 같이 기술했다. "여기서 문제가 되는 것은 예술가의 심리적 상태 그 이상의 것이다. 즉 중요한 것은 문화세계의 객관적 위상이다. 그것이 유형의 것들 —— 책과 그림, 조상(彫像), 건물, 음악 —— 을 포함하고 있을 경우, 그것은 나라와 민족 그리고 궁극적으로는 인류의 기록된 과거 전체를 담고 있으며 그것의 증거가 된다. 따라서 이러한 본질적으로 문화적인 것을 판단하는 유일한 비사회적이고 진정한 기준은 그것들의 상대적 영속성 그리고 심지어는 불멸성이다. 궁극적으로는 단지 수 세기에 걸쳐 지속될 수 있는 것만이 궁극적으로 문화적 대상의 권리를 주장할 수 있다."[1]

이러한 견해 ——1960년대에 매우 고풍스러운 것으로 보였던 ——가 낮은 교양층이나 중간 교양층에 의해서가 아니라 높은 교양층, 즉 근대문화의 대변자들 스스로에 의해 약화되었다는 것은 역설적이다. 왜냐하면 그들은 새로운 감성에서 무엇이 특이한지를 규정하고자 시도하면서, 아렌트가 설정한 바로 그 조건들을 부정했기 때문이다. 그들은 예술과 문화의 소재지가 개개의 작품으로부터 예술가의 퍼스낼리티로, 즉 영속하는 대상에서 일시적인 과정으로 옮겨갔다고 주장했다. 해럴드 로젠버그는 잭슨 폴록, 윌럼 데 쿠닝, 프란츠 클라인 및 여타 '행위 미술가들' —— 그는 그들을 이렇게 불렀다 —— 의 작품을 해설하면서 그러한 생각을 처음으로 강력하게 진술했다. 로젠버그는 다음과 같이 기술했다. "어떤 순간에 미국의 일단의 화가들에게는 캔버스가 대상 —— 실제의 또는 상상의 —— 을 재생하고 다시 디자인하고 분석하거나 '표현하는' 공간이 아니라 오히려 행위하는 장(場)으로 보이기 시작했다. 캔버스 위에서 진행되는 것은 그림이 아니라 이벤트였다. ……재료를 가지고 하는 이러한 몸짓 속에서 심미적

---

1) Hannah Arendt, "The Crisis in Culture," in Hannah Arendt ed., *Between Past mid Future: Eight Exercises in Political Thought*(New York: Viking, 1961), p. 202.

인 것 역시 부차적인 것이 되었다. 형식, 색깔, 구성, 소묘는…… 필요 없을 수도 있다. 중요한 것은 항상 행위 속에 포함된 폭로였다."

그림이 하나의 행위이기에, 예비적 스케치와 완성된 대상 간에는 아무런 차이도 없다. 따라서 후자가 전자보다 더 '낫다'거나 더 완전할 수도 없다. 그리고 그림에는 준비행동이나 위계도 전혀 존재하지 않는다. 각각의 행위가 그 자체로 하나의 이벤트다. 실제로 노동으로서의 작품은 행위 속에서 해소된다. 그리고 '비평가'도 마찬가지다. 로젠버그는 다음과 같이 결론지었다. "새로운 회화는 예술과 삶 간의 모든 구분을 무너뜨렸다. 따라서 당연히 모든 것이 회화와 관련 있는 것이 된다. 행위와 관련이 있는 모든 것 ─ 심리학, 철학, 역사, 영웅숭배 ─ 이 회화와 관련 있는 것이 된다. 예술비평만은 예외다. 화가는 그림을 그리는 행위를 통해 그림을 떠난다. 하지만 비평가는 그것을 떠날 수 없다. 여전히 유파(流派), 스타일, 형식 측면에서 평가하는 비평가 ─ 마치 화가가 캔버스 위에서 살기는커녕 어떤 종류의 대상(예술작품)을 만드는 일에 관심을 가지고 있다는 듯이 ─ 는 이방인처럼 보일 수밖에 없다."[2]

---

2) Harold Rosenberg, *The Tradition of the New*(New York: Horizon Press, 1959) p. 25 이하를 보라. 그의 에세이 "American Action Painters"는 1952년에 처음 발표되었다. 로젠버그는 자신의 논문 "Hans Hofmann: Nature into Action" (*Art News*, May 1957)의 각주에 다음과 같은 생각을 추가해놓았다. "추상예술은 행위로 전환하면서 회화가 일찍이 음악 및 소설과 단절했던 것처럼 건축학과의 동맹을 포기하고 팬터마임 및 춤과 손을 잡는다. ……회화에서 물리적 동작 ─ 미래파 화가들이 환상적으로 표현하던 동작과는 다른 것으로서의 ─ 의 주요한 기능은 가장 얇은 평면으로, 또는 모서리, 윤곽선 또는 연결물로뿐만 아니라 스트로크와 피겨('피겨스케이팅'의 의미에서의)로도 여겨지는 선이다. 캔버스 위의 그 부분에서 그러한 각각의 선은 예술가의 몸의 실제적 움직임을 하나의 심미적 진술로 자리 잡게 한다."(강조 첨가)

로젠버그는 매우 뛰어난 정확한 예언가임이 입증되었다. 1960년대의 모든 예술운동은 예술작품을 하나의 '문화의 대상'으로 해체시키고 주체와 객체, 예술과 삶 간의 구분을 지우고자 했다. 이것이 조각에서만큼 또는 조각과 회화가 융합하고 또 이 둘이 공간, 환경, 동작, 미디어믹스, 해프닝, '인간-기계' 상호작용 체계로 분해된 것에서만큼 분명하게 드러나는 곳은 어디에도 없다.

조각은 관행적으로 주로 대상을 다루었다. 그것은 고체 형태의 덩어리에 관심을 가지고 있었고, 3차원적 공간에 고정되어있었다. 조각은 그것을 지면이나 벽과 공간적으로 분리시키는 받침대나 대좌(臺座) 위에 배치되었다. 1960년대에 이 모든 것이 무너졌다. 받침대가 제거되어 조각은 그것을 둘러싸고 있는 환경과 융합되었다. 덩어리는 공간으로 분해되었고, 공간도 동작으로 바뀌었다. 그 한 예로서 (도널드 주드Donald Judd, 로버트 모리스Robert Morris, 댄 플라빈Dan Flavin의) '미니멀 조각'(minimal sculpture)은 조각상마저 폐기했다. 그들의 작품은 그것을 진열했다는 것 이상의 어떤 것도 추구하지 않았다. 상자, 형태, 관계는 유기적이지도, 조형적이지도, 상징적이지도, 인간의 형상을 하지도 않았다. 그것들은 문자 그대로 '물자체'(Dinge an sich)였다. 마찬가지로 우리는 1968년 여름에 휘트니 미술관(Whitney Museum)이 기획한 '반(反)환상: 절차와 재료'(Anti-Illusion: Procedures and Materials)라는 이름의 전람회에서도 그러한 경향을 볼 수 있다. 작품재료는 건초, 먼지, 개의 먹이 등이었다. 제임스 몬티(James Monte)의 카탈로그 문안은 다음과 같은 논평으로 시작되었다. "이 전람회에 전시된 많은 작품의 급진적 성격은 예술가들이 새로운 재료를 사용하고 있다는 사실보다는 개별 작품들을 이해하고 위치시키는 행위가 작품의 대상의 질에 우선한다는 사실에 있다." 조각들 "각각은 탈대상화되거나 흩어진 또는 탈구된 상태로 존재하고, 어떤 경우에는 이 세 가지 조건이 동시에 존재하기도 한다."[3] 린다 뱅글리스(Lynda Benglis)의 라텍스 작품은 바닥에 유액을 쏟아붓고 그것이 제멋대로의 형태를 취하도록 내버려 둔 것이었다. 배리 라 바(Barry Le Va)는 대량의 분필과 광물성 기름을 혼합하여 종이나 천에 칠했다. 그것들을 혼합시켰을 때, 그것들의 건조, 습기, 흡수, 침투 정도에 따라 서로 다른 형태들이 나타났다. "라 바는 최근의 작품에서 시간을 실제적 요소로 이용한다. 그는 생물학자가 실험실에서 발생시킨 미생물의 성장을 추정하는 것과 유사한 방식으로 작품의 순차적 전개를 예측할 수 있다." 마이클 애셔(Michael Asher)의 공기 조각(air sculpture)은 한 전시실에서 다른 전시실로 가는 통로의 높이, 폭, 깊이를 정의하는, 문자 그대로 공기 커튼이었다. 사람들은 그곳을 통과할 때 몸에 가해지는 압력에 의해 '공간'을 느꼈다. "이 작품의 실체 없는 직사주의(literalism)는 거의 목공 없는 목판 형태를 넌지시 내비친다. 조각의 존재를 느낌으로써 아는 것이 봄으로써 아는 것을 대체한다."

1968년에 로버트 모리스는 한 공증인(公證人) 앞에서 그가 만든 건조물로부터 "모든 심미적 속성과 내용을 제거"하겠다고 선언했다. 해럴드 로젠버그는 이 '반형태'(anti-form) 운동의 극단적 발전에 대해 논평하면서 다음과 같이 기술했다.

심미적인 것의 제거는…… '프로세스' 아트('process' art)와 랜덤 아트(random art)를 정당화한다. 전자의 예술 속에서는 화학적·생물학적·물리적 또는 계절적인 힘이 원래의 재료에 영향을 미치고

---

3) James Monte and Marcia Tucker, *Anti-Illusion: Procedures/Materials*(New York: Whitney Museum, 1969).

그것의 원래의 형태를 변화시키거나 파괴한다. 이를테면 작품 속에서 풀과 박테리아가 자라거나 녹이 슨다. 그리고 후자에서는 그 형태와 내용이 우연에 의해 결정된다. 궁극적으로 심미적인 것의 거부는 (개념예술에서처럼) 예술 대상을 전적으로 제거하는 것, 그리고 예술 대상을 작품에 대한 관념으로 또는 그 작품이 완성되었다는 소문으로 대체하는 것을 의미한다. 사용된 재료의 실제성에 대한 강조에도 불구하고, 모든 부류의 탈미학화된 예술에 공통적인 원칙은 완성된 작품(만약에 있다면)보다는 그 작품이 창조되는 과정(그리고 이것이 그 작품의 흔적이다)이 더 중요하다는 것이다.[4]

로젠버그는 '제스처' 아트('gestural' art) 또는 '프로세스' 아트를 처음으로 예상하고 나서(그 당시에는 그것에 찬성했다) 15년 후에 그러한 경향이 역겨운 단계에 도달하자 분명히 다소 불만을 드러냈다. 그는 이제 젊은 예술가들이 다음과 같은 점을 깨닫게 하려고 애썼다. "심미적인 속성은 사물 ― 그것이 예술작품이든 아니든 간에 ― 에 내재한다. 심미적인 것은 예술가의 의지에 의해 쫓아낼 수 있는, 별개로 존재하는 하나의 요소가 아니다. 모리스가 심미적인 것이 결여되어있는 것에 그것을 주입할 수 없는 것과 마찬가지로, 그는 자기 건조물부터 심미적인 내용을 제거할 수 없었다."[5]

회화도 유사한 궤적을 따랐다. 먼 과거로까지 거슬러 올라가는 그 기원에서부터 회화는 항상 두 가지 요소에 기초해있었다. 대칭적인

4) Harold Rosenberg, "De-aestheticization," *New Yorker*, January 24, 1970, p. 62. 이 글은 *The De-definition of Art*(New York: Horizon Press, 1972), pp. 28~38에 수록되어있다.

5) *Ibid.*

기하학적 화면(畵面)과 평평한 표면이 그것이다. 최초의 동굴 화가는 자신이 벽에 그린 이미지 주변을 선으로 둘러쳐서 그 그림을 환경과 분리시켰다. 그 당시에 회화는 현실의 마술적 조작이라기보다는 현실의 상징이었다.

지난 몇십 년 동안 우리는 전통적인 회화의 장(場)인 화면과 표면의 최종적 단절을 목격했다. 콜라주(collage)에서처럼, 풀로 붙인 물체가 평평한 표면을 허물어트린다. 그리고 특정한 모양을 한 캔버스가 기하학적인 화면을 깨트린다. 아상블라주(Assemblage)는 벽을 뛰쳐나오고, 환경예술작품이 개인을 둘러싼다. 이러한 두 가지 환경 속에서 이 운동의 리더인 앨런 카프로(Allan Kaprow)가 지적하듯이, 회화에서 공간의 환상이 작품 속의 모든 고형물 간의 문자 그대로의 거리가 된다.

1969년에 뉴욕 현대미술관(Museum of Modern Art)은 제니퍼 리히트(Jennifer Licht)가 기획한 전람회 '공간'(Spaces)과 함께 새로운 운동을 공식적으로 인정했다. 그 전람회에서는 거리가 완전히 소멸되었다. 그림이 뒤집혔고, 관람객은 그림의 외부가 아니라 내부에 서 있었다. 이 전시회의 카탈로그에 리히트는 다음과 같이 썼다.

과거에 공간은 단지 예술작품의 한 속성으로, 회화에서는 환각기법의 규칙에 의해서 그리고 조각에서는 크기를 변화시킴으로써 표현되었다. 그리고 보는 사람과 그림 사이를 분리시키는 공간은 단순한 거리로서 무시되었다. 이러한 눈에 보이지 않는 차원이 이제는 예술가들이 단지 표현해야 하는 것이 아니라 형체 짓고 특징화해야 하는 하나의 적극적인 구성요소로, 그리고 관람객과 예술작품을 더 큰 범위와 규모의 상황에 연루시키고 합체시킬 수 있는 것으로 간주되고 있다. 실제로 사람들은 이제 예술작품의 내부 공간—이전에는 외부에서 시각적으로만 경험하고 접근할 수는 있어도 침입할 수는 없었던 영역—으로 들어가고, 그것은 유한한 대상이라기보다는 일단의 조건들로 제시된다.

그 전람회는 여섯 개의 방 또는 공간으로 이루어져 있었다. 그중 하나는 노란색과 초록색의 형광등으로 만든 커다란 구조물들로 가득 채워져 있었다. 다른 방에는 하얀 음향판이 놓여있었다. 진공 도장을 한 유리로 된 세 번째 방은 거의 완전히 캄캄했다. 네 번째의 체육관 같은 방에서 사람들은 매트 위에 눕거나 캔버스 덮개로 몸을 감아놓는 것 등을 할 수 있었다. 정원에서는 펄스그룹(Pulse group)이 설치한 빛과 소리, 열로 구성된 환경예술작품이 혼합미디어 반응을 만들어냈다.

'환경'예술은 공간과 사람 간의 경계를 없앤다. 해프닝은 상황 또는 이벤트와 관객 간의 거리를 없앤다. 해프닝에서는 색채와 공간뿐만 아니라 열, 냄새, 맛, 동작이 작품의 국면들이 된다. 앨런 카프로의 표현으로, "환경예술과 해프닝은 근본적으로 유사하다. 이 둘은 확장을 자신의 원리로 하는 동전의 소극적 측면과 적극적 측면이다."

해프닝은 예술의 배경으로서의 환경을 연극의 공연과 결합시킨 혼합작품(pastiche)이다. 그것은 원래는 화가들의 무대였다. 그 속에서 사람들은 솜씨 있게 다루어진 대상과 재료들이 벽에서 끌어 내려져서 노지에 설치된 그림의 화폭을 구성하고 있음을 발견했다. 그것은 관람객들을 '창작'과정 그 자체 속으로 끌어들인다.

얀 코트(Jan Kott)가 논평했듯이, 해프닝 속에서는 "모든 기호는 문자 그대로다. 의자의 피라미드는 하나의 의자를 다른 의자 위에 쌓아놓은 것일 뿐이고, 관람객을 흠뻑 젖게 만드는 물의 흐름은 보는 사람들을 흠뻑 젖게 만드는 물의 흐름일 뿐이다. 실제로 관객과 연기자 사이에 칸막이조차 없다……."

해프닝 속에서 연극의 모사기능과 상징기능은 코트의 용어를 사용하면 소멸된다. 표출적 내용은 문자 그대로의 것 속으로 분해되고, 은유나 엠블럼으로서의 의미는 사라진다. 환기라는 관념도 의미를 상실한다. 왜냐하면 이벤트는 어떤 것을 제시하거나 묘사하지 않기 때문이다. 즉 그것은 있는 그대로다. 이러한 문자 그대로의 것의 강조는 형이상학적 표현에 대한 공격의 일부다. 이를테면 1960년대에 많은 화가와 시인들을 매혹시킨 철학인 선(禪) 속에서 사람들은 '딱딱하다'나 '부드럽다'라는 단어를 사용하지 않는다. 왜냐하면 그것들은 어떤 물체의 속성 또는 성질이기 때문이다. 그리고 질과 내용은 형이상학적 용어들이다. 사람들은 정확히 문자 그대로여야만 하며, 비교를 해야 할 경우에 그들은 돌, 나무, 물 등이 함의하는 구체적인 촉각적 경험에 준거해야만 한다.

천재성의 민주화

예술에서 위계서열 관념과 관객의 문화적 분할 관념(이를테면 고급 교양층, 중간 교양층, 저급 교양층) ─이는 한나 아렌트와 드와이트 맥도널드 같은 1950년대의 대표적 문화해설가들을 특징짓던 관념이었다─은 필연적으로 기준의 관념과 그러한 기준을 정하고 지키는 직업, 즉 비평을 수반했다. 1940년대와 1950년대는 실제로 비평가와 비평학파의 시대라고 불렸다. 존 크로 랜섬의 신비평(New Criticism), 블랙머(Richard Blackmur)의 텍스트 비평(textual criticism), 라이오넬 트릴링의 도덕적 비평(moral criticism), 에드먼드 윌슨(Edmund Wilson)의 사회·역사적 비평, 케네스 버크(Kenneth

Burke)의 연극학적 입장, 아이보 암스트롱 리처즈(Ivor Armstrong Richards)의 언어학적 분석, 노스럽 프라이(Northrop Frye)의 신화시적(mythopoeic) 비평 등이 그것들이다.

이와 대조적으로 1960년대의 테마는 비평에 대한 불신이었다. 새로운 감성의 대표적인 마술사인 수전 손택은 『해석에 반대하다』(*Against Interpretation*, 1966) — 이 제목은 그러한 감성을 압축적으로 보여준다 — 에서 다음과 같이 선언했다. "오늘날…… 해석 프로젝트는 대체로 반동적이다. 자동차와 중공업의 매연이 도시의 공기를 더럽히는 것처럼, 오늘날 예술에 대한 해석의 분출은 우리의 감성을 해친다. ……해석은 예술에 대한 지식인의 복수다. 심지어는 그 이상이다. 그것은 세계에 대한 지식인의 복수다."

감각을 마비시키는 것은 단지 비평만이 아니다. "'내용'이라는 무거운 짐"을 지고 있는 문학도 마찬가지다. 손택에 따르면, "우리 시대에는 (음악, 영화, 무용, 건축, 회화, 조각처럼) 내용이 훨씬 더 없고 도덕적 판단양식이 훨씬 더 쿨한 것이 실제로 모범적인 예술이다."

불가피하게 고급문화와 저급문화(또는 대중문화 또는 통속문화)의 구분은 특히 경멸의 대상이 되었다. 손택의 지적대로, 그것은 단지 "유일한 물건과 대량생산된 물건" 간의 구분에 불과했다. 대량 기술복제 시대에 순수예술가의 작품은 개인의 사적인 서명이 되어있기 때문에 특별한 가치를 지니는 것으로 간주되었다. "그러나 예술에서 일고 있는 현대의 관행에 견주어볼 때, 이러한 구분은 극히 천박한 것으로 보인다. 최근 몇십 년 동안 순수예술작품 중 많은 것이…… '개인의 사적인 표현'이라기보다는…… 분명히 비개인적인 성격을 가지고 있다."

새로운 감성은 지성으로부터 감성을 구원하는 것이었다. "감각, 감정, 추상적 형식 그리고 감성의 양식이 중요하다. 현대예술이 다루는 것이 바로 이것들이다. ……우리를 규정하는 것은 우리가 우리의 머릿속에 어떤 내용의 관념을 저장해왔는가가 아니라 우리가 무엇을 훨씬 더 강렬하고 깊게 보고 듣고 맛보고 냄새 맡고 느낄 수 있는가 하는 것이다.”

게다가 “예술이 감각의 프로그래밍으로…… 이해된다면, 로젠버그의 그림이 불러일으키는 감정(또는 감각)은 슈프림스(The Supremes)의 노래가 불러일으키는 그것과 유사할 것이다.” 따라서 이제 구분이 없어졌고, 세련된 그림과 대중음악은 ‘의식의 재조직화’(또는 ‘감각기관’의 재조직화)에 똑같이 유효하게 되었고, 오늘날 이것이 예술의 기능으로 선포되었다. 이 모든 것 속에는 어떤 것도 고급스러운 것 또는 저급한 것으로 고려되지 않은 문화의 ‘민주화’, 모든 감각이 똑같이 혼합되는 스타일의 융합, 그리고 모든 사람이 다 함께 접근할 수 있는 감각의 세계가 자리하고 있었다.

문화의 민주화가 발생하여 급진적인 감정 평등주의(radical egalitarianism of feeling)가 지성의 위계를 대체했다면, 1960년대 말에는 ‘천재성’의 민주화가 발생했다. 천재로서의 예술가라는 관념 — (에드워드 실즈의 표현으로) “사회의 법이나 그것의 권위를 존중할 필요가 없고” “새로운 경험을 받아들이기 위한 자아의 확대라는 내적 필요성에 의해서만 인도되는” 특별한 존재라는 관념 — 은 19세기 초반까지 거슬러 올라간다. 예술가는 특별한 관점에서 세계를 바라본다고 생각되었다. 제임스 위슬러(James Whistler)는 예술가는 일반대중이 이해할 수 없는 기준과 열망을 가진 독특한 부류라고 선언했다. 헤겔은 (어빙 하우가 지적했던 것처럼) 수많은 비평가, 작가, 시사평론가들이 여러 해에 걸쳐 그대로 따라 해온 한 문장 속에서, 만약 “천재와 공중 간에 갈등”이 있다면 “비난받는 것은 공중일 것이 틀림없고…… 예술가들이 짊어질 수 있는 유일한 책무는 진실과 그 자신의 천재성에 따르는 것"이라고 선언했다.

토크빌이 지적했듯이, 문필가들이 "국민적 기질과 인생관을 틀 짓는 데서" 주도적인 역할을 해온 프랑스에서는, 이러한 전통이 특히 깊이 뿌리 내려 있었다. 예술가들은 그들의 천재성으로 인해 다른 사람들과 다를 뿐만 아니라, 빅토르 위고(Victor Hugo)의 표현으로 국가의 '성스러운 지도자'로 미리 예정되어있었다. 실제로 종교의 쇠퇴와 함께 저술가는 성직자의 특권을 점점 더 많이 부여받았다. 왜냐하면 저술가는 초자연적 비전을 부여받은 인간으로 간주되었기 때문이다. 억눌린 세계에서 오직 작가만이 적응할 수 없는 인간, 즉 세속적인 것에서 영원히 도피할 수 있는 방랑자 ─ 랭보와 같은 ─ 였다. 트리에스테의 조이스, 런던의 파운드, 파리의 헤밍웨이(Ernest Hemingway), 타오스의 로렌스, 인도의 앨런 긴즈버그 ─ 이들이 바로 20세기 예술가 영웅의 전형이다. 부르주아적인 고향을 떠나 먼 곳을 순례하는 일은 독자적인 비전을 획득하는 데 필요한 하나의 수단이 되었다. 이 모든 것의 근간을 이루는 것은 예술은 일상적인 인지적 양식을 통해 지각하는 것보다 더 고차적인 진리를 말해준다는 믿음, 즉 헤르베르트 마르쿠제의 표현으로는 예술의 '언어'는 "일상의 언어와 경험으로는 접근할 수 없는 진리, 즉 객관성을 전달해야만 한다"는 믿음이다.[6]

그러나 라이오넬 트릴링이 (그 자신도 "다소 아연해한" 견해 속에서) 비꼬는 투로 논평했듯이, 만약 "……예술이 항상 진리 또는 최고의 진리를 말하지 않는다면, 그리고 항상 올바른 길을 지적하지 않는다면," 어떻게 될까? 만약 예술이 "심지어 거짓을 낳고 우리가 그것

---

6) Herbert Marcuse, *An Essay on Liberation*(Boston: Beacon Press, 1969), p. 40.

에 길들여지고 그리하여…… 빈번히…… 자율성을 위해 합리적 지성의 정밀조사 대상이 된다면," 어떻게 될까? 이러한 질문은 아마도 여기서 다루기에는 너무나도 큰 문제일 것이다. 그러나 다른 무엇보다도 예술적 전망의 찬양은 또한 또 다른 보다 긴급한 질문을 제기하게 한다. 만약 통상적인 언어와 통상적인 경험으로는 예술의 언어에 접근할 수 없다면, 일반 사람들은 어떻게 그것에 접근할 수 있는가? 이 물음에 대한 1960년대의 해결책 중 하나는 각 개인을 그 나름의 예술 영웅으로 만드는 것이었다. 1968년 5월에 파리 미술학교(École des Beaux Arts) 학생들은 "모든 개인에 내재하는 창조적 활동"을 인도할 수 있는 의식을 개발할 것을, 그리하여 '예술작품'과 '예술가'가 "그러한 활동의 단순한 요소"가 되게 할 것을 요구했다. 스톡홀름에 있는 현대미술관(Moderna Muséet)에 전시된 혁명예술의 1969년 카탈로그는 이 훈령을 더욱 밀고 나가서, "혁명은 시(詩)다. 조직의 체계를 파괴하는 모든 행위에 시가 있다"라고 선언했다. 그러나 이러한 행동주의적 선언—1960년대에 그러한 선언은 빈번했다—은 모더니즘의 문제를 해결하는 것이 아니라 단지 피할 뿐이다.

이 문제의 핵심에는 문화와 전통의 관계가 자리하고 있다. 사람들이 이를테면 고전문화와 가톨릭문화에 대해 말할 때, 사람들은 역사의 경과 속에서 오랫동안 연계되며 하나의 특정한 양식을 만들어온 일단의 신념, 전통, 의례들을 생각한다. 그러한 양식은 내적으로 응집적인 일단의 공통의 인식과 공식적 관습뿐만 아니라 정연한 세계 및 그 속에서의 인간의 위치에 관한 특정한 관념들로부터 유래한다. 근대성은 바로 그 본성상 지나간 것으로서의 과거와 단절하고, 현재 또는 미래를 위해 과거를 지워버린다. 근대성은 인간에게 존재의 대사슬을 확장하기보다는 자신을 새롭게 하라고 명령한다.

문화가 과거와 관련되는 곳에서, 문화에의 접근 가능성은 전통에 의해 틀지어지고, 그 문화는 의례 속에서 표현된다. 개인적인 경험과 감정은 연속성의 대사슬과는 무관한 개인 특유의 것으로 간주된다. 그러나 문화가 제도와 법률이 아니라 예술가의 개인적인 퍼스낼리티와 관련될 경우, 경험의 특이성이 바람직한 것에 대한 주요한 기준이 되며, 감각의 새로움은 변화의 주요한 엔진이 된다.

모더니즘 문화는 전형적으로 자아(self)의 문화다. 그것의 중심은 '나'(I)이며, 그것의 경계는 정체성에 의해 규정된다. 특이성에 대한 숭배는 근대성의 매우 많은 것이 그러하듯이 루소에서 시작된다. 루소는 『고백록』(*Confessions*)의 첫마디에서 다음과 같이 선언한다. "나는 지금까지는 전례가 없는 일을 시작하고 있다. ⋯⋯나 혼자서! 나는 내 마음의 느낌을 알고 있다." 그리고 실제로 이 선언은 절대적 특이성을 주장하고 있다는 점에서("나는 현존하는 그 누구와도 유사하게 만들어지지 않는다"), 그리고 절대적 솔직함에 헌신하고 있다는 점에서("나는 어떤 나쁜 것을 빠뜨리지도 또 어떤 좋은 것을 추가하지도 않았다"), 문학에서 완전히 전례가 없는 것이다.

하지만 그 책 첫 페이지의 모든 문장을 시작하는 '나'라는 말을 단순한 나르시시즘과 혼동하는 것은 (비록 거기에 나르시시즘이 존재한다고 하더라도) 잘못일 것이다. 또는 당황스럽게 하는 세부묘사로 독자에게 충격을 주고자 하는 고의적인 노력("⋯⋯죽음의 고통 속에서 그녀는 큰 소리로 방귀를 뀌었다")을 노출증에 지나지 않는 것으로 보는 것도 잘못일 것이다. 루소가 『고백록』에서 시도했던 것은 진리는 합리적 판단이나 추상적 추론보다는 감상 또는 감정을 통해 포착된다는 자신의 언명을 필요하다고 생각되는 한 무자비하게 예증하는 것이었다. "나는 느낀다. 그러므로 나는 존재한다." 이처럼 루소의 대리자는 데카르트의 금언을 수정하고, 단번에 '진정성'에 대한 고전적 정의는 물론 그것으로부터 나오는 예술적 창조에 대한 정의까지도 뒤엎었다.

사람들은 어떤 경험이 '진정한' 것인지, 즉 그것이 진실하고 따라서 모든 사람에게 타당한지의 여부를 어떻게 알 수 있는가? 고전적인 전통은 항상 '진정성'을 (그것이 심미적인 것이든 도덕적인 것이든 간에) 권위, 장인의 뛰어난 솜씨, 형식에 대한 지식, 완전성의 추구와 동일시해왔다. 이러한 '완전성'은 조지 산타야나의 표현으로 '정화'(purification)를 통해서만, 즉 그 본질—이는 형식의 완벽함을 의미한다—을 찾는 과정에서 모든 우발적 요소들(감상적인 것, 비통한 것, 익살스러운 것, 기괴한 것)을 제거하는 것을 통해 이룩된다. 존 듀이의 이론에서처럼, 예술을 경험과 동일시하는 경우에도, 여전히 심미적 만족의 기준으로서 완전성이 강조되고 있다. 듀이에서 예술은 예술가의 '직접적인 의도'와 다루기 힘든 경험의 속성 간의 상호작용을 포함하는 하나의 형성과정이었다. 예술작품은 예술가가 '내적 통합과 내적 성취'를 달성했을 때 완성되었다. 달리 말해 예술은 여전히 패턴과 구조의 문제로 남아있었으며, 예술작품이 의미를 갖기 위해서는 그것의 개개의 요소 사이의 관계가 인식될 수 있어야만 한다.

그러나 1960년대에 출현한 새로운 감성은 이러한 정의를 철저하게 경멸했다. 예술작품에서 진정성은 거의 전적으로 직접성—예술가의 의도의 직접성과 그가 관객에 미치는 효과의 직접성 모두—이라는 속성과 관련해서만 규정되었다. 이를테면 연극에서는 자발성이 전부였다. 대본은 실제로 무시되었고, 즉흥연기—인위적인 것보다 '자연스러운 것', 판단보다 진심, 성찰보다 자발성이 찬양되는—가 크게 유행하는 형태가 되었다. 극단 리빙 씨어터(Living Theatre)의 감독 주디스 말리나(Judith Malina)는 "나는 [무대 위에서] 안티고

네(Antigone)가 되고 싶지 않다. 나는 주디스 말리나고 또한 주디스 말리나고 싶다"라고 말했을 때, 그녀는 화가가 미술작품에서 환상을 제거한 것과 마찬가지로 연극에서 환상을 제거하고자 한 것이었다.

그러나 이 사례에서 다른 사람을 '연기하는' 것을 그만두는 것은 단지 대본 없이 때운다는 것을 의미하지 않는다. 그것은 인간 경험의 공통성을 부정하고 퍼스낼리티의 거짓 독특성을 강조하는 것이다. 안티고네 — 전통적으로는 관객과 공간적으로 분리된 무대 위에서 공연되었다 — 는 연속해서 되풀이하여 발생하는 특정한 인간문제들 — 시민적 복종의 요구, 서약의 충실한 이행, 정의의 본성 — 을 재진술하는 하나의 상징이다. 안티고네를 제거하는 것 또는 그녀의 육체를 부정하는 것은 기억을 거부하고 과거를 버리는 것이다.

마찬가지로 1960년대에는 글쓰기 역시 감성의 진실성에 의해, 솔직한 상상적 충동을 투사하는 데서의 성공에 의해, 그리고 사상이 자발성을 중재해서는 안 된다는 주장에 의해 평가되었다. 앨런 긴즈버그는 자신이 "나의 상상력이 나의 진정한 마음으로부터 나오는 마법의 구상을 갈겨쓰게 내버려 두는" 식으로 글을 쓴다고 말했다. 우리는 그의 가장 잘 알려진 시 중에서 두 편이 미리 구상되지도 또 수정되지도 않았다는 말을 반복해서 듣는다. 「울부짖음」(Howl)의 긴 첫 부분은 어느 날 오후에 쓴 것이었고, 「해바라기 경전」(Sunflower Sutra)은 "잭 케루악이 시골집 문 앞에서 내가 글쓰기를 끝내기를 기다리는 동안 책상에서 갈겨쓴" 20분 동안 완성되었다. 그리고 같은 즉흥적인 방식으로 케루악은 그의 소설의 엄청난 분량을 거의 쉬지 않고 전혀 수정도 없이 하루에 타이프지 6피트를 타이핑해서 완성했다.

이 작가들의 작품에 대한 평판의 대부분은 만족스럽다는 것이었다. 왜냐하면 새로운 감성에 대한 비평가들 역시 작가들 못지않게 개

성적이었기 때문이다. 연극, 책, 영화를 다루는 비평가들의 목적은 전통적인 심미적 측면에서 그것을 평가하기보다는 그들 자신을 표현하는 데 있는 것 같았다. 즉 작품은 주로 비평가가 개인적 진술을 하기 위한 하나의 기회로 작용했다. 따라서 각각의 예술작품은 그것이 회화든 소설이든 영화든 간에 '또 다른 예술'작품—원작에 대한 비평가의 느낌의 선언—을 위한 명분이 되었다. 그리하여 '행위'예술은 '행위' 반응을 불러일으켜, 모든 사람이 그 나름으로 예술가가 되었다. 그러나 이러한 과정에서 객관적 판단이라는 관념은 완전히 사라졌다.

천재성의 민주화는 사람들이 판단을 놓고는 다툴 수 있지만 느낌을 놓고는 다툴 수 없다는 사실에 의해 가능해진다. 예술작품이 산출한 감정은 당신의 마음을 끌 수도 있고 그렇지 않을 수도 있다. 그리고 누군가의 느낌이 다른 사람의 느낌보다 더 권위가 있을 수도 없다. 게다가 고등교육의 확대 및 반숙련 인텔리겐치아의 증대와 함께 이 모든 것의 평가 기준에서 중요한 변화가 발생했다. 이전에는 그러한 문제를 의식하지도 못했을 많은 사람이 이제 (자신들의 지성이나 감성을 계발하기 위해서가 아니라 자신들의 퍼스낼리티를 '실현'하기 위해) 예술적인 기획에 참여할 권리를 주장한다. 예술 자체의 성격과 그에 대한 반응 모두에서 자아에 대한 관심이 다른 어떤 객관적 기준보다 우선한다.

이러한 발전이 예견되지 않았던 것은 아니었다. 30년 전에 카를 만하임(Karl Mannheim)은 이렇게 경고했다.

……민주적 대중사회의 개방적 성격은 규모의 증대와 전반적인 공적 참여 경향과 함께 너무나도 많은 엘리트를 산출했을 뿐만 아니라 그러한 엘리트들로부터 그들이 충동을 승화시키기 위해 필

요했던 독점성까지 박탈했다. 만약 최소한의 독점성마저 상실한다면, 취향——즉 특정한 스타일을 인도하는 원리——을 신중하게 정식화하는 것이 불가능해진다. 새로운 충동, 직관 그리고 세계에 대한 새로운 접근방식이 소규모 집단에서 성숙될 시간이 전혀 없다면, 그것들은 대중에 의해 단지 하나의 자극으로 감지되게 될 것이다.[7]

1950년대에 매우 영향력이 있던 오르테가 이 가세트(Ortega y Gasset), 카를 야스퍼스(Karl Jaspers), 폴 틸리히, 에밀 레더러(Emil Lederer), 한나 아렌트와 같은 다른 대중사회 이론가들——이들의 저술은 1950년대에 매우 영향력을 가지고 있었다——도 권위의 상실, 제도의 붕괴 그리고 전통의 부식에 관심을 가지고 있었다. 그러나 그들의 강조는 문화적이기보다는 정치적이었다. 그들은 대중사회를 매우 불안정한 것으로, 그리고 전체주의가 대두할 전조로 보았다. 회고해볼 때, '대중'과 사회의 관계에 대한 그들의 이론은 사회구조에 대한 판단에서는 과도하게 단순하고 정치의 본질에 대한 분석에서는 조야해 보인다. 하지만 그것이 사회의 한 부분——현대의 문화세계——에 대해서는 놀랄 만큼 적실하다는 것이 입증되었다. 이 이론가들이 (그들의 세련되지 못한 용어 중 하나를 이용하여) '대중화'(massification)라고 부른 것이 현재 예술세계에서 발생하고 있다. 스타일은 유행과 동의어가 되었고, 예술에서 '새로운' 스타일은 항시적으로 그리고 당혹스러울 정도로 연이어 서로를 대체한다. 문화제도들은 현재와 대립하여 작동함으로써 새로운 것의 주장을 검증하

7) Karl Mannheim, *Man and Society in an Age of Reconstruction*(New York: Harcourt, Brace and Company, 1941), pp. 86~87.

는 데 필요한 긴장을 유발하는 것이 아니라 현재의 조류에 투쟁하지 않고 그냥 굴복한다.

힐튼 크레이머(Hilton Kramer)가 논평한 바 있듯이, 고급예술은 "항상 엘리트적이었다. 하지만 그 엘리트는 사회적 지위상의 엘리트가 아니라 단지 감성 엘리트였다. 고급예술은 특별한 재능, 탁월한 비전, 예외적인 훈련과 헌신을 요구한다. 즉 그것은…… 비범한 인간을 요구한다."[8] 이러한 필요요건은 물론 어떤 종류의 민중주의 이데올로기 — 오늘날 미국문화를 지배하는 민중주의 이데올로기를 포함하여 — 와도 부합하지 않는다. 매우 많은 비평가가 일제히 대중문화의 편을 들고 나선 것도 여기서 기인한다.[9]

이러한 상황은 진지한 비평가를 실제적인 딜레마에 빠뜨린다. 힐튼 크레이머가 지적하듯이, "비평이라는 직업은 다수의 무지한 공중으로부터 고급예술을 지켜야 할 필요가 있는 바로 그 순간에 역사적으로 처음 등장했다." 그러나 그러한 상황은 이미 오래전에 변했다. 고급예술 자체가 비록 '퇴폐적'(decadent) — 이 용어는 결코 적절하게 정의된 적이 없다 — 이 되지는 않았어도, 혼란에 빠졌다. '공중'은 이제 문화적으로 너무나도 게걸스러워서, 아방가르드도 비평가들 사이에서 방어자를 필요로하기는커녕 공중의 영역에 놓이게 되

8) Hilton Kramer, "High Art and Social Chaos," *New York Times*, December 28, 1969. 또한 Kramer, *The Age of the Avant Garde*(New York: Farrar, Straus and Giroux, 1973), 그중에서도 특히 그의 탁월한 에세이 "Art and Politics: Incursions and Conversations," pp. 522~529도 보라.

9) 라이오넬 트릴링은 다음과 같이 기술한 바 있다. "우리 시대는 많은 사람이 예술에서 높은 성과를 이루기를 열망하는 최초의 문화적 시대이지만, 또한 그로부터 발생하는 좌절 때문에 전통적인 계급분할선을 가로지르는 하나의 박탈당한 계급, 즉 정신의 프롤레타리아가 형성되고 있다." Lionel Trilling, "On the Modern Element in Modern Literature," in Irving Howe ed., *The Idea of the Modern in Literature and the Arts*(New York: Horizon Press, 1967).

었다. 따라서 진지한 비평가는 고급예술 자체에 등을 돌려 그것의
정치적 적(敵)을 기쁘게 하거나, 존 그로스(John Gross)의 표현으로
"그 일을 그만두고 디스코텍의 도어맨이 되는" 수밖에 없다. 이것이
바로 문화적 천재성의 민주화가 밟아 나아가는 궤적이다.

자아의 상실

아마도 문학 분야의 상황이 가장 심각할 것이다. 소설은 약 200년
전에 출현했다. 그것은 세계가 격변 속에 있다는 인식에 의해 만들어
졌다. 소설은 상상력을 통해 사실의 세계를 보고하는 수단이었다. 그
리고 소설의 기준은 매우 다양하고 즉각적인 경험을 감정을 통해 굴
절시키고 지성에 의해 규율하는 것과 관련되어있었다. 말하자면 소
설가는 자신의 개인적인 경험을 일종의 원(原)경험으로 하는 사람의
표본이다. 소설가가 자기 자신의 무의식으로 되돌아가 영혼의 화상
을 긁어낼 때, 그는 또한 (만약 그가 훌륭한 소설가라면) 집합적 무의
식을 다루고 있는 중이다.

소설이 태어나고 나서 첫 백여 년 동안 소설가의 역할은 사회를 해
명하는 것이었다. 그러나 그러한 임무는 결국 불가능하다는 것이 입
증되었다. 다이애나 트릴링은 오늘날 소설가가 지고 있는 짐을 규정
하고자 하면서 다음과 같이 적고 있다. "우리 시대의 선진 작가들에
게는 자아가 최고의 것이며, 심지어는 유일한 준거 대상이기도 하다.
사회는 고민할 만한 가치가 있는 어떤 구조나 관심사도 가지고 있지
않다. 작가들에게는 사회는 단지 우리를 짓누르고 있고 또 그렇게 전
적으로 우리를 조건 짓기 때문에 존재한다. ……오늘날의 소설가들
이 떠맡고 있는 일은 단지 우리가 자아와 세계 — 우리를 둘러싸고

자아를 압도하겠다고 위협하고 있는 세계 — 와의 관계를 규정하는 것을 돕는 것뿐이다."10)

이것은 20세기 초반에 관한 진술로는 매우 정확하다. 하지만 1960년대에 이르렀을 즈음에 소설가는 준거 대상으로서의 자아조차도 상실했다. 왜냐하면 자아와 세계의 경계가 점점 더 흐려졌기 때문이다. 메리 매카시(Mary McCarthy)는 "무국적성에 기초한" 새로운 종류의 소설이 최근에 등장하고 있다고 말했다. 그녀는 그 증거로 블라디미르 나보코프와 윌리엄 버로스의 저술을 거론한다. 나는 이 말이 일정 정도 사실이라고 생각한다. 아무튼 1960년대 중반의 저술들은 점점 자폐증적이 되었고, 소설가의 목소리는 점점 더 현실에서 유리되어 갔다.

그 시대의 정신상태를 다룬 소설가의 작품을 읽으면서 사람들은 1960년대에 주로 몰두한 것이 광기(madness)였다는 것을 발견한다. 사회적 삶이 뒤에 남겨지고 또 경계지어진 주체로서의 자아가 해체되어버렸을 때, 남아있는 유일한 테마는 분열이라는 테마뿐이다. 그리고 1960년대의 모든 중요한 작가들은 이러저러한 방식으로 이 테마와 관련되어있었다. 당시의 소설들은 그 양식상 환각적이다. 즉 많은 주인공이 정신분열증 환자고, 정상상태보다는 정신이상이 현실의 기준이 되었다. 그러한 10년 동안에 온갖 사회적 혼란이 있었음에도 불구하고, 작가들의 소설 중에 정치적인 것은 하나도 없었다. (솔 벨로Saul Bellow의 『샘러 씨의 혹성』Mr. Sammler's Planet을 예외로 하면) 그 어떤 것도 급진주의, 젊은이 또는 사회운동을 다루지 않았다(하지만 이 모든 것은 어떤 방식으로든 신비적이었다). 이 모든 것이 이들

---

10) Diana Trilling, "The Moral Radicalism of Norman Mailer," in *Claremont Essays*(New York: Harcourt Brace and World, 1964), pp. 177~178.

작가의 감성에 집약되어 나타난 것이 바로 어떤 임박한 홀로코스트의 경고처럼 보이는 묵시론적 전율——폭풍 앞의 제비와 같은——이다.[11]

이러한 경향을 분명하게 드러내는 작가들이 '블랙유머 작가들'—— 조지프 헬러, 제임스 돈리비(James Donleavy), 브루스 J. 프리드먼(Bruce J. Friedman), 토머스 핀천(Thomas Pynchon), 그리고 보다 '대중적인' 독자로는 테리 서던(Terry Southern)——이었다. 그들은 터무니없는 허무주의적 상황을 다루었다. 줄거리는 정신이 나간 것 같거나 상처를 입히는 것이고, 스타일은 염치없고 익살맞고 엉뚱하고 야단법석을 떠는 식이었다. 모든 상황에서 개인은 일종의 셔틀콕 같은 존재로, 거대한 비인간적인 제도의 공허함에 의해 휘둘렸다. 『캐치-22』(Catch-22)——1960년대에 가장 인기 있었던 소설 중 하나——에서 주인공은 공군에서 탈출하려고 한다. 그러나 자신이 미쳤음을 보여주는 규칙에 의존했다가 결국 자신이 실제로는 정상임을 증명해버리기 때문에 실패한다. 이것이 바로 어리석음이라는 고전적인 테마다.

앤서니 버지스(Anthony Burgess), 커트 보네거트(Kurt Vonnegut), 윌리엄 버로스의 공상과학소설과 미래소설에서는 등장인물의 육체

---

11) 나는 이러한 독해가 업다이크(John Updike), 샐린저, 치버(John Cheever), 파워스(James Farl Powers), 스타이런(William Styron), 로스(Philip Roth), 멜러머드(Bernard Malamud), 볼드윈(James Baldwin) 같은 1960년대의 많은 탁월한 소설가들을 전적으로 무시하고 있다는 것을 알고 있다. 내가 말할 수 있는 것은, 비록 맬러머드가 분명 환상의 탐구 쪽으로 나아갔지만, 이 작가들이 전통적인 소설가의 관심사——사람들이 사회적 틀 속에서 행하고 있는 일을 보고하는 것——에 전념하고 있었다는 것뿐이다. 그 시대의 묵시록적 기질에 대한 나 자신의 사회학적 독해를 전제로 할 때, 나는 내가 선택한 작가들이 그 시대의 감정에 대해 보다 더 그 시대 특유의 진술을 하고 있는 사람들이라고 생각한다.

적 형태가 실제로 변하기 때문에, 더욱더 터무니없어 보인다. 사건에는 원인이 없고, 선과 악의 경계는 모호해진다. 존 바스(John Barth)의 『염소 소년 자일즈』(*Giles Goat-Boy*)에서는 두 대의 거대한 컴퓨터가 세계를 놓고 싸운다. 토머스 핀천의 『49호 품목의 경매』(*The Crying of Lot 49*)의 '줄거리'는 전 세계적인 음모를 중심으로 하고 있고(이 테마는 버로스의 작품 속에도 등장한다), 우리는 최후의 심판의 날의 법석 속에서 미국의 종말을 기다린다.

정신분열이라는 테마는 켄 키지(Ken Kesey)의 『뻐꾸기 둥지 위를 날아간 새』(*One Flew over the Cuckoo's Nest*), 존 바스의 『여로의 끝』(*The End of the Road*), 그리고 메일러의 『미국의 꿈』(*An American Dream*)에서 분명하게 드러났다. 키지의 책 ― 일부는 환각제인 페이오티와 LSD에 취하여 쓴 것이다 ― 에서 어떤 등장인물은 징역형을 피하기 위해 정신이상을 가장하다가 결국에는 뇌 전두엽 절제수술을 받는 반면, 같은 병원에 입원해있던 정신분열증 환자였던 인디언 거인은 병원을 탈출하여 "제정신이 된다." 분명히 상징적인 제목을 달고 있는 메일러의 『미국의 꿈』에서 주인공 스테판 로잭(Stephen Rojack)은 CIA와 다른 미스터리한 세력들과 대결하는 것을 포함하여 전능 판타지(omnipotence fantasy)를 실행하고 결국에는 내세에까지 이르는 심파(心波)의 능력을 찬양한다.

이 시기의 다른 주요 소설가들 ― 나보코프, 벨로, 버로스, 주네 ― 의 테마를 지배하는 것도 판타지다. 나보코프의 『창백한 불꽃』(*Pale Fire*)은 (권력, 사랑, 학습에 대한 멜로드라마풍의 얽히고설킨 기발한 상상일 뿐만 아니라) 일종의 판타지 탐정소설이다. 이 소설은 러시아와 닮은 상상의 나라의 스파이일 수도 있고 폐위당한 왕일 수도 있는 주인공 ― 이 정체성의 혼란이 결정적이다 ― 이 한 장편 시(詩)에 대해 쓴 정교한 비평으로 이루어져 있다. 『에이다』(*Ada*) ― 또는 『아더』

(*Ardor*) 또는 또 다른 많은 판본 ─ 도 마찬가지로 사랑에 대한 복잡한 판타지로, 연대의 오기를 의도적으로 이용하여 과거 시간과 미래 시간 간의 모든 차이를 없앤다.

솔 벨로 ─ 다 따져보면 유일하게 반묵시론적인 작가인 ─ 는 다음과 같은 의문을 제기한다. "그게…… 이 크고 푸르고 희고 녹색인 혹성을 폭파해야 할 때였는가, 아니면 그 혹성에서 떠나야 할 때였는가?" 『샘러 씨의 혹성』은 대부분 과밀한 지구를 탈출하는 수단으로 달을 식민지화하려는 인도 물리학자의 계획을 둘러싸고 전개된다. 랄(Lal) 박사의 계획은 초창기 미래파의 한 사람인 웰스(Wells)의 회상록으로 알려진 것과 뒤얽힌다. 그리고 샘러 씨 자신 ─ 이 소설에서 훌륭하게 묘사된 주인공 ─ 은 과거의 모든 조직구조의 붕괴를 강조하기라도 하는 것처럼 국적이 없다.

나보코프와 벨로는 그 기질상 세계에 대한 관찰자들이지만, 버로스와 주네의 경우에서는 세계의 종말이 우리에게 다가오고 있다. 세계는 문자 그대로 그리고 상징적으로도 해체되고 있다. 버로스에서는 배설물의 환영이 실제의 느낌을 내고 있다. 『알몸의 점심』(*Naked Lunch*)은 겉으로는 저자가 마약중독과 싸우는 것에 대한 이야기지만, 오물이라는 테마가 열려 있는 하수구처럼 그 책 전체를 흐르고 있다. 즉 그 책은 항문애, 신체의 온갖 종류의 배출물, 여성 생식기에 대한 공포, 그리고 교수형에 처해지는 동안의 사형수 남자의 반사적 사정과 같은 이미지들에 대한 진지한 논의에 심히 몰두하고 있다. 사람들은 게나 거대한 지네 또는 육식동물들로 변한다. 버로스는 "소설이라는 형식이 어쩌면 구식의 것이 되었고" 작가는 "독자들에게 소름 끼치는 행위 사진과 동일한 효과를 산출하는" 보다 치밀한 기법을 발전시켜야만 한다고 말했다. 그의 소설들 ─ 『알몸의 점심』과 그의 3부작 『소프트 머신』(*The Soft Machine*), 『노바 익스프레스』(*Nova*

Express),『폭발한 티켓』(*The Ticket that Exploded*) ── 은 '컷업'(cut-up) 기법을 이용한 작품들이다. 즉 "당신은 어느 교차점에서나『알몸의 점심』에 끼어들 수 있다." 그것은 "계속되는 전시회"다. 왜냐하면 『알몸의 점심』은 역사를 무시하기 때문이다. 나머지 소설들은 조각으로 나누어 쓰여, 임의로 풀로 붙여졌다. 현실은 전혀 현실이 아니다. 왜냐하면 거기에는 차원도 그리고 경계도 없기 때문이다.

유사한 몰입이 장 주네의 작품에도 관류하고 있지만, 그의 작품은 무엇보다도 최하층 계급을 찬양한다. 수전 손택이 기술했듯이, "범죄, 성적·사회적 타락, 그리고 무엇보다도 살인은 주네에 의해 영광의 제전으로 이해된다." 주네는 도둑, 성폭행범, 살인자들의 세계를 유일하게 정직한 세계로 본다. 왜냐하면 거기서 인간의 가장 심원하고 가장 금지된 충동이 직접적인 원시적 형태로 표출되기 때문이다. 주네가 볼 때, 카니발리즘과 신체 섭취의 판타지는 인간 욕망의 가장 심원한 진실을 보여주는 것이다.[12]

디오니소스 패거리

스스로를 '디오니소스 연극'(Dionysiac theater)이라고 부르고 그 극단원들을 일종의 '디오니소스 패거리'(Dionysiac pack)로 간주한

---

12) 주네를 '미국' 집단에 포함시키고 1960년대 작가로 분류하는 것은 이상하게 보일 수도 있다. 비록 그의 주요 작품들은 1940년대와 1950년대에 쓰인 것이지만, 미국인에게 인기를 얻은 책들 ──『꽃의 노트르담』(*Our Lady of the Flowers*),『도둑일기』(*The Thief's Journal*),『장례식』(*Funeral Rites*) ── 은 1960년대까지 영어로 번역되지 않았다. 버로스도 1950년대에 작품 활동을 했다. 그러나 이 두 사람은 1960년대에 이르러서야 미국인들의 의식 속에 완전하게 출현했다.

운동보다 더 지칠 줄 모르고 묵시론적 분위기를 연출한 것은 어디에도 없었다. 그것은 주로 자발성, 주신제의 해방, 감각적 커뮤니케이션, 동양의 신비주의와 의례를 강조했다. 그것은 이전의 급진주의 연극처럼 관객의 생각을 바꾸는 것이 아니라 관객과 연기자를 해방의 식(儀式)에 함께 참여시킴으로써 양자의 정신을 재구성하고자 했다. 이 운동은 어떤 식으로든 연기자 또는 극본의 틀을 설정하는 것, 즉 모든 형태의 기교와 계산도 "비(非)창조적이고 삶에 반(反)하는" 것이라는 점에 근거하여 훈련과 기예에 반대하는 연극학파를 만들어냈다.

잘 단련된 연기를 중심으로 하는 전통적 연극에는 빈틈도 없고 도덕적 모호성도 없고 플롯 중 사용되지 않는 부분도 전혀 없다. 그리고 거기에는 연기를 결론으로 인도하는 근원적인 논리가 존재한다. 왜냐하면 극작가가 자신의 주장을 역설하기 때문이다. 그러나 '새로운 연극'은 질서정연한 것을 의구심을 가지고 바라보고, 그것을 임의적이거나 선택적인 것이라고 비난했다. 그러한 연극은 필연적으로 극작가의 연극이 아니었다. 왜냐하면 극본에는 일정한 범위와 한계가 있게 마련이기 때문이다. 새로운 연극은 연기의 틀을 깨고, 관객과 무대, 즉 관객과 연기자 간의 구분을 없애고자 했다. 그것은 사고(思考)를 불신하고 극장에서 원시적 의례의 느낌을 되살리고자 했다.

연극에서 새로운 감성의 원형(原型)을 이루는 것은 줄리언 벡(Julian Beck)과 주디스 말리나가 설립한 극단 리빙 씨어터(Living Theatre)였다. 수년 동안 유럽을 순회한 후에, 그 극단은 새로운 스타일의 무작위적 연기(random action)를 개발하고 혁명적 무정부주의의 한 형태를 설파했다. 그들의 새로운 신조는 "연극은 자유로워야만 한다"는 것과 "연극은 거리로 나가야만 한다"는 것이었다. 필리포 마리네티(Filippo Marinetti)의 「미래주의 선언」을 연상시키는 표현들로, 벡은 과거의 연극을 다음과 같이 공격했다.

남을 속이는 형태의 모든 연극은 사라질 것이다. ……우리는 셰익스피어의 객관적 지혜, 즉 비극에 대한 그의 인식을 필요로 하지 않는다. 그의 비극에 대한 인식은 고귀한 가문에서 태어난 사람들의 경험만을 담고 있다. 집합적 기쁨에 대한 그의 무지는 그를 오늘날 무익한 존재로 만든다. 시(詩)에 유혹되지 않는 것이 중요하다. 이것이 앙토냉 아르토가 "대본은 불태워라"라고 말한 이유다.
　실제로 지적인 연극은 모두 사라질 것이다. 우리 세기와 지난 세기의 연극은 그 표현과 호소에서 지적이다. 우리 시대에 사람들은 극장을 나와 걸어가면서 생각한다. 그러나 우리의 이미 조건 지어진 정신에 의해 제한받는 우리의 생각은 너무나도 타락해있기에 그것은 신뢰받을 수 없다.

따라서 극단 리빙 씨어터의 최고 작품 「파라다이스 나우」(Paradise Now)에서는 관객이 풋라이트를 가로질러 무대 위에서 배우들과 하나가 되도록 초대되었다. 한편 다른 연기자들은 마리화나를 피우거나 관객과 대화를 하면서 극장 도처를 돌아다녔다. 때때로 이 배우 저 배우가 무대로 돌아와서는 허리에 두른 천마저 벗어버리고 관객들에게 따라하게 한다. 그것의 의도는 모종의 대중 소란을 일으키는 것이었다(하지만 좀처럼 그 목적을 달성하지 못했다). 마지막으로, 모든 사람은 극장 밖으로 나가 치안을 무정부상태로 만들고 교도소로 돌진하여 죄수들을 풀어주고 전쟁을 종식시키고 '인민'의 이름으로 도시를 접수할 것을 권고받았다.
　만약 연극에 새로운 감성의 단일한 화신이 있었다면, 그는 1948년에 사망한 프랑스 작가며 비평가였던 앙토냉 아르토일 것이다. 그는 처음에 배우로서 훈련을 받았지만, 1928년에 로베르 아롱(Robert Aron)과 함께 씨어터 앨프레드 자리(Théâtre Alfred Jarry)를 설립하고, 그곳에서 자리의 정신을 따라 관객에게서 악귀를 쫓아내는 일을 계속했다. 아르토는 극본에 대한 예속에 "종지부를 찍고" 몸짓과 사고(思考)의 중간쯤일 일종의 독특한 언어 기호를 되찾아야만 한다고 믿었다. 그는 일상생활에서 잔혹함이나 사디즘을 주창하지는 않았지만, 그의 연극의 의례화된 폭력이 관객에게 해방감을 제공함으로써 치료요법적 기능을 할 수 있다고 믿었다. 이러한 점에서 그는 합리성을 공격하고 원시적 충동의 원천으로 회귀하고자 한 포스트모더니스트들의 커다란 흐름의 일부였다.

1960년대에 미국에서는 풍요시대의 아이들이 때로는 불운하게도 혁명 놀이를 하고 때로는 치명적이게도 환각물질을 가지고 놀았다. 그러한 사회에서 아르토의 '잔혹극'(Theater of Cruelty)의 배후에 있는 것과 같은 이론들이 제대로 이해되지 않은 채 유행하게 되었다는 것은 어쩌면 당연한 것이었다. 이 시기 동안 의례로서의 연극과 관련하여 이루어진 모든 논의 속에는 기묘한 공허감, 확신의 결여, 그리고 전적인 연극조의 모습이 자리하고 있었다.[13]

에밀 뒤르켐이 지적했듯이, 의례는 무엇보다도 (문화의 모든 참여자가 동의하는) 신성한 것과 세속적인 것의 분명한 구분에 의지한다. 의례는 신성한 것의 문을 지킨다. 그리고 의례의 기능 중 하나는 그것이 불러일으키는 경외감을 통해 사회가 계속되는 데 필요한 금기를 유지하는 것이다. 달리 말해 의례는 신성한 힘의 극화된 표현이

---

13) 의상, 조명, 무대장치를 제거하고 고통과 죽음을 강조하는 폴란드 출신 연출가 예지 그로토브스키(Jerzy Grotowski)의 '가난한 연극'은 이 시기 동안 유사한 인기를 누렸다. 하지만 그것의 창조자—종교적 소명의식을 지닌 검소하고 고립된 삶을 산 인물—는 그후 많은 추종자와 의절했다.

다. 하지만 이러한 두 가지 존재 영역을 근본적으로 구분하지 않는 사회에, 그리고 정연한 가치 위계의 관념을 전면적으로 부정하는 사회에, 의미 있는 의례 같은 어떤 것이 어떻게 존재할 수 있는가?

새로운 연극이 의례라고 부른 것은 불가피하게 폭력에 대한 일정한 찬양에 의지했다. 처음에는 폭력이 작품 자체 내에 남아있었다. 이를테면 「흑인들」(The Blacks)에 등장하는 엑소시즘 의례에서는 한 흑인의 백인 살해가 상징적으로 재연된다. 하지만 나중에 감각에 대한 갈망이 보다 생생한 어떤 것에 대한 요구로 단계적으로 상승되었을 때, 해프닝이 점차 폭력을 연기하기 위한 주요한 장(場)으로서의 극본을 대신하게 되었다. 연극은 결국 단지 삶을 흉내 낼 뿐이지만, 해프닝 속에서는 진짜 피가 흐를 수도 있었고, 실제로도 그런 일이 있었다. 1968년 뉴욕 저드슨 교회에서 열린 '예술에서의 파괴'(Destruction in Art) 심포지엄에서 한 참가자가 살아있는 하얀 닭을 천장에 매달고 그것을 앞뒤로 흔들고 나서 그 닭의 머리를 울타리 가지치기용 가위로 잘랐다. 그런 다음 그는 그 잘린 머리를 자신의 다리 사이의 열린 지퍼 안에 넣고 그것의 몸통으로 피아노 안쪽을 계속해서 탕탕 두들겼다. 1968년에 시네마테크(Cinematheque)에서는 독일의 예술가 헤르만 니치(Herman Nitsch)가 무대 위에서 양의 배를 가르고 창자를 끄집어내어 한 젊은 여성에게 들어붓고 남은 몸통을 십자가에 못 박았다. 이 해프닝에서는 오기 미스터리 씨어터(Orgy-Mystery Theater)의 연기자들이 다량의 피와 동물의 창자를 서로에게 던졌다. 아마도 황소를 제물로 바치던 로마의 의식을 재현한 것으로 보인다. 이 의식에서는 프리지아(Phrygia, 소아시아에 있었던 고대 국가—옮긴이)의 신비로운 입문식의 일환으로 제물인 황소가 구덩이 속에 들어간 한 남자의 머리 위에서 도살되었다. 이 두 가지 이벤트는 잡지 『미국의 예술』(Art in America)에 사진과 함께 보도되었다.

동물의 의례적 도살을 포함하는 니치 씨가 주관한 또 다른 이벤트는 『빌리지 보이스』(*Village Voice*)의 1면에 사진과 함께 대서특필되었다.

전통적으로 폭력은 실패의 고백으로서 지식인에게 불쾌한 것이었다. 대화 과정에서도 개인들은 자신들이 이성에 의해 설득할 힘을 잃었을 때 무력에 의지했다. 따라서 예술에서도 폭력의 행사에 의지하는 것은 (캔버스, 무대, 글에서 폭력을 글자 그대로 재현한다는 의미에서) 마찬가지로 감정을 불러일으킬 수 있는 예술적 능력을 결여한 예술가가 직접적으로 감정의 충격을 불러일으킬 수밖에 없었다는 것을 의미했다. 그러나 1960년대에는 폭력이 치료요법으로서뿐만 아니라 사회변화에 필요한 부수물로 정당화되었다. 사람들은 장 뤽 고다르(Jean-Luc Godard)의 영화 「중국 여인」(La Chinoise)에서 프랑스의 상층 부르주아 어린이들이 마오쩌둥 어록(Mao's Little Red Book)의 폭력적 표현과 구호를 입에 담는 것을 지켜보면서, 타락한 낭만주의가 어떤 무시무시한 살인 충동을 숨기고 있음을 깨달았다. 유사하게 살아있는 동물이 실제로 도살되는 고다르의 「주말」(Weekend)에서, 사람들은 피에 대한 불길한 욕망이 카타르시스를 위해서가 아니라 쾌감을 위해 다루어지고 있음을 알아챘다.

혁명의 수사는 새로운 감성과 새로운 정치 둘 다 속에서 연극과 현실 간의 경계선을 지울 수 있게 한다. 따라서 삶(그리고 시위와 같은 '혁명적' 행위)이 연극처럼 연기되는 한편, 폭력에 대한 갈망이 처음에는 극장에서 다음에는 거리 시위에서 하나의 꼭 필요한 심리적 마약, 즉 하나의 중독 형태가 된다.

이성 대신에

1960년대 말경 새로운 감성은 이름(대항문화)과 그것에 어울리는 이데올로기를 부여받았다. 그 이데올로기의 주요한 경향은 (그것이 '테크노크라트 사회technocratic society'에 대한 공격이라는 모습으로 출현했음에도 불구하고) 이성 그 자체에 대한 공격이었다.[14]

우리는 찰스 라이시(Charles Reich)의 "제3의 의식"(Consciousness III), 시어도어 로작(Theodore Roszak)의 "샤머니즘적 비전"(shamanistic vision) 등의 표제하에서 이성 대신에 이러저러한 형태의 전(前) 합리적 자발성에 스스로를 맡기라는 말을 들었다. 이러한 운동의 가장 분명한 대변자 중 한 사람인 로작은 다음과 같이 말했다. "자기중심적이고 이지적인 양식의 의식에 철저하게 헌신하는 과학적 세계관을 전도할 것이 요구되고 있다. 그 자리에 새로운 문화가 수립되어야만 한다. 이 새로운 문화에서는 퍼스낼리티의 비(非)지적 능력—환영적인 광채와 인간의 영적 교감 경험으로부터 영감을 얻는 능력—이 진·선·미의 결정적 요소가 된다."

우리는 혁명적 변화는 사회뿐만 아니라 정신까지도 포괄해야만 한다는 말을 거듭해서 듣는다. 그러나 사람들이 그것이 실제로 무엇

---

14) 이러한 공격을 모든 급진주의와 동일선상에 있다고 보는 것은 잘못이고 왜곡일 것이다. 실제로 옛 급진주의 전통은 비합리주의를 몹시 싫어한다. 그리고 그것의 많은 지지자—필립 라브(Philip Rahv), 로버트 브루스타인(Robert Brustein), 라이오넬 아벨(Lionel Abel), 어빙 하우—는 서로 다른 글들에서 새로운 감성의 여러 측면을 공격했다. 그들의 많은 주장이 지닌 난점은 그들 모두가 지적으로 그리고 심미적으로 모더니즘을 지지하고 모더니즘의 전제를 받아들인다는 것이다. 하지만 새로운 감성이 한 일은 모더니즘의 전제를 철저하게 실행하는 것이었다.

을 의미하는지 — 이 새로운 (어쩌면 탈혁명적일) 문화가 어떤 형태를 취할 것인지 — 에 대한 단서를 찾아 나섰을 때, 그들이 들은 것은 중요성을 잃어가고 있는 인지능력을 내던지고, "샤먼의 알아들을 수 없는 광적인 말들"을 더욱 찬양하라는 또 다른 권고뿐이었다.

이러한 권고가 이상화된 유아기에 상실한 욕구 충족에 대한 갈망 그 이상의 것으로 귀착되는가? 이것은 모든 유토피아 운동에서 재현되는 열망이었다. 하지만 1960년대의 아르카디아 판타지(Arcadian fantasy)는 심리학과 인류학의 용어로 장식되어있던 것과는 다른 새로운 것이었다. 과거에는 그러한 열망이 대체로 수사적인 것이었다면(푸리에Charles Fourier의 '유사이키아eupsychia'만 보더라도 이를 알 수 있다), 1960년대에는 어린 시절의 환상과 성적 요구가 문화사에서 유례없이 청년기에 대규모로 분출되었다. 부정과 무차별에 대한 요구는 성인임을 표시하는 데 필요한 구별 — 양성 간의 구별과 사상에서의 차이 — 을 부정하는 것 말고 무엇이란 말인가? '물병자리 시대'(Aquarian Age)의 청년문화, 즉 청춘기의 록-드러그 댄스(rock-drug dance)는 절망적으로 디오니소스를 찾는 것 말고 무엇이란 말인가? 하지만 찬양하거나 의례화할 자연도 종교도 없을 때, 어떻게 그것이 가능했을까? 거기에 존재한 것이라고는 자아 — 내용이 비어있고 혁명의 극화를 통해 생기 있는 것처럼 가장할 수 있는 자아 — 에 대한 애처로운 찬양뿐이었다.

맺음말

1970년대 — 우리는 10년씩을 묶어 표시하는 덫에 빠져버렸다 — 에는 문화적 급진주의 자체가 소진되어버렸다. 회화는 다시 인물과 초상으로 복귀했고, 조각은 기술과 소재에, 또는 소통 도구를 통한 '개념적 진술'에 몰두했다. 연극은 신선미를 잃었고, 소설은 핀천의 『중력의 무지개』(Gravity's Rainbow)가 예증하듯이, 광기와 기술에 점점 더 몰입되어갔다. 대중문화에서는 (스티븐 마커스의 용어를 사용하면) 현재 '포르노토피아'(pornotopia)—즉 포르노그래피와 도착된 성(性)에 대한 끈덕진 탐닉상태—에 있다. 이러한 특징은 하나의 10년의 종말만이 아니라 하나의 문화양식의 종말 역시 고하는 것 아닌가?

내가 앞에서 지적했듯이, '구속받지 않는 자아'는 자유분방한 개인주의를 찬미하는 부르주아 사회의 산물이었다. 비록 부르주아 사회가 경제에서 자유분방한 개인주의를 용인했지만, 문화에서의 자아의 과잉을 두려워하고 그것을 억제하고자 했다. 다양한 복잡한 역사적 이유 때문에, '문화적 자아'(cultural self)는 반(反)부르주아적이 되었고, 그 운동의 일부 분파들은 정치적 급진주의와 동맹했다. 하지만 '문화적 자아'의 충동은 실제로는 급진적인 것이 아니라 반항적이었다. 그것은 제약을 부정하고 해방을 추구함으로써 자신을 '표현'하고자 했다. 오늘날에는 그러한 제약이 느슨해졌고, 해방의 충동은 어떤 긴장—또는 창조성—도 발견하지 못한다. 보다 중요하게는 자유주의적 문화 속에서 해방의 탐구가 정당화되었고 또 (음악산업에서처럼) 상업적 기업가—그들 자신의 '최신' 라이프스타일에 영향을 미치는—에 의해 이용되었다.

문화적 모더니즘의 반항적 충동은 이제 하나의 역설에 처해있다. 비(非)서구사회—중국, 알제리 또는 쿠바—에서 급진주의는 청교도적이 된 반면, 소련의 마르크스주의는 문화적으로 억압적이다. 비록 문화적 모더니즘이 여전히 전복적일 것을 요구하지만, 그것은 대체로 부르주아적 자본주의 사회에서 자신이 살 집을 발견한다. 문화를 결여하고 있는, 그리하여 공허한 신념과 메마른 종교로부터 파생한 그러한 사회는 '해방되'거나 '자유로워'지기를 원하는 문화대중의 라이프스타일을 그것의 규범으로 채택하고 있지만, 무엇이 가치 있는 경험일 수 있는지에 대한 어떤 확실한 도덕적 또는 문화적 지침을 결여하고 있다. 문화적 모더니즘이 고갈될 것인가. 아니면 점점 더 커지는 소용돌이 속에서 또 한 번의 선회, 즉 또 다른 금기들—근친상간, 남색 행위, 양성성에 대한—을 완전히 무너뜨리는 또 한 번의 선회가 있을 것인가? 현시점에서 이러한 의문은 실제로 부적절하다. 왜냐하면 창조적인 문화적 힘—심미적 형태나 내용 면에서 창조적인—으로서 모더니즘이 끝났다는 것만이 유일한 사실이기 때문이다. 이미 50년 전에 모더니즘은 갱년기에 도달했다. 1960년대의 감성은 충격 또는 감각의 미학이 단지 시시하고 지루한 것이 되었을 뿐이라는 증거로서만 적실할 뿐이다. 그리고 모더니즘이 문화대중의 소유물이 되는 한, 1960년대의 감성은 자본주의의 문화적 모순의 또 다른 지표로서만 의미를 지닐 뿐이다.

제4장 위대한 부흥을 위하여

탈산업시대의 종교 문화

모든 사회는 사람들이 자신을 세계와 연결시킬 수 있는 일단의 의미를 확립하고자 한다. 그러한 의미들이 일단의 목적을 구체화하거나, 신화와 의례처럼 사람들의 공유된 경험을 설명하거나, 마법 또는 '테크네'(techne, 의식적 제작능력 ─ 옮긴이)라는 인간의 능력을 통해 자연을 변형시킨다. 이러한 의미들은 종교, 문화, 노동 속에 구현되어 있다. 이들 영역에서 의미의 상실은 사람들에게 견딜 수 없는 일단의 불가해성을 초래하고, 이는 사람들로 하여금 허무주의 의식과 공허감만 남지 않게 하기 위해 시급하게 새로운 의미를 찾게 한다. 이 글은 이전의 장들에서 논의한 문화의 모순에 비추어 문화와 노동, 그리고 문화와 종교의 관계를 탐구하고, 새로운 의미가 나아갈 방향을 탐색한다.[1]

---

1) 이 글은 내가 1972년 12월에 스미스소니언 연구소(Smithsonian Institution)에서 발표한 또 다른 글 "Technology, Nature and Society: The Vicissitudes of Three World-Views and the Confusion of Realms"과 한 쌍을 이루는 것으로 독해될 수도 있다. 이 글은 또한 프랑크 N. 더블데이(Frank N. Doubleday) 시리즈로, 다니엘 부스틴(Daniel Boorstin)이 서문을 쓴 *Technology and the Frontiers of*

사람들의 성격과 그들이 맺는 사회적 관계 유형의 많은 것은 그들이 하는 노동의 종류에 의해 틀지어진다. 만약 사람들의 성격양식을 나누는 원리로 노동을 택한다면, 우리는 전산업적·산업적·탈산업적 노동에 대해 이야기할 수 있다. 우리는 이 원리를 이들 요소가 동일한 사회 내에 공존할 때는 공시적으로 파악할 수도 있으며, 또한 그것들을 어떤 사회가 통과하는 순서로 파악할 수도 있다. 각 접근방식의 유효성은 (그러한 구분이 분석적 구성물이기 때문에) 분석의 목적에 달려있다. 그러나 이 구분 자체는 여전히 노동으로부터 파생된 의미를 이해하는 데 유용한 근거가 된다.

전산업사회—오늘날에도 여전히 대부분의 세계의 조건을 이루고 있는—에서 삶은 주로 자연과의 게임이다. 노동력은 압도적으로 채취산업—농업, 광업, 어업, 임업—에 집중되어있다. 사람들은 자신의 근력에 의지하여 물려받은 방식으로 일을 하고, 그들의 세계관은 몇 가지 가변적인 요소들—계절, 폭풍, 토질, 강수량, 광맥의 깊이, 가뭄과 홍수—에 의해 조건지어진다. 삶의 리듬은 이러한 우연성에 의해 틀지어진다. 시간에 대한 의식은 기간(durée)에 대한 의식이고, 일의 속도는 계절과 날씨에 따라 달라진다.

재화를 생산하는 산업사회에서 사람들은 가공된 자연과의 게임을 한다. 세계는 기술적이 되고 합리화되었다. 기계가 지배하고, 삶의 리듬은 기계의 속도에 맞춰진다. 시간은 연대기적이고 기계적이며

Knowledge(Garden City, N.Y.: Doubleday, 1975)에도 실려 있다. 나는 이 책에 이 글을 싣지 않았다. 왜냐하면 그 글이 문화라는 독특한 문제보다는 철학적 세계관의 출현에 초점을 맞추고 있기 때문이다. 하지만 이 두 글은 서로를 보충하는 것으로 볼 수 있다.

이 장을 시작하는 절에서 종교와 문화에 대한 논의의 틀을 확립하기 위해 나는 나의 책 『탈산업사회의 도래』에서 논의한 몇 가지 정식을 되풀이한다.

시계의 눈금처럼 균일하게 구분된다. 동력이 근력을 대신하고, 더 나아가 산업사회의 특징인 생산성의 비약적 발전, 즉 표준화된 제품의 대량생산의 토대를 마련해준다. 동력과 기계가 일의 성격도 변화시킨다. 숙련은 보다 단순화된 요소들로 분해되고, 과거의 직공은 두 새로운 인물들로 대체된다. 하나가 엔지니어로, 이들은 일의 배치와 흐름을 책임진다. 그리고 다른 하나는 반숙련 노동자들로, 이들은 엔지니어의 창의력이 그들을 대체할 새로운 기계를 만들어낼 때까지 기계 사이에서 톱니바퀴의 역할을 한다. 산업사회는 여러 부품이 정확한 순간에 합쳐져서 조립되도록 일정과 계획이 짜이는 세계다. 그것은 재화의 생산과 유통을 위해 사람, 자재, 시장을 잘 들어맞게 짜 맞추는 조정의 세계다. 그것은 사람을 사물로 취급하는 조직 — 위계 질서와 관료제 — 의 세계다. 왜냐하면 사람이 사람보다 사물과 더 잘 조화를 이루어 움직이기 때문이다. 따라서 필연적으로 역할과 사람의 구분이 도입되고, 이러한 구분은 기업의 직원 배치표와 조직도로 공식화된다.

탈산업사회는 서비스 — 인간 서비스, 전문·지식 서비스 — 에 중심을 두고 있기 때문에, 그 속에서의 삶은 인간 간의 게임이다. 연구 팀 조직 또는 의사와 환자, 교사와 학생, 정부 관리와 청원자 간의 관계 — 요컨대 과학적 지식, 고등교육, 공동체 조직을 기본양식으로 하는 세계 — 는 조정과 위계질서보다는 협력과 상호성을 수반한다. 따라서 탈산업사회는 또한 공동체적 사회로, 거기서 사회의 단위들은 개인이기보다는 공동체 조직이고, 결정은 '시장'보다는 정체(政體)를 통해 — 정부뿐만 아니라 사적 조직 간의 집합적 협상 속에서 — 이루어져야만 한다. 그러나 사람 간의 협력은 사물의 관리보다 어렵다. 참여는 공동체의 조건이다. 그리고 서로 다른 많은 집단이 너무나도 많은 서로 다른 물건을 원하면서도 협상할 준비가 되어있지 않을 경우, 갈등이 증가하거나 교착상태에 빠진다. 따라서 거기에는 합의의 정치 아니면 훼방의 정치가 존재한다.

하지만 사회조직에서 일어나는 이러한 변화는 눈에 보이지 않는 더 많은 변화를 예고하는 것일 수도 있다. 그것이 바로 의식과 우주론에서의 변화다. 그러한 변화의 짙은 기미는 자신 및 세계에 대한 인간 관념의 모서리에 항상 존재해왔고, 이는 현재 현상학의 중심 문제가 되고 있다. 실존주의의 전문용어로 표현하면, 인간은 세상 속으로 '내던져져'서 그간 인간이 이해하고 지배하고자 해온 생소하고 적대적인 권력과 대결한다. 첫 번째 대결은 자연과의 대결이었다. 인간이 존재해온 수천 년의 기간 중 대부분 동안, 인간의 삶은 자연의 힘을 극복하는 전략을 발견하는 것, 다시 말해 폭풍우로부터 피난처를 발견하고 물과 바람을 이용하고 땅과 물과 다른 동물로부터 음식과 자양물을 얻기 위한 자연과의 게임이었다. 대부분의 인간행동의 부호화는 이러한 자연의 변화무쌍함에 적응할 필요성에 의해 틀지어졌다.

공작인(homo faber)으로서의 인간은 물건을 만들고자 했고, 물건을 만드는 과정 속에서 자연을 재가공하고자 하는 꿈을 꾸었다. 자연에 의존한다는 것은 그것의 변덕에 굴복한다는 것이었다. 제작과 복제를 통해 자연을 개조한다는 것은 인간의 힘을 강화하는 것이었다. 산업혁명은 실제로는 자연적 질서를 기술적 질서로 대체하고자 하는, 즉 자원과 환경의 우연한 생태학적 배치를 기능과 합리성이라는 공학적 관념으로 대체하고자 하는 노력이었다.

탈산업적 질서는 이 둘 모두에 대해 등을 돌린다. 사람들은 주요한 일을 수행하면서 점점 더 자연 외부에서 살아가고, 또 기계와 사물과는 점점 더 멀어진다. 사람들은 서로 함께 살아가고 조우한다. 물론 집단생활의 문제는 동굴생활과 씨족생활에까지 거슬러 올라가는 인간 문명의 가장 오랜 난제 중 하나다. 그러나 이제 상황이 달라졌다. 집단생활의 가장 오랜 형태는 자연의 맥락 내에서 일어났고, 자연의 정복이 인간의 삶에 외적인 공통의 목적을 부여했다. 사물에 얽매여 있던 집단의 삶은 사람들이 기계적 인공물을 만들어 세계를 변화시켰을 때 인간에게 엄청난 권력의식을 부여했다. 그러나 탈산업세계에서 그러한 예전의 맥락은 대부분 사람들의 시야에서 사라졌다. 일상적인 노동생활 속에서 사람들은 이제 더 이상 자연 — 생소한 것으로서든 아니면 유익한 것으로서든 — 과 대결하지 않는다. 그리고 소수의 사람만이 인공물과 사물을 다룬다.

더 큰 역사적 맥락에서, 즉 전산업사회에서는 사람들의 성격과 집단의 전통은 사회에 의해 틀지어졌다. 뒤르켐의 의미에서 사회는 개인과 독립하여 독자적으로 존재하는 하나의 외적 실체였다. 세계는 하나의 발견된 세계다. 산업사회에서는 사람들이 물건을 만들지만, 그러한 이미 만들어진 것들은 개조 가능한 사물이 아니다. 그것은 인간의 외부에서 그 나름의 독자적 존재양식을 갖는 물화된 실체로 존재한다. 탈산업사회에서 인간은 단지 서로만을 알고 있고, "서로를 사랑하거나 아니면 죽어야만 한다." 현실은 "저기 바깥" — 사람들이 "[그가] 결코 만들지 않는 세계에 홀로 두려워하며" 서 있는 — 에 있지 않다. 현실은 이제 그 자체로 문제 있는 것이 되고 개조되어야 한다.

이 변화하고 있는 경험이 의식과 감각을 변화시킬 것인가? 인간 역사의 대부분의 기간에는 자연이 현실이었고, 시와 상상 속에서 사람들은 자신들을 자연세계와 연관시키고자 했다. 지난 150년 동안은 인간이 만들었지만 인간 외부의 물화된 세계에 독자적으로 존재하는 기술, 도구, 사물이 현실이었다. 오늘날에는 자연과 사물을 제외한 단지 사회세계만이 현실이 되고 있고, 이러한 사회세계는 몇몇 외적 현실이 아니라 주로 타인에 대한 상호인식을 통해서 경험된다. 사회는 점점 더 하나의 의식의 망, 다시 말해 하나의 사회적 구성물로 현실화되는 상상의 한 형태가 된다. 그렇다면 사람들은 어떤 규칙, 그리고 어떤 도덕적 개념들을 가지고 그렇게 하는가? 더 나아가 자연 또는 테크네 없이 무엇이 인간을 서로 묶어줄 수 있는가?

나는 세 가지 환경——자연세계, 기술세계, 사회세계——과 그러한 현실과 맺는 세 가지 관계양식을 제시해왔다. 그것들 각각에는 또한 상징적 측면에서는 우주론적 원리가 존재한다.

자연세계

자연세계에서의 우주론적 원리는 운명에서부터 운(運, chance)으로 나아가는 궤도다. 그리스 사상을 예로 들어보자. 그리스 사상은 경험을 매우 훌륭하게 성찰하고 그것을 종교, 신화, 철학에 구현하고자 했다.

호메로스(Homer)의 『데메테르 찬가』(Hymn to Demeter)는 시간을 하나의 순환으로 제시하는데, 그 속에서 매년 죽은 식물의 세계가 부활한다. 그리고 그러한 비전과 그러한 의례는 적어도 비밀종교의식과 오르페우스교적 전통에서는 인간의 운명은 삶과 죽음이 부활과 새로운 삶에 의해 이어질 때 완전한 순환이 일어난다는 테제로 번역된다. 그런데 플라톤의 『국가론』의 마지막 부분인 「에르의 신화」(Myth of Er)에서는 이 종말론이 도덕적 질서와 결합된다. 「에르의 신화」는 살해되었다가 불가사의하게 되살아난 전사가 보고하는 최후의 사건들에 대한 환상이다. 그러나 이 이야기가 전통적이지만(두 번 태어난 행운에 대한 이야기), 주요한 요지는 내세에서의 사람의 행복 또는 불행은 현세에서의 그의 행동에 달려있다는 것이다. 이렇듯 철학적 원리가 사람들에게 세대의 순환을 피하는 방법을 보여주는 오르페우스교적이고 통속적인 신화와 결합되어있다.

이 수정된 개념 속에서 시간은 현재다. 시간은 프란체스코 페트라르카(Francesco Petrarca)의 단시(短詩)에서처럼 시간이 영원한 세월의 지배에 종속되는 것이 아니라 운명 또는 그리스인이 모이라(moira)라고 불렀던 것에 종속된다.『일리아드』(The Iliad)에서 이미 분명하게 드러나듯이, 모이라는 '부분' 또는 할당된 몫─하늘의 신, 바다의 신, 그리고 희미한 어둠의 신에 속하는 것─을 의미한다. 따라서 모이라는 결국 시간적이 아니라 공간적인 것, 즉 과거, 현재, 미래가 아니라 공존하는 영역이 된다.

기원전 5세기 말을 특징지은, 그리고 기원전 4세기에 그리스가 끊임없는 전쟁으로 분열되고 반(半)야만적인 마케도니아 왕에게 굴복했을 때 심화된 비관적인 삶의 분위기는 운의 여신의 등장으로 그 모습을 드러낸다. 필연성과 결부된 어떠한 사물의 도식 속에서도 운명은 항상 운─우리가 생각하는 것처럼 개연성이나 위험으로서가 아니라 우연주의(tychism), 즉 알 수 없는 힘에 의해 지배되는 객관적 현실─과 결합되어있다. 따라서 사람들이 보다 절망적이 됨에 따라, 즉 사람들이 '할당된 몫'을 상실하지만 그들의 운명을 바꿀 내부의 원리를 결여함에 따라, 그들의 삶의 방향은 의미를 상실하고 운명은 운에 길을 양보한다.

헬레니즘 시대에는 (호메로스 시대와 대조적으로는) 신격화된 운명으로서의 티케(Tyche)가 고대세계의 위대한 여신이 된다.『테베의 오이디푸스』(Oedipus at Thebes)에서는 행위의 장(場)이 더 이상 운명에 의해 정해진 것이 아니라 운에 의해 정해진다. 이오카스테(Jocasta)는 확실한 지식이 존재하지 않고 티케가 지배하기 때문에 되는대로 살아가는 것이 제일이라고 주장한다.

삶이 제멋대로의 것이 되었을 때, 사람들은 운에 사로잡히고 그것에 간원한다. 버나드 녹스(Bernard Knox) 교수는 다음과 같이 결론짓는다. "그것은 역설적인 결말을 낳는다. 1세기 이상에 걸친 찬란하고 예리한 사상운동은 앞으로 나아가는 운동이 아니라 출발점으로 되돌아가는…… 즉 호메로스의 올림포스산의 신들로부터 운의 여신에게로 되돌아가는 운동이었다. 그러나 이 순환적 진행은 하나의 평면 위에서 일어나는 것이 아니다. 즉 그 회귀점은 더 낮은 수준에 있다. 이 운동은 하강적 나선 형태를 하고 있다."[2]

따라서 이 궤도는 할당된 몫에서 제멋대로의 행동으로, 즉 공간적 질서에서 우연적 무질서로 나아간다. 문제는 도덕적 원리의 토대가 자연의 변화무쌍함으로부터 파생될 때 그러한 운동은 반복될 수밖에 없는 것 아닌가 하는 것이다. 이 문제에 대해서는 다음에 다시 논의할 것이다.

기술세계

기술세계는 합리성과 진보에 의해 정의된다. 헤겔은 역사란 자의식이 주관성의 제약이라는 판단 장애를 극복하고 의지와 행위의 융합을 통해 절대지에 이르는 내재적 과정이라고 말했다. 마르크스는 인간의 물질적·기술적 능력의 발전 속에서, 즉 인간의 자연통제 수단의 신장 속에서 인류의 발전을 파악함으로써 그러한 역사적 과정을 자연화했다. 이 둘의 공통의 틀은 "필연성으로부터의 탈피," 즉 인간 능력을 제한하는 자연의 제약으로부터의 탈피라는 관념이었다. 인간 사건들의 단순한 기록이 아니라 철학적 데미우르고

---

2) Bernard M.W. Knox, *Oedipus at Thebes*(New Haven: Yale University Press, 1957), pp. 167~168.

스(demiurgos)로서의 역사는 인류가 '필연의 왕국'으로부터 '자유의 왕국'으로 나아가는 매개물이었다. '역사의 종말'은 인간이 모든 제약을 극복하고 자연과 자신을 완전히 지배하는 것을 의미하는 것이었을 수 있다.

이것이 근대적 기질의 원천이다. 과학 속에 그러한 정신이 뿌리를 내렸을 때, 프랜시스 베이컨(Francis Bacon)은 『뉴 아틀란티스』(*New Atlantis*)에서 솔로몬의 집, 또는 6일간의 연구 학교의 운영자를 통해 그러한 노력을 다음과 같이 표현한다. "우리의 설립 목적은 사물의 원인과 그 사물의 비밀스러운 운동에 대한 지식을 추구하고 가능한 모든 것을 이룩할 때까지 인간 제국의 경계를 확대하는 것이다." 오귀스트 콩트(Auguste Comte)는 『실증철학강의』(*Cours de philosophie positive*) ─ 1842년에 완성된 이 책은 어쩌면 인간 지식을 통시적으로 설명하고자 한 대단한 개인적 시도일 것이다 ─ 에서 어쩌면 인간이 본래 알 수 없는 유일한 것은 멀리 떨어져 있는 별의 화학적 구성과 "그 표면에 유기체가 살고 있는가" 하는 문제라고 주장했다. 20년도 지나지 않아 천문학자 구스타프 키르히호프(Gustav Kirchhoff)는 스펙트럼 분석을 별에 응용하여, 콩트가 획득할 수 없다고 생각한 바로 그 지식의 첫 번째 부분을 해명했다. 우리는 곧 두 번째 것도 규명할 위치에 있게 될 것이다.

지식의 궤도를 그리고자 하는 이러한 충동이 근대인으로서의 우리 모두를 추동한다. 아마도 가장 통렬한 노력은 미국 명문가의 자손이자 한때 미국 역사학회 회장을 지냈던 헨리 애덤스의 노력일 것이다. 헨리 애덤스는 '사회물리학'(social physics) ─ 즉 인력과 반응으로서의, 운동과 질량으로서의, 역선(力線)들로서의, 단일체로부터 복합체로의 움직임으로서의 역사의 격자 ─ 을 구상하고자 했다. 그는 측정 단위를 탐색한 결과, '역사 동력계'(dynamometer of history)

라는 것 — 즉 근대 에너지원의 도입과 함께 모든 현상이 기하급수적 성격의 '배증률'로 움직인다는 사실 — 을 발견했다. 애덤스는 자신이 역사철학의 감춰진 실, 즉 '가속도의 법칙'을 발견했다고 느꼈다. 그러나 그는 정확한 궤적을 도해할 필요가 있었다. 그는 윌러드 깁스(Willard Gibbs)의 논문 「이질적인 물질들의 균형」(Equilibrium of Heterogeneous Substances) 속에서 해답을 발견했다고 생각했다. 깁스는 탁월했지만 내성적인 과학자로, 통계역학(statistical mechanics)의 기초를 세운 것도 바로 그의 무시되어진 연구였다. 깁스는 그 논문에서 자신이 '단계 법칙'(phase rule)이라고 부른 것을 제시했다. 그것은 단계가 변화하는 와중에 있는 어떤 단일 물질 — 그의 실례는 얼음이 물로, 물이 수증기로 변화하는 것이었다 — 의 균형을 변화시키는 수단을 규명한 것이었다.

'단계'라는 단어가 애덤스의 흥미를 끌었다. 튀르고(Anne Robert Jacques Turgot)와 콩트는 자신들의 광대한 역사적 묘사에서 역사를 몇 개의 단계로 나누어왔다. 그리고 애덤스는 자신이 이제 역사적 시간의 정확한 분할과 미래예측 수단에 관한 공식을 가지고 있다고 느꼈다. 그는 이렇게 말했다. 미래의 역사가는 "수리물리학 분야의 교육을 받고자 해야만 한다. 종래의 방식에 입각해서는 어떤 더 이상의 연구를 기대할 수 없다. 새로운 세대는…… 새로운 방법으로 생각하는 법을 배워야만 한다."

1909년에 애덤스는 「단계 법칙의 역사에의 적용」(The Rule of Phase Applied to History)이라는 에세이를 썼다. 그 논문에서 그는 역사의 시기에 역제곱 법칙을 적용하고자 했다. 그는 새로운 기계 단계는 1600년에 갈릴레오(Galileo Galilei), 베이컨, 데카르트의 사상과 함께 시작되어 (발전기의 발명에 의해 상징되는) 그다음의 전기 단계가 출현할 때까지 300년간 지속되었다고 가정했다. 역제곱 법칙을 적용하면, 만약 기계 단계가 300년간 지속되었다면, 전기 단계의 수명은 $\sqrt{300}$ 또는 약 17년일 것이다. 그러므로 1917년경에는 그것은 에테르(ether)의 단계, 즉 순수한 수학의 단계로 들어갈 것이다. 그리고 같은 법칙에 의해 항시적인 가속 비율을 가정할 때, 17.5의 제곱근은 약 4년일 것이고, 이는 1921년경에 사고가 그 가능성의 종국적 한계에 도달하게 된다는 것을 뜻한다. (하지만 우리가 언제부터 가속화가 시작되었는지를 전혀 확신할 수 없기 때문에, 만일 기계 단계의 기원을 1500년으로 거슬러 올라가는 것으로 보고 우리의 역제곱 법칙을 적용하면, 우리는 2025년에 사고의 한계에 도달하게 된다. 그렇다면 우리는 여전히 사고할 수 있는 약간의 시간을 가지고 있다.)

이러한 식으로 사회물리학의 등식에 의해 사회진화의 우주론적 모습이 그려졌다. 단계 법칙에 따르면, 사회는 수천 년 동안 물신의 힘의 속박 속에서, 즉 종교의 인간 지배 아래서 살아왔다. 그다음에 사회는 "사회·정치혁명을 제외하고는 무엇이 일어났는지를 인지하지" 못한 채, 기계 시대를 거쳐 전기 시대로 들어섰다. 그런데 사회는 과학과 관련하여 자신을 의식하고 있었다. 순수수학의 단계, 즉 형이상학(meta-physics)의 세계에서 의식의 침전이 일어날 수도 있었고, "존 스튜어트 밀이 예견했듯이," 새로운 "정지상태가 무한히 계속될" 수도 있었다.

하지만 이를 넘어서는 보다 장기적인 하나의 전망이 있었다. 애덤스는 그가 72세 때인 1910년에 고별사로 쓴 글 「미국 역사학자들에게 보내는 편지」(Letter to American Historians)에서, 켈빈 경(Lord Kelvin)의 논문 「자연에서 기계적 에너지 소산의 보편적 경향에 대하여」(On a Universal Tendency in Nature to the Dissipation of Mechanical Energy)에 대해 주의를 환기시켰다. 애덤스의 지적에 따르면, 켈빈의 논문이 발표된 지 7년 후에 다윈이 『종의 기원』을 출간했다. 그리고 "사회는 자연스럽게 그리고 본능적으로 '진화는 상향적임에 틀림없다'는 견해를 채택했다." 그렇다면 역사를 지배하는 사회물리학 또한 존재했다면, 사회의 궁극적인 운명은 엔트로피(entropy) 또는 제멋대로의 무질서이지는 않았을까? 역사에서도 에너지의 감손과 같은 것이 대중의 소란 속에서 발견되지 않았을까? 그리고 그는 여기서 구스타프 르봉(Gustave Le Bon)의 『군중심리』(*The Psychology of Crowds*)로부터 대중의 소란에 대한 자신의 예해들을 끌어냈다.

기술 시대는 시계의 시대다. 그러나 만약 그렇다면, 시계의 태엽은 멈춰가고 있을 것이다. 애덤스는 "세계는 열역학에 의해 무섭게 좁아져 왔다"라고 썼다. "이미 역사학과 사회학은 숨을 헐떡이고 있다." 그리고 이것이 헨리 애덤스가 전하고자 한 최종적인 생각이었다. 지식의 가속도에 의해 추진되는 역사의 열차가 탈선할 수도 있다. 인류는 점점 더 급격히 늘고 있는 문제들을 해결하지 못할 수도 있다. 왜냐하면 변화 속도의 가속화가 우리를 에너지의 최종적인 한계에 가까이 가게 만들기 때문이다. 그리고 우리는 미래의 도전에 창조적으로 대응하지 못할 수도 있다.3) 따라서 기술세계에서 우리는

---

3) 애덤스는 다음과 같이 쓰고 있다. "어떤 역사 연구자도 화학자가 단계 연구를 시작하기 50여 년 전에 오귀스트 콩트가 꽤 정확한 용어들로 역사의 단계 법칙 ─ 당대의 가장 탁월한 두 대가 에밀 리트레(Émile Littré)와 존 스튜어트 밀이 마음에서 우러나오는 충실한 지지를 표명했던 ─ 을 제시했다는 것을 알지 못할 정도로 무지하지는 않다. 윌러드 깁스가 그의 수학적 단계 공식을 물리학자와 화학자에게 발표하기 근 150년 전에 튀르고는 프랭클린이 전기의 법칙을 진술한 것만큼 분명하게 역사단계의 규칙을 진술했다. 이론에 관한 한, 우리는 오늘날 1750년보다 더 많은 것을 진전시키지 못하고 있으며, 전기 또는 사상의 본질이 무엇인지에 대해 프랭클린과 튀르고가 알았던 것보다 더 많이 알지 못한다. 그러나 이러한 자연의 종합을 꿰뚫어 보지 못한다는 것이 역사학 교수들에게 본래 당연히 자신들의 것인 영역을 포기하는 구실이 될 수는 없으며, 탐구하는 것이 자신들의 의무인 사람들에게 수학과 물리학에 대해 자신들이 무

진보로 시작하여 정지상태로 끝난다.

사회세계

만약 자연세계가 숙명과 운에 의해 지배되고 기술세계가 합리성과 엔트로피에 의해 지배된다면, 사회세계는 "공포와 전율" 속에서 살아가는 것으로 특징지어질 수밖에 없다.

(루소의 말을 바꿔 표현하면) 모든 사회는 강제력 —— 군대, 의용군, 경찰 —— 에 의해, 또는 도덕적 질서 —— 즉 개인들이 기꺼이 서로를 존중하고 관습법을 존중하는 것 —— 에 의해 결속된다. 널리 퍼져있는 도덕질서 속에서 그러한 규칙의 공정성은 공유된 가치체계에 기초하여 정당화된다. 역사적으로 말하면, 궁극적인 가치와 관련한 의식의 양식으로서의 종교가 공유된 도덕질서의 기반이 되어왔다.

종교의 힘은 (이기심 또는 개인적 욕구의) 어떤 공리주의적 속성에서 파생하는 것이 아니다. 그리고 종교는 어떤 사회계약도 아니고 일반화된 우주론적 의미의 체계일 뿐인 것도 아니다. 종교의 힘은 이데올로기나 다른 세속적 믿음의 양식에 앞서 종교가 신성한 것 —— 한 민족의 집합의식으로 별개로 설정된 것 —— 에 대한 의식을 하나의 압도적 힘을 가진 사람에게로 한데 모을 수 있는 수단이었다는 사실로부터 파생한다.

신성한 것과 세속적인 것의 구분 —— 근대 시기에 주로 에밀 뒤르켐

지하다는 것은 더군다나 변명이 될 수 없다." 애덤스는 비코(Giovanni Battista Vico)를 그대로 흉내 내어 다음과 같이 결론지었다. "역사이론은 빛의 이론보다 훨씬 쉬운 연구다."

"The Rule of Phase Applied to History"와 "Letter to American Historians"는 *The Degradation of the Democratic Dogma*(New York: Macmillan, 1919)에 수록되어있다. pp. 284~285, 252~253, 141~142를 보라.

이 탐구해온 —은 사회적 세계의 운명을 논의하기 위한 출발점이다. 인간들은 어떻게 근본적으로 다른 이질적인 두 영역, 즉 신성한 것과 세속적인 것에 대해 생각하게 되었는가? 자연 자체는 소우주에서 대우주에 이르는 존재의 대사슬로 이루어진 하나의 통일된 연속체다. 단지 인간만이 이원성 —이를테면 정신과 물질, 자연과 역사, 신성한 것과 세속적인 것 —을 창조해왔다. 뒤르켐에서 사람들을 하나로 묶어주는 공유된 감상과 정서적 유대는 모든 사회적 존재에서 중심을 이루는 것이다. 따라서 종교는 사회의 의식이다. 그리고 사회적 삶의 모든 측면은 상징체계에 의해서만 가능해지기 때문에, 그러한 의식은 신성한 것으로 고려되는 어떤 대상 위에 고정된다.

만약 뒤르켐의 개념이 타당하다면, 우리는 '종교의 위기'를 관례적 방식과는 다른 견지에서 파악할 수 있다. 철학자들 그리고 오늘날에는 저널리스트들은 종교의 쇠퇴 또는 믿음의 상실에 대해 기술할 때, 그들은 보통 초자연적인 것에 대한 의식 —천당과 지옥, 천벌과 구원의 이미지 —이 인간들에 대해 그것이 갖던 힘을 상실해왔다고 말한다. 그러나 뒤르켐은 종교가 초자연적인 것이나 신에 대한 믿음에서 파생하는 것이 아니라 세계(사물, 시간, 사람)를 신성한 것과 세속적인 것으로 분할하는 것에서 파생한다고 주장했다. 만약 종교가 쇠퇴하고 있다면, 그것은 이 세상에서 신성한 것의 영역이 축소되어왔고 또 사람들 간의 공유된 감상과 정서적 유대가 분산되고 약화되어왔기 때문이다. 사람들에게 공통의 일체감과 정서적 상호성을 제공하는 근원적인 요소들 —가족, 유대교 회당, 교회 —이 약화되어왔고, 사람들은 시간과 공간 모두에서 서로의 지속되던 관계를 유지할 수 있는 능력을 상실해왔다. 그러므로 "신은 죽었다"라고 말하는 것은 실제로는 사회적인 유대가 끊어져 버렸고 그 사회가 죽었다고 말하는 것이다.

신성한 것에서 세속적인 것으로

세 가지 환경 및 세 가지 우주관과 나란히 개인들이 자신과 세계를 관련짓는 세 가지 애착 또는 정체성 양식 역시 존재한다. 그것이 바로 종교, 노동, 문화다.

물론 전통적 양식은 자신의 자아, 민족, 역사, 장소를 사물의 도식 속에서 이해하는 초세속적 수단으로서의 종교였다. 근대사회의 발전과 분화—우리는 이 과정을 세속화라고 부른다—속에서 종교의 사회적 세계는 축소되었다. 즉 종교는 점점 더 운명이 아니라 의지—합리적 또는 비합리적—의 문제로서, 받아들이거나 거부하는 하나의 개인적 믿음이 되었다. 이 과정은 매슈 아널드의 저술들 속에 생생하게 묘사되어있다. 아널드는 신학과 형이상학, '종래의 신', '초자연적인 과장된 인간'을 거부하고, 도덕과 감정적 주관주의(emotional subjectivism)—칸트와 프리드리히 슐라이어마허(Friedrich Schleiermacher)의 융합—속에서 의미를 발견한다. 그러한 일이 일어날 때, 종교적 양식은 윤리적·심미적이 되고, 불가피하게 약화되고, 희미해진다. 그런 만큼 이는 쇠렌 키르케고르(Sören Kierkegaard)가 발견한 종교로 돌아가는 길을 다시 거꾸로 가는 것이다.

노동이 소명 또는 천직일 때, 노동은 종교를 현세적 믿음(this-worldly attachment)으로 전환시키는 것이다. 다시 말해 노동은 개인적 노력을 통해 자신의 선함과 가치를 증명하는 것이다. 이는 비단 프로테스탄트만이 아니라 톨스토이(Lev Nikolaevich Tolstoi)나 알레프 달레드 고든(Aleph Daled Gordon, 키부츠kibbutz 이론가)처럼 사치스러운 삶으로의 타락을 두려워했던 사람들의 생각이기도 했다.

청교도나 키부츠 주민들은 소명의식을 가지고 노동하기를 원했다. 우리는 우리가 노동을 강요받기 때문에 노동하고 있다거나 노동 자체가 판에 박힌 일이 되어 그 의미가 약화되었다고 느낀다. 막스 베버가 『프로테스탄트 윤리와 자본주의 정신』(*The Protestant Ethic and the Spirit of Capitalism*)의 우울한 마지막 쪽에 썼듯이, "소명의 이행을 최고의 정신적·문화적 가치와 직접 연관시킬 수 없는 곳에서, 또는 다른 한편 소명의 이행을 솔직히 하나의 경제적 강제로 느낄 필요가 없을 때, 개인은 소명을 정당화하고자 하는 시도를 점차 전적으로 포기한다." 사치 충동이 금욕적인 태도를 대신하고, 쾌락주의가 소명을 침잠시킨다.

근대 코즈모폴리턴적 인간에게서는 문화가 자기실현의 수단 또는 삶의 정당화—심미적 정당화—의 수단으로서의 종교와 노동 모두를 대체했다. 그러나 본질적으로 종교에서 문화로의 이러한 변화의 배후에는 의식에서, 특히 인간사회에서 표출적 행동의 의미에서 발생한 특별한 교체가 자리하고 있다.

서구사회의 역사 속에는 항상 해방과 속박의 변증법이 존재해왔다. 해방 관념은 디오니소스 축제, 바쿠스 주연, 농신제, 1~2세기경의 그노시스교 분파들과 그 후 표면에 드러나지 않은 여러 지하활동들 또는 성서에 나오는 전설이나 소돔과 고모라 이야기나 바빌로니아 에피소드의 실례들로 거슬러 올라간다.

서구의 역사적 대종교들은 속박의 종교였다. 우리는 구약성서에서 율법에 대한 강조와 억제되지 않은 인간 본성—해방과 욕망·성적 경쟁·폭력·살인의 결합—에 대한 두려움을 발견한다. 이 두려움은 악마적인 것—광적 무아경 속에서 육신을 빠져나와 죄의 경계선을 넘는 것—에 대한 두려움이다. 율법을 보류하고 사랑을 선포하는 신약성서조차도 율법의 보류가 갖는 세속적 함의에 움찔하여 방벽을 세운다. 바울은 『고린도인들에게 보낸 편지』(*Epistles to the Corinthians*)에서 고린도 교회의 몇몇 관행들을 비난하면서 다음과 같이 말한다. "그게 아닙니다. 우리가 생각하는 사랑이나 우리가 행하는 친교는 육체의 사랑과 해방이 아니라 정신의 해방과 사랑입니다."(I Corinthians 5: 1~2; 6: 12~20; 14: 1~28)

서구사회에서 종교는 두 가지 기능을 가지고 있었다. 첫째, 종교는 악마적인 것이 들어오는 문을 지켜왔다. 즉 종교는 자신을 상징적 용어들로 표현함으로써(그것이 아브라함과 이삭이 결박당하는 상징적 희생이든 또는 성체와 포도주가 그리스도의 살과 피로 변하는, 예수가 십자가를 지는 의례적 희생이든 간에) 악마적인 것을 막아내고자 한다. 그리고 둘째, 종교는 과거와의 연속성을 제공해왔다. 예언──그것의 권위는 항상 과거에서 구해졌다──은 도덕률 폐기론적인 진보적 계시의 타당성을 부정하는 근거가 되었다. 문화가 종교와 융합되었을 때, 문화도 과거에 기초하여 현재를 판단했고, 전통을 통해 그둘을 연결시켰다. 종교는 이 두 가지 방식으로 역사상의 거의 모든 서구문화를 떠받쳤다.

내가 말하는 교체──이것은 어떤 특정한 사람이나 특정한 시점에서 일어나는 것이 아니라 일반적인 문화적 현상이다──는 19세기 중엽에 종교의 신학적 권위의 붕괴와 함께 발생했다. 문화──특히 우리가 모더니즘이라고 부르는, 최근에 생겨난 조류──는 실제로 악마적인 것과의 관계를 이어받았다. 그러나 모더니즘 문화는 종교처럼 악마적인 것을 길들이고자 하는 대신 그것을 받아들여 탐구하고, 즐기고, 그것을 모종의 창조성의 근원으로 (옳게) 인식하기 시작했다.

그런데 종교는 항상 문화에 도덕적 규범을 강제한다. 종교는 한계를 설정하고, 특히 심미적 충동을 도덕적 행위에 종속시킬 것을 역설한다. 일단 문화가 악마적인 것을 다루는 것을 양도받기 시작하면,

'심미적인 것의 자율성'에 대한 요구, 즉 경험이 그 자체로 최고의 가치를 가진다는 관념이 발생한다. 다시 말해 모든 것은 탐구되어야 하고, 육욕과 살인, 그리고 모더니즘의 초현실적인 것을 지배해온 여타테마들을 포함하여 모든 것이 (적어도 상상으로는) 허용되어야 한다. 우리가 앞의 장들에서 살펴보았듯이, 두 번째 측면은 모든 권위, 모든 정당화를 '나'(I), 즉 '지고의 자아'의 요구에서 찾게 했다는 것이다. 사람들은 과거에 등을 돌림으로써 연속성을 강요하는 끈들을 끊어버린다. 그리하여 사람들은 새롭고 신기한 것들을 흥미의 원천으로, 그리고 자신의 호기심을 판단의 기준으로 삼는다. 따라서 하나의 문화운동으로서의 모더니즘이 종교에 침입하여, 권위의 중심을 '신성한 것'에서부터 '세속적인 것'으로 이동시켰다.

세 명의 파우스트

'세속적인 것'은 그 자체로 두 가지 방향으로만 나아간다. 그 하나가 새로운 것과 쾌락주의—그리고 결국에는 방탕—의 삶이고, 다른 하나는 헤겔이 '자기무한화 정신'이라고 부른 것, 즉 인간을 신과 같은 절대적 지식의 범역으로 밀고 나아가고자 하는 것이다. 인간은 자주 이 두 가지에 도달하고자 해왔다.

인간의 자기확대 추구를 상징하는 것이 파우스트(Faust)다. 이 인물 속에서 모든 세대의 사람들이 비록 자신의 운명은 아니지만 자신의 마음과 정신 및 불행하고 분열된 의식을 알아챈다. 그런데 우리를 위해 이 근대적 인물을 만들어낸 괴테의 내부에 한 명이 아닌 세 명의 파우스트가 존재한다는 것을 알게 되어도, 그것은 결코 놀라운 일은 아니다.[4]

---

4) 나는 주로 월터 카우프만(Walter Kaufmann)이 번역한 *Goethe's Faust*(Garden

먼저, 『파우스트』 제1부의 초고인 『우어파우스트』(*Urfaust*)가 있다. 이것은 괴테가 26세였던 1775년에 쓴 것으로, 1790년에 『파우스트, 하나의 단편』(*Faust, A Fragment*)의 일부가 출간되었지만, 그것은 1887년까지 발견되지 않았다. 『우어파우스트』에서 (그레첸Gretchen에 관한 이야기 이전의) 테마는 지식을 통해 '물질세계를 지배하는, 꿈에도 생각하지 못했던 인간의 힘에 대한 탐구였다. 그렇다면 어떻게 이 힘을 얻을 수 있는가? 청년 괴테는 자연은 결코 단순한 기계가 아니라고 말한다. 과학이 지루한 까닭은 그것이 자연을 이해하기 위해 규칙성과 법칙을 추구하기 때문이다. 단지 마법과 같은 시적인 예술만이 마법처럼 자연의 영혼의 비밀의 베일을 벗길 수 있다. 산타야나가 썼듯이, "이 마법 같은 예술이 바로 파우스트를 그의 새로운 종교, 즉 자연의 종교에 입교시킬 성례(聖禮)다."

파우스트는 자신의 마법의 책에서 대우주의 기적을 다룬 부분을 펼치고, 그것의 복잡한 존재의 사슬 속에서 자신에게 계시되는 세계의 메커니즘을 포착한다. 그는 자신이 존재의 내적인 지식이 아니라 단지 하나의 이론만을 획득했을 뿐이라는 것을 깨달을 때까지, 자신이 세계 전체를 파악했다고 느꼈다. 그를 여전히 곤란하게 만드는 것, 그리고 그가 갈망하는 것은 바로 현실 그 자체다.

온갖 경험이 파우스트를 유혹한다. 그는 어떤 것도 피하지 않고, 어떤 인간이 경험했을 수 있는 모든 것을 기꺼이 시도한다. 그는 만족할 줄을 모른다. 이 맹렬한 사람을 매혹한 땅의 정령(Earth-Spirit)이 일어나서 그 앞에서 소란스럽게 부글부글 끓어오르는 커다란 생명

City, N.Y.: Doubleday Anchor, 1963)를 텍스트로 삼았다. 그러나 나는 그것의 해석에서 George Santayana, "Goethe's Faust," *Three Philosophical Poets*(Doubleday Anchor, 1953; orig. ed., Cambridge: Harvard University Press, 1910)에 크게 영향을 받았다.

의 가마를 움켜쥐고 있다. 그러나 그는 기꺼이 그 안에 뛰어들어 모든 것을 자신에게 끌어모으면서 그를 당황하게 만드는 두 가지 사실을 깨닫는다. 하나는 그의 상상력이 그에게 보편적인 시야를 제공할 수 있지만, 그의 삶은 결코 그럴 수가 없다는 것이다. 그리고 다른 하나는 정신은 인식의 도구기 때문에, 자연의 삶이 아닌 이성의 삶이 결국에는 인간에게 최고의 선(善)이 되리라는 것이다. 그는 이러한 진리를 받아들일 수 없다. 그리고 떠나가는 땅의 정령으로부터 "너는 내가 아니라 네가 파악하는 영혼을 닮았다"라는 외침을 듣고 그는 쓰러진다. 하지만 그는 아주 달갑지 않은 훈계적인 진리를 받아들이려 하지 않는다. 그의 나머지 생애의 추구—이것이 제2의 파우스트와 제3의 파우스트의 내용을 구성한다—는 그러한 지식을 부정하려는 노력이다. 그리고 우리는 끝까지 파우스트의 오랜 뒤틀린 탐구가 그에게 그 진리를 깨닫게 했을지는 여전히 확신하지 못한다.

사람들이 주로 알고 있는 『파우스트의 비극』(*The Tragedy of Faust*)의 제1부는 1808년에 출간되었다. 그 테마는 친숙한 것이다. 파우스트는 인간의 불행의 씨앗은 인간에게 결코 평안을 주지 않는 끊임없는 지식에 대한 갈망(Wissendrang)이라고 주장한다. 그는 사색과 연구에 지쳐있다. 파우스트가 메피스토펠레스(Mephistopheles)와 한 내기는 만약 인생의 감동과 풍부한 경험 모두를 맛보고 난 후, 자신이 최종적인 만족을 인정하고 끝없는 노력을 포기한다면, 영원한 천벌을 받아들인다는 것이다.

만약 『우어파우스트』가 헤겔의 용어로 의식의 첫 번째 계기, 즉 자신의 딜레마에 대한 인식을 통한 자기 깨달음(self-realization)이라면, 제1부는 두 번째 계기, 즉 그것의 부정, 다시 말해 방탕에 빠짐, 또 다시 말해 "끊임없는 자기 창조적 무질서를 낳는 어지러운 소용돌이"에 빠지는 것이다. 거기서 아우어바흐(Auerbach)의 지하실, 마녀의 부엌, 발푸르기스의 밤(Walpurgisnacht)의 디오니소스 축제, 그리고 그레첸의 유혹 속에서 원시적 충동이 해방된다. 여기서 테마는 속죄로서의 그레첸의 죽음, 즉 희생에 의한 구원이라는 기독교적 테마다. 그레첸의 순수함은 바그너의 현학적임과 메피스토펠레스의 냉소주의와 대비되어 펼쳐지고 있다. 결국에는 죄인 그레첸이 구원받지만, 그것은 결코 해답이 되지 못한다. 왜냐하면 고통으로서의 열정은 구원자에 대한 항복이며, 이것은 파우스트에게는 길이 아니기 때문이다.

괴테는 60년 동안이나 결론에 대해 고심했다. 1831년 그가 82세 때, 그는 제2부의 원고가 담긴 봉투를 봉해버렸다. 이 그의 생의 문제아(Sorgenkind)는 그가 죽기 전까지 빛을 보지 못했다(하지만 그는 우쭐해서 한 번 그 봉투를 개봉하여 원고를 며느리에게 읽어준 적이 있다). 왜냐하면 죽기 두 달 전 일기에 썼듯이, 해결책이 없었기 때문이다. 괴테가 이 제3의 파우스트에 도달하기까지에는 60년이 걸렸지만, 그는 결국 결론을 내리지 못했고, 그것은 경건함, 진부함, 아이러니, 모호함으로 가득 차 있었다.

거의 읽히지 않는 제2부에서 파우스트는 그의 사적 세계로부터 보다 넓은 인간사회로 나아간다. 그는 제국, 과학(인조인간 호문쿨루스 Homunculus의 창조), 그리스의 감각주의(헬렌Helen과의 에피소드)를 탐구한다. 결국 그는 실제적인 일에 여생을 바치기로 결심하고, 인간을 위해 바다를 매립하고 늪지대를 간척하고 제방을 쌓고 자연을 정복한다.

하지만 그러한 선언에도 불구하고, 충동을 참지 못하고 과도한 행동을 하기 때문에 악이 발생한다. 파우스트가 매립할 것을 명령한 땅 근처에 작은 예배당이 있고, 그 옆에는 상냥한 노부부 ― 필레몬(Philemon)과 바우시스(Baucis) ― 가 살고 있는 오두막이 있다. 이 노인들은 땅을 팔지 않으려고 했고, 따라서 파우스트는 그들을 강제로 더 나은 집으로 이주시킬 것을 명령한다. 그러나 난폭한 행위 속에서 집에 불이 나고 노부부도 그 불에 타 죽는다. 파우스트는 그리 후회하지 않는다. 그는 그것을 인류의 개선을 추구하고자 하는 의지의 불행한 결과라고 말한다.

결국 그는 눈먼 미혹된 인간이 되고 만다. 그는 기가 꺾이지 않고, 그가 진행하고 있는 일과 미래만을 생각한다. 그는 누군가가 땅을 파는 소리를 듣고, 그것을 자신이 머릿속에 그린 운하를 건설하는 소리라고 거만하게 생각하고, 정령들에게 계속하라고 명령한다. 그러나 그가 들은 땅 파는 소리는 그의 무덤을 파는 소리였다.

파우스트는 근대의 프로메테우스(Prometheus)로, 그리고 괴테의 비극은 '프로메테우스주의의 경전'이라고 불렸다.[5] 하지만 만약 비극이 자만심의 깨달음과 인간의 한계에 대한 인식을 의미한다면, 거기에 비극은 존재하는가? 파우스트는 프로메테우스적일까? 파우스트는 그의 뜻, 즉 그의 끊임없는 노력을 포기하지 않을 것이다. 에리히 헬러(Erich Heller)가 논평하듯이, "파우스트의 죄는 무엇인가? 그것은 끊임없는 정신활동이다. 파우스트를 구원하는 것은 무엇인가? 끊임없는 정신활동이다." 마지막 장면에서 천사들이 파우스트의 영혼을 천상으로 인도할 때 천사들이 말하듯이,

늘 최선을 다해서 애쓰는 사람,
우리는 그를 구원한다. (11,936~11,937행; Kaufmann, p. 493)

---

5) 프로메테우스라는 인물의 찬양자인 마르크스가 『파우스트』를 프로메테우스식으로 읽는다는 점을 지적해둘 필요가 있다.

파우스트가 근대인인 까닭은 바로 그가 과거에 대한 기억이나 그것과의 연속성이 전혀 없이 분투하기 때문이다. 제2부의 첫 부분을 시작하는 테마는 (자연의 정령인 아리엘Ariel에 의하면) "그를 레테(Lethe)의 물보라 방울로 목욕시키는"것이다. 합창하는 정령들은 (산타야나가 지적하듯이) 이렇게 말하는 것으로 보인다. "연민과 후회는…… 악(惡)이며 헛된 것이다. 실패는 우연한 것이다. 실수는 무죄다. 자연은 아무것도 기억하지 않는다. 너 자신을 용서하라. 그러면 너는 용서받는다."

(60년 후에) 파우스트가 내뱉은 첫마디는 다음과 같다.

다시 한번 활기를 찾고 생명의 맥박이 깨어나,
온화한 새벽녘의 영묘한 아름다운 모습을 맞이한다.
너 대지는 어젯밤도 끄떡없이 잘 견디어내었구나…….

그는 더 나은 존재로 성장하지도, 세계에 대해 더 잘 알게 되지도 않았다. 그는 단지 새로 출발하여, 그렇지만 이번에는 역사와 문명이라는 더 넓은 무대 위에서 새로운 것을 다시 한번 더 찾아 나설 뿐이다. "그의 옛사랑들은 지난날의 폭풍우처럼 지나가 버렸고, 그는 오직 과거의 실수라는 꿈같은 기억만을 가지고 새로운 날을 맞으러 앞으로 나아간다."

그러나 기억 없이는 성숙할 수 없다. 인간에게 이 낭만주의, 즉 충족되지 않는 끝없는 삶은 단지 비극 또는 블랙코미디의 비결일 뿐이다. 거기에는 항상 새로운 흥미, 새로운 오락, 새로운 감각, 새로운 모험, 새로운 축제의 소동, 새로운 혁명, 새로운 기쁨, 새로운 공포 등등 새로운 것을 찾는 것만이 있을 뿐이다.

이것은 프로메테우스가 아니라 프로테우스(Proteus)다. 그리고 프로테우스는 결코 우리가 그의 진정한 모습이나 그의 궁극적인 목적을 알 수 있을 만큼 오랫동안 멈춰서 있지 않는다. 어디에도 출구가 없기 때문에, 우리는 결국 지상의 파우스트의 삶이나 그와 같은 사람들의 삶이 지옥의 일곱 부분의 반영에 불과할 뿐이라는 것을 안다.

제1원인과 최종 결과

의미의 추구는 우리를 근본적인 질문으로 되돌아가게 한다. 그리고 사람들이 아르키메데스(Archimedes)의 원리를 발견할 수 있는 곳을 찾고자 한다면, 그것은 하나의 양면적인 질문을 출발점으로 한다. 즉 인간의 성격에는 불변하는 것이 존재하는가? 그리고 만약 그렇지 않다면, (비록 그 문제를 해결하는 것은 아니지만 그것을 정식화하는 책임을 맡고 있는) 철학은 인간이 자신들의 존재 가치를 (비록 판단하는 것은 아니지만) 이해할 수 있는 방식을 알기 위해 어떻게 영원한 것과 '단순히' 역사적인 것을 구별할 수 있는가?[6] 모든 탐구에는 세 가

---

6) 이것은 *On Tyranny*(New York: Free Press, 1963)에서의 레오 스트라우스(Leo Strauss)와 알렉산더 코제브(Alexander Kojeve) 간의 심오하고 난해한 논쟁의 테마다. 나는 일부러 '인간 본성'(human nature)이라는 용어를 피하고 보다 거친 용어인 '인간의 성격'(human character)이라는 용어를 사용해왔다. 왜냐하면 '인간 본성'은 인간 존재가 몇몇 고정된 속성을 가진다는 것을 함의하기 때문이다. 게다가 이 용어는 '본성'(nature)이라는 단어가 갖는 모호성으로 인해 고통받고 있다. 왜냐하면 그 단어는 물리적 환경, 물질의 법칙, 그리고 ("자연이 틀 짓는다"라거나 "자연이 창조한다"에서처럼) 적극적 힘으로서의 자연 등등 다양한 것들을 의미할 수 있기 때문이다. 이러한 모호성이 야기하는 문제들에 대한 논의와 나중에 이 절에서 제기할 역사주의 문제에 대한 보다 상세한 논의로는 Bell, "Technology, Nature and Society," *Technology and the Frontiers of Knowledge*, Frank Nelson Doubleday Lectures(Garden City, N.Y.: Doubleday, 1975)를 보라.

지 근거가 있다. 자연, 역사, 종교가 그것들이다.

논의의 첫 번째 근거는 자연이다. 이것은 레오 스트라우스(Leo Strauss)가 그의 『자연권과 역사』(*Natural Right and History*)에서 분명하게 확증한 논점이며, 그가 의미의 역사주의적 또는 종교적 근거에 대해 잇따라 반대할 때 그것의 축을 이루는 것이었다. 스트라우스는 "자연의 발견은 철학자들의 일"이라고 쓰고 있다. 철학의 거부를 그 전제로. 하는 구약성서는 '자연'을 알지 못한다. 그리고 구약성서에는 자연권 그 자체가 가정되어있지도 않다. 성서적 종교의 근거는 자연이 아니라 계시다. 그리고 도덕적 행동의 근거는 하라카(Halakah, 율법 또는 '도'道)다.

그리스 사상에서 자연은 곧 사물(physis)의 정연한 질서며, 그러므로 관습이나 실증적 법칙(nomos)보다 우선한다. 자연은 '감추어져' 있는 것이고, 따라서 발견되어야만 한다. 즉 법칙은 자연의 인도를 따라야만 한다. 스트라우스에 따르면, "자연은 어떠한 전통보다도 오래된 것이고, 따라서 전통보다 더 거룩한 것이다. ……철학은 조상의 권위를 파헤침으로써 자연이 곧 권위라는 것을 깨닫는다." '자연의' 목적은 도덕적·지적 완성이다. 만약 이것이 자연권의 토대라면, 권리의 원리는 불변한다. 따라서 스트라우스는 "자연의 발견은 인간의 가능성 ─ 적어도 그 자신의 해석에 따르면, 초역사적이고 초사회적이고 초도덕적이고 초종교적인 ─ 의 실현과 동일하다"라고 결론짓는다. 따라서 자연의 근거는 불변하며 영원하다.

내가 보기에, 이러한 주장에는 세 가지 난점이 있다. 첫째, '자연의 목적'이라는 관념은 인간을 필연적으로 '도덕적·지적 완성' 쪽으로 끌어가는 텔로스 ─ 형식 자체에 부여되어있는 목적이라는 아리스토텔레스적 의미에서 또는 역사의 종말에서 철학의 '실현'이라는 헤겔적 의미에서 ─ 가 존재한다고 가정한다. 하지만 내가 볼 때, 우리가 알고 있는 인간 역사에 견주어 그러한 내재성의 교의가 지지될 수 있는가 하는 의문이 든다. 둘째, 내가 생각하는 것처럼, 스트라우스가 '자연의 목적'이라는 용어를 인간 외부에 존재하는 하나의 '이상'으로 사용하고 또 인간현실을 판단하기 위한 '척도'로 사용한다면, 그것은 하나의 고전적 유토피아다. 하지만 만약 그렇다면, 우리는 거의 득이 될 것이 없는, 신을 자연의 관념으로 대체하는 범신론을 가지게 되거나, 또는 형식적이거나(왜냐하면 그것이 일반적이거나 추상적이어야 할 것이기 때문에) 제약된(만약 그것이 확고한 도덕률을 구체화하는 것일 경우) 몇 가지 고정된 이상을 가지게 된다. 나의 세 번째 반론──이에 대해서는 나중에 다시 다룰 것이다──은 인간들은 그들에게 주어진 생물학적·사회학적인 양육조건을 감안할 때 어떤 보편적인 규약 속에서 자신들에 적합한 정체성을 발견할 수 없으며, 필연적으로 특수한 것과 보편적인 것 간의 긴장 속에서 살아간다는 것이다. 일상생활 속에서 실현되는 어떤 일단의 의미들도 그러한 인간 조건을 고려해야만 한다.

역사를 고려하면서도 어떤 불변의 유형을 발견하고자 하는 시도에는 또 다른 답변이 존재한다. 이것이 바로 지오반니 바티스타 비코(Giovanni Battista Vico)의 답변으로, 그는 순환이론을 가지고 이에 대답한다. 이 이론은 나중에 다른 형태기는 하지만 니체에 의해 그대로 되풀이된다.

비코가 볼 때, 어떤 시대에서든 문명화를 구성하는 요소는 종교, 결혼 그리고 망자에 대한 적절한 존경이다. 각각의 시대는 자신의 경로를 따르지만, 사회가 수치심을 상실하여 모든 것이 허용될 때, 즉 관습과 법이 더 이상 존중되지 않을 때, 평등이 방종이 될 때, 비열함과 시기심이 인간미를 대신할 때, 쇠퇴의 조짐이 분명하게 드러난다. 그

다음에 내부로부터 붕괴되거나 외부로부터 정복당하고, 야만의 상태로 되돌아가며, 삼단계의 새로운 순환이 이어진다.

인간 역사 속에서는 지금까지 두 번의 순환이 있었다. 하나가 고대의 순환이고, 다른 하나가 근대의 순환이다. 각각은 하나의 공통의 활력을 가지고 있지만, 서로 다른 두 가지 의식의 양식으로 틀지어졌다. 한편에는 고대인의 시적 논리, 즉 신화와 형상의 회화적 브리콜라주(Bricolage)가 있고, 다른 한편에는 근대인의 합리적 논리, 즉 이론적인 이성과 추상을 중심으로 하는 추측의 세계가 있다. 이 두 세계에서 그리고 각각에서 같은 성질을 지닌 삼단계의 순환이 일어난다.

첫 번째 순환에서 첫 번째 시대는 거친 자연과 맞서는 야만적 인간의 시대로, 사람들은 그들의 운명을 좌우하는 신을 두려워하고, 주로 종교를 통해 자신들의 운명을 이해한다. 두 번째 시대는 씨족, 즉 가족들 간의 동맹의 시대로, 그들에게 가치 있는 것은 전쟁, 명예, 군사적 용맹함이다. 세 번째 시대는 평민의 시대, 즉 평등과 민주주의의 시대로, 자연적 욕구보다 인간의 욕망에 의해 지배된 시대다. 비코에게 이것들은 각각 신의 시대, 영웅의 시대, 인간의 시대였다.

서구 역사에서 두 번째 순환에서 첫 번째 시대인 신의 시대의 '두려운 종교'는 기독교와 병행하고, 영웅의 시대의 귀족 동맹은 중세의 봉건적 질서에 반영되어있고, 마지막으로 '철학자들의 자연법'이 세 번째 단계를 예고한다. 하지만 비코의 시대—18세기 전반—에 이미 야수성의 징표가 지나친 회의주의, 과도한 물질주의, 유용성의 강조, 기술(만약 비코가 이 단어를 알고 있었다면)에의 의존, "비양심적인 과학의 종복들"에서 나타난다. 철학이 종교를 대체하고, 과학이 철학을 대체했다. 그러나 과학은 인간의 목적이 아니라 자연의 설계에 대한 추상적 탐구에 몰두해왔기 때문에, 거기에는 인간행동을 위한 어떠한 지침도 존재하지 않는다.

이 결정론의 수레바퀴에서 벗어나는 수단은 전혀 존재하지 않는가? 비코에서 지식의 원천은 베룸 팩툼(verum factum)의 원리 ─ "참인 것(베룸)과 만들어진 것(팩툼)은 같은 뜻이다" ─ 다. 따라서 앎의 조건은 만들기의 조건이다. 즉 사람은 사람이 만들어낸 것만을 이해할 수 있다. 그러므로 운명의 순환으로부터의 탈출을 약속해주는 것은 인간이 자기 자신의 역사를 만드는 능력이다. 목적지향적 설계, 현혹적인 '이성의 간계' 또는 어떤 계급의 전반적 전진이 내재적으로 이루어지는 일은 있을 수 없고, 단지 그들의 삶을 의식적으로 지향하는 인간의 협력적 노력이 있을 뿐이다. 끝없는 순환으로부터의 탈출은 새로운 종류의 역사에 뛰어드는 것이다.

이러한 맥락은 불가피하게 우리를 인간은 주어진 역사적 가능성의 제약 내에서 자신의 역사를 만들 수 있다고 믿은 마르크스로 인도한다. 마르크스는 인간의 본성에 대한 이중적 개념을 가지고 시작한다. 첫째는 자연적 또는 일반적 인간으로, 그것의 본질 또는 종(種)적 존재는 생물학적이다. 즉 그것은 의식주와 번식 ─ 생활필수품의 생산과 재생산 ─ 을 욕구한다. 둘째는 역사적 인간으로, 그것의 본성은 **출현**한다. 인간은 '테크네'을 통해 자연을 지배하고, 그러한 능력을 현실화하면서 자신에 대한 의식의 증대 속에서 새로운 욕구, 새로운 원망, 새로운 능력을 획득한다. 이처럼 역사는 열려있고, 필연의 왕국에서부터 자유의 왕국으로 도약하면서 인간은 **초인**(超人)이 된다.[7]

---

7) 레온 트로츠키(Leon Trotsky)가 『문학과 혁명』(*Literature and Revolution*)에서 과장하여 결론 내린 것처럼, "인간은 무한히 더 강해지고 창의력이 풍부해진다. 즉 인간의 육체는 보다 조화롭게 되고, 움직임은 보다 리드미컬해지고, 목소리는 더욱 음악적이 된다. 삶의 형태는 극적으로 드라마적이 될 것이다. 평균적인

이러한 역사주의적 견해 속에서 인간은 자연이 아니라 역사에 의해 규정된다. 그리고 역사는 인간의 연속하는 발전능력의 단계들에 대한 기록이다. 이 견해가 지닌 난점은 그것이 우리가 과거를 연속적으로 평가하고 또 우리가 과거를 갱신하여 사용한다는 점을 설명할 수 없다는 것이다. 만약 우리가 어떤 특정한 역사적 하부구조가 한 시대의 문화를 틀 짓는다고 믿는다면(그리고 그러한 믿음을 가지지 않은 역사유물론이 어디에 있는가?), 사람들은 어떻게 오늘날의 예술과 사상과 비교하여 그리스의 예술과 사상의 질을 설명하고 그리스인들이 쓴 시(詩)와 그들이 던진 철학적 질문이 오늘날에도 적절한 양식으로 지속되고 있음을 어떻게 설명할 것인가? 마르크스처럼, 그리스의 사상은 우리가 인류의 유년기의 조숙함을 "더 높은 수준에서" 재생산하고자 한다는 것을 보여준다고 말하는 것(다시 말해 사상은 '진화해'왔다고 말하는 것)은 모든 문제를 회피하는 것이다.

역사주의적 답변은 자만이다. 안티고네는 결코 어린아이가 아니며, 그녀가 죽은 오빠의 시신 위에서 통곡한 것은 인류가 갖는 유년기의 감정이 아니다. 그리고 나데즈다 만델스탐(Nadezhda Mandelstam)이 그녀의 죽은 남편(스탈린의 강제수용소에서 실종된 러시아 시인 오시프 만델스탐Osip Mandelstam)을 잘 묻어주기 위해 시신을 찾아다니는 현대의 이야기도 그녀가 "더 높은 수준에서" 조숙함을 재생산하고 있음을 보여주는 사례가 아니다.

마르크스적 구분에는 잘못된 것이 있다. 하지만 역사와 변화의 사실, 즉 새로운 능력이 출현한 것은 사실이다. 나는 마르크스의 답변

유형의 인간들이 아리스토텔레스, 괴테, 또는 마르크스와 같은 인물들의 정점에까지 도달할 것이다. 그리고 그 산마루 위에 새로운 봉우리들이 솟아날 것이다." Leon Trotsky, *Literature and Revolution*(New York: Russell and Russell, repr. ed., 1957), p. 256을 보라.

을 다음과 같이 수정할 것이다. 즉 인간의 능력은 테크네에 의해 확대된다. 우리는 점점 더 많은 것을 만들 수 있다. 즉 우리는 자연을 변화시킨다. 사회구조(기술-경제적 질서) 속에는 선형적 변화와 축적의 원리가 있다. 그것은 생산성, 기술적 효율성, 기능적 합리성이라는 관념들에 반영되어있고, 이러한 규칙들이 우리로 하여금 특정 사회의 가치체계 내에서 자원을 이용하게 한다. 인간이 자연으로부터 점점 더 독립하게 되는 만큼, 인간은 자신이 원하는 종류의 사회를 건설하는 수단을 가진다.

그러나 문화에는 축적이라는 것이 존재하지 않는다. 오히려 문화는 모든 인간이 모든 시기와 모든 장소에서 직면하는, 그리고 인간조건의 유한성과 항상 내세에 이르고자 하는 열망에 의해 생겨나는 긴장으로부터 파생하는 근원적인 질문들로 회귀한다. 그러한 질문들은 모든 인간이 역사의식 속에서 직면하는 실존적인 의문들이다. 사람들은 어떻게 죽음을 맞이하고, 충성과 의무의 본질, 비극의 성격, 용기의 의미, 사랑 또는 친교의 보상은 무엇인가? 그 대답은 다를 것이지만, 질문은 항상 같다.[8]

이처럼 문화의 원리는 인간존재의 유한성으로부터 파생되는 본질적 양식으로의 부단한 복귀 —그 형식에서가 아니라 그 관심에서의— 의 원리다. 라인홀트 니부어(Reinhold Niebuhr)가 논평했듯이, "그러므로 인간 역사에는 진보가 있다. 그러나 그것은 모든 인간의 잠재력의 진보로, 선(善)을 향한 것일 수도 있고 악(惡)을 향한 것일 수도 있다."

---

8) 그렇기에 질문은 비극이고 답변은 희극이다. 현명한 철학자 같은 사람 그루초 마르크스(Groucho Marx, 세계에서 가장 재미있는 것으로 알려졌던 미국의 유명 코미디언—옮긴이)가 한때 말했듯이, 희극보다 비극이 더 쉽다. 왜냐하면 모든 사람이 동일한 일에 울지만, 그들은 서로 다른 일에 웃기 때문이다.

그렇다면 인간행동의 지침이 되는 것은 무엇인가? 이 지침은 자연 속에 있을 수 없다. 왜냐하면 자연은 단지 한쪽 극단에서는 일단의 물리적 제약으로 작동하고 다른 쪽 극단에서는 일단의 실존적 질문을 제기할 뿐이며, 인간은 그 사이를 지도도 없이 헤치고 나아가기 때문이다. 역사도 그러한 지침일 수 없다. 왜냐하면 역사는 어떤 텔로스도 가지고 있지 않으며, 단지 도구적인 것으로, 자연에 대한 인간의 능력을 확장시키는 과정일 뿐이기 때문이다. 다음으로 시대에 뒤진 전통적인 답변이 있다. 그것이 바로 종교다. 그것은 인간을 외부의 상징에 사회적으로 '투사'한 것으로서의 종교가 아니라, 인간 밖에 있지만 인간 자신을 넘어서는 그 무엇과 인간을 연결시켜주는 초월적 개념으로서의 종교다.

　막스 베버가 논평한 것처럼, 우리가 종교라고 부를 수 있는 것의 경험에 관한 개념을 가지지 않은 사회는 우리가 아는 한 존재하지 않는다. 탤콧 파슨스의 표현으로, 모든 사회는 "일상적인 '자연적' 사건을 지배하는 것으로 생각되는 힘들과는 다르고 어떤 의미에서는 그것보다 우월한, 그리고 어쨌든 특이하고 좌절감을 주고 합리적으로 이해할 수 없는 경험의 측면들에 의미를 부여하는 것을 자신의 본성과 활동으로 하는, 초자연적 질서나 정신, 즉 신과 비인격적 힘에 대한 어떤 관념을 가지고 있다. ……종교는 언어만큼이나 인간에게 보편적인 것이다……."[9]

　지난 백 년 동안 종교의 힘은 쇠퇴해왔다. 인류 의식의 여명기에는 종교가 인간의 우주론의 주요한 프리즘이었고, 세계를 설명하는 거

---

9) Max Weber, *The Sociology of Religion*, trans. Ephraim Fischoff(Boston: Beacon Press, 1963), pp. xxvii~xxviii.

의 유일한 방법이었다. 종교는 의례, 즉 공통의 감상을 묶어주는 메커니즘을 통해 사회적 연대를 획득하는 수단이었다. 따라서 관념과 제도로서의 종교가 전통사회의 인간의 삶 전체를 싸고 있었다. 그러나 현대사회에서 그러한 삶의 공간이 엄청나게 축소되었다. 종교는 자신의 중심적 지주였던 계시가 합리주의에 의해 훼손되고 자신에 대한 믿음의 중핵(中核)이 역사로 '탈신비화'되었음을 발견했다. 정통 종교에 타당한 것으로 남아있는 것이라고는 인간 본성에 대한 현실적 견해, 즉 인간을 이중인간(homo duplex)으로 보는 견해, 다시 말해 인간을 잔인한 공격성과 조화의 추구라는 양면성을 동시에 가진 동물로 보는 견해뿐인데, 이는 근대문화를 빛내왔던 유토피아주의에게 남겨진 견해로는 너무나도 삭막하다.

종교의 쇠퇴과정은 이중적이었다. 제도적 수준에서 세속화(secularization)가 일어났다. 즉 종교의 제도적 권위와 역할이 공동체의 하나의 양식으로 축소되었다. 문화적 수준에서는 비속화(profanation)가 일어났다. 즉 인간과 내세의 관계를 설명하는 일단의 의미들을 제공하는 신정설(theodicy)이 약화되었다. 뒤르켐에 따르면, "……인간의 사고 속에서 신성한 것에 대한 관념은 항상 어디서나 세속적인 것에 대한 생각과 분리되어있다. 그리고 우리가 이 둘 간에 일종의 논리적 간격을 상정하기 때문에, 정신은 서로 대응하는 이 둘을 혼동하거나 심지어 단지 이들이 서로 접촉하는 것조차 거부할 수밖에 없다."[10]

뒤르켐의 개념과 관련하여 놀라운 것은 신성한 것이라는 관념이 근대적 삶——특히 문화영역에서의——에 거의 적용되지 않는 것으로

---

10) Émile Durkheim, *The Elementary Forms of Religious Life*(New York: Free Press, 1965), p. 55.

보인다는 점이다. 왜냐하면 만약 모더니즘 문화에서 하나의 심리적 사실이 존재한다면, 그것은 "신성한 것은 전혀 존재하지 않는다"라는 것으로 표현될 것이기 때문이다. 누군가는 위반(transgress) 충동 그 자체가 전혀 다른 세계를 만들어낸다고 주장할 수도 있다. 그러나 위반이라는 관념이 19세기에는 과감한 것으로 보였을 수도 있지만, 오늘날에는 위반할 금기조차 거의 남아있지 않다.

독일의 철학자 에두아르트 슈프랑거(Eduard Spranger)는 오늘날 우리는 다음과 같은 최종적인 종교적 문제에 직면해있다고 썼다. "인간의 마음속 가장 깊은 곳에 정말로 가치가 존재하지 않는다면 어떤 일이 발생할까? 그 속에서 종교적 태도는 완전히 포기된다. ……더 이상 자신의 신을 찾을 수 없는 사람들은 누구든 자신을 악마에게 맡긴다. 그리고 그것의 핵심은 가치에 대한 무관심이 아니라 가치의 전도다. 누군가가 '진정한 가치는 전혀 존재하지 않는다'라고 말할 수 있을 뿐이라면, 비종교(irreligion)가 그를 완전히 사로잡고 있을 수도 있다. 그러나 그러한 인간은 존재하지 않는다."

종교가 쇠퇴한 곳에는 언제나 유사종교(cult)들이 등장한다. 이러한 상황은 초기 기독교의 역사와는 정반대다. 그때는 일관성 있는 새로운 종교가 많은 유사종교와 경쟁하여 그것들을 몰아냈다. 왜냐하면 새로운 종교가 신학과 조직의 힘에서 우월했기 때문이다. 그러나 신학이 쇠퇴하고 조직이 와해될 때, 즉 종교의 제도적인 틀이 붕괴되기 시작할 때, 사람들이 종교적이라고 느낄 수 있는 경험을 직접적으로 추구하는 것은 유사종교의 발흥을 조장한다.

유사종교는 여러 가지 중요한 점에서 공식적인 종교와 다르다. 유사종교는 오랫동안 감추어져 있다가(또는 정통파에 의해 억압되고 있다가) 갑자기 빛을 발하는, 어떤 비교적(秘教的) 지식을 주장하는 특징이 있다. 거기에는 자주 정통파로부터 조롱당하고 경멸당하지만 그러한 새로운 가르침을 제시하는 이단적인 인물들이 있다. 거기에는 자주 개인에게 그때까지 억압되어온 충동을 행동으로 옮기는 것을 허용하거나 촉구하는 공동체적 의례가 있다. 유사종교 속에서 사람들은 새로운 또는 지금까지 금기시되어온 행동양식을 추구하고 있는 것처럼 느낀다. 그러므로 유사종교를 규정하는 것은 그것이 신학보다는 주술을, 즉 제도나 교의보다는 도사나 그 집단과의 개인적 유대를 암시적으로 강조한다는 것이다. 유사종교에 대한 갈망은 의례와 신화에 대한 갈망이다.

이 모든 것이 '새로운 개혁'으로 이어질 것인가? 유추는 항상 매력적이지만 현혹적이다. 종교개혁은 (에릭 에릭슨Erik Erikson의 심리학적 해석에 따르면) 단지 부패된 제도를 깨뜨리려는 노력이었을 뿐만 아니라 교회의 중개 없이 아들이 아버지와 직접 관계를 맺고자 한 것이었다. 새로운 유사종교의 광신성은 개인적 믿음과 축적된 역사적 전통 간을 단절시킨다. '새로운 개혁'은 과거와 무관한 개인적 경험과 개인적 믿음을 강조한다. 하지만 그러한 경험과 믿음이 동일한 부침을 겪어온 타자—선조—와의 어떠한 유대 없이도 의미를 지닐 수 있는가? 어떤 믿음이 기억 없이 단순히 소박하게 새롭게 창출될 수 있는가?

오늘날 추구되고 있는 것은 알렉산더 미처리히(Alexander Mitscherlich)의 표현으로 '선조 없는 사회'(society without fathers)다. 권위의 부정은 동류집단(peer group)의 생각과는 다른 부모의 그 어떤 생각도 부정하는 것을 의미하게 되었다. 하지만 사람들은 그러한 사회가 신학적으로 또는 심지어 심리적으로나마 가능한지에 대해 의심한다. 클리퍼드 기어츠가 기술하듯이, 종교적 믿음은 "일상의 경험으로부터 베이컨식으로 귀납되는 것이 아니라(왜냐하면 그렇다면 우리 모두는 불가지론자가 될 수밖에 없기 때문이다), 그러한 경험을 변형시키는 권위를 선험적으로 받아들이는 것이다." 만약 유사종교의 동류 집단이 더 큰 사회를 대신한다면, 우리는 다시금 뒤르켐식 집단—비록 이제 작은 규모이겠지만—에 에워싸여 자신들의 운명적인 우상숭배 의식을 거행할 것이다.

근대문화의 혼란상태에도 불구하고, 어떤 종교적 답변이 분명 나올 것이다. 왜냐하면 종교는 뒤르켐적 의미에서 사회의 '속성'이 아니기 (또는 더 이상은 아니기) 때문이다. 종교는 인간의 의식을 구성하는 한 부분이며, 존재의 '일반적 질서'의 유형에 대한 인지적 탐색이고, 의례를 확립하고 그러한 관념들을 신성한 것으로 만들고자 하는 감정적 욕구이고, 자신에 대해 초월적 반응을 하게 하는 몇몇 타자 또는 일단의 의미체계와 관계를 맺고자 하는 근원적인 욕구이고, 고통과 죽음이라는 종국성에 대처하고자 하는 실존적 욕구다.

막스 셸러(Max Scheler)가 말했듯이, "종교적 행위는 인간의 마음과 정신의 본질적 자질이기 때문에, 그것을 누가 행하는가라는 질문은 있을 수 없다. ……다음과 같은 법칙이 성립한다. 즉 모든 유한한 영혼은 신을 믿거나 아니면 우상을 믿는다." 이 정식화에 동의하는 막스 베버는 그 답변은 자의적이고 무조건적인 개인적 결정일 수밖에 없다고 진술했다. 현대종교의 정치적 성격과 '악마에 홀린 사람들'의 최종적 진리 주장을 감안할 때, 나는 진정한 어려움은 대안을 제시하는 것이 아니라 누가 신이고 누가 악마인가 하는 문제라고 덧붙여야만 한다.

베버가 보여주었듯이, 역사의 결정적 국면에서 종교는 때때로 모든 힘 중에서 가장 혁명적인 힘이 되기도 한다. 전통과 제도가 경직화되고 억압적이 될 때, 또는 분열된 주장과 난무하는 모순적 신념들을 더 이상 참을 수 없을 때, 사람들은 새로운 답변을 찾는다. 그리고 종교는 존재의 가장 깊은 수준에서 삶의 의미를 찾기 때문에, 가장 진보한 응답이 된다. 이러한 상황에서 우리는 새로운 예언자를 찾는다. 예언은 의례주의적 보수주의가 모든 의미를 상실했을 때 그것을 무너뜨린다. 그리고 예언은 너무 많은 의미가 난무할 때 새로운 형태를 제시한다. 예언자는 과거의 권위만을 주장하는 성직자와 주술을 구원의 수단으로 조작하는 것에서 자신의 능력을 끌어내는 밀교 전도자들 모두와 대결한다.

하지만 우리는 잘못된 방향에서 길잡이를 찾고 있을 수도 있다. 베버가 볼 때, 예언은 카리스마적이다. 왜냐하면 예언은 현세 밖의 세계로부터 은총의 원천을 끌어내는 예언자의 개인적인 자질에서 나오기 때문이다. 혁명적 힘은 반드시 카리스마적이어야만 한다. 왜냐하면 헤겔의 '세계사적 인물들'과 같은 예언자들은 전통의 신성함 또는 과거의 표면을 덮고 있는 관습의 덩어리를 충분히 깰 수 있을 만큼 강해야만 하기 때문이다. 그러나 오늘날의 그러한 예언자는 옛 러시아 속담을 이용하면 열려있는 문을 부수고 있는 것일 것이다. 오늘날 누가 전통을 지키는가? 그리고 어떤 새로운 조류를 막고 나설 과거의 힘이 어디에 있는가?

그런데 거기에는 하나의 이중적인 답변이 있을 수 있다. 만약 절망의 근원 중 하나가 실존적 물음에 있다면, 어쩌면 우리는 앞을 바라봄으로써가 아니라 뒤를 돌아봄으로써 그러한 물음에 대처할 수 있을 것이다. 인간 문화는 인간의 창조물이다. 다시 말해 그것은 세계가 **연속성**을 유지할 수 있게 해주는, 즉 인간이 '비동물적' 삶을 유지할 수 있게 해주는 구성물이다. 동물은 동료가 죽는 것을 보면서도 그것이 자기 일이라고 상상하지 못한다. 인간만이 자신의 운명을 알고 있고, 따라서 죽음을 피하기 위해서가 아니라 운명을 중재하는 '종(種)이라는 의식(意識)'을 유지하기 위해 의례를 만든다. 이러한 점에서 종교는 초월의 순간을 인식하는 것이다. 다시 말해 종교는 사람들이 그간 겪어온 (그리고 속박되어있는) 과거로부터 도덕적 주체 ── (단지 과거에 의해 틀지어지기보다는) 과거를 자유로이 받아들이고 도덕적 의미의 연속성을 유지하기 위해 전통으로 되돌아가는 ── 로서의 자아라는 새로운 개념으로 나아가는 통로이다.

모든 사회에는 합체 의례(rite of incorporation)와 해방 의례(rite of release)가 있다. 근대사회의 문제는 해방 그 자체가 끝이 없게 되었다는 것이다. 새로운 유사종교가 지닌 장애는 그것이 신성한 것에 대한 어떤 새로운 의미를 추구한다는 점에서 그것의 충동은 종교적이지만 그것의 의례는 여전히 대체로 해방 의례라는 것이다. 내가 생각하기에, 의미의 흐름이 보다 심층에서 요구하고 있는 것은 공동체의 성원의식을 미래뿐만 아니라 과거와 연결시키는 어떤 새로운 종류의 합체 의례다. 하지만 일찍이 괴테가 말했듯이, "만약 당신이 당신의 선조로부터 물려받은 것을 소유하고자 한다면, 먼저 그것을 획득해야만 한다."[11]

그런 만큼 합체의 종교는 개인들이 자신들의 공동체의 도덕적 명령으로부터 파생하는 그들의 책무를 이행하는 구원의 과정이다. 개인들은 양육과정에서 도덕적 의식을 유지하는 제도들에 대해 빚을 진다. 따라서 종교는 필연적으로 선조와 후대를 상호 구원한다. 그것이 바로 예이츠의 표현으로 "축복할 수 있는 사람이 축복받고," 세대의 연속성 속에서 안수받는 것이다.

그러나 그러한 종교적 헌신은 근대 자유주의적 기질에 도전하는 것이다. 자유주의적 기질이 찾고 있는 답변은 윤리적 답변이다. 그

---

11) 모더니즘적 교의 속에서 이것은 다음과 같이 해석된다. 만약 당신이 당신의 선조로부터 물려받은 것을 소유하고자 한다면, 당신은 먼저 그것을 파괴해야만 한다. 이를테면 "Futurist Manifesto," in Joshua Taylor ed., *Futurism*(New York: Museum of Modern Art, 1961)을 보라.

러나 윤리에만 몰두하는 것은 그것이 특별한 것 —아버지와 아들의 근원적 유대, 개인과 종족의 유대—을 보편적인 것 속으로 해소시키는 난점이 있다. 우리가 인간의 본성에 대해 알고 있는 바에 따르면, 인류를 하나로 만들려는 계몽주의의 꿈—그것의 이성의 꿈—은 무익한 것이다. 연속되는 세대들 속에서 살고 있는 사람들은 필연적으로 그 세대들을 떠받치는 교구적 정체성 속에서 살 수밖에 없다. 하지만 오직 교구적이기만 하다는 것은 분파적이라는 것이고, 다른 사람, 다른 지식, 다른 신념들과의 유대를 상실한다는 것이다. 반면 오직 코즈모폴리턴적이기만 하다는 것은 뿌리가 없다는 것이다. 따라서 사람들은 특수한 것과 보편적인 것 간의 긴장 속에서 살 수밖에 없으며, 그러한 고통스러운 운명의 이중의 속박을 받아들어야만 한다.

그리고 마지막으로, 우리는 또한 또 다른 하나의 축을 따라 살아가야만 한다. 즉 우리는 시간적인 것 —우리를 그렇게도 사로잡고 있는 과거, 현재, 미래—으로부터 공간적인 것으로 나아가야 하고, 세계를 의당 '할당된 부분들'로 이루어진 공간으로, 즉 분리된 영역들로 바라보아야만 한다. 초월적인 것을 이해하기 위해서는 인간은 신성한 것에 대한 인식이 필요하다. 자연을 개조하기 위해 인간이 세속적인 것을 침범할 수도 있다. 그러나 만약 어떠한 영역의 구분도 존재하지 않는다면, 즉 만약 신성한 것이 파괴된다면, 우리에게는 욕구와 이기심의 아수라장만이 남고, 인류를 둘러싸고 있는 도덕적 울타리는 붕괴될 것이다. 우리는 신성한 것과 세속적인 것을 다시 확립할 수 있는가? 아니 확립해야만 하는 것 아닌가?

제2부
정체의 딜레마

문화에서 정체로

· 들어가는 말

문화, 정체, 사회구조라는 분리된 영역들에는 서로 다른 운동 리듬뿐만 아니라 서로 다른 시간 척도들이 존재한다. 일시적으로 존재했다가 사라지는 유행과 달리 문화와 종교의 변화──우리가 현대적 용어로 감각과 도덕적 기질의 변화라고 묘사할 수도 있는──는 역사적으로 장시간에 걸쳐 이루어진다. 내가 주장해왔듯이, 이러한 변화들은 조작이나 사회적 개입에 의해 일어날 수 없다. 왜냐하면 그것들은 공유된 경험에서 파생하여 의례화되거나 강력한 강제력을 가진 상징적 용어들로 표현되며, 따라서 약화되거나 새로운 감상으로 대체되기까지는 오랜 시간이 걸리기 때문이다. 로마 제국에서 기독교가 확립되기까지는 거의 300년이 걸렸고, 에드워드 기번(Edward Gibbon)이 콘스탄티누스 대제의 개종과 관련하여 말했듯이, 로마는 그 당시에 250년간 지속된 역사에서 견딜 수 없는 국면으로 접어들었다.

정체는 전혀 다른 차원의 것이다. 종교와 문화가 궁극적 의미를 확립하고자 한다면, 정체는 일상생활의 세속적인 문제를 해결해야만 한다. 정체는 정의에 대한 규범을 확립하고, 권한과 권리를 강제해야만 한다. 그것은 또한 교환의 규칙을 정하고, 시민들이 일상의 안전에 대비해야 한다. 정체는 불가피하게 파당들이 경쟁하는 장(場)이자 하나의 독자적인 힘 — 외교정책을 관장하고 금융체계를 안정화시키고 점점 더 전체 경제의 방향을 설정하는 사회의 통제체계 — 이다.

사회 내의 문화적 모순과는 다른 일단의 모순을 발생시키는 것이 바로 이러한 새로운 확대된 기능들이다. 정치적 모순은 자유주의 사회가 원래 (그것의 에토스, 법, 보상체계의 측면에서) 개인적 목적을 증진시키기 위해 수립되었지만 이제는 **집합적 목적을 결정해야만 하는** 상호의존적 경제가 되었다는 사실에서 비롯된다. 이러한 상황은 이들 집합체가 때로는 사회의 하위집단일 때도 있고 때로는 전체 사회 자체일 때도 있다는 사실에 의해 복잡해진다. 보다 통상적인 용어를 사용하면, 사회는 사적 재화를 희생시켜 공공재를 생산하는 데, 그리고 사적 부문보다 공적 부문을 육성하는 데 더욱 헌신해야만 한다. 평등이라는 결정적 영역에서는 사회는 점점 더 (개인보다는) 집단의 권리와 구제에 주의를 기울여야만 한다.

이 새로운 과제에 어떻게 대처하는가 — 만약 대처할 수 있다면 — 가 모든 사람의 당면한 삶에 영향을 미친다. 만약 사회가 통제 불가능하고 제도들이 경직적이고 둔감하다면, 해체 경향 — 어떤 조건에서는 양극화, 다른 조건에서는 파편화 — 이 강화된다. 만약 사회가 존중받는 새로운 공공철학을 통해 그리고 순조롭게 작동하는 제도들을 통해 대응해나갈 수 있다면, 또 다른 문화적 재건과정을 서서히 이룩해나갈 여유가 있을 수도 있다.

이 책의 제2부에서 나는 먼저 사회의 불안정을 초래하는 일시적 요소들로부터 구조적 요인들을 추출하기 위해 지난 25년간 겪은 사건들을 다루고 그것을 앞으로의 25년에 투영한다. 두 번째 글에서는 다시 정치적 맥락에서 쾌락주의라는 주요한 문화적 테마로 돌아간다. 그리고 나는 다음으로 공정한 근대사회의 핵심적 가치인 정치적 자유주의와 사회의 관리에 필요한 공동체적 특징 ─ 즉 내가 공공가계라고 부르는 관념 ─ 간을 화해시킬 수 있는 몇 가지 수단을 제시한다.

제5장 불안정한 미국

국가적 위기의 일시적 요소와 항구적 요소

I

1960년대 초에 미국을 고찰한 사람이라면, 그 누구도 미국의 정치적·사회적 불안정성의 근원에 대해 의문을 제기하는 것은 있을 수 없는 일로 보였을 것이다. 당시 미국은 힘에 있어서 최고에 달한 것처럼 보였다. 공산주의 세계는 1956~57년에 폴란드와 헝가리의 격변 이후 분명히 혼란 상태에 빠져있었다. 반면 미국은 물가안정을 바탕으로 8년 동안 비교적 고도의 번영을 이루고 있었다. 상원의원 조지프 R. 매카시(Joseph R. McCarthy)가 스스로 체현한 급진우파 극단주의(radical-right extremism)의 위협도 사라졌다. 흑인들의 통합요구를 합법화한 1954년의 획기적인 대법원 판결(브라운 대 교육위원회)로부터 시작된 흑인들의 사회정의운동은 진행 중에 있었다. 그리고 아이젠하워 행정부 스스로도 흑인 아이들이 백인학교에 입학할 수 있는 권리를 보호하기 위해 연방군대를 남부 지역사회(아칸소주의 리틀록)에 파견하는 매우 상징적인 초치를 취했다. 아이젠하워 대통령의 퍼스낼리티가 표상하는 것처럼, 미국은 온화하고, 자신감 있고,

외교 문제에서는 보편주의를, 그리고 국내 문제에서는 진보의 개념을 비록 진부하지만 광범위하게 진전시키고 싶어 하는 것으로 보였다.

그러나 지평선 위에 몇몇 작은 구름이 드리워져 있었다. 경제성장이 둔화되고 있었고, 그리하여 1950년대 말경에는 더 이상 노동인구 증가와 생산성 증가를 조화시키기에 충분한 비율로 성장할 수 없었다. 1953년부터 1960년까지 노동인구는 매년 1.5퍼센트의 비율로 증가한 반면, 생산성은 3.2퍼센트의 비율로 증대하고 있었다. 이러한 성장을 충족시키는 데 필요한 일자리 수를 제공하기 위해서는 약 4.5퍼센트의 GNP 성장이 요구되었다. 그러나 1947년에서 1953년 사이에 매년 5.2퍼센트의 높은 성장을 보였던 산출량이 1953년에서 1960년 사이에는 2.4퍼센트로 떨어졌고, 그 결과 실업이 증가되었다. 1950년대 말경에는 실업이 노동인구의 6퍼센트를 넘어섰다. 그러나 실업자 대부분이 유효한 정치적 수단을 거의 지니지 못한 흑인이나 미숙련자들이었기 때문에, 실업 상황은 한동안 무시되었다. 임기가 끝날 무렵에야 아이젠하워 대통령이 수요를 증대시키기 위해 대규모의 재정적자를 감수하기 시작했지만, 그 노력도 '만성적인' 실업자의 수적 증가를 막을 수 없었다.

외교 분야에서는 쿠바에서의 피델 카스트로(Fidel Castro)의 승리 및 그와의 협상 실패 — 이 문제는 국무부의 실책만큼이나 카스트로의 잘못이기도 했다 — 가 서반구에 소련의 발판이 생겨날 수 있음을 우려하게 했다. 그래서 미국은 카스트로를 전복시키기 위한 비밀공작을 수립하기 시작했다.

케네디 행정부의 역설은 외교 및 국내 양 영역에서 케네디 행정부가 보인 열정과 행동주의 — 유효해 보이고 또 유효하기에 요구되었던 것 — 자체가 1960년대에 미국을 괴롭힌 소요세력들을 자극하고 그들의 감정을 폭발시켰다는 것이다. 외교 문제에서 미국은 우선 피그스만(Bay of Pigs)에서 대실패를 경험했다. 그것은 미국의 힘의 굴욕이자 미국의 의지에 새롭게 의문을 제기하는 것이었다. 빈에서 흐루쇼프(Nikita Khrushchov)는 자신이 존 F. 케네디(John F. Kennedy)의 역량을 꿰뚫어 보았다고 생각하고, 대담하게 쿠바에 미사일을 배치했지만, 그 대결에서 흐루쇼프가 후퇴함으로써 케네디는 다시 명예를 회복했다. 베트남에서는 아이젠하워가 (존 포스터 덜레스John Foster Dulles 국무장관과 아서 래드포드Arthur Radford 참모총장의 압력에도 불구하고) 대규모 개입을 피했던 반면, 케네디는 디엠(Diem) 정권의 몰락 이후 전장에서 미국의 활동을 강화하고 미국의 고문단과 무기를 직접 행동에 투입하는 운명적 결정을 내렸다.

국내 분야에서 케네디 행정부는 빈민과 흑인의 상태를 개선하기 위해 허둥지둥 노력하기 시작했다. 그러나 이러한 노력은 역설적인 결과를 초래했다. 특히 빈곤 프로그램의 경우, 그것은 많은 일자리를 제공하는 동시에 행동주의자들에게 작은 정치적 기반 및 정치기구를 창출해주는 것이었다. 행동주의자들은 자신들의 지위를 이용하여 공동체 행동단체(community-action group)를 조직하고 흑인과 빈민 공동체 속에서 정치적 선동을 증대시킬 수 있었다. 혁명운동은 항상 활동자금을 어떻게 마련하고 활동가들에게 열심히 선동할 수 있는 시간을 어떻게 제공하는가 하는 문제를 안고 있다.[1] 케네디 (그리고 존슨) 행정부의 '빈곤과의 전쟁'이 거둔 놀라운 결과 중 하나는 행정부에 대해 (정치적 전쟁을 거는 것은 아니더라도) 정치적 압력을 가할 수 있는 운동이 성장할 수 있게 해주었다는 것이다.

하지만 그러한 조치를 취하지 않았더라면 그러한 선동이나 소요가

---

[1] 흑표범당(Black Panther Party)의 창시자인 휴이 뉴턴(Huey Newton)과 보비 실(Bobby Seale)은 모두 빈곤 프로그램에 종사하고 있었고, 정부에 고용되어있던 시절 당의 선언문을 작성하며 그들의 초기 활동을 벌였다.

표면화되지 않았을 것이라고 가정하는 것은 어리석은 생각일 것이다. 토크빌이 처음으로 제기하고 그 후 사회과학자들이 줄기차게 되풀이하고 있는 기대의 궤적에 대한 고전적 설명은, 우리에게 정의를 약속하고 요구의 정당성을 이미 인정하고 그 길을 서서히 열어가기 시작한 그 어떤 사회도 그로부터 발생한 회오리바람을 편안하게 이겨낼 것으로 기대할 수 없다는 것을 말해준다. 그러나 흑인과 불우한 사람들의 소요가 증대하는 것과 나란히 모호한 전쟁이 일어났다. 그리고 이 둘이 서로 결합하여 서로를 강화하며, 국내에서 폭력이 증가하고, 젊은이들은 더욱 소외감을 느끼고, 인텔리겐치아와 젊은이들의 지도부 사이에서 체계의 정당성에 대한 도전이 증대했다. 이 모든 것은 체계 자체의 안정성에 의문을 제기하는 것이었다.

직접적이고 현재적(顯在的)인 원인이 비록 중요하기는 하지만 그것이 전적으로 미국처럼 크고 강력한 사회를 혼란에 빠뜨릴 수 있다고 가정하는 것도 마찬가지로 어리석은 일이다. 미국 사회의 사회구조를 재정비하고자 하는 사회학적·기술적 격변이 일어나고 있었다. 도시사회, 전국적 정체, 공동체적 사회, 탈산업세계의 동시적 창출이라는 이들 네 가지 변화가 현재 일어나고 있는 여러 변화보다 오래 지속되며, 사회의 보다 근원적인 변화와 긴장을 계속해서 창출해갈 것이다. 그리고 이러한 구조적 변화 이외에도 세 가지 서로 다른 영역들에 미국의 미래에 심대한 영향을 미칠 난제들이 자리하고 있다. 첫째는 민주주의와 제국의 관계로, 어떤 민주주의가 제국의 역할을 유지할 수 있는가 하는 문제다. 둘째는 참여혁명의 문제로, 이는 기술관료제적·능력주의적 의사결정 양식에 대해 도전한다. 셋째는 문화에서 일어나는 심대한 변화의 문제로, 이는 예술에서 그리고 경험과 감성의 양식에서 근본적으로 반합리적이고 반지성적인 편향의 발전과 관련되어있다.

미국의 미래에 대한 어떠한 평가도 이러한 세 가지 차원 — 즉 당면한 정치적·사회적 격변, 구조적 변화, 그리고 가치와 문화적 선택과 관련한 근본적 의문 — 을 다루어야만 할 것이다. 여기서 나는 이러한 범위 내에서 각각에 대해 도식적으로 개관할 수 있을 뿐이다. 그리고 만약 우리가 이들 문제를 사회적·정치적 불안정성의 문제에 견주어 고찰하고자 한다면, 우리는 또한 먼저 사회학이론 수준에서 불안정과 혁명(또는 반혁명)을 촉진하는 요인들을 고찰해야만 한다.

불안정의 근원

모든 정치체계가 안고 있는 핵심적 문제는 그 체계의 정당성이다(이는 현대사회사상에서 마르크스에 대한 막스 베버의 승리를 의미한다). 립셋이 기술한 바 있듯이,

> 정당성은 현존하는 정치제도가 그 사회에 가장 적합한 것이라는 믿음을 낳고 또 그러한 믿음을 유지할 수 있는 체계의 능력을 포함한다. 현대 민주적 정치체계가 어느 정도 정당한가는 그 체계가 역사적으로 사회를 분열시킨 주요 문제들을 어떻게 해결해왔는지에 크게 의존한다.
>
> 효율성이 주로 도구적이라면, 정당성은 가치평가적이다. 집단은 정치체계의 가치가 자신들의 가치와 부합하는가에 따라 정치체계가 정당한지 아니면 부당한지를 판단한다.[2]

---

2) S. M. Lipset, *Political Man* (Garden City, N.Y.: Doubleday, 1960), p. 77.

20세기 서구 정치사회를 살펴보면, 우리는 적어도 일곱 가지 요소들이 다양하게 결합되어 사회의 사회적 불안정을 야기하고 그 결과 정치체계가 정당성을 상실해왔음을 확인할 수 있다.

(1) **'해결할 수 없는' 문제의 존재** 1930년대에는 대부분의 사회에서 실업문제는 해결할 수 없는 것으로 간주되었다. 분명 대공황을 반전시키기 위해 무엇을 해야 하는지를 알고 있는 부르주아 민주정권은 거의 없었다. 그 당시에는 모든 서구사회가 위기에 빠져있었다. 따라서 비정통적인 경제정책을 채택하는 것만이 그들 경제를 회복시킬 수 있었다. 대공황은 분명 1930년대에 파시즘을 낳은 힘 중 하나였다.

(2) **교착상태에 빠진 의회제도** 1920년대와 1930년대에 이탈리아, 포르투갈, 스페인에서는 사회세력들의 양극화가 초래한 의회제도의 교착상태가 계속되며, 어떠한 효율적인 통치를 방해하고 대중들의 무력감을 조장했고, 이는 군중행동, 권위주의적 독재 또는 군사쿠데타로 이어졌다.

(3) **사적 폭력의 증가** 독일과 여타 국가들에서 정부가 통제할 수 없는 사설 '군사단체'가 창설되고 공공연한 거리 폭력이 증가하면서 권위가 붕괴되었다.

(4) **부문들의 분리** 일부 지역에서 일어난 급속한 산업화와 다른 지역에서 대규모로 발생한 농업의 지체는 계속되는 불안정을 초래해왔다.

(5) **다인종 또는 다부족 간의 갈등** 인도에서는 분할되기 이전에는 힌두교도와 이슬람교도 간의 갈등, 그리고 그 이후에는 다른 언어집단 간의 갈등이 불안정의 분명한 원천이었다. 나이지리아에서는 서로 다른 종족을 대표하는 지역 간에 갈등이 있었고, 벨기에에서는 플랑드르 사람과 왈론 사람들 간의 갈등이 있었고, 캐나다에서는 영어

사용 집단과 프랑스어 사용 집단 간에 갈등이 있었다. 기타 등등.

(6) **인텔리겐치아의 소외** 문화 엘리트는 사회를 통합하는 상징을 운반하며, 이들 집단의 각성은 거의 모든 혁명적 상황의 특징이었다. 풀헨시오 바티스타(Fulgencio Batista)의 패배는 주로 쿠바 사회의 중간계급이 그 정권에 반대한 데서 기인했다.

(7) **전쟁에서의 굴욕** 참담한 패배는 빌헬름 시대의 독일과 제정 러시아에서처럼 자주 정치체계를 와해시킨다. 그러나 부분적인 패배(또는 굴욕적인 것으로 해석되는 패배)도 붕괴의 원인이 될 수 있다. 1905년 러일전쟁에서의 러시아의 패배 ― 칭기즈칸(Chingis Khan)과 티무르(Tamerlane)의 침략 이후로 서양의 힘이 동양 국가에 패한 최초의 사례 ― 는 러시아에 커다란 심리적 굴욕이었다. 라틴아메리카에서는 양차 대전 사이에 그리고 대공황 동안에 사회주의운동, 공산주의운동, 민중주의운동, 인디언 부흥운동이 빈번히 일어났음에도 불구하고, (1910년에) 멕시코에서 늙은 독재자 포르피리오 디아스(Porfirio Diaz)를 몰아낸 이후로 그 지역에서 최초로 발생한 혁명은 1952년 볼리비아 국민혁명이었다. 이 혁명은 볼리비아가 차코 전쟁(Chaco War)에서 패한 후에 일어났다. 이 패배는 사회의 표준적인 기대와 가치를 산산이 부수고, 대부분의 젊은 중간계급 백인과 촐로(cholo, 스페인계와 아메리카 원주민 피가 섞인 라틴아메리카인 ― 옮긴이)에게 전통적인 정치와 정당을 완전히 버리게 만들었다.

이 목록이 모든 것을 망라한 것은 아니지만, 금세기의 주요한 정치적 경험을 요약한 것이다. 그렇다면 이 틀 내에서 우리는 미국에 대해, 보다 구체적으로는 우리가 불안정과 긴장의 원천으로 간주할 수 있는 요인들 ― 베트남전쟁, 젊은이들의 소외, 흑인의 깊은 원한, 그리고 사회의 구조적 변화로부터 야기되는 다양한 사회문제 ― 에 대해 무엇을 말할 수 있는가? 이들 요인 중 어떤 것을 어떤 조건하에서

'해결할' 수 있는가? 어떤 요인이 그 이상의 긴장을 야기할 잠재성을 지니고 있는가?

합의의 붕괴

우선 명백하고 가시적인 요인들부터 살펴보자. 1950년대에 미국은 하나의 동원사회(a mobilized society)였다. 미국은 기본적으로 국제 공산주의의 위협에 대처하기 위해 동원되고 있었다. 1946~47년에 초기의 탈동원이 있었던 다음에 군사력이 급속히 증강되었다. 한국전쟁은 재래식 군사력을 크게 확장시켰다. 북대서양조약기구(NATO)와 동남아시아조약기구(SEATO)는 가상의 핵에 대한 방패라는 명분으로 자신들의 군대를 전 세계로 확대시켰으며, 미국 역사상 최초로 상비군이 창설되었다. 과학 역시 상당한 정도로 동원되었다. 군사기술에서 거대한 혁명 ─ 수소폭탄, 핵미사일, 새로운 탄두 추진수단의 발명 ─ 이 일어났다. 이 모든 것은 연구·개발의 커다란 확장과 연구기관과 대학 그리고 정부의 협력체제 구축에 의해 가능해진 것이었다.

외부의 위협을 분명하게 규정할 수 있는 곳에서 그러한 위협에 대처하기 위해 사회를 동원하는 작업은 그 나라를 통일시킨다. 내적 분열은 최소화되거나 호도되고, 타협이 이루어지고, 정치는 외적 사태들에 집중하게 된다. 1930년대에 미국이 격렬한 노동투쟁으로 분열되어있었음을 상기할 필요가 있다. 미국의 노동투쟁은 그 강도에서 고전 마르크스주의의 적나라한 계급분열 개념에 접근하고 있었다. 하지만 제2차 세계대전이 발발하자 그러한 분열은 국가적 노력에 예속되었고, 노동은 정부의 통제하에 들어갔고, 노사관계는 갈등에서 화해로 옮겨갔다. 1950년대에는 침략적인 공산주의의 위협 ─ 특히 동유럽의 숙청재판, 체코슬로바키아의 점령(그리고 마사리크Tomáš

Garrigue Masaryk의 추방), 그리고 베를린 봉쇄 이후의 — 이 자유주의 단체로 하여금 그러한 위협에 맞서는 정부를 지지하게 했다.

그러나 1950년대 말경에는 상황이 변화했다. 국제 공산주의는 이제 더 이상 하나의 단일체가 아니었다. 악(惡)은 더 이상 분명하지 않았다. 다른 종류의 공산주의가 부상했다. 미국은 티토(Josip Broz Tito) 그리고 심지어 고무우카(Wladyslaw Gomulka)에게도 원조를 하는 기묘한 입장에 있게 되었다. 소련은 여전히 팽창주의적이었지만, 그 침략성은 이데올로기적 열정보다는 점점 더 전통적인 열강의 용어로 정의되었다. 10년 동안 미국의 외교정책을 (특히 존 포스터 덜레스의 레토릭 속에서) 이끌어온 '도덕주의'(moralism)는 약화되었다. 아이러니하게도 미국적 스타일의 특징 중 하나인 도덕주의가 점차 그 사회의 반대세력, 즉 신좌파의 차지가 되었다. 신좌파는 미국이 이전에 정치적 적을 특징짓기 위해 사용했던 '전체주의적'이라는 용어로 미국을 (악하고 병들고 파탄에 빠진 것으로) 묘사하기 시작했다. 또한 신좌파는 미국 사회 자체를 '체계'(the System)라는 단일체적 용어로 표현하기 시작했다.

공산주의 세계의 분열은 이데올로기에 기초하여 동원상태를 유지하기 어렵게 만들었다. 카스트로와 호찌민(Ho Chi Minh)의 출현은 젊은이들에게 잠재하는 혁명적 낭만주의에 부합하는 상징을 제공했다. 체 게바라(Ché Guevara)와 함께 카스트로는 소수의 헌신적 혁명가들이 한 사회를 와해시킬 수 있다는 레닌주의적 신화가 진보적 계시처럼 강대국에서도 되풀이될 수 있다는 것을 보여주었다. 북베트남에서의 농민봉기가 1956년의 경우처럼 진압되었고 그것에 반대한 급진주의자들이 살해되었음에도 불구하고, "호 아저씨"(Uncle Ho)는 많은 사람에게 청렴과 무사무욕의 상징, 즉 가혹하고 비정한 세계에서의 이상주의적인 삼촌 같은 인물이 되었다.

포함을 위한 갈등

미국 사회에서 국내적으로 가장 긴박한 긴장이 발생한 지점은 인종이었다. 흑인들의 호전성, 폭동의 실상, 또 다른 분쟁 조짐이 널리 퍼져나갔다. 왜 이런 일들이 일어났는가?

모든 사회적 탐구의 출발점은 다음과 같다. 왜 그때가 아니라 지금인가? 그리고 다른 곳이 아니라 여기인가? 미국 흑인의 정치적 역할의 변화를 알려주는 주요한 단서가 바로 현저한 인구학적 변화다. 1910년에는 미국 흑인의 약 90퍼센트가 남부에 살았다. 1950년에도 68퍼센트가 남부에 살았다. 그러나 1960년은 "분수령이 되는 해"였다. 그 시기에 흑인 인구의 절반이 북부에 거주했다. 1960년대 동안에 균형이 급격하게 바뀌었다.

흑인들은 남부를 떠났을 뿐만 아니라 도시민이 되었다. 1910년에는 흑인의 거의 4분의 3이 농촌지역에 살았다. 반면 1960년경에는 약 4분의 3이 도시에 살았다. 실제로 1960년에는 미국 역사상 처음으로 흑인이 백인보다 도시에 더 많이 거주하게 되었다.

또 다른 중요한 새로운 형태가 발전하고 있었다. 즉 소수의 주요 도시들에 흑인이 집중되고 있었다. 그리하여 1960년에는 뉴욕시티에 100만 명 이상, 시카고에 약 89만 명, 필라델피아에 67만 명, 디트로이트에 56만 명, 그리고 로스앤젤레스에 33만 5,000명 이상의 흑인이 살고 있었다. 이와 대조적으로 남부에서 흑인이 가장 집중되어있던 도시인 휴스턴에는 흑인이 21만 5,000명, 그리고 애틀랜타에는 18만 6,000명이 거주하고 있었다.

이러한 집중현상은 또 다른 사회적 발전, 즉 백인 인구의 교외로의 이주, 때로는 탈출과 함께 일어났다. 이는 도시 중심부에서 흑인 인구가 전체에서 중요한 부분을 차지하기 시작했다는 것을 의미했다. 1960년대 중반에 수도 워싱턴 D.C. 인구의 55퍼센트 이상이 흑인이었다는 사실은 어쩌면 이러한 변화를 상징하는 것이었다.

이러한 인구밀도와 사회적 비중은 흑인공동체에게 자신이 하나의 통일된 정치조직이 효과적으로 활용할 수 있는 정치적 지렛대가 될 수 있음을 알려주는 것이었다. 그러한 새로운 정치권력 집단의 발전은 왜 흑인이 이전보다 더 성공적으로 권력형태의 변화를 요구할 수 있게 되었는지를 설명해주는 중요한 배경이기도 하다.

이러한 인구학적·정치적 지도의 변화는 우리에게 흑인공동체가 어떻게 사회적 힘을 효과적으로 동원할 수 있게 되었는지를 알 수 있게 해준다. 하지만 그것 자체가 '민권혁명'의 궤적, 흑인 민족주의의 출현 또는 흑인 투사들의 기질을 설명해주지는 않는다.

공립학교에서의 차별원칙을 파기한 1954년 5월의 대법원 판결이 민권혁명의 전환점이었다는 것은 분명하다. 대법원은 그러한 판결을 내리면서 사회변동화를 판단하는 데서 최우선적 가치로서 **평등**이라는 용어가 갖는 상징적 의미를 강조했다. 대법원은 흑인들이 국가의 공공시설과 서비스에 완전히 그리고 평등하게 접근할 수 있어야만 한다고 판시했다. 그러나 이러한 판결은 또 다른 두 가지 사회학적 결과를 낳았다. 하나는 이 땅의 최고법원이 흑인들의 요구를 **정당**화했다는 사실이고, 다른 하나는 도덕적 주도권이 흑인들의 손으로 넘어갔다는 것이다. 이제 증명의 부담을 져야 하는 쪽은 더 이상 흑인이 아니라 백인이었다.

대법원이 내린 판결은 그간 자신이 흑인에게 범한 역사적 부정의(구체적으로는 남북전쟁 이후 흑인에게 완전한 시민적 권리를 부여한 의회입법을 불법이라고 선언했던 1883년 대법원 판결 ── 이러한 법원의 조치는 남부 주들이 '짐 크로Jim Crow'법 또는 인종차별법을 제정하는 길을 열어주었다)를 인정한 것이었다. 대법원은 그러한 판결을 통해 어떤 사람 또는 어떤 집단도 흑인의 요구 ── 심지어는 그중 어떤 것들(이를테면 학교 입학 또는 고용에서의 우선권처럼)이 이전의 기준에 의해 '극단적'인 것으로 간주될 때조차도——에 반대하기 어렵게 만들었다. 국가가 공개적으로 도덕적 죄를 인정했을 때, 그로 인해 피해를 받았던 사람들의 요구를 거부하기란 어렵다. 그리고 국가가 도덕적 죄는 인정하면서도 그것에 대한 보상은 더디게 할 때, 격정적 감정은 뒤섞이며 훨씬 더 격앙된다.

물론 주요한 딜레마는 '더디게'라는 말의 정의로부터 생겨난다. 변화에 대한 기대가 급격히 상승할 때 희망의 절박함은 필연적으로 현실을 앞지른다. 또한 불가피하게 객관적 변화와 변화에 대한 주관적 평가 사이에 괴리가 발생할 것이다. 이를테면 많은 흑인이 그들의 상태가 '나빠졌다'고 주장했다. 그러나 그들이 말하고자 한 것은 정확하게는 그들이 자신들이 기대한 것에 이르지 못했다는 것이다. 보수주의자는 사회변화를 과거와의 거리에 의해 측정하지만, 혁명가는 미래에 설정한 어떤 목표와의 거리에 의해 측정한다.

기록에 따르면, 흑인들의 상태는 실제로 상당히 개선되었다. 그중에서도 흑인 중간계급이 가장 많은 이익을 얻었다. 1960년에 25세 이상의 남성 인구 중에서 흑인의 36퍼센트, 백인의 63퍼센트가 고등학교를 졸업했지만, 1966년에는 이 수치가 흑인 53퍼센트, 백인 73퍼센트로 상승했다. 고등교육에서는 1960년에 흑인 남성의 3.9퍼센트, 백인 남성의 15.7퍼센트가 대학을 졸업했지만, 1966년에는 흑인 남성의 7.4퍼센트, 백인 남성의 17.9퍼센트가 대학을 졸업했다. 즉 이 기간에 흑인 대학 졸업자가 거의 90퍼센트 증가했다.

우리는 지금까지 인구학적·정치적 비중의 변화와 요구의 정당화를 포함하여 여러 요인을 열거해왔다. 물론 이것 이외에도 사회운동 및 운동 지도부의 성격과 관련된 요인들 역시 검토할 필요가 있다. 새로 부상하는 흑인 지도부는 젊고 호전적이고 공격적이었다. 거기에는 묘한 심리학적 역설이 존재한다. 이전 세대에게 가해진 것과 같은 종류의 직접적인 굴욕을 경험하지 않은 (그리고 문학 인텔리의 경우에서처럼 자주 특별한 혜택을 받아온) 제2세대가 심리적으로 독단적이고 거침없고 또 극단적이었다. 거기에는 몇 가지 뒤얽힌 이유가 있다. 더욱 어려운 상황을 겪은 연장자들은 이익을 얻기 위해서는 더욱 순응해야만 했고, 그러한 과정에서 자주 내적 금욕주의를 체득했다. 한편 젊은이들은 자신들의 화를 행동으로 옮김으로써 '벌'을 받기보다는 보상을 받기 때문에 더욱 극단적이 될 수 있다. 사회 전체가 대체적으로 변화를 잘 받아들이기 때문에, 개인들은 서로가 더 '좌파적'이 되고 더 극단적이 되는 것을 서로 쉽게 추켜세울 수 있다. 보다 중요한 것은 아마도 내부 응집성과 집단 정체성을 획득하기 위해서는 민족성과 공통의 과거 그리고 흑인의 삶의 긍정적인 특징을 적극적으로 강조할 필요가 있다는 점일 것이다. 왜냐하면 그러한 것들이 바로 심적 독립감을 성취할 수 있게 해주는 수단이기 때문이다. 이 과정이 비록 소란스러울 수도 있지만, 그것은 어떤 집단이 하나의 집단으로서의 결속의식을 획득하기 위해서는 꼭 필요한 것이다.

하지만 미국의 생활, 정치, 경제적 삶에서 흑인들이 의도한 것은 사회를 전복시키는 것이 아니라 계급균형을 변화시키고자 하는 것이었다. 그것을 추동한 힘이 바로 혁명적 레토릭을 강조하는 문화적·심리적 분위기에 의해 촉발된 포함에의 욕구였다. 1970년대 즈음에 이러한 혁명적 레토릭은 잠잠해졌다. 하지만 1960년대에는 그것이 어떻게 진전될 것인지는 전혀 알 수 없었다.

신뢰성의 위기

1960년대에 미국에는 방향감각 상실감이 널리 퍼져있었다. 급속한 사회변화는 항상 주민 대다수를 혼란스럽게 한다. 그리고 당시 급격한 기술적·사회학적 사회변화에 대한 인식이 모든 곳에서 감지되고 있었다. 이러한 분위기가 일시적이었는지의 여부를 알아보기 위해서는, 소동——불가피하게 소외를 드러내는——이 일어나고 있는 지역이 아니라 사회의 전통적인 부문을 살펴보는 것이 더 유용하다. 그러한 부문들——특히 종교——은 모든 문화에서 안정성의 원천이다. 널리 알려져 있듯이 오늘날 여론조사를 해석하기란 매우 어렵지만, 일정 시기 동안 동일한 질문을 계속해서 던진다면, 그것은 태도 변화에 대한 유용한 지표가 될 수 있다. 갤럽여론조사는 1957년부터 1968년 사이에 다양한 간격으로 다음과 같이 질문했다. "당신은 현재 전체로서의 종교가 미국인의 삶에 미치는 영향이 증가되고 있다고 생각합니까, 아니면 감소되고 있다고 생각합니까?"

물론 인상적인 것은 이러한 분위기의 변화가 케네디 행정부와 존슨 행정부의 시대. 즉 '뉴프런티어 시대'와 '위대한 사회의 시대'와 유사하다는 것이다. 뉴프런티어의 독특한 특징은 케네디의 대통령 취임연설의 활기찬 단어들에, 그리고 정치에서 '신'세대의 등장을 알리는 열정 속에 상징화되어있는 희망의식이었다.

이 10년간 발생한 분위기의 변화를 어떻게 설명할 수 있는가? 우리는 이에 대해 도식적으로 네 가지 요소를 지적할 수 있을 뿐이다.

(1) 다양한 사회문제 미국 산업의 괄목할 만한 성과——그리고 경제학자들이 널리 예측했음에도 불구하고 전후에 경제불황이 전혀 없었다는 사실에서 기인한 심리적 고양——는 머지않아 경제성장이 모든 사회문제를 해결할 것이라고 암시하는 것처럼 보였다. 존 K. 갈브레이드(John K. Galbraith)가 사용한 바 있는 '풍요한 사회'라는 말은 이러한 가능성을 확인하는 것처럼 보였다.

갈브레이드 주장의 또 다른 측면, 즉 개인 소비가 증가하고 있는 한편 공적 불결함도 증가하고 있다는 점은 오랫동안 무시되었다. 이

종교의 영향력

	상실	증가	마찬가지
1957년 4월			
전국표본	14	69	10
프로테스탄트	17	66	10
가톨릭	7	79	8
1962년 4월			
전국 표본	31	45	17
1965년 4월			
전국 표본	45	33	13
1967년 4월			
전국 표본	57	23	14
프로테스탄트	60	21	13
가톨릭	48	31	16
1968년 4월			
전국 표본	67	19	8
프로테스탄트	69	17	8
가톨릭	61	24	8

(단위: 퍼센트)

러한 공적 불결함 역시 증대하고 있다는 의식은 당혹감을 크게 증대
시켰다. 케네디 행정부는 이전의 공화당 행정부 때보다 국내 문제에
눈을 돌렸다. 케네디 행정부는 국내 영역에서 성과를 올리고자 했다.
그러나 그러한 노력 자체가 이전에는 무시되었던 문제—빈곤, 주
택, 교육, 의료보호, 도시의 무질서한 확장, 환경오염 등등—에 공적
주의를 집중하게 했다. 이러한 문제들을 '해결'할 수 있을지는 아직
알 수 없다. 그러나 분명한 것은 이러한 다양한 사회문제들에 대한
급속하게 고조된 의식이 사회에 불안감을 조장해왔다는 것이다.

  (2) 흑인폭동과 범죄 1963년부터 1967년까지 다섯 번의 '뜨거운 여

름'(hot summers)이 있었다. 매해 폭동은 남부에서 시작되어 세력을 증대시키면서 빠르게 북부로 전파되어 나갔고, 그리하여 와트, 디트로이트, 뉴어크, 워싱턴 D.C.의 여러 도시 전역이 화염에 휩싸였다. 커너위원회(Kerner Commission) 보고에 따르면, 이들 폭동 중 어느 것도 조직화된 것이 아니었다. 각각의 경우에 작은 사건 — 대개 경찰의 실제 야만적 행위나 경찰의 야만적 행위에 대한 소문 — 이 격한 유언비어를 촉발하여 분쟁의 불씨를 폭발시켰다. 모든 사회운동에서와 마찬가지로, 거칠고 우발적이고 격분한 행동이 행위의 첫 번째 단계를 특징짓는다. 그다음 단계에서는 보다 규율된 호전적 행위를 창출하려고 노력한다. 흑인공동체 내에는 많은 모순적인 경향이 작동하고 있었다. 거기에는 독특한 흑인제도를 수립하고 그러한 목적을 달성하기 위한 자원을 호전적으로 요구하는 흑인 민족주의가 있었다. 그러나 또한 흑표범단(Black Panthers)처럼 게릴라 전술을 강조하고 백인 급진운동들과 기꺼이 동맹을 맺는 운동들도 있었다.[3]

흑인의 호전성 증대 자체가 백인의 은밀한 '반격'을 초래했다. 이러한 분위기는 조지 월리스(George Wallace, 인종차별 철폐 조치에 반대하는 운동을 벌인 미국 정치인 — 옮긴이)의 운동 속에서 가장 분명

---

3) 1970년 이후 흑표범단은 분열되었다. 엘드리지 클리버(Eldridge Cleaver)가 이끈 한 분파는 폭동전략을 주장했다. 그리고 클리버 자신은 해외에서 그러한 행동을 조직하기 위해 알제리로 탈주했다. 뉴턴과 실이 이끈 다른 분파는 체제 내에서 정치행동을 하기로 선택하고, 흑인공동체 내에 제도를 수립하고자 했다.

모든 극단적 운동은 항상 결정적 시기에 그러한 선택에 직면한다. 호전적인 세력은 열정과 결속력을 유지하기 위해 운동을 점점 더 극단적 행위들로 몰고 간다. 하지만 혁명적 행위를 위한 상황이 '무르익지' 않을 경우, 필요한 방향으로 운동을 전환시켜 체계 내에서 활동하기 시작하지 않는 한, 그 운동은 분열될 수 있다. SDS(민주사회학생동맹)와 극단주의적 학생운동이 직면했던 유사한 문제에 대한 논의로는 나의 글 "Columbia and the New Left" in *The Public Interest*, no. 13(Fall 1968), pp. 61~101을 보라.

하게 나타났다. 일반적으로 말해, 북부에서 조지 윌리스의 지지자들은 주로 블루칼라 노동자가 주를 이루는 인종집단이었다. 그들의 지위는 흑인에 가까웠으며, 그들은 흑인들에 의해 자신들이 가장 위협받고 있다고 느꼈다. 이들 노동자는 상승이동을 하면서 흑인 주거지역에서 주택을 구입했고, 따라서 자신들의 그러한 지위획득으로 인해 흑인으로부터 위협받고 있다고 느꼈다.

이러한 두려움은 대개 '법과 질서'라는 표현으로 요약되었고, 주로 범죄에 초점이 맞추어져 있다. 실제로 범죄가 얼마나 증가했는지를 확인하기란 쉽지 않다. FBI의 범죄 지수는 신뢰할 수 없는 것으로 악명 높고, 또 통계적으로도 부적절하다. 비록 실제로 범죄가 얼마나 증가했는지를 측정할 수는 없지만, 흑인이 저지른 범죄가 그 비율 이상으로 많다는 것은 분명하다. 이것 자체는 놀랄 일이 아니다. 범죄는 '비조직화된' 계급투쟁의 한 형태며, 사회의 최하층 집단들이 항상 그 비율 이상으로 많은 범죄를 저질러왔다. 과거에는 아일랜드인이나 이탈리아인들이 그랬다면, 지금은 흑인들이 그러하다. 그러나 흑인 범죄는 도시에 집중되고 있기 때문에 보다 '눈에 띄고' 따라서 체포 비율 역시 매우 급속히 상승해왔다.

(3) 젊은이들의 소외　우리는 모든 선진 산업사회에서 젊은이들의 소외를 증대시키는 많은 원인을 발견할 수 있다. 내가 보기에, 공통된 구조적 요인은 젊은이들이 점점 더 어린 나이에 '조직의 속박'하에 놓이게 된다는 것이다. 간단하게 말하면, 1815년부터 1840년에 이르는 시기에 일어난 '기계파괴운동'이 산업사회의 노동자와 고용주의 계급갈등을 전조했던 것처럼, 학생들의 분노는 탈산업사회 초기의 '계급갈등'이었다.

동시에 독특한 몇 가지 다른 특징도 있었다. 연령집단에 커다란 변화가 일어났다. 즉 10년 동안 젊은 층 인구의 수가 약 50퍼센트 증가했고, 그 결과 일자리에 대한 경쟁의식이 높아졌다.[4] 대학교육의 지위 역시 하락했다. 한 세대 전까지만 해도 대학에 들어간다는 것은 하나의 특별한 지위를 상징했다. 그러나 현재 명문대학에서는 졸업생의 85퍼센트 이상이 특정 대학원에 진학하고 있다. 이런 상황에서 대학은 단지 중간역이 되었다. 마틴 마이어슨(Martin Meyerson)의 표현을 빌리면, 대규모 공립대학교에서 '선발된 사람'(the elect)은 단지 '유권자'(the electorate)에 불과할 뿐이게 되었다. 그리고 이 모든 것은 젊은이들에게 압박이 증가하고 있음을 의미했다. 중등학교에서는 "대학에 진학할 수 있을까? ……좋은 대학에 진학할 수 있을까?" 하는 불안이 생겨났다. 대학에서는 "……대학원에 갈 수 있을까?" 하는 의문을 가지게 되었다.

이전에는 대학 졸업장이 있다는 것만으로도 사회에서 지위를 보장받았다. 하지만 현대의 기술혁명 속에서 대학 졸업장은 더 이상 사회의 높은 지위를 차지하는 수단이 아니게 되었다. 승진하기 위해서는 새로 생산되고 있는 기법과 지식에 뒤지지 않기 위해 계속해서 전문교육 및 재교육 과정을 이수할 것이 요구된다. 요컨대 젊은이들의 소외 대부분은 그들 자신의 지위 속에서 발생해온 사회혁명에 대한 하나의 반응이었다.

(4) 베트남전쟁 미국 그리고 어쩌면 심지어 세계에서 사회적 긴장의 기폭제였던 어떤 단일한 요인이 있었다면, 그것은 베트남전쟁이었을 것이다. 미국 역사상 베트남전쟁에 필적할 만한 전쟁은 없었다.

---

4) 1940년에서 1950년까지 10년 동안에 14세부터 24세까지의 연령집단에서는 인구증가가 전혀 없이 그 수가 2,700만 명에 머물러 있었다. 1950년에서 1960년까지 10년 동안에도 그 수는 여전히 일정하게 유지되었다. 그러나 1960년대에는 전후 베이비붐이 반영되며 밀물처럼 증가하여 그 수가 4,000만 명에 달했다.

그것은 많은 미국인, 어쩌면 대다수 미국인에 의해 (비록 의심스러운 것은 아닐지라도) 도덕적으로 모호한 것으로 인식되었다. 전쟁을 수행하는 과정에서 신뢰성에 중대한 문제가 발생했고, 이는 대통령직의 정당성 자체를 위협했다.

대부분의 나라에서 국가와 집권 행정부는 구분된다. 사람들이 정부에 반대할 수는 있지만, 국가에 대한 충성에 대해서는 이의를 제기하지 않는다. 미국에서는 정부가 광범한 합의를 반영하고 있었기 때문에, 그러한 구분이 필요한 적이 결코 없었다. 하지만 베트남전쟁 동안 정부에 대한 거부는 많은 사람으로 하여금 국가를 거부하게 했다.

그것은 신뢰성에 대한 의문에서 시작되었다. 이러한 의문이 제기된 까닭은 우선 존슨 행정부의 공식적인 낙관주의 ─특히 1964년에서 1965년 동안의─가 여러 사건에 의해 점점 거짓임이 드러났기 때문이다. 병력을 (미군이 총 50만 명에 달하게) 증강하고 북베트남을 폭격하고 협상을 거부하기로 한 결정은, '일보 전진'이 미국을 승리로 이끌리라는 것에 근거하여 계속해서 정당화되었다. 어느 정도는 존슨 대통령의 퍼스낼리티도 하나의 요소였다. 즉 그의 비밀주의가 많은 속임수와 이어졌기 때문이다. 한때 경제자료 출처로서의 경제자문위원회의 신뢰성이 위험에 처했다. 왜냐하면 대통령이 베트남에서의 지출에 관한 정보를 위원회에 제출하지 않았고, 위원회가 공표한 추계가 산업계를 잘못 인도했기 때문이다.

그러나 그것은 신뢰성만의 문제가 아니었다. 목적에 적합하지 않은 수단을 사용한 것과 관련하여 도덕적 의문이 발생했다. 대대적인 폭격, 광범위한 지역에 걸친 고엽작전, 주민의 이주, 대규모의 사망자 수, 이 모든 것이 중대한 도덕적 문제를 불러일으켰고, 행정부는 대체로 이를 회피했다.

존슨의 정책을 몰락시킨 마지막 요소는 군사전략에서의 명백한 무능력이었다. 폭격은 전혀 효과적이지 못했다. "수색과 파괴" 전략은 미국의 전선을 확장시켰고, 도시들을 그대로 방치하여 100개소에서 동시에 발발한 놀라운 새해 대공세(Tet offensive)에 취약하게 만들었다. 이러한 무력함은 미국 우파를 격분시켰다. 따라서 1968년 대통령 선거운동에서 월리스의 부통령 후보였던 커티스 르메이(Curtis Lemay) 장군이 그랬던 것처럼, 우파는 보다 대대적인 작전만이 승리를 가져올 것이라는 점에 근거하여 공중폭격의 확대와 하이퐁 파괴를 요구했다. 하지만 행정부는 그러한 노선을 추구하지 않았다. 왜냐하면 미국 측이 그 이상으로 전쟁을 단계적으로 확대할 경우 그것에 상응하여 북베트남이 똑같이 인력을 동원하고 소련이 군사력을 더욱 강화시킬 것이기 때문이었다. 그러나 그러한 사실의 인정은 전쟁이 교착상태에 빠졌다는 인식과 미국이 무력하다는 인식을 강화할 뿐이었다.

젊은이들에게 베트남전쟁은 소외의 가장 직접적인 단일한 원인이었다. 징병의 증가는 경력과 미래에 대한 불안을 증가시켰다. 군 복무는 가장 좋게 보더라도 수년을 낭비하는 것으로, 그리고 가장 나쁘게는 비도덕적 행위에 공모하는 것으로 간주되었다. 국가정책에 영향을 미칠 수 있는 능력이 없는 (또는 그렇게 생각한) 학생들은 그들의 격분을 사회의 상징 중 하나인 대학에 돌렸다.

전쟁은 미래 엘리트 대부분을 사회로부터 멀어지게 했다. 이러한 소원함을 극복할 수 있는지의 여부는 앞으로 강대국의 하나로서의 미국의 힘 — 그리고 의지 — 과 관련된 커다란 문제 중 하나다.

구조적 혁명

사회에 대한 모든 논의는 일시적인 것이나 소란스러운 것에 유혹될 위험이 있다. 우리는 그러한 문제들에 우리의 에너지와 열정을 쏟고, 현재도 그러한 문제들에 열중한다. 그러한 문제 중 어떤 것은 미래에 중요한 영향을 미칠 수도 있지만, 어떤 것은 잠시 부가되었다가 곧 사그라진다.

사회에 대한 어떤 논의가 의미를 지니기 위해서는 사회를 틀 짓는 힘으로 작동하는 보다 심층적이고 영속적인 요소들을 규명하고자 노력해야만 한다. 그것들은 세 가지 영역에 자리하고 있다. 첫째가 사회를 정당화하는 요소인 가치이고, 둘째는 표출적 상징성과 감성의 저장소인 문화이고, 셋째는 사람들을 직업과 정체에 배분하고 자원을 정해진 사회적 요구를 충족시키기 위해 할당하는 것과 관련된 일단의 사회적 조정장치인 사회구조이다. 이 글에서 나는 사회구조의 심층을 관류하는 경향에 초점을 맞출 것이다. 여기서도 나는 다시 한번 더 도식적으로 논의할 수밖에 없다.

우리는 사회의 구조적 변화 중에서 네 가지 주요한 변화를 다룬다. 첫째가 인구변동이고, 둘째가 국가사회의 창출이고, 셋째가 공동체적 사회의 출현이며, 넷째가 탈산업사회의 발전이다. 이 모든 것은 거의 동시에 발생해왔다. 사회에 그렇게도 많은 긴장이 발생해온 것은 바로 이러한 여러 혁명이 동시에 일어나서 결합하여 진행되었기 때문이다.

인구변화

제2차 세계대전 종식 이후 1970년까지의 시기에 미국에서는 세 가지 주요한 인구변화가 있었다. 첫째가 대규모 인구팽창이었고, 둘째가 나라의 급속한 도시화였고, 그리고 셋째가 주요 도시지역의 중심도시에서 일어난 인종변화였다.

1950년에서 1960년까지 10년 동안에 약 2,800만 명의 인구가 증가했다. 이는 1790년에서 1860년까지 70년간의 전체 인구증가에 해당하는 큰 수치다. 제2차 세계대전 종전부터 1970년까지 인구는 1억 4,000만 명에서 2억 명으로 늘어났다. 즉 사반세기가 채 안 되는 동안에 42퍼센트 이상의 인구가 증가했다. 9,000만 명의 어린아이가 태어났으며, 사망자 수를 빼고 나면 순수 인구증가 수는 6,000만 명이었다.

19세기 전반에 매 10년의 평균 인구증가율은 약 25퍼센트였다. 제2차 세계대전 이후의 증가율은 10년당 약 20퍼센트였다. 하지만 사회학적으로는 전자의 시기와 후자의 시기 간에 두 가지 결정적 차이가 있었다. 하나는 규모의 변화였다. 1800년에서 1810년까지 인구가 500만 명에서 700만 명으로 증가한 것은 백분율 측면에서 커다란 증가였다. 하지만 1950년에서 1960년까지 인구가 1억 5,000만 명에서 1억 8,000만 명으로 증가한 것은 백분율 측면에서는 작은 변화지만 그 규모 면에서는 엄청난 변화였다. 두 번째 차이는 제도적 구조상의 변화였다. 초기의 인구증가는 대체로 분절된 것이었고, 따라서 새로운 인구 단위들은 단지 사회의 고리를 서로 다른 공간적 방향으로 확장할 뿐이었다. 반면 새로운 인구증가는 피라미드적이었다. 즉 새로운 인구 단위들은 기존의 인구 위에 누적되며 새로운 상호의존성을 추가적으로 만들어냈다.

이러한 집중적인 인구증가는 그리 주목되지 않은 놀라운 사실, 즉 농업 생산성 분야에서의 혁명에 의해 만들어진 것이었다. 1900년에서 1940년대 중반까지 농업 생산성은 매년 일정하지는 않지만 연평균 약 2퍼센트 정도씩 증가했다. 제2차 세계대전 동안에는 수요의 자극으로 인해, 그렇지만 훨씬 더 많이는 거름과 화학비료를 새로 그리고 집약적으로 사용함에 따라 농장에서 생산성이 매년 약 6~8퍼센트씩 증가했다. 그 결과 사반세기 동안에 2,500만 명 이상이 농장을 떠나 도시로 이주했다.[5]

이러한 인구변화(그리고 이에 더하여 광부의 감소)의 결과 다코다주로부터 텍사스주 서부에 이르는 미국 중부의 많은 지역에서 인구가 감소했다. 가족이 미국의 '연안지역'으로 이주했다. 1960년에서 1970년에 이르는 시기에 미국 3,000개의 카운티 중 1,000개의 카운티에서 인구가 감소했다. 인구 유입 지역은 주로 연안 및 5대호 주변의 대도시 중심지 지역들이었다.

복잡한 하부구조 위에 구축된 고도소비사회는 의료, 공원, 학교, 교통과 같은 새로운 광범위한 서비스 수요를 창출했다. 1968년에 뉴욕지역계획협회는 하부구조 서비스 — 도로, 상·하수시설, 학교, 주택 등 — 를 마련하기 위해서는 1인당 1만 8,000달러의 자본비용이 소요될 것으로 추정했다. 전후 인구의 40퍼센트 이상이 20세 이하였다. 이 거대 연령집단에서의 인구증가와 농업혁명에 의한 이주는 사람들로 하여금 제2차 세계대전 후의 사반세기 동안에 일어난 커다란 인구변화를 흡수하는 데 얼마나 막대한 자본비용과 여타 사회적 비용이 요구되었는지를 인식할 수 있게 해주는 것이었다.

인구 '폭발'과 함께 인구가 대도시로 모여드는 이른바 인구 '내파'(implosion) 역시 발생했다. 1970년경에는 인구의 70퍼센트가 도시지역에 살았다. (1980년경에는 미국인의 75퍼센트가 도시지역에 거주

---

5) 그 결과 중 하나로 흑인 소작인들의 수가 400만 명에서 50만 명으로 크게 줄어들었다. 그리고 이들 역시 도시로 이주했다.

하게 될 것이다. 인구 10만 명 이상의 도시는 1960년에 100개였던 것에서 165개로 늘어날 것이다. 그 당연한 결과로 자동차 수는 1960년 5,900만 대에서 1980년에는 1억 2,000만 대로 늘어날 것이다.) 중심 도시들 내에서도 중요한 변화가 일어났다. 1960년에서 1966년 사이에 중심 도시에서 백인 인구가 절대적으로 감소(0.3퍼센트)했고, 교외지역의 백인 인구는 21.3퍼센트 증가했다. 동일 기간에 중심 도시들에서 비백인 인구가 23.9퍼센트 증가했고, 교외지역에서는 10.1퍼센트 증가했다.

1956년 이후 출생률은 서서히 저하되었지만, 미국의 인구팽창은 계속되었다. 그 이유 중 하나가 독신 여성의 수가 줄어들었다는 것이다. 1950년에는 여성의 약 15퍼센트가 한 번도 결혼한 적이 없었다. 20년 후에는 독신인 경우가 단지 7퍼센트뿐이었다. 또 하나의 이유는 이민의 증가였다. 특히 1965년 이민법 개정 이후에는 매년 약 40만 명이 법적으로 이민을 허가받았다. 그리고 마지막으로 전후 베이비붐에 의해 인구 기반 자체가 확대되었다. 인구증가율 저하에도 불구하고, 2000년경에는 미국의 인구가 약 2억 8,000만 명에 달할 것으로 보인다.

국가사회

제2차 세계대전 이후 사반세기 동안에 미국은 처음으로 하나의 국가사회가 되었다. 미국은 국가 정체성과 국가의 상징을 획득했다는 의미에서는 이미 오래전부터 하나의 '국가'였다. 그러나 미국이 통신과 교통에서 일어난 혁명에 의해 (사회의 한 부분에서 일어난 변화가 다른 모든 부분에 즉각적이고 반사적인 영향을 미치기 시작했다는 근본적인 의미에서의) 하나의 국가사회가 된 것은 바로 그 시기에 이르러서이다.

누군가는 이러한 변화를 이전의 변화, 즉 국민경제의 출현과 비교함으로써 이해할 수도 있다. 1910년에서 1930년 사이에 미국은 실제적인 국민경제를 이루었지만, 그러한 범위의 경제를 다룰 수 있는 제도적 기구는 거의 갖추지 못했다. 역사적으로 되돌아보면, 뉴딜이 갖는 가장 중요한 의미는 국민경제를 뒷받침하고 관리하기 위한 제도를 창출한 것이었다. 프랭클린 D. 루스벨트(Franklin Delano Roosevelt)가 한 일은 경제활동 규모와 새로운 정치활동 규모를 서로 걸맞게 맞춘 것이다. 증권거래위원회(SEC)가 금융시장을 규제했고, 전국노동관계위원회(NLRB)가 노동조합활동과 노동관계를 규제했다. 자본도피는 외환관리와 금본위제 포기에 의해, 고용유지는 재정정책과 정부의 적자재정에 의해 각각 규제되었다.

제2차 세계대전 이후 국가사회의 출현은 국가적 규모의 사회문제를 야기했다. 하지만 거기에는 그것에 대응할 만한 제도적인 기구는 전혀 존재하지 않았다. 정체를 괴롭혀온 문제 중 하나는 케네디, 존슨, 닉슨 행정부 모두가 그러한 기구를 창출하는 데 실패했다는 것이었다. 그것은 특히 삶의 질 ─ 보건, 교육, 사회적 기회, 그리고 레크리에이션과 토지 이용 ─ 을 향상시키는 분야에서 그러했다.

세 가지 광범한 문제가 국가사회의 출현으로 말미암아 발생한 것으로 보인다.

첫째는, 사회문제가 규모 면에서 국가적이 되었다는 사실이다. 전국적으로 이주가 용이해지고 생활환경도 더 가변적이 됨에 따라 특정 지역에 부담이 가중되었다. 우리는 이를 뉴욕시에서의 생활보호 대상자 증가에서 찾아볼 수 있다. 1959년에 생활보호 대상자는 24만 명이었고, 그 비용은 3억 2,500만 달러였다. 1968년경에는 생활보호 대상자가 거의 백만 명에 달했고, 그 비용은 17억 달러에 이르렀다. 국가적 기준이 없는 상황에서 뉴욕시는 나라의 부담 대부분을 짊어져야만 했다.

둘째는, 기존의 행정제도에 부적절성이 존재한다는 것이다. 미국은 50개 주(州)로 이루어져 있고, 각각의 주는 자신의 헌법하에서 자기 주의 시민들의 보건, 교육, 복지를 책임지고 있다. 그렇다면 주민들이 다른 주에서 일하는 경향이 있어서 과세 기반은 작으면서도 행정비용은 여전히 많이 드는 로드아일랜드, 델라웨어, 뉴저지, 메릴랜드와 같은 작은 주는 국가사회 속에서 어떻게 존립할 수 있는가? 게다가 더 작은 단위로 내려가면, 미국에는 각자의 독자적인 조세권과 주권을 가지고 있는 8만 개의 지방 자치단체들이 있다. 이것은 분권화가 아니라 혼란이다. 이상하게도 미국은 세계에서 가장 근대적인 경제를 가지고 있는 반면, 정체는 중복되는 다양한 관할구역 ─ 타운, 카운티, 시에 더하여 보건지구, 공원지구, 하수지구, 상수지구 등과 같은 특별 행정구역 ─ 을 가지고 있는 등 여전히 구시대적이고 불안정한 튜터 시대의 성격을 지니고 있다. 효율적인 행정구조를 갖추고 있지 못하다는 것 자체가 도시나 지역이 효과적인 계획을 수립하지 못하게 하는 요인이 되어왔다.

셋째는, 국민투표적 정치가 부상하고 있다는 것이다. 미국에서는 공간적 거리가 소멸되어왔다. 그 결과 워싱턴이 모든 정치적 주장의 중심적 조정실이 되었고 모든 압력 역시 워싱턴이라는 단일 지역으로 집중되게 되었다.

미국 역사와 유럽의 역사를 비교해보면, 어쩌면 미국에서는 대륙의 어떤 나라보다도 더 많은 노동폭력이 있었다. 이용할 수 있는 통계는 거의 없지만, 죽음을 당한 사람의 수, 병력출동 요구 횟수, 파업 건수, 손실된 노동일 수와 같은 대략적인 지표를 살펴볼 때 미국에서 폭력이 더 많았다는 것은 분명해 보인다. 그러나 정치적·이데올로기적 영향은 유럽보다 적었다. 그 이유 중 하나는 유럽과는 달리 미국에서는 그러한 폭력의 많은 것이 사회 중심부보다 주변부에서 일어났고 또 그 효과가 발생하는 데까지는 상당한 시간이 걸렸기 때문이다. 오늘날 노동문제는 제도화되었다. 그러나 다른 어려운 문제들이 남아있다. 그리고 직접적인 압력을 행사하기 위한 '동원정치'(mobilization politics)의 가능성이 커졌다. 이와 관련된 사례 하나를 비교해보자. 심각한 경제공황의 와중인 1894년에 '콕시의 군대'(Coxey's Army)라고 불린 실업자 집단이 오하이오주의 매실런에서부터 워싱턴을 향해 행진을 시작했다. 1만 명이 출발했지만, 몇 주 후 그들이 워싱턴에 도착하였을 때는 그 대열이 소수 인원으로 줄어들어 있었다. 한편 1963년에 마틴 루터 킹(Martin Luther King)과 A. 필립 랜돌프(A. Philip Randolph)가 워싱턴으로의 행진을 요구했을 때에는 1주일도 안 돼 25만 명의 인파가 미국의 수도를 급습했다.

정치적 갈등이 증가할 수밖에 없다는 사실 ─그 이유에 대해서는 다음 절에서 설명하겠다─을 전제로 할 경우, 어떤 집단이 자신의 요구를 관철하는 수단으로 대중 압력을 행사할 가능성이 커졌다는 것은 체계에 구조적 긴장을 유발하는 또 다른 원천이 된다. 폭력이 체계에 만연해졌을 수 있다는 점을 놓고 볼 때, 국가사회의 출현은 커다란 긴장이 발생할 수 있는 새로운 원천을 만들어온 셈이다.

공동체적 사회

공동체적 사회의 출현은 비시장적인 공적 의사결정이 증대되어왔다는 점과 사회적 권리가 이제 (개인보다는) 집단의 측면에서 규정되고 있다는 점과 관련되어있다. 규모 면에서 볼 때, 미국에서 이 두 가지 모두는 특히 새로운 것이며, 따라서 이 둘은 사회에 새로운 종류의 문제를 제기한다. 여기서 비시장적인 공적 의사결정이란 단지 시장 메커니즘을 통해서라기보다는 공적 당국에 의해 해결되어야만 하는 문제들이 증가했음을 의미한다. 도로건설계획, 도시계획, 의료보호의 조직화, 교육재정, 환경오염의 정화, 주택건설 모두가 공적 관심사가 된다. 누구도 시장에서 자기 몫의 '깨끗한 공기'를 구입할 수 없다. 오염문제를 다루기 위해서는 공동체적 메커니즘을 이용해야만 한다.

시장의 장점은 그것이 책임을 분산시킨다는 것이다. 시장에서 수천 또는 수백만 명의 개인 소비자들이 독자적으로 무수한 선택을 하여 하나의 '결정'이 이루어질 때, 그러한 결정에 대해 책임을 질 어떤 한 개인 또는 집단은 존재하지 않는다. 만약 어떤 제품이 팔리지 않거나 기호가 변한다고 하더라도, 그리고 그러한 시장의 '결정' 때문에 기업 또는 심지어 전체 산업이 파산한다고 하더라도, 어떤 단일 집단에 그것에 대한 책임을 지울 수 없다. 그러나 비시장적인 공적 의사결정의 경우에는 상황이 전혀 다르다. 결정이 분명하고, 사람들은 누가 책임을 져야 하는지를 알고 있다. 실제로 의사결정은 '정치화'되어왔고, 정치적 의사결정은 온갖 다양한 직접적 압력을 받는다.

간단하게 말하면, 개인이 자기 혼자 처리할 수 없는 일들이 존재하기 때문에 비시장적인 공적 의사결정이 점점 더 많이 필요해질 때, 그러한 새로운 의사결정 메커니즘은 공동체의 갈등과 집단갈등의 가능성을 증가시킨다. 정체에 점점 더 많은 정치적 문제의 '짐'을 지울 때, 즉 주택, 보건, 교육 등이 정치화될 때, 긴장이 배가된다. 나는 '2000년 위원회' 보고서(1967년)에서 앞으로 사회에서 점점 더 많은 집단갈등이 발생할 것이라고 처음으로 단순하게 예측했다.

내가 여기서 집단의 권리라고 일컫는 것은 개인의 속성보다는 집단의 성원임에 근거하여 결정되는, 공동체와 관련된 권한을 의미한다. 미국의 가치체계는 개인의 업적과 개인에 부여되는 기회의 평등에 기초해왔다. 과거에도 다양한 직능집단(이를테면 노동조합)이 집합적 성격을 가지는 것으로 인정되어왔고, 그 집단들에 권리(이를테면 유니언숍)가 부여되었다. 그러나 이들 집단은 자발적 결사체이고, 따라서 개인의 신분이 변경될 때 그 개인은 그러한 보호를 받지 못한다. 최근의 문제들은 흑인들이 자신들의 피부색을 '고유한 속성'으로 보고 그에 대한 권리를 요구한 것에서 발생했다. 역설적인 사실은 1954년의 연방대법원에서 흑인 변호사들이 '분리평등'(separate but equal)정책은 차별이고 흑인은 하나의 범주기 아니라 개인으로 다루어질 (그리고 그것에 의거하여 평등을 획득할) 권한을 가진다고 주장했다는 것이다. 그러나 통합의 지연과 심리적으로 강고한 집단 정체성은 흑인들의 요구 성격을 바꾸어놓았다. 흑인들은 기회의 평등에서 결과의 평등을 주장하는 것으로 나아갔다. 그리고 그들은 그것이 단지 특별 할당, 우선 고용, 교육 보상 등을 통해서만 이루어질 수 있다고 주장한다.

집단의 권리를 요구하는 일은 사회에서 확대되어 갈 것이다. 왜냐하면 사회적 삶이 점차 집단에 의거하여 조직될 것이기 때문이다. 집단의 권리를 철학적으로 정당화하고 그러한 상충하는 주장들을 판결할 정치기구를 만들 필요성이 앞으로 사회에서 또 다른 긴장의 원천이 될 것이다.

탈산업사회

내가 이제 막 출현하기 시작하고 있다고 제시한 탈산업사회에서 우리는 계층체계에서, 특히 계급지위의 토대와 그러한 지위에 접근하는 양식에서 근본적 변화가 일어나고 있음을 목도하기도 한다.

나는 나의 바로 전 책에서 탈산업사회의 다섯 가지 상이한 차원을 탐구했다.[6] 여기서는 그중 두 가지만을 강조하고자 한다. 첫째는 사회에서 혁신과 정책분석의 원천으로서의 이론적 지식의 중심성이다.

대학은 이론적 지식이 부호화되고 검증되는 장소이기 때문에 점점 더 사회의 주요한 제도가 되었다. 그런 만큼 대학은 오랜 역사 속에서 자신이 늘 떠맡아야 했던 것보다 더 큰 과업을 떠맡게 되었다. 대학은 지식과 관련하여 공평무사한 역할을 유지해야 한다. 그렇지만 대학은 또한 단지 사람들을 교육하는 데서 뿐만 아니라 정책조언자들의 전거를 만들어내는 데서도 사회의 주요한 서비스 기관이어야 한다.

두 번째 변화는 재화생산사회로부터 서비스사회로의 이행이다. 미국에서는 1970년경에 노동 인구의 약 65퍼센트가 서비스 부문에 종사하게 되었다. 그러나 중요한 사실은 탈산업사회에서는 기술적·전문적 서비스와 인간 서비스가 중심을 이룬다는 점이다. 그리고 사회의 직업구조의 주요한 변화를 설명하는 것도 바로 이 부문들의 확장이다.[7]

---

6) Bell, *The Coming of Post-Industrial Society*(New York: Basic Books, 1973). 나는 탈산업사회가 산업사회, 또는 심지어 농업사회를 '대체'하지 않는다는 사실을 강조하고자 한다. 아직도 식량이 모든 사회의 기초다. 그러나 산업의 도입은 농업 종사자의 수를 줄이고 화학비료 덕분에 수확량을 증가시킬 수 있다는 것을 의미했다. 탈산업사회는 여기에, 특히 복잡한 사회에 필요한 설비인 자료와 정보관리에 새로운 차원을 덧붙인다. 다음의 도식화에서 사회구조들—그것들은 이상형이다—간의 차이를 발견할 수 있을 것이다.

	전산업사회	산업사회	탈산업사회
자원	원료	에너지	정보
양식	추출	제조	가공
기술	노동집약	자본집약	지식집약
설계	자연과의 게임	가공된 자연과의 게임	인간들 간의 게임

7) 인간 서비스의 역할을 광범하게 논의하고 있는 것으로는 Alan Gartner and

탈산업사회는 가장 근본적인 방식으로 모든 근대경제를 개조하기 시작한다. 기술과 권력에 접근하는 양식으로서의 교육에 대한 강조, 기술적 의사결정의 역할, 기술집단과 새로운 엘리트(이를테면 과학자공동체와 군부) 간의 갈등, 이 모든 것이 선진 서구사회, 특히 미국에서 겪게될 새로운 종류의 어려움을 전조한다.

단기적 미래와 장기적 미래

1960년대 말경에 미국 사회가 당면했던 문제는 흑인문제와 감성적인 젊은이들의 소외였다. 하지만 1970년대에 들어서는 지난 10년간 현저했던 쟁점들 ─ 흑인과 젊은이의 문제 ─ 이 잠잠해졌다.

흑인들이 비록 많은 것을 자기들의 방식으로 원하기는 하지만(이를테면 '흑인들의 필요'에 적합한 교육), 그들은 과거나 현재나 사회에 포함시켜주기를 요구하고 있다. 그리고 문제는 그러한 요구를 충족시키기 위해 자원을 어떻게 이전하는가 하는 것이다.

젊은이들의 분위기는 흑인보다 산만하고 조직화되지 못했다. 그들은 어떤 단일한 일관된 이데올로기를 지지하지 않았다. 대신에 명문대학의 학생들은 일반적으로 널리 퍼져있는 중간계급의 가치들 ─ 부르주아 용어로 표현하면 만족 연기, 심리적 억제, 합리주의적·기술관료제적 사고를 의미하는 ─ 을 공격했다. 소수의 젊은이들은 완전히 소외되어 심지어 사회를 파괴하기 위해 기꺼이 '도시 게릴라'가 되기도 했다. 전체로서의 이 젊은 연령 집단은 현재 자신의 연령

Frank Riessman, *The Service Society and the Consumer Vanguard*(New York: Harper & Row, 1974)를 보라.

주기를 거쳐 나가는 중이며, 일자리와 가족문제에 관심을 집중해가고 있다. 하나의 연령 집단으로서의 그들은 아버지 연령 집단보다는 자유주의적이지만 혁명적이지는 않다.

그러나 미국인의 삶에서 발생한 구조적 변화로부터 파생한 문제들은 여전히 남아있다. 사회의 정부 행정구조의 재조직화, 국가사회에 적합한 전국적 보건·교육·복지정책의 확립, 공동체적 집단들의 상충하는 권리의 조정, 탈산업사회의 보다 나은 특징을 발전시킬 포괄적인 과학과 연구개발정책의 창출 등이 그것들이다. 이러한 문제들을 해결하지 않고는 사회의 정치적 삶은 앞으로 더 어려워지게 될 것이다.

하지만 이러한 문제들 이외에도, 소란에 빠진 사회가 막 인식하기 시작했을 뿐이지만 이제 대처해야만 하는, 보다 일반화된 네 가지 문제가 있다.

민주주의와 제국의 관계 제2차 세계대전 이후에 미국은 이제 이전의 교구 권력 상태로 복귀할 수 없었다. 미국에서는 (1920년대와 그 이전까지) 오랫동안 소도시적 심성이 국민의 삶을 지배해왔다. 하지만 새로운 대도시적 전망과 세계관이 출현했고, 미국의 정책은 점점 더 제국의 가치에 의해 틀지어지게 되었다. 미국은 경제적 동기라기보다는 최강국으로서 세계의 모든 지역에서 계속해서 각축하고 있는 의지들에 개입하게 되었기 때문에 제국적 강대국(imperial power)이 되었다. 그리하여 미국은 비록 패권은 아닐지라도 지배적인 영향력을 행사하기 시작했다.

분쟁의 시대에는 투키디데스(Thucydides)를 읽는 것이 교훈적일 수 있다. 그리고 사람들은 이 경우에 페르시아전쟁 이후의 아테네의 상황으로부터 도움받을 수 있다. 투키디데스는 지방의 역할로 물러나기보다는 제국을 선택한 민주주의가 안게 되는 딜레마를 제시했다.[8] 비록 비교가 정확하지는 않지만, 아테네와 델로스 동맹(Delian Confederacy) 문제는 미국과 그 동맹국들의 상황에 대해, 그리고 그것이 소련(스파르타) 블록에 대해 안고 있던 문제들에 대해 시사하는 바가 크다. 그러나 진정한 문제는 민주주의―당파 간의 불일치로 인해 분열될 수 있는―가 특히 패배했을 때 화합을 유지할 수 있는가, 또는 심지어 승리했을 때도 (페리클레스Pericles의 후계자 클레온Cleon이 그랬던 것처럼 사람들은 클레온을 린든 존슨Lyndon Johnson과 비교할 수도 있다) 그것이 대규모 위험의 유혹에 빠지지 않고 다른 국가들의 지도자와 보호자로서 대범한 역할을 유지할 수 있는가 하는 것이다.

제국의 역할은 어떠한 나라에도 어려운 일이다. 왜냐하면 그것은 대규모의 자원―즉 사람과 부―을 소모하는 일이며, 만약 그것이 이익으로 돌아오지 않는다면 국내에 심각한 긴장을 유발할 수도 있기 때문이다. 민주주의와 제국의 관계는 특히 괴로운 것이며, 사람들은 점점 더 제국의 역할이 정치구조와 국가 스타일 면에서 미국에 어울리지 않는다는 것을 깨달을 수도 있다.

새로운 정치 엘리트의 창출 엘리트는 기껏해야 (권력기구 내에서처럼) 도덕적 권위와 정치적 지혜의 원천으로 기여한다. 제2차 세계대전 이후 15년 동안 미국에서 중요했던 것은 다소 시종일관한 정치 엘리트가 등장하여 외교정책 분야에서 일관된 리더십을 발휘했다는

---

8) 투키디데스는 또한 코르키라(Corcyra) 분쟁에 관해 기술하면서 폭력이 시민의 열정을 해방시켰을 때 모든 사회에서 어떤 일이 일어나는지에 대해 미리 경고하고 있다. "이제 도시 속에 던져진 삶이 처한 혼란 속에서 항상 법과 그 주인에 대해 반항하는 인간 본성은 열정을 해방시키고 정의를 존중하지 않고 우월한 모든 것을 적으로 삼았다. 질투라는 파멸적 힘이 아니었더라면, 복수가 종교보다 중시되거나 이익이 정의보다 중시되는 일은 없었을 것이다." *The Peloponnesian War*(New York: Modern Library, 1934), p.191.

것이다.

엘리트는 때로는 사회에서 그가 차지하는 구조적 지위에 의해 정의된다. 그러나 어떤 사람이 경제적, 정치적 또는 군사적 권력을 가지고 있거나 조직의 정점에 서 있다는 사실이 반드시 그가 사람들이 그의 지도력을 따른다는 의미에서 엘리트라는 것을 의미하지는 않는다. 미국에서는 새로 등장한 엘리트는 단지 구조적 지위보다는 사고방식—코즈모폴리턴적 · 세계적인 비전—에 의해 정의되었다. 조지 마셜(George Marshall) 장군, 헨리 스팀슨(Henry Stimson), 존 맥클로이(John McCloy), 로버트 러베트(Robert Lovett), 딘 애치슨(Dean Acheson), 더글러스 딜런(Douglas Dillon) 및 여타 '외교정책 수립자'와 같은 사람들은 주로 뉴욕의 금융계 출신이었다. 그러나 그들을 엘리트로 정의하게 한 것은 이해관계가 아니라 그들의 인격과 판단력이었다. 중요한 점은 그들이 존경받았기 때문에 그들의 의견이 중시되었다는 것이다. 엘리트의 의견이 갖는 중요성에 의해 정책이 조정되기 위해서는 엘리트의 판단력과 그들에 대한 존경이 상호 보완적이어야 한다.

제2차 세계대전 이후 미국의 외교정책은 유럽을 재건하는 것이 가장 시급했기 때문에 주로 유럽을 지향하고 있었다. 그러나 당시 출현한 주요 정책들, 특히 마셜 플랜(Marshall Plan) 또한 유럽의 사태에 대한 정책담당자의 경험과 관심에서 나온 것이었다. 아시아에 대해서는 그에 필적할 만한 경험과 판단력을 가진 엘리트 집단이 전혀 없었다. 그리고 미국 외교정책의 실패 중 하나는 얼마간은 이러한 결핍에서 기인한다.

지난 10년 동안 주요 정치 엘리트의 영향력은 사라졌다. 그리고 이전처럼 정책을 조정하고 판단 근거를 제공할 만한, 또는 그에 필적할 만한 엘리트가 등장하지 않았다. 케네디 행정부는 당당함과 열정을 가지고 스스로 엘리트가 되고자 의식적으로 노력했고, 지식인과 젊은이들 사이에서 비록 도덕적 권위는 아니지만 열광적 지지를 획득했다. 그러나 그것은 베트남전쟁과 함께 끝났다.[9]

월터 배젓(Walter Bagehot)이라는 사람의 지혜를 따르면, 그러한 엘리트의 존재는 사회에 정치적 권위를 창출하는 데 필요한 요소다. 그러한 엘리트가 없을 때 권위 있는 리더십에 문제가 생겨난다. 그러나 사회의 분열을 감안할 때, 엘리트가 출현할 수 있는가의 문제는 열려 있는 문제이다.

자유주의의 실패? 자유주의적 사회정책은 상당 정도 케인스주의 및 거시 경제계획과 결부되어있었다. 뉴딜이 규제기관의 역할을 했기 때문에 대체로 젊은 법률가들—그들의 상징적 대부가 펠릭스 프랭크푸르터(Felix Frankfurter)와 하버드 로스쿨이다—의 안식처였던 것처럼, '뉴 프런티어'와 '위대한 사회'는 초기에는 경제학자와 정치학자들과 결부되어있었다.

월터 헬러(Walter Heller)의 통솔하에서 경제자문위원회는 전문기구로 변모했다. 그들의 정책 조언은 특히 1962년의 감세가 경제적으로 크게 성공한 후에 정부에 매우 큰 영향력을 가지게 되었다. 그러나 경제학자들은 경제학자 그 이상이었다. 그들은 또한 경영자기도 했다. 이를테면 국방부의 '맥나마라 혁명'(McNamara revolution)은

---

9) 베트남전쟁이 1960년대에 출현하고 있던 신생 정치 엘리트들을 불신하게 했다고 말하는 것이 보다 정확할 것이다. 정부의 중요한 고문직을 맡고 있던 나의 하버드 동료 중 한 명은 세련되지는 않지만 간결하게 그것을 다음과 같이 표현하고 있다. "우리가 망쳤다. 영국에서처럼 지속적인 국가기구를 창출하고자 했지만, 그 모든 것이 틀어졌다." 이 실록의 실제 정확성에 대해 누가 어떤 말을 하든 간에, 베트남전쟁이 실패였다는 사실은 『최고의 인재들』(*The Best and the Brightest*)이라는 빈정대는 제목을 달고 있는 데이비드 핼버스탬(David Halberstam)의 책 속에 요약되어있다.

주로 찰스 히치(Charles Hitch)가 이끈 경제학자들의 작품이었다.

최근에는 경제학자의 경제관리 능력에 대한 회의가 커졌다. 1960년대에 영국에서는 노동당 정부가 니콜라스 캘도(Nicholas Kaldor)와 토마스 발로그(Thomas Balogh) 같은 많은 저명한 경제학자들—마이클 포스탄(Michael Postan)은 그들을 '고약한 경제학자들(plague of economists)'이라고 불렀다—의 조언에도 불구하고 영국의 난국을 해결할 수 없었다. 영국 노동당원이자 경제학자인 존 베이지(John Vaizey) 교수는 "후기 케인스주의 사상의 비일관성"에 대해 저술하며 다음과 같이 비관적으로 끝맺고 있다. "본의 아니게 나는 사람들이 경제를 질서 있게 운용하는 것은 현재 경제학자의 분석력을 넘어서는 것일 수 있다고 결론 내릴 수밖에 없다고 생각한다." 미국에서는 케인스주의의 도구인 재정정책이 1970년대의 경기후퇴에 훨씬 앞서 그 빛을 잃기 시작했다.

사회정책 면에서 살펴보면, 특히 미국의 경우 사회과학자들의 성과는 훨씬 더 우울했다. 교육, 복지, 사회계획 영역에서 사회과학자들은 문제가 자신들이 생각하는 것보다 더 복잡하다는 것을 어쩔 수 없이 인정하기 시작했다. 이러한 자유주의의 실패는 얼마간은 지식의 실패기도 하다. 이것은 여전히 안이한 순수성을 역설하는 신좌파가 좋아하는 대답이 아니다. 하지만 사람들이 대규모의 복잡한 사회, 특히 필연적으로 미래지향적이어야만 하는 사회가 급변하는 사회변화에 대처하기 위해서는 사회적 계획이 필요하다는 것을 깨달을 때, 그러한 지식의 실패는 또한 지적 혼란과 우려를 불러일으킨다.

참여혁명 관료제에 대한 광범위한 사회적 반발과 참여에 대한 욕구—"사람들은 자신들의 삶을 통제하는 결정에 영향을 미칠 수 있어야만 한다……"는 표현으로 요약되는 테마—는 어디서나 분명하게 드러나고 있는 사실이다.

이러한 아래로부터의 격변은 여러 가지 형태로 나타나고 있다. 그것은 부분적으로는 기술적 성과만이 사회에서 지위를 결정하는 기준이 되고 있는 능력주의 사상에 대한 반란이다. 그리고 그것은 부분적으로는 (흑인의 경우에서처럼) 공동체에 의거한 자기주장의 한 형태이기도 하다.

1960년대에 민주당 행정부는 중요한 결정에 상당한 정도까지 국민을 참여시키는 새로운 사회적 형태들을 창출하는 데까지 나아갔다. 빈곤 프로그램은 공동체에 근거한 행동단체를 만들 것을 요청했다. (이를테면 뉴욕에서는 빈곤 프로그램을 통해 26개의 지역공동체위원회가 만들어졌고, 이것들은 시의 새로운 정치적 기반의 근원이 되었다. 특히 존 린제이John Lindsay 시장에게 그러했다.) 모델 시티 주택건설 프로그램은 새로운 지역계획에 지역사회의 참여를 요구했다. 대규모 지역사회 정신건강 프로그램은 정책과 프로그램 계획에 지역단체의 참여를 요구하고 있다. 교육의 경우에도 많은 도시에서의 지방분권 프로그램들이 지역사회가 교육을 통제할 수 있는 범위를 확대해왔다.

참여혁명은 상당 정도 사회의 전문화에 대한 반발의 한 형태이자 탈산업사회에서 출현하기 시작하고 있는 기술관료제적 의사결정에 대한 반발의 한 형태기도 하다. 그리고 모든 선진 산업사회는 이러한 현상에 직면할 것이 틀림없다. 몇 년 전에 공장에서 노동조합을 통해 시작된 일이 오늘날에는 공동체적 사회가 출현하면서 지역으로 확산되어왔고, 앞으로 조직으로까지 확산될 것이다.

하지만 '참여민주주의'는 그 지지자들이 말하는 만병통치약이 아니며, 국민투표적 정치기구들(이를테면 국민발의, 국민투표, 국민소환)을 만들고자 했던 초기의 노력 그 이상도 아니다. 참여민주주의에 대한 열광에도 불구하고, 이상하게도 그 지지자 중에도 가장 기본적인 수준에서 그러한 변화가 갖는 의미를 철저하게 따져보는 사람은 거의 없다. 분명히 개인들이 자신의 삶을 변화시키는 결정에 영향을 미칠 수 있다면, 남부의 인종차별주의자들은 학교에서 흑인을 몰아낼 권리를 가지게 될 것이다. 그러나 누군가는 남부가 독립된 정치적 실체가 아니라 보다 큰 정체의 한 부분이며 따라서 사회의 도덕적 규범을 따라야만 한다고 말할 수도 있을 것이다. 그렇다면 마찬가지로 지역집단이 보다 광역적인 정체의 욕구를 고려한 도시계획을 거부할 수 있는 권리가 용인되어야 하는가?[10)

요컨대 참여민주주의는 정치철학의 고전적 문제를 제기하는 또 하나의 방식이다. 즉 누가, 어떤 정부 수준에서, 얼마만큼의 사회 단위에 대해, 어떤 종류의 결정을 내려야 하는가? 하지만 이 문제에 대한 명확한 해답은 없다. 그러나 긴장은 여전히 존재하며, 그것은 더 심해질 것이다.

우리가 투키디데스로부터 마키아벨리(Niccolo Machiavelli)에 이르는 일련의 오랜 정치 매뉴얼들로부터 알고 있듯이, 사회가 그러한 문제에 대처하는 능력과 관련한 모든 평가는 리더십의 질과 국민성에 달려있다. 우리가 사회에 주목함에도 불구하고 어떤 바보는 (게오르기 플레하노프 같은 일부 마르크스주의자처럼) 개인이 중요한 것이 아니라 역사가 그 상황에 적합한 지도자를 낳는다고 말할지도 모른다. 시드니 훅(Sidney Hook)이 『역사 속의 영웅』(*The Hero in History*)에서 지적했듯이, 파란 많은(eventful) 사람뿐만 아니라 "사건을 만

---

10) 1974년에 남부 보스턴에 거주하고 있는 아일랜드계 주민들은 지역에 기초한 학교의 붕괴는 전통적인 지역의 붕괴로 이어지게 될 것이라는 점에 근거하여 강제 버스 통학을 격렬하게 거부했다. 남부 보스턴 사람들이 그들의 삶에 영향을 미치는 결정을 통제할 수 있는 권리를 가져야 하는가?

들어내는 사람"(event-making man)도 있다. 그리고 이 사건을 만들어내는 사람이 역사의 전환점을 만들어낼 수도 있다. 1917년 10월에 볼셰비키 세력의 승리에 결정적이었던 것은 레닌의 부동의 의지와 그의 전술적인 타이밍 감각이었다. 그 규모에서는 다르지만 1958년에 프랑스군의 알제리 권력 장악 위협을 뒤집은 것 — 만일 기 몰레(Guy Mollet)였다면 분명 망설였을 것이다 — 은 샤를 드골(Charles de Gaulle)의 권위가 지닌 힘이었다. 비록 결정적 변수이기는 하지만 헤아릴 수 없는 것 중 하나가 앞으로 10년간의 리더십의 성격이다.

그러나 사건에 개입하여 그것을 통제할 능력은 사람들이 살고 있는 상황에 달려 있다. 금세기 말까지는 한 나라가 아무리 강력해 보인다고 하더라도 국가라는 장소가 더 이상 결정의 맥락이 아니라는 것이 확실해질 것이다. 우리는 완전히 세계경제로 이행했다. 미국 사회가 앞으로 10년 동안 자신의 문제를 해결할 수 있는 능력에 의문을 제기하게 하는 것도 바로 이 점이다.

II

미래학적 연구들은 분명 임의적이기는 하지만 예언(prediction)과 예측(forecasting)을 구별한다. 예언은 '사건 발생의 시·공간적 지점'(point events), 즉 어떤 일이 그러한 시간과 장소에서 일어날 것이라는 점을 규정하는 것이다. 예측은 문제를 발생시키는 구조적 맥락 또는 실현될 추세를 확인하는 것이다. 일단의 사건 — 사람들이 예언하고자 하는 것 — 은 흔히 구조적 경향과 특별한 우연성이 결합하여 발생한다. 그러한 우연성은 예측할 수 없기 때문에(우연적인 것은 법칙에 종속시킬 수 없고 또 알고리듬으로 정식화할 수 없기 때문에), 사람들이 예언할 때 '첩보'(내부정보), 예리한 추측, 지혜에 의지할 수 있지만, 어떤 사회과학 방법론에 의지할 수는 없다. 요컨대 우리는 조건을 다룰 수는 있지만, 촉발요인은 다룰 수 없다. 다시 말해 우리는 구조를 다룰 수는 있지만, 우연성을 다룰 수 없다. 이것은 비록 분석의 한계는 아니지만, 모든 예측의 한계다.

나는 앞서 제2차 세계대전 이후 몇십 년 동안 미국에서 사회문제를 발생시켜온 주요한 구조적 맥락을 지적해왔다. 그것은 미국 내에서는 여러 세력의 의사결정 및 갈등의 새로운 장으로서의 국가사회가 창출되었고, 국제적으로는 영국과 프랑스가 권리를 상실한 아시아, 아프리카, 중동에서 미국이 경찰 역할을 양도받음에 따라 세계 정치사회에서 갑자기 최고의 역할을 폭력적으로 수행하게 되었다는 것이다. 1970년대 초까지 이러한 국가사회의 문제들은 아무것도 해결되지 않았다. 특히 보건, 교육, 복지문제를 관리할 국가체계를 창출하지 못하고 있었다. 그리고 미국은 이전에 세계의 모든 지역에서 최고의 정치 강국으로서 수행하던 역할로부터 급속히 후퇴하기 시작했다. 하지만 지난 10여 년 이상에 걸쳐 분명해진 것은 의사결정의 구조적 맥락이 확대되었고 사회가 직면한 대부분의 중요한 문제들—특히 경제문제—이 이미 미국이 홀로 결정할 수 있는 힘의 범위를 넘어서 버렸다는 것이다.

이 절에서 나는 20세기의 나머지 기간에 미국이 직면할 두 가지 주요한 변화에 대해 고찰하고자 한다. 하나는 국제적 장이 그와 관련된 구조적 맥락에서 수행하는 새로운 역할이다. 그리고 다른 하나는 미국이 '갱년기'에 접어들었으며, 세계 속에서 미국의 경제력과 정치력의 정도가 돌이킬 수 없이 하락할 가능성이 있다는 것이다. 내가 구조적 맥락에 초점을 맞추고 있기 때문에, 나는 석유나 다른 상품 카르텔과 같은 중요하지만 매우 우발적인 정치문제에 대해서는 다루지 않을 것이다.

국제적 맥락

경제 경제적 결정의 맥락에서 가장 근본적인 사실은 아무리 크고 강력한 나라라고 할지라도 그러한 결정은 이제 더 이상 어떤 한 나라의 수중에 있지 않다는 것이다. 따라서 각국의 경제적 운명은 점점 더 자국의 통제력 범위를 넘어서고 있다.

대략적으로 말하면, 1830년부터 1930년까지는 금본위제에 의거한 '자기조절적' 국제시장이 존재했다. 개별 국가의 경제는 시장 규율에 종속되어있었다. 가격이 너무 높아지면, 무역이 감소하고 국제수지가 적자로 변하여 금이 유출되고 가격이 하락함으로써 새로운 균형이 생겨났다. 그러한 조정의 '대가'는 불가피하게 고용을 감소시켰다. 그리하여 이론적으로는 자기조절적 시장에서 자본과 노동이 새로운 기회를 찾아 이동한다. 그러나 자본의 흐름은 한 사회의 경제를 위험에 빠뜨리고, 따라서 각 나라는 가능하면 그것을 저지하고자 한다. 그래도 노동자의 이주가 안전판 역할을 했지만, 제1차 세계대전 후에는 그러한 이주도 실제로 저지되었다. 개별 국가들은 고용을 유지하기 위해 자유무역을 축소하고 국내경제에 개입함으로써 시장이 유발하는 조정의 위험으로부터 '벗어'나고자 노력하기 시작했다. 각국이 그러한 조치를 취함으로써 주요한 손해를 본 것은 국제경제였다. 영국이 1930년에 재화의 수입에 대해 제국 우대 제도를 채택한 것이 최초의 신호였다. 다음 해에 영국이 그리고 이어서 미국이 금본위제를 포기한 것은 새로운 경제적 민족주의 시대를 예고하는 것이었다.

1930년대의 경험으로부터 각국 정부는 재정·금융기구를 통해 국민경제를 관리하는 방식을 얼마간 배웠다. 그러나 제2차 세계대전 이후, 그리고 특히 1960년대 이후 서유럽과 일본이 완전히 경제를 재건함에 따라 세계무역이 확대되고 세계적 규모의 투자가 증가하면서, 국제경제는 다시 결정의 중심지가 되었다.

많은 중요한 변화가 모든 선진경제에 일단의 새로운 불안정성과 문제를 초래해왔다. 20년 동안 국제경제 체계는 국제환거래와 국제수지의 결제 수단으로서의 달러의 힘과 타국 통화의 달러 태환성에 의존하고 있었다. 그러나 미국의 국제수지가 큰 적자에 빠지고 다른 나라들이 많은 달러를 보유하는 것에 불안해하기 시작함에 따라 그 안정성은 붕괴되었다.[11]

두 번째 요소는 세계무대에 주요한 행위자 중 하나로 등장한 다국적 기업이다. 다음과 같은 사실들은 다국적 기업의 규모를 말해준다. 300대 다국적 기업을 살펴보면, 그 기업들이 생산하는 재화와 서비스의 총량은 미국을 제외한 세계의 모든 나라의 GNP보다 많다. 그리고 그들 기업의 현재 성장률을 투사해보면, 다국적 기업은 20세기 말경 전 세계 생산의 3분의 1을 차지할 것으로 추정된다. 다국적 기업의 주요 영향은 그것이 자본, 기술, 경영기술을 세계적 규모로 이전시킨다는 데 있다(그러나 숙련노동자는 그렇지 않다. 이는 노동조합의 반대 때문이다). 그 시장은 더 이상 개별 국가의 시장이 아니다. 통화장벽은 한 나라의 화폐를 보호하기 위해서가 아니라 기업의 국제수지를 보호하기 위해 만들어진다. 다국적 기업의 계획은 어떤 한 나

---

11) 사람들이 그러한 상황의 아이러니를 놓칠 리가 없다. 왜냐하면 제2차 세계대전 직후 수년 동안에 많은 경제학자가 아주 소수의 나라만이 달러를 보유하고 있고 매우 많은 나라가 달러를 전혀 보유하지 못하는 상황에서 어떻게 하면 세계무역이 가능해질 수 있는가에 관심을 기울여왔기 때문이다. 따라서 국제무역을 위한 다양한 개혁 계획들은 그러한 나라들이 국제무역에서 자국의 통화가 승인될 수 있는 일정한 기반을 마련하는 방법의 하나로 상품 보유고를 국제통화단위를 보증하는 수단으로 이용할 것을 제안하기도 했다.

라의 경제적 이익과 항상 일치하는 것도 아니다.

세 번째 요소는 자본시장의 국제화다. 점점 더 수익 차이에 민감해진 금융자본이 자신의 자산에 대한 수익률을 더 높이기 위해 빠르게 국경을 넘게 됨에 따라, 세계적 지평이 하나의 캔버스가 되었다. 각국의 주식시장조차도 다양한 영향을 받게 됨에 따라 지난 10년 동안 점점 더 유사한 움직임을 보여왔다. 리처드 N. 쿠퍼(Richard N. Cooper)가 논평한 바 있듯이,

> 이 점증하는 상호의존성은 (그러한 과정을 저지할 강력한 정부가 부재한 상황에서) 앞으로 더욱 강화될 것이다. 왜냐하면 국경을 넘는 재화, 자금, 사람, 정보, 사상의 이동 속도와 신뢰성 모두를 증대시키는 교통과 통신의 기술적 진보가 바로 그것의 원천이기 때문이다. 요컨대 동일한 힘이 경제적 거리와 심리적 거리 모두의 측면에서 세계를 축소시키고 있다.[12]

이러한 경제적 이동은 개별 정부가 자신의 경제적 목적을 추구하는 능력을 약화시킨다. 기업이나 은행이 국내 자금보다 외국 자금을 빌려 씀으로써 긴축금융정책을 함정에 빠뜨릴 수도 있다. 차등가격 거래를 통해 소득이 이전됨으로써 세금이 줄어든다. 기업들은 자회사를 통한 운영을 통해 규제정책을 피할 수도 있다.

불가피하게 개별 정부는 다국적 기업의 독자성에 맞서기 위해, 그리고 국제수지의 불균형이 초래하는 불안정성에 대처하기 위해 스스로를 방어하는 방안을 강구해야만 한다. 각국은 평가절하라는 단

---

12) 쿠퍼는 자신의 『상호의존의 경제학』(*The Economics of Interdependence*, New York: McGraw-Hill for the Council on Foreign Relations, 1968)과 외교관계위원회 연구그룹에 제출한 몇몇 미출간 논문들에서 이러한 주장을 정교화해왔다.

독조치를 취할 수도 있고, 국제적으로 협조하여 몇몇 해결 수단을 찾고자 할 수도 있다. 그렇다면 누가 국제적 목적을 설정하는가?

논리적으로는 세 가지 대안이 있을 수 있다. 첫째는 각국이 자본유출을 규제하고 수입할당량을 부과하고 외국인 노동자 수를 제한하는 등의 조치를 취함으로써 세계경제에의 의존도를 줄이는 것이다. 두 번째 노력은 (미국처럼 그러한 조치를 취할 수 있는 위치에 있는 나라가) 자국에 기반을 두고 있는 다국적 기업에 대한 통제를 공격적으로 확대하거나 세계통화에 대한 단일 기준(달러)을 유지하고자 하는 것이다. 세 번째 길은 공동의 경제기구와 정책을 규정하기 위해 보다 광범한 규모로 정부의 힘을 갖는 국제기관을 설립하는 것일 수 있다.

비록 비논리적일 수 있지만, 대부분의 나라는 여러 영역에서 세 가지 방법을 결합하고자 할 것이다. 심지어 유럽공동체가 학습해왔듯이, 국가의 자치권은 쉽게 포기되지 않는다. 쌍무조치로 인해 개별 국가들은 국제경제 문제들 속에서 더욱 공격적이 될 것이다. 그리고 국제통화기금(IMF)과 같은 국제기구의 힘도 아마 더욱 증대될 것이다. 설령 일단의 경제적 공동 목적을 최대화할 수는 없다고 하더라도 양립할 수 없는 정책이 추구될 때 발생하는 마찰을 최소화할 수 있는 어떤 협력관계를 확립할 수 있는지가 주요한 문제가 될 것이다.[13]

---

13) 내가 여기서 다루고 있는 것은 서구 산업경제 또는 약칭하면 OECD 국가들의 문제와 전략이지 전체 세계의 그것이 아니라는 점을 강조해두고자 한다. COMECON(동유럽경제상호원조회의) 국가들, 소득이 새로 증가한 중동국가들, 그리고 저발전국가들이라는 더 큰 맥락은 부득이 다루지 못한 채로 남아있다.

마찬가지로 누군가는 단지 일반적인 상황만을 묘사할 수도 있지만, 특별한 우연성이 상황을 엄청나게 왜곡할 수도 있다. 이를테면 거기에는 OPEC로 흘러 들어가는 돈 —1973년에는 500억 달러로 증가한— 의 운명에 관한 문

사회 지난 25년 동안 대부분의 나라에서 발생한 주요한 사회적 과정 중 하나가 교통·통신혁명으로 인해 국가사회가 창출되었다는 것이었다. 앞으로 25년 이후에도 이러한 확대 과정은 국제적 규모로 반복될 것이다.

교통·통신혁명이 눈앞에 와 있다. 점보제트기가 증가하고 궁극적으로 콩코드형 비행기를 이용하게 되면서 전 세계 도처를 여행하는 사람들이 증가하고 여행시간두 줄어들 것이다. 국제 통신위성의 확장은 비용이 적게 드는 국제 데이터통신의 보급을 촉진하고, 국제 텔레비전 교류, 특히 '실시간' 사건들의 교류를 넓혀갈 것이다. 이러한 구조적 변화는 불가피하게 모순된 결과를 초래할 가능성이 있다. 한편에서 통신망의 확대는 지역적으로 그리고 기능적으로 중앙집중화와 통제의 정도를 더욱 강화할 것이다. 다른 한편에서는 어떠한 사회도 자신을 세계로부터 격리시키기가 점점 더 어려워진다. 마르키드 콩도르세(Marquis de Condorcet)는 『인간정신의 진보에 관한 개요』(*Sketch of the Progress of the Human Mind*, 1793)에서 세계에서 평등과 민주주의의 확산과 관련하여 몇 가지 예언을 하면서, 값싼 인쇄물이 주요한 변화의 도구라고 지적했다. 오늘날에는 검열에도 불구하고 국제 라디오와 텔레비전에 의해 뉴스와 사상이 세계로 퍼져나가고 있다.

제가 남아있다. 현재의 수요와 가격 곡선을 '투영해'보면, OPEC의 투자 가능한 잉여금이 1974년 말까지 총 1,000억 달러에 이를 것이고, 1980년까지는 5,000억 달러에 이르고, 1985년까지는 6,000억 달러가 축적될 것이며, 그 총액은 전 세계의 금융체계를 거의 다 흡수할 만한 양일 것이다. 하지만 그러한 추정에도 역시 분명한 오류가 있다. 석유 수요가 줄어들 수도 있고, 산유국 카르텔이 붕괴되어 가격이 하락할 수도 있고, 대체에너지원(석유, 석탄, 원자력 등)의 균형이 크게 변화될 수도 있다. 이 모든 것을 놓고 볼 때, 주요한 구조적 변화는 여전히 경제적 문제에서 국제적 맥락이 갖는 중심적 위치다.

이러한 과정의 결과도 마찬가지로 분명하다. 새로운 교통·통신에 의해 사람들 간의 더 많은 상호작용, 더 많은 교환, 더 많은 수의 유대가 생겨나고, 이 과정을 도해한 에밀 뒤르켐이 사회의 '도덕적 밀도'(moral density)라고 부른 것이 증가한다. 하지만 또다시 자주 모순되는 이중의 결과가 발생한다. 한편에서 사건이 신속하게 보도되기 때문에 '충격'이 다양해지고 그 강도도 강해진다. 그리고 또한 사건에 대한 개인들의 '반응시간'도 짧아진다. 미국의 텔레비전 화면에서 베트남 전장을 매일 보는 것이 전쟁에 대한 사람들의 태도 변화와 반감을 불러온 요소 중 하나였다는 것을 보여주는 일부 증거도 존재한다. 다른 한편 이러한 다양한 충격과 화면상의 시각화는 사람들이 사건으로부터 멀어지게 하고 감정을 마비시킬 수도 있다. 3만 피트 상공을 나는 폭격기 조종사는 폭탄의 충격을 느끼지 않는다. 매일 먹는 음식처럼 텔레비전에 등장하는 파괴 장면은 감정적 반응 능력을 무디게 할 수 있다. 요컨대 사회의 많은 다른 측면에서처럼 과부하—이 경우에는 감각의 과부하—가 발생할 가능성이 있다.

하지만 거리의 축소만큼은 분명하다. 군사적 측면에서 거리의 축소는 작전의 통제는 여전히 국내의 정치적 중심지에서 하면서도 수만 명의 병사를 지구상의 거의 모든 곳에 즉시 공수할 수 있다는 것을 의미한다. 경제적인 면에서 거리의 축소는 이를테면 일본이 1만 마일 이상 떨어진 미국으로부터 다량의 석탄을 구입하는 것과 같이, 각국이 비교적 낮은 비용으로 멀리 떨어진 공급지로부터 많은 자원을 수입할 수 있다는 것을 의미한다. 심적·사회적으로 사람들은 1960년대 청년운동들의 경우에 새로운 이슈, 테마, 전술이 즉시 채택되어 다양한 상황에 적용된 것처럼, '전염 효과'(contagion effects)의 확산을 목도할 수도 있다.

이 모든 것은 제도적으로는 **국제적** 기구와 **초국적** 기구들이 놀라운 규모로 크게 증대하고 확장되었다는 것을 의미한다. (어떤 기구가 국제적이라는 것은 통제가 둘 또는 그 이상의 국가 대표자들 사이에서 명시적으로 공유되는 경우를 말한다. 어떤 기구가 초국적이라는 것은 비록 통제가 단일한 국가 내에서 이루어지지만 그것이 둘 이상의 국민국가의 영토에서 운영되는 경우를 말한다.) 두 가지 종류의 기구는 지금까지 항상 존재해왔고, 정부 수준과 비정부 수준 모두에서 국제기구의 수가 크게 증가해왔다는 것은 분명하다. 그러나 주요한 변화는 업무의 범위와 성격에서 일어났다. 새뮤얼 P. 헌팅턴(Samuel P. Huntington)이 논평했듯이,

하지만 제2차 세계대전 이후 25년 동안에 초국적 기구는 (1) 수적으로도 과거보다 훨씬 더 많아졌고, (2) 규모 면에서도 과거에 비해 훨씬 더 커졌고, (3) 이전에는 결코 수행한 적이 없었던 기능을 수행하고 있으며, (4) 과거에는 결코 가능하지 않았던, 진정으로 전 지구적인 규모로 운영되고 있다. 제2차 세계대전 후에 초국적 기구의 수, 규모, 범위, 다양성의 증가는 세계정치에서 초국적 기구의 혁명에 대해 말하는 것을 가능하게 하고 유익하고 분별력 있는 것으로 만들었다.[14]

세계경제와 세계사회의 성장은 국제적 규모의 자원관리 문제를 중심 과제로 만들었다. 기술적 및 그와 유사한 과정이 환경에 미치는 영향과 환경변화를 국제적으로 감시할 필요성은 일반적인 문제가 되었다. 이 문제가 제기된 것은 1972년에 스톡홀름에서 열린 UN 회

---

14) Samuel P. Huntington, "Transnational Organization in World Politics," *World Politics* 25 (April 1973), p. 333.

의에서였다. 그러나 모두가 공유하는 자원을 관리하는 국제기구에는 새롭고 어려운 문제들이 존재한다. 그중 특히 세 가지 문제, 즉 해양, 기후, 에너지 문제가 중요하다.

1974년에 카라카스(Caracas)에서 개최된 UN 해양법회의는 실제로 지구 표면의 약 70퍼센트가 어떻게 소유되고 관리되어야 하는지를 결정했어야 했을 것이다. 국가주권을 해안으로부터 12마일로 할 것인가 아니면 200마일로 확장할 것인가 하는 것도 그러한 문제 중 하나이다. 특히 전 세계적으로 단백질이 부족하다는 점에서 볼 때, 어업권의 범위와 한도를 결정하는 문제는 그리 쉽지 않다. 그리고 전 세계 고래와 물개가 절멸 위기에 놓여있다. 이러한 문제들을 어떻게 관리해야 하는가?

더욱 불확실한 것은 기후문제다. 다음 25년 동안 구름씨 뿌리기에서부터 만년설을 녹이거나 북극 해협을 막아 해류를 바꾸고 바닷물의 염분 비율을 바꾸는 것에 이르기까지 기후조절에서 커다란 기술적 진보가 이루어질지도 모른다. 이것들은 각국에 맡겨두어야 할 문제인가 아니면 모종의 국제기구가 만들어져야 하는가?

셋째는 에너지의 공동관리 문제다. 이것은 석유 같은 에너지의 공동비축 형태를 취할 수도 있다. 또는 세계의 일부 지역이 잠을 잘 때 다른 지역은 일하고 있으므로 세계의 한 지역에서 다른 지역으로 전기에너지를 이전시킬 수 있게 하는 전 세계적인 '에너지망' 같은 보다 복잡하지만 잠재적으로 더욱 중요한 시스템을 생각해볼 수도 있다. 그러나 이 중 어느 것도 통신처럼 국제기구 없이는 불가능하다.

우리가 사는 세계는 자원, 환경, 부정적 파급효과, 인구밀도 등의 문제 때문에 불가피하게 어디서든 보다 더 많은 기구와 규제를 필요로 할 것이다. 20세기 말경에는 전 세계를 에워싸는 단일한 시간-공간 틀이 마침내 마련될 것이다. 우리는 그리스인이 문명세계의 경계로 상상한 위대한 외쿠메네(Oekumene) —단일한 가계경제—에 도달할 것이다. 우리도 대체로 그리스 세계를 괴롭혔던 많은 문제에 직면하고 있다. 결정적인 차이 —고대세계와 근대세계를 구분해주는 것도 바로 이것이다— 는 그 규모다. 하나의 단일 중심이 얼마나 많은 것을 관리할 수 있는가? 정치적·경제적 기구가 자신의 무게 때문에 쓰러지는 거대한 짐승이 되지 않으면서 얼마나 커질 수 있는가? 세계의회에 얼마나 많은 나라가 효과적으로 참여할 수 있는가? 국제사회 앞에 놓여있는 주요한 문제는 지금 우리가 살고 있는 규모에 적합한 새로운 형태의 기구들을 만드는 일이다. 앞으로 25년 동안 국제사회가 확대됨에 따라 제기되는 주요한 문제는 규모를 관리하는 일이다.

미국은 갱년기인가?

세계경제 미국의 힘 —경제적 힘과 정치적 힘— 에 대한 극도로 비판적인 평가에서보다 예언의 위험이 더 분명하게 나타나는 곳은 없다. 약 10년 전에 장자크 세르방 슈레베르(Jean-Jacques Servan-Schreiber)는 유럽에서 베스트셀러가 된 『미국의 도전』(*The American Challenge*)이라는 책을 썼다. 그 책에서 그는 광범위한 선도적 기술을 이용하고 뛰어난 경영능력과 대규모 조직능력을 이용하는 강력하고 거의 전능한 미국 기업가계급이 유럽 시장에서 지배적 존재가 되는 모습을 그리고 있다. 그러나 몇 년 사이에 '기술격차'가 거의 사라졌다. 미국은 달러의 평가절하를 통해 그리고 미국 시장에 범람하는 일본과 유럽 제품(자동차, 라디오, 타이프라이터, 텔레비전, 광학기기)의 공세를 막음으로써 국제수지 적자의 깊은 수렁으로부터 벗어나고자 필사적으로 노력했다. 사실 오늘날 사람들은 미국이 갱년기 —즉 미래를 위한 결절점이 되는 삶의 결정적 변화의 시기— 에 접어들었는지에 대해 생각한다. 이 갱년기의 미국이라는 말은 미국경제(그리고 세계경제에서의 미국의 우위)가 정점을 지났고 '노화' 과정이 시작되었고 지도력을 회복할 수 없을 정도로 상실했다는 것을 함축한다.[15]

갱년기라는 관념은 분명 그 의미를 파악하기 어려운 관념이다. 이 은유는 생물학적이며, (슈펭글러에게는 실례지만) 생애주기 관념에 의거하여 사회를 개념화하는 것은 쉬운 일이 아니다. 하지만 어떤 경제가 다른 경제로 대체된다는 것, 그리고 그 경제에 경직성 또는 경직화가 일어나고 그리하여 그 경제가 시대에 뒤진 습관 또는 낡은 방식들에 사로잡힌다는 것, 그리고 그다음에 그 경제가 더 공격적인 경쟁자에게 밀려나기 시작한다는 것은 아주 분명하다. 경제의 갱년기라는 관념은 영국이 독일의 경제적 도전을 저지할 수 없다는 것이 명백해졌던 때 ─ 오늘날에는 대체로 그것을 1890년으로 상정한다 ─ 를 나타내기 위해 영국에 처음으로 적용되었다. 그렇기는 하지만 그 분기점이 분명해지는 데는 오랜 시간이 걸렸다. 1890년대에 독일이 매년 6퍼센트 성장하고 있었던 것에 비해 영국은 단지 2~3퍼센트 성장하고 있었다. 그러나 소득에서는 영국이 여전히 독일을 훨씬 앞지르고 있었다. 독일이 생산량, 그리고 최종적으로는 1인당 국민소득에서 영국을 앞지르는 데는 (주로 양차 대전에서의 패배로 인해) 거의 70년이 걸렸다.

소스타인 베블런(Thorstein Veblen)은 오래전에 자신의 저작 『독일제국과 산업혁명』(*Imperial Germany and the Industrial Revolution*, 1915)에서 중요한 주장을 제기했다. 산업화 주기에 늦게 진입한 공격적인 나라는 공장의 계획과 설계에서 더 새로운 기술과 다른 나라의 경험을

---

15) 이를테면 Charles P. Kindleberger, "An American Climacteric?," *Challenge*, January-February 1974를 보라. 나는 여기서 킨들버거의 주장을 따르고 있다.

이용할 수 있는 반면, 먼저 산업화된 나라들은 완전히 상환하지 못한 더 낡고 비효율적인 공장을 소유하고 있다. 이 주장은 최근에 레이먼드 버넌(Raymond Vernon)에 의해 국제경제의 '제품주기'(product cycle)에 대한 그의 분석 속에서 일반화되었다. 혁신을 이룩한 나라는 새로운 기술을 독점하는 한에만 비교우위를 가진다. 기술은 처음에는 가장 능숙한 모방자들에게 확산되고, 결국에는 전 세계로 퍼진다 (면직물의 경우에서처럼). 그러나 기술이 충분히 널리 퍼지면, 전통적인 '요소비율'(factor-proportion)의 이점 ― 각국은 풍부하게 소유한 생산요소에 기반을 두고 있는 상품을 수출한다 ― 이 작동하기 시작한다.

찰스 킨들버거(Charles Kindleberger)가 지적하듯이, 외국과의 무역에서 미국의 제품주기는 1860년대와 1870년대에 처음에는 연발권총. 라이플총. 재봉틀로, 그리고 다음에는 수확기, 콤바인, 타이프라이터, 금전등록기로 시작했다. 1920년대와 1930년대 동안에는 자동차, 영화, 라디오가 새로 우위를 차지했다. 제2차 세계대전 이후 미국은 의약품, 텔레비전 장비, 반도체, 컴퓨터, 비행기 분야에서 기술을 선도해나갔다.

미국은 세계시장의 약 75퍼센트를 차지하고 있는 컴퓨터와 비행기를 제외하고는 이들 선진 분야에서 기반을 잃기 시작했다. 그리고 그것들을 대신할 신제품이 부족한 것으로 보인다. 손쉽게 이용할 수 있는 자원이 고갈될 때, 우리는 새로운 에너지 원천 ― 이를테면 원자력 에너지, 혈암으로부터의 석유 추출, 석탄의 가스화 ― 을 창출할 고도 기술에 새롭게 그리고 필연적으로 의존하게 되고, 그것이 미국에 새로운 우위를 부여할 수도 있다. 하지만 이것은 분명하지 않다.

그러나 문제는 고도 기술만이 아니다. 앞으로 수십 년 내에 미국의 산업이 주요 가공능력을 증대시키기 위해서는 다량의 새로운 자본이 필요할 것이다. 그리고 (낮은 가계 저축률과 미국기업의 수익률 저하로 인한) 자본 부족이 현실화될 수도 있다. 많은 중요한 분야(이를테면 자동차, 텔레비전 장비, 가전제품)에서 미국 산업은 제품의 우위를 상실해왔고, 그 결과 미국은 (자동차의 경우에서처럼) 해외시장에서 기반을 잃었을 뿐만 아니라 오늘날에는 그러한 제품들에 의해 국내시장을 '침략'당하고 있다. 수입해야만 하는 원료 비용이 더 커질 것을 감안하면, 고도 기술에서 현재의 위력이 다른 분야에서 발생하는 달러 양의 손실을 능가할 수 있을지는 분명하지 않다. 따라서 무역수지 적자가 1970년대에도 계속해서 문제가 될 수도 있다.

그러나 무역수지 적자보다 더 큰 것이 국제수지에서의 더 큰 격차였다. 국제수지 적자는 해외투자의 확장에 의해, 그러나 보다 중요하게는 세계의 많은 지역에 주둔하고 있는 미군을 유지하는 데 들어가는 막대한 비용에 의해 초래된 것이었다. 1970년대 초까지 달러가 국제준비통화로 사용되었다는 것 ― 그리고 다른 나라들도 달러를 기꺼이 초과 보유하고자 했다는 것 ― 은 미국이 국제수지에 규율 받지 않는다는 것을 의미했다. 그러나 1973년에 미국은 미국 여행자들이 발견한 틀림없는 ― 그리고 상징적으로는 더욱 엄청난 ― 사실, 즉 외국의 호텔 지배인과 가게 주인이 달러를 받지 않는다는 사실에 커다란 충격을 받았다. 달러는 그 마력을 상실했다. 그리고 그것은 더 이상 세계의 통화기준이 될 수 없었다.

일본이 세계를 지배하는 경제 강국 미국을 추월할 것인지는 의심스럽다. 누군가는 양국의 성장률 ― 1960~1970년의 평균 성장률은 일본이 10퍼센트였고, 미국은 3퍼센트였다 ― 을 비교해 앞으로 그러한 상징적 사건이 발생할 수 있는 교점을 발견할 수 있을지도 모른다. 그러나 그러한 외삽의 오류도 염두에 두어야 한다. 왜냐하면 석유와 에너지 가격 변동과 같은 '외생적'인 정치적 사건이 성장곡선의 기울기를 바꿀 수도 있기 때문이다.

하지만 미국의 경제적 세계 지배가 정점에 이르고 있으며 20세기 말경에는 미국이 늙은 금리생활자처럼 제2차 세계대전 이후 번영의 사반세기 동안 기업이 해외에 투자해놓은 것으로부터 벌어들이는 소득에 의지하여 살아갈 것이라는 인식은 여전히 계속되고 있다. 다른 나라들, 특히 '제3세계' 국가의 산유국들처럼 그러한 방식의 투자에 통제조치를 취하지 않고 그러한 상태가 오랫동안 계속되도록 그냥 내버려 둘 것인가?

세계정체 새뮤얼 P. 헌팅턴은 1966년에 이른바 서기 2000년 시점에서 글을 쓰면서 다음과 같이 논평한 바 있다. 제2차 세계대전 후 30년 동안 국제정치를 특징지은 것은 미국과 공산국가들 간의 대결도, 그리고 선진국과 후진국 간의 긴장도 아닌, "아시아, 아프리카, 라틴아메리카에서 유럽의 영향력이 쇠퇴한 후 남겨진 진공상태 속으로" 밀고 들어간 미국의 팽창주의적 조치였다. 영국인, 프랑스인, 네덜란드인은 동남아시아를 거의 완전히 떠났다. 영국인은 중동과 아르헨티나를 떠났다. 프랑스인은 북아프리카에서 거의 철수했다. "유럽의 쇠퇴와 미국의 (정치적·경제적·군사적) 영향력의 확대는 함께 진행되었다."

하지만 2000년경에는 미국의 패권도 와해하기 시작할 것이다. 헌팅턴은 그 과정을 다음과 같이 묘사한다.

……2000년에는 지난 20년 동안 발전해온 미국적 세계체계가 분열과 쇠퇴의 상태에 이를 것이다. 현시대 동안에 미국의 영향력이 유럽의 영향력을 대체해온 것과 마찬가지로, 금세기의 마지막 사반세기에 미국의 힘은 약해지기 시작하고, 다른 나라들이 그 틈을 메워나갈 것이다. 이러한 점에서 주요한 역할을 할 나라는 아시아

대륙에서는 중국, 동남아시아에서는 인도네시아, 라틴아메리카에서는 브라질일 것이다. 중동과 아프리카에서는 어떤 나라가 될지 알 수 없다. (비교적 평화로웠던) 유럽제국의 종말과는 달리, 미국의 영향력 쇠퇴는 많은 투쟁을 수반할 것이다. 왜냐하면 새로 부상할 열강들과 미국의 관계는 미국과 유럽 열강들의 관계만큼 (가치와 문화 측면에서) 가깝지 않을 것이기 때문이다. 그리고 미국과 유럽이 소련에 맞서고 있을 때 존재했던 것만큼 제3세력에 대한 공통의 이해관계도 없을 것이기 때문이다. 미국적 세계질서의 해체가 동반하는 투쟁은 그에 가담하는 나라들의 정치적 발전에 매우 자극적인 영향을 미칠 것이다. 실제로 그러한 투쟁은 국가적 단결과 제도적 발전을 이루어내는 데서 중요한 역할을 할 가능성이 크다. 동시에 미국의 영향력 쇠퇴는 미국 정치를 손상시키고 분열시키는 경향이 있을 것이다. 미국의 정치체계는 프랑스 제4공화국의 정치체계가 제국의 붕괴에 성공적으로 적응한 것만큼 잘 적응해나갈 수 있을 것 같지는 않다.[16]

하지만 2000년까지 아직 사반세기가 남은 1970년대 중반에 이미 분열과정이 진행되고 있다. 인도차이나에서 인도에 이르는 동남아시아에서 미국의 영향력은 크게 둔화되었다. 1960년대 중반에 콩고를 잠깐 급습한 이후 미국은 사하라사막 이남의 아프리카로부터 거의 완전히 철수한 것으로 보인다. 중동에서는 아랍세계에서의 영향력을 놓고 소련과 시소게임을 벌였지만, 제4차 중동전쟁(Yom Kippur war) —— 그리고 정치적 허가에 의해 세계의 석유공급을 규제하려는

---

16) Samuel P. Huntington, "Political Development and the Decline of the American System of World Order," in Daniel Bell ed., *Toward the Year 2000*(Boston: Houghton Mifflin, 1968), p. 316.

산유국들의 일치된 행동——에서 나타난 주요한 사실은 이 나라들이 독립된 행위자들로서 자율성과 힘을 증가시켰다는 것이다. 1956년의 제2차 중동전쟁(수에즈 전쟁)에서는 영국과 프랑스가 이집트 정권을 타도하기 위해 몰래 이스라엘과 공동작전을 펼칠 수 있었지만(그 결과 미국이 방해한다는 것을 알았을 뿐이지만), 1974년경에는 서구 주요 열강 중 어느 나라도 더 이상 그러한 종류의 '포함(砲艦)외교'를 생각할 수 없었다.

헌팅턴은 그의 '회고적' 견해 속에서 미국의 패권이 분열되기 시작한 이유는 설명하지 않았다. 이전에 앙드레 말로가 논평했듯이, 미국인은 '제국 스타일'을 결여하고 있고 결코 제국을 운영할 수 없을지도 모른다. 하지만 데니스 브로건(Denis Brogan)이 오래전인 1952년에 말한 것처럼, 미국은 항상 '전능함의 신화'에 의해 인도되어왔다. 미국은 스스로를 신의 총애를 받은 자식이며 광대하고 훌륭한 자신의 대륙을 신의 역사적 계획을 펼치는 무대로 간주해왔다. 미국인은 항상 '최고'이고 '최대'였으며, 그들의 에너지는 아시아 부족과 투르크족이 유라시아 초원과 중동을 휩쓸고 고전적인 무사제국(warrior empire)을 건설했던 것처럼, 20세기 중엽까지 미국을 산업 열강으로 만들었다.

'전능함의 신화'는 1952년에 미국이 한국에서 사실상 교착상태에 빠졌을 때 처음으로 흔들렸다. 20년 후에는 베트남에서 굴욕적인 패배를 겪었다. 베트남전쟁은 두 가지 점에서 타격이었다. 그것은 대국이 소국에 자신의 의지를 강요하기 위해 군사력을 이용할 수 없음을 보여주었다. 미국 내 및 전 세계에서의 여론과 공산주의 강국들에 의한 보복 위협 가능성이 하노이를 완전히 파괴하기 위해 사용될 수 있었던 미국의 화력을 제한했다. 이렇게 제한된 무력과 인기 없는 정권을 지탱하는 데 따르는 정치적으로 불리한 입장이 미국의 정책을 실제적으로 불구로 만들었다. 국내적으로도 베트남전쟁은 저항과 불만의 물결을 폭발시켰고, 국가와 정부 당국의 정당성에 대해 의문을 제기하게 했으며, 그러한 것들이 초래할 결과는 아직도 알 수 없다.

내가 이 글의 제1절에서 지적했듯이, 전쟁에 의한 굴욕을 딛고 일어설 수 있는 능력은 모든 나라의 시금석이고, 미국은 앞으로 10년 동안 베트남 개입이 초래할 결과와 맞서 싸우지 않을 수 없을 것이다. 그러나 어떤 대통령의 레토릭에도 불구하고, 베트남에서의 경험은 미국이 세계에서 자신의 '의지'를 강요하는 데, 그리고 어떤 힘을 검증하거나 자신의 힘에 대한 어떤 도전에 맞서는 데 무력을 행사할 수 있는 능력에 실제로 제한을 가할 것으로 보인다. 그리고 '의지'와 무력의 위협 없이는 어떠한 패권도 있을 수 없다.

그러므로 다음 몇십 년 동안 정치적·경제적 이유 때문에 미국은 세계 권력의 중심으로부터 후퇴할 수도 있다. 어떤 새로운 세계체계가 형성될 것인지를 말하기는 어렵다. 왜냐하면 특히 앞으로 10년 동안은 너무나도 많은 것이 우연성에 달려있을 것이기 때문이다. 공산주의 중국의 정치적 승계와 주요 공산주의 강국 간의 공공연한 대립 또는 화해 가능성, 라틴아메리카에서의 정치적 불만의 증대(이는 미국을 사로잡고 자신의 주의를 주로 반구의 패권에 집중시키게 할 것이다), 인도의 정치적 안정, 지중해에서 공산주의 세력의 확대, 그리고 중동에서의 평화 균형이 그것들이다. 이 모든 것이 불확실하다.

당분간은 미국이 여전히 최고의 강국일 것이지만, '세계의 경찰관'이라는 이타주의적인 윌슨식 시각에서 보더라도, 그리고 '자본주의적 경제지배'라는 냉정한 조작적 관점에서 보더라도 미국은 패권 권력이 될 수 없을 것이다. 또 (다음 글에서 논의하듯이) 미국은 그 자신의 정치적 안정성을 유지하는 데도 많은 어려움을 겪을 것이다.

어쩌면 기존의 국가사회를 분열시키는 원심력이 1970년대를 규정하는 가장 현저한 특징이 될지도 모른다(왜냐하면 경제적·사회적 문제가 급격히 증가하고 있지만, 사회는 그러한 문제들을 관리할 수 있는 능력을 가지고 있지 못하기 때문이다). 1975년에서 1985년 사이에 스코틀랜드에서처럼 오랫동안 잠자고 있던 교구적 민족주의 감상이 팽배해져 웨스트민스터로부터 독립(특히 경제적 독립)을 요구할 때, 우리는 영국의 붕괴를 목도할 수도 있다. 유고슬라비아에서는 연방을 구성하고 있는 공화국 간에 존재하는 긴장 때문에 티토의 사망 이후에도 연방공화국이 통일을 유지해갈 수 있을지 불분명하다. 중국에서는 확고한 정치적 하부구조가 존재하지 않기 때문에(이는 당과 군 모두가 충분한 권위를 가지고 있지 못하기 때문이다) 새로운 권위가 출현하기 전까지는 그곳에서 새로운 지역주의의 성장, 군부독재, 새로운 문화혁명의 소용돌이가 발생할 가능성이 있다. 소련에서는 생산성 저하, 크고 복잡한 사회를 관리하는 데 따르는 어려움, 그리고 보다 중요하게는 인종적 정체성의 분출과 (출생률 차이에 따른) 대(大)러시아인, 우크라이나인, 우즈베크인 및 그 밖의 소수민족들의 인구비율 변화, 이 모두가 엄청난 정치적 긴장을 만들어낼 수도 있다. 곡물 수확에 차질을 겪고 있는 인도—이는 부분적으로는 규모를 관리할 능력이 없고 부분적으로는 석유 가격이 급등하여 에너지와 비료의 이용 가능성이 줄어들었기 때문이다—가 대규모의 혼란 없이 이 문제를 처리할 수 있을지도 의문이다. 이탈리아와 영국에서는 노동문제와 낮은 생산성, 무역 및 국제수지의 불균형, 두 자릿수의 인플레이션이 두 나라를 국가적 파산으로까지 몰고 가서 양극화된 사회적 갈등을 초래할 수도 있다.

이 우울한 시나리오들—예언이 아니라 단지 가능성이지만—에도 불구하고, 미국의 상태는 비교적 밝을 수도 있다. 미국은 일정한 비용을 대가로 하여 상당한 경제적 자립을 이룰 수도 있다. 가장 중요한 경제문제인 인플레이션은 어느 정도 통제할 수 있을 것으로 보인다. 하지만 중요한 사회학적 곤란은 매우 개인주의적이고 욕구가 매우 부르주아적인 기질을 지닌 미국이 집합적 해결책의 기술 또는 사적 이익에 반하는 것으로서의 공적 이익 관념을 기꺼이 받아들이는 기술을 완전히 습득한 적이 전혀 없다는 점이다.[17] 나는 결국 미국—또는 어떤 민주적 정체—이 자신의 문제를 적절히 다룰 수 있는 능력은 정체가 '공공가계'에 대한 일정한 개념을 끌어낼 수 있는 능력에 달려있다고 주장할 것이다. 내가 이제 논의해야 하는 것이 바로 이 문제다.

---

17) 나는 미국의 역사와 기대라는 맥락에서 미국의 '갱년기' 문제를 탐구한 바 있다. 나의 글 "The End of American Exceptionalism," *The Public Interest*, no. 40(Fall 1975)을 보라.

제6장 공공가계

'재정사회학'과 자유주의 사회에 대하여

I

경제학의 고전적 전통에서 경제활동에는 두 가지 영역이 있다. 하나는 농장을 포함한 **가정가계**(domestic household)로, 거기서 생산된 제품은 시장에서 거래되지 않기 때문에 그것의 가치가 평가되지 않는다(주부는 임금을 지불받지 않으며, 농장에서 소비되는 생산품은 언제나 GNP 계산에 포함되지 않는다). 다른 하나는 **시장경제**로, 거기서는 재화와 서비스의 가치가 화폐교환 속에서 표시되는 상대적 가격에 의해 측정된다. 그러나 오늘날에는 이 두 영역보다 더 중요한 제3의 영역이 존재한다. 이는 지난 25년 동안 표면화되어 왔으며, 앞으로 25년 동안 훨씬 더 결정적 역할을 할 것이다. 이것이 바로 **공공가계**(public household)다.[1] 아래에서 분명하게 규명하는 이유에서 나는

---

1) '공공가계'라는 표현은 1920년대에 독일과 오스트리아의 사회학적 경제학자들이 국가재정 문제를 다룰 때 일반적으로 사용했던 용어다. 저명한 오스트리아 경제학자 프리드리히 폰 비저(Friedrich von Wieser)는 1924년에 처음 발표한 고전적인 글에서 다음과 같이 적고 있다. "공공경제는 흔히 국가가계로 또

'공공재정'(public finance)이나 '공공부문'(public sector)이라는 보다 중립적인 용어보다는 가족문제와 공동의 삶을 사회학적으로 함의하는 '공공가계'라는 용어를 더 선호한다.

정부예산에 표현되어있듯이, '공공가계'란 국가의 세입과 지출을 관리하는 것이다. 공공가계는 보다 넓게는 사적 욕구와 대립되는 것으로서의 공적 필요와 공적 욕구를 충족시키기 위한 매개 수단이다. '공공가계'는 사회에서 정치세력들이 등장하는 무대이기도 하다. 거의 60년 전에 사회주의 경제학자 루돌프 골드샤이드(Rudolf Goldscheid)가 썼듯이, "예산은 모든 현혹적인 이데올로기를 벗겨버리고 남은 국가의 뼈대다."

그런데도 우리가 공공가계에 대한 어떠한 사회학적 이론도 가지고 있지 않다는 사실은 특이한 일이다. 우리는 가정가계에 대한 포괄적인 이론을 가지고 있다. 사실 아리스토텔레스의 『정치학』(Politics)은 '가계에 관한 이론'으로 시작한다. 오이코노미아(oikonomia), 즉 가계 관리는 그가 가정경제와 정치경제 그리고 각각에 적합한 원리를 논의하기 위한 토대였다. 시장경제와 관련해서는 우리는 기업이론, 시장의 거래를 설명하는 일반균형이론, 그리고 (존 로크와 애덤 스미스의 저술에서 볼 수 있는 것과 같은) 상호교환을 통한 개인의 이익 증

는 경우에 따라서는 카운티가계, 도시가계로, 또는 일반적으로는 공공가계로 일컬어진다. ……국가경제(state economy)는 본질적으로 공동 지출 경제다. 그러나 그것 자체는 어쨌든 사적 가계와 어떤 비슷한 점을 가지고 있다. 이러한 점에서 공공가계라는 현재의 용어는 부적절한 것이 아니다." Friedrich von Wieser, "The Theory of the Public Economy," in Richard A. Musgrave and Alan T. Peacock eds., *Classics in the Theory of Public Finance*(New York: St. Martin's Press, 1964).

공공가계라는 관념은 리처드 A. 머스그레이브(Richard A. Musgrave)가 그의 훌륭한 저서 『공공재정이론』(*The Theory of Public Finance*, New York: McGraw-Hill, 1959)에서 체계화한 개념이다.

대를 정당화하는 일단의 철학을 가지고 있다. 하지만 우리는 공공재정의 경제학과 정치학에 대한 어떠한 통합된 이론도 가지고 있지 않으며, 과세라는 중요한 문제를 둘러싼 계급과 사회집단 간의 구조적 갈등에 대한 어떠한 사회학도, 그리고 사회에서 '공공가계'의 중심성에 기초한 분배정의이론을 시도하는 어떠한 정치철학도 가지고 있지 못하다(최근의 존 롤스John Rawls를 제외하면 사회주의 저술가들 사이에도 전무하다).[2]

나는 이와 같은 가정가계, 시장경제, '공공가계'의 구분과 그것들

---

[2] 리처드 머스그레이브는 다음과 같이 말했다. "경제학자들은 소비자 가계, 기업, 협동조합, 노동조합, 그리고 경제 내의 여타 정책 결정 단위들의 문제들을 고찰하는 이론을 정식화하는 데 많은 관심을 기울여왔다. 많은 부분이 여전히 설명되지 않고 남아있지만, 우리는 이들 문제를 탐구할 수 있는 매우 적절한 틀을 자랑스럽게 내세울 수 있다. 그러나 공공부문에 부합하는 이론을 발전시키려는 간헐적인 시도들과 관련해서는 그만한 성공을 결코 내세울 수 없다." (*Ibid.*, p. 4)

머스그레이브의 저서 이래로 '재정정치학'에 관한 연구가 점점 더 많이 이루어져 왔지만, 그중에서 가장 주목할 만한 가치가 있는 것이 Aron Wildavsky, *The Politics of the Budgetary Process*(Boston: Little, Brown, 1964)와 William Niskanen, *Bureaucracy and Representative Government*(Chicago: Aldine, 1971)다. 이러한 연구들은 대체로 관료기구의 행동을 주로 강조하며 예산책정을 둘러싼 '내부' 정치공작을 다루어왔다. 그러나 그것들은 이 문제들을 보다 광범한 경제·사회정책 문제나 사회 속에서 사회집단에 미치는 영향과 결부시키지 못했다.

'재정정치의 사회학'을 발전시키고자 한 가장 야심 찬 시도가 James O'Connor, *The Fiscal Crisis of the State*(New York: St. Martin's Press, 1973)다. 오코너(James O'Connor)는 마르크스주의적 관점에서 서술하고 있다. ("정부지출의 양과 구성, 그리고 조세부담의 분배는 시장의 법칙에 의해 결정되는 것이 아니라 오히려 계급과 집단 간의 사회적·경제적 갈등을 반영하며 또 그것에 의해 구조적으로 결정된다."(p. 2)) 의외로 오코너의 연구는 사회의 형태를 재구성하는 데서 국가재정이 수행하는 결정적 역할을 파악하고자 하는 몇 안 되는 노력 중 하나다. 그의 주장과 관련하여 펼치는 아래의 논의에서 분명해지겠지만, 나는 그의 정식화에 전혀 동의할 수 없다. 하지만 나는 그의 노력으로부터 그리고 특히 그가 제시한 골드샤이드와 슘페터에 대한 독해에서 많은 도움을 받았다.

각각의 근원을 이루는 독특한 원리가 선진 산업사회의 기본적인 정치적·사회학적 딜레마를 이해하는 데 결정적이라고 믿고 있다.

가계의 본질은 사물—가정의 재화, 촌락의 초원, 도시의 방어—을 공유하는 것에 있으며, 반드시 공공재에 대한 어떤 공통의 이해에 도달해야만 한다. 그러나 가계는 그것 이상이다. 아리스토텔레스가 『정치학』 제1책 제13장에서 논급하듯이, "……가계의 경영은 생명 없는 재산보다 인간존재에 더 관심을 기울인다. 그것은 좋은 재산상태—우리가 부(富)라고 부르는 것—보다는 좋은 인간 상태에 더 관심을 기울인다……."

고대세계에는 현대적인 의미에서의 어떠한 경제원리도 존재하지 않는다.[3] 가정가계의 목적은 사용을 위한 생산, 즉 자급자족을 위한 생산이다. 전문화 또는 분업을 통해 더 잘 살 수 있을까 하고 따져보

---

3) 이 주장을 정교화하고 있는 것으로는 M.I. Finley, *The Ancient Economy*(London: Chatto and Windus, 1973)를 보라. 핀글리(Moses Isaac Finley) 교수는 다음과 같이 쓰고 있다. "[알프레드] 마셜(Alfred Marshall)의 책 제목 『경제학의 원리』[*Principles of Economics*]는 그리스어나 라틴어로 번역될 수 없다. 왜냐하면 두 나라 말로 노동, 생산, 자본, 투자, 소득, 순환, 수요, 기업가, 효용과 같은 기본적인 용어들을 적어도 경제분석에 요구되는 추상적인 형태로 번역할 수 없기 때문이다. 이것을 강조하면서 내가 제시하고자 하는 것은 고대인들이 산문을 모르면서 산문을 말하는 몰리에르(Molière)의 주르댕(Monsieur Jourdain)과 비슷했다는 것이 아니라 그들은 사실상 '경제' 개념을 결여하고 있었고 그렇기에 그들은 우리가 '경제'라고 부르는 것을 함께 구성하는 개념적 요소들을 결여하고 있었을 수밖에 없다는 것이다. 물론 그들도 농사짓고 거래하고 제조하고 채광하고 세금을 내고 화폐를 주조하고 돈을 예금하고 빌려주었으며, 기업활동을 통해 돈을 벌기도 하고 망하기도 했다. 그리고 그들은 그러한 활동들에 대해 말과 글로 토론했다. 하지만 그들은 그러한 특정 활동들을 개념적으로 하나의 단위에, [탤콧 파슨스]의 용어로는 '사회의 분화된 하위체계'에 결합시키지 않았다. 이것이 바로 지식의 분과들을 부호화하려는 계획을 가지고 있던 아리스토텔레스가 그 어떤 『경제학』이라는 책도 쓰지 않았던 이유였다."(p.21)

는 일은 전혀 없다. 직공이나 장인은 불특정한 '고객'이나 시장을 위해 생산을 일반화하기보다는 특정한 고객을 위해 주문을 받아 생산했다(이를테면 고객의 치수와 생김새에 따라 옷을 지었다).

분배원리는 간단하다. 가장이 필요한 결정을 내리지만, 식탁 위에서는 단순한 배분이 이루어진다. 누구도 자신이 기여한 정확한 비율로 음식을 배정받지 않는다(비록 가장이 가장 큰 몫을 차지할 수도 있지만). 각자는 자신의 필요에 따라 가져간다.

이를 지배하는 관념이 바로 **필요**라는 관념이다. 아리스토텔레스에 따르면, 인간은 자연적인 필요 —즉 충분한 음식과 옷, 비·바람으로부터의 피난처, 병환 중의 보호, 성교, 교제 등—를 가진다. 그러나 생물학적으로 파생된 이러한 필요들은 제한되어있으며 충족시킬 수 있는 것이다. 가정경제와 정치경제에서 가계를 경영하는 기술은 이러한 자연적 제한에 따르게 하는 것이다. 획득은 가계의 목적(즉 자연적 필요)에 의해 결정된 규모 내로 제한된다. 아리스토텔레스는 무제한적인 획득, 즉 대체로 이기적인 금전적 이득을 지향하는 획득을 **이재적**(理財的, chrematistic)이라고 불렀다. 그것은 무제한적이기 때문에 '비(非)자연적'이었다. (그리스어에서 어근 chremata가 사물을 의미한다는 것은 주목할 만하다).

소비자주권의 원리에 의해 규정되는 시장경제에서 사람들이 무엇을 생산할 것인가는 소비자로서의 개인 또는 가구의 기호에 부합하게 집합적으로 결정된다. 자본주의 시장경제 —사적 경제 또는 국가경제—에서는 생산에서 얻어진 이익이 개인적 또는 사치적인 목적으로 사용되는 것이 아니라 보다 많은 소비자에게 보다 많은 또는 저렴한 물건을 공급하기 위해 생산설비에 재투자된다. 사적 기업경제에서 그러한 자본 사용에 대한 결정은 최고의 이익에 대한 개인적 판단에 따라 개인에 의해 결정된다. 그리고 공적 기업경제에서는 선출된 공직자 또는 정치 관료에 의해 그러한 결정이 내려진다.

시장경제가 비록 역사적으로 근대의 사적 자본주의의 발흥과 연계되어있지만 하나의 메커니즘으로서의 그것이 반드시 그 체계에만 한정되지 않는다는 것을 이해하는 것이 중요하다. 엔리코 바로네(Enrico Barone) 그리고 후일 오스카 랑게(Oskar Lange) 같은 저술가들은 사회주의적 시장경제도 완전히 가능하며 시장은 독점 또는 과점에 의해 항상 그 운영이 왜곡되는 현대 자본주의하에서보다 사회주의하에서 더 효율적으로 작용할 수 있다고 주장한다.

사회학적으로 볼 때, 현대 시장경제의 특징은 그것이 부르주아 경제가 되어왔다는 점이다. 이는 두 가지를 의미한다. 첫째는 생산의 목적이 공적인 것이 아니라 개인적인 것이라는 점이고, 둘째는 재화 획득의 동기가 필요가 아니라 욕망이라는 점이다.

부르주아 사회에서는 국가가 아니라 개인이 단위며, 개인의 목적이 사회에서 더 중요하다. 이것이 19세기의 자유 개념이었다. 이 자유개념이 개인이 가족, 공동체, 국가에 대한 귀속적 유대로부터 벗어나고, 스스로에 대해 책임을 지고, 자신의 야망에 따라 자기를 만들고 또는 심지어 개조하는 것을 정당화했다. 경제용어로 말하면, 이제 각자는 자신을 위해, 즉 자신이 선택한 목적을 위해 일하고 저축했다 (또는 그가 중간계급일 경우 그는 자주 상층계급을 모방하고자 하는 목적에서 그렇게 했다).[4]

---

4) 그러나 그러한 경제적 자유는 특히 영국에서 1834년 구빈법 개정 이후에는 강제의 한 형태이기도 했다. 교구의 구호활동 종식과 함께, 특히 스핀햄랜드(Speenhamland)의 실험 이후에 개인들은 일을 하거나 아니면 굶어 죽을 것을 강요받았다. 맬서스(Thomas Robert Malthus)와 윌리엄 타운샌드(William Townsend) 같은 영국의 성직자들은 그러한 고통을 받지 않는다면 배고픈 사람들은 여전히 나태하고 게으른 상태로 남아있고 개인적 책임감을 결여하게 될 것이라고 믿었다. 에드먼드 버크(Edmund Burke) 같은 휘그당원들은 사회를

그러나 확장되고 있는 지평선처럼 자신이 욕망하는 것에 대한 개인의 인식도 무한해졌다. 부르주아 사회에서는 '욕구' 충족의 토대가 생물학에서 심리학으로 대체되었다. 이를테면 부르주아 사회의 철학이 공리주의, 즉 쾌락과 고통의 쾌락주의적 계산, 또는 공리주의의 창시자인 벤담이 만든 서툰 신조어로 극대화였다는 것은 결코 우연이 아니다. 아리스토텔레스의 용어로 표현하면, 욕망이 필요를 대체했다. 그리고 욕망은 그 본성상 무한하며 만족시킬 수 없는 것이다. 사치를 위한 축적 —비록 자본축적은 아니지만— 을 제한하는 데 기여했던 프로테스탄트 윤리가 근대 부르주아 사회로부터 떨어져 나가자, 쾌락주의만이 남았다. 경제원리 —효율성과 수익의 합리적 계산— 가 생산을 증대시키기 위한 수단(이를테면 자본과 노동의 가장 효율적인 결합, 또는 직무와 기능의 전문화)을 선택하는 데서 작동해왔지만, (서구 부르주아적 형태에서뿐만 아니라 소비에트 공산주의적 형태에서도) 사회경제체계를 추동하기 시작한 엔진은 사적 욕망과 끝없는 목적이라는 방탕한 관념이었다.

공공가계 —다양한 사적 욕망에 기여하고자 하는 시장과 대비되는 것으로서의— 는 항상 공통의 필요를 충족시키기 위해, 즉 개인들이 스스로 구매할 수 없는 재화와 서비스(이를테면 군사적 방어, 철도 등등)를 제공하기 위해 항상 존재해왔다.[5] 하지만 최근 40년 동안 공공가계의 성격은 그것이 세 가지 새로운 과업에 헌신함으로써 변

'가계'의 관점에서 보았고 가난한 자들을 돌보는 것은 나라의 책임이라고 생각했다.
5) 경제학자들의 용법에 따르면, 공공재와 공공서비스는 개인의 심리적인 선호나 집단의 이데올로기적 요구가 아니라 생산의 기술적 성격에서 비롯된 것이다. 그것들은 개인의 선호에 따라 나눌 수 없는 재화나 서비스이거나, 또는 외부효과가 커서 공적 조치가 요구되는 곳에서 발생하는 재화와 서비스이다.

화해왔다.[6)]

첫 번째 과업은 1930년대에 있었던 일로, 규범적 경제정책을 수립하는 것이었다. 대공황의 발생은 정부 당국의 의식적인 조치만이 나라를 삼켜버린 위기로부터 나라를 구해낼 수 있다는 것을 분명하게 해주었다. 그 이후로 경제의 관리는 정부의 중심적인 역할이 되었다. 정부지출은 경제활동 수준을 조절한다. 조세와 금융정책은 투자 시기를 관리한다. 이전지출(移轉支出)은 사회보장, 보조금, 세입교부 등을 통해 부분적으로 소득을 재분배한다. 일반적으로 모든 근대 정체는 할당, 재분배, 안정화, 성장의 기능을 수행한다.

두 번째 과업은 1950년대에 생겨난 것으로, 과학과 기술을 뒷받침하는 것이었다. 과학기술의 많은 것이 군사기술혁명을 통해 방위와 연계되어있지만, 보다 근본적인 사실은 과학이 중심적인 것이 되었다는 점과 연구들 ―기초과학에서부터 체계분석에까지 이르는― 이 경제적 혁신(이를테면 컴퓨터, 전자, 광학, 고분자와 같은 과학에 기초한 산업의 발전)과 경영·경제정책에 체계적으로 이용되고 응용된다는 점이다. 과학과 기술의 연계 관계는 이제 뗄 수 없는 것이다. (산업혁명 동안에는 그렇지 않았다.) 사회에서 기술·행정계급의 팽창은 비록 그 성장률이 둔화될 수 있지만 거의 가역 불가능하다. 이러한

---

6) 어떠한 과정도 이처럼 갑작스럽지는 않다. 그리고 사회학자들은 이처럼 다소 임의적인 삼분법을 사용함으로써 항상 역사학자들을 격노하게 해온 것도 사실이다. 19세기 초에 미국 정부는 수로를 만들고 공유지를 제공하고 철도에 보조금을 지급하는 대규모 조치를 취하기 시작했다. 그리고 시어도어 루스벨트(Theodore Roosevelt)의 트러스트 해체는 20세기 첫 10년 동안에 경제에 대한 중대한 개입을 의미하는 것이었다. 그러나 나는 이러한 변화의 시기를 정부가 경제를 관리하기 위해 의식적으로 노력하기 시작한 1930년대로 보고 있다. 그리고 누군가는 그러한 변화의 중요성을 나타내는 지표로 뉴딜에 대한, 그리고 프랭클린 루스벨트에 대한 대기업의 격렬한 적대행위를 들 수도 있다.

변화의 결과 정부는 과학정책(과학과 관련된 모든 일의 약 3분의 2가 지출과 인원 면에서 직·간접적으로 정부에 의존하고 있는 것으로 추정되었다)과 고등교육에 직접 관여하게 되었다. 누가 얼마나 교육받아야 할 것인가, 대학원 교육에 그리고 어느 분야에 얼마를 지출할 것인가는 그 중요성 면에서 볼 때 더 이상 개인의 선택 문제가 아니라 정부정책의 문제다.

세 번째 과업은 1960년대에 생긴 것으로, 규범적 사회정책에 헌신하는 것이었다. 그러한 정책들에는 시민적 권리, 주택과 환경 정책, 의료보호, 소득지원(오늘날 보다 품위 있는 표현으로는 복지정책 — 하지만 복지정책은 단지 가난한 사람들을 돕는 것보다 훨씬 더 광범한 함의를 지닌다)이 포함되었다. 그중 많은 것이 혼란스럽고 단편적이기는 했지만, 정부가 실제적인 복지국가를 구축하려 한 것만이 아니라 **모든 경제적·사회적 불평등의 결과를 시정하는 데에도 헌신했다는 점**은 당시에 전혀 인정받지 못했고 오늘날에도 여전히 인정받지 못하고 있다. 그중 많은 것이 멈칫거렸고, 아직까지 달성된 것은 거의 없을지도 모른다. 그러나 당시에 규범적 사회정책에 헌신했다는 사실은 역사적 분수령을 이루는 것이었으며, 그것 역시 이제 거의 돌이킬 수 없는 것이다.

그러한 헌신이 사회에 새롭고 깊은 딜레마를 만들어내고 있다. 우선, 온갖 문제와 갈등이 분명하게 드러났고 또 초점의 대상이 되었다. 누구도 시장경제와 산업혁명을 놓고 '투표하지' 않았지만, 오늘날에는 경제의 방향, 비용, 구제, 우선순위, 목적 등 모든 문제가 의식적인 사회정책의 문제가 되어 논란의 대상이 되고 있다.[7] 게다가

---

7) 하지만 세금 — 그리고 일반적으로는 국가예산 — 개념이 세입과 정부 비용 지출에 관한 것에서 경제의 방향 설정과 재분배를 위한 재정적 도구로 점차 그리고 아무런 계획도 없이 바뀌었다는 점, 그리고 세금은 애초부터 의식적인 공공

이제 공공가계는 공적 필요뿐만 아니라 사적 욕망까지도 표현하는 장
(場)이 되었다. 그것은 이제 경제성장에 대한 정부 책임의 형태나 공
동체에 기반한 다양한 사회적 요구——이를테면 모든 사람에 대한 고
등교육의 요구——의 형태를 취하고 있다. 무엇보다도 오늘날 배분을
결정하는 기본적인 권력은 경제적 권력이 아니라 정치적 권력이다.
그리고 이것은 자제라는 개념에 근본적인 의문을 제기한다. 사적 욕
망을 경제적으로 제약하는 것은 개인이 가지고 있는 돈의 양 또는 그
가 확증할 수 있는 신용의 정도다. 그렇다면 무엇이 정치적인 요구를
제약할 수 있는가?

　찰스 린드블럼(Charles Lindblom)은 다음과 같이 논평했다. "20세
기의 많은 거대한 수수께끼 중 하나는 본질적으로 자유민주주의적
인 사회에 살고 있는 많은 사람이 인간이 열망하는 다른 많은 가치를
실현하기 위해서뿐만 아니라 소득과 부(富)의 더욱 평등한 분배를
달성하기 위해서도 자신들의 투표권을 행사하지 않는다는 것이다.
……왜 사람들은 그렇게 하려고 노력하지 않는지에 대해서는 설명
이 필요하다." 이러한 노력이 이제 앞으로 이루어지리라는 것이 나
의 주장이다. 지금까지 공공가계는 그러한 노력이 효과적일 수 있는
장이 아니었다. 그러나 오늘날 공공가계는 제3의 부문 이상이다. 현
대 정체에서 그것은 점점 더 다른 두 부문을 흡수하고 있다. 그리고
공공가계의 중요한 측면은 예산, 즉 정부의 세입과 지출 수준이 재분
배 및 구제 메커니즘에서 중심을 차지하고 있다는 사실이다. 정부가
누구에게 얼마만큼을 지출할 것인가 하는 것이 분명 다음 몇십 년 동
안 주요한 정치적 문제가 될 것이다.

　공공가계가 '정치시장'이 된다는 사실은 서비스를 증대하라는 압

　정책 논쟁의 대상이 되지도 않았다는 점도 주목할 필요가 있다.

력과 그 비용을 지불하는 메커니즘——국가부채를 증가시키든가 아니면 세금을 올리는 것——이 반드시 서로 부합되지 않는다는 것을 의미한다. 따라서 사람들은 사회분석의 새로운 중심적 문제는 재정사회학——이는 슘페터의 용어다——이 될 것이며 조세 갈등이 계급투쟁의 새로운 장이 될 것——이것은 마르크스의 생각이다——이라는 점을 알게 된다.

재정사회학의 출현

슘페터는 1918년에 발표한 탁월하지만 무시된 논문 「조세국가의 위기」(The Crisis of Tax State)[8]에서 다음과 같이 주장했다. 한 사회의 재정의 역사는 "사회적 존재 및 사회적 생성(social becoming) 법칙에 대해, 그리고 국가의 운명을 추동하는 힘에 대해뿐만 아니라 구체적인 조건 그리고 특히 조직 형태들이 성장하고 사망하는 방식에 대해서도" 통찰할 수 있게 해준다. 그는 계속해서 다음과 같이 진술했다.

공공재정은 사회——비록 전부는 아니더라도 특히 사회의 정치적

---

8) 이 글은 스톨퍼(Wolfgang F. Stolper)와 머스그레이브에 의해 번역되어 *International Economic Papers*, no. 4(New York: Macmillan, 1954), pp. 5~38에 재수록되어 있다. 그 책의 편집자들은 서문 각주에서 다음과 같이 적절한 논평을 하고 있다. "「조세국가의 위기」는 슘페터의 주요한 사회-경제적 저술 중에서 가장 이해하기 어려운 것이었고 또한 영어로 번역되지 않고 남아있는 유일한 글이었다. 이 글은 근대 민주국가의 기원과 성격에 대한 역사적 분석을 조세사회학(sociology of taxation)과 결합시키고 있으며, 과세능력에 대한 이론을 개괄하고, (최근 수십 년 동안의 화폐개혁과 매우 유사한) 유동자산의 현금화에 의해 발생한 전후 인플레이션을 막기 위한 제안을 발전시키고 있다."

삶─를 연구하는 가장 좋은 출발점 중 하나다. 이 접근방식은 사회가 전환기에 처해있을 때, ……즉 기존 형태들이 하나씩 소멸하며 어떤 새로운 것으로 변화되기 시작하는 동안에, 그리고 종래의 재정수단들이 끊임없이 위기에 빠져있는 동안에 특히 더 유용해 보인다. ……그러한 경우에 항상 온갖 평가가 이루어지기 마련이지만, 우리는 분명 특별한 일단의 사실들, 특별한 일단의 문제들, 그리고 하나의 특별한 접근방식─요컨대 많은 사람이 기대해 맞이할 재정사회학이라는 특별한 분야─에 대해 말할 수 있다. (p. 7)

근대 조세국가─이는 슘페터의 '재정사회학'에서 중심을 이루고 있다─는 16세기와 그 이후 유럽 국가들의 왕과 군주가 특히 봉건적 신분제도가 붕괴되어 전쟁을 수행하기 위해 용병을 고용하지 않을 수 없게 되었을 때, 주로 전쟁 비용을 벌충할 필요 때문에 생겨났다. 따라서 세금이 징수되었고, 그리고 그 세금을 거두어들이고 그 돈을 지출하기 위한 관료제적 행정체계가 생겨났다. 그리고 이 새로 출현한 국가가 견고한 틀을 갖추어나감에 따라, 세금은 원래의 목적 이외의 목적에도 사용되었다.[9]

---

9) 슘페터는 다음과 같이 덧붙이고 있다. "이것이 바로 재정적 요구가 근대국가 탄생의 첫 번째 신호인 이유다. 이것이 왜 '세금'이 국가와 그토록 밀접한 관계에 있는지, 그리고 왜 '조세국가'라는 표현이 또한 중복어로 고려될 수 있는지를 설명해준다. 그리고 이것이 바로 재정사회학이 왜 국가이론으로 유익한지에 대한 이유다."(p. 19)

근대 조세국가가 중부 유럽에서, 즉 왕과 군주들의 세습가계가 공공가계로 변화된 곳에서, 그리하여 관료제가 최초로 출현한 곳에서, 그리고 영·미의 경험과는 달리 국가가 산업사회의 건설을 주도했던 곳에서 처음으로 발생한 것은 결코 우연이 아니다.

여기서 국가의 성쇠 — 군주제적 사회에서의 국가 팽창과 '빈약한' 국가를 원한 부르주아 사회에서의 국가 쇠퇴 — 를 추적하는 것은 불가능한 일일 것이다. 그러나 슘페터가 국가체계의 기원으로 묘사한 일반적 과정은 분명 하나의 사회학적 과정으로 재현될 수 있다. 슘페터는 다음과 같이 썼다.

국가가 공동의 필요 — 이것이 세금의 기원이었다 — 에 의해 요구되었던 세금을 징수하는 것 이상의 일을 한다는 것은 두말할 필요도 없다. 국가가 일단 하나의 실체로, 그리고 하나의 사회제도로 존재하게 되면, 그리고 일단 국가가 정부기구에서 일하고 자신들의 관심을 그것에 집중하는 사람들의 중심지가 되고 나면, 마지막으로 일단 국가가 그것에 대항하는 사람들에 의해서조차도 많은 일에 적합한 것으로 인정받고 나면, 일단 이 모든 일이 일어나고 나면, 국가는 한층 더 발전하고, 곧 더 이상 그 본성을 재정적 관점만으로는 이해할 수 없는 어떤 것으로 전화한다. 왜냐하면 재정은 하나의 봉사 도구가 되기 때문이다. 재정이 근대국가를 창출해왔다면, 지금은 국가가 자신의 편에서 재정을 조직화하고 확대하며, 사적 경제의 살 속으로 깊숙이 파고든다.[10]

10) *Ibid.*, p. 19. 슘페터는 또한 다음과 같이 논평했다. "세금은 국가를 만들어내는 데 도움을 준 것만이 아니다. 그것은 국가를 형성하는 데도 도움을 주었다. 조세제도는 기관(organ)이었고, 그 기관의 발전이 다른 기관들을 발생시켰다. 국가는 세금고지서를 손에 들고 사적 경제에 침투했으며, 점점 더 그것을 지배해나갔다. 세금은 그때까지는 돈과 타산적인 정신이 깃들지 않았던 구석구석에까지 그러한 정신을 심어주었고, 그리하여 자신을 발전시킨 바로 그 유기체 안에서 그것을 형성하는 하나의 요소가 되었다. 세금의 종류와 수준은 사회구조에 의해 결정된다. 그러나 일단 세금이 존재하게 되면, 그것은 이를테면 사회세력들이 구조를 변화시키기 위해 잡을 수 있는 핸들이 된다." (p.17)

국가의 권력—그리고 국가가 수행할 수 있는 자율적인 역할—
은 근대사회와 관련된 중요한 사실이다. 하지만 이상할 정도로 이러
한 국가의 역할—특히 경제문제에서 국가가 수행하는 역할—은
마르크스의 자본주의에 대한 논의에서 거의 어떠한 역할도 하지 않
았다. 마르크스주의 저술가인 루돌프 골드샤이드는 50년 전에 다음
과 같이 논평했다.

재정적 착취는 노골적인 노예제도를 제외하면 가장 오래된 착취
형태다. ……거의 모든 특권계급이 갖고 있던 특권은 조세특권이
었고, 그 계급은 대체로 과세계급이었다. ……이 모든 원초적 착취
형태들과 초기 자본주의 형태 속에서 공공재정과 조세체계가 결정
적 역할을 했다. 마르크스가 공적 부채가 최초의 자본축적 수단이
라고 묘사할 때, 그는 이 사실을 매우 분명하게 인식하고 있었다.
하지만 매우 이상하게도 그는 이 심오한 통찰력을 그의 전체 교의
속에 기능적으로 구축하는 데 실패했다.
  ……실제로 마르크스는 그의 결론에서 국가를 완전히 무시했고,
따라서 국가의 수취(收取)가 어떻게 사적 수취자들을 도왔는지를
관찰하는 데 실패했다.[11]

마르크스가 국가를 무시한 이유는 두 가지인데, 이것들은 마르크
스주의 이론의 한계를 이해하는 데 중요하다. 첫째, 마르크스는 국가
(정치적 상부구조)가 아니라 사회(경제적 하부구조)를 사회관계의 진
정한 중심지로 간주했다. 생산에서의 경제적 관계가 권력의 이해에

---

11) Rudolf Goldscheid, "A Sociological Approach to Public Finance," in
Musgrave and Peacock, *op. cit.*, pp. 204, 208.

결정적이었다. 국가는 그것의 근간을 이루는 경제적 힘의 반영이었으며, 경제적 지배계급의 도구일 수 있었다. 17세기에 출현한 국가는 군주제적 봉건질서의 한 측면이었고, 그것은 앞으로 부르주아 사회에 예속되게 될 것이었다.[12]

둘째, 마르크스는 부르주아 자본주의가 생산문제를 해결할 것이고(그리고 해결해왔다) 풍요에 필요한 메커니즘(비록 아직 경제적 사실까지는 아니지만)을 창출했다고 느꼈다. 마르크스가 볼 때, 자본주의의 모순은 사회적 노동과 사유재산 간의, 즉 생산의 협동적 성격과 개인적 소유 간의 괴리였다. 이것이 바로 사회진화 과정에서 사회주의가 자본주의 이후 필연적으로 발생할 수밖에 없는 다음 단계였던 이유다. 제1세대 마르크스주의 저술가들의 개념 속에서 사회주의는 하나의 분배개념이지, 경제 운영방식에 관한 이론이 아니었다. 행정은 하나의 단순한 문제로 간주되었다. 즉 행정문제는 (레닌이 『국가와 혁명』*State and Revolution*에서 생각했던 것처럼) 어떤 제화공도 다룰 수 있을 만큼 너무나도 단순한 것으로 생각되었다(여하튼 그가 모델로 삼은 것은 우체국이었다).

근본적인 점에서 마르크스의 이 두 가지 공리는 타당하지 않다. 자본의 문제 — 그것의 조달과 지출 — 는 저발전 경제들뿐만 아니라 선진 산업사회에서도 우리와 함께 하고 있는 여전히 매우 커다란 문

---

12) 마르크스가 국가문제와 씨름한 곳이 바로 그의 탁월한 팸플릿 『루이 나폴레옹의 브뤼메르 18일』(*The Eighteenth Brumaire of Louis Napoleon*)이었다. 그가 설명해야만 했던 문제는 부르주아계급이 지배하는 사회에서 어떻게 국가권력을 장악하여 시민질서의 이름으로 계급 간의 반목을 조종할 수 있는 '협잡꾼'이 출현할 수 있었는가 하는 것이었다. 마르크스는 정치권력과 경제권력을 구분한다. 그리고 그는 루이 나폴레옹이 중간계급의 정치권력을 파괴할 수 있었지만 그들의 '물질적' 권력(즉 경제권력)에는 도전하지 않았다고 인식한다.

제다. 경제적 사실 측면에서 볼 때, 이 문제는 항상 우리와 함께 할 것이다. 골드샤이드가 아주 옳게 지적했듯이,

모든 사회문제 그리고 실제로 모든 경제문제는 결국에는 재정문제로 귀착된다. 논의하고 있는 문제가 무엇이든 간에, 이를테면 그것이 화학의 진보가 가능하게 해준 놀라운 잠재성을 이용하기 위해 농업을 집약화하는 것이든, 또는 산업생산의 합리화든, 또는 우리의 문화적 진보 속에서 인간의 삶과 건강을 엄청나게 낭비하는 것을 피하기 위한 노력이든 간에, 우리는 항상 나중에야 수익을 창출할 수 있는 설비를 진전시키기 위해 자본이 필요하다. 이러한 의미에서 자본주의는 영원한 경제적 범주의 하나이며, 그 과업이 공적 경제의 과업인지 아니면 사적 경제의 과업인지는 중요하지 않다.(p. 212)

게다가 우리는 국가의 '복귀'를 목도해왔다. 마르크스 — 그리고 정통 마르크스주의자들 — 는 자본주의의 필연적 위기에 국가가 경제에 개입하여 경제를 안정화시키고 지도할 수 없다고 생각했다. 사실 대공황 동안에 사회주의자들(사회주의의 고전적 저작 『금융자본』 *Das Finanzkapital*의 저자로 오스트리아계 독일인 거물 사회주의 경제학자 루돌프 힐퍼딩Rudolf Hilferding을 포함하여)이 독일과 영국에서 공직에 있을 때, '과잉생산'의 위기는 경과해야만 하는 것이기 때문에 정부는 그 위기를 관리하기 위한 어떠한 조치도 취하지 않았다(단지 디플레이션에 대한 고전적인 자본주의적 대응만 했고, 이는 위기를 더욱 심화시켰다). 이것이 바로 마르크스주의가 가르친 것이다.[13]

---

13) 대공황 동안의 사회주의적 경제정책에 대한 논의로는 Adolf Sturmthal, *The*

제임스 오코너(James O'connor)는 골드샤이드에 기초하여 국가예산의 중요성과 관련하여 마르크스주의적 국가이론을 수립하고자 노력하면서, 그 딜레마를 다음과 같이 제시했다.

우리의 첫 번째 전제는 자본주의 국가가 두 가지 기본적인 그리고 자주 서로 모순되는 기능 —축적과 정당화— 을 수행해야만 한다는 것이다. 이것은 국가가 이윤획득을 위한 자본축적이 가능한 조건을 유지하거나 창출하기 위해 노력해야만 한다는 것을 의미한다. 하지만 국가는 또한 사회적 조화의 조건을 유지하거나 창출하기 위해 노력해야만 한다. 한 계급이 다른 계급을 희생하여 자본을 축적하는 것을 돕기 위해 공공연히 강제력을 사용하는 자본주의 국가는 그 정당성을 상실하고, 그리하여 그것에 대한 충성심과 지지 기반을 침식한다. 그러나 자본축적 과정을 도울 필요성을 무시하는 국가는 자신의 권력의 원천 —즉 경제의 잉여생산 능력과 그러한 잉여(그리고 자본의 다른 형태들)로부터 추출하는 세금— 을 고갈시키는 위험에 처한다.[14]

Tragedy of European Labor(New York: Columbia University Press, 1943), chs. 4~10을 보라.

하지만 골드샤이드는 1925년에 쓴, 그 당시에는 무시되었던 글에서 다음과 같이 지적했다. "마르크스에서부터 오늘날까지 다른 모든 점에서는 부르주아 경제이론과 재정이론을 그토록 경멸하는 선도적 사회주의 이론가들 거의 모두가 한 가지 점, 즉 조세개혁과 공공재정개혁이 대체로 기존 사회질서 속에서 그 어떤 것도 변화시킬 수 없으며 재정정책은 사회문제 해결에 거의 또는 전혀 기여할 수 없다는 데에는 그렇게 전적으로 동의하고 있다는 것은 우스꽝스럽고도 매우 이상한 일이다."(p.209)

14) James O'Connor, _The Fiscal Crisis of the State_(New York: St. Martin's Press, 1973) p.6. 강조는 원저자.

오코너는 절반만 옳다. 이것은 자본주의 국가의 중심적 딜레마다. 그러나 이것은 국가가 주도적 역할을 수행해온 모든 산업사회 또는 산업화 과정에 있는 모든 사회에 해당된다. 즉 그것은 알제리에서와 마찬가지로 소련에서도 사실이다. 모든 국가는 자본축적의 계산(그리고 소비의 억제)과 주민들의 사회적 필요와 요구 사이에서 균형을 잡아야만 한다. 이러한 점에서 알제리와 스스로를 사회주의 국가라고 부르는 다른 나라들 대부분과 마찬가지로 소련 역시 국가자본주의 사회다.

이른바 사회주의 국가와 서구 자본주의 국가의 근본적인 차이는 소유관계보다는(비록 사적 소유가 경제적 지배계급에게 어울리지 않는 정도의 정치권력을 제공해왔지만) 정체의 성격, 즉 시민들이 공공가계를 인식하는 방식에 있다. 오코너는 "한 계급이 다른 계급을 희생하여 자본을 축적하는 것을 돕기 위해 공공연히 강제력을 사용하는 자본주의 국가는 그 정당성을 상실하고, 그리하여 그것에 대한 충성심과 지지 기반을 침식한다"라고 썼다. 그러나 이러한 위험을 무릅쓰는 것은 '자본주의 국가'가 아니라 민주적 정체이다. 소련에서는 자본축적을 위해 공공연하게 강제력이 동원되고(임금이 억제되고, 파업이 금지되고), 새로운 관료계급이 이익을 얻어왔다. 소련이 그렇게 할 수 있었던 것은 이데올로기(공산주의 유토피아의 약속)와 공포(비밀경찰) ─전체주의 국가나 의사(疑似) 전체주의 국가들이 이용할 수 있는─를 결합시키고 있기 때문이다. (최근에는 이데올로기의 약화와 함께 그리고 절대적 공포를 유지할 수 없어짐에 따라, 공산당은 자신의 권력 토대를 확대하고 중요한 정책 결정에 관리계급의 다른 성원들을 포함시키는 새로운 방법을 발견하지 않는 한 정당성을 상실할 위험에 처해있다.)

근대 서구 민주주의 정치와 관련한 사회학적 사실은 정치체계가 모든 종류의 이해당사자들 ─ 인종적, 경제적, 직능적(이를테면 군사적), 관료제적 ─ 이 요구자가 되는 보다 넓은 각축장이라는 점이다. 공공가계의 정치적·철학적 문제는 국가가 자본축적과 정당화라는 이중의 기능을 수행해야만 한다는 사실에서 파생한다. 즉 국가는 (외교정책에서 국익에 대한 일정한 통일된 개념을 가지고 있어야 할 뿐만 아니라) 공공선에 대한 일정한 통일된 개념에 의거하여 경제에 통일된 방향을 제시해야만 한다. 그리고 국가는 또한 권력에 토대하여 또는 일정한 규범 철학적 기준에 의하여 서로 다른 유권자들의 상충하는 요구사항들을 판결해야만 한다. 전자의 업무 속에서 국가는 통솔과 지도라는 자율적인 기능을 가지며, 후자의 업무 속에서 국가는 가장 나쁘게 말하면 권력의 각축장이고 가장 좋게 말하면 하나의 규범적 심판자다.

근대 공공가계와 관련한 사회학적 딜레마는 그것이 전통적 의미에서의 공적 필요를 충족시켜주어야 할 뿐만 아니라, 그것이 불가피하게 개인적 욕망과 집단적 욕망을 충족시키기 위한 각축장이 되었고, 그리하여 필연적으로 수요가 세입에 의해 또는 그러한 요구에 적합한 사회학적 지식에 의해 쉽게 처리될 수 없게 되었다는 것이다. 첫번째 점과 관련하여 슘페터는 55년 전에 다음과 같이 선견지명 있는 언급을 했다.

국가의 재정능력은 그것이 자명하고 사회주의 공동체에도 타당할 수 있다는 의미에서뿐만 아니라 훨씬 더 좁고 까다로운 의미에서도 그리고 보다 괴로운 조세국가라는 의미에서도 한계를 지닌다. 만약 점점 더 많은 공공지출의 요구가 국민의 뜻이라면, 만약 사적 개인들이 달성할 수 없었던 목적을 위해 점점 더 많은 수단을 사용할 것이 요구된다면, 만약 그러한 의지의 배후에 점점 더 많은 권력이 자리하고 있다면, 그리고 마지막으로 만약 모든 부문의 국민이 사유재산과 삶의 형태에 대한 완전히 새로운 관념에 사로잡힌다면, 조세국가는 그 자신의 생명을 다하게 될 것이며, 사회는 경제를 위해 이기심보다는 다른 동력에 의존해야만 할 것이다. 이러한 한계와 함께 조세국가가 살아남을 수 없게 만들 위기는 분명 도래할 수 있다. 조세국가가 붕괴할 수 있다는 것에는 의문의 여지가 없다.(p. 24)

자격상승혁명

콩도르세와 토크빌은 근대사회의 특징은 평등을 요구한다는 것이라고 주장했다. 이 추동력은 150년 전에 강력한 정치적 힘으로 처음 출현한 이래 오늘날까지 계속되고 있다. 그러나 이 세기의 세 번째 사반세기에 평등의 요구는 더 광범한 일단의 권리 — 정치적 권리, 시민적 권리, 사회적 권리 — 에 대한 요구, 즉 공동체에 기반한 권한으로 확장되어왔다.[15]

분명한 것은 지난 25년 동안 서구사회의 주요한 특징 중 하나였던

---

[15] 사람들은 이러한 권리들을 위한 투쟁이 얼마나 최근에 시작되었는지를 망각한다. 정치적 권리, 특히 보통선거권은 겨우 50여 년 전에 남녀 모두에게 주어졌다. 그리고 유럽의 몇몇 나라들(벨기에, 오스트리아, 독일)에서는 투표권을 얻기 위해 노동계급이 총파업을 벌였다. 미국 남부에서 흑인이 법적으로 투표권을 보호받은 것은 15년도 채 안 되었다. 시민적 권리는 전통적인 언론·집회의 자유를 포함한다. 그러나 시민적 권리에는 또한 모든 공공장소에 접근할 수 있는 권리, 자유롭게 여행할 수 있는 권리 등도 포함되며, 많은 나라에서는 여전히 이 후자의 권리들이 박탈되고 있다. 사회적 권리들 — 경제적 보장, 사회 서비스, 교육에의 접근 등 — 은 여전히 협상 중에 있다.

기대상승혁명이 앞으로 25년 동안 자격상승혁명으로 변화될 것이라는 점이다. 이것은 모든 가족이 적절한 생활수준을 유지할 수 있는, 기본적인 최소한의 소득을 요구하는 형태를 취할 수도 있고, 또는 개인이 선택하는 시기에 무상으로 12년 또는 14년 또는 16년 교육받을 자격을 부여받는 '교육인출권'(educational drawing rights)을 요구하는 형태를 띨 수도 있고, 또는 사적 보장과 공적 보장의 결합을 통해 평생고용 보장을 요구하는 형태를 취할 수도 있다. 구체적 요구들은 시간과 장소에 따라 달라질 것이다. 하지만 이것들은 단지 소수집단, 빈민 또는 불우한 사람들만의 요구가 아니라 모든 사회집단의 요구, 즉 보호와 권리의 요구 ― 요컨대 자격에 대한 요구 ― 다.

이것은 사회에서 서비스 ― 인간 서비스, 전문적·기술적 서비스 ―의 엄청난 팽창을 필연적으로 수반한다. 서구사회에서 지난 10년 동안 가장 급속하게 성장한 부문은 정부고용과 함께 보건과 교육 부문이었다.[16] (1974년 2월 22일 자 『사이언스』*Science*에 실린 한 기사에

---

16) 1945년에서 1970년까지 미국 정부의 총지출은 GNP의 12.8퍼센트에서 22.4퍼센트로 상승했다. 주정부와 지방정부의 총지출은 GNP의 5.9퍼센트에서 11.9퍼센트로 상승했다. 1970년에 이들 정부지출을 모두 합하면 GNP의 34.3퍼센트에 달했고, 1974년에는 액수로 1조 4,000억 달러에 달했다.
　　1950년 이후 '사회복지 목적'으로 규정된 것을 실행하기 위한 연방정부의 지출은 140억 달러에서 1,800억 달러로, 또는 연방예산의 5분의 1 미만에서 절반 이상으로 증가했다. 그 증가액 중에서 70퍼센트를 차지하고 있는 것이 바로 세 가지 광범한 영역 ― 사회보장(이를테면 노령연금), 퇴역군인, 장애인, 불우한 사람들(이를테면 맹인과 노인) 지원, 그리고 빈민을 위한 메디에이드와 노인을 위한 메디케어 ― 의 증가분이다. 만약 주정부와 지방정부의 사회적 지출까지를 더한다면, 1975년에 정부는 사회적 프로그램을 위해 2,500억 달러 이상을 지출하고 있는 것으로 보인다.
　　지난 25년 동안 정부지출에서 상당한 양이 방위에서 사회복지로 이전되어 왔다. 1950년에서 1960년 사이에 총 정부지출은 810억 달러까지 증가했는데, 그중 290억 달러, 즉 대략 36퍼센트가 방위와 국제관계에 사용되었다. 1960년

의하면, 캘리포니아주에서는 어떤 특별한 날에 주민 1,950만 명 중 720만 명이 데이케어센터, 학교(대학 제외), 병원, 교도소, 양로원 등 특정한 제

에서 1971년 사이에는 정부지출이 2,181억 달러까지 증가했지만, 그중에서 단 334억 달러. 즉 대략 15퍼센트만이 방위와 국제관계에 쓰인 반면, 국내 사회적 프로그램에 쓰인 액수는 1,847억 달러로 증가했다. (사회적 목적을 위한 서로 다른 연방 보조금 프로그램 수는 1960년대 초 200개에서 1975년에는 1,000개 이상으로 늘었다.)

보다 개괄적인 상황은 아래 표에서 살펴볼 수 있다. (나는 5년을 기본 간격으로 설정했지만, 1960년대 후반에 베트남전쟁 때문에 그리고 1970년대에 사회적 프로그램 때문에 지출이 급격히 증가한 경우를 보여주기 위해 간격 사이에 선택된 해를 끼워 넣었다.)

정부지출의 주요 범주

회계 연도	개인을 위한 지출	국방	비방위 연방 활동	주정부와 지방 정부의 활동
1995	33	112	60	76
1960	51	105	68	91
1965	66	110	92	113
1967	84	136	103	128
1968	93	151	109	134
1969	103	145	96	142
1970	110	130	97	144
1972	143	108	104	152
1974	164	91	96	164
1975	180	87	98	165

(1975년 경상 달러, 단위: 10억)

이 수치들은 Major Functions, *Statistical Abstract of the U.S.: 1974*, pp. 246 이하에 있는 정부의 세입과 지출에 관한 표들로부터 뽑아낸 것이다. 정부 지출의 주요 범주에 대한 표는 미국 재무부 재정분석국, 그리고 1975년 6월에 '미국인을 위한 중대한 선택 위원회'(Commission on Critical Choices for Americans)에 제출된 「미국의 개인과 지역사회의 삶의 질」(Quality of Life of Individuals and Communities in the U.S)에 관한 대니얼 P. 모이니핸(Daniel P. Moynihan)의 메모에서 따온 것이다.

도적 시설의 보호를 받고 있었다. 이 숫자는 그해 캘리포니아주의 전체 민간노동력과 거의 맞먹을 정도로 큰 수치다.)

재정사회학의 주요 딜레마는 기술(산업 그리고 과학) 부문과 인간 서비스 및 정부 서비스 부문 간의 구조적 불균형에서 기인한다. 두 부문 사이에는 생산성, 임금상승, 단위비용, 인플레이션과 관련하여 커다란 차이가 있다. 하나의 명백한 예가 이를 분명하게 보여준다. 자동차산업 노동자들이 10퍼센트의 임금인상을 요구하고 그 임금을 받을 수도 있다. 그러나 노동비용은 자동차 생산비용에서 30퍼센트만을 차지하므로, 단위비용 상승은 단지 3퍼센트다. 만약 자동차산업의 생산성이 3퍼센트 또는 그 이상(그리고 보통 그렇다) 상승한다면, 인플레이션 증가는 전혀 없으며, 임금상승 비용은 쉽게 흡수된다. 그러나 만일 경찰관, 그리고 그들과 함께 소방관, 환경미화원 또한 10퍼센트의 임금인상을 요구한다면, 어떤 일이 일어날까? 이 경우 노동비용은 서비스 비용의 약 70퍼센트며, 10퍼센트의 임금인상은 7퍼센트의 단위비용 상승으로 나타난다. 그러나 그러한 고용에서는 생산성이 보통 2퍼센트 정도 상승한다. 이것은 동등한 임금상승의 결과로 5퍼센트의 인플레이션 간격이 생긴다는 것을 의미한다. 미국에서 정부 고용——특히 주정부와 지방정부 수준에서——이 (교육, 의료보호, 개인의 안전에 대한 요구가 더욱 커짐에 따라) 크게 증가했다는 사실을 전제할 때, 심각하고 지속되는 도시위기가 일어날 수도 있다.[17]

---

17) 이 문제에 대해 포괄적으로 논의하고 있는 것으로는 William J. Baumol, "Macroeconomics of Unbalanced Growth: The Anatomy of the Urban Crisis," *American Economic Review* 62 (March 1972)를 보라.

　전체 문제에 덧붙여 지적해야 할 점은 오늘날 노동인구 100명 중 65명이 서비스업(전문 서비스, 기업 서비스, 인간 서비스뿐만 아니라 운송 및 공익사업을 포함하여)에 종사하고 있다는 것이다. 그리고 1980년경에는 노동인구 100명 중 70명이 서비스업에 종사하게 될 것이다. 이러한 거시적 추세에 대한 일반적 공공가계는 두 가지 주요한 문제에 직면할 것이다. 하나는 정치체계가 쉽게 다룰 수 없는 문제들로 인해 점점 더 '과부하'될 것이라는 점이다. 시장의 장점은 그것이 결정과 그 결과에 대한 책임을 분산시킨다는 것이다. 공공가계는 결정을 집중시키고, 그 결과가 그대로 드러난다. 두 번째 문제는 자격상승 압력 때문에 국가지출이 항상 증대하는 경향이 있다는 것이다. 이것은 서비스 지출을 위해 더 많은 세금을 요구하고, 생산성 불균형으로 인해 인플레이션을 더욱 자극한다. 이 두 가지 모두는 솔직히 정치적 불안정과 불만이 증대된 것에 대해 내린 처방이 가져온 결과다.

이 모든 것 속에는 하나의 이데올로기적 아이러니가 존재한다. 마르크스주의자들은 (『자본론』*Capital* 출간 이후) 100년 이상 동안 자본주의의 붕괴를 예언해왔다. '첫 번째' 이론은 시장의 무계획적·무정부적 성격이 산업의 과도한 집중으로 이어지고 그로 인해 (노동비율이 감소함에 따라) 이윤율 저하를 초래하거나 생산과 소비의 불균형을 확대할 것이기 때문에 붕괴가 일어날 것이라고 예언했다. 1930년대와 그 후에 마르크스주의자들은 국가의 포괄적인 경제개입과 그러한 불균형 해소를 목도하고 나서, 자본가와 입법자들이 경제를 떠받치기 위한 수단으로 군비와 방위에 기꺼이 돈을 쓸 것이지만 사회적 지출을 위해서는 그렇게 하지 않을 것이라고 주장했다. 그러므로 그들이 보기에 자본주의는 완전히 전시경제에 의존하는 것이었다. 오늘날의 세 번째 네오-네오-마르크스주의(neo-neo-Marxism)는 공적 부문의 증대가 자본주의를 유지하기 위해 필요하다고 주장한다. 이들은 그중에서도 특히 사회적 지출을 강조한다. 그렇지만 제임

인 자료로는 *The Coming of Post-Industrial Society*(New York: Basic Books, 1973), ch. 2를 보라.

스 오코너가 기술하듯이, "이러한 국가지출과 세입 간의 구조적 격차의 불가피한 결과로 자본주의 국가의 재정위기가 발생한다."

이 세 가지 견해 모두는 자본주의의 암담한 운명은 불가피하다고 주장했다. 그리고 모든 사회체계는 변화하기 때문에 어느 시점에서 자본주의가 소멸할지도 모르고, 그럴 경우 마르크스주의 '이론'은 승리를 주장할 것이다. 그러나 만약 자본주의 붕괴 이유가 사회적 지출의 팽창이라면, 그것을 그렇게 이름 붙이는 것은 억지다. 이러한 주장의 핵심을 마르크스주의라고 부르는 것은 모든 위기를 특정 이데올로기 ─ 항상 재정의되는 ─ 의 타당성의 증거로 전환시키는, 상습적인 급진적 신화 만들기의 일부다.[18] 오코너는 "재정위기에 대한 유일한 영구적 해결책은 사회주의"라고 말한다. 그러나 이 사회주의라는 용어는 원래 정의되지 않은 채 방치되어있는 말이다. 그리고 어떤 다른 체계보다도 나은 이 '사회주의'가 어떻게 "축적과 사회적 요구" 사이에서 자원을 '효율적으로' 할당할 수 있는지도, 그리고 상이한 부문 간의 생산성 불균형에서 비롯되는 구조적 인플레이션의 원천에 어떻게 대처할 수 있는지도 불분명하다.

아이러니는 논외로 하더라도, 모든 사회에서 공공가계에는 실제적 위기가 존재한다. 그러나 그러한 위기는 주로 경제학의 '철칙'으로부터 연유하는 것이 아니다. 그것은 오늘날 크게 부각된, 사적 악(惡)과 공적 이익이라는 반복되는 딜레마로부터 발생된다. 그 해결책은 기본적으로 성장과 사회적 소비 간의 균형 속에서 분배정의

---

18) 현재 이러한 주장에 적절한 지적 선조들이 있다면, 그들이 바로 베버와 슘페터다. 베버가 정당성(legitimacy) 개념을 가지고 왜 사람들이 사회체계를 승인하거나 부정하는지를 이해했다면, 슘페터는 재정사회학 개념을 통해 민주정체가 사회의 생산능력을 넘어서는 수요를 만들어내기 시작할 때 발생하는 사회적 긴장을 간파했다.

(distributive justice)라는 규범적 문제에 대한 합의적 동의가 이루어질 때만 도출될 수 있다. 그렇다면 거기서도 성장은 가능한가?

성장의 딜레마: 자본주의의 경제적 모순

모든 근대 산업사회 ─ 자본주의적 산업사회든 또는 공산주의적 산업사회든 간에 ─ 의 핵심은 국민 순생산(net national product)의 상당한 부분을 투자와 경제성장을 위해 사용할 수 있다는 것이다. 사회적 지출 상승으로 인해 자본축적이 감소할 수 있다는 점은 차치하더라도, 경제성장에 대한 헌신 또는 심지어 선진국들이 성장을 유지할 수 있는 능력까지도 다른 많은 이유 때문에, 그중에서도 특히 자원의 충분성과 환경에 대한 파급효과 때문에 의문을 제기 받아왔다.

다음 몇십 년 동안 사회-경제정책의 기본 틀은 자원(식량, 에너지, 원료), 인구, 환경의 상호작용에 의해 설정될 것이다. 자원이 충분할 것인가, 또는 환경(대기와 기후를 포함하여)이 파괴되지는 않을 것인가, 그리고 인구증가율이 가장 중요하게는 아시아와 라틴아메리카에서 둔화될 수 있을 것인가 하는 문제들을 놓고는 전문가들의 의견도 갈리고 있다.[19] 하지만 사회학적 관점에서 우리는 서구사회 ─ 그

---

19) 1973년 스톡홀름에서 열린 국제연합의 인구·자원·환경 심포지엄을 위해 준비된 리뷰 연구들은 광물, 에너지, 물, 토지의 물질적 양은 전 지구적 규모에서 현재의 성장률을 다음 20년 또는 그 이상을 유지하는 데 충분하다고 지적한다. 그리고 주요 광물 매장량에 대한 상세한 조사일람표와 자원 이용 가능성에 대한 조사는 "단지 주요 광물의 이용 가능성에 의해 미래가 제약받지 않을 것임을 보여주는…… 분명한 증거들"을 제시하고 있다. UN의 연구에 대해서는 Roger Revelle, "Will the Earth's Land and Water Resources Be Sufficient for Future Populations?"; D.B. Brooks and P.W. Andrews, "World

리고 어쩌면 중국과 아프리카의 작은 부족국가들을 제외하면 모든 사회——에서 '경제성장'과 관련한 특징으로 세 가지 점을 지적할 수 있다.

첫째, 경제성장은 선진 산업사회에서 세속적 종교가 되었다. 즉 경제성장은 개인적 동기의 원천, 정치적 연대의 토대, 공통의 목적을 위한 사회적 동원의 근거가 되었다. 내가 앞서 지적했듯이, 100년 전 또는 그 이전에 누구도 프랑스 인권선언이나 미국 헌법 또는 소비에트 경제계획이 다양한 정치집회에서 선언되었던 방식으로, 산업혁명을 놓고 '투표하지' 않았다. 그러나 생활수준이 지속적으로 향상됨에 따라, 사회는 지속적인 경제성장 가능성을 의식하게 되었다. 그리고 지금까지는 크게 통제받지 않던 시장과정(market process)이 이제 정부의 결연한 정책 대상이 되었다. 어떤 의미에서는 시민들에게 풍요를 기대하게 하는 경제성장이 이제 한때 윌리엄 제임스가 찾아나섰던 전쟁의 '도덕적 등가물'이 되었다. 과거에 부(富)가 약탈, 합병, 수취에 의해 획득되었다면, 지금은 사회가 인접 국가와의 전쟁이 아니라 내부의 노력을 결집하기 위해 동원된다. 경제성장이 사회를 동원하기 위해 그간 이용되어온 민족주의나 여타 이데올로기의 감정적 힘이나 호소력을 가진 적은 결코 없다. 그러나 경제성장은 오늘

Population and Mineral Resources: Counterintensive or Not?" *UN Symposium on Population, Resources, and Environment*(Stockholm, 1973)를 보라. 자연의 이용 가능성에 대한 조사일람표로는 William D. Nordhaus, "Resources as a Constraint on Growth," Proceedings of the American Economic Association, 64(May 1972)를 보라.

실제적인 경제적 문제——그리고 경제성장의 장애물——는 이들 광물을 추출해내는 데 들어가는 비용이 증가한다는 것, 또는 이를테면 석유 가격처럼 '독점' 가격을 생산자 카르텔에 지불해야 하는 것 등이 될 것이다. 경제성장률은 대체로 이러한 1차 생산품의 비용 상승에 달려있게 될 것이다.

날 서구 산업사회의 주요한 신조가 되었다. 만일 경제성장에 전혀 헌신하지 않는다면, 소련 ─ 또는 일본 또는 미국 ─ 은 그 무엇을 국민에게 사회적 목표로 내세울 수 있겠는가?

두 번째 사실은 경제성장이 하나의 '정치적 해결책'이었다는 것이다. 성장은 항상 기대를 상승시킨다. 그렇지만 경제성장은 또한 사회복지와 방위에 필요한 재정 ─ 소득을 재분배하거나(이것은 항상 정치적으로 어려운 문제이다) 빈민들에게 부담을 지우지(이것도 거의 마찬가지로 어려운 일이다) 않고서도 ─ 을 공급해준다. 1조 달러 규모의 경제에서 1퍼센트의 경제성장률 증가는 10년 후에 1,000억 달러의 순 규모 증가가 발생한다는 것을 의미한다. 그리고 케네디 행정부와 존슨 행정부가 (베트남전쟁에 대한 지출이 점차 증가하기 시작하기 전까지) 그랬던 것처럼, 의회는 경제성장이 재정수입을 증가시켜주는 한, 조세구조를 개혁하거나 사회에서 세금의 비중을 늘리지 않고 뉴 프런티어(New Frontier)나 위대한 사회(Great Society)의 사회복지비용을 지출하는 데 기꺼이 찬성했다.

하지만 역설적이게도 (그리고 이것이 세 번째 지적사항이다) 경제성장은 자본주의의 독특한 모순, 즉 그것의 경제적 파멸의 원인이 될 수도 있는 모순의 근원이 될 수도 있다. 왜냐하면 경제성장은 불가피하게 인플레이션과 연결되어있었고, 또 모든 민주적 정치경제가 비참한 정치적 결과 없이 인플레이션을 제거할 수 있을 것으로 보이지 않기 때문이다.

지난 몇 년 동안 산업경제를 괴롭혀온 인플레이션은 다음과 같은 몇 가지로 수렴하는 요인들의 복합체인 것으로 보인다. 전 세계적 규모에서 수요의 동시적 증대, 1차 상품과 원료(이를테면 식량)의 부족, 1차 가공능력의 부족(이를테면 철, 종이), (고용이 산업 부문에서 서비스 부문으로 옮겨가고 서비스 부문의 생산력이 감소한 데 따른) 임금

비용 인플레이션, 그리고 정부지출의 축소 불가능함 등이 그것들이다. 이 중 일부는 아마도 일시적일 것이다. 우리는 1차 상품과 1차 가공능력의 부족과 관련하여 그런 말을 듣는다. 이 중 어떤 것들은 본래 구조적이다. 산업 부문과 서비스 부문 간의 생산성 차이가 분명 그러하다.

그러나 이 모든 것의 근저에는 사회 성격의 근본적 변화가 자리하고 있다. 그러한 변화는 어떠한 정체두 전통적인 억제 방식이나 (고전적 의미에서의) '규율' 방식을 이용하여 수요를 줄이거나 실업을 늘리거나 또는 정부지출을 줄이는 것을 어렵게 만들었다. 지난 20년 동안 경제성장은 다양한 사회적 목적들과 결합되었다. 그중 가장 주요한 것이 완전고용과 지속적인 소비증대였다. 요컨대 케인스혁명—이것이 바로 그러한 변화를 가장 간단하게 상징적으로 표현하는 약어다—은 또한 강력하고 돌이킬 수 없는 사회적 기대 혁명을 의미하는 것이기도 했다. 간단하게 말하면, 노동자들이 한때 일자리를 잃는 것을 두려워했다면(이는 대공황에 대한 공통의 경험이 낳은 결과였다), 이제 그들은 안정적인 직업과 생활수준 향상을 기대한다. 그리고 어떠한 정부도 그러한 기대를 부정할 수 없다.

이것이 실질적으로 의미하는 것은 정부가 필연적으로 지출을 늘릴 것이며, 만약 실업이 증가하는 경향이 발생하면 더 큰 재정적자에 봉착하게 되리라는 것이다. 동시에 정부는 사회적 지출, 특히 보건, 복지, 사회 서비스 등과 같은 영역에 지출을 늘리라는 요구를 받고 있다. 그와 동시에 노동조합은 (물가가 상승할 때는) 방어적인 이유에서 그리고 (경제가 성장할 때는 그 성장을 공유하고자 하는) 공격적인 이유에서 항상 끊임없이 임금인상을 압박한다. 따라서 비록 정부가 관리할 수 있을지는 모르지만 계속해서 연간 4~5퍼센트의 인플레이션이 경제성장에 불가피하게 동반되며, 이것은 정체가 사회적 평화를 위해 지불하는 '대가'가 된다. 그러나 그러한 인플레이션이 악성인플레이션 —지금 많은 서구사회가 직면하고 있는 두 자릿수 인플레이션과 같은 —을 유발시키는 다른 구조적 또는 우연적 요소들과 결합하는 곳에서, 정부가 사용할 수 있는 '정상적인' 경제 도구들은 무력해진다. 정상적인 대응책은 화폐공급을 줄이거나(그러나 이것은 유동성 위기와 기업 파산을 초래할 수 있으며, 보다 넓게는 이자율에 매우 민감한 건설업 및 주택건설과 같은 결정적 부문에 해를 끼치는 경향이 있다) 또는 정부지출 수준을 크게 줄이는 것이다. 그러나 그러한 디플레이션의 주요 결과 중 하나가 실업을 정치적으로 받아들일 수 없는 수준으로까지 증가시키는 것이기 때문에, 정부는 그중 어떤 것도 실행하기 어렵다는 것을 발견한다. 한 가지 대안은 행정명령을 통해 정치적으로 형평성 수준을 설정하는 '소득정책'을 제도화하는 것이다. 그러나 부자들에게 무거운 세금을 부과하지 않고는 이 소득정책은 노동조합에 의해 받아들여지지 않을 것이다. 그리고 마지막으로, 누군가는 강력한 임금통제와 가격통제를 추구할 수도 있지만, 그것은 경제를 왜곡시키고 결국에는 자주 그러한 통제로부터 대대적인 이탈을 초래할 것이다. 그러나 단순한 사실은 누구도 인플레이션의 대가를 치르기를 원치 않는다는 점이다. 그리고 근대 민주적 정부는 그 비용을 어느 특정 집단에 부과하는 것이 정치적으로 어렵다는 것을 발견한다.

하지만 근본적인 딜레마는 여전히 남아있다. 계속되는 두 자릿수의 악성 인플레이션은 중간계급을 파멸시킨다. 강력한 디플레이션 정책은 실업을 증가시키며, 또한 일부 노동계급을 희생시킴으로써만 성공할 수 있다. 만약 둘 다 지속된다면 그것을 벗어나는 유일한 방법은 필연적으로 강력한 임금-가격통제정책과 불평등을 조정하기 위한 소득정책이 될 수밖에 없다. 하지만 그러한 통제가 효율적이기 위해서는 그것으로부터의 모든 광범위한 이탈을 막을 수 있는 정책 권력을 가진 규제기관이 있어야 한다. 만약 그러한 통제가 오랫동안 계속된다면, 투자에 대한 중대한 결정도 역시 필연적으로 정부의 일이 되고 만다. 요컨대 계급전쟁에 의지하지 않고 그러한 방식으로 딜레마를 벗어나는 것은 사기업 경제가 조합사회(corporative society)로 변형된다는 것을 의미하게 될 것이다. 인플레이션이 계속해서 맹위를 떨치는 곳에서는 새로운 계급전쟁이 발생한다. 즉 기본적으로 기업 내에서 고용자와 노동자 간이 아니라 국가예산이라는 각축장에서 중간계급과 노동계급 간에 계급전쟁이 벌어진다.

슘페터는 일찍이 정체된 봉건주의는 하나의 역사적 실체였고 정체된 사회주의도 하나의 역사적 가능성으로 존재하지만 정체된 자본주의는 용어상 역사적 모순이라고 지적한 바 있다. 자본주의 경제는 축적과 자본의 재투자에 의해 팽창을 유지해야만 한다는 것이 마르크스의 중심적 통찰이었다. 1930년대 후반에 '정체'(stagnation) 테제의 주창자들은 자본주의 경제는 투자 기회를 완전히 다 소모했기 때문에 필연적으로 확장의 한계에 도달할 것이라고 주장했다. 슘페터가 또다시 처음으로 지적했듯이, 이러한 믿음은 기술과 기술혁신의 '대해'(大海)에 의해 거짓임이 밝혀졌다. 그러나 성장과 관련된 주요 문제는, 인플레이션이 지속되면 경제는 고질적인 자본 부족을 겪고 통화 관리자들이 인플레이션을 억제하기 위해 통화 공급을 줄임에 따라 기업은 유동성 위기에 반복적으로 처하게 된다는 점이다.

분명 한 사회가 계속해서 인플레이션을 겪을 것으로 예상된다면, (돈이 계속해서 가치를 상실할 것이기 때문에) 돈을 저금하거나 돈을 공채나 주식 지분에 장기적으로 투자하는 사람은 거의 없을 것이다. 따라서 기업은 운영자본을 늘리기 위해서뿐만 아니라 장기적으로 필요한 자금을 마련하기 위해 은행대부, 상업어음 또는 여타 단기 신용 수단에 점점 더 의존할 수밖에 없게 된다.

인플레이션의 주요 결과는 은행 또는 정부가 자본부담을 점점 더 떠안게 된다는 것이다. 미국에서는 1933년에 은행법을 통해 1920년 대에 있었던 것과 같은 대기업의 은행통제를 제한하기 위해 투자은 행업과 상업은행업을 분리했다. 하지만 1970년에 새로운 법이 통과 되면서 주요 은행들이 은행지주회사를 설립하는 것이 가능해졌고, 이 회사들은 소비자 신용, 부동산건설 융자, 심지어는 장기 기업 신용으로 대거 옮겨갔다. 은행들은 자신들의 자본금을 늘리기 위해 기업 예금증서, 유로달러(Euro-dollar) 예금, 작은 은행들의 유휴 적립금을 '매입'하며 돈을 놓고 경쟁했다. 1970년대 초에 은행들은 과잉 대부, 특히 부동산 부문에 지나치게 대부를 확대한 결과 자금난에 시달리게 되었다. 그 결과 정부는 기업을 '긴급구제'하는 것뿐만 아니라, (많은 노련한 금융업자들이 제안해왔던 대로) 심지어는 정규 자본시장으로부터 자금을 확보할 수 없는 산업들(이를테면 공공사업과 주택사업)에 자기자본을 직접 공급함으로써 더욱 중심적인 역할을 하게 되었다.[20]

---

20) Felix G. Rohatyn, "A New R.F.C. Is Proposed for Business," *New York Times*, December 1, 1974, sec. 3, pp. 1, 12를 보라. 투자은행 라자드 프레레스(Lazard Freres)의 파트너인 로하틴(Felix Rohatyn)에 따르면, 지난 10년 동안 개인 기업의 부채-자산 비율이 인플레이션 압력과 주식시장의 붕괴하에서 25퍼센트에서 40퍼센트로 높아졌다. 뉴욕 증권거래소는 기업들이 다음 10년 동안 매년 약 500억 달러의 새로운 자기자본을 필요로 할 것이라고 추정했다. 그러나 1974년에 자기자본으로 확보할 수 있는 돈은 단지 약 50억 달러밖에 되지 않았다. 로하틴은 은행이 지급능력 이상의 채무를 지고 있었기 때문에 유일한 해결책은 그러한 자금을 공급하기 위해 대공황 동안에 설립한 부흥금융공사(RFC; Reconstruction Finance Corporation)와 유사한 정부기업을 설립하는 것이라고 주장했다. 로하틴 씨는 자신의 제안이 담고 있는 함의로부터 몸을 사리지도 않았다. "그러한 조직이…… 국가계획경제로 나아가는 첫걸음으로

영국에서는 영국 최대 자동차회사인 네일랜드 모터 코퍼레이션(Leyland Motors Corporation)과 북해 탐사를 개시한 버마오일(Burmah Oil)이 곤란에 처했을 때, 노동당 정부가 두 회사에 개입하여 곤경에서 구해주었다. 프랑스 정부는 세계 제2의 니켈회사인 르니켈(Le Nickel)을 구하기 위해 1974년에 (태평양상에 있기는 하지만 프랑스령인) 뉴칼레도니아에 있는 회사 사업권의 절반을 사들였다. 미국에서는 정부가 철도사업, 항공우주산업, 그리고 심지어 자동차산업까지에 간접적 조세 혜택이나 직접적 자본투자를 통해 직·간접적으로 도와왔다.

정부는 앞으로 '최후 수단의 투자가'가 됨으로써, 또는 신용공여를 통해 자본시장에 영향을 미침으로써(이를테면 은행에 구체적으로 주택건설과 같은 특정 산업에 돈을 할당할 것을 지시함으로써), 또는 회사에 직접 투자함으로써(주식보유를 통해 강력한 주주의 지위를 차지함으로써) 불가피하게 자본시장에서 그 힘을 확장할 것이다. 어떤 점에서는 이것을 '국가자본주의'라고 부를 것인지 아니면 '조합경제'라고 부를 것인지는 현실의 문제라기보다는 기호론의 문제일 것이다. 기본적인 논점은 모든 문제 중에서 가장 결정적으로는 자신의 일 —자본의 관리— 에서도 사적 기업의 통제 범위가 점점 더 줄어들고 있다는 것이다. 반면 국가정책의 성격과 질, 그리고 사회의 목

인식될 수 있다는 것은 결코 부정할 수 없다. 하지만 이 주제를 놓고 공적 논쟁을 벌여야 할 시간이 다가왔는지도 모른다. ……많은 사람이 국가계획이라고 부르게 될 것은 일반 가정에는 신중한 예산편성에 불과한 것일 수도 있다. ……연방 수준에서의 장기적인 경제계획이 필요하게 될 것이라고 믿는 사람들이 많이 있다. ……이러한 종류의 접근방식에서 RFC는 핵심적 수단 중 하나가 될 수 있을 것이다. 누구도 다량의 자본을 확보할 수 없는 곳에서 그것은 자기자본을 투하함으로써 공공목적을 위한 주요한 재건사업들을 촉진할 수 있을 것이다."

표를 설정하는 데서 공적 목소리가 점점 더 중요해지고 있다.

그러나 이러한 경제적 문제가 뿌리내리고 있는 더 큰 '문화적' 문제들이 있다. 미국의 자본주의는 1920년대에 소비자들로 하여금 빚을 지고 빚과 함께 살아가는 것을 하나의 생활방식으로 크게 장려함으로써 그 성격이 변화되었다. 1960년대에는 영리한 사람들이 내부 금융이나 자기자본에 의해 기업을 확장하기보다는 '차입자본'을 통해, 즉 큰 빚을 지고 그 빌린 돈으로 금융회사를 인수하고 부동산투자 트러스트를 설립하고 기업의 부채-자기자본 비율을 늘림으로써 상당한 부를 창출할 수 있다는 것을 깨닫기 시작함에 따라 경제의 기본적 재무구조가 바뀌게 되었다. 은행법 개정은 은행지주회사로 하여금 경제의 재무구조를 허약한 방식으로 확대시킬 수 있게 해주었다. 하지만 그것은 고도의 차입자본경제, 즉 빚더미 위에 건설된 경제였다. 회계사, 그리고 견실한 회사의 경우에 투자가의 관심 대상은 수익과 이윤(그것 중 대부분은 '수취계정'에서 나온다)을 다루는 손익계산서다. 그러나 산더미 같은 빚이 있는 경우에 핵심 변수는 상승하는 비용을 지불하기 위한 '현금 흐름', 즉 (당기순이익에 의한 것이든 차입에 의한 것이든 간에) 흘러 들어오는 돈이다. 돈 사정이 좋지 않게 될 때, 현금 흐름이 문제가 되고 유동성 위기가 발생한다. 그리고 우리는 또다시 이 차입자본과 유동성으로부터 추가적인 인플레이션 압박을 발견한다.

문제는 가족이 자신의 수단 내에서 생활하는 것을 배워야만 하듯이 경제가 가용한 실제의 현금 흐름 내에서 빚을 지지 않고 살아가도록 '규율될' 수 있는가 하는 것이다(여기서는 정부가 가장이다). 그러나 만약 (소비에서건 또는 투자에서건 간에) 빚을 지지 않는다면, 경제성장에 어떤 일이 일어날 것인가? 필연적으로 경제성장은 둔화될 것이 틀림없다.

그러므로 자본주의적인 민주적 경제에서 경제성장과 인플레이션은 독특한 모순을 수반한다. 소련과 같은 공산주의 국가에서는 경제성장의 성과가 소비보다는 주로 중공업 부문의 확장에 투자되었다. 노동자의 임금과 수요는 통제되었고, 인플레이션의 존재는 불완전 고용이나 만성적인 물자 부족에 의해 은폐된다.

마르크스는 자본주의는 계속해서 확장해야만 하고 그렇지 않으면 붕괴할 것이라고 주장했다. 그가 볼 때 노동에 대한 기술의 비율을 증가시킴으로써 잉여가치율을 유지하려는 자본가들의 경쟁적 노력이 자본주의 체계의 내적 동력이었다. 그러므로 자본축적이 자본주의 체계의 모터로 간주되었다. 그러나 자본축적의 결실인 경제성장이 자본주의 체계가 낮출 수 없는 일단의 경제적·문화적 기대감을 만들어내 왔다는 것은 아이러니다. 그리고 그러한 기대가 다른 불규칙한 요인들(전력 질주하는 세계경제로부터 발생하는 격렬하지만 반복되는 인플레이션 같은 것들)과 결합할 때, 그것은 경제적·정치적 불안정성의 상황 ── 정부는 그러한 상황을 관리하기가 어렵다는 것을 점점 더 발견한다 ── 을 창출한다. 그리고 이 모든 것이 방향감각 상실과 불안전을 낳고, 이것들은 다시 사회에서 개인들의 믿음을 흔들어놓는다.

신념의 위기

신념의 위기는 인류의 역사 속에서 되풀이되고 있다. 그러한 사실이 이 주제를 진부하게 만들 위험이 있지만, 그것을 덜 중요하게 만들지는 않는다. 사람들이 절망에 빠지는 까닭은 비록 그 결과가 즉각적이지는 않지만 실재하고 또 누구도 그러한 결과에 어찌할 수 없기 때문이다. 기계장치는 설계될 수 있고, 프로그램은 고안될 수 있고, 제도는 수립될 수 있지만, 신념은 유기적 성질을 가진 것이기 때문에 명령에 의해 만들어질 수 없다. 일단 신념이 무너지면 (그것의 토양이 경험이기 때문에) 다시 싹이 터서 다시 효력을 발휘하게 되기까지는 오랜 시간이 걸린다.

메시아적 신조를 국민 속에서 구현시키고자 했던 소련에서 신념의 위기는 세 가지로 나타난다. 첫째, 대부분의 사람이 그 신조를 더 이상 믿지 않는다(소련에서의 이데올로기 종말을 논박할 수 있는가?). 둘째, 지도자에 대한 믿음이 상실되었다(스탈린에 대한 폄하와 그의 후계자들에 의한 그의 범죄 인정은 실제로 그러한 우상의 다리를 부러뜨렸다). 셋째, '미래'를 믿는 사람이 거의 없는 것처럼 보이며, 미래는 더 이상 작동하지 않는다.

미국에서는 기득권층이 활력을 잃어왔다. 사실 미국 기득권층의 주된 특징은 자신의 존재를 극구 부인한다는 것이다. 특히 통상적으로 엘리트 지위로 옮겨가게 될 젊은이들 사이에 제도의 정당성에 대한 의문이 널리 퍼져있다. 그리고 대부분의 국민은 나라의 미래에 대한 확신을 상실하고 있다.

일본에서는 집단 상황에서 개인들을 규제하는 일단의 복잡한 상호 책임의 '틀'이 사회제도들을 하나로 묶어왔다. 일본의 종교는 서구에서와 같은 초월성에 대한 믿음이 아니라 그와 같은 개인들 간의 중재적 결속이 확장된 것이었다. 제2차 세계대전 이전에는 그러한 결속이 종교의 구현체로서의 국가(그리고 군대)와 황제에 집중되어있었다. 그리고 충격적인 군사적 패배 이후에는 그러한 결속이 경제재건과 경제성장이라는 세속적 과업으로 옮겨갔다. 그러나 이중적인 문제가 발생한다. 즉 경제성장이 주춤거릴 때, 무엇이 그것을 대신할 수 있는가(공격적 민족주의의 재천명?) 아니면 경제성장이 풍요를 증대시킬 때, 그것이 동반하는 자유 재량적 행동이 그러한 틀을 해체하는 경향을 드러내지는 않을 것인가?

이러한 신념의 위기의 주요한 결과 ─ 이것이 낳는 보다 심층적인 문화적 딜레마에 대해서는 논의하지 않을 것이다 ─ 가 공동체의식 (civitas), 즉 자발적으로 기꺼이 법을 준수하고 다른 사람들의 권리를 존중하고 공공복리를 희생하여 사적 부를 늘리려는 유혹을 뿌리치는 의식 ─ 요컨대 자신이 속한 '도시'에 경의를 표하는 의식 ─ 을 상실한다는 것이다. 그 대신에 각자는 각자의 길을 가며, 공적 이익을 희생해서만 충족시킬 수 있는 사적 악(惡)을 추구한다.

모든 자유주의 사회의 토대는 모든 집단이 공적 이익을 위해 사적 목적을 기꺼이 양보한다는 데 있다. 공동체의식의 상실은 이해관계가 양극화되고 열정이 불타올라 테러와 집단싸움이 잇따라 발생하고 정치적 아노미가 만연한다는 것, 또는 모든 공적 교환이 가장 강한 분파가 약한 분파를 희생시켜 이익을 얻는 냉소적인 거래가 된다는 것을 의미한다. 하지만 영국과 같이 공동체의식이 남아있는 곳에서조차 미래로 가는 길에 바퀴자국이 이미 너무나도 깊이 패어있어서 ─ 다시 말해 미래로 가는 길에 너무 제약이 심해서, 그것에서 빠져나와 변화시킬 여지가 너무나도 좁아서, 그리고 제도(특히 경제제도)의 외피가 너무나도 단단해서 ─ 어떤 정권도 실제로 그 홈에 빠지는 것을 막을 수가 없고, 그리하여 피로의식과 절망감이 확산되어 나갈 수도 있다. 이것은 앞으로 25년 동안 설상가상으로 닥칠 정치질서에서 발생할 위기다.

여러 세대 동안 이상주의자들은 오늘날의 많은 젊은이처럼 부르주아 사회에 대한 해답을 사회주의에서 찾았다. 그러나 사회주의의 사망은 현실화되지 않은 금세기의 정치적 사실이다. 우리는 소비에트 세계에서 19세기 급진주의자들이 가졌던 공동체의 꿈이 잔혹하게 반증되고 있음을 목도해왔다. 대부분의 제3세계 국가의 '사회주의'는 하나의 기만이었다. 그 속에서 새로운 엘리트가 경제발전이라는 이름으로 국민을 몰아치는 동안에 자유는 부정되었다. 그리고 중국에서는 모든 국민이 마오 사상 속에 구현되어있는 단일한 '도덕적 퍼스낼리티' 속으로 융합됨으로써, 모든 자아가 말살되었고 모든 개인적 의견의 표현─특히 문화에서의─이 억압되었다. 이것이 새로운 '종교'로 확립될 것인지─아니면 마오 사망 이후에 개별화를 향한 새로운 힘이 발생할 것인지─는 두고 보아야 할 일이다.

유럽 공산주의 국가들에서는 신념의 쇠퇴가 공동체의식의 문제를 더욱 부각시켰다. 즉 공동체의식이 불가피하게 공적 자유와 동일시되게 된다. 공산주의 국가에서의 문제는 불만을 표출할 수 있는 어떠한 제도적 출구도 없고, 어떠한 공개적인 논쟁도 할 수 없고, '파벌들'─나는 레닌이 아니라 매디슨(James Madison)의 의미로 사용하고 있다─이 자신의 이해관계를 표명할 수 있는 장(場)도 없다는 것이다. 하지만 복잡사회는 불가피하게 유권자들과 그들의 이해관계를 복잡하게 만든다. 그러므로 누군가는 그들의 요구를 중재할 어떤 합법적인 장을 제공해야만 한다. 소련에서 향후 25년 동안 두 가지 정치적 문제가 중요해질 것으로 보인다. 그 하나가 여러 민족이 더 많은 자치권(그리고 권력의 분할)을 거듭 주장하는 것이고, 다른 하나는 정치체계의 확장이다.

우리는 아마도 서구에서는 앞으로 10년 동안 중간계급의 불만이 증가하고 그것이 열거하기 힘든 정치적 결과를 초래하는 것을 목도하게 될 것이다. 상층 봉급노동자들은 평등주의적 경향의 한 결과로 보수 차이가 줄어드는 것에 분개하기 시작하고 있다. 1973년에 있었던 스웨덴 고급 공무원의 파업은 앞으로 등장할 많은 그러한 행동들의 전조가 아니었는가? 서비스 비용 상승은 우편배달, 쓰레기 수

거 등을 포함하여 일상의 편의시설이 줄어들 것이라는 것을 의미한다.[21] 그러나 이것들은 인플레이션과 세금이라는 이중의 충격에 비하면 사소한 불만들이다.

중간계급은 이중적 이유로 고통받는다. 가격상승은 그것에 상응하는 소득증가를 요구한다.[22] 그러나 소득증가는 중간계급 사람들을 고액 납세자 계층으로 끌어올리고, 거기서 발생하는 새로운 '비용'이 소득증가분을 초과하여 중간계급의 침식은 더욱 심화된다. 만일 인플레이션이 급속하게 발생하는데도 조세체계가 바뀌지 않는다면, 악성인플레이션이 기하급수적으로 진행될 것이다. 『이코노미스트』는 다음과 같이 논평한 바 있다. "만약 당신이 연간 1만 파운드를 번다면, 그리고 만약 현재 연간 인플레이션율 19퍼센트와 1974~75년의 세율이 계속된다면, 당신은 1978년에는 현재 생활수순을 유지하는 데만 4만 파운드가 필요할 것이다. 그러나 당신은 그만큼 벌지 못할 것이다."

이 모든 것의 아이러니는 인플레이션이 더 많은 사람을 자동적으

---

21) 허만 칸(Herman Kahn)은 모든 사회에서 1인당 소득이 4,000달러에 접근하면 중상계급의 생활수준이 떨어진다는 '법칙'을 제시했다. 즉 우리는 철도역에서 짐꾼을 발견할 수 없고(도쿄 중앙역에는 실례지만), 도서관에서 책을 날라주는 소년을 발견할 수 없고(뉴욕 공립도서관에는 실례지만), 구두수선 가게에서 구두닦이 소년을 발견할 수 없고, 매사추세츠주 케임브리지에서는 1주일에 한 번 이상 쓰레기를 수거하는 것을 보지 못할 것이다.

22) 미국에서는 1940년까지도 인구의 26퍼센트가 자영업자였다. 소기업가나 독립된 장인 또는 전문가로서 사람들은 인플레이션을 극복하기 위해 그들 자신의 가격을 올리려고 시도할 수 있었다. 그러나 오늘날에는 노동인구의 85퍼센트가 한 발자국씩밖에는 올라갈 수 없는 소득에 묶여있는 임금 또는 봉급을 받는 사람들이다. 노동조합 임금의 대부분은 '물가연동제'로, 생활비 상승에 따라 자동적으로 조정된다. 그러나 대부분의 봉급노동자들, 특히 중간계급 전문가들은 그것조차 따라가지 못하기 때문에 격차는 더 커진다.

로 고액 납세자 계층이 되게 함에 따라, 인플레이션 자체가 새로운 공공지출을 위한 자금을 조달하는 편리한 수단이 된다는 점이다. 그리고 이미 언급했듯이, 사회의 기초자원은 공공재를 구매하는 데 훨씬 더 많이 사용될 것이다. 그러나 안소니 다운스(Anthony Downs)가 지적한 것처럼, 공중에게 그러한 공공재의 가치를 확신시키는 것은 자주 어려운 일이다. 왜냐하면 공공재는 균일적이고 따라서 개인적 취향에 맞추는 것이 불가능하기 때문이다. 또한 맨커 올슨(Mancur Olson)이 지적했듯이, 집합재는 모든 사람이 이용할 수 있어야 하므로 많은 사람이 '무임승차'하고자 바는 바람에서 그것에 대해 대가를 지불하기를 망설이기 때문이다.[23] 그러나 중요한 요점은 그러한 공공재의 확장과 정부의 비용과 서비스의 증가가 결국에는 세금으로부터 나올 수밖에 없다는 것이다. 그리고 대부분의 사람에게서 세금은 개인이 자신을 위해 구입할 수 없는 재화를 구입하기 위해 필요한 것이 아니라 개인 소득을 축내는 것으로 인식된다. 사적 소비는 개인적 선택의 문제고, 공적 소비는 입법 명령의 문제다. 하지만 대부분의 사람은 후자를 '소비의 자유'를 빼앗는 것으로 여긴다.

사회 내에서 실질 세율이 개인 소득의 35퍼센트 또는 그 이상으로 상승하고 또 개인이 이러한 상승을 점점 더 인식하게 될 때, 그만큼의 세금이 부과된 이유를 분명하게 밝히지 않는 한, 불만은 한층 더 고조된다. 그러나 대체로 그렇게 할 만한 용기를 가진 정치가는 거의 없으며, 그러한 불만에 영합하기가 더 쉽다.

그 결과 정치적 불안정성이 급격하게 증가한다. 다음 10년 동안 우리는 서구사회에서 보아온 것처럼 정당체계의 붕괴를 목도할 수도

---

23) Anthony Downs and Joseph Monsen, "Public Goods and Private Status," *The Public Interest*, no. 23(Spring 1971), pp. 64~77; Mancur Olson, *The Logic of Collective Action*(Cambridge: Harvard University Press, 1965)을 보라.

있다. 특히 중간계급 사이에 정치에 대한 혐오감─즉 과거에 강력한 정당지배를 약화시키고 입법부를 분열시켰던 적이 있었던 분위기─이 존재하는 것으로 보인다. 놀라운 것은 1974년 현재 노르웨이, 스웨덴, 덴마크, 프랑스, 서독, 네덜란드, 벨기에, 이탈리아, 영국의 의회에 과반수 의석을 차지한 정당이 전혀 없다는 것이다.

'중도 노선' 속에서 40년 동안 영광을 누렸던 덴마크, 노르웨이, 스웨덴에 유권자의 날카로운 양극화가 발생해왔고, 이는 기존 정당들을 두렵게 하고 있다. 덴마크와 노르웨이에서는 높은 세금, 관대한 복지주의, 정부 관료제의 성장, 개발도상국에 대한 원조, 심지어는 높은 수준의 방위비 지출에 대해서까지 반대하는 세금반대 정당(anti-tax party)이 출현했다. 모겐스 글리스트럽(Morgens Glistrup)이 이끄는 진보당은 1973년 선거에 갑자기 등장하여 전통적인 보수주의자들을 혼란 속으로 몰아넣으며 덴마크 의회의 제2 정당이 되었다. 또한 노르웨이에서도 안데르스 랑게(Anders Lange)가 이끄는 유사한 정당이 선거에서 놀라운 성공을 거두었다. 이 두 나라에서 사회민주당이 이에 대해 보인 반응은 그러한 저항이 민중의 가장 나쁜 본능에 호소하며 실제로 비(非)스칸디나비아 방식으로 행동하는 등 그 목적이 '포퓰리즘적'이고 그 방법이 선동적이었다고 주장하는 것이었다.

미국에서도 정당이 쇠퇴하고 있다. 대부분의 정당기구는 재정, 인물, 자원 면에서 취약한 상태에 있다. 정당 일체감은 약화되었다. 유권자의 40퍼센트가 스스로를 '무당파'라고 지칭하고 있으며, 투표하는 번거로움을 감수하는 사람들이 점점 더 줄어들고 있다.

실제로 정당체계는 서구사회의 제도적 삶에 깊이 뿌리 내려 있다. 그것은 미국 대부분의 주(州)의 선거법이 양당제도를 강화하는 것처럼 자주 법적으로 강화되며, 후원자와 간부들을 갖추고 있다. 그러나 민주당 맥거번(James McGovern)의 '새로운 정치'(new politics)와 독일 사회민주당의 청년사회주의자(Young Socialist)의 경우처럼 극단주의적 분파가 정당에 점점 더 '침투'할 것이다. 그리고 우리는 사람들이 선거 시에 당을 바꾸거나 정당 외부 조직에 의존하는 것을 더 많이 보게 될 것이다.

이 모든 것에는 이중의 위험이 존재한다. 정치는 항상 이해관계와 상징적 표현(이데올로기 또는 개인이나 제도에 대한 감정적 집착)의 복합체다. 사람들은 이해관계를 버리지만, 신념은 여전히 지니고 있을 수도 있다. 또는 신념을 상실했지만, 사회 내에서 이해관계는 여전히 지니고 있을 수도 있다. 그러나 사회와 그 제도에 대한 신뢰가 깨진다면, 그리고 이해당사자들이 자신들이 받을 자격이 있다고 느끼는 인정을 받지 못한다면, 거기에는 언제든 폭발할 수 있는 혼합된 폭발물이 존재하게 된다. 사람들은 너무나도 지나친 삶의 불확실성은 견뎌낼 수 없다. 그리고 교환에 사용하는 화폐가치의 급격한 상실(소득과 구입해야만 하는 것 간의 악화되는 괴리, 고통스럽게 축적한 부의 침식)과 요동치는 실업은 그러한 불확실성을 보여주는 직접적인 지표다. 한 사회에서 전통적 제도와 민주적 절차가 무너지고 비합리적인 감정적 분노와 정치적 구세주에 대한 열망이 넘쳐나는 것도 바로 이러한 상황 속에서다. 자유민주주의의 쇠퇴 ─특히 유럽에서의─와 정치의 극단화는 아마도 금세기의 마지막 사반세기 동안을 가장 불안정하게 만드는 사실일 것이다.

서구사회가 직면하고 있는 경제적 딜레마는 우리가 도덕적으로 또는 세금에 의해 물욕에 제약을 가하는 것에 저항하는 부르주아적 욕망, 자격으로서의 사회적 서비스를 점점 더 많이 요구하는 민주적 정체, 그리고 가장 좋게 말하면 개인의 자유라는 관념을 방어하는, 가장 나쁘게 말하면 공동체적 사회에 필요한 사회적 책임과 사회적 희생을 회피하는 개인주의 윤리, 이 세 가지를 결합시키려고 노력해왔다는 사실에서 연유한다. 요컨대 우리는 그간 사적 갈등을 중재할 수 있는 공공가계 또는 공공철학에 규범적으로 헌신하고자 하지 않았다.

많은 급진주의자처럼 이 모든 것이 '자본주의'의 결과라고 말하는 것은 너무나도 안이하다. 그리고 경제적으로 존립 가능하고 철학적으로도 정당화될 수 있는 '사회주의'라고 불리는 규범적 대안이 존재한다는 것을 함의하는 답변은 훨씬 더 기만적이다. 그러한 급진주의자들이 행한 것이라고는 문제를 회피하는 것뿐이다. 사회주의가 선진 산업사회에서 그리고 다양한 집단의 다양한 필요와 욕망에 즉각적으로 반응하는 민주정체에서 자유의 상실과 강제 없이 경제적으로 실현 가능할 수 있는지는 논란의 여지가 매우 많다. 그리고 우리는 모든 사회적 갈등을 해결해 줄 '풍요'를 약속하는 것 말고는 사회주의의 이름으로 그러한 사회의 새로운 분배 규칙을 정당화하는 어떠한 정치적·철학적 도식도 가지고 있지 않다.[24]

---

24) 정치이론의 틀 내에서 이 문제는 동의의 측면에서뿐만 아니라 정당성 ─ 사회의 기본적 가치로까지 이어지는 개념 ─ 의 측면에서도 살펴볼 수 있다.

오늘날 선도적인 마르크스주의 학자 중 한 명인 위르겐 하버마스(Jürgen Habermas)는 기본적으로 '정당화' 문제를 사적인 개인적 동기에 근거한 자본주의와, 개인이 동기를 부여받지도 또 개인적 측면에서 보상받지도 못하는 국가자본주의 사회가 될 수밖에 없는 자본주의 간의 갈등에서 기인하는 것으로 파악한다. 나는 그러한 주장의 근거는 옳다고 생각하지만, 하버마스가 그것을 정식화하는 방법과 관련하여 볼 때 그가 그의 용어로 체계를 '물화'시킨다는 것은 나를 당혹스럽게 한다. 다시 말해 하버마스에게서는 체계가 행위를 창출하거나 강요하고, 사람들을 조종한다. 그리고 체계라는 단일체적 용어의 압박하에서 개별 사회의 반항이나 민족성 또는 전통은 사라진다.

이를테면 하버마스는 정체에 커다란 부담을 주는, 거세지고 있는 서로 경쟁하는 사회적 요구의 문제를 다루면서 다음과 같이 쓰고 있다. "우리는 왜 후기자본주의 사회가 형식적 민주주의를 유지하기 위해 애쓰기까지 해야만 하는지를 여전히 설명할 필요가 있다. 그저 행정체계라는 측면에서 보자면, 형식적 민주주의는 하나의 변종—시민들의 정치적 참여를 해롭지 않은 수준으로 축소시키는 보수적인 권위주의적 복지국가 또는 주민들을 비교적 높은 수준으로 영구히 동원하는 파시스트 권위주의 국가—으로 쉽게 대체될 수 있다."

하버마스는 그러한 방식의 해결책은 오늘날 그리 가능성이 없다고 설명한다. 왜냐하면 "사회-문화체계가 권위주의적 체계에서는 충족될 수 없는 요구를 만들어내기" 때문이다. 그는 계속해서 다음과 같이 말한다. "이러한 성찰이 나를 다음과 같은 테제로 이끈다. 행정체계의 필요에 맞게 임의적으로 작동할 수 있게 만들 수 없는 경직적인 사회-문화체계만이 어떻게 정당화의 어려움이 정당화의 위기로 귀결되는지를 설명해줄 수 있다. 그러므로 그러한 사태의 진전은 동기의 위기(motivation crisis)—즉 국가와 직업체계가 필요한 것으로 공표한 동기와 사회-문화적 구조가 제공하는 동기 간의 불일치—에 근거하고 있음에 틀림없다."

그리고 그는 다음과 같이 결론짓는다. "오늘날에도 여전히 얼마간 힘을 지니고 있는 규범적 구조와 정치-경제체계 간에 어떤 충분한 조화가 존재하지 않는다면, [자본주의는] 여전히 문화체계와의 분리를 통해 동기의 위기를 피할 수 있다. 그럴 경우 문화는 비의무적인 여가 활동이 되거나 전문지식의 대상이 된다."

나는 스웨덴, 영국, 미국과 같은 나라에서 '형식적 민주주의'가 '쉽게' 대체될 수 있다고 생각하지 않는다. 민주주의의 장점은 자본주의 체계의 '필요'로부터가 아니라 자유의 전통으로부터 비롯한다. 역설적으로 국민을 영구히 동원할 수 있는 유일한 사회는 '후기[즉 선진] 자본주의' 사회가 아니라 권위주의적인 혁명적 사회뿐이다.

더 나아가 나는 하나로 통일된 정치-경제체계가 존재한다고 생각하지 않는다. 왜냐하면 정체는 경제의 조종자이자 여러 권리 주장자들의 보다 광범위한 각축장이기도 하기 때문이다. 그리고 나는 경제체계와 생산체계에서 요구하는 동기와 문화 속에서 추구되는 라이프스타일 간에 괴리가 존재한다는 데 동의할 수 있지만, 문화가 '분리될' 수 있다거나(대체 누구에 의해 그렇게 될 수 있다는 말인가?) 또 여전히 사람들이 무해하게 충동—성적 또는 다른 충동들—을 방출하는 장으로 남아있을 수 있다고 믿지 않는다. 내가 제1장에서 주장했듯이, 자본주의가 훼손되고 또 그것의 '헤게모니'가 파괴되는 것도 바로 문화영역에서다. 따라서 나는 이러한 점에서 자본주의가 시민들에 모든 사회는 결국에는 그 사회의 배분 원칙과 그러한 규칙을 촉진시키거나 강화하는 데 필요한 자유와 강제 간의 균형을 정당화(justify)—사회학적 전문 용어로는 legitimate—해야만 하는 하나의 도덕적 질서다. 필연적으로 문제는 자기이익과 공적 이익의 관계, 즉 개인적 충동과 공동체 요구 간의 관계로 나타난다. 명시적으로 진술된 공공철학 없이는 우리는 근대 정체가 합의—이것 없이는 계속되는 갈등만이 있을 뿐이다—와 정의(正義)에 의해 유지될 수 있는 기본 조건을 결여하게 된다.

과거에 미국에서는 '암묵적인 합의'가 이루어져 있었고, 따라서 공공철학을 명시할 필요가 없었다. 루이스 하츠(Louis Hartz)가 지적했듯이, 미국에는 그 정치체계를 형성시킨, 존 로크로부터 유래한 자유주의적 전통이 있었다. 로베스피에르(Maximilien de Robespierre) 같은 인물이 없었지만 드 메스트르(Joseph de Maistre) 같은 인물도 없었기에 서로 각축하는 혁명과 반동 세력들은 미국의 삶 속에서는 결코 비옥한 토양을 발견할 수 없었다. 미국 스타일은 독특한 타협의 형태였다. 이를테면 프랑스에서는 모든 정치적 분열이 프랑스혁명이 가져온 배치에 뿌리를 두고 있었지만, 미국에서는 남북전쟁을 제외하고는 정치적 논쟁이 '제1 원리'에 호소하는 경우는 좀처럼 없었

게 하나의 도덕체계이자 보상체계로서 자신의 활력을 장기적으로 유지할 수 있는 능력에 대해 하버마스보다 더 비판적이다. 하지만 정당성의 근거가 정치적 자유주의—만약 그것이 부르주아적 쾌락주의로부터 분리될 수 있다면—의 가치 속에 있을 수도 있다. 이것이 바로 내가 이 글의 다음 절에서 다룰 문제다.

하버마스의 주장에 대해서는 "What Does a Crisis Mean Today? Legitimation Problems in Late Capitalism," *Social Research* 40(Winter 1973), pp. 643~667을 보라. 이 글은 하버마스의 책 *Legitimation Crisis*(Boston: Beacon Press, 1975)의 제2부에 실려 있다.

다. 미국에는 세 가지 암묵적인 가정이 존재했다. 그것은 바로 개인의 가치가 극대화되어야 하고, 물질적 부의 증대는 불평등에서 초래되는 모든 긴장을 해소할 수 있어야 하고, 경험의 연속성이 미래의 모든 문제에 해결책을 제공해주리라는 것이었다. 풍요 역시 사회주의에 대한 미국식 대응물이었다.

하지만 지금은 이 모든 가정이 깨져버렸다. 집단과 공동체는 자신들의 요구를 내세운다. 부의 증대는 불평등을 구하지 못했으며, 그 결과 새로운 문제를 야기했다. 경험은 더 이상 근대사회의 복잡한 기술적 문제들에 하나의 확실한 지침이 되지 못한다. 그리고 이제 물질적 복리와 성취에 관한 가정의 근간을 이루는 가치 역시 의문시되고 있다.

몇 가지 새로운 목적들이 수립되어야만 한다. 그리고 몇 가지 새로운 가정들이 설정되어야만 한다. 과거에 대한 암묵적 동의는 커다란 힘이었다. 왜냐하면 명시적 표현은 항상 이데올로기와 현실 간의 모순을 적나라하게 드러내고, 그것은 또한 항상 내놓을 수 없는 해결책을 요구하기 때문이다. 하지만 이제 그러한 과업은 피할 수 없다. 소비지향적인 자유기업 사회(free-enterprise society)는 이제 더 이상 과거 한때 그랬던 것처럼 시민들을 도덕적으로 만족시켜주지 못한다. 그리고 우리가 자유주의 사회라고 인식한 어떤 것이 살아남기 위해서는 새로운 공공철학이 창조되어야만 할 것이다.[25]

---

25) 국가 스타일에 대한 이상의 논의에서 나는 이전에 쓴 글 "The Disposessed —1962," *The Radical Right*(Garden City, N.Y.: Doubleday, 1963), pp. 14~15에서 몇 개의 문단을 따왔다. '암묵적 동의'에 관한 논의로는 Louis Hartz, *The Liberal Tradition in America*(New York: Harcourt, Brace and World, 1955), pt. I을 보라. 그리고 미국의 독특한 타협양식에 대해서는 W.W. Rostow, "The National Style," Elting E. Morison ed., *The American Style*(New York: Harper, 1958)을 보라.

II

공공철학

상호의존적인 근대경제에서 공공가계가 중심적 위치를 차지하는 것은 불가피하다. 더욱이 내가 보여주고자 노력해왔듯이, 공공가계는 단지 시장경제 및 가정가계와 나란히 존재하는 '정부' 부문 또는 공공경제 부문이 아니다. 공공가계는 오늘날 양자보다 더 중요하며, 양자를 지도한다. 그것은 확대된 폴리스(polis)다. 하지만 우리는 현재 이러한 상태를 뒷받침할 이론적 토대를 가지고 있지 못하다. 즉 우리는 경제적 차원과 정치적 차원을 결합시키는 공공가계에 대한 정치경제학도, 그리고 또 상충하는 주장들을 규범적으로 해결하고 그 결과를 철학적으로 정당화하는 의사결정 규칙을 제공하는, 공공가계에 대한 정치철학도 가지고 있지 못하다. 월터 리프만은 "철학을 믿는 것은 마음이 약한 사람들을 특징짓는 망상이라고…… 말하는 사람들이 있다"라고 비꼬는 투로 지적한 바 있다. 하지만 철학의 중요성은 그것이 합리적인 기준을 진술하고, 일관적인 적용원리를 제공하여 행동이 자의적이거나 변덕스럽지 않게 해주고, 사람들이 공정하다고 인식하는 것을 규범적으로 정당화한다는 것이다. 그러한 철학에 근거해서만 정치적 삶의 원리들에 대한 일정한 합의가 가능하다. 그러한 합의 없이는 거기에 단지 야만적인 권력만이 존재할 뿐이다. 사람들은 힘에는 복종하지만, 옳음은 존중하고 그것에 자발적으로 따른다.

아리스토텔레스는 고전적인 폴리스의 정치철학을 개진했다. 그것의 모델은 가족이다. 가정에서 부모에게 자연적 권위가 부여되는 것처럼, 폴리스에서는 지배하기에 가장 적합한 사람, 즉 합리적 인간에게 자연적 권위가 부여된다. 폴리스의 기본은 자연적 필요를 충족시켜주는 데 있다. 무제한적 획득은 단지 가계를 파멸시킬 수 있을 뿐이다. 그러므로 가계 관리의 목적은 욕구를 제한하는 것이다. 하지만 이것은 민주적 에토스와 근대적 기질과는 전혀 맞지 않는 관점이다.

이러한 문제를 논외로 하면, 아리스토텔레스식 폴리스와 관련된 순수한 사회학적 한계는 그 규모에 있다. 개인들이 서로 돕고 어떤 공동의 원칙에 입각하여 분배하는 사회를 만들기 위해서는, 개인들이 서로를 잘 알고 자신의 관심사를 표현할 수 있는 것이 요구된다. 그러한 사회의 토대는 상호 간의 사랑 또는 상호신뢰다. 이것이 바로 루소가 『사회계약론』(The Social Contract)에서 도덕적 사회는 소규모 사회에서만 가능하다고 주장하고, 프로이트가 『문명과 불만』(Civilization and Its Discontents)에서 공산주의 또는 평등한 분배는 대규모 사회에서는 불가능하다고 주장했던 이유다. 왜냐하면 사람들을 함께 묶어주는 사랑은 사랑이 모든 '인류'에게 '목적 없이' 일반적이기보다는 각자에게 직접적이고 구체적일 때만 의미를 지니기 때문이다. 레오 스트라우스가 말했듯이, "상호 간의 신뢰를 유지할 수 있을 만큼 작은 사회에서만 상호책임 또는 상호감독—그 사회 성원의 완전성에 관심을 두고 있는 사회에 불가피하게 요구되는 행위 또는 매너에 대한 감독—이 가능하다. '바빌론'과 같은 큰 도시에서는 모든 사람이 대체로 자신이 원하는 대로 살 수 있다."[26] (F. 스콧 피츠제럴드Francis Scott Fitzgerald 또한 알고 있었듯이, 근대사회는 바빌론이다.)

---

26) Leo Strauss, *Natural Right and History*(Chicago: University of Chicago Press, 1953), p. 131.

로크, 애덤 스미스, 칸트는 이러한 공동체주의적 윤리와는 대조적으로 자유주의 사회를 정당화한다. 로크 사상의 중심에는 개인적 소유의 교의가 자리 잡고 있다. 재산은 개인 노동의 연장이고, 그것은 타인의 착취로부터 보호받는다. 그리고 재산은 자기보존 권리의 당연한 귀결이다. 애덤 스미스에게서는 개인의 교환——이 속에서 각자는 자신의 이익을 추구한다——이 자유, 자기만족, 상호이익의 토대다. 이것이 분업을 통해 합리적으로 추구될 때, 자본축적과 부의 토대가 된다. 칸트가 볼 때, '공법의 특징은 기본적으로 그것이 실제적이기보다는 절차적이라는 것이다. 그리고 그것의 목적은 특정한 결과를 규정하기보다는 사람들이 자신이 원하는 것을 놓고 자유롭게 경쟁하는 게임의 규칙을 규정하는 것이다.

이 세 주장의 논리는 애덤 스미스의 표현으로 "자연적 자유의 체계 내에서" 공공가계는 세 가지 임무로 제한된다는 것이다. 즉 공공가계는 첫째 어떤 사회를 다른 사회의 폭력과 침입으로부터 보호하고, 둘째 내적 안전을 확보하고 법을 집행하며, 셋째 "특정한 공공사업과 공적 제도를 수립하고 유지한다. 특히 공공사업이나 공적 제도는 어떤 개인이나 소수 개인의 관심으로는 결코 수립하고 유지할 수 없다. 왜냐하면 그것들로부터 나오는 이익이 자주 위대한 사회(great society)의 지출을 보상하는 것 이상의 일도 할 수 있지만, 결코 어떤 개인이나 소수 개인의 지출을 보상해줄 수 없기 때문이다."

『국부론』속에서 세 번 등장하는 표현인 '위대한 사회'는 (제5책 제1장의 결론의) 문맥을 놓고 볼 때 '전체 사회'(whole society)를 의미한다.[27] 하지만 초기 규정 이후 점점 더 "공공사업과 공적 제도"의

---

27) Adam Smith, *The Wealth of Nations*(New York: Modern Library, 1937), p. 651. (또한 '위대한 사회'에 대한 논의로는 pp. 681, 647을 보라.)

수립은 '위대한 사회'를 위해 점점 더 큰 과업이 되어왔다. 그리고 오늘날에는 균형이 그러한 방향으로 급격하게 이동해왔다. 그러나 이 새로운 '집합주의적'(collectivist) 현실은 이론적 공백 상태에 있다.

비록 사회주의 ― 나는 기본적으로 마르크스주의적 전통을 염두에 두고 있다 ― 가 대단히 뛰어난 공공가계의 교의인 것으로 주장되지만, 사회주의는 결코 자신의 철학을 규범적으로 정당화할 필요성을 깨닫지 못했다. 그것은 부분적으로는 사회주의가 진화론의 틀 속에서 다음에 오게 될 보다 높은 의식 또는 합리성의 단계로 인식되었기 때문이고, 부분적으로는 마르크스에서 공산주의는 경제학 그 자체의 폐기를 전제조건으로 하기 때문이다. 마르크스가 볼 때, 세계에서 악의 근원은 결핍이었다. 왜냐하면 결핍이 질투와 경쟁을 유발하고 사적 이익을 잔혹하게 추구하게 만들기 때문이다. (헤겔을 따르는) 마르크스가 보기에, 자연은 필요의 영역이다. 경제학은 자연으로부터 재화를 얻는 데 필요한 노동에 관한 것이다. 인간이 물질에 대한 기술적 힘을 획득함에 따라, 인간은 자연을 벗어나서 역사로 진입한다. 그리고 역사의 종말, 즉 자연으로부터의 최종적 독립은 자유다. 인간이 노동하지 않아도 되고 모두를 위한 풍요가 존재할 때, 이른바 상부구조는 해체된다. 그리고 사람들은 결핍이나 자연적 제약으로부터 해방되어 그가 원하는 곳으로 이동할 수 있다. 그 결과 공산주의 하에서 배분 문제는 전혀 존재하지 않는다.[28]

---

28) 기묘하게도 이것은 로크의 주장이기도 하다. 자연상태에서는 탐욕을 제한하는 것이 필요했다. 왜냐하면 자연상태는 궁핍상태기 때문이다. 그러한 탐욕은 시민사회에서는 아무런 문제 없이 제거될 수 있다. 왜냐하면 시민사회는 풍요의 상태이기 때문이다. 그리고 이것이 '부르주아'의 탐욕, 즉 '욕망'의 확대를 정당화시켜주었다.

하지만 푸리에와 생시몽의 유토피아적 사회주의 교의는 인간 본성 이론에 고정되어있었다. 푸리에는 인간은 기질과 욕망에서 크게 다르며(이는 카를 융

그러나 이제 우리가 알고 있다시피, '경제학'에서 벗어날 수 없다는 것은 어떠한 사회에서도 불가피한 사실이다. 인간은 끊임없이 필요를 재정의하기 때문에 종래에는 욕망이었던 것이 이제는 필수품이 된다. 자원의 제약은 분명한 사실이고, 필요로 하는 자원이 물리적으로는 고갈되지 않을 수도 있지만, 그것을 사용하는 비용은 상승할 것이다. 그리고 물리적 양이 아니라 상대적 비용이 희소성의 측정 수단이 될 것이다.[29]

그리고 근대 공공가계는 풍요라는 해방이 아니라 반복되는 '결핍'의 제약에 맞서서 다음과 같은 두 가지 과업을 수행하기 위해 규범적

Carl Jung의 심리학적 유형 구분과 매우 유사하다), 공동체주의적 집단이 서로 대조되고 상호보완적 기질을 서로 어울리게 하여 조화를 이루게 할 것이라고 생각했다. 생시몽은 인간은 재능과 능력에서 서로 다르며 사회주의 사회의 직업 구분은 이러한 상이한 능력을 기능의 합리적 구분을 따라 분류해놓는 '방'(chambers)이 될 것이라고 생각했다. 나의 글 "Socialism," in the *International Encyclopedia of the Social Sciences*(New York: Macmillan, 1968)와 "Charles Fourier: Prophet of Eupsychia," in *The American Scholar* 38(Winter 1968~69)을 보라.

29) 이른바 정치경제학이 경제학으로 전환된 것은 애덤 스미스가 아니라 리카도(David Ricardo)와 함께였다. 리카도는 자본축적에는 자원에 의해 설정된 자연적 한계가 있다고 보았다. 그러므로 경제학의 주제는 애덤 스미스에서와 같이 부의 축적 수단이 아니라 제한된 수단들 내에서의 할당 또는 배분이었다. 다시 말해 그것은 "산업생산물을 그것의 생산과 동시에 발생하는 계급 사이에 어떻게 배분할지를 결정하는 법칙"이었다.

리카도에서 경제성장은 자연자원(주로 토지)의 부족에 의해 제약되었다. 즉 기업가가 수익이 감소함에도 불구하고 자원의 사용을 확대할 때, 1인당 노동자에 투자되는 자본이 늘어남에 따라 이윤율은 떨어지는 경향이 있었다. 마르크스는 리카도로부터 이윤율 저하 경향의 관념을 물려받았지만, 그것을 자원의 제한된 수확문제가 아니라 노동 기반과 잉여가치 추출의 제약과 연결시켰다. 마르크스는 자연으로부터 수확이 줄어드는 것보다는 수확을 증대시킬 필요성—사회주의 사회가 장려해야만 할—과 관련하여 검증되지 않은 기술의 힘을 믿었다.

정치철학을 마련해야만 한다.

(1) 폴리스의 고전적 문제였던 공공재의 정의 문제

(2) 개인과 집단이 요구하는 사적 권리와 욕망의 충족 문제

폴리스의 고전적 교의는 시민적 덕성을 강조했다. 시민적 덕성을 구성하는 주요 요소가 필요의 절제와 획득의 제한이었고, 자유는 부차적인 선(善)이었다. 근대성의 철학은 자유 또는 무한한 쾌락과 행복의 추구를 강조한다. 그리고 공적 이익은 부차적인 선이 되었다.

근대성의 특징을 최초로 인식한 것은 루소였다. 이것이 바로 공공가계의 철학을 재정식화하고자 하는 그의 노력의 핵심을 차지하고 있다. 문제는 루소의 표현으로 근대사회에서는 인간이 부르주아이자 시민이라는 점이었다. 시민으로서 그는 공적 의무를 지니지만, 부르주아로서 그는 자기이익, 욕망, 열정을 추구했다. 루소는 『사회계약론』—사회계약의 조건은 사회보다 앞서 존재하는 것이 아니라 인간이 자연을 떠나 사회로 들어온 후에 발생했다—에서 이러한 분기를 모든 사적 이익을 부정함으로써, 즉 모든 에고를 단일한 도덕적 퍼스낼리티—공동체 또는 일반의지로 전화되는—속으로 일소시킴으로써 극복하고자 했다. 이기심이 없다면, 각자는 모든 면에서 다른 모든 사람과 평등해질 것이라는 것이었다. 현대적 삶 속에서는 이러한 대안은 마오 사상의 신격화 속에서 사회주의 중국과 중국의 시민종교—루소 역시 시민종교가 사람들을 묶어주는 하나의 신념으로 필요하다고 생각했다—속에서 예증되고 있다.

근대 서구사회는 루소가 추구한 것과는 다른 방향으로 진전되었다. 즉 **경제**에서는 사적인 탐욕적 이익을 추구하는 방향으로, 그리고 문화에서는 자아의 강화와 확대를 꾀하는 방향으로 나아갔다. 시장에서는 사적인 경제적 이익 축적이 자주 공공가계를 희생하며 추

구되었다. 사람들의 자아 '형성'은 마치 세계문화의 레퍼토리들로부터 자유롭게 개인적 라이프스타일을 선택하는 것, 즉 그러한 레퍼토리들이 과거 및 전통의 연속성과 독립되어 존재하는 문화의 구성단위들인 것인냥 서로 다른 인공물들을 혼합하는 것이 되었다. 경제와 문화 두 경우 모두에서 욕망의 충족이 추구되었고, 그것은 끝이 없었다.

오늘날에는 사적 욕망의 충족과 인지된 불평등의 시정이 시장을 통해 개인적으로 추구되는 것이 아니라 공공가계를 통해 집단에 의해 정치적으로 추구된다(그리고 이것이 인간의 권리, 특히 행복권의 관념에서 일어난 독특한 변화다). 자유주의는 폴리스에 속박받지 않는 개인적 추구를 정당화해왔다. 고전 정치이론과 루소에 의한 그것의 근대적 재정식화는 폴리스의 우위성을 정당화하고자 했다. 근대의 욕망은 다른 사람들을 희생하여 일부 개인들을 더 돋보이게 하기를 원하면서도, 또한 공공가계를 통해 모두의 지위를 높이기를 원한다.

그러나 20세기의 공공가계는 공동체가 아니라, 공공재를 정의하는 그리고 권리에 근거하여 상충하는 주장들을 판결하는 어떠한 규범적 규칙도 존재하지 않는 (다만 거래 규칙만이 존재하는) 각축장이라는 데 어려움이 있다. 따라서 다음과 같은 문제가 다시 제기된다. 무엇이 공공가계의 정치철학일 수 있는가?

철학적 규칙에 관한 모든 탐구는 실제적 문제로부터 시작해야만 한다. 그리고 이를 위해 우리는 현재의 특권과 권리의 배분에 대항하는 주장들——구제(救濟)와 정의(正義)의 문제——을 다루고 또 그것들을 판결해야만 한다. 보다 광범한 방법론적 영역에서는 다원주의 사회의 성격을 감안할 때, 우리는 사람들 간의 차이를 받아들이고 그러한 차이가 공공가계의 규범적 작동에 적절하고 정당하다는 것을 입증해야만 한다.

나는 이러한 경제적·철학적 문제의 지형에서 해결해야만 하는 문제로 네 가지를 지적하고자 한다.

(1) 공공가계를 구성하는 적절한 단위는 무엇이고, 그러한 단위들 사이에서 어떻게 균형을 잡을 것인가?

(2) 사람들이 다소 양립할 수 없는 가치인 자유와 평등 중 하나 또는 다른 하나를 강화하고자 할 때, 둘 사이에서 어떠한 긴장이 발생하는가?

(3) 사회적 요구와 경제적 성과가 경합할 때, 형평성과 효율성 사이에서 어떻게 균형을 잡을 것인가?

(4) 경제적 재화 추구의 영역과 도덕의 영역 모두에서 무엇이 '공적인' 것의 차원을 구성하고 무엇이 '사적인' 것의 차원을 구성하는가?

이 네 가지 문제들이 하나의 의제를 구성하며, 그것에 대한 해답이 근대 자유주의 사회의 공공가계에 대한 철학을 구성할 것이다. 나는 그 해결을 압박하는 어떠한 주장도 할 수 없다. 내가 할 수 있는 것은 적절한 차이의 원리를 통해 이들 문제를 예리하게 규정하기 위해 노력하는 것이다.

사회의 단위

아리스토텔레스에서는 폴리스가 사회의 기본 단위다. 가톨릭 사회 이론에서 사회의 기본 단위는 가족이고, 고전 자유주의에서는 개인이다. 그리고 근대 자유주의 사회에서는 다원적 이익집단이 사회의 기본 단위다. 각각은 그 나름의 방식으로 각 단위의 우선성 내지 필요성을 주장해왔고, 다른 주장들에 맞서 싸워왔다.

지난 200년 동안 서구사회에서 상석을 차지해온 것은 개인이다. 제 레미 벤담은 이렇게 말했다. "공동체는 이른바 그 성원을 이루는 것 으로 간주되는 개별 개인들로 구성되는 하나의 가공의 조직체다. 그 렇다면 공동체의 이익은 무엇인가? 공동체를 구성하는 여러 성원의 이익의 총합이 바로 그것이다."[30]

그러나 이러한 명목론적 공리주의는 개인 외부에 필시 존재하는 구조적 실체를 간과한다. 대학을 구성하는 성원들은 계속해서 변 하지만, 대학이라는 실체는 그것의 특정한 성원들이 머무는 기간 을 넘어서는 하나의 상징적 의미를 지닌다. 그리고 이것은 하나의 민 족─그것이 유대인과 같은 종교문화 집단이든 아니면 아일랜드인 이나 세계 도처의 수많은 다른 집단과 같은 민족문화 집단이든 간 에─에게는 훨씬 더 그렇다. 이러한 집합적 충성심(이것은 그 핵심 에서 비합리적이다)이 없다면, 즉 그냥 주어지고 재확인되는 신념이 없다면, 이해관계의 추구는 개인 대 다른 사람들 간의 전쟁─때로 는 폭력적이 되고 때로는 그렇지 않은 전쟁─이 된다.

하지만 공동체의 요구는 전체주의적이 될 때 이데올로기적 신념에 순응하게 하고 강압적인 관료제적 몰록(Moloch, 셈족의 신으로, 그 신 자들은 아이를 제물로 바쳤다─옮긴이)에 복종하게 하는 하나의 거 대한 괴물이 된다. 개인주의 사상은 인간의식이 이룩한 독특한 성과 였다. 이사야 벌린(Isaiah Berlin)은 (콩도르세를 따라) 다음과 같이 지 적했다. 개인의 권리로서의 자유의 관념은

로마와 그리스의 법적 개념에는 존재하지 않았다. 그것은 유대인

---

30) Jeremy Bentham, *An Introduction to the Principles of Morals and Legislation*, eds. J.H. Burns and H.L.A. Hart(London: University of London, Athlone Press, 1970), p. 12.

이나 중국인 그리고 그 후 알려진 고대문명들에서도 마찬가지였던 것으로 보인다. 그러한 이상의 지배는 최근 서구의 역사에서조차 규칙이라기보다는 예외였다. 이러한 의미에서 자유는 인류 대다수를 위한 함성을 형성하지도 않았다. 욕망이 침해받지 않고 스스로에게 맡겨져야 한다는 것은 개인과 공동체 모두에게 고도 문명의 표지였다. 프라이버시 그 자체, 즉 그 자체로 신성한 어떤 것으로서의 개인적 관계의 영역이라는 의미는 자유의 개념에서 파생한다. 이 자유의 개념은 그 종교적 뿌리에도 불구하고 그것이 발전된 모습을 드러낸 것은 르네상스 또는 종교개혁의 시기였다.[31]

자신이 원하는 대로 살아갈 자유는 수많은 철학적 · 경제적 정당화에 의해 지지되었다. 이러한 가치가 확립될 경우, (다수결에 의해 재가될 때조차도) 그것은 공동체의 압제를 막을 수 있다. 만약 어떤 제도적 조정이 필요한지가 밝혀질 경우, 그것은 정치제도와 사회제도를 분리시켜, 어떤 단일한 조직체 내에 정치권력이 융합되는 것을 막을 수 있다. 만약 개인의 창의력이 존중될 경우, 그것은 (경제적 · 지적) 기업가들로 하여금 자유롭게 생산품과 제도 — 자동차에서 '자유 학교'에 이르기까지 — 를 만들어내어, 그러한 것들을 원하고 그것들에 사적으로 또는 공공가계를 통해 대금을 지불할 사람들의 요구에 부응하게 할 수 있다. 하지만 환경을 약탈하고 사회 서비스와 여타 공동체의 필요를 무시하게 한 것의 뿌리를 이루게 한 것도 미국에 그렇게도 만연한 바로 이 개인주의다.

몽테스키외(Charles-Louis de Montesquieu)에서 토크빌을 거쳐 폰

---

31) Isaiah Berlin, *Four Essays on Liberty*(London: Oxford University Press, 1969), p. 129.

기르케(Otto von Gierke)로 이어진 대륙의 자유주의 이론은 이와는 다른 사회 단위를 생각하고 있었다. 조합(Gemeinde), 즉 중세적 사회질서로까지 거슬러 올라가는 보다 작은 공동체, 법인(대학이나 종교재단 같은), 상인과 장인들의 '길드'가 그것들이다. 이것들은 더 큰 사회 속에서 그들 자신의 규약에 따라 살아가며 특권적 권력을 누리던 자치적인 조합적 조직체였다. 뒤르켐과 같은 사람들에게서 개인의 억제되지 않는 에고이즘과 국가의 엄청나고 위협적인 권력 사이에 위치하는 이러한 전문가 조직체와 직업 공동체는 대규모 근대사회에 필요한 시민도덕의 정박지로 인식된다.

이러한 중간집단들이 오늘날 그러한 목적에 기여할 수 있는지는 논란의 여지가 있다. 왜냐하면 이들 집단이 그 자체로 과격한 요구자가 되어왔기 때문이다. 하지만 근대 다원주의 사회에서 분명한 것은 명확한 주장을 하고 나서는 집단들이 존재한다는 것이고, 그들 집단의 그러한 주장의 정당성은 고찰이 요구되는 하나의 사회학적 사실이라는 것이다. 이들 집단의 범위와 다양성은 놀랄 정도다. 그것들은 직능적 경제집단(기업단체, 노동단체, 농민단체), 상징적 신분집단(종교단체, 민족단체, 인종단체), 사회적 약자 집단(빈민단체, 노인단체, 장애인단체), 문화적 표출 집단(여성단체, 청년단체, 동성애단체), 시민권익 집단(민권단체, 소비자단체, 환경단체), 특정 경제적 목적 집단(납세자협회, 퇴역군인 로비단체), 특정 문화적 목적 집단(대학협의회, 과학자협회와 전문직협회, 예술협회), 기능적 정치협회(주州 협의회, 시 또는 자치도시 조직체), 그리고 그 밖의 다양한 57개 집단으로 구성되어있다.

이러한 다양한 집단들 때문에, 오늘날 단일한 문제가 전체 사회를 양극화할 수 있을지는 분명하지 않다. 근대 민주정치의 독특한 장점은 그것이 매우 많은 이해관계를 **포괄**할 수 있다는 것이다. 실제로 이해관계의 수적 증가와 그것들의 정치적 장으로의 집중은 과부하, 파편화, 그리고 자주 정치적 교착상태를 낳는다. 하지만 다양한 집단의 이해관계의 본질과 특성을 부정할 수는 없다. 왜냐하면 그것이 바로 현대 민주정치의 성격이기 때문이다.

그렇다면 어디서 공공가계의 규범적 철학을 찾아야 하는가? 상세히 설명하기는 어렵지만, 그 대답은 그 주장이 언제나 상석을 차지하는 하나의 압도적인 이해관계는 존재할 수 없다는 것이다. 개인 — 그의 재산 또는 그의 권리 — 도, 경제활동과 사회활동을 지시하고 통제하거나 도덕 또는 사적 행동을 규제하는 권한을 가진 국가도, 구제나 보호를 주장하는 여러 집단도 항상 상석을 차지할 수는 없다. 오히려 우리는 어떠한 차이와 무관하게 모든 사람에게 적용되는 규칙, 권리, 상황을 고찰할 필요가 있으며, 또한 (필요의 면에서, 구제의 근거에서, 그리고 짊어진 부담에서) 적절한 차이가 있는 경우에 적용되는 규칙, 권리, 주장에 대해서도 고찰하고 그것에 따라 분배할 필요도 있다. 그렇지만 이 구분은 공식적인 방식으로 적용될 수 있는 것은 아니며, 단지 실제 적용을 통해서만 의미를 지닐 수 있을 뿐이다.[32]

---

32) 아리스토텔레스는 대등한 사람들이 불평등하게 대우받을 때, 그리고 또한 대등하지 않은 사람들이 평등하게 대우받을 때, 부정의가 발생한다고 말한다. 그러나 이러한 정식화는 형식적이고 추상적이다. 모리스 긴즈버그(Morris Ginsberg)가 지적하듯이, "대등한 사람들이 평등하게 대우받고 대등하지 않은 사람들은 불평등하게 대우받아야 한다는 진술은 대등한 사람들과 대등하지 않은 사람들에 의해 또는 그들을 위해 무엇이 행해져야 하는지에 대해 아무것도 설명해주지 못한다." Morris Ginsberg, *On Justice in Society*(Baltimore: Penguin, 1954), p. 7.
　　하지만 아리스토텔레스에는 적용 가능한 또 다른 구분이 존재한다. 모든 사람에게 적용되는 '산술적 평등'과 공적 차이에 기초하는 '비례적 평등'이 그것이다. 내가 정의를 측정하는 수단으로서의 '적절한 차이' 원리의 출발점

자유와 평등

마이클 왈저(Michael Walzer)는 『디센트』(*Dissent*, 1973년 가을호)에 실린 평등주의에 대한 길고 사려 깊은 논의에서 "자유와 평등은 사회제도의 두 가지 주요한 덕목이며, 그것들이 함께 서 있을 때가 가장 좋다"라고 결론 내리고 있다. 하지만 칸트와 함께 시작한 자유주의 전통과 19세기의 가장 사려 깊은 대중사회 비판가들(토크빌과 부르크하르트)은 자유 대 평등이라는 문제를 제기했다. 그리고 내가 생각하기에 최근 수년 동안의 논쟁이 취해온 형식을 볼 때, 문제는 이 두 가지의 결합이 아니라 대비다.

고전 자유주의는 평등을 법 앞의 평등으로 정의했다. 이 정의는 법의 지배와 인간의 지배 간의 구분에 의거하고 있다. 법의 지배는 모든 경기자에게 일반적으로 적용될 수 있는 게임의 규칙을 수립한다. 이 규칙 안에서 개인들은 자유롭게 그들 나름으로 거래하고 독자적으로 선택하고 스스로 행위를 결정한다. 인간의 지배 아래서는 지배자 또는 심판관이 의무를 지우거나 구제할 (다른 사람이 아닌) 특정한 사람을 선발하는 결정을 내릴 수 있다. 그것은 자주 정의와 형평성을 그 이유로 내세우기도 하지만, 임의성과 강제의 요소는 여전히 남아 있다.

비록 결과의 불평등이 초래될 수도 있지만, 자유주의는 법의 지배를 지향하는 성향이 있었다. 왜냐하면 그것의 최우선적 가치가 정부에 의한 강제를 축소하고 자유로운 거래가 지배하게 하는 것이었기 때문이다. 사회적 개입은 약간 다른 가치의 이름으로 구제의 원리를 지향하는 성향이 있었고, 지금도 그러하다. 자유주의 주장의 핵심은 사람들은 능력, 욕구, 소질, 재능의 면에서 서로 다르다는 것이다. 따

으로 이용할 것도 바로 이 구분이다.

라서 사람들을 평등하게 대우하는 것과 사람들을 평등하게 만드는 것을 구분할 필요가 있다. 사람들을 평등하게 만들기 위한 노력은 행정조직이 차이의 정도와 구제의 정도와 관련하여 어떤 결정을 내리게 할 수밖에 없다. 그러므로 그것은 사람들을 **불평등**하게 대우하는 결과를 낳는다. 이러한 당연한 결과는 불가피하다.

오늘날에는 여러 가지 이유에서 사람들을 불평등하게 대우해야만 할 수도 있다. 아마도 가장 중요한 것은 어떤 단일한 가치 ─ 그것이 자유든 또는 정의든 간에 ─ 가 절대적이고 가장 중요한 것으로 간주되어 엄격하게 적용될 때, 그 가치의 과잉이 발생할 수도 있다는 것일 것이다. 대부분의 사람이 서로 양립할 수 없는 것을 열망한다고 하더라도, 본질적으로 양립할 수 없는 목적을 충족시킬 수 있는 어떤 단일한 가치는 있을 수 없다. 따라서 양립 불가능성을 해소하기 위해서는 사람들은 무엇을 포기할 것인지를 분명히 해야만 한다. 이사야 벌린은 『자유에 관한 네 편의 에세이』(*Four Essays on Liberty*)에서 이를 탁월하게 요약한 바 있다.

……용어의 혼동으로부터 얻을 수 있는 것은 아무것도 없다. 지독한 불평등이나 빈곤의 만연을 피하기 위해서라면, 나는 나의 자유의 일부 또는 전부를 희생할 준비가 되어있으며, 나는 기꺼이 그리고 거리낌 없이 그렇게 할 것이다. 그러나 나의 동료의 정의나 평등 또는 사랑을 위해 내가 포기하는 것은 자유다. 만약 내가 어떤 상황에서 기꺼이 이러한 희생을 하지 않는다면, 나는 죄의식에 사로잡힐 것이며, 또 분명히 그렇게 될 것이다. 그러나 희생에 대한 도덕적 요구나 보상이 아무리 크다고 할지라도, 희생은 희생되고 있는 것(즉 자유)을 증대시키지 않는다. 모든 것은 있는 그대로다. 즉 자유는 자유이지 평등이나 공평함이나 정의나 문화, 또는 인

간의 행복 또는 평온한 양심이 아니다. 만약 나 자신이나 나의 계급 또는 국가의 자유가 수많은 다른 인간존재의 비참함에 의존하고 있다면, 그것을 증진시키는 체계는 불공정하고 부도덕하다. 그러나 만약 내가 그러한 불평등이 초래하는 수치심을 줄이기 위해 나의 자유를 줄이거나 상실하고도 그것에 의해 다른 사람들의 개인적 자유가 실질적으로 증대되지 않았다면, 자유의 절대적 상실이 발생한다. 이것은 정의나 행복 또는 평화를 획득함으로써 보상받을 수도 있지만, 자유는 여전히 상실된 채로 남아있다. 그리고 비록 나의 '자유주의적인' 개인적 자유는 버림받았지만 일부 다른 종류의 자유—'사회적' 자유 또는 '경제적' 자유—가 증가되었다고 말하는 것은 가치의 혼동이다. 하지만 어떤 사람의 자유가 다른 사람들의 자유를 확보하기 위해 때로는 축소되어야만 한다는 것은 여전히 사실이다. 이것이 어떠한 원칙에 의거하여 실행되어야 하는가? 만약 자유가 신성불가침한 가치라면, 그러한 원칙은 결코 존재할 수 없다. 이러한 상충하는 규칙이나 원리 중 어느 하나는, 비록 항상 그 이유를 규칙이나 보편적 공리로 일반화할 수 있기는커녕 분명하게 진술할 수도 없지만, 현실 속에서는 어쨌든 양보되어야만 한다. 하지만 실제적인 타협은 여전히 모색되어야만 한다.[33]

우리는 무엇을 포기할 것인지를 어떻게 결정하는가? 우리는 평등과 관련해서는 '적절한 차이의 원칙'에 의존한다. 범죄와 세금을 예로 들어보자. 두 사람이 함께 같은 범죄를 저질렀다. 그들은 비록 각기 다르게 벌을 감수할 수 있지만, 두 사람은 법 아래서 산술적으로는 평등하게 취급받는다(두 사람은 속도 위반으로 100달러의 벌금형

---

33) Berlin, *op. cit.*, pp. 125~126.

을 받지만, 한 사람은 백만장자고, 다른 사람은 극빈자다. 또는 두 사람이 모두 운전면허를 취소당하지만, 한 사람은 운전사를 고용할 수 있고, 다른 사람들은 그렇게 할 수 없다). 하지만 세금의 경우에는 소득이 다른 두 사람은 같은 액수 또는 심지어 소득에 대해 같은 비율의 세금을 내지 않는 것만이 아니라 부유한 사람은 소득이 상승함에 따라 누진적으로 상승하는 세금을 납부하게 된다. 하지만 우리는 이 두 사례에서 이루어지는 조치를 정당한 것으로 인식한다.

개인의 자유를 박탈하거나 범죄에 대해 처벌할 때, 우리는 정실과 권력의 남용을 피하기 위해 행정적 재량권을 축소시키는 경향이 있다. (그리고 청소년 범죄자에게 관용을 베푸는 것과 같이 재량권을 행사할 때, 그것에 대해 충분한 근거를 제시해야만 한다.) 현재는 **평등**하게 대우하는 쪽으로 치우쳐있다. 하지만 세금, 즉 사회의 재정적 부담을 지는 의무의 경우 우리는 부담을 질 수 있는 능력이 가장 많은 사람이 그렇게 해야 한다고 인식한다.[34] 이들 개인은 (형식적인 의미에서) 불평등하게 대우받는다. 그리고 우리는 사람들을 보다 평등하게 만드는 경향이 있는 그러한 방법을 사용하는 것이 옳다고 인식한다. 하지만 이들 평등 형태—산술적 평등 또는 비례적 평등—중 어떤 것에도 모든 상황에 적용되는, 무엇보다도 더 중요한 평등원리는 존재하지 않는다.

이러한 점에서 고전 자유주의적 전통과 고전 사회주의적 전통은 하나다. 사회주의적 전통에서 평등은 모든 조건과 모든 측면에서 평등에 도달하는 것을 목적으로 한다는 의미에서의 '평준화'가 아니다. 이것은 마르크스가 한때 경멸적으로 '조야한 공산주의'(raw

---

34) 그리고 이것은 우리가 인플레이션의 부담을 지는 문제에도 분명하게 적용해야 하는 원리다.

communism)로 불렸던 것이며, 마르크스는 그것을 인간 역사의 가장 낮은 단계로 보았다. 마르크스가 원한 것은 **계급특권**과 **계급차별**의 폐지, 즉 사람들 간의 사회적으로 부과되고 사회적으로 강화된 자의적인 차별을 폐지하는 것이었다. 이러한 것들이 제거되었을 경우에도 자연적 차이는 여전히 남아있을 것이다. 하지만 만약 어떤 사람이 다른 사람보다 더 많은 것을 가졌을 때, 그 차이가 노동에 따른 보상으로 벌어들인 것인 한, 그것은 인정된다. 이것이 마르크스의 사회주의에 대한 정의다.[35]

평등문제는 오늘날 공공가계에서 중심적인 문제가 되었다. 하지만 그것이 무엇 ─ 어떤 분야에서 얼마만큼의 평등인지 등등 ─ 에 대한 논의여야 하는지는 전혀 분명하지 않다. 우리는 평등의 원칙(즉 기준) ─ 산술적 평등과 비례적 평등 ─ 과 자의적 차별(이를테면 계급)의 제거에 대해 논의해왔으며, 그리하여 (재능 등에서의) 자연적 차이는 여전히 남아있다. 그러나 이것들은 사회의 실제적 문제, 특히 사회적으로 발생해온 불평등의 적절한 시정에 적용될 때만 의미를

---

35) '조야한 공산주의'라는 말은 *Economic-Philosophical Manuscripts*(London: Lawrence and Wishart, 1959)에 언급되어있다. 평등과 자연적 차이(natural difference)는 "Critique of the Gortha Programme," in *Selected Works*(Moscow, 1935), vol. 2. pp. 564~566에서 논의되고 있다. 마르크스는 다음과 같이 적고 있다. 사회주의하에서는 "평등권은…… 어떠한 계급차이도 인정하지 않는다. 왜냐하면 모든 사람은 다른 사람과 마찬가지로 노동자이기 때문이다. 그러나 그것은 개인들의 불평등한 타고난 재능과 그에 따른 불평등한 생산능력을 자연적 특권으로 암묵적으로 인정한다. 그러므로 그것은 다른 모든 권리와 마찬가지로 그 내용상으로는 불평등의 권리다. 따라서 사회주의하에서는 모든 사람은 자신이 기여한 노동에 따라 보수를 받고 또 그러한 보수는 서로 다를 것이다. 풍요가 이룩된 '가장 높은 단계'의 사회인 공산주의하에서는 모든 사람은 '각자의 필요에 따라' 분배받을 것이다.

갖는다.

논리적으로 말하면, 평등에는 세 가지 차원이 있다. 조건의 평등, 수단의 평등, 결과의 평등이 그것이다.

조건의 평등은 대체로 공적 자유의 평등을 일컫는다. 이것은 법 앞에서의 평등, 공공장소에서의 운동의 평등, 1인 1표의 원리——우리가 정치적 권리와 시민적 권리라고 부르는 일단의 자유들——를 포함한다. 여기서도 지도원리는 당연히 공통의 기준에 의한 평등한 대우다. 이러한 경우에 공적 차별로 인해 개인들이 불평등하다면, 우리는 그들을 평등하게 만들어 그들이 평등하게 대우받을 수 있게 하려고 노력한다. 우리가 그렇게 하는 까닭은 각자가 정체의 시민으로서 자신의 권리를 충분히 행사할 수 있게 하기 위해서다.[36]

수단의 평등은 자유주의적 전통과 사회주의적 전통 모두에서 기회의 평등, 즉 불평등한 결과를 낳는 수단에 대한 접근의 평등을 의미했다. 역사적으로 보면, 이것은 어떤 귀속적 토대에 근거하여 확보된 공적 지위(이를테면 군대에서 귀족의 자제들에게 부여된 장교의 지위, 길드의 제한을 통해 세습되어온 직업)의 폐지, 경제시장에의 자유로운 접근, 교육에의 평등한 접근(여기서 교육은 보다 높은 지위에 필요한 능력을 획득하는 수단이다)을 의미했다.

---

36) 공적 자유는 근대 민주주의에 선행하며 논리적으로도 그리고 철학적으로도 민주주의와 별개의 것이라는 점을 지적할 필요가 있다. 간단히 말하면, 자유는 어떻게 지배하는가의 문제라면, 민주주의는 누가 지배하는가의 문제다. 민주주의는 다수결에 의해 자유를 억압하고 전제정치를 확립할 수도 있다. 공적 자유는 귀족사회에서도 존재했고 또 번성했다. 이를테면 영국에서는 보통선거권에 앞서 관습법과 법적 권리가 널리 퍼져있었고, 빌헬름 시대 독일에서는 학문의 자유와 같은 공적 자유가 존재했다. 대체로 공적 자유는 배제되어 있던 집단들(이를테면 노동자, 흑인, 여성)의 압력을 통해 최근에 와서 근대 민주주의 속에서 확대되었다.

기회의 평등은 개인의 사회적·지리적 이동을 하나의 가치로 확립한 서구 자유주의 사회에서 가장 중요한 평등의 정의였다. 대체로 이 원리는 그간 도전받지 않았다. 하지만 기회의 평등은 하나의 형식적 사실로, 역사적으로 어떤 집단들은 지위를 놓고 '공정하게' 경쟁하기에는 불리하거나 가난한 처지에 있었다. 이러한 사실이 인식되었을 때, 그러한 불평등을 시정하기 위한 보상조치를 할 수 있는 충분한 근거 역시 마련되어있었다. 하지만 그 원리는 그대로 유지되고 있다. 즉 개인들이 자신들의 '타고난' 능력과 개인적 노력을 통해 가능한 것을 성취하고자 노력하는 과정에서 그들은 평등하게 대우받는다.

　개인들 간의 경쟁은 서로 다른 정도의 지위, 소득, 권위를 낳는다.[37] 이러한 결과의 차이는 각자가 노력에 의해 자유롭게 획득하고 벌어들인 것이라는 점에 근거하여 정당화되어왔다. 이것이 바로 '공정한 능력주의 사회'라는 관념의 토대이고, 또 역사적으로는 자유와 평등 모두를 달성하려는 노력의 근거였다. 그러나 최근에는 결과의 격차가 너무나도 크고 너무나도 불평등해졌다. 따라서 더 큰 결과의 평등을 모색하는 —— 요컨대 사람들을 소득, 지위 또는 권위의 면에서 더욱 평등하게 만드는 —— 공공정책을 실시해야만 한다는 주장이 강력하게 제기되어왔다. 하지만 그러한 노력은 다른 사람들이 지위

---

37) 나는 내가 그러한 결과들을 소득, 지위, 권위로 정의하고 있음을 여기에 강조해두고자 한다. 따라서 나는 **권위**와 **권력**을 규범적으로 구분한다. 권위는 숙련, 학습 등에 기초한 하나의 능력이며, 제도적 지위의 한 가지 구성요소다. 권력은 명시적이든 암묵적이든 간에 힘에 의해 뒷받침되는, 명령을 내릴 수 있는 능력이다. 한 사회에서 권력은 안전과 질서를 유지하기 위해 정부에 의해 정당하게 행사될 수 있다. 그러나 한 사회 내에서 사람들은 권력(강제)을 줄이고 권위를 늘리고자 한다. 사람들이 권위 —— 특히 시정을 위해 필요한 권위 —— 를 결여하고 있을 때, 그들은 권력에 호소하고자 한다.

에 접근하는 것을 제한하거나 그들이 획득한 결과를 자유롭게 처분하는 것(이를테면 부를 다른 특권을 얻기 위해 사용하는 것)을 제한함으로써만 성과를 거둘 수 있다. 요컨대 결과의 격차를 줄이고자 하는 노력은 일부 사람들의 자유가 다른 사람들을 그들과 보다 평등하게 만들기 위해 제한되거나 희생된다는 것을 의미한다.

그런데 어떠한 가치도 결코 제한될 수 없다고 주장하는 것은 어리석은 일일 것이다. 그렇지만 나는 물론 오늘날 지위, 소득, 권위의 결과에서 나타나는 차이의 대부분은 정당하게 획득된 것이라고 말할 것이다. 그러나 우리가 지금 주장하고 있는 것은 하나의 규범적 원칙 ― 공공가계의 공정한 규칙 ― 이다. 그리고 더 큰 결과의 평등에 대한 현재의 주장이 안고 있는 난점은, 그러한 평등은 행정적 결정에 의해서만, 즉 사회에서 관료제적 권력을 강화함으로써만 이룩될 수 있다는 것이다. 모든 사람을 평등하게 만들자는 단순하고 가장 중요한 주장은 적절한 차이의 원칙을 무시한다.[38]

---

38) 이러한 주장의 보다 터무니없는 측면 중 하나가, 사회가 '문화적 평등' 역시 요구해야만 한다는 주장이다. 이를테면 허버트 갠스(Herbert Gans)는 『더 많은 평등』(*More Equality*, New York: Pantheon, 1968)에서 다음과 같이 쓰고 있다. "문화적으로 평등한 사회는…… 자신을 표현하고 행위하는 모든 방법을 가치, 지위, 도덕적 가치의 면에서 동등한 것으로 취급할 것이다. ……[왜냐하면] 그것들은 서로 다른 사회경제적·교육적 상황에서 사람들이 가지고 있는 서로 다른 심미적 기준을 표현하고 있기 때문이다."

그러나 이러한 상대주의는 선호와 판단 간을 완전히 혼동하는 것이다. 어떤 사람 또는 집단은 음악, 시, 미술작품 등에서 그 자신의 선호를 가질 권리를 가지고 있다. 그러나 어떤 심미적 표현이 어떤 다른 심미적 표현과 동등한 '가치'를 가진다고 가정하는 것은 어리석은 짓이다. 공적 자금을 지원할 때, 어떤 예술작품이 어떤 다른 예술작품과 동등한 가치를 지닌다는 것에 근거하여 모든 사람에게 다 보조금을 제공해야 하는가? 오늘날 국가의 예술정책에서 매우 실제적인 문제 중 하나는 보조금을 예술의 전 영역에 일률적으로 배분하라는 의회에서의 '포퓰리즘적' 압력 때문에 시골마을이 그 몫을 배분받 현재의 쟁점 중 하나를 지위와 연관시켜 간략하게 논의함으로써 그러한 난점을 설명해보기로 하자. 그럼 할당제를 그 예로 삼아 살펴보자.

일부 평등주의자들은 더 큰 결과의 평등을 요구하면서 대학교와 전문학교 입학에서의 소수집단 학생들을 위한 할당제, 그리고 대학, 병원, 정부기관 전문직에서의 여성과 흑인을 위한 할당제 등을 주장해왔다. 그러나 이러한 주장을 하는 과정에서 그들은 적절한 탁월성, 즉 여러 단계에서 요구되는 자질과 능력을 무시하는 경향이 있다.

대학은 입학에서 성적 이외의 기준 역시 사용해왔다. 아이비리그 학교들에서는 전통을 유지하기 위해, 그들 대학의 졸업생 자녀들에게 우선권을 부여하고 있다. 다양성을 확보하기 위해 지역 할당제도 확립되어있다. 재능 있는 운동선수에게는 스포츠 시합에서 요구되는 것을 충족시키기 위해 특별 장학금을 지급하고 있다. 그러나 두 가지는 분명하다. 첫째, 이러한 기준의 변경도 일정한 범위의 성적 내에서 이루어진다(모든 사람에게 다 입학이 허가되는 것은 아니며, 비록 신축적이기는 하지만 여전히 학업성적이 기본적인 선발원리다). 둘째, 대학원과 전문학교에 진학할 때는 이러한 비본질적인 기준은 제한되고, 초점은 대체로 학업성적에 맞추어진다. 또 다른 고려사항 역시 지적될 필요가 있다. 학교에 입학한다는 것은 체계에 들어가는 하나의 진입지점이지, 그것 자체가 결과를 보장하지 않는다. 그렇기에 이것은 여전히 기회 평등의 범위 내에 있다. 따라서 사람들이 타당한 사회적 이유에서 이를테면 흑인 의사 또는 흑인 변호사 수를 늘리기를 원할 때, 일정한 범위 내에서 소수집단 학생들에게 입학의 우선권

는 반면 중요한 예술센터가 소홀하게 취급되고 있다는 것이다. 이러한 경우 평등을 위해 탁월함이 희생되고 만다.

을 부여하는 경우도 있다. (더 큰 어려움은 나중에 나타난다. 즉 그러한 기준을 내내 유지해야 하는가? 펜실베이니아에서는 국가 변호사 자격 시험에서 비율상으로 볼 때 많은 흑인 학생이 떨어졌다. 그 결과 흑인 학생들을 위한 특별 시험이 요구되기도 했다.)

그러나 개인들을 전문직에 임명하는 경우에는 어떠한 기준의 변경도 있을 수 없다. 교수나 의사 또는 행정관은 지위에 적합한 능력에 의해 검증되고, 거기서 '집단의 대표'라는 관념은 거의 의미를 지니지 못한다. 적합성이라는 관념이 유지되기 위해서는 그 기준은 반드시 '대표'가 아니라 능력이어야만 한다.[39] 차별(성적 또는 계급적 차별)이 자의적이라면, 성 또는 계급에 기초한 지위 평등 요구 역시 자의적이다. 그리고 둘 다 배격되어야만 한다.

지위가 아니라 부와 의료보호에의 접근과 관련한 또 다른 쟁점을 살펴보자. 미국에서는 의료보호가 주로 서비스 요금에 기초하여 이루어지고 있고, 따라서 소득수준이 높은 사람들에게 유리하다. 즉 고소득자들은 더 나은 외과의사와 내과의사로부터 진료를 받고, 보다 나은 간호를 받을 수 있다. 기타 등등. 누군가는 각자가 스스로 돈을 벌었다면 자신이 가장 원하는 것을 선택하고 그것에 자신의 소득을 지출하는 것은 그의 권리라고 말할 수도 있다. 하지만 사람들은 의료와 같은 기본적이고 중요한 어떤 것이 소득 차이에 기초하여 '제한되'어야 한다는 관념에는 쉽게 동의하지 못한다. 소득이 아니면 다른

---

39) 아리스토텔레스는 『정치학』에서 흥미로운 논평을 하고 있다. "시민들의 불화는 재산의 불평등뿐만 아니라 사람들이 차지하는 공직의 불평등에서도 발생한다. 그러나 여기서 우리는 한 가지 차이를 지적해야만 한다. 재산의 배분은 공직의 배분과 정반대로 작동한다. 대중은 재산의 배분이 **평등**해질 때 혁명적이 된다. 교육받은 사람들은 공직의 배분이 **불평등**해질 때 혁명적이 된다. *Politics, op. cit.,* p. 65. 강조는 원저자.

무엇이 기준이 되어야 하는가? 누군가는 공적을 기준으로 하여 사회적으로 가장 보상받을 만한 사람들을 거론하고 나설 수도 있다. 이를테면 소련에는 고위 당직자를 위한 특별 병원과 특별 의료시설들이 있다. 그리고 워싱턴 D.C.에 군과 정부의 고위 공직자를 위한 시설로 월터 리드 호스피탈(Walter Reed Hospital)과 같은 것들이 있다는 점에서 이것은 미국에서도 얼마간은 사실이다. 하지만 여기서도 역시 비록 사람들이 사회적으로 더 중요한 사람들(또는 사회적으로 중요한 것으로 정의된 사람들)에게 보다 나은 의료보호를 제공하는 것을 어느 정도는 더 공정한 규칙으로 인정하지만, 부정의(不正義) 의식은 여전히 떨쳐버릴 수 없다.

이 문제는 병역문제와 유사하다. 모든 사람을 동등하게 소집할 것인가, 아니면 어떤 다른 방식으로 사회에 자신들의 서비스를 제공할 수 있는 재능 있는 사람을 면제해줄 것인가? 미국에서는 남북전쟁 당시만 해도 사람들은 아직 돈으로 징집을 면하는 방법을 살 수 있었다. 그것은 대역에게 대금을 지불하는 방식으로 개인적으로 이루어졌다. 그러나 오늘날에는 이것이 징집 대신에 지원병을 유인하기 위해 군인의 보수를 올리는 식으로 집단적으로 이루어지고 있다.

정의 또는 희생에 관한 한 어떤 단일한 원칙은 존재하지 않는다. 병역의 경우에 특이한 것은 개인주의적·자유주의적 사회가 모든 사람이 동등하게 위험을 부담할 것을 주장하는 반면 사회의 우선성을 가장 중요한 가치로 삼고 있는 공산주의 사회가 재능 있는 사람들을 병역에서 면제시켜주는 차별적 원리를 보다 기꺼이 채택한다는 점이다.

하지만 의료의 경우에 문제는 더욱 분명하게 드러난다. 우리의 공평성 의식, 즉 생명의 가치는 동일하다는 관념은 우리에게 의료 서비스를 평등하게 하는, 즉 소득이나 지위와 무관하게 모든 사람이 적절한 의료보호를 받는 것을 보장하는 일정한 방식을 모색할 필요가 있다는 것을 말해준다. 그러나 분명 그 대책은 영국에서 일부 노동조합이 제시해왔던 것처럼(그리고 심지어는 이를 위해 파업을 했다) 개인이 개인적 보호(이를테면 개인 병실, 특별 음식)를 위해 돈을 지출하는 것을 제한하는 것이 아니라, 모두를 위한 서비스를 향상시키는 것이어야만 한다.

이제 세 번째 결과, 즉 권위로 넘어가 보자. '평등한 권위'란 무엇을 의미하고 어떤 영역에서의 권위인가? 1973년 9월에 덴마크 의회는 대학공동체에서 "자유와 평등을 보다 완전하게 조합"시키기 위해 기존 학부를 폐지하는 법을 제정했고, 모든 학과에서 학위로 이어지는 학업문제에 관한 결정은 교수 50퍼센트, 학생 25퍼센트, 비학문적 인사(교무직원에서 잡역부까지 포괄하는 범주) 25퍼센트로 구성된 산출위원회에서 이루어지도록 규정했다. 많은 독일 대학 — 비록 위원회가 원로 교수, 젊은 교수, 학생 3자 구성체인 경우가 많지만 — 에서도 유사한 상황이 벌어지고 있다. 게다가 여러 병원, 신문, 출판사에서도 (미국보다 유럽에서 자주 더) 유사한 위원회들이 요구된 바 있다. 이들 조직에서 모든 정책 결정은 그 조직을 구성하는 집단에 의해 이루어질 것이다. 즉 병원에서는 정책이 의사, 간호사, 잡역부 그리고 어떤 경우에는 '지역사회'에 의해 결정되고, 신문사에서는 발행인, 편집인, 기자에 의해, 그리고 출판사에서는 발행인, 편집인, 저자에 의해 결정될 것이다. 이러한 요구는 기업을 구성하는 모든 사람이 "평등하게 참여한다"는 것에 근거하여 정당화된다. 우리는 이것의 오래된 모습을 공장에서의 길드사회주의, 산업민주주의, '노동자들의 기업통제'에 대한 요구에서 발견할 수 있다.

여기는 거대 산업기업에서부터 지역의 주민단체, 병원 등에 이르는 전 범위의 '참여민주주의'의 문제를 다루는 자리는 아니다.[40] 하지만 하나의 원리를 설명하기 위해 단지 대학을 하나의 예로 들어볼 수는 있다.

대학의 목적은 대학의 교육정책에 의해 규정된다. 대학은 지적 전통, 즉 대학이 전달하는 학문과 문화적 유산의 수준에 부응해야만 한다. 그리고 대학은 사회에 대해 인재육성의 책임을 지고 있으며, 또 지식을 탐구하기 위해 입학한 전체 학생들에 대해서도 책임을 지고 있다. 그러나 정책의 입안─누가 무엇을 가르칠 것이고, 심사기준과 성적평가 기준은 무엇이지─은 사회 또는 전체 학생의 권리와 책무가 아니다. 그것은 그것을 결정할 권위를 획득하여 자격을 갖춘 사람들, 즉 교수단의 책임이다. 그러므로 이에 기초할 때 학생들은 자신들의 학위에 대해 '투표'하지 않으며, 젊은 교수가 원로 교수의 정년보장에 대해 투표하지도 않는다.

하지만 교육정책이 대학의 전부는 아니다. 학생 생활은 그 자체의 영역이고, 이것이 바로 대학 기숙사의 이성 방문 및 그와 유사한 학생 생활에 대한 직접적 통제가 합법적으로 유보되는 이유다. 대학은 연구에 종사하고, 정부, 기업 또는 지역사회에 봉사하며, 이러한 활

---

40) 노동자들의 산업통제 문제에 대해서는 나의 글 "Work, Alienation and Social Control," *Dissent*(Summer 1959)를 보라. 이 글은 *Dissent*의 20주년 기념호(Spring 1974)에도 재수록되어있다.

누군가는 또한 일군의 저자와 기자들이 그들 자신의 출판사와 신문사를 '집합체'로 출범시키고 그것을 평등한 권리의 원칙에 의거하여 운영하는 것을 막는 일은 거의 없다고 지적할 수도 있다. 하지만 버클리, 보스턴, 뉴욕의 '지하' 신문들이 보여주었듯이, 그러한 기업들의 흥망은 그러한 희망을 고무하지 않는다. "파벌 형성과 분열"에 관한 사회학적 법칙은 그러한 기업들 거의 모두에 대해 부정적이었다. 왜냐하면 한곳에 밀집해있는 급진적인 행동주의적 말썽이들을 쌓아놓은 체계보다 더 큰 "과부하에 걸린 체계"는 어디에도 없고, 자유로운 집합적 기업보다 더 분열되기 쉬운 기업도 어디에도 없기 때문이다.

동들의 균형을 잡을 책임은 대학행정 책임자들에게 있다. 이 모든 것 속에는 하나의 원리가 작동하고 있다. 그것이 바로 서로 다른 영역들의 특성을 존중하고 각 영역의 특권을 그것의 성격에 알맞은 차원에 한정하는 것이다.

만약 이러한 적절한 차이의 원리가 준수된다면, 우리는 평등의 문제에 대해 더욱 일반적으로 접근할 수 있는 근거를 가지게 된다. 우리는 계급이나 성에 의거한 특권과 같은 자의적인 차이가 제거될 때조차도 사람들 간에 소득, 지위, 권위에서의 차이, 즉 재능, 동기, 노력, 성과에서 비롯되는 차이가 존재할 것이라는 점을 알고 있다. 그리고 개인들은 그러한 성과로부터 나온 보수와 권력을 이용하고자할 것이다. 내가 『탈산업사회의 도래』에 들어있는, 능력주의 사회와 평등에 관한 이전의 글에서 기술했듯이, "정의의 문제는 상층부에 있는 사람들이 자신들의 권위적 지위를 그 지위와 부합하지 않은 커다란 물질적·사회적 이익으로 전환시킬 때 발생한다."

의료보호와 같은 영역에서 우리는 서비스에 접근하는 것이 차등적 소득에 기초하여 결정되어서는 안 된다고 아주 옳게 말할 수 있다. 그것은 모든 사람은 소득이나 지위와 관계없이 적절한 보호를 보장받아야 한다는, 우리가 개인의 가치에 대해 가지고 있는 의식과 부합한다. 이러한 이유에서 나는 다음과 같은 마이클 왈저의 주장에 동감한다. "돈의 영역 외부에서…… 즉 부(富)가 더 이상 사회적 재화로 전화되지 않는 사회에서(이러한 사회에서 부는 사회적 재화와 어떠한 본질적 관계도 가지지 않는다), 돈의 힘을 폐지하는 것"은 적절한 원리다. 왈저는 돈 그리고 정도의 차이는 있지만 권력은 쉽게 전화될 수 있기 때문에(이를테면 돈과 권력은 보다 나은 의료보호와 같은 특권을 아주 쉽게 요구할 수 있기 때문에), '부의 철저한 재분배' 없이는 그러한 부당한 영향력 행사를 막기가 어려울 것이라고 추정한다. 나는 부의

'철저한 재분배'는 정치적으로 가장 어려운 일이며 우리가 공동으로 바라는 목표는 소비에 대한 선택적 과세를 통해, 그리고 모든 사람에게 적절하고 필요한 사회적 서비스를 향상시킴으로써 달성될 수 있다고 생각한다.

따라서 부당하고 불법적인 영향력과 자원 통제를 줄이는 것이 우리의 기준이라면, 자유와 정의의 적절한 원칙은 다음과 같을 것이다. "각자는 자신이 투여한 노력에 따라 각각의 영역에 적합한 권력과 특권을 부여받는다."

형평성과 효율성

자유와 평등의 문제는 사람들 간의 불평등과 그러한 불평등을 줄이거나 그것의 부당한 영향력을 억제하는 정부의 역할에 관한 문제다. 형평성과 효율성의 문제는 사회의 '경제학화 양식'—생산성의 교의 또는 더 적은 비용으로 더 많은 산출량을 얻으려는 노력—과 비경제적 가치에 대한 사회적 기준 간의 균형에 관한 문제다. 다른 의미에서 그것은 현재와 미래의 균형에 관한 문제다. 즉 현재 세대는 미래 세대에게 보다 높은 자본스톡(rate of capital stock)의 비율을 보장하기 위해 (소비에서) 얼마만큼을 포기해야만 하는가? 그리고 역으로 말하면 현재 세대는 고갈될 수 있는 자원을 다음 세대를 희생시키며 얼마나 사용할 수 있는가?

경제학화 양식[41]—금융비용과 수익의 정확한 계산—은 생산의

---

41) 나는 '시장경제'라는 말보다 '경제학화 양식'이라는 말을 선호한다. 시장은 경제학화의 단지 하나의 측면일 뿐이다. 가격과 자본수익으로 측정되는 시장이 기업에 재무훈련을 강요하지만, 산업사회는 또한 프레데릭 W. 테일러(Frederick W. Taylor)가 예증한 공학적 심성으로부터 도출된 노동의 합리화를 포함한다. 이런 점에서 경제학화 양식과 그로 인한 인간의 사물로의 축소는

효율적 조직자였지만, 두 가지 커다란 사회적 비용을 수반해왔다. 그 중 하나가 생산영역에서 사람을 사물로 취급하는 것이고, 다른 하나는 환경을 '자유재'(free good)로 그리하여 무분별하게 이용하는 것이다. 그런 만큼 오늘날에는 균형점이 경제학화 양식에서 서서히 벗어나기 시작했다. 이제 사람들이 일에서 느끼는 만족——사람들은 자신들의 시간의 대부분을 일하는 데 소비하고 자신들의 능력을 거기서 실현하고자 한다——이 그것이 효율성을 떨어뜨릴 때조차도 그들이 기업에 요구하는 타당한 주장이 된다. 그리고 환경도 더 이상 자유재가 아니다. 생산자와 사용자는 이제 환경 이용에 대한 '세금'을 내고 있고, 자신들이 발생시킨 오염을 자신들의 일정한 자본자산을 '비생산적'으로 만드는 희생을 치르고라도 제거할 것을 강요받는다.

효율성 주장과 형평성 주장이 비교적 분명하게 대립하는 곳에서 이제 전자가 굴복당하고 있다. 그리고 형평성 주장은 사회 전체는 아니지만 지식공동체에 의해 지지받고 있다. (그리고 현세대의 '학술적 문필가들'의 생각이 내일의 사회정책과 경제정책에 영향을 미칠 것이다.) 그러나 한 사회에서 정치적 쟁점 중 많은 것이 형평성 주장들의 대립이며, 여기서 제기되는 어려운 문제가 바로 그것들을 판결할 수 있는 일반 원리가 존재하는가 하는 것이다. 이를테면 신공항의 입지를 결정할 때, 우리는 여행자가 감수해야 할 거리(그리고 도로 또는 철도의 비용)와 도시에 가까운 곳에 입지할 경우 비행기 소음 사이에서 어떻게 균형을 맞출 것인가? 도로 건설을 계획할 때, 우리는 어떻게 기존 공동체를 붕괴시키는 데 따르는 사회적·심리적 비용(또 이

자본주의 시장경제의 특징만큼이나 소비에트 산업경제의 특징이기도 하다. 경제학화 양식과 사회학화 양식 구분에 대해서는『탈산업사회의 도래』제4장을 보라.

것들에 대해 얼마나 보상해주어야 하는가?)과 고속도로 노선이 길어지는 데 따르는 경제적 비용 간을 어떻게 절충시킬 것인가? 대중교통 이용을 주장할 때, 우리는 어떻게 물량과 에너지 절약분과 (자가용을 포기하고 표준화된 통근 스케줄에 따라야 하기 때문에 발생하는) 이동시간 증대와 기동성 감소 간을 어떻게 조율할 것인가? 만약 상대적 희소성이나 훈련 기간 ― 시장의 기준 ― 이 더 이상 기준으로 사용되지 않는다면, 우리는 고도 숙련자와 미숙련자 간에 또는 의사와 간호사 간에 어떻게 보수에서의 '공정한' 차등에 관한 원리를 확립할 것인가?

우리는 이러한 문제들 모두에서 불가피하게 완전한 자유방임에서 협상을 통한 결정으로 나아가고 있다. 그렇다면 우리는 어떠한 원칙에 의거해야 하는가? 항상 덜 혜택 받는 사람들을 돕는 쪽을 택해야 하는가? 아니면 사회적 비용과 이득 기준을 따라야 하는가?

형평성에 대한 일반 규칙이 존재하는가? 사회복지 문제와 관련하여 경제학자들은 일반적으로 파레토 최적(Pareto-optimality) ― 어떤 사람들의 상태가 나아질 때 누구의 상태도 더 나빠지지 말아야만 한다는 분배원칙 ― 의 일부 견해를 견지해왔다. 보다 최근에 존 롤스는 효용성의 원리를 대체하기 위해 최소극대화(maximin)의 원칙을 제안해왔고, 이 원리는 오늘날 철학적으로 집중 조사를 받고 있다.[42]

---

42) John Rawls, "Some Reasons for the Maximin Criterion," *American Economic Review* 64(May 1974, Proceedings issue), pp. 141~146을 보라.

롤스는 "부정의는 기본적인 동의가 너무나도 늦게 이루어지기 때문에 존재한다"는 가정에서 시작한다. 개인들이 자신들의 사회적 지위와 자신들의 상대적 힘을 알고 있기 때문에, 사회체계 속에서 일어나는 거래는 왜곡된다. 그렇다면 만약 그들이 서로에 대해 아무것 ― 이웃이 강한지 또는 약한지, 보다 재능이 있는지 또는 없는지 ― 도 모르는 '무지의 베일' 뒤편의 '자연상태'

최소극대화의 원칙은 모든 사람이 최소한의 몫을 받을 것임을 보장한다. 롤스는 개인들이 이러한 장치를 아무 거리낌 없이 선택할 것이라고 믿는다. 왜냐하면 그들은 전부를 다 잃을 위험을 최소화하기를 원할 것이기 때문이다. 따라서 그들은 '최소화'의 위험과 조화를 이루는 '최소극대화'를 선택할 것이다. 따라서 롤스는 최소극대화의 원리에 기초하여 자신의 '차등의 원칙'에 도달한다. 그는 다음과 같이 지적한다.

사회적·경제적 불평등은 다음의 두 가지 조건을 충족시켜야 한다. 그것은 (1) 사회에서 가장 불리한 처지에 있는 사람들에게 가장 큰 이익이 기대되어야만 하고(최소극대화의 형평성 기준), (2) 공정한 기회의 평등이라는 조건하에서 모든 사람에게 공직과 지위가 개방되어있어야 한다.

이것은 자연상태에서 아무 거리낌 없이 받아들여지는 '원초적인' 정의의 원칙이었을 수 있기 때문에, 이것은 이제 사회정책에서 구제의 원칙으로 사용될 수 있다.

최소극대화의 기준에 대해 그간 많은 비판이 제기되어왔다. 최소극대화의 원리는 개인들이 '위험 회피적'이어서 손실의 기회를 최소화하기를 원할 것이라고 가정한다. 이것은 삶에서는 사실일 수 있지만, 재화와 관련해서는 훨씬 덜 그러하다. 많은 사람이 자동차를 살 기회를 얻기 위해서는 비록 걸어야만 하는 결과가 초래될 수 있을지

로 되돌아간다면, 어떤 일이 일어날 것인가? 그렇다면 각자에게 자신이 어떤 최소한의 기준에 근거하여 잘살 수 있으며 마찬가지로 다른 모든 사람도 그 자신만큼 잘살 수 있을 것이라는 점을 확신시켜주기 위하여 어떤 공통의 규칙이 확립되지 않을까? 이것이 최소극대화 규칙의 토대다.

라도 자전거를 잃을 위험을 감수할 것이다. '이득'의 관념 또한 모호하다. 대인관계와 관련된 유용성은 비교할 수 없다는 것은 이미 받아들여진 사실이다. 따라서 우리는 소득이나 부와 같은 객관적으로 측정 가능한 지표를 필요로 하지만, 대부분의 사회적 이득은 복잡한 상충관계들을 포함하고 있어 측정이 불가능하다.[43] 그리고 가장 모호한 것이 바로 '가장 불리한 처지에 있는 사람'의 정의다. 소득을 기준으로 사용할 경우, 중간 소득 이하를 버는 모든 사람(즉 그 나라의 하위 절반을 차지하는 사람들)이 불리한 처지에 있는 사람들인가? 아니면 그것은 하위 5분의 1인가 또는 하위 10분의 1인가? 그 근거는 무엇인가? 그리고 만약 어떤 다른 기준(극빈자, 미숙련자, 결손가정 출신의 사람들)을 사용할 경우, 그것을 어떻게 규정할 수 있는가?[44]

하지만 이러한 접근방식에도 장점은 있다. 왜냐하면 그것은 불리한 처지에 있는 사람들을 '매수'하는 것을 포함하기 때문이다. 만약

---

43) 현재의 미국 정부의 주택정책으로부터 이 복잡한 예를 하나 들어보기로 하자. 매력 있는 강변지역에 위치한 일반 주택의 25퍼센트가 그것에 상당하는 아파트에 거주하는 고소득 임차인이 지불하는 집세보다 훨씬 더 적은 집세를 지불할 저소득 가정을 위해 따로 마련되었다. 그 주택 용지는 값이 비싸고 따라서 보조금 역시 상당하다. 정부는 그 돈으로 지금의 주택보다 더 많은 수의 주택을 가난한 사람들을 위해 지을 수 있었다. 그와 동시에 만약 그 강변지역 주택들 모두를 고액의 집세를 내는 임차인들이 차지했다면, 그 주택에서 거둔 세금을 더 많은 도시 서비스의 재원으로 충당할 수 있었을 것이다. 그렇기에 이중의 '손실'이 발생한다. 하지만 정부는 그간 더 많은 주택건설을 희생하면서까지 사회정책의 문제로서 소득집단별 주거 분할보다는 혼합주택 프로젝트가 더 큰 '이득'이 있다는 결정을 내려왔다. 사람들은 최대 '이득'을 어떻게 결정하는가? 무엇이 형평성인가? 배분에서 무엇이 효율성인가?

44) 나는 여기서 가장 어려운 문제인 부국과 빈국 간의 재분배는 논외로 하기로 한다. 만약 우리가 사회적 결정을 강요하는 관습법과 메커니즘을 가진 정체 내에 규범적 규칙을 설정하는 것이 얼마나 어려운지를 안다면, 법에 관한 공통의 틀이 전혀 존재하지 않는 국가 간의 관계를 다루는 것이 얼마나 어려운지를 알 수 있을 것이다.

우리가 시간과 여행비용을 절약하기 위해 공항을 도시 인근에 입지시키기를 원한다면, 우리는 소음을 견뎌야만 할 사람들에게 공항을 가까이에 위치시키기 위해 소음의 대가로 얼마만큼의 돈을 지불하면 되겠는지를 물을 수 있다. 그러한 상황에서 시장은 그들의 집의 가치를 떨어뜨리겠지만, 사회복지 기준은 보상을 증가시킨다. 또는 점점 효율이 떨어지는 노령 노동인구들이 일하는 기업이나 산업이 있다면, 우리는 고용주에게 (항만노동자 노동조합과 인쇄공 노동조합의 협정에서처럼) 그러한 노동자들을 퇴직시키기 위해 그들에게 얼마의 돈을 지불하고 '내보낼' 수 있는지를 물을 수 있다.

하지만 문제의 핵심은 재분배의 정도 — 여기서는 소득과 부의 재분배에 대해 논의하기로 한다. 왜냐하면 그것들이 가장 중요하고 가장 쉽게 측정될 수 있기 때문이다 — 가 아니라 재분배와 성장의 균형이다. 성장률이 재분배에 영향을 미치듯이, 소득 재분배는 경제성장률에 영향을 미친다. 모든 대규모의 소득 재분배는 불가피하게 투자를 희생시키며 소비를 증대시킨다. 하지만 롤스도 인정하듯이, 최소극대화의 원칙은 "적정한 저축률을 결정하는 데는 부적절하다. 왜냐하면 그것은 단지 세대 내에서만 적용되도록 의도된 것이기 때문이다."

그러나 바로 이것이 무엇보다도 중요한 문제다. 한 사회에 적정한 경제성장률은 얼마인가? 그러한 성장을 위한 재원은 어떻게 충당되는가? 그 결실은 어떻게 배분되어야 하는가? 롤스의 최소극대화 기준은 '정체상태'에서의 형평성에 대한 원리다. 하지만 사회 — 미국 사회, 러시아 사회 또는 어떤 현대사회 — 가 정체상태에 지지표를 던질지는 분명하지 않다.

정체상태에서 순 저축은 그 정의상 제로(zero)다. 만약 나중에 가져다줄 수익이 현재보다 많지 않다면, 무엇이 현재 소비를 포기하게 하는가? 그러나 자원이 (우리가 직접 물질을 사용하지 않더라도 엔트로피의 법칙 — 재순환의 과정에서도 우리는 열 손실에 의해 원래의 양의 일부를 잃는다 — 에 의해) 고갈될 수 있기 때문에, 우리는 새로운 자원을 발견하기 위해 (또는 기존의 자원을 보다 자본집약적으로 만들기 위해) 일정한 투자를 하거나 또는 우리 자신의 미래나 미래 세대들을 위해 그러한 고갈 가능한 자원의 소비를 줄여야 한다. 로버트 M. 솔로(Robert M. Solow)가 논평한 바 있듯이, "우리는 우리의 선조들 덕분에 정말로 아주 잘 지내왔다. 그들이 얼마나 가난했고 지금 우리가 얼마나 부유한지를 알았다면, 그들은 당연히 덜 저축하고 더 소비했을지도 모른다. 그들이 꿈에서나 가능하다고 생각했을 것보다 우리를 훨씬 더 부유하게 만든 1인당 소득의 증대를 그들이 전혀 예기하지 못했을 것임은 의심할 여지가 없다. 그러나 이것은 단지 미래가 너무나도 중요해서 우연한 잘못된 예측이나 프로테스탄트 윤리의 기복에 내맡길 수 없다는 점을 한층 더 강조하는 것일 뿐이다."

우리는 우리의 아이들 — 그리고 그들의 아이들 — 이 우리보다 못살기를 원하는가? 어떤 '시간선호'(time preference)가 사회에 적절한가? 우리가 물려받은 경제능력을 다음 세대에 전달하기 위해 우리는 얼마나 저축하고 얼마나 소비를 포기해야 하는가? 개인의 저축은 미래에 대한 그의 할인율에 의해 결정된다. 현재의 재화(생산성)에 비해 미래의 재화가 갖는 기술적 우위성은 그의 보유자산의 가치를 그에 비례하여 증대시킬 것이다. 이러한 매력은 1960년대에 주식시장에서 투자가들로 하여금 즉각적인 수익보다는 자본이득을 추구하게 했다. 미래의 불확실성 증대는 그러한 기대를 감소시키고, 그러면 투자가들은 미래를 위해 기다리기보다는 배당금이나 즉각적인 수익을 추구할 것이다. 유사한 의미에서 고갈 가능한 자원의 이용률 역시 그러한 균형을 이루는 힘들 — 현재의 이익 대 미래의 기대 — 의 함수다. 레옹 발라스(Léon Walras)는 인상적인 은유 속에서 이 균형을 달성하는 과정을 타토느망(tâtonnement) ─ 즉 시행착오적 탐색, 다시 말해 장님이 볼 수 없는 목표물을 찾기 위해 지팡이를 톡톡 치는 것과 같은 모색 ─ 이라고 불렀다.

하지만 개인의 결정을 총합하여 사회적 결정을 내리는 것이 최선인지는 분명하지 않다. 소수의 개인들이 자원을 불균형하게 소유하고 있을 때는 특히 그렇다. 솔로는 재차 다음과 같이 논평했다. "고갈될 수 있는 자원에 대한 순수이론은 우리에게…… 현재와 미래의 균형은 우리가 흔히 생각하는 것보다 더 미묘하다는 것과…… 사회적 할인율(social discount rate)의 선택이 실제로는 [소득과 복지의] 세대 간 배분에 관한 정책 결정이라는 것을 [말해준다]."[45]

우리가 미래에 남겨줄 의무가 있는 것은 생산능력이다. 소비에트 공산주의의 이데올로기 ─ 그리고 경험 ─ 를 그렇게도 무섭게 만든 것은 현재의 세대는 미래를 위한 소모품이라는 무자비한 관념이었다. 그리하여 스탈린 시대 동안 러시아는 '생산'을 위해 생활수준뿐만 아니라 수백만의 사람을 희생시킨 야만적 형태의 '원시적 축적'을 이끌었다. 반면 서구 부르주아 사회의 광경을 그렇게 역겹게 만든 것은 소비를 위해 불필요한 지위재(地位財)와 과시재(이를테면 무거운 대형 자동차, 소비 품목의 호화로운 포장)에 자원을 쓸데없이 낭비해왔다는 것이다.

미래에 대한 사회적 할인은 형평성의 원리하에서 특정한 종류의 소비를 제약하면서도 사회의 생산능력을 얼마나 증대시킬 것인가에

---

45) Robert M. Solow, "The Economics of Resources or the Resources of Economics," *American Economic Review* 64(May 1974, Proceedings issue), pp. 1~14; 그리고 또한 그의 "What We Owe to the Future," *Nebraska Journal of Economics and Business*(Winter 1974)도 보라.

대한 사회적 결정, 즉 배분규칙이어야만 한다. 그리고 이것은 필연적으로 우리를 자유주의 사회에서 핵심을 이루는 문제, 공적인 것과 사적인 것의 균형 문제와 그것들의 적절한 영역을 규정하는 문제로 인도한다.

공적인 것과 사적인 것

칸트에 의해 체계화된 자유주의적 법 이론은 두 가지 공준(公準)을 가지고 있다. 첫째, 법은 실제적인 것이 아니라 형식적인 것(즉 절차적인 것)이다. 둘째, 법은 도덕과는 별개의 것이다.

법이 기본적으로 절차적인 것이라는 견해는 부르주아 사회 ─ 국가의 부가 아니라 개인의 욕망을 충족시키는 것이 경제활동의 목적이었던 독자적 영역 ─ 의 출현에서 파생했다. 법은 경쟁자들 간의 기본적 평등을 가정하고 간섭을 배제했다. 왜냐하면 법이 그러한 평등을 저해할 수 있기 때문이다. 자유와 재산에 제약이 가해지는 경우에, 그러한 제약은 일반적이고 계산할 수 있고 또 모든 사람에게 평등하게 적용되어야만 한다. 이러한 개념에서 법의 토대는 형식 합리성(formal rationality)이다.

법과 도덕의 구분은 두 가지 근원에서 비롯되었다. 그 하나가 인간의 의지를 타율적인 것 또는 자연 또는 관습과 같은 외적 원천에 의해 규정되는 것이 아니라 자율적인 것, 즉 자기결정적인 것으로 보는 철학적 견해였다. (칸트가 말했듯이, "누구도 나에게 자신의 방식으로 행복할 것을 강요할 수 없다.") 다른 하나는 17세기 종교전쟁의 역사적 경험이었다. 그것은 어떤 집단도 자신의 사적인 신념을 국가의 세속적인 무력을 통해 다른 집단에 강요할 수 없다는 해답에 이르게 했다. 사람들은 범죄(crime)를 기소할 수는 있지만 도덕적 죄(sin)를 기소할 수는 없다. 사람들은 옳음(right)을 강요할 수 있지만, 의로움

(righteousness)을 강요할 수는 없다.

실제로 자유주의 이론은 루소를 그렇게도 괴롭혔던 공적 시민과 사적 개인의 구분을 받아들여 그것을 강화했다. 이 이론은 개인이 국가의 일반의지에 흡수되어버리는 것을 바라지 않았고, 국가를 사적 이익의 원자적 세계로 분해하는 것도 바라지 않았다. 그것은 비록 어렵기는 했지만 관련 영역들의 분리를 유지하고자 했다.

모든 사회에서 원칙은 이해관계를 위해 뒤틀린다. 그리고 자유에 대한 자유주의적 이론도 그렇게 뒤틀려왔다. 20세기로의 전환기에 미국에서 연방 대법원이 위험한 직업에서의 작업시간을 제한한 주(州)의 법령을 폐기하는 결정(레흐너 대 뉴욕 판결, 1905)을 내렸을 때도 그 기준은 개인의 자유였다. 그 판결은 다음과 같다. "……제빵 직업에…… 개인의 자유나 자유계약의 권리에 간섭할 합당한 근거는 전혀 존재하지 않는다. ……그들은 성인이며 지적인 사람들이다. ……그들은 어떠한 의미에서도 국가의 감독을 받지 않는다." 하지만 동시에 일요일 노동금지법(Sunday blue laws)에서부터 금주법에 이르기까지 개인의 도덕에 대해 상당한 규제가 있었다. 아마도 그들은 "성인도 지적인 인간도" 아니었나보다.

당시에는 이중의 기준이 있었다. 즉 보수적인 사람들은 경제적으로는 자유를 원했지만, 도덕적으로는 규제를 원했다. 오늘날에는 묘하게 교차된 또 다른 이중의 기준이 존재한다. 현대 자유주의자들은 경제적 규제와 도덕적 자유를 원한다. 그들은 경제문제에 국가가 적극적으로 개입하기를 원하지만, 프라이버시의 깃발하에 개인적 도덕에 대한 어떠한 개입에 대해서도 공공연히 비난한다.

우리가 적용할 수 있는 일반 규칙은 존재하는가? 또는 각각의 집단은 그 자신의 이해관계를 밀어붙여야 하는가? 경제에서 공적인 것의 영역은 어떤 것이고 사적인 것의 영역은 어떤 것인가? 그리고 도덕에서는 공적인 것의 영역은 어떤 것이고 사적인 것의 영역은 어떤 것인가?

1930년대에 경제계획의 인기가 크게 치솟았을 때, "이익을 위한 생산보다는 사용을 위한 생산"을 보장하기 위해 정부가 모든 산업을 국유화해야 한다고 주장되었다. 루이스 멈포드(Lewis Mumford)는 (그의 『기술과 문명』*Technics and Civilization*에서) 생물학자, 도덕가, 교양 있는 취향을 지닌 사람이 '표준적 소비기준'을 규정하고 재회를 "표준화하고 계량화하여" 공동체의 모든 성원에게 공급할 것을 제안했다. 그는 이것을 '기초적 공산주의'(basic communism)라고 불렀다. 우리는 그러한 단순성과는 거리가 멀다. 거의 모든 나라에서 국유화된 산업의 성과가 사적 기업이나 혼합기업의 성과보다 분명하게 나왔던 것은 아니었다. 마이클 폴라니(Michael Polanyi)가 일찍이 지적했듯이, 영국 노동자들은 자신들이 영국 해군을 소유하고 있다고 생각하는 것만큼 영국 철도를 소유하고 있다고 생각하지 않는다. 그리고 1930년대에 월터 리프만이 지적했듯이, "계획생산을 통해서는 다양한 선택을 만족시키기 어렵다는 사실은 모든 구상을 좌초시키는 암초다."[46) 욕망, 기호, 선택에서 상당한 편차가 있을 경우, 그러한 차이에 충분히 유연하게 대응할 수 있는 것은 시장뿐이다. 하지만 이것이 모든 사람에게 적절한 사회적 서비스를 제공하고 또 사람들에게 자기존엄성을 인식하기에 충분한 재화를 제공하는 사회적 최소

---

46) Walter Lippmann, *The Good Society*(Boston: Little, Brown, 1947; orig. eds., 1937), p. 97. 리프만은 다음과 같이 지적한다. "……만약 멈포드 씨가 자유롭게 지출할 수 있는 보장된 최저소득을 염두에 두고 있다면, 그는 소비자들이 멈포드 씨의 우아한 취향을 가질지, 그리고 그들이 가게에 가서 그가 요구할 것으로 생각되는 상품을 요구할지를 알 방법이 없다. 그러나 만약 그들이 그가 사주기를 바라는 상품을 사고 싶어 하지 않는다면, 그 생산계획자는 어떤 상품은 모자라고 어떤 상품은 남아도는 것을 발견할 수밖에 없을 것이다."

한도를 설정하는 어떤 사회적 메커니즘이 필요하다는 것을 부정하는 것은 아니다.

만약 오늘날 새롭게 강조되고 있는 것이 있다면, 그것은 종래의 중앙집권화된 공적 소유에 관한 관념이 후퇴했다는 것이다. 그러한 소유는 그 주창자들이 좀처럼 고려하지 않았던 관료제적 과부하를 초래했다. 앨리스 리블린(Alice Rivlin)이 지적했듯이, 이제 그러한 관념은 보호(care)를 위한 공적 설비가 아니라 공적 재정지원을 강조한다. 종래의 개념에서는 정부의 주요한 역할은 '공공재'—주택, 병원 그리고 여타 서비스—를 제공하는 것이었다. 오늘날 정부의 역할은 기준을 정하여 자원을 공급하고, 또 수혜자는 그것으로 자신의 집을 사고 자신의 의료보호에 비용을 지불할 수 있다.

일부 자유주의자와 신좌파들은 그간 분권화와 경쟁의 장점을 재발견해왔다. 경쟁이 없다면, 사람들은 차가운 사적 독점 기업이나 주의 깊지 못한 관료기구에 내맡겨진다. 권력의 분산이 없다면, 사람들은 고용의 경우에 단일한 권력—그것이 사적 기업이든 국가든 간에—에 내맡겨진다. 하지만 지불 이전과 기준 설정을 위한 공적 메커니즘이 없다면, 사람들은 사회적 목적을 달성하기 위해 그러한 효과적인 권력을 이용할 수 없다. 우리에게 필요한 것은 사적 영역과 공적 영역—개인적 필요의 공적 보호—의 균형을 통해 자유와 평등을 더욱 강화하는 것이다.

도덕이란 무엇인가? 거기에는 어떠한 법적 규제도 존재하지 않는가? 모든 것—외설, 포르노, 근친상간—이 허용되어야 하는가? 존 스튜어트 밀은 그의 에세이 『자유론』(On Liberty)에서 "의심의 여지가 거의 없이 개인의 정당한 자유를 침해할 정도로까지 도덕정책이라고 불릴 수 있는 것이 자신의 범위를 확대하는" 경향이 있다고 지적했다. 그리고 어떠한 대가를 치르더라도 저항해야만 하는 것이 바로 이 '도덕 경찰'(moral police)이었다. 하지만 서구 역사상 대종교들은 인간의 본질에 대해 다음과 같은 공통의 판단을 하고 있다. 어떠한 제약도 존재하지 않을 때, 즉 단지 경험만이 무엇이 허용되어야 하는지의 기준일 때, 모든 것을 탐구하고 모든 감각을 추구하고자 하는 충동은 심미적 근거에서 재가받을 때조차 방탕, 육욕, 타인의 비하, 살인으로 이어진다. 서구의 모든 종교가 이끌어낸 교훈은 공동체가 그 자신의 도덕의식을 잃지 않으려면 무엇이 수치스러운지에 대한 인식을 해야만 한다는 것이다.

무엇이 수치스러운 것인가? 정확한 선을 긋는다는 것은 불가능하다. 어떤 사람에게는 나체가, 다른 사람에게는 동성애가, 또 다른 사람에게는 포르노가 그렇다. 그리고 '공동체의 기준'이라는 관념도 그리 도움이 되지 않는다. 왜냐하면 공동체 자체가 자주 분열되기 때문이다. 그러나 공동체는 공적인 것과 사적인 것을 서로 다르게 구분할 수 있으며, 그것들 사이에 하나의 벽을 세울 수도 있다. 따라서 인간의 퍼스낼리티를 훼손하는 포르노, 음란한 행위, 그리고 외설적 요소들을 공개적으로 노출시키는 것을 금지할 수 있다. 그러나 비공개적 장소에서 성인들이 동의하에 하는 일은 그들 자신의 일일 뿐이다.

이것이 우리에게 시사하는 것은 무엇인가? 그것이 바로 우리가 공적 선(善)과 사적 악(惡)을 가진 이중적 존재라는 것이다. 위선은 악이 선에게 바치는 찬사(tribute)다. 이것은 어려운 공식이지만, 아마도 세간에서 말하는 '도덕 경찰'과 노먼 O. 브라운이라는 사람이 말하는 '애욕의 육체'(love's body)를 제한하는 유일한 공식일 것이다.

이 네 가지 논점을 사회철학적 측면에서 종합해보면, 그것들은 경제적 욕망을 공리주의적으로 강조하는 부르주아적 쾌락주의는 부정하지만 개인의 차이와 자유에 관해 관심을 기울이는 정치적 자유는 견지하고 있다. 역사적으로 정치적 자유주의는 부르주아 사회와 결합되어있었다. 경제영역에서의 자유가 다른 모든 영역에서의 자유의 전제조건이라고 가정되었다. (옛말을 인용하면, "자유시장이 자유로운 인간을 만든다.") 그러나 경제적 자유주의는 그간 기업구조 속에서 경제적 과점을 낳았고, 사적인 욕망의 추구 속에서 (사회적 필요를 충족시키는 데 유해한) 쾌락주의를 낳았다. 그러나 이 둘은 분리될 수 있다. 우리는 부르주아적 욕망을 그것이 사회의 도덕적 기반을 결여하고 있다는 이유로 거부하고, 공공재의 필요성을 역설할 수 있다. 하지만 우리는 강제력으로부터 개인을 보호하고 적절한 영역들 내에서 개인의 노력과 공과에 대한 보상을 보장하기 위해서는 정치적 자유주의를 필요로 한다. 그리고 시장—시장은 정의의 원리가 아니라 하나의 메커니즘으로 인식되어야만 한다—은 이 둘의 중재자일 수 없다. 오히려 그 중재자는 공공가계여야만 한다.

자유주의의 재확인

공공가계에 관한 주장들은 실제로는 한 사회에서 무엇이 정당한 것인지 —사회의 기저를 이루는 가치—를 재진술할 필요가 있다는 점에 근거하고 있다. 정당성은 제도를 지속시키고 사람들이 기꺼이 그것에 따르도록 한다. 따라서 공공가계의 관념은 정체의 영역에서 사회를 하나로 결합시키는 것, 즉 사회적 시멘트를 발견하고자 하는 노력이다.

공공가계가 차지하는 중심적 위치는 반드시 정부의 경제활동이나 행정부문의 확대를 의미하지 않는다. 공공가계는 아리스토텔레스까지 거슬러 올라가는 것으로, "좋은 재산 상태보다도 좋은 인간 상태에 더 많은 관심"을 기울인다. 공공가계는 수단과 목적을 구분하여 인식하고, 사회적 목적을 공공정책이 추구해야만 하는 '좋은 상태'로 복원하고자 한다. 그것은 공개적으로 논의되고 철학적으로 정당화된 의식적인 결정을 중심축으로 하여 사회의 방향을 설정한다. 부르주아 사회가 정치와 경제를 분리시킨 곳에서, 공공가계는 권력을 융합하기 위해서가 아니라 그 결과에 필요한 조정을 가하기 위하여 양자를 다시 결합시킨다. 공공가계는 정체가 충족시키고지 노력해야만 하는 사회적 필요를 우리 시대에 맞게 재정의하는, 새로운 사회-경제적 권리목록을 요구한다. 그것은 사회가 "좋은 인간 상태"를 마련하고자 노력하는 데 이용하는 메커니즘으로서의 공공예산——우리는 누구를 위해 얼마만큼을 지출하기를 바라는가?——을 수립한다.

그러나 거기에도 역시 제약은 존재한다. 왜냐하면 다른 어떤 것에 대해 (로크의 표현으로) '정당한 우선권'을 갖는 어떤 단일한 권리는 존재하지 않기 때문이다. 고전적 교의와 가톨릭의 교의 그리고 공산주의 교의를 이어주는 공통의 실은 그것들이 법과 도덕을 융합시키고 모든 사람이 공동체의 성원으로서 따라야만 하는 단일한 최우선적인 원리——비록 그것이 무엇인지에 대해서는 몹시 의견을 달리하기는 하지만——가 존재한다고 주장한다는 것이다. 그리고 전통적인 가톨릭교와 현대 공산주의는 자신들이 진리의 소지자라고 주장하기 때문에 자신들의 믿음 외부에 존재하는 사람들을 오류의 희생자로, 그리고 맞서 싸워야만 하는 이단으로 정의한다.

자유주의는 이러한 교의를 거부한다. 왜냐하면 자유주의는 인간의 공통된 측면이 아니라 개인으로서 그리고 집단으로서 그들이 지닌 다양성을 강조하기 때문이다. 동질적인 사회에서 사람들은 공통의 신념을 존중할 의무를 강조할 수도 있다. 그러나 다양한 집단과 서로 다른 신조들로 이루어진 다원주의적 사회에서는 하나의 일단의 신념들을 믿음의 규약으로 강요하는 것은 참을 수 없는 것이 된다. 이 사야 벌린은 다음과 같이 논평한 바 있다.

규범적 질문에 대해 최종적인 객관적 답변—즉 증명되거나 직접 직관적으로 알 수 있는 진리—이 존재할 것이 틀림없다는 생각, 모든 가치를 조화시킬 수 있는 하나의 조화로운 유형을 발견하는 것이 원칙적으로 가능하다는 생각, 그리고 우리는 이 단일한 목표를 향해 나아가야만 한다는 생각, 다시 말해 이러한 견해를 틀 짓고 있는 어떤 중심적인 원리, 즉 일단 발견되면 우리의 삶을 지배할 원리를 밝혀낼 수 있다는 생각—그렇게도 많은 전통적인 사고와 행위 그리고 철학적 교의들이 의존하고 있는 고래의 그리고 거의 보편적인 믿음—은 내게는 타당하지 않아 보이며, 그리고 그것이 때로는 이론적으로 불합리성을, 그리고 실천적으로는 야만적인 결과를 초래해온 (그리고 여전히 그렇게 하고 있는) 것으로 보인다.[47]

자유주의는 공적인 것과 사적인 것의 긴장, 즉 개인과 시민 또는 개인과 집단의 이중적 역할을 인정한다. 이는 다음과 같은 문제를 제기하게 한다. 어떻게 공통의 목적을 발견하고 그러면서도 그러한 목적을 달성하는 개인적 수단을 어떻게 유지할 수 있는가? 어떻게 개인적 (그리고 집단적) 필요를 정의하고 그것을 충족시킬 수 있는 수단을 어떻게 발견할 수 있는가? '이해관계'만이 판치는 사회에서 이러한 과제를 과연 달성할 수 있는가?

---

47) Berlin, *op. cit.*, pp. iv~vi.

월터 리프만은 다음과 같이 기술한 바 있다. "공공철학은 이차적이고 문명화된 것인, 그리하여 획득된 것인 이성에 의해 우리의 욕구와 열정을 규제하는 문제를 다룬다. 그러므로 공공철학은 인기 있는 것이 될 수 없다. 왜냐하면 그것은 가장 인기 있는 욕망과 의견 자체에 저항하고 그것들을 규제하는 것을 목적으로 하고 있기 때문이다."

우리가 이미 지적했듯이, 고전적 견해 속에서 보면 공공철학은 소규모 공화국에서만 실현될 수 있었다. 왜냐하면 몽테스키외가 말한 것처럼 "소규모 공화국에서 공공선이 더욱 강렬하게 느껴지고 잘 알려지고 각각의 시민들에게 더 가까이 있기" 때문이다. 반면 오늘날 일부 비관주의자들은 끝없는 욕구(자원과 인구의 낭비)는 중앙집권화된 체제의 철권에 의해서만 통제될 수 있다고 주장한다.

미국의 헌법 제정자들이 첫 번째 문제를 논의했을 때, 매디슨은 고전적 견해를 완전히 뒤집음으로써 그것에 대해 세련되게 반박했다. 매디슨은 모든 민주주의에서 가장 위험한 것은 '열정적 다수'가 "자신들을 지배하는 정념과 이해관계에 공공선과 다른 시민들의 권리를 희생"시킬 수 있다는 것이라는 데 동의하고, "따라서 그러한 파벌의 위험에 맞서 공공재와 사적 권리 모두를 보호하는 것, 그리고 동시에 민주정치의 정신과 형태를 유지하는 것이 우리의 탐구가 지향해야 할 커다란 목표"라고 주장했다. 메디슨에 따르면, 고전적 노선을 따르는 소규모의 직접민주주의는 "그러한 파벌의 해악을 치유할 수 없는 반면, 대의제적 공화국은 상이한 전망을 제시하며 우리가 추구하는 치유를 약속한다." 왜냐하면 규모가 크면 클수록 "파당과 이해관계의 다양성"도 커지고, 그리하여 "전체의 다수가 다른 시민들의 권리를 침해하려는 공통의 동기를 가지게 될" 가능성은 작아지고, 다른 한편 "또는 그러한 공통의 동기가 존재한다고 하더라도, 그것을 느끼는 모두가 그들 자신의 힘을 발견하고 서로 단합하여 행위

하기는 더욱 어려워질 것"이기 때문이다.[48]

이 명제로부터 두 가지 원리가 추론되었고 지금도 추론되고 있다. 첫째는 모든 이해관계가 포함되어야 한다는 것이고, 두 번째는 모든 쟁점이 협의되어야만 한다는 것이다.

하지만 그러한 다양성 속에서는 협의만으로는 충분하지 않을 수 있으며, 다양한 이해관계들이 분열을 낳을 수도 있다. 미국은 또한 대의제적 국민공화국을 창출해온 살아있는 경험으로부터 두 번째 수단, 즉 연방 대법원—정당성의 보고가 될 수 있으며 그것의 평결이 이질적인 사회의 공통 규칙과 공정한 배분을 재규정하고자 하게 할 수도 있는—을 만들었다. 미국의 연방 대법원의 특이한 점은 모든 정체가 그것의 규칙을 규범적 중재자로 받아들인다는 데 있다.

공화국의 틀을 짓고 있는 자유주의 철학에서 사유재산은 '절대적 권리', 즉 개인의 안전 및 개인의 자유와 함께 시민사회에 필요한 제3의 권리로 간주되었다. 하지만 지난 세기 동안에 대법원은 재산의 사용이 절대적이지 않다는 점을 지적함으로써 그러한 권리를 재정의해왔다. 왜냐하면 재산의 무분별한 사용은 이웃과 사회에 중대한 위험을 초래할 수 있으며, 재산을 사용하고 향유할 법적 권리는 존재하지만 사회 공통의 목적을 침해할 수 있는 절대적 권리는 전혀 존재하지 않기 때문이다. 다른 한편 '평등'이라는 단어는 최초의 헌법에도 그리고 권리장전에도 등장하지 않는다. 그것은 단지 '법의 평등한 보호'를 규정한 수정헌법 제14조와 그것을 인종, 피부색, 이전의 노예 상태와 결부시키고 있는 수정헌법 제15조에서 등장할 뿐이다. 하지만 오늘날 교육, 투표권 행사 등에서의 평등은 공공철학의 중심적 관

---

48) 이 문제들은 Robert A. Dahl and Edward R. Tufte, *Size and Democracy*(Stanford, Calif.: Stanford University Press, 1973)에서 설득력 있게 탐구되었다. 이들 인용문도 이 책에서 따온 것이다. pp. 7, 10, 11을 보라.

심사가 되었다.

이렇듯 타협과 판결의 메커니즘은 여전히 존재한다. 문제는 하나의 공통의 의지가 존재하는가 하는 것이다. 여기에도 하나의 전제조건이 있다. 즉 개인들을 충분히 묶어주는, 그리하여 필요할 때 자기이익을 필요한 만큼 희생시킬 수 있게 해주는 어떤 초월적 유대가 필요하다.

역사적으로 볼 때, 사람들을 결속시켜온 것은 지배지니 교의 또는 운명 — 그리고 민족이나 국가의 중대한 시기에는 이 셋의 융합 — 이었다. 카리스마적 인물은 사람들에게 일체감이라는 심리적 결속을 제공하고, 복종과 경외의 욕구를 충족시켜준다. 교의는 사람들에게 세계 속에서 그들이 차지하는 위치에 대한 일단의 설명을 제공하고 또 그것을 정당화시켜준다. 운명은 사람들에게 비록 자기강화(self-aggrandizement)는 아닐지라도 힘과 자신감을 솟구치게 하여 충성심이라는 심리적 결속을 강화한다.

미국에서 건국 시기에 공화국에 목적을 부여한 것은 운명의식이었다. 그것은 제퍼슨이 표현한 관념으로, 이 처녀 대륙에서 신의 계획이 펼쳐지리라는 것이었다. 이 처녀 대륙에서 사람들은 방탕할 정도로 자유롭게 자기이익을 추구하고 그 성과를 찬양할 수 있었다. 그 교의는 절제, 노동, 그리고 육욕의 유혹에 대한 저항을 강조하는 프로테스탄티즘에 의해 틀지어졌다. 미국에서는 대체로 '위대한 인물'에 대한 믿음이 다른 나라들보다 약했다. 하지만 미국 역대 대통령을 직업별로 분류했을 때 사실 가장 많은 숫자가 전쟁에서 자신을 부각시킨 장군들이었다는 점은 인상적이다.

이 제국적 공화국의 전성기에 조용한 운명의식과 개인적 행동에 대한 혹독한 교리가 유독한 '아메리카니즘'으로, 우리를 해외로 내몬 명백한 운명(manifest destiny)으로, 그리고 노동을 유인한 물질주의적 쾌락주의로 대체되었다. 오늘날 그러한 명백한 운명은 분쇄되었고, 아메리카니즘도 활력을 잃어버렸고, 남아있는 것은 쾌락주의뿐이다. 그러나 쾌락주의는 국가를 통합하고 국가적 목적을 달성하는 데는 아무런 도움이 되지 않는다.

하지만 시행착오 과정에서 (그리고 지금까지 실패해왔지만) 이점도 있었다. 즉 그것은 자아의식이 성숙할 수 있게 만들어주었다(스토아학파는 이를 삶에 대한 비극적 의식이라고 불렀다). 자아의식의 성숙은 카리스마적 지도자, 이데올로기적 교의, 명백한 운명에서 벗어나게 하고, 자아와 자유주의 사회에 대해 재정의할 수 있게 해준다. 하지만 그렇게 하기 위해서는 자아의식이 성숙할 수 있는 토대가 존재해야만 한다. 그러한 토대는 세 가지 행동이 합쳐짐으로써만 창출될 수 있다. 첫째는 우리의 과거를 재확인하는 것이다. 왜냐하면 우리가 과거로부터의 유산을 알고 있을 때만, 우리가 후대에 대한 책무를 인식할 수 있기 때문이다. 둘째는 무제한적인 욕구와 욕망에 대한 자원의 유한성과 (개인적·사회적) 필요의 우선성을 인식하는 것이다. 그리고 셋째는 형평성의 개념에 대해 합의를 이루어, 모든 사람에게 사회가 공평하다는 의식과 그들이 사회에 소속되어있다는 의식을 부여하고 사람들이 관련 영역 내에서 더욱 평등해져서 그들이 평등하게 대우받을 수 있는 상황을 조성하는 것이다.

이것은 일종의 사회계약이 될 것이다. 그러나 이는 비록 계속 갱신되는 현재 속에서 재협상되지만 과거를 무시하지 않고 또 무시할 수도 없는 사회계약이다. 각각의 새로운 세대들이 새로운 사회계약 속에서 과거를 버리고 제도들을 새롭게 설계하여 새로 출발할 수 있다고 믿은 것은 고전 자유주의와 사회주의적 유토피아주의의 오만이었다. 사람들은 여러 제한 내에서 자신들과 사회를 개조할 수 있지만, 그러한 능력에 대한 지식은 그것의 한계에 대한 지식과 공존해야만 한다. 이것이야말로 인간조건에 대한 가장 오래되고 가장 영속할 진리다──우리가 여전히 너무나 인간다운 존재이고자 한다면 말이다.

1996년판 후기[*]

소비에트 공산주의의 도덕적·경제적 모순이 종결지어진 지금(그것은 역사의 종말인가 아니면 단지 유토피아주의의 종말인가?), 남아있는 것이라고는 자본주의의 문화적 모순뿐이다.

이 책——20년 전에 출간된——은 세 가지 테마를 가지고 있다.

(1) **금욕주의와 물욕 간의 긴장** 막스 베버의 되풀이되는 테제에 따르면, 근대 자본주의는 노동을 소명으로 찬양하고 욕구충족의 연기에 의한 절약을 고무하는 칼뱅주의와 초기 프로테스탄트 사상에 의해 재가된 금욕주의에 의해 가능해졌다. 빚을 진다는 것은 검약한 개인들에겐 두려운 것이었다. 하지만 시간이 경과하며 물욕에 대한 충동이 승리해왔다. 사실 현대 자본주의는 본능적 욕구와 욕구충족의 기계장치들이 보통은 화장품의 향기로 잘 기름칠 되어있을 때만 존재할 수 있다. (뉴욕에서 헬싱키와 도쿄에 이르는 세계의 모든 주요 도시에서 모든 거대 백화점들이 입구에 화장품을 전시하여 그 향기가 1층에 퍼져나가게 한다는 것은 주목할 만하다.)

---

[*] 나는 폴 골로브(Paul Golob)의 적절한 제안과 주의 깊은 편집에 감사한다.

(2) 부르주아 사회와 모더니즘 간의 긴장 비록 양자가 동일한 자궁—이를테면 과거의 부정, 부단한 변화에 대한 헌신, 그리고 신성한 것은 없다는 관념—에서 태어났지만, (그렇게도 많은 초창기 상황에서 그러했듯이) 처음부터 형제살해가 벌어졌다. 부르주아 사회는 사회의 어두운 측면을 탐구하고자 하는 문화적 충동을 지닌 모더니즘을 두려워했다. 반면 모더니즘은 부르주아적 삶의 답답한 성격을 경멸했다. 하지만 시간이 경과하며 부르주아 사회의 문화(노먼 록웰 Norman Rockwell 또는 그랜트 우드Grant Wood 같은 사람들의 사실주의)는 시들었고, 문화인들은 (너무나도 난해해서 들을 수가 없었던 음악을 제외하고는) 모더니즘을 받아들이고 모더니즘 작품을 자랑스럽게 자신들의 선반에 진열하고 벽에 내걸었다. 20세기 중반 이후 모더니즘은 (소설에는 서사 시간narrative time의 붕괴와 함께, 시에서는 구문의 깨짐과 함께, 회화에서는 환영주의illusionism의 종말 및 추상과 형식주의의 확산과 함께, 그리고 건축에서는 절제된 기하학적 형태와 함께) 고갈되어왔다. 그것의 자리에서 우리는 지난 20년 동안 포스트모더니즘—122~128쪽에서 지적한—의 등장과 확산을 목도해왔다. 포스트모더니즘의 문화적 형태 속에서 푸코와 그의 추종자들은 계속해서 부르주아 사회와 인본주의를 공격해왔다. 그것의 문학적 양식들—후기구조주의와 해체주의—은 저자의 의도, 텍스트의 객관적 독해, 텍스트의 의미에 대해 비평가 반응의 우선성을 부정하고, 교육과정에서는 (철학적·문학적) 작품의 교의와 체계—그것의 초월적 위대함 덕분에 권위를 부여받는—의 존재를 부정한다. 통속적 수준에서 포모(PoMo)—포스트모더니즘은 오늘날 이렇게 불린다—는 모방작품과 패러디, 마음대로 할 수 있다는 관념, 통속적이고 저급한 문화의 숭배, 노출증—신체예술, 행위예술, 마돈나와 같은 사람의 복장도착이나 마이클 잭슨 같은 사람의 양성적 외모 그리

고 불경한 사람들의 파계 속에서 나타나는──의 교리다. 이 모든 것은 '전통적인' 부르주아 도덕에 충격을 주기 위해 의도되어, 실제로 충격을 주며 (정체를 양극화하는 경향이 있는) 정치적 반발과 일단의 문화전쟁을 야기해왔다.

(3) 법과 도덕의 분리 앞의 두 테마보다 덜 명시적인 이 테마는 특히 시장이 (고용인에 대한 법인의 책무에서처럼) 모든 경제적 관계에 대해 그리고 심지어는 사회적 관계에 대해서조차 중개자가 된 이후, 그리고 다른 모든 주장에 대해 그리고 심지어는 도덕성에 대해서조차 법적 소유권과 재산권이 우선성을 회복해온 이후 점점 더 중요해진 테마다.

17세기에 시작된 이러한 분리는 그 당시에 이해되던 바대로 도덕이 기본적으로 종교적이었지 오늘날 이해되는 것처럼 개인들의 사적 행동을 포괄하지 않았다는 것에서 기인하는 것이었다. 17세기의 종교전쟁은 다양한 종류의 조정이 이루어지기 전까지 사회를 해체시키고 있었다. 초기에는 영주의 종교가 그 지역의 종교(cujus regio, ejus religio)였다. 즉 사람들은 자신들 통치자의 종교를 따랐고, 이에 기초하여 주민 교환이 이루어졌다. 후일 잉글랜드에서처럼 관용의 원리가 확대되었다. 미국에서는 교회와 국가가 공식적으로 분리되었고, 어떤 단일 집단도 자신의 도덕을 전체 사회에 강요할 수 없다는 원리가 수정헌법 제18조(금주법)에 의해 '위반되었다.'

그러나 법과 도덕의 분리가 가장 커다란 영향을 미친 것은 경제영역에서였다. 법은 실제적인 것이 아니라 형식적이고 절차적인 것이었다. 그리고 이러한 분리는 국가가 협상 당사자들이 도달한 경제적 계약에 간섭하지 않으리라는 것을 의미했다. 이것이 19세기 마지막 몇십 년간 대법관 스티븐 J. 필드(Stephen J. Field) 아래서 이루어진 먼 대 일리노이 판결(Munn v. Illinois)에서부터 로흐너 대 뉴욕 판결(Lochner v. New York)에까지 이르는 대법원 판결에 의해 규정된 원리였다(당시에 대법관 올리버 웰델 홈즈Oliver Wendell Holmes는 그의 유명한 반대의견 속에서 대법원은 허버트 스펜서의 『사회정학』*Social Statics*을 미국의 법으로 제정하고 있는 중이라고 진술했다). 그리고 대법원의 판결에 의거하여 기업은 재산권을 최대한 보호할 권리를 갖는 '법인'(legal person)으로 선언되었다.

뉴딜 동안과 그 후에 경제적 관계는 특히 노동조합과의 단체협상 하에서 다소 변형되어, 노동조합과의 협약 속에서 재산권 이외의 권리들을 제도화한 하나의 사회적 관계가 되었다. 그러나 최근에는 특히 '이해관계자'(stakeholder) ─20년 동안 한 회사를 위해 일하고도 밤새 녹초가 된 자신을 발견할 뿐인 개인일 수도 있는─ 와 대비되는 것으로서의 '주주'(shareholder) ─최고의 금융소득을 좇아 이 회사에서 저 회사로 빠르게 이동하는 개인─ 의 권리 속에서 사회적 영역이 축소되고 '적나라한' 경제적 관계가 우위를 차지해왔다. 재산권의 도덕적 경계와 상대적 권리의 문제들이 특히 인수합병, 다운사이징 등등의 시대에 사회에 관한 결정적인 사회학적 문제가 되고 있다.

이들 문제를 면밀히 검토하는 것이 바로 이 후기의 내용이다.

I. 자본주의의 이중적 속박

문화적 의미에서의 자본주의 ─단지 경제적 조직양식이라기보다는 하나의 심성 또는 정신으로서의 자본주의─ 는 다음의 두 가지가 병치되며 시작되었다. 하나가 (옛 유럽의 제한된 공간을 넘어서 탐험하고 부를 추구할 수 있는) 신세계에 대한 인식과 흥분이 증대된 것이고, 다른 하나는 역사단계에 적합한 행위자로서 집합체보다는 개인을 강조하고 나선 것이다.

지상의 파라다이스로 생각된 신세계는 요한의 계시가 초기 기독교인들에게 새로운 천국과 새로운 이승에 대한 비전을 제공한 것만큼이나 상상력을 자극했다. 그러나 그러한 새로운 이승들은 사람들이 가까이 갔을 때 거기에, 또는 사라져가기보다는 어렴풋이 떠오르는 지평 바로 너머에 있었다. 라블레(Francois Rabelais)의 팡타그뤼엘(Pantagruel)은 신의 사자 바북(Babuc)을 찾아 서쪽으로 여행하고 캐나다에 도달하여 셰익스피어의 프로스페로(Prospero)를 위한 새로운 길을 개척했다. 그의 젊은 동료 몽테뉴(Michel de Montaigne)는 그의 『수상록』(Essays) — 셰익스피어가 『폭풍우』(The Tempest)에서 인용한 — 에 들어있는 「역마차에 대하여」(Livre des Coches)을 썼다. 그것은 브라질 여행기에서 나온 것이었다. 시라노 드 베르주라크(Cyrano de Bergerac) — 등장인물 에드몽 로스탕(Edmond Rostand)이 아닌 17세기 작가 — 는 공상적인 작품 『달나라 여행』(Voyage dans la lune)을 썼다. 부갱빌(Louis de Bougainville)은 『세계 일주 여행』(Voyage autour du Monde)에서 자신이 실제로 한 세계 일주 항해에 대해 기술했다. 이것은 그가 뉴 키테라(New Cythera) — 키테라는 아프로디테(Aphrodite)의 별명이다 — 라고 명명한 타이티섬의 성 습관과 관련하여 커다란 소동을 불러일으켰다. 이러한 설명에 자극받아 디드로(Denis Diderot)는 대단한 작품 『부갱빌 여행기 부록』(Supplement au Voyage de Bougainville)을 집필했다. 그 책에서 그는 쾌락의 본질과 성적 행동의 한계를 탐구했다.[1]

---

1) 다른 대륙의 만남에 의해 고무되어 유럽의 상상력이 어떻게 확장되었는지를 다룬 매혹적인 작은 책으로는 Henri Baudet, *Paradise on Earth: Some Thoughts on European Images of Non-European Man*(New Haven, Conn.: Yale University Press,

이 모든 것으로부터 출현한 것이 바로 변화에 대한 열린 의식, 장소와 시간의 분리, 사회적·지리적 이동, 그리고 (심지어는 전통과 과거를 희생하고도) 새로운 것에 대한 (비록 열광은 아니더라도) 기꺼운 수용이었다. 그리하여 다음과 같은 명제가 도출되었다. 즉 '자연적으로' 주어지는 목적은 어디에도 존재하지 않는다. 개인과 그 또는 그녀의 자기실현—비록 그녀의 자기실현은 보다 나중의 일이지만—이 새로운 이상이자 삶의 이마고이다. 그리고 사람들은 새로운 개인적 목적을 실현하고자 하는 노력 속에서 사회를 개조하고 또 스스로를 개조할 수 있다.

특히 19세기 초반 개인주의의 발흥은 가톨릭교도들과 사회주의자들로부터 강력한 반발을 받았다. 프랑스에서 보날(Louis de Bonald)과 드 메스트르—이 둘은 신정주의자다—는 '정치적 프로테스탄티즘'을 격렬하게 공격하며, 인간은 단지 사회를 위해서만 존재한다고 주장했다. 나폴레옹 이후 왕정복고 시대 동안에 프랑스의 보수주의적 경향과 자유주의적 경향의 저술가들 모두—라마르틴(Alphonse de Lamartine), 발자크(Honore de Balzac), 생트뵈브(Charles Sainte-Beuve), 라므네(Hugues de Lammenais), 그리고 토크빌—는 추악한 개인주의(l'odieux individualisme)—즉 그들 사회에서 발생하고 있는 (그들이 말하는) 해체에 대해 그들이 책임을 지운 유해한 견해—에 대해 놀람을 표명했다. 그리고 사회의 원자화와 에고이즘에 맞서 생시몽의 추종자들은 결사, 조화, 이타주의에 기초한 새로운 질서로서의 사회주의를 요구했다.[2]

1965)을 보라.

2) 이 논쟁에 대한 상세한 설명으로는 나의 글 "Socialism," *International Encyclopeditl of the Social Sciences*(New York: Macmillan Co., 1968), vol. 14, pp. 506~534를 보라.

개인주의가 발흥한 데는 두 가지 원천이 있다. 하나는 신학적이고 다른 하나는 제도적이다. 첫 번째 것은 분명 루터와 칼뱅(Jean Calvin)의 프로테스탄트 종교개혁이다. 프로테스탄티즘의 핵심은 그것이 반제도적이고 도덕률 폐기론적이라는 것이다(그리고 그런 만큼 심지어 반지적이기도 하다). 성례전의 관리자이자 구원의 매체로서의 교회의 권위에 대항하여 종교개혁은 개인과 그의 양심을 판단의 원천으로 삼았다. 그리고 토마스 아퀴나스 신학과 여타 교의 해석의 지성주의에 맞서 종교개혁은 (루터가 번역한) 성서와 직해주의(literalism)를 신앙의 근원으로 삼았다.[3]

개인주의가 발흥한 제도적 근원은 생득적 권리가 아니라 사적 기업을 사회에서의 지위와 특권의 토대라고 주장한 것이었다. 사적 기업의 성공이 가져다주는 것은 군주의 중상주의적 부가 아니라 회사의 수익이었다. 그것이 자극한 사회이동은 사회의 옛 위계질서에 도전했다. 하나의 새로운 계급이 전면에 부상하고 있었다.

이 모든 것과 함께 정치이론에서 혁명적 격변이 일어났다. 그 영향은 거의 200~300년이 지나서도 여전히 완전하게 해명되지 못하고 있다. 제러미 벤담이 볼 때 공동체는 하나의 '허구'였고, 개인만이 사회의 단위였다. 벤담이 정식화한 공리주의 속에서는 쾌락주의적 계산이 (개인들이 자신의 이익을 '극대화'—그가 만들어낸 단어—하기 위한 노력 속에서 획득하거나 고통받는) 쾌락과 고통(이익과 손실)을 측정했다. 그리고 사회의 복리는 그러한 쾌락주의적 계산의 총합이

---

3) 그러한 정당화의 원천이 지닌 폭발성은 독일에서의 재세례파와 후일 영국 크롬웰 혁명에서의 제5왕국파—올리버 크롬웰은 잠시 제5왕국파의 일원이었다—와 같은 신의 왕국을 지상에 끌어내리고자 한 혁명운동을 자극했다. 하지만 루터와 크롬웰이 그러한 새로운 신념이 갖는 급진적 함의로부터 물러섰지만, 개인의 사상은 여전히 그 힘을 발휘하고 있었다.

었다.

이렇듯 자본주의는 근대적인 것의 관념을 구현했고, 부단한 변화의 파도를 일으켰고, 프로테스탄트 종교개혁과 기업정신으로부터 개인을 출현시켰다. 그러나 이것들은 또한 내가 이 책에서 탐구해온 자본주의의 문화적 모순의 근원이기도 했다.[4]

베버가 1904~1905년에 집필한 『프로테스탄트 윤리와 자본주의 정신』은 아마도 20세기의 가장 중요한 사회학적 저작일 것이다.[5] 그러나 그 책의 제목 — 그리고 나중의 '프로테스탄트 윤리에 대한 신화 만들기 — 이 베버가 서문에서 분명하게 밝힌 의도, 다시 말해 지난 500년간의 역사적 수수께끼, 즉 왜 사회조직 — 법, 행정, 경제, 예술, 종교 그리고 과학의 발전 — 에서 일어난 전면 혁명이 세계의 다른 부분이 아니라 단지 서구에서만 발생했는가 하는 문제를 그간 가려왔다. 그 혁명이 바로 삶의 합리화였다.

이익과 획득의 충동은 모든 사회에서 발견되지만 단지 서구에서만 자본주의 — 합리적 생산조직과 계산 가능한 비용의 대차대조표로

---

4) 나는 어렵기는 하지만 '근대성'(modernity), '모더니즘'(modernism), '근대화' (modernization)를 구분한다. 근대성은 (심지어는 그리스와 로마의 삶[회의론자와 에피쿠로스학파], 르네상스 시대의 인간주의, 엘리자베스시대 삶의 강건함에서조차, 그리고 그것이 일상화되고 심지어 진부화된 오늘날의 '공식적' 견해에서도 발견할 수 있는) 하나의 정신, 사고방식, 세속적 심성, 그리고 심지어는 코즈모폴리터니즘이다. 나는 모더니즘을 (실험을 부추기고 내가 이 책에서 논의한 '거리의 소멸'을 가져오고 예술이란 무엇인가를 정의하는 데서 예술가들이 갖는 권위를 선언하게 한) 하나의 문화운동으로 정의한다. 근대화는 (특히 경제와 정부 수준에서 사회로 하여금 새로운 기술적 혁신에 적응하도록 하고 경제발전을 촉구하는) 일단의 제도적 변화를 일컫는다.

5) Max Weber, *The Protestant Ethic and the Spirit of Capitalism*, trans. Talcott Parsons(London: G. Allen & Unwin, 1930).

서의 자본주의 ― 가 그러한 예외적 방식으로 확립되고 발전했다. 베버로 하여금 종교를 연구하게 한 것은 '합리적인 경제적 행동'을 설명하고자 하는 노력이었다. 베버의 질문은 이러했다. 근대 경제적 삶이 어떻게 전통적 양식 ― 즉 공정한 가격과 공정한 임금에 관한 스콜라 철학적 이론에 기초해있던 가톨릭의 확고한 질서 윤리 ― 을 대체했는가? 그리고 베버가 볼 때, 그 답변은 '금욕적 프로테스탄티즘의 합리적 윤리'에 있었다.[6]

베버가 말하고 있던 것은 처음부터 근대 자본주의는 자본주의 기업 그 자체에 부합하는 특정한 유형의 성격 ― 조직적이고 규율 있는 노동지향적 개인 ― 을 요구한다는 것이었다. (괴테에서 따온) 베버의 표현을 빌면, 성격과 물질적 이해관계 간에는 '선택적 친화성'(elective affinity)이 존재했다.

그러나 성격만으로는 과거와의 끈을 자를 수 없었다. 또한 요구되어진 것이 행동을 정당화하고 타락을 제재하는 종교적 윤리였다. 노동은 인간이 범한 불복종의 죄에 대한 하나의 처벌이라고 보던 견해와는 대조적으로, 프로테스탄트 세계관 속에서 (가장 높은 노동에서 가장 낮은 노동에 이르기까지) 모든 노동은 하나의 '소명'이었고 따라

---

6) 그러나 베버 역시 강조했듯이, "따라서 우리는 여기서 인과적 연쇄의 단지 하나의 측면만을 다룬다." 그는 다음과 같이 기술했다. "관념이 아니라 물질적·관념적 이해관계들이 인간행동을 직접적으로 지배한다. 하지만 매우 빈번히 '관념'이 창출해온 '세계상들'(world images)이 마치 전철수처럼 선로를 결정해왔고, 그 선로를 따라 이해관계라는 동력이 행위를 이끌어왔다."

근대적 삶의 합리화에 대한 베버의 개략적인 진술은 그의 마지막 강의들 (1919~20)에서 발견할 수 있으며, 『일반경제사』(General Economic History, trans., Frank H. Knight, London: Allen & Unwin, n.d.), 특히 제4장으로 출간되었다. 전철수에 대한 인용은 Weber, Religionssoziologie에서 따온 것이며, H.H. Gerth and C. Wright Mills, eds., From Max Weber(New York: Oxford University Press, 1946), pp. 63~64에서도 발견할 수 있다.

서 신성했다. 따라서 소명의 관념 — 베버는 이전의 종교 또는 윤리적 규약에는 그러한 관념이 존재하지 않았다고 주장했다 — 은 종교적 행동을 일상의 세계에 투영한 하나의 도덕적 책무였다.

그러나 거기에는 또한 베버가 논의하지 않은 또 다른 근원, 즉 청교도적인 새로운 모델인 크롬웰 군대가 있었다. 그것은 전쟁사에서 가장 특이한 군대 중 하나로, 자기규율과 금욕주의를 강조하고 대취, 약탈 또는 강간에 대해 엄격하게 처벌했다. 이 군대의 규율이 공장으로 이전되었다고 말할 수도 있다. 산업사회의 논리, 즉 수단-목적 행동의 합목적적 합리성이 경제적 행동의 경계를 확립했다.[7]

따라서 하나의 삶의 방식으로서의 프로테스탄트 윤리는 경건, 검약, 규율, 신중함, 노동에의 열정적 헌신, 그리고 만족 연기의 윤리였다. 육체의 흥분과 관련해서 살펴보면 "종교에 의구심을 갖는 것이나 도덕이 무가치하다고 인식하는 것에 대해 쓰였던 것과 동일한 처방 — 즉 '네 직업에서 열심히 일하라'는 것 — 이 모든 성적 유혹에 대해서도 적당한 채식 및 냉수욕과 함께 내려졌다."[8]

소비의 억제는 자본축적, 즉 축재 그 자체를 목적으로 하는 생활방식으로 이어진다. 이는 베버가 지적했듯이 "모든 시대의 윤리적 감

---

7) 군사적 사회에서 산업사회로의 변화를 처음으로 제시한 것은 생시몽 — 그는 엔지니어와 기업가에 의해 운영되는 새로운 사회를 지칭하기 위해 '산업사회'라는 용어를 만들었다 — 이었고, 그것을 발전시킨 것이 오귀스트 콩트 — 그는 생시몽의 비서로 일했다 — 였다. 생시몽주의자들은 19세기 프랑스에서 산업주의의 많은 것을 증진시켰고, 증기선 회사(Compagnie Générale Transportation)의 기함에 S.S. Saint-Simon이라는 이름을 붙이기도 했다.

군사적 사회에서 산업사회로의 전환이라는 테마를 개관한 것은 허버트 스펜서였고, 그것을 자신의 사회학의 지배적 도식으로 정교화시킨 것은 레몽 아롱이었다. 그것은 어떤 점에서는 봉건사회에서 자본주의 사회로의 변화에 대한 마르크스의 생각과 직교(直交)하는 것이었다.

8) Weber, *The Protestant Ethic*.

정에 반하는 것이었다." 하지만 베버가 진술하듯이, "따라서 자본주의 체계는 돈 벌기라는 소명에 대한 이러한 헌신을 필요로 하며, 그것은 물질적 재화에 대한 하나의 태도이며…… 이러한 태도는 경제적 생존투쟁에서 생존의 조건과 밀접하게 관련되어있다."

이처럼 프로테스탄트 윤리 ─ 특히 칼뱅주의 형태의 ─ 는 자본주의 기업가에게 도덕적 에너지와 충동을 공급한다. 베버에 따르면, 칼뱅주의는 그 지지자들에게 요구하는 냉혹한 규율 속에 '확고부동한 일관성'(iron consistency)을 지니고 있다. 부의 축적은 그것이 건전하고 근면한 직업활동과 결합되어있는 한 도덕적으로 재가되었다. 부는 게으르고 사치스러운 삶 또는 자기탐닉을 지원하기 위해 사용될 때만 비난받았다. 칼뱅이 이사야에 대한 논평에서 기술했듯이, "우리가 (상인들이 존재하는) 부유한 지역과 도시들에서 볼 수 있듯이, 부가 자기탐닉을 초래하고 과도한 쾌락이 무기력을 낳는 일은 너무나도 자주 발생한다. 오늘날 먼 거리를 항해하는 사람들은 더 이상 집의 안락에 만족하는 것이 아니라 그들과 함께 알려지지 않은 사치품…… 가정용 가구…… 그림…… 프리지어 자수품과 같은 값비싼 태피스트리, 그리고 정교한 기술로 만들어진 꽃병을 가지고 돌아온다."

프로테스탄트 윤리에 대한 베버의 정식화는 구체적인 시기와 장소에서 발생한 특정한 국가의 발전에 관한 역사적 또는 기술적 설명이 아니라 하나의 '이상형'─즉 칼뱅, 영국의 성직자 토머스 후커(Thomas Hooker)와 리처드 백스터(Richard Baxter), 미국의 도덕가 벤저민 프랭클린과 같은 다양하고 심지어는 놀랄 만큼 다른 저술가들로부터 끌어낸 하나의 구성물 또는 콜라주─이라는 점을 강조해야만 한다. 그것은 과거에 또는 다른 문화와 사회에서 구성된 다른 유형들과 비교할 수 있는 독특한 종교윤리를 창출하기 위해 만들어

진 하나의 색출적 장치다.[9]

그러나 그러한 방법론은 그 자체의 위험성을 지닌다. 한 가지 위험이 최근 미국에서 분명하게 드러났다. 그것은 바로 논객들이 마치 프로테스탄트 노동윤리가 글자 그대로 거기에 존재해온 것처럼 그것의 상실을 공공연히 비난할 때, 그 구성물이 문화전쟁에서 하나의 이데올로기적 무기로 불러내어 졌다는 것이다. 또 다른 위험은 그 구성물을 역사에 적용할 경우 오해를 불러일으킬 수도 있다는 것이다.

이상형의 역사에 대한 이러한 잘못된 사용은 사이먼 샤마(Simon Schama)의 탁월한 저작 『너무 많이 가진 자의 고민』(*The Embarrassment of Riches*)에서 생생하게 예증되고 있다. 이 책은 17세기 '황금기'

---

9) 베버가 사용한 바와 같이 '이상형'은 "단지 하나의 역사적 단일체 ─ 즉 역사적 실재 속에서 서로 연관되어있는 요소들을 우리가 그 요소들이 갖는 문화적 의의에 따라 하나의 개념적 전체에 통합시킨 복합체 ─ 일 뿐일 수 있다."

베버는 벤저민 프랭클린을 프로테스탄트 윤리에 전형적인 신중함, 근면, 검약의 전형으로 이용함으로써(사실 그는 프랭클린을 칼뱅과 백스터보다도 더 자주 인용한다), 독자들로 하여금 인간 프랭클린을 오해하게 만들었다. 인쇄업자이자 출판업자인 프랭클린은 성공의 방법, 특히 돈이 돈을 버는 것에 대한 인기있는 훈계서들을 집필했다. 그는 어떤 점에서는 '시장'을 위해 글을 쓰고 있었다. 그러나 인간 프랭클린은 영리하고 코즈모폴리턴적인 인물이었다. 그는 당대에 훌륭한 과학자였고, 가정부와 육욕에 빠져 몇몇 사생아를 낳았다. 이는 헤겔과 마르크스조차 모방한 그 시대에 너무나도 흔한 하나의 관행이었다. 그리고 파리에서는, 즉 프랭클린이 프랑스 미국 공사로 있을 때, 그는 인생을 즐기며 사는 사람이었다. 그는 한때 유명한 철학자의 미망인 엘베시우스(Helvetius) 부인을 유혹하고자 하기도 했다. 전해지는 바에 따르면, 그는 어느 날 저녁 한 무도회에서 그녀에게 접근하여 다음과 같이 말했다. "엘베시우스 부인, 나는 지난밤 꿈을 꾸었습니다. 꿈에서 나는 천국의 문에 있었고, 거기서 나의 죽은 처를 보았습니다. 나는 열심히 그녀에게 다가갔지만, 그녀가 나를 보았을 때 그녀는 내게 등을 돌리고 엘베시우스 씨와 함께 가버렸습니다. 오, 부인. 우리 그들에게 복수합시다." 이 이야기는 생트뵈브(Charles-Augustin Sainte-Beuve)가 다음의 책에서 쓴 프랭클린의 초상 속에서 전해진다. Sainte-Beuve, *Portraits of the Eighteenth Century*(New York: Frederick Ungar, 1964), vol. I, p. 323.

동안의 네덜란드 공화국 — 세계 최초의 자본주의 국가 — 을 문화적으로 탐구한다. 네덜란드 사람들은 인문주의자들과 칼뱅으로부터 엄청난 부는 도덕심의 시금석이라는 말을 들어왔다. 하지만 그러한 '번영의 시련' 속에서 네덜란드 시민들은 허식과 과시의 유혹에 굴복했다. 샤마가 비꼬는 식으로 지적했듯이, 공화국이 태생시의 순수성에 부응하는 경우는 극히 드물다. 공화국이 내핍상태에서 수립되었을 경우, 그것은 항상 번영하며 허세를 부린다. "17세기 중반에 권력과 광명의 절정에 달했을 때, 네덜란드 공화국도 역시 정성을 다해 자축했다. 플랑드르의 도시들은…… 부르고뉴의 화려한 취향과 그들 특유의 도시적 허세 전통을 결합시켜 그에 필적할 만한 것이 없는 화려한 르네상스 의식(儀式)을 만들어냈다. 따라서 샤마는 프로테스탄트 윤리의 소비 억제가 자본축적을 촉진했다는 베버 명제의 일부는 "네덜란드, 즉 세계가 지금까지 목도해온 가장 경이적인 자본주의에는 적용되지 않는다"라고 결론 내렸다.[10]

베버가 생각했던 것은 자본주의의 기원과 관련해서는 사실이었을지도 모른다. 그리고 그는 자본주의의 성공 이후에는 그것이 적용되지 않는다는 것을 알고 있었다. 베버는 체념과 절망의 착잡한 상태에서 그의 권위 있는 저작을 끝맺는 페이지들에 다음과 같이 썼다.

금욕주의가 세계를 개조하고 세계 속에서 그 이상을 성취한 이후, 물질적 재화가 역사에서 유례가 없을 정도로 인간의 삶에 대해 점점 더 그리고 최종적으로는 거역할 수 없는 힘을 획득했다. 오늘

---

10) Simon Schama, *The Embarrassment of Riches*(New York: Alfred A. Knopf, 1987). 네덜란드 공화국의 "권력과 광명"에 대한 인용과 관련해서는 p. 224, 베버 테제에 대한 논의와 관련해서는 pp. 322~323, 그리고 샤마가 제5장의 제사(題詞)로 이용한, 칼뱅의 부에 대한 인용과 관련해서는 p. 289를 보라.

날 종교적 금욕주의 정신은…… 쇠우리로부터 달아나버렸다. 그러나 승리한 자본주의가 기계적 토대 위에 자신을 수립한 이후, 그것은 더 이상 자신의 지지대를 필요로 하지 않는다. ……자본주의가 최고도로 발전된 곳, 즉 미국에서 종교적·윤리적 의미를 벗어버린 부의 추구는 순전히 세속적인 열정 ─실제로 자주 그것에 스포츠의 성격을 부여하는─과 결합되는 경향이 있다.[11]

만약 이것이 금욕주의의 운명이었다면, 사람들은 미국 자본주의의 문화적 모순을 이해하기 위해서는 다성음악 속의 또 다른 화음으로 눈을 돌려야만 한다. 물욕의 테마는 자본주의에 대한 또 다른 주요 초기 역사가이자 베버의 적수였던 베르너 좀바르트의 중심주제였다. 좀바르트는 두서없고 역설적이고 비일관적이고 논쟁적인 저작 스타일 때문에(그리고 어쩌면 그의 1930년 저작 『새로운 사회철학』 *A New Social Philosophy*이 친나치적이었기 때문에), 오늘날 좀처럼 읽히

---

11) *The Protestant Ethic*, pp. 181~182. 여기서 베버가 말하는 '쇠우리'는 "오늘날 모든 개인 ─경제적 획득에 직접 관심을 가지고 있는 사람들만이 아니라 불가항력적인 힘을 가진 이 메커니즘 속에서 태어난 모든 사람─의 삶을 결정짓는 기계생산이라는 기술적·경제적 조건"을 의미한다. 이 결론은 베버를 문화적 절망에 대한 그의 가장 강력한 진술 중 하나로 이끌었다. 이 진술은 근대적 삶에 대한 보수적 비평가뿐만 아니라 급진적인 비평가들에 의해서도 자주 인용되어왔다.

미래에 이 쇠우리 속에 누가 살지, 또는 이 무시무시한 발전의 끝에서 전적으로 새로운 예언자가 등장할지, 아니면 옛 사상과 이상이 크게 부활할지, 아니면 둘 다가 아니라면 일종의 발작적인 자만심으로 윤색된 기계화된 화석화가 일어날지는 아무도 모른다. 이 문화발전의 마지막 단계에 대하여 다음과 같이 말하는 것도 무리는 아닐 것이다. 정신없는 전문가, 가슴 없는 감각주의자─이 무가치한 사람들은 그것이 이전에는 결코 달성한 적이 없는 수준의 문명에 도달했다고 생각한다.

지 않고 있다. 하지만 명확한 계획에 따라 자본의 역할을 축으로 하여 조직화된, 그리고 물질적 욕구를 충족시키는 데 명확한 기술적 지식을 적용하는, 상호의존적 체계를 지칭하기 위해 '자본주의'라는 용어 ─ 마르크스는 이 용어를 결코 사용하지 않았다 ─ 를 만든 것은 좀바르트였다. 하지만 역설적이게도 자본주의의 발전과 그것의 중심적 특징에 대한 그의 설명은 완전히 비체계적이고 자주 모순적이다.[12]

---

12) 좀바르트의 주요 저작『근대 자본주의』는 1902년에 처음으로 출간되었으며, 수많은 편집과 수정·증보를 거쳐 1916~17년에 다시 출판되었고, 6부로 된 마지막 판은 1921~27년에 뮌헨에서 세 권으로 출간되었다. 비록 누스봄에 의해 크게 축약되고 의역된 요약본이 *A History of the Economic Institutions of Modern Europe: An Introduction to Werner Sombart's Der Moderne Kapitalismus*(New York: F.S. Crofts & Co., 1933)로 출간되었지만, 이 책의 전체 영역본은 존재하지 않는다.

좀바르트의 가장 흥미 있는 저작『부르주아』는 엡스타인에 의해 편집되어 *The Quintessence of Capitalism: A Study of the History and Psychology of the Modern Business Man*(New York: E.P. Dutton & Co., 1915)로 번역·출간되었다. 독일어본 제3판은 1923년에 출간되었다.

골상학에 기초하여 유대인 상인과 은행가를 확인하는, 우리로 하여금 화나게 만드는 책『유대인과 경제활동』(*Die Juden und das Wirtschaftsleben*)은 1913년에 엡스타인에 의해『유대인과 근대 자본주의』(*The Jews and Modern Capitalism*)로 번역되었고, 그다음에는 버트 F. 호셀리츠(Bert F. Hoselitz)가 서문을 쓰고 호셀리츠와 벤저민 넬슨(Benjamin Nelson)이 확대된 해제를 쓴 교정판이 1951년에 프리프레스(Free Press)에 의해 간행되었다. 이 판은 1962년에 콜리어 북스(Collier Books)에 의해 재발행되었다.

좀바르트의 다른 책들과는 달리 궁정과 세속적 사랑의 본성을 다루고 여성들의 사치재 수요를 자극한, 그간 무시되어온 저작『사치와 자본주의』(*Luxus und Kapitalismus*)는 1913년에 출간되었고, 미시간 대학교 출판사에 의해 1967년 영어로 간행되었다.

자본주의의 본질에 대한 좀바르트의 가장 간결한 진술은 "Capitalism", *Encyclopedia of the Social Sciences*(New York: Macmillan, 1942), vol. 3, pp. 195~208에 들어있다.

좀바르트가 볼 때, 탐욕과 금은 자본주의의 근원—인간의 모든 노력의 근원인 것과 마찬가지로—이었다. "돈에 대한 사랑은 인간 사회의 창시자들의 사랑이다. 그것이 결혼을 정하고 조약을 낳고 국가와 도시를 수립하고 명예와 명성을 제공하고…… 상업과 연금술과 의학을 자극한다. ……전쟁의 기술도 마찬가지로 돈 벌기에 의해 유지된다. 그리고 신대륙의 발견—콜럼버스(Christopher Columbus) 못지않게 이사벨 여왕(Isabel I)과 페란도 왕(Ferrando II)이 발견한—역시 그렇다."

그러나 서구 경제발전의 수문을 연 것은 신세계에서의 금의 발견이었다. "비록 유럽 역사 전체는 아니더라도, 적어도 분명 자본주의 정신의 역사는 그러한 저주받은 물건, 즉 금을 소유하기 위한…… 투쟁과 함께 시작되었음에 틀림없다."[13] 그리고 좀바르트는 『부르주아』에서 카타이(Cathay)와 이마고 문디(Imago Mundi)라는 전설 속 땅의 새로운 지형을 거닐었던 새로운 인간의 심리학을 묘사하고자 했다. 그가 볼 때, 그러한 사람들은 약탈자이자 모험가이자 기업가였다. 엘리자베스시대의 '해적선'이자 무역선 선장인 존 호킨스(John Hawkins)는 총칼을 휘두르고, 주식을 거래하고, 야만적인 힘을 행사한 자본주의적 기업가가 된 세실 로데스(Cecil Rhodes)와 전혀 다르지 않았다. ([로데스]에서 일말의 청교도 정신이나마 발견한다는 것은 이상한 일이다.) 그가 미국에서 발견한 근대 기업가는 "그 자신 내에…… 약탈자, 악랄하게 타산적인 사람, 지주, 투기업자 모두를 하

---

13) 누군가는 좀바르트가 그의 저술들에서 마르크스의 사상을 발전시켰고 조지프 슘페터의 사고를 예기했다고 말할 수도 있다. 마르크스는 『자본론』에서 다음과 같이 기술했다. "아메리카에서 금과 은의 발견, 원주민의 절멸·노예화·광산에의 매장…… 동인도의 정보과 약탈은 자본주의적 생산 시대의 장밋빛 새벽을 알리는 것이었다."

나로 통합하고 있다." 그리고 좀바르트가 염두에 두고 있던 사람이 바로 "모든 도덕적 제약을 거의 어린애처럼 무시하고 지나치는 방법"을 알고 있던 존 D. 록펠러였다는 것은 분명하다.

이 모든 것에서 새로운 것은 그것의 '무한성', 즉 그것이 자연적 한계를 벗어난다는 것이다. "획득에는 어떠한 절대적 한계도 존재하지 않고, 그 체계는 무한히 확장하고자 하는 심리적 충동을 실행한다. ……그 목적의 추상적이고 비인격적인 성격은 그것이 무한하다는 것을 말해준다. ……수익이 얼마나 많든 간에 그것은 결코 경제적 행위자를 충족시키기에 충분할 만큼 높은 수준에 이를 수 없다. 무한한 획득을 향한 단호한 충동은 경영조건에 기반하고 있다. ……그러므로 획득은 무제한적이고 절대적인 것이 된다. 그것은 모든 현상을 경제영역 내로 끌어들이고자 하는 것만이 아니라 문화적 영역으로까지 진출하여 다른 모든 가치에 대한 기업이익의 우선성을 선포하는 경향을 진전시킨다."

베버와 좀바르트 모두의 한계는 그들이 주로 자본주의의 기원을 다루었을 뿐 그 구조적 변화를 다루지 않았다는 것이다. 근대 자본주의는 200년 전 산업혁명과 함께, 즉 재화의 기계생산을 위한 기계류 제작을 통한 기술변동, 수천 마일의 철로 부설, 바람보다 빠르게 움직일 수 있는 증기선의 발명, 그리고 수많은 사람의 도시로의 사회학적 이주와 함께, 다시 말해 삶의 총체적 변화와 함께 시작되었다. 이 모든 것은 인류 역사상 지금까지 삶에서 발생한 적이 없는 변화였다.

생산을 강조하는 것은 기업의 갱신 가능성—더 많은 자본의 필요와 더 면밀한 수익 측정, 대규모의 노동조직, 시장과 유통에 대한 주목, 그리고 기술이 변화와 강화된 경쟁의 원천이라는 인식—을 강조하는 것이었다.

그러나 20세기 자본주의는 훨씬 더 놀라운 사회학적 변화를 가져왔다. 즉 자본주의의 지렛대가 생산에서 소비로 이동했다. 그것은 내구소비재—자동차, 냉장고, 텔레비전 수상기, 세탁기, 드라이어 등—를 양산하게 했다. 그리고 이 모든 것이 소매혁명—특히 내가 지적했듯이 프로테스탄트 윤리를 약화시킨 '전복적' 수단인 할부판매법—을 만들어냈다. 빚지는 것에 대한 공포와는 반대로, 이제는 신용불량에 대한 공포가 존재한다. 사람들은 삶 속에서 좋은 것을 사기 위해 저축하는 대신 그것을 바로 사고 나중에 대금을 지불할 수 있다. 내가 주장했듯이, 마케팅과 쾌락주의가 자본주의의 원동력이 되었다. 우리가 현재 경험하고 있는 것은 '문명화 과정'을 훨씬 넘어서는 엄청난 변화다. 슘페터가 말했듯이, 그것은 여종업원이 실크 스타킹을 신고 대중들이 사치품을 이용할 수 있게 했다.

좀바르트는 그의 놀랄 만큼 매혹적이고 기발한 책 『사치와 자본주의』에서 부정한 사랑과 그것이 산출한 생활양식이 사치—그리고 자본주의—를 낳았다는 색다른 주장을 했다. 그가 말하는 '부정한 사랑'이란 조신들이 놀던 사슴공원을 갖춘 궁정—특히 루이 14세의 궁정—의 삶 속에서 벌어진 정부(情婦)와 고급 창부의 사랑을 의미했다.[14]

비록 이러한 방종한 생활이 놀랍기는 하지만, 궁정의 그러한 화려한 삶이 자신의 부를 세계에 화려하게 과시하는 것일 뿐이기만 했다

---

14) 이 모든 것의 상징이 루이 15세의 정부 퐁파두르 부인(Madame de Pompadour)이었다. 그녀는 생활양식을 설정하고 당시의 취향을 틀지었다. 또 다른 고급 창부 두바리 부인(Madame du Barry)의 청구서는 온전히 보전되어있다. 금 세공인과 보석상, 실크 상인과 레이스 상인, 향수 판매상과 모자 판매상, 가구·그림·화병 판매상, 재단사와 자수가, 마차 제작자와 말 거래상, 화가와 조각가, 정원과 분수 만드는 사람 등이 청구한 돈의 총합은 11,481,803리브르에 달했다. 그 당시에 청빈한 삶을 사는 개인은 연간 700리브르를 가지고 그럭저럭 살았다.

면, 그것은 역사책의 소재가 될 특이한 사건에 불과할 수도 있다. 그러나 그렇지 않았다. 그것이 의미하는 것은 감성의 역사에서 일어난 변화였다. 좀바르트가 표현했듯이, "여성에 대한 이러한 매우 쾌락주의적인 개념"은 그 당시까지 교회가 여성에게 가한 종교적·제도적 제약에 대한 직접적 반항이었다. 그러나 궁정에서 때로는 품위 있게 때로는 방탕하게 일어난 감각적 만남은 '육체의 해방'이었다.[15]

부정한 사랑을 과시하는 것의 결과로 확립된 깃이 바로 패션이었다. 정부는 단지 궁정의 한 인물이 아니라 여배우, 매춘부, 애인, 평균적인 부덕(婦德)을 지닌 마님, 첩, 밤거리의 여인이었다. 프랑스에서 거의 모든 저명 정치인 —오늘날의 미테랑(François Mitterrand)에 이르기까지 —에게는 공개적으로 알려진 정부가 있었고, 샤토브리앙(Vicomte de Chateaubriand)과 같은 잘 알려진 작가들은 저녁에 애인 집 찾아가기 관행을 확립한 것으로 유명했다. 고급 매춘부들은 자주 파리의 스프링 레이스들에서 자신의 매력을 뽐냈고, 자신들의 복장을 멋지게 보이게 하기 위해 서로 경쟁했고, 다른 여성들과 자신들이 버려지기를 원치 않는 부인들은 멀리서 그것을 주의 깊게 살펴보았다. 이러한 장면의 화려한 극장판이 뮤지컬 「지지」(Gigi)에서 나오는 젊은 고급 창부 교육이다.

이 모든 것이 야기한 난국은 처음에는 고급 창부에 의해 과시되었던 온갖 어리석은 패션, 사치, 낭비가 비록 그렇게 화려한 형태로

---

15) 프랑스 궁정의 세부적 지출 내역에 대해서는 Sombart, *Luxury and Capitalism*, pp. 63~77을 보라. 낭만적 사랑에 대한 낭만적이고 음유시인적인 개념에 대해서는 Denis de Rougemont, *Passion and Society*(London: Faber & Faber, 1956)를 보라. 드 루주몽(Denis De Rougemont)이 19세기 소설 —『안나 카레니나』(*Anna Karenina*)와 『테레즈 라캥』(*Thérèse Raquin*) 같은 —에 대해 비꼬는 투로 논평했듯이, 모든 여성은 남편이 있으면서도 연인을 갈망했다.

는 아니지만 맵시 있어 보이고 싶어 하고 또 그러한 패션 행렬에 가담하고 싶어 하는 젊은 여성과 중간계급 부인들이 모방하는 스타일이 되었다는 것이다. 그리고 이들 여성이 스프링 레이스에 갈 수 없다고 하더라도, 그녀들은 곧 20세기에 그러한 새로운 스타일을 (가장 뛰어난 사진사들이 만들어낸 최대한의 화려한 색깔로 그리고 리처드 아베든Richard Avedon과 어빙 펜Irving Penn의 작품 속에서 하나의 '예술형식'이 된 스타일로) 그들의 독자에게 재빨리 전달하는 여성잡지와 패션잡지 —『글래머』(*Glamour*), 『보그』(*Vogue*), 『코즈모폴리턴』 (*Cosmopolitan*), 『마드무아젤』(*Mademoiselle*), 그리고 심지어는 『세븐틴』 (*Seventeen*)과 같은 이름을 가진 —에서 읽을 수 있었다. 그리고 위베르 드 지방시(Hubert de Givenchy), 코코 샤넬(Coco Chanel), 크리스티앙 디오르(Christian Dior), 이브 생 로랑(Yves St. Laurent), 오스카 드 라 렌타(Oscar de la Renta)와 같은 디자이너들은 유명인사와 화장품 업계에서 시장성 있는 이름이 되었다.[16]

---

16) 화장품이란 무엇인가 그리고 그것은 퍼스낼리티에 대해 무엇을 의미하는가? 이 이야기는 훌륭한 심리학자 장 자크 루소의 저작『첫 번째 강의와 두 번째 강의』(*The First and Second Discourse*, Roger D. Masters ed., New York: St. Martin's Press, 1964, pp. 155~156)를 통해 잘 알려져 있다. 루소는 성장하는 젊은 남녀가 큰 나무나 모닥불 주변에서 만나 노래를 부르고 춤을 추고 "진정한 사랑과 여가의 숭배자"가 되기 시작하는 신비한 순간에 일어나는 것들에 대해 이야기했다. 그러나 각자가 다른 사람을 주시하기 시작하고 스스로가 주시의 대상이 되기를 원할 때, 공중의 존중은 하나의 가치가 되었다. "노래를 가장 잘 부르고 춤을 가장 잘 추고, 가장 잘생기고, 가장 강하고, 가장 솜씨가 좋거나 가장 언변이 좋은 사람이 가장 존경받는 사람이 되었다. 그리고 이것이 불평등을 향한 그리고 동시에 악을 향한 첫걸음이었다." 패배한 사람들은 이를테면 스스로를 숨기거나 꾸미고, 화려한 옷을 입고, 음흉해지거나 난폭해지기 시작한다. 요컨대 "자기 자신의 이익을 위해서는…… 실제의 자기와는 다른 모습을 드러내야 했고, 그리하여 그 둘은 전혀 다른 것이 되거나 그렇게 보였다. 그리고 이러한 구분으로부터 과시적인 겉치장, 기만적인 간계(奸計), 그리고

모든 근대 광고는 이러한 환상을 파는 작업, 즉 마법을 통한 설득과 맞물려 있다. 이것이 바로 자본주의의 모순이며, 이것은 오늘날에도 여전히 사실이다. 두 편의 영화가 이 테마를 서로 다른 방식으로 예증한다. 그 하나가 「월스트리트」(Wall Street)다. 이 영화에서 주인공인 투자 약탈자 고든 게코(Gordon Gekko)—마이클 더글러스(Michael Douglas)가 연기한—는 조심스러워하는 주주들의 모임에서 연설하면서, 승리에 도취하여 큰 소리로 탐욕의 미덕을 공포한다. 다른 영화는 로버트 알트만(Robert Altman)의 「패션쇼」(Pret à Porter; Rady to Wear)다. 이 영화에서 패션 명가들의 최신 스타일을 선보이는 파리의 패션쇼는 파산 직전에 있는 여성복 디자이너가 자신의 모델이 쇼 무대를 누드로 걷게 함으로써 관객을 열광시키는 장면으로 끝을 맺는다. 그것이 바로 임금님의 옷이다.

프로테스탄트 윤리로부터 대체 얼마나 벗어나 버린 것인가!

II. 모더니즘의 종말

부르주아 자본주의는 초기에는 경제와 성격구조 그리고 문화를 하나의 공통의 틀 내에 통합시키고자 했다. 내가 계속해서 되풀이했듯이, 첫 번째 모순은 자본주의의 발전 자체가 내구소비재 문화의 기술혁명을 통해, 그리고 거기에 더하여 할부판매법과 소비자 신용이라는 사회학적 혁신을 통해 획득 충동을 해방시킴으로써 자본주의 성격의 핵심—프로테스탄트 윤리의 냉정함, 신중함, 만족 연기—을 파괴했다는 것이다.

이것들로부터 나오는 온갖 악이 [발생한다]."

두 번째 모순은 신중한 부르주아 문화가 문화적 모더니즘에 굴복했다는 것이다. 이 책에서 나는 문화적 모더니즘과 사회구조의 변화를 연관지우고자 해왔다. 즉 변화에 대한 개방성, 사회적·지리적 이동, 즉각적 경험, 이 모든 것은 (관객들이 자신들이 보는 장면 속에 빨려 들어가 그 안에 갇혀버림에 따라) 내가 '거리의 소멸'—심미적 거리, 사회적 거리, 심적 거리의 소멸—이라고 부른 공통의 구문을 창출했다. 이 모든 것 속에서 르네상스 이후로 서구문화를 규정지어온 '합리적 우주론'을 등지는 일이 일어났다. 이를테면 회화에서는 수학적 투시화법을 통해 공간적 전경 또는 배경이 거부되었고, 소설에서는 정연한 시간 연대기로서의 시작, 중간, 끝이 부정되었고, 단어와 대상의 의미론적 관계에서는 진리에 대한 '상응이론'이 거부되었다.

특히 20세기에 심미적인 것과 정치가 결합된 곳에서 모더니즘의 '세계관'은 (제2차 세계대전에 이르기까지) 기본적으로 반동적이거나 혁명적이었다. 미학에서의 스테판 게오르게(Stefan George)나 고트프리트 벤(Gottfried Benn)이든 아니면 연극과 미술에서의 독일 인상주의자들이든 간에, 그리고 시에서는 에즈라 파운드, T.S. 엘리엇, 윌리엄 버틀러 예이츠, 윈덤 루이스든 아니면 W.H. 오든(Wystan H. Auden)과 스티븐 스펜데(Stephen Spender)의 초기 혁명적 주장이든 간에 그랬다.

부르주아 문화는 소수의 방어자를 발견했다. 스타일 면에서 그것은 사실주의를 특히 좋아하거나 (특히 건축과 회화에서) 과거의 낭만주의 양식과 장식양식을 전유해왔다. 그러나 문학과 회화—거트루드 스타인, 버지니아 울프, 제임스 조이스, 마르셀 프루스트의 실험소설이나 파블로 피카소와 조르주 브라크(Georges Braque)의 입체파와 원시주의—에서 옛 부르주아 문화는 붕괴되었다. 그리고 모더니즘이 처음에는 놀라운 역작 속에서 거부되었지만, 그다음에 그것은 박물관, 법인 후원자, 출판사에 의해 열렬하게 추구되었다. 또 다른 아이러니는 문화적 모더니즘이 파시즘과 공산주의 —이 둘은 건축에서는 바로크식 그리고 회화와 문학에서는 사회주의 리얼리즘을 과도하게 부풀리고자 했다 —에 의해 분쇄되었다는 것이다. 결국 문화적 모더니즘은 특히 선진 예술이 과시를 위한 그리고 문화인(즉 새로운 소비자계급)의 토의를 위한 지위의 표지가 되었을 때 단지 자유주의적인 부르주아 사회에서만 관객과 후원자를 발견할 수 있었다.

하지만 그 세계관을 놓고 볼 때 모더니즘에는 역사적으로 중요한 점이 있다. 중요한 점은 모더니즘이 미메시스 —즉 외부세계에 대한 정확한 '모사' —를 중단했다는 것이다. 모더니즘은 실험적인 것으로, 공간적 용어들을 통해 다양한 관점과 서로 다른 시각들을 강조하고, 시간의 해체 속에서 도량형적 연대기보다는 의식의 흐름과 지속(durée)의 중요성을 강조한다. 그리하여 모더니즘은 시간과 공간의 정연한 좌표를 깨뜨린다. 그러나 모더니즘은 여전히 형식(그리고 일부 예술의 경우에는 형식의 중심성)을 추구하며 **전통**예술과 문화를 연결시킨다. (아리스토텔레스의 핵심 용어를 사용하면) '형식의 실현'(realization of form)은 (비록 완벽은 아니지만) 완전성에 대한 강박(zwang) 또는 이끌림이다. 그것은 세계에 대한 진정한 모사처럼 전통적인 '사실주의적' 형태의 장르도 아니며, (음악에서의 소나타 형식처럼) 논리의 **내재적** 전개도 또 조각에서처럼 돌로부터 인물이 '출현'하는 것도 아니다. 오히려 그것은 세잔이 생트 빅투아르산(Mont Saint-Victoire)을 서로 다르게 보는 방식으로 동일한 면을 단조롭게 여러 번 그렸던 것처럼, 예술가의 의지와 상상력에 의해 서로 다른 공간적 형태로 개작되는 **구성된** 실체다. 그리고 그것은 내용이 아니라 그 자체로 목적인, 즉 모더니즘 미학의 요소인 물질성 —질감, 채색의 두껍거나 얇음, 붓놀림(또는 물방울) ── 에 집착한다.

로만 야콥슨(Roman Jakobson)의 형식주의 시에서, 다양한 신화에 이항부호를 부여하는 클로드 레비스트로스(Claude Levi-Strauss)의 구조인류학에서, 또는 회화의 경우 클레멘트 그린버그의 형식주의 비평에서 질서의 추구는 근원적 형식의 추구이다. 하지만 고전예술의 관조적 성격과 대비되는 것으로서의 그것은 앎의 대상(what is known)에서 앎의 주체(the knower)로의 이동이기도 하다. 고전철학에서 지식은 술부 속에 존재하고, 주관성은 우연적이거나 변덕스러운 것으로, 그 자체로 지식일 수 없다. 그러나 앎의 대상(플라톤이 말하는 선재하는 형식이라는 의미)에서 앎의 주체로의 이동은 근대사상의 구성된 지식의 출발점을 이룬다. 이러한 전환은 "오성은 자신의 **법칙을 자연으로부터** (선험적으로) 획득하는 것이 아니라 그 법칙을 자연에 **부여한다**"는 임마누엘 칸트의 탁월한 진술과 함께 이루어진다. 그것은 '자연 속의 이성'(reason in nature)으로부터 '정신 속의 이성' (reason in mind)으로의 이동이다.[17]

근대 분석철학 속에는, 그리고 모더니즘의 형식주의 원리 속에는 '저기 바깥의' 세계를 묘사하는 데서 여전히 이성의 중심성이 남아 있다. 하지만 물질주의 ── 지식에 대한 '모사'이론 또는 진리에 대한 상응이론(단어에서 대상으로 나아가는 이론)의 토대 ── 의 우위성으로부터의 이러한 퇴각 속에서 하나의 틈이 새로 벌어진다. 그리고 정신이 우리의 앎의 수단인 언어로 대체되면, 언어의 변덕스러움 그 자체가 우리의 앎에 대한 인식론적 이론들에 더 큰 정도의 불확실성을 도입한다. 그리고 언어가 인식의 틀로서 갖는 이러한 중심성을 가정

---

17) Immanuel Kant, *Prolegomena to Any Future Metaphysics*, Carus translation revised by James W. Ellington(Indianapolis: Hacket Publishing Co., 1977), p. 62. 강조는 원저자.

할 경우, 어떤 작가들에게서는 "모든 것이 다 가능하다." 이 후자가 지난 20년간 **포스트모더니즘**으로 지칭된(나는 '알려진'이라고 말할 수 없다) 이상한 현상의 영역이 된다.

포스트모더니즘이란 무엇인가? 포스트모더니즘에 대한 책과 논문을 써온 모든 사람은 그 용어를 정의할 수 없음에 대해 변명을 늘어놓는 것으로 시작한다. 이것은 이해할 수 있다. 왜냐히면 만약 누고가가 그것을 정의할 수 있다면, 그것은 포스트모더니즘이 아닐 것이기 때문이다. 왜냐하면 그렇다면 그것이 확인 가능한 준거 대상을 가질 것이기 때문이다.

나는 그러한 현상의 본질을 가려내는 하나의 방법으로, 아주 임의적으로 포스트모더니즘과 포모를 구분하고자 한다. 나의 구분에 따르면, 포스트모더니즘은 원래 건축에서의 새로운 스타일 또는 문학 분석에서의 새로운 기법을 정의하려는 다소 진지한 노력을 의미한다. 반면 포모는 패션과 디스플레이에서, 그리고 사회에 대해 적대적인 입장을 견지하는 문화인들—이러한 저술가들은 모더니즘이 사회에 굴복했다고 생각한다—의 새로운 전문용어 속에서 드러나는 그것의 통속적 형태다.

지난 20년 동안 포스트모더니즘은 모든 지식—인식론, 문학 그리고 예술—의 근거를 무차별적으로 공격해왔다. 포스트모더니즘이 그렇게 할 수 있었던 까닭은 그것이 그간 '담론'의 중심이 되어온 많은 철학적 발전에 '편승'했기 때문이다. 그것은 전통적 형이상학에 대한 니체와 하이데거(Martin Heidegger)의 강력한 공격, 듀이의 실용주의(그리고 실천에 뿌리를 둔 그의 지식이론), 고정된 준거 대상을 부정하는 콰인(Willad van Quine)과 굿맨(Nelson Goodman)의 분석철학의 반정초주의(antifoundationalism), 그리고 비트겐슈타인

(Ludwig Wittgenstein)이 (자주 오해되는) '언어게임'의 관념에 입각하여 종래의 언어에 대한 그림이론을 전도시킨 것에 의지해왔다. 리처드 로티(Richard Rorty)의 표현으로, 물론 '저기 바깥에' 세계가 있지만, 그것을 아는 방법은 저기 바깥에 있지 않다.

하지만 이 모든 노력은 일정한 존재론적 탐구──그것이 방법을 강조하는 콰인이나 듀이의 엄밀한 '물리학주의'든 아니면 힐러리 퍼트넘(Hilary Putnam)의 "실재론의 여러 얼굴"(many faces of realism)이든 간에──에 뿌리를 두어왔다. 포스트모더니즘은 철학──나는 푸코, 데리다(Jacques Derrida), 로티를 머리에 떠올리고 있다──에서부터 문화사, 수사학 또는 미학으로의 탈주이자, 보편주의적·초월적 가치의 부정(비록 전복은 아니지만)이다. 그것은 피에르 부르디외(Pierre Bourdieu)의 사회학과 결합하여, 니체가 시작한 인본주의와 도덕 그리고 권력관계의 '폭로'를 계속하여 이어간다. 하지만 위르겐 하버마스(Jürgen Habermas)와는 달리 서구 개인주의의 인본주의와 대치하는 대안적인 규범적 가치체계를 제시하지는 않는다. (조금은 예외적으로 로티는 하이데거의 반형이상학과 결합된 사회민주주의적 정치의 이상한 조합을 제시한다.)[18]

---

18) 나는 일찍이 내가 경제에서는 사회주의자, 정치에서는 자유주의자, 그리고 문화에서는 보수주의자라는 3중의 견해를 분명하게 밝혔다. 나는 지난 1년 또는 그 이상 동안 '인권'과 '반인류범죄' 개념에 (로널드 드워킨Ronald Dworkin 같은 자유주의적 권리 이론가들이 제공하고자 했지만 실패한) 존재론적 토대를 제공하는 새로운 '자연법' 개념──이는 고전적, 토마스주의적, 그리고 초기 자유주의적 자연법 개념과 다르다──을 구상해왔다. 비록 로이드 L. 웨인렙(Lloyd L. Weinreb)이 여전히 존재론적 토대의 가능성에 대해 확신하지 못하고 있지만, 나는 그의 책 『자연법과 정의』(*Natural Law and Justice*, Cambridge, Mass.: Harvard University Press, 1987)에 상당한 영향을 받았다. 나의 주장은 미출간 논문 "The Re-birth of Utopia: The Path to Natural Law"에 개진되어 있다. 이 논문은 원래 1996년 4월 25일 마드리드 콤플루텐세 대학교

포모는 완전한 중복어(pleonasm)다. 그것은 다목적의 형용사, 부사, 명사, 동사, 대명사(그러나 주어는 아니다), 목적어, 연접접속사, 이접접속사, 그리고 기술적·규정적 용어다. 프랑스의 거물 철학자 알랭 핑켈크로(Alain Finkelkraut)는 (『뉴요커』에 보도된 바에 따르면) 파리의 유력 신문 『르 몽드』(*Le Monde*)에서 칸 영화제의 한 심사위원을 유고슬라비아 감독 에밀 쿠스트리차(Emir Kusturica)의 영화 「언더그라운드」(Underground)를 칭찬했다는 이유로 공격했다. 쿠스트리차는 그 영화를 "가장 허황되고 근거 없는 세르비아 선전물의 록 포스트모던(rock postmodern)하고 과장된 히피 아메리카화된 버전(hip Americanized version)"이라고 칭했다. 멕시코 잡지 『유니버시데드 드 멕시코』(*Universidad de Mexico*)의 한 호(號)는 「축구: 탈근대사회의 상징인가?」(EI futbol: simbolo dela sociedades postmodernas?)라는 논문을 크게 다루었다. 그리고 『뉴욕 타임스 매거진』(*New York Times Magazine*)의 한 전면광고는 세 줄의 굵은 가로선으로 "〔경계〕〔없는〕〔삶〕"(〔Living〕〔Without〕〔Boundaries〕)이라는 단어를 크게 배치하고, 그 밑에 "분명 포스트모던한 향기가 나는, 랄프 로렌 남성용 사파리"(S A F A R I For Men, by Ralph Lauren, clearly a postmodern fragrance)라고 써놓았다.

한스 버틴(Hans Bertin)은 『탈근대라는 관념의 역사』(*Idea of the Postmodern: A History*)에서 다음과 같이 기술했다. "1970년대 중반에 포스트모더니즘의 사회학적 배경을 개관하고자 했던 다니엘 벨의 시도는…… 즉각 다른 사회학자들에 의해 이어지지 않았다. 거의 예

(Complutense University of Madrid)의 논쟁클럽(Club de Debate)에서 강연 형식으로 발표되었다.

외 없이 사회학은 1980년대 중반까지 탈근대에 관한 논쟁을 무시했다."[19] 그 후 이 쟁점이 지적 무대에 넘쳐났다. 불협화음이 어떤 사려 깊은 탐구도 거의 이해할 수 없게 만들어왔기 때문에, 나는 지난 20년 간 출현한 다양한 요소 중 일부를 추출해보고 싶었다.[20]

'포스트모더니즘'이라는 용어가 처음 공적으로 인식된 것은 놀랍게도 건축학에서였다. 건축학에서 그것은 모더니즘에 대한 직접적 거부로 사용되었다. 건축가들은 바우하우스(Bauhaus)와 르 코르뷔

---

19) Hans Bertin, *Idea of the Postmodern: A History*(London: Routledge, 1995), p. 209.
20) '탈산업'이라는 용어와 '탈근대'라는 용어의 관계와 관련해서는 불가피하게 혼란, 중복, 오해가 존재한다. 나의 1974년 책『탈산업사회의 도래』에서 나는 몇 가지 차원에 따라 탈산업사회의 '이상형'을 개관했다. 다시 말해 직업에서는 재화생산 사회에서부터 서비스 사회로 변화한다는 것, 부호화된 정보가 생산 및 커뮤니케이션을 통제하는 새로운 체계의 역할을 한다는 것, 그리고 경제에서는 이론적 지식의 부호화가 과학과 기술 응용의 새로운 원천으로 작용한다는 것이었다. 나는 이것들이 사회의 기술경제적 차원에서의 변화이며 기술이 사회의 다른 영역들, 즉 정치영역과 문화영역을 결정하지 않는다는 점을 분명하게 진술했다. 이 책에서처럼 내가 포스트모더니즘을 논의하는 곳에서는 이러한 영역의 구분은 문화에서의 모더니즘의 본질을 해명하는 것이자 그것에 대한 반발이었다.
프랑스 저술가 장-프랑스와 리오타르(Jean-François Lyotard)는 나의 탈산업주의 테제를 집어내어 탈산업주의와 포스트모더니즘에서 지식이 수행하는 역할과 연계시킴으로써 양자를 결합시켰다. 나는 그의 시도가 혼란스럽다고 느낀다. 내가 이 책에서 주장해왔듯이, 문화와 기술은 서로 다른 논리를 따른다. 그리고 거기에는 (그래픽 이미지나 소리의 생산과 증폭에서 기술이 수행하는 역할 같은) 일부 상호 영향도 존재하지만, 두 영역은 전혀 별개다. 기술에서는 선형적인 대체원리가 존재하여, 보다 효율적이거나 생산적인 기법이 다른 기법을 대체한다. 하지만 문화에는 그러한 변화원리가 존재하지 않는다. 왜냐하면 새로운 발전은 문화의 상상력 레퍼토리를 확장하기 때문이다. 이러한 구분을 탁월하고 분명하게 논의하고 있을 뿐만 아니라 다양한 이론가들에 대한 좋은 안내자 역할을 하고 있는 것으로는 Margaret Rose, *The Post-Modern and the Post-Indrtstrial*(New York: Cambridge University Press, 1991)을 보라.

520

지에(Le Corbusier)의 기계적 미학이나 미스 반 데어 로에(Mies van der Rohe)의 절제된 기하학적 형태에 싫증을 느끼기 시작하며, 제인 제이콥스(Jane Jacobs)가 이웃의 잡다한 활력(the mixed vitality of the neighborhood)이라고 부른, 그 지방 특유의 '일상적' 삶의 활기로 돌아가기를 원했다. 이를 선도한 로버트 벤투리(Robert Venturi)는 다음과 같이 논평했다.

건축가는 더 이상 정통 근대건축의 청교도적인 도덕적 언어에 의해 협박당할 여유가 없다. 나는 '순수한' 것보다 혼종의 것을, '깨끗한' 것보다 '더럽혀진' 것을, '똑바른' 것보다 비틀어진 것을 좋아한다. ……나는 깔끔한 통일성보다 지저분한 활력이 좋다. 나는 어떠한 추론도 하지 않고 이중성을 찬양한다.

미스 반 데어 로어가 "더 적은 것이 더 많은 것이다"(less is more)라고 선언했다면, 벤투리는 "더 적은 것은 따분한 것이다"(less is a bore)라고 응수했다.

사람들이 왜 이 운동이 다른 예술형태에 앞서 건축에서 발전했을까 하는 의문을 제기할 때, 그 운동의 이론가인 찰스 젠크스(Charles Jencks)는 건축학은 "근대화의 소원화 효과에 굴복해왔다"라고 논평했다. 그가 자신의 책 『포스트모더니즘이란 무엇인가?』(*What Is Post-Modernism?*)에서 기술했듯이, "모더니즘은 공동주택과 도시빌딩으로서는 실패했다. 왜냐하면 그 스타일을 좋아하지 않거나 그 스타일이 의도하는 바를 이해하지 못하고 이용하는 방식조차 알지 못할 수도 있는 거주자 및 이용자와 소통하는 데 실패했기 때문이다."[21]

---

21) 젠크스는 미국에 대한 경험을 다음과 같이 적절히 논평했다. "근대건축학은

모더니즘의 제약이 깨져나가자, 포스트모더니즘은 매우 기발한 스타일들의 게임이 되었다. 벤투리는 라스베이거스 파라다이스의 생동감 있는 네온으로 만든 새를 건축에 차용했다. 마이클 그레이브스(Michael Graves)의 바로크식 포스트모더니즘, 찰스 무어(Charles Moore)의 로코코식 포스트모더니즘, 알도 로시(Aldo Rossi)의 신고전 포스트모더니즘, 파리 퐁피두센터의 피아노(Renzo Piano)와 로저스(Richard Rogers)의 탈산업적 포스트모더니즘뿐만 아니라 프랭크 게리(Frank Gehry)의 (각각의 추선錘線이 비틀어진) 뒤죽박죽 포스트모더니즘도 있다. 젠크스는 진지한 자세로 포스트모더니즘은 "고급과 저급, 엘리트와 일반인의 구분을 제거하는 것이 아니라 그러한 서로 다른 스타일들을 다양한 방식으로 병치하는 이중 부호화(double coding)"의 한 형태라고 말했다.

하지만 누군가는 또한 포스트모더니즘 역시 소방수가 된다고 말할 수도 있다. 미스 반 데어 로에의 동료로 모더니즘 이론가의 한 사람이었지만 항상 기꺼이 패션쇼를 이끌었던 필립 존슨(Philip Johnson)은 뉴욕 매디슨가의 AT&T 빌딩을 설계했는데, 그 꼭대기는 치펀데일(Chippendale) 스타일의 깨진 삼각형 박공 모양을 하고 있다. 여기서 우리가 발견하는 것은 (비록 때로는 장난스러운 스타일이지만) 진지한 노력으로 시작하여 키치(kitsch)로 끝나는, 분야에서 분야로 이어지며 반복되는 하나의 궤적이다.

불명예스러운 프루이트-아이고 계획(Pruitt-Igoe scheme), 더 정확히 말하면 그것의 몇몇 석판 덩어리들이 다이너마이트에 의해 최후의 일격을 맞았던 1972년 15일 오후 3시 (또는 그때쯤) 미주리주 세인트루이스에서 사망했다. 프루이트 아이고는 그것이 1961년에 설계되었을 때 미국건축학회 상을 수상했다. 이를테면 그것의 순수주의 스타일은 거주자들에게 그것에 상응하는 미덕을 심어주는 것을 의도했다. 하지만 그것은 지난 수년 동안 어떤 다른 공공주택단지보다 더 높은 범죄율을 산출했다.

건축에서의 포스트모더니즘은 이전의 역사적으로 통일된 양식에 대한 정면 대결이었다. 하지만 지적 유행의 휘날리는 바람 속에서 그 용어는 갑자기 창공으로 날아올라 모든 '기성' 담론의 시대정신이 되었다.

포스트모더니즘의 다양한 테마를 규명하는 유용한 출발점의 하나가 리오타르의 『탈근대의 조건』(*La Condition postemoderne*)이다(이 책은 프랑스에서 1979년에 출간되었지만, 1984년까지 영어로 번역되지 않았다). 사회학자 장 보드리야르(Jean Baudrillard) — 그는 소비사회에 대한 방대한 글을 써왔다 — 처럼 리오타르는 '사회주의인가 야만인가'(Socialisme ou barbarie)의 일원이었다. 이 집단은 1950년대 파리의 작은 마르크스주의 집단으로, 스탈린 체계를 국가자본주의의 한 형태로 폭로하는 것을 자신의 주요한 목적 중 하나로 하고 있던 코르넬리우스 카스토리아디스(Cornelius Castoriadis)에 의해 주도되었다. 리오타르는 전통적 마르크스주의를 버리고, 탈산업사회 개념 — 이 사회에서는 생산이 아니라 정보가 경제의 통제체계가 된다 — 을 받아들였다. 문화에 대한 분석 속에서 리오타르는 그 나름의 기여를 했다. 그는 단순하지만 교훈적인 하나의 고착관념(idée fixe)을 제시했다.

리오타르는 근대문화는 거대 메타서사(Meta-narrative) — 즉 사회의 가치를 확립하는 진보, 해방 또는 계몽과 같은 용어들 — 를 축으로 하여 조직된다고 말한다. 이들 메타서사 각각은 자신의 정당화 형태 — 이것 역시 자신의 갑옷이다 — 를 가지고 있다. 계몽주의로부터 파생한 정치적 정당화 형태가 보편적 자유라는 도덕적 갑옷이다. 독일 관념론에서 도출된 철학적 정당화 형태는 역사를 이성 또는 보편지식의 실현으로 바라본다.

리오타르는 이러한 정당화들이 그 힘을 상실해왔다고 주장한다.

하지만 훼손되어온 것이 지적 토대인지 아니면 근대세계에서 그것들을 뒷받침하던 믿음인지는 전혀 분명하지 않다. 그렇지만 여전히 특권적 지위를 차지하고 있는 것은 과학이다. 그리고 여기서 리오타르는 과학이 그간 (권력의 시녀로서의) 도구적 합리성과 등치되어 왔고 도구적 합리성이 이성의 모든 다른 형태를 지배해왔다고 주장함으로써 위르겐 하버마스에 합류한다. 베버가 되살아나서 변형되었다.

메타서사의 자리에 남아있는 것이라고 언어게임뿐이다. 그 언어게임 속에서는 언어가 뿌리내리고 있는 사회제도에 의해 규칙이 수립된다. 따라서 문제는 다음과 같다. 우리는 이 벽으로 차단된 도시들에서 어떻게 벗어날 수 있는가? 하버마스가 볼 때, 과업은 '의사소통 행위'에 참여하여 우리가 합리적 동의 또는 합의에 도달하는 것을 방해하는 모든 이데올로기(과학을 포함하여)를 종식시키는 것이다. 리오타르에서 과업은 의견 불일치와 갈등을 조장하는 것이다. 모더니즘 과학은 영원한 표상을 세상의 진리로 확립하고자 했다. 리오타르는 탈근대과학은 반(反)표상적인 것, 즉 기성의 '진리'에 대항하는 계속되는 영구혁명(누군가는 체셔Cheshire에 남아있는 옛 트로츠키주의의 흔적을 말할 수도 있다)이 필요하다고 말한다.

리오타르의 단순한 전략을 채택할 경우 포스트모더니즘의 지적 상부구조(overpinnings)가 되었고 또 그 이데올로기를 과도하게 단순화시킨 두 가지 메타서사를 확인할 수 있다. 그 하나가 계몽주의에 대한 공격이고, 다른 하나는 '부르주아 인본주의'에 대한 공격이다. 이것들은 프랑스의 구조주의, 해체주의, 후기구조주의 사상이 지배한 20년간의 시기에 발견되는 테마다. 이들 사상은 충격적인 용어들로 인간의 사망, 주체의 사망, 저자의 사망, 의미의 사망, 자아의 사망을 선언한다. 그리고 이는 우상파괴의 권위자 — 이는 분명 모순어법이다──인 푸코, 데리다, 바르트(Roland Barthes), 라캉(Jaques Lacan)에 의해 예고되었다.

미셸 푸코는 (『말과 사물』(Les Mots et les Choses, 1966)에서) 정신 또는 의식의 이해에서 인간개념의 종말을 선언하고 그것을 언어로 대체하면서 프랑스 지적 무대에 갑자기 등장했다. 언어에 관한 주장 그 자체에는 별로 새로운 것이 없었다. 프레게(Gottlob Frege)와 러셀(Bertrand Russell), 카르납(Rudolf Carnap)과 콰인, 논리실증주의와 분석철학과 함께 언어를 개념을 표현하는 매체로 연구하는 것은 그간 '저기 바깥의' 실체를 이해하고자 하는 철학적 노력에서 중심을 이루어왔다.

푸코의 저작에 급진적 '스핀'을 건 것은 인간의 사망에 대한 당당한 예언과 철학적 분석의 새로운 방법에 대한 진술이었다. 새로운 방법론은 각 시기의 철학사상은 그것의 독특한 에피스테메(episteme), 다시 말해 인간경험──언어적·인지적·실제적 경험──을 배열하는 문화적 부호를 가진다고 주장했다. 각각의 에피스테메 간에는 각각의 부호의 배열원리를 변화시키는 근본적 파열이 존재했다. 에피스테메라는 관념은 프랑스 철학자 가스통 바슐라르(Gaston Bachelard)에 의해 제시되었지만, 푸코는 그 관념에 이미지와 원형을 다룬 바슐라르의 저작이 결코 발전시키지 않았던 역사성을 부여했다.

푸코가 볼 때, 현대 인식론적 파열은 계몽주의의 인간개념과 함께 발생했다. 그 개념 속에서 인간은 사회역사적 측면에서는 부르주아적 주체로, 그리고 심리학적·철학적 측면에서는 에고(ego)와 코기토(cogito)로 인식되었다. 푸코는 서구 인본주의 전통과 역사의 방향에서 인간 행위가 수행하는 역할에 대해 이의를 제기했다. 푸코는 다음과 같이 기술했다. "우리 사상의 고고학이 확실히 보여주듯이, 인간은 최근의 발명품이다. 〔그리고〕 누군가는 해변의 모래에 그린 얼굴처럼 인간이 지워질 수 있다고 장담할 수도 있다." 그리고 이것이 바로 두려워하기보다는 환영받는 '종국'이다. 인간이 사라지고 남은 '공간'은 채워질 공백을 만들어내지 않는다. 그것은 "한 번 더 생각할 수 있게 하는" 공간이다. "인간…… 또는 그의 해방에 대해 이야기하기를 원하는 사람들에게, 뒤틀리고 꼬인 모든 형태의 성찰에 대해 우리는 단지 철학적 웃음으로 답할 수 있을 뿐이다." 이렇듯 푸코는 부르주아 인본주의를 역사의 한때의 에피소드로 일축해버렸다.[22]

'주체'—지식의 축에서의 아르키메데스 점(Archimedean point)을 의문의 여지없는 의문의 대상으로 삼은 데카르트의 코기토(Cartesian cogito)—에 대한 푸코의 웃음은, 다양한 근원에서부터 일어난 철학, 문학, 인류학, 언어학에서의 새로운 발전이 (에피스테메의 쿤식 등 가물을 빌려 표현하면) 하나의 새로운 '패러다임'으로의 새로운 전환—'파열'이라는 단어는 그러한 힘이 응집적이지 않았기 때문에 너무 지나친 것일 수 있다—을 알리는 것이었다는 것을 제외하고는 하나의 화려한 제스처로 남아있다.

고전철학은 항상 앎의 주체(the knower)가 아니라 앎의 대상(the known)을 강조해왔다. 지식은 '술어' 속에, 즉 지식의 하나의 영역

---

22) Michel Foucault, *The Order of Things*(London, 1970), p. 387. 나는 리처드 울린(Richard Wolin)의 다음의 논의에 빚지고 있다. Richard Wolin, "Modernism vs. Postmodernism," *Telos*, no. 62, Winter 1984~85. 푸코의 초기 철학사상의 철학적 토대에 대한 설득력 있는 설명으로는 푸코의 파리고등사범학교(Ecole Normale Superieure)의 선생인 조르주 깡귀엠(George Canguilhem)의 다음의 글을 보라. George Canguilhem, "The Death of Man, or Exhaustion of the Cogito," Garry Gutting ed., *The Cambridge Companion to Foucault*(New York: Cambridge University Press, 1994), ch. 3. 이것은 깡귀엠의 유익한 글 중 최초로 영어로 번역된 것이다.

또는 분과를 다른 영역 또는 분과와 구분하는 유형들 내의 질적 본질 — 이를테면 물리학과 생물학과 심리학의 차이 — 속에 존재했다. 앎의 주체는 단지 부수적이었다. 그 또는 그녀의 감각적 지각은 우연적이거나 알려진 것과 무관했다. 그러나 르네 데카르트는 인식 주체(res cogitans)와 인식 대상(res extensa) 간의 결정적 구분을 도입했다. 그리고 그에게서 지식은 앎의 주체(knowing subject)가 세계를 바라보는 것과 함께 시작했다. 데카르트 이후로 철학의 문제는 사람들이 주관적 관점에서 시작하여 어떻게 세계에 대한 '객관적' 모습을 창출하는가 하는 것이 되었다. 후일 대륙의 철학자들은 관계들의 체계 또는 언어의 구조 그리고 개인들 간의 사회적 결속에 주의를 집중하는, 그리고 경험의 내용 그 자체(심리학)보다는 경험의 범주(논리학)에 초점을 맞추는 구조적 또는 현상학적 설명양식을 추구하며 주체를 '제거'함으로써 그렇게 했다.

그 당시에 영향력을 발휘했던 세 가지 설명양식이 에드문트 후설(Edmund Husserl)의 현상학, 클로드 레비스트로스의 구조인류학, 그리고 페르디낭 드 소쉬르(Ferdinand de Saussure)의 구조언어학이었다. 특히 소쉬르가 1907년에서 1911년에 행한 강의는 사후인 1916년에 『일반언어학 강의』(*Course de Linguistic generale*)라는 제목으로 출간되어, 최근 몇십 년간 의미를 다루는 방법으로서의 기호와 기호학에 대한 관심과 함께 재발견되었다.

후설의 현상학과 레비스트로스와 소쉬르의 구조주의는 주관성과는 무관한(사고, 언어, 사회관계의 불변하는) 보편적 법칙을 발견하려는 노력이었다. 데리다의 저술들과 함께 구조주의는 거부되었고(말하자면 해체되었고), 의미와 준거 문제는 '세계'에서 철수하여 '텍스트' 속에 머물렀다.

순수 텍스트 비평이라는 관념은 그 자체로 오래된 것이다. 그것은 현대문학 비평에서 '자세히 읽기'(close reading)에 의해 예증되었다. 시에 대한 글자 그대로의 정확한 분석이 시에 존재하는 다의성 (그리고 그것의 일곱 유형)을 들추어내는 데 필요하다는 것에 대한 윌리엄 엠프슨(William Empson)의 논증, 시에서의 서로 다른 네 가지 의미(감각, 느낌, 어조, 의도)를 해명하는 I.A. 리처즈(Ivor Armstrong Richards)의 '실제적 비평'(practical criticism), 또는 미국에서는 존 크로 랜섬과 클린스 브룩스(Cleanth Brooks)의 신비평과 (시 속에 융합된 단어와 구절들의 상호 관련된 의미에서 일관성을 찾았던) 그 학파의 다른 사람들이 그것의 좋은 예들이었다.

그러나 데리다는 그러한 모든 노력은 텍스트의 의미를 고정시키려는 시도이고 그것은 그리스 사람들 이래로 서구 이성의 전통적 개념과 범주들에 기원을 두고 있다고 말하곤 했다. 데리다는 그것을 '현존의 형이상학'(metaphysics of presence) ─즉 철학에 뿌리를 두고 있는, 궁극적 인지 가능성을 밝힐 수 있는 어떤 통일된 초월적 준거점을 추구하는 것 ─이라고 불렀다. 그는 아르케(arche)와 텔로스 (telos), 모종의 엔텔레케(entelechy, 완성태) 관념 또는 어떤 프로젝트의 (기원부터 결말까지의) 내적 설계를 발견하고자 하는 그 같은 노력은 단지 "인본주의 최후의 꿈"일 뿐이라고 생각했다.

데리다는 철학─다시 말해 철학이 어떤 초월적 개념에 의해 보장되는 존재론적 중심과 권위를 추구하는 것 ─을 거부하고자 했다. 거기에는 철학(또는 그의 용어로 '기의'signified) 대신에 문학만이 존재하고, 문학에는 단지 텍스트만이 존재하고, 그리고 텍스트에는 단지 기호만이 존재한다.

비록 데리다가 과격한 해석적 자유를 주장하는 것으로 인식되기도 했지만, 그는 전혀 그렇지 않다. 그의 방법과 그의 범주들은 스콜라 철학자의 그것만큼이나 도식적이다. 그의 다목적 도구가 '해체'의 기법이다. 하지만 용어의 의미를 정확히 파악하고자 하는 어떠한 노력도 데리다가 용어 ── 분명 그 자신의 용어를 포함하여 ── 에 어떤 고정된 의미를 할당하기를 거부한다는 사실에 의해 항상 무시된다.

따지고 보면, 데리다의 텍스트 분석은 '의미 물신주의'(fetishism of Meaning) ── 준거 대상 또는 외부 현실과의 관계 ── 에는 관심이 없다. 데리다가 (특히 오늘날 모든 탐구의 중점적 초점이 되고 있는 주체를 찾고 있는 문학 이론가들에게) 매력적인 하나의 이유는 해체주의가 하나의 방법 ── 이는 또한 반(反)방법이기도 하다 ── 에 입각하여 모든 체계를 폭파한다는 것이다. 데리다는 양다리를 걸치고 있다. 제2세대 해체주의자인 바버라 존슨(Barbara Johnson)은 데리다가 『산종』(Disseminations)에서 보여주는 방법에 대해 다음과 같이 기술했다.

데리다의 『산종』에 나오는 다음과 같은 구절을 살펴보자. "말라르메가 플라톤주의자 또는 헤겔주의자라고 말하는 것은 전혀 거짓이 아니다. 그러나 그것은 무엇보다도 사실이 아니다. 그리고 그 역도 마찬가지다." 해체주의는 단순한 둘 중 하나(either/or)의 구조 대신에 '둘 중 하나'라고도, '둘 다'(both/and)라고도, 심지어는 '둘 다 아니다'(neither/nor)라고도 말하지 않으면서도 동시에 그러한 논리들을 전혀 포기하지 않는 담론을 정교화시키고자 시도한다.[23)]

그러한 행진은 계속되고 있다. 우리는 바르트에서 그가 문학비평에서 역사적 또는 전기적 맥락을 거부하고 있음을 발견한다. 왜냐하

---

23) Jacques Derrida, *Disseminations*, trans. Barbara Johnson(Chicago: University of Chicago Press, 1981), p. 207. 여기서는 John M. Ellis, *Against Deconstruction*(Princeton, NJ.: Princeton University Press, 1989), pp. 5~6에서 인용했다.

면 그러한 맥락이 주로 저자와 관련되어있기 때문이다. 바르트가 볼 때, 저자는 자기 작품의 의미를 결정하는 데서 '특권적인' 지위를 가지고 있지 않다. 의미는 언어 속에서 부호화된다. 그리고 거기에는 (소쉬르식 언어학과 같은) 공식적인 언어체계뿐만 아니라 분류 도식 또는 문화적 부호도 존재하지 않는다. 저자에게 '자연적인' 것처럼 보이는지만, 그것들은 단지 관례적이거나 정형화된 것일 뿐이다. 이것이 바로 바르트가 '신화'라고 부르는 것이다. 저자는 부지불식간에 그것들 내로 빠질 수 있다.

바르트가 볼 때, 의미는 그것을 지칭하는 것으로 보이는 기호(언어학적 기호와 문화적 기호 모두)로부터 또는 텍스트에 의미를 부여하는 독자들의 '신화적' 반응으로부터 나온다. 따라서 저자의 글이 아니라 독자의 반응이 의미의 영역이다. 그러나 텍스트는 고정된 대상이 아니라 시간이 경과함에 따라 변화하는 하나의 사건이기 때문에, 서로 다른 독자들이 특정 시점에 보이는 반응은 항상 이전의 반응을 (무한히?) 제거한다.

그리고 그다음에는 '저자'에서 '자아'로 나아간다. 프로이트가 구축한 정신분석학은 자아——즉 에고(ego)——는 자율적 주체가 아니며 (개인이 세상 속에서 역할을 하기 위해서는 억눌려야만 하는) 무의식적 충동과 억압된 기억에 의해 추동된다는 주장에 기초한다. 프로이트가 볼 때, 무의식에는 어떠한 시간의식도 존재하지 않는다. 이것이 바로 기억과 공포가 항상 표면 아래에 존재하고 합리적 통제나 슈퍼에고(superego)——부모의 또는 제도적——의 엄한 권위에 의해 대체되거나 그것에 종속되지 않는 한 우울증으로 이어지는 이유다.

프로이트식 이론으로부터 가장 급진적인 반인본주의적 결말을 이끌어낸 것이 바로 라캉이었다. 라캉이 근본적 의문을 제기한 인본주의의 근본 전제는 인간이 그 자신의 행위 주체 또는 창조자 역할을 할 수 있는 능력을 지닌다는 것이었다. 하지만 라캉은 "주체는 자신이 말하고 있는 것을 알지 못하며 그것의 가장 큰 이유는 그가 자신이 어떤 사람인지를 알지 못하기 때문이다"라고 지적했다.

라캉은 에고라는 관념이야말로 오류, 다시 말해 '오인'(méconnaissance)이라고 진술했다. 리처드 울린(Richard Wolin)이 설명했던 것처럼, "자아는 결코 무의식을 은폐하고 왜곡하는 데 기여하는 인위적인 언어적 구성물들의 누더기 이외의 어떤 것일 수 없기 때문에, '진정한' 주체는 획득될 수 없다. 왜냐하면 그것에 도달하고자 하는 시도는 언어에 의해 매개되고, 언어는 표상이라는 왜곡된 매체이기 때문이다. 주체성에 대한 가장 정직한 접근방식은 그것의 근원적 분열을 받아들이는 것일 것이다."[24]

만약 이것이 우리의 본질이라면, 일단 인간 행위자 관념이 '형이상학적 환상'의 한 형태로 거부되어버리고 나면, 사람들은 도덕적 책임이라는 개념을 가질 수 있는가?

포스트모더니즘만큼 널리 퍼져있는 현상에는 불가피하게 다음과 같은 문제가 제기된다. 포스트모더니즘과 사회의 다른 차원들과는 어떤 관계가 있는가? 마르크스주의 문학 비평가 프레데릭 제임슨(Frederic Jameson)이 볼 때, 포스트모더니즘은 하나의 '새로운 사회적 구성물'——즉 "사회발전 속에서 발생한 단절로부터 파생한 '후기 자본주의'의 문화 논리"——이며, 따라서 포스트모더니즘은 새로운

---

24) Richard Wolin, "Antihumanism in the Discourse of French Postwar Theory," *Common Knowledge*, 3(Winter 1994), pp. 70~71을 보라. 프로이트식 분석이 에고를 강화하는 것을 목적으로 하는 반면, 라캉식 분석은 유아기의 '거울 상태'(mirror state), 즉 I와 me의 의식이 확립될 때 시작되는 억압을 제거하기 위해 에고를 해체하는 것을 목적으로 한다.

"자본주의의 문화적 우성형질(cultural dominant)이자 새로운 사회경제적 단계"다. 더글러스 켈러(Douglas Kellner)가 기술했듯이, "상품화와 자본주의적 교환이 정보, 지식, 전산화, 그리고 의식과 경험 자체의 영역에 유례없을 정도로 침투해왔다." 이것이 탈근대적 조건이다. 영국 사회학자 스콧 래시(Scott Lash)가 볼 때, 정착된 부르주아, 즉 산업자본주의의 중간계급——고급 모더니즘 예술을 지향하는 취향을 지닌——과 새로운 탈산업 부르주아——단호하게 자기주장을 하고 또 고급 모더니즘에 대한 충성을 그들 자신의 포스트모더니즘적 문화로 대체하고자 하는——간에 갈등이 발생하고 있다. 그리고 문화 이론가 마이크 페더스톤(Mike Featherstone)에서는 하나의 사회학적 사실로서의 포스트모더니즘은 '새로운 중간계급'——그가 '새로운 문화적 중재자'와 '도움 전문직'(helping professions)으로 정의하는——의 '라이프스타일'과 동일시된다.[25]

이렇듯 포스트모더니즘은 사회학의 전 영역에 걸쳐있다.

포스트모더니즘 또는 포모를 좌파 아니면 우파로 위치 지우고자 하는 것은 어리석은 짓이다.[26] 문화인들은 자신들의 세계관이 (전통

---

25) 제임스의 논문 "Postmodernism, or the Cultural Logic of Late Capitalism"은 *New Left Review*, no. 146(1984)에 발표되었다. 켈러의 글 "Postmodernism as Social Theory"는 Featherstone, *Consumer Culture and Postmodernism*(London: Sage Publications, 1991), p. 258에 제시되어있다. 래시의 이론은 그의 *Sociology of Postmodernism*(London: Routledge, 1990)에, 페더스톤의 이론은 *Consumer Culture and Postmodernism*에 들어있다.

26) 위르겐 하버마스는 1980년 아도르노상(Adorno Prize) 수상 강연에서 역사에서의 탈근대적 단절 주장을 부정하고 포스트모더니즘을 신보수주의 이데올로기의 한 형태로 공격했다. 또 다른 논문에서 그는 조르주 바타유(George Bataille)에서부터 푸코를 거쳐 데리다로 이어지는 노선을 '젊은 보수주의' 전통——그 성원들은 "모더니즘적 태도에 근거하여…… 화해할 수 없는 반모더니즘을 정당화한다"——을 대표한다고 썼다. 하지만 몇 년 후인 1985년에 그

적 도덕 속에도 그리고 행동에 허용 한도를 설정하기가 어렵다는 것을 깨달은 자유주의 속에도 확고한 토대가 부재하기 때문에) 비일관적이라는 것을 발견하고는 문화적 무정부주의를 기꺼이 받아들이고 포스트모더니즘이 해방시킨 가치들을 재평가해왔다. 우리는 이러한 세계 속에서도 모더니즘(그것의 반인지적·반지적 양식)과 소비주의(그것의 물욕)가 여전히 작동하고 있음을 경험한다.

하나의 지적 노력으로서의 포스트모더니즘이 퇴색히고 있다. 푸코와 데리다는 그들의 매력을 상실했다. 라캉식 분석은 경쟁하는 분파들로 분열되었다. 왜냐하면 그들이 대가의 글 모음집(écrits) 속에서조차 공통의 언어를 발견할 수 없기 때문이다. 슬프게도 바르트는 대체로 잊혔다. 프랑스에서 지난 몇 년 동안 우리는 정치철학에서 여전히 꿋꿋하게 세속적·근대적이고자 하는, 그리고 "순진하게 형이상학적이지도 그리고 단호하게 역사주의적이지도 않은 근대 인본주의"를 정식화하고자 하는, 새로운 자유주의와 보수주의를 목도해왔다. 이들 저술가는 '주체'—하지만 사람을 고립시키는 개인주의는 아니다—를 복원하고 또 종교, 전통 또는 인간 본성에 호소하지 않고도 보편적인 정치적·도덕적 판단을 할 수 있게 하려고 시도하고 있다. 그것은 그러한 권리의 원천은 개인이 아니라 (시민들 서로 간의 책임과 상보성에 기초하는) 시민공화주의(civic republicanism)라고 주장한다.[27]

는 자신이 현재 "아도르노(Theodor Adorno)의 부정의 변증법, 푸코의 고고학, 데리다의 해체 간에 일정한 친화성"을 발견했다고 진술했다. Rose, *The Post-Modern and the Post-Industrial*, pp. 55, 225에서 인용함.

27) 이러한 사고를 소개하는 유용한 입문서로는 Mark Lilla ed., *New French Thought: Political Philosophy*(Princeton, N.J.: Princeton University Press, 1994)를 보라. 이러한 작업을 하고 있는 핵심 인물이 뤽 페리(Luc Ferry)와 알랭 르노(Alain Renault)다. 여기서 논의한 몇몇 저자들에 관해서는 츠베탕 토도로프

하지만 널리 퍼진 테마 중 많은 것이 특히 대학 교과과정 속에 여전히 살아있다. 왜냐하면 포스트모더니즘이 서로 대립적인 매력을 가지고 있고, 철학이 몇몇 문화적 심금을 울리는 테마에 입각하여 보다 광범한 독자층을 찾고 있기 때문이다. 나는 여기서 그 중요성을 감안하여 세 가지 테마를 뽑아 간략히 논의하고자 한다. 과학과 기술에 대한 공격, 고급문화와 저급문화의 구분 제거, 그리고 많은 사회 분석에 침투해 들어온 상대주의가 바로 그것들이다.

과학에 대한 폄하는 이제 하나의 유행이 되었다. 리오타르에서 과학은 하나의 서사이고, 따라서 데카르트의 『방법서설』(*Discourse on Method*) ─ 즉 그의 의문의 발견 ─ 은 하나의 교양소설이다. 문학 비평가 스탠리 피시(Stanley Fish)에게 과학은 어떤 다른 레토릭보다 어떤 더 많은 "특권도 가지지" 않는 그냥 하나의 레토릭이다. 포모 논평자 웬디 카미너(Wendy Kaminer)가 볼 때, 합리성은 최근 들어 유행이 지난 것이 되었다. 그녀는 『그게 대유행이야』(*It's All the Rage*)에서 "뉴에이지 신봉자들(New-agers)은 합리성을 좌뇌의 사고라고 비난하고, 일부 페미니스트들은 합리성을 남성과 동일시되는 것으로 간주하는 반면, 급진적인 학계 인사들은 합리성을 객관성의 가면으로 치부한다"라고 썼다.

보다 문제가 되는 표현이 바츨라프 하벨(Václav Havel)의 견해다. 그는 널리 인용되는 글에서 공산주의를 과학의 실현으로 불렀다. 그는 공산주의의 몰락은 (세상은 객관적으로 인식될 수 있다는 전제에 기초한) 근대사상이 최종적 위기에 다다랐다는 신호로 간주될 수 있

(Tzvetan Todorov)가 레비스트로스에 관해 쓴 책과 페리와 르노가 푸코에 관해 쓴 책에 실려 있는 글들을 보라. 프랑스 철학과는 별개로 우리는 퀜틴 스키너(Quentin Skinner)의 글과 로널드 드워킨의 권리에 대한 저술에서도 시민공화주의에 대한 강력한 방어를 발견할 수 있다.

다고 진술했다. 더 나아가 그는 다음과 같이 지적했다.

근대과학은…… 우리의 자연세계의 가장 깊숙한 토대조차 단순한 허구로 보고 폐기한다. 그것은 신을 죽이고, 모든 적절한 진리의 유일한 정당한 중재자로서…… 그 빈 왕좌를 차지한다. 왜냐하면 어쨌든 모든 개인적인 주관적 진리를 초월하고 그것을 진정으로 객관적이고 보편적인 초주관적 진리로 대체하는 것은 과학뿐이기 때문이다.[28]

하벨은 근대과학에 반대하여 "새로운 탈근대적 얼굴의 정치"를 이룩하기 위해 "'개인적 경험'의 권위," 즉 신비한 것과 절대적인 것의 경험이 갖는 권위를 원한다. 하벨은 자신의 포스트모더니즘 개념을 설명해달라는 압박을 받았을 때, (『뉴욕타임스』 1994년 7월 8일 자 특집면에 실린 글) 「근대 시대의 종말」(The End of the Modern Era)에서 이렇게 썼다. "우리의 잃어버린 본래의 모습"은 "인간우주론적 원리(anthropic cosmological principle)와 가이아 가설(Gaia hypothesis)" ―지구가 살아있다는 관념― 과 같은 "새로운 탈근대적인 과학"에 의해 회복될 수 있을지도 모른다. 이에 대해 과학저술가 니콜라스 웨이드(Nicholas Wade)는 『타임스』에 다음과 같이 썼다. "인간원리와 가이아 가설에 기초한 세계관은 탈근대과학이 아니라, 오히려 (합리주의 시대도 여전히 우리를 완전히 구출해내지 못한) 수비학(numerology)과 점성술로 후퇴하는 것일 것이다."

하벨의 "개인의 영성…… 그리고 무엇보다도 세계와의 주요한 연결고리로서의 사람들의 주관성에 대한 신뢰"에 대한 욕구는, 그가

---

28) Jan Vladislav, *Vaclav Havel, or Living in the Truth* (London: Faber & Faber, 1987).

모든 비판적 사고를 이데올로기의 해머로 깨부수고자 했던 공산주의 체제를 직접 경험했다는 점과 그가 등장인물의 특이한 성격을 강조하는 극작가라는 점에 견주어 볼 때, 충분히 이해될 수 있다. 그러나 공산주의와 과학의 등치는 괴상하다. 스탈린 치하의 러시아에서 물리학자들은 알베르트 아인슈타인(Albert Einstein)의 상대성이론이나 근대 양자역학을 공개적으로 지지할 수 없었다. 왜냐하면 그러한 이론들이 관념론적이고 확률론적이며 그리하여 레닌의 『유물론과 경험비판론』(*Materialism and Empirio-Criticism*)의 가르침 ── 그리고 그것의 지식에 대한 모사이론과 결정론적인 기계론적 세계관 ── 을 위반하는 것으로 간주되었기 때문이다. 그리고 더욱 심각하게는 주요 생물학자와 유전학자들이 라마르크식 진화에 대한 엉터리 옹호에 반대했을 때, 투옥되고 심지어는 처형되었다.

그러나 보다 중요한 것은 최근에 매우 강력하게 출현해온 낭만적 견해를 견지하는 하벨과 여타 학자들에 의해 과학이 오인되고 있다는 것이다. 그중 하나가 과학이 '작동하는' 방식에 대한 오해이고, 다른 하나가 과학과 예술 및 여타 경험 영역 간의 관계에 대한 오해다.

첫 번째와 관련해서는 제도로서의 과학과 과학의 발견물 간을 구분할 필요가 있다. 제도와 응용은 자주 '외부'의 통제 그리고 심지어는 지시에 종속된다. 그러나 과학에서 결정적인 것은 발견물 ── 원자에서부터 쿼크(quark) 또는 DNA의 이중나선에까지 이르는 물질의 구조 ── 이다. 여기서 우리는 '과학 공화국'(republic of science)을 발견한다. 과학 공화국에서는 어떤 단일한 개인도 진리를 선언할 교황의 권위를 가지지 않는다. 발견물은 공개적으로 그리고 공적인 감독을 받는 절차(그리고 연구노트)에 의해 검증되어야만 한다. 과학은 인간사(人間事)에서 유일하게 진정한 영구혁명이다. 왜냐하면 과학은 선조의 발견물에 도전하는 데 헌신하기 때문이다. 베버의 「직업으로서

의 학문」(Science as a Vocation)에 따르면, 과학은 카리스마적 공동체다.[29]

인간성과 과학을 대치시키는 사람들에게 공통적인 또 다른 주장은 과학이 "다른 유형의 인지와 경험들이 갖는" 탁월함을 찬탈해왔다는 것이다. 그러나 열정적인 물리학자이자 음악가인 빅토르 바이스코프(Victor Weisskopf)가 지적했듯이, "미술과 음악이라는 한편과 과학이라는 다른 한편은 인간 경험에 대해 근본적으로 서로 다른 접근방식이며, 각각은 그것들 나름의 자격을 가지고 있다. '나는 아침에 미스터리에서 현실로 옮겨가고, 저녁에 현실에서 미스터리로 옮겨간다.'"[30]

고딕양식의 조각을 로마네스크 양식의 조각보다 나은 것으로 간주하고 말러(Gustav Mahler)의 음악을 모차르트(Wolfgang Amadeus Mozart)의 음악보다 예술적으로 타당한 것으로 평가하는 것에는 어떠한 근거도 없다. 예술에서의 그러한 변화는 인류의 심미적·도덕적 레퍼토리를 넓혀준다. 기술과는 달리 예술은 없어지는 것이 아니라, 개인들이 심미적 경험을 갱신하고 개조하는 데 의지할 수 있는 영원한 보고가 된다. 그러나 과학에는 '진보'가 있다. 고전물리학과 양자이론은 두 가지 '서로 다른' 물리적 세계를 기술한다. 우리는 어니스트 러더퍼드(Ernest Rutherford)와 막스 플랑크(Max Planck)의 초기 연구보다 머리 겔만(Murray Gell-Mann)과 리처드 파인먼(Richard Feynman)의 후기 연구로부터 물질의 구조에 관해 더 많은 것을 배운다. 우리는 파동과 입자 모두로서의 빛의 이중성을 알고 있다. 아인

---

29) 나는 이러한 논점을 *The Coming of PostIndustrial Society*의 '과학의 에토스'를 다룬 절(pp. 378~386)에서 정교화한 바 있다.

30) Victor F. Weisskopf, *The Joy of Insight: Passions of a Physicist*(New York: Basic Books, 1991), pp. 301, 313.

슈타인의 중력이론은 아이작 뉴턴(Isaac Newton)의 중력이론의 수정
이자 진보다. 우리는 또한 이제 유전암호와 유전메커니즘을 이해한
다. 그리고 진화와 자연선택이 종(種)에 대한 우리의 이해를 뒷받침
하고 있다. 사실 20세기는 좋든 나쁘든 간에 물리학, 화학, 생물학에
대한 우리의 개념을 혁명적으로 변화시켰지만, 그것들의 진리는 부
정될 수 없다.

　몇백 년 동안 고급문화와 저급문화(또는 통속문화)는 날카롭게 구
분되어왔다. 헤르베르트 마르쿠제는 예술은 제약의 부정이라고 주
장했다. 이러한 구분이 항상 이루어진 것은 아니었다. 가톨릭 문화에
서 우뚝 솟은 건축물에 표현되어있는 성찬식과 호칭 기도는 모든 예
배자에게 경외감을 불어넣어 왔다. 엘리자베스시대 영국에서 셰익
스피어의 연극에서처럼 연극에 등장하는 음란함은 고급스러운 것과
저급한 것을 혼합시킨 것이었다.
　특히 19세기에는 두 가지 종류의 고급문화가 있었다. 하나는 교
양―고상한 취미와 고전의 음미―을 의미하는 독일어 Bildung(글
자 그대로 육성 또는 교육)으로 가장 잘 묘사될 수 있다. 다른 하나는
칼 쇼르스케(Carl Schorske)가 '비더마이어'(Biedermeier) 문화라고
부른 것, 다시 말해 실러나 괴테와 같은 사람이 쓴 금박으로 장정한
고전서적―비더마이어 양식의 육중한 책꽂이의 유리문 뒤에 놓여
있는―이었다.
　T.S. 엘리엇이 지적했듯이, 고급문화는 귀족주의적 성향을 가지
고 있었다. 하지만 중간계급의 성장, 읽고 쓰기 교육의 확산, 예술작
품의 기계 복제와 함께 '교양'(culture)의 운명에 대한 관심이 일어났
다. 이 공포를 가장 직접적으로 다룬 책이 매슈 아널드의 『교양과 무
질서』(Culture and Anarchy, 1869)였다. 아널드가 볼 때, 종교가 쇠퇴하

면서 문명화된 것을 의미하는 것을 정의할 수 있는, 남아있는 도덕적 힘은 교양이었다. 그렇다면 당시 영국에서 교양을 어떻게 받아들이고 있었는가? 아이러니하게도 그는 "우리 사회를 분할하는 3대 계급을 대략적으로 지칭하기 위해" 정확한 과학적 어휘가 아니라 '야만인'(Barbarians), '속물'(Philistines), '우중'(Populace)이라는 세 가지 독특한 용어를 고안함으로써 그들의 서로 다른 행동양식을 설명했다.[31]

아널드의 용어들은 여전히 오명의 용어로 남아있는 '속물'을 제외하고는 대체로 사라졌다. 그러나 여기서 결정적인 것은 아놀드가 교양을 문명의 지표로 바라보았다는 것과 그가 반복해서 고급문화와 저급문화의 구분이 사라지게 될 것이라는 공포를 느꼈다는 것이다.

전후 시대에 미국에서는 드와이트 맥도널드가 유명한 모노그라프 『매스컬트와 미드컬트』(*Masscult and Midcult*)에서 이 문제를 날카롭게 제기했다. 그는 그 책에서 영화와 텔레비전이 생산하는 대중문화에 대해서뿐만 아니라 문화의 시뮬라크롬(simulacrum)을 생산함으로써

---

31) 야만인은 귀족, 주로 "용모가 잘생기고 기질이 훌륭한" 개인으로, "우리의 녹초가 된 유럽"을 소생시켜 새롭게 만들 수 있는 사람이었다. (여기서 연상되는 것이 럭비스쿨Rugby School의 유명한 교장이었던 그의 아버지 토머스 아널드 Thomas Arnold 박사의 경험으로부터 끌어낸 영국 공립학교 남학생 '신화'다.) 그다음으로는 "특히 오만하고 외고집적인" 중간계급인 속물이 있다. "이들은 '단맛과 빛'(sweetness and light, 우아함과 지성)을 추구하지 않고," "볼품없고 교양 없는 삶을 구성하는…… 사업, 채플, 차 마시기 모임과 같은 부류의 조직들"을 더 좋아한다. 그리고 노동계급인 우중이 있다. 이들은 가난과 비참함 속에서 상스럽거나 반쯤 발전한 상태에 있는 사람들로, 지금은 은신처로부터 나와서 "그가 좋아하는 것을 하고…… [떠들어대고 싶은] 것을 떠들어대고 [그들이 부수고 싶은] 것을 부수는 영국인의 천부적 특권을 주장한다." Matthew Arnold, "Barbarians, Philistines and Populace," J. Dover Wilson ed., *Culture and Anarchy*(Cambridge: Cambridge University Press, 1960), pp. 98~118을 보라.

문화의 담지자임을 주장하며 그들의 기준을 사회에 강요하는 '중간 교양층'에 대해서도 통렬한 비난을 퍼부었다. 맥도널드는 교양에 대한 아널드식 신념을 분명하게 드러내지는 않았다. 그는 이렇게 말한다. "최고의 고급문화는 그간 식별되지 않았다. 왜냐하면 재능 있는 사람은 항상 드물기 때문이다." "비록 서툴기는 하지만" 고급문화는 그 표현이 특이하다. "그리고 애호자들도 유사하게 〔그 같은 표현에〕 개인으로서 반응한다." 그러나 매스컬트는 새로운 방식으로 나쁘다. "그것은 단지 성공하지 못한 예술이 아니다. 그것은 비(非)예술이다. 그것은 심지어는 반(反)예술이다." 매스컬트는 하나의 공식에 따라 만들어지는, 제조된 문화다. 그것은 비인격적이고, 기준이 없고, "전적으로 관객에 예속되어" 있다.

하지만 진정한 적은 매스컬트가 아니라 미드컬트 — 타락한 고급문화가 진짜 행세를 하고자 하는 것 — 였다. 맥도널드는 미트컬트의 실례로 킹 제임스(King James) 판 성서를 대신하는 개역판 표준성서, 현대미술박물관의 영화 부서가 새뮤얼 골드윈(Samuel Goldwyn)을 '최고 품질'의 영화를 만든다고 칭찬한 일, 그리고 더 확장된 분석에서는 어니스트 헤밍웨이의 『노인과 바다』(The Old Man and the Sea), 손턴 와일더(Thornton Wilder)의 『우리 동네』(Our Town), 아치볼드 매클리시(Archibald MacLeish)의 『J.B』(J.B), 스티븐 빈센트 베네(Stephen Vincent Benet)의 『존 브라운의 유해』(John Brown's Body)를 거론했다.

맥도널드의 구분이 오늘날 여전히 타당한지는 말하기 어렵다. 왜냐하면 타마 야노비츠(Tama Janowitz)나 제이 매키너니(Jay McInerny)의 소설에서처럼 패러디와 모방 작품들이 소설을 접수했을 때, 그리고 우디 앨런(Woody Allen)이 문화인의 아이콘이 되면서, 그 구분이 모호해졌기 때문이다.[32]

고급문화와 저급문화의 구분을 가장 날카롭게 정의한 표현은 클레멘트 그린버그가 1939년에 발표한 글의 제목 「아방가르드와 키치」 (Avant-Garde and Kitsch)였다. 이 글에서 그린버그는 예술현상의 '극단'들을 정의하고자 했다.

'아방가르드'는 진정으로 시대를 앞서가는 것이었다. 그리고 독일어 '키치'는 쓰레기를 의미했고, 문화적 맥락에서는 영국 브라이튼의 창턱을 장식한 빅토리아식의 작은 상(像)처럼 촌스럽게 화려하고 장식적인 것을 의미했다. 미국의 맥락에서 그린버그는 버스비 버클리(Busby Berkeley)의 영화와 거기서 등장하는 요염을 떠는 매력적인 여성들과 같은 통속적인 상업예술에 키치라는 딱지를 붙였다.[33]

그다음으로는 수전 손택의 유명한 아주 뛰어난 글 「'캠프'에 관한 단상」(Notes on 'Camp', 1964)이 있다. 그 글에서 그녀는 당시까지 언더그라운드 생활방식을 인도해온 감성양식을 들추어냈다. 손택은 캠프와 관련하여 이렇게 선언했다. 결정적인 점은 "그것이 전적으로 고급과 저급의 구분을 무시하는 것이 아니라 새로운 기준 ── 진지함을 즐거움으로 대체하고 그것을 여전히 심미적 측면에서 바라보기

---

32) 맥도널드의 글 『매스컬트와 미드컬트』는 『파르티잔 리뷰』의 독자적인 모노그라프 시리즈의 4번으로 출간되었다. 이 제목의 신조어들은 오늘날에는 설명이 필요할지도 모른다. 맥도널드는 당시의 급진 '담론'에 공통적이었던 하나의 장치 ── 열성 볼셰비키들이 그랬던 것처럼 용어를 하나의 구호로 단축시키는 것 ──를 채택하고 있었다. 따라서 프롤레타리아 문학(proletarian literature)이 항상 프로레트리트(proletlit)로 단축되었던 것처럼, 맥도널드는 '대중문화'(mass culture)와 '중간교양 문화'(middlebrow culture)라는 표현을 매스컬트와 미드컬트로 단축시켰다.

33) 프랑스어에도 더러움에 대한 향수(nostalgie de la boue), 즉 하수도 취향이라는 표현이 있지만, 이것은 항상 멋쟁이(raffiné)의 가학적이고 난폭한 호모(rough trade) 취향이나 "빈민굴에서 자선행위 하기"의 등가물이었다. 그리고 '저급한 주제'를 전문으로 다루는 '고급 예술가들' ── 특히 앙리 툴르즈-로트레크(Henri de Toulouse-Lautrec) ──도 많이 있었다.

를 원하는 비순응주의적 관객의 기준──을 제시한다는 것이다. 캠프는 조롱, 즉 씹어대기의 한 형식이지만 또한 아웃사이더의 심미적 판단이기도 하다." (손택이 한때 다소 신중하게 지적했듯이) 동성애와 캠프 간에는 "독특한 유사성과 중복"이 있다는 것은 결코 우연이 아니다. "캠프는 양성(兩性) 스타일의 승리다." 그녀가 지적했듯이, "캠프 전문가는 보다 창의적인 즐거움을 발견해왔다. 라틴 시와 진귀한 와인과 벨벳 재킷 속에서가 아니라 가장 조악한 공통의 즐거움 속에서, 즉 대중의 예술 속에서. 캠프 전문가가 그의 즐거움의 대상을 그저 사용한다고 해서 그가 그의 즐거움의 대상을 모독하는 것은 아니다. 왜냐하면 그는 진기한 방식으로 그것을 소유하는 방법을 배우기 때문이다. 캠프──대중문화 시대의 댄디즘(Dandyism)──는 독특한 대상과 대량생산된 대상을 구분하지 않는다. 캠프 취향은 복제품에 대한 혐오를 초월한다."

따라서 캠프는 "전통적인 고급문화에 적용되는 〔것〕과는 다른 기준을 〔가지고 있는〕 제3의 방식"이다. 하지만 옛것에 싫증 나지 않도록 하기 위해 새로운 것을 받아들이고자 하는 문화인의 식욕이 너무나도 게걸스러웠기 때문에, 캠프조차도 하나의 진부한 표현이 되어버렸다. 이것은 손택이 말했듯이 그녀가 캠프에 대한 글을 쓰는 위험을 무릅쓸 때 잘 알고 있던 캠프의 운명이었다.[34]

여기서 우리는 또 다른 문화적 모순을 발견한다. 즉 문화인들은 자주 '1960년대의 감성'을 배경으로 하고 있지만, 이제는 대학의 편안한 의자에 앉아서 학술적 문학 계간지나 예술작품에서 포모를 조장하고 있다. 포스트모더니즘 성향의 비평가들은 예술의 엘리트주의

---

34) Susan Sontag, "Notes on 'Camp'," *Against Interpretation* (New York: Noonday Press, 1966), pp. 275~292, esp. pp. 289~290.

를 공공연히 비난한다. 그들은 '관객 중심'의 미학이론을 제창한다. 그리고 그들은 신보수주의자들이 대중문화를 그만 헐뜯기를 바란다. 한때 진부한 것으로 기술되었던 그랜트 우드와 노먼 록웰조차도 예술가로서의 그들의 가치가 재발견되어왔다. 포모는 반(反)엘리트, 즉 고급예술과 키치를 하나로 합치는 사람들의 '미학'이 되었다.

1980년대 예술세계 속에서 제프 쿤스(Jeff Koons) 같은 조각가는, 자기로 만든 포르노 스타 치치올리나(Cicciolina, 후일 쿤스의 부인)—이탈리아 국회의원 선거에 출마하여 가슴을 드러내어 군중을 매혹하고 당선된—의 흉상과 같은, 마이클 브렌슨(Michael Brenson)이 "쓰레기처럼 보였고 고급예술을 쓰레기 취급하는 예술"이라고 불렀던 것을 창작했다. 키스 해링(Keith Haring)은 지하철에 낙서를 했고, 그리하여 단순한 봉선화(棒線畵, stick figures)를 그리는 예술가가 되었다. 그리고 그는 자신이 하고 있는 것은 라스코(Lascaux)의 동물 벽화에서 발견되는 것이라고 조롱조로 주장했다. 그는 소비문화 속에서 판매하기 위해 티셔츠, 단추, 깃발에 자신의 이미지를 수천 번 그리고 또 그렸다. 신디 셔먼(Cindy Sherman)은 레오나르도 다 빈치(Leonardo da Vinci)와 여타 화가들의 이미지를 재현하고, 그것을 전유한다는 공격적인 제스처로 그것들 위에 그냥 자신의 이름을 써넣었다.

포모의 위대한 천재는 앤디 워홀이었다. 워홀은 마오쩌둥, 마릴린 먼로(Marilyn Monroe), 재클린 오나시스(Jacqueline Kennedy Onassis)의 초상화를 제작하고 차가운 스트로보 빛 등 인광 색깔을 변화시키면서 그러한 이미지들을 실크스크린으로 다변화시켰다. 그러나 그의 천재성의 가장 위대한 위업은 100개의 캠벨 수프 캔을 잔뜩 쌓여 있는 대상들의 충실한 표상으로 그려낸 것이었다. 마르크스는 노동자들이 자신이 만든 생산물로부터 분리되는 '상품 물신주의'

(fetishism of commodities)에 대해 기술했다. 워홀과 함께, 이제 예술가는 상품을 전유하여 그것을 부르주아에게 판매한다.

  영국 비평가 맬컴 브래드버리(Malcolm Bradbury)는 『위험한 순례여행』(*Dangerous Pilgrimages*, 1995)에서 이렇게 썼다. "우리가 우리 시대를 탈근대적이라고 생각할 때, 우리가 일반적으로 뜻하고자 하는 것은 그러한 항상 굴절되고 깊이가 없고 탈공간화된 역사의식, 그러한 무작위적이고 다원적인 인용, 그리고 우리가 문화를 넘어서는 문화에 살고 있음을 암시하는 그러한 신화와 모티프들의 융합이다."
  이러한 서술에는 더 많은 진리가 있을 수도 있지만, 어리둥절하게 하는 것은 '순례여행'이라는 단어다. 순례여행은 성스러운 숲을 찾는 송골매와 같은 성지 여행이다. 청교도 감성의 가장 위대한 문학적 표현인 존 버니언(John Bunyan)의 『천로역정』(*The Pilgrim's Progress*, 1678)에서 기독교인들은 절망의 늪(과 높고 낮은 다른 장소들)의 위험과 혼란을 극복하고 천상의 도시(Celestial City)에 도착한다. 그렇다면 포모 순례자, 즉 문화 풋내기는 생각 없이 콧노래를 부르며 어디로 가는가?
  계몽주의 문화는 천상의 도시로 밟고 올라갈 사다리를 만들었다. 인간은 그 사다리를 오르며 공포, 미신, 신화, 미지의 것을 떨쳐버렸다. 옛 신정론을 대체한 이 새로운 인간학은 진보였다. 헤겔이 볼 때, 그를 따랐던 마르크스에서처럼 민족에는 역사적 민족(Historic Nations)과 후진민족(Backward Nations)이 있었다. 시간 또는 종족과 카스트에 동결되어있는 후자는 근대적이 될 수 없었다. 하지만 오늘날 어떤 민족을 식민주의나 제국주의에 의해서가 아니라 문화에 의해서 뒤처진 '후진' 민족이라고 부를 사람이 누가 있는가? 그렇게 하는 것은 분명 유럽 중심적일 것이다. 이처럼 우리는 역사에서 인식론으로, 문화로, 그리고 현실의 사회적 구성으로 나아간다. 에르네스트 겔너(Ernest Gellner)는 이를 다음과 같이 통렬하게 파헤쳤다.

> 우리는 하나의 문화 전체를 매질하고 있다. ……우리는 후진적이
> 라는 이유로 하나의 문화 전체를 더 낮은 수준으로 치부하고 있다.
> ……이것은 더 이상 용납되지 않는다. 그렇다면 대안은 무엇인가?
> 그것은 모든 문화가 똑같이 타당하다는 점, 그 문화들은 문화와 함
> 께 그들 나름의 타당성 규범을 가지고 있다는 점, 그리고 이른바
> 보편적 규범 ─ 실제로는 지배와 착취의 도구인 ─ 의 이름으로 그
> 문화들을 평가하고 비난하는 것은 잘못이라는 점을 인정하는 것이
> 다. 따라서 타자에 대한 존중은 상대주의를 수반한다.[35]

이 모든 것이 의미하는 것(기표와 기의 모두)은 아방가르드 ─ 지난 150년간 모더니즘 문화의 배너였던 자부심 강한 관념 ─ 의 종말이었다. 마르크스주의처럼 모더니즘은 현실의 급진적 변혁을 추구했다. 이것이 바로 『파르티잔 리뷰』와 같은 문화잡지 또는 어빙 하우 같은 비평가들이 이 모순적인 두 가지를 다 신봉할 수 있었던 이유다. 포스트모더니즘은 현실을 '변혁'하는 것이 아니라, 텍스트의 연금술적 해체에서처럼 현실로부터 퇴각하거나, 모방작품이나 패러디를 통해 현실을 조롱하거나, 상업적이 됨으로써 현실 상업주의를 비웃기를 원한다.

모더니즘이 난해한 까닭은 그것이 장르의 역사를 진전시키거나 부정하면서 혁명적 형식과 다양한 내용을 결합시키기 때문이다. 그러

---

35) Ernest Gellner, "Anything Goes: The Carnival of Cheap Relativism
    Which Threatens to Swamp the Coming *Fin de Millenaire*," *Times Literary
    Supplement*(London), June 16, 1955, p. 6.

나 거기에는 항상 역사가 존재했다. 그러나 포모가 무정형적인 것은 역사를 외면하기 때문이다. 아방가르드는 사회가 '진보'하고 있다는 자신의 호전적인 은유에도 불구하고, 기존의 양식에 반대했다. 포모는 반대하는 것이 아니라 모든 것을 전유하고, 옛 철학적 또는 문학적 범주들을 공격하는 것이 아니라 분류법을 해체하고 담론을 뒤섞는다. 윌리엄 제임스는 일찍이 지각 대상이 없는 개념은 공허하고 개념 없는 지각 대상은 맹목적이라고 말했다. 우리는 삼손(Samson)이 신전을 가지고 했던 것을 상기하며 포스트모더니즘이 가자(Gaza)에서 눈을 멀었다고 말할 수밖에 없다. 우리는 모더니즘의 고갈을 목격해왔으며, 이제 또한 문화의 고갈을 목격하고 있는 것으로 보인다. 이제 남아있는 단 하나의 모순은 정치의 모순이다.

III. 미국의 상태

냉전은 종식되었고, 미국은 여전히 세계에서 최고의 권력을 가지고 있다. 그렇지만 이것이 얼마나 지속될 수 있을까? 이데올로기 갈등 — 적어도 미래를 차지하려는 각축하던 19세기의 주장들로부터 파생된 갈등 — 은 사라졌고, 자본주의는 외견상 도전받지 않는 채로 남아있는 것으로 보인다. 이러한 상황은 프란시스 후쿠야마(Francis Fukuyama)로 하여금 '역사의 종말'이라는 견해 — 만약 역사가 물질로 번역되는 관념의 작동이라고 믿는 경우에 한해 신봉할 수 있는 테제(이는 마르크스가 전도시킨 테제로, 마르크스는 물질의 경과가 관념을 발생시킨다고 믿었다) — 를 제기하게 했다. 헨리 루스는 미국의 세기(American Century)라는 관념을 믿었다. 하지만 미국이 베트남에서 자신의 군사력이 궁지에 빠졌고 자신의 경제력이 일본에 의해 도전받고 있음을 발견했을 때, 그는 곧, 어쩌면 너무나도 빨리 그러한 믿음을 버렸다. 그리고 오늘날에는 미국이 침몰하고 있다는 의식, 즉 역사의 물결이 환태평양 지역으로 이동하고 있으며 21세기는 아시아의 세기 또는 보다 구체적으로는 중국의 세기 ─ 만약 중국이 11억 명을 일당 지배하에 묶어놓은 채로 시장경제로 전환할 수 있을 경우에 ─ 가 될 것이라는 의식이 자리하고 있다.

이러한 변화의 문제는 논외로 하고, 나는 이 책의 이와 관련된 장을 쓰고 난 후 20년 동안 미국 사회에서 일어난 변화를 보다 깊이 탐구하고자 한다. 나는 당시에 '불안정한 미국'에 대해 말했다. 오늘날 나는 혼란스럽고 화가 난, 그리고 불편하고 불안전한 미국을 다루어야만 할 것이다. 내가 이러한 불만의 진원으로 추출한 것은 아래의 세 가지 테마다.

- 자신들이 사회에서 안전한 지위 및 자신들의 미래에 대한 통제권을 상실하고 있다는 사실에 대한 중간계급의 자각과 개인들이 그것에 대해 느끼는 공포
- 동원을 통해 행동주의 집단들을 분열시킴으로써 도덕적 문제를 정치화하고 사회를 양극화하는 (포퓰리즘과 엘리트주의 간의) 일련의 문화전쟁들
- 정치 ─ 그리고 심지어 정치체계 ─ 에 대한 불신의 증대와 그에 따른 공동체의식(civitas) ─ 법에 대한 존중을 가능하게 하는 ─ 의 상실

그리고 이러한 겉으로 드러나는 분명한 사실의 저변에는 사회의 구조적 변화가 자리하고 있다. 이러한 변화가 정치적·사회적 태도를 결정짓지는 않는다. 왜냐하면 그러한 태도들은 전통과 역사, 즉 종교

적 또는 철학적 신조로부터 파생하는 가치들에 의해 틀지어지기 때문이다. 그러나 그러한 구조적 변화가 해결해야 할 문제를 규정하고, 경제적 기회, 직업적 승진, 사회이동—이것들이 사람들에게 자신들의 태도를 유지하거나 의심하게 하는 자원을 제공한다—의 맥락을 설정하고, 세계를 바라보는 창—이것이 사람들로 하여금 다른 문화, 다른 가치, 다른 책임을 인식하게 한다—을 제공한다.

첫 번째 주요한 맥락이 지구경제(global economy)의 등장이다. 20세기에 우리는 지역경제에서 일국경제로 그리고 그다음에는 국제경제(international economy)로의 이동을 목도해왔다. 그리고 각각의 변화는 정부에 그리고 거대 경제기업—그 범위에서 다국적이 되어온—에 새로운 역할을 수반했다. 그러나 지구경제는 국제경제와 다르다. 국제경제는 원료와 제조 간의 세계적 분업을 말하며, 그 속에서 각국 기업들은 다국적이 되지만 여전히 국가적 충성을 유지하고 있다.

지구경제는 커뮤니케이션 체계를 통해 손쉽게 경계를 넘나들며 자본, 상품, 숙련기술, 기술적 지식을 사고파는 단일 시장으로, 그 속에서 (주권국가가 허용하는 한) 그러한 요소들은 국경을 넘어 자신들의 투자에 대한 최고 수익 또는 자신들의 제품에 대한 최고 이윤을 추구한다. 재화생산을 상대적으로 쉽게 표준화할 수 있고 노동비용이 최종 가격에서 하나의 요소가 됨에 따라, 시장의 힘이 일자리의 이동에서 막강해지게 되었다. 게다가 소재기술의 혁명으로 인해 사람들은 이제 더 이상 원료 소재지에 의존하지 않는다. 왜냐하면 사람들은 합성화학물질, 혼합물질, 합성금속 및 여타 '소재 변형물질'들을 만들 수 있고 또 과거에 그러한 소재들을 통제하고자 했던 카르텔 및 여타 집단들로부터 벗어날 수 있기 때문이다. 따라서 불가피하게 경제의 지질구조판이 대대적으로 이동할 수밖에 없고, 각 국가사회는 그것을 놓고 경쟁해야만 한다.

두 번째 주요한 맥락은 통신이다. 텔레비전은 전 세계를 종횡으로 연결시켜 '지구촌'을 만들어내고 있으며, 광섬유는 메시지 전달의 대역폭을 확장시켜 세계를 하나로 연결시키고 있고, 케이블 텔레비전은 채널을 증가시켜 종래의 정부 독점체계를 깨트리고 있고, 인공위성은 모든 국가의 통제망을 뚫고 있고, 인터넷과 웹사이트와 같은 네트워킹은 메시지를 빠르게 교환하고 공급자가 제시한 정보에 쉽게 접근할 수 있게 해주고 있다.

세 번째 주요한 맥락은 기술로, 이것이 지구경제를 추동하고 있다. 그러나 기술은 활동 간의 벽을 허물고 그 활동들을 대체 가능한 것으로 만드는 또 다른 결과를 초래한다. 이를테면 지난 20년 동안 은행, 보험회사, 증권회사, 투자신탁회사, 부동산회사 등등 사이에서 구분이 사라지는 경향이 있었다. 왜냐하면 이 모든 것이 '금융자산'이 되었고, 그 자체로 평가되기 때문이다. 오늘날에도 유사하게 영화회사, CD-ROM 회사, 온라인 잡지 등등 간의 구분선이 사라지고 모두가 오락과 정보가 되었으며, 타임워너나 디즈니 같은 거대 복합기업이 그것들 모두를 빨아들이고 있다.

옛 경계선이 무너지기 시작함에 따라, 한때 분리되어있던 회사들이 '인수·합병'이라는 이름이 붙은 거대한 돈 가방 속으로 던져져서 재편되고 재분배되었다. 이 모든 것 속에서 미국 자본주의의 전통적 모습은 그 원형을 찾아볼 수 없을 정도로 변화하고 있다.

대략적으로 말하면, 기술은 자신의 발전논리 속에서 세 가지 '길'을 취한다. 변환기술, 확장기술, 그리고 틈새기술이 그것이다. 전화는 변환기술이고, 휴대전화는 확장기술이다. 근거리 통신망과 구내교환은 틈새기술이다.[36] 컴퓨터는 변환기술이다. 네트워크(ISDN systems) —목소리(전화), 자료(컴퓨터), 텍스트(팩스), 이미지(텔레비전)를 단일 채널 내에서 호환 가능하게 하는 종합정보통신망 시스템—는 확장기술이다. 그리고 소프트웨어와 애플리케이션은 틈새기술이다.

그러한 변화의 주요한 결과가 대기업의 다운사이징과 확장 및 틈새기술능력의 발전이다. 12년 전에 40만 명에 달하는 많은 종업원이 있었던 IBM의 경우에, 그 회사가 하드웨어 회사라기보다는 서비스회사가 됨에 따라, 앞으로 10년도 채 되기 전에 그 종업원 수가 20만 명이 조금 넘는 수준으로 줄어들 것이다. AT&T는 1996년에 4만 명을 퇴직시킬 계획을 발표했다. 그리고 그들 중 대부분은 (IBM의 경우에서와 마찬가지로) 중간수준의 관리직, 기술직, 화이트칼라 행정직 종사자들이다.

이것이 오늘날 미국의 중간계급에 영향을 미치는 불안과 불안전의 원천이다. 하나의 인상적인 통계치가 존재한다. 1991년에서 1993년 사이의 경기후퇴기에 실업자의 45퍼센트 이상이 화이트칼라 노동자였고, 이는 10년 전 경기침체 시 숫자의 두 배에 달하는 것이다. 과거에는 통상적으로 일시 해고되는 사람들은 블루칼라 노동자나 시간제 노동자였다. 기업은 그간 기술직·관리직 직원들의 훈련과 경험에 '투자'했다. 하지만 이것이 더 이상 사실이 아닌 것은 특히 그러한 기능 중 많은 것이 '전산화'되고 애플리케이션 소프트웨어가 그러한 과업 중 많은 것을 떠맡을 수 있게 되었기 때문이다. 그리고 이러한 해고가 가하는 손상은 단지 경제적인 것만이 아니라 심리적인 것이기도 하다. 전통적으로 블루칼라 노동자가 일시 해고되었을 때, 그

---

36) 기술변동의 성격에 대한 이 논의는 다음의 나의 미간행 원고에서 따온 것이다. "The Breakup of Space and Time: Technology and Society in a Post-Industrial Age."

는 가족이나 넓은 범위의 친족에 의지할 수 있었고 또 의지했을 것이다. 그러나 중간계급 사람, 특히 노동계급에서 올라온 사람은 그러한 유대를 깨뜨려왔으며, 그리하여 특히 그 또는 그녀가 자동차나 집을 압류당하는 위협을 받을 때 굴욕적인 도움을 구하는 경험을 한다. 얼마 지난 후 많은 경우에 이 관리직 사람들은 만약 젊은 사람일 경우 틈새 회사에 새로 고용되기도 한다. 그러나 틈새 회사들은 그 본성상 서로 매우 경쟁적이고, 많은 신생업체들이 도산한다. 따라서 공포와 불안전은 여전히 남아있다.

하나의 인상적인 통계치가 있었다면, 하나의 인상적인 일화— 1985년도 하버드 로스쿨 졸업생의 경험—도 존재한다. 10년 전 졸업생 중에서 대규모 및 중간 규모의 로펌에 들어간 사람들은 거의 대부분 10년 이내에 파트너가 되었다. 1985년 졸업생들의 10주년 동문회 때는 단지 15퍼센트만이 그러한 지위를 획득했다. 한 변호사가 말했듯이, "나는 나의 동료들이 해고되는 것을 지켜보고 있었다. 그것은 고통스러운 것이었다. 아무런 보장도 없다는 것을 갑자기 통감했다. 나는 '그런 일이 다음에 나에게도 일어날 수 있으며, 하버드 졸업장도 전혀 나를 안전하게 지키지 못할 수 있다'고 생각했다." 이들 1985년 졸업생 중 많은 사람이 결코 실패를 경험한 적이 없었고, 그들의 엘리트 학위가 평생연금이 될 것이라고 생각했지만, 그것은 그렇지가 않았다.[37)]

미국인들의 모든 세대가 자신들의 아이들에게 그들 자신보다 나은 삶을 꾸려줄 수 있을 것이라고 기대해왔다. 이것은 더 이상 사실이 아닐지도 모른다. 우리가 느끼는 공포는 1930년대 독일 중간계급

---

37) 1985년 하버드 로스쿨 졸업생의 10주년 동문회와 관련된 경험은 다음에 보도되어 있다. *Wall Street Journal*, May 8, 1995.

을 괴롭힌 '프롤레타리아화'의 공포가 아니다. 그보다는 그것은 '아메리칸드림'의 종말의 공포다.

불안전감이 실재한다는 것은 분명하며, 그것의 근원 역시 분명하다. 또한 그 성격이 보다 모호하기는 하지만, 미국의 도덕적 타락에 대한 비난 역시 존재한다. 로널드 레이건(Ronald Reagan) 대통령 아래에서 교육부 장관을 지낸 윌리엄 베넷(William Bennett)은 자신이 발견한 일단의 '문화지표'를 작성했다. 그는 다른 여러 가지 것들과 함께 다음과 같이 지적한다. "충격적인 것은 바로 미국인의 삶이 지난 30년 동안 가파르게 쇠퇴해왔다는 것이다. ······폭력범죄가 증가해왔고, 사생아 출산이 419퍼센트 증가했고, 이혼율이 네 배 증가했고, 한부모 가정에서 살고 있는 아이들이 세 배 증가했고······ 학습능력적성시험(SAT; Scholastic Aptitude Test) 점수가 80점 떨어졌다."
그리고 로스앤젤레스에서 세 살 난 아이가 거리 총격의 부산물로 살해되었을 때, 하원 공화당 대변인 뉴트 깅리치(Newt Gingrich)는 그 '이유'를 아주 귀에 거슬리게 진술했다. "지금 우리는 린든 존슨이 위대한 사회를 창조한 이후 30년 동안 미국을 파괴하는 실험을 해왔습니다. 약 30년 동안 우리는 죄수를 석방했고, 마약 거래자들을 관대히 다루었고, 폭력을 참고 견디었고, 야만적 행위를 용인해왔습니다. 그리고 우리는 항상 한 번 더 용서하고 한 번 더 설명하고 한 번 더 근거를 제시한다는, 일종의 약자를 동정하는 자유주의(bleeding-heart liberalism)라는 이름하에 그 모든 것을 해왔습니다."[38]
이러한 비난의 사실성은 (잠시) 차지하고, 거기에는 미국 사회의

---

38) "Speaker Gingrich Lashing Out, in His Own Words," *New York Times*, December 17, 1995, p. 34에서 인용함.

사회적 분열을 이해하는 데 결정적인 세 가지 테마가 있다. 하나는 '사회' 대 '문화'의 테마다. 이 두 용어가 자의적이기는 하지만, 이 둘은 분명하게 구분될 수 있다. 오늘날 미국의 '사회구조'는 (세속적인 의미의 노동과 일상생활 면에서) 대체로 부르주아적이고 도덕화되고 있는 중이고 갑갑하다. 프로테스탄트 복음주의에 뿌리를 두고 있는 이 '도덕적 다수파'는 '전통적 가치'——자주 성경적 세계의 직해주의를 의미하는—— 를 고수하고자 한다. '문화'는 자유주의적이고 도시적이고 코즈모폴리턴적이며 유행을 좇고 보다 자유로운 라이프스타일을 지지하고 관대하다. 그리고 자주 (영화, 텔레비전, 포르노, 성행위에서 벌어지는 폭력에 대한) 그러한 관대함에 제약을 가할 수도 없다.

미국 생활에서 나타나는 이러한 오랜 분열은 과거 금주법, 영화에서의 헤이스 규약(Hays code, 미국 영화 제작자 및 배급업자 협회에서 1930년에 초대 회장 윌리엄 H. 헤이스Willian H. Hays의 이름을 따서 제정한 자체 검열제도——옮긴이), 지역 도서관의 검열에서 기인한다. 이러한 분열은 오늘날 훨씬 더 큰 독성을 가지고 돌아왔고, 문화전쟁 속에서 그 모습을 구체적으로 드러내고 있다.

이러한 문화적 분열의 정치적 구현물이 포퓰리즘 대 엘리트 테마다. 포퓰리즘은 20세기로의 전환기에 자신들이 파종에 필요한 돈을 빌린 은행가들에 의해, 자신들의 곡물을 운반하는 데 과도한 요금을 받는 철도회사에 의해, 그리고 농기구 가격을 높게 매기는 법인 독점체들에 의해 착취당하고 있다고 느끼던 농민들이 벌인 농민운동이었다. 이 모든 형태의 착취는 프랭크 노리스(Frank Norris)의 소설 『밀 판매장』(*The Pit*)——시카고 곡물시장을 다룬——과 『문어』(*The Octopus*)——철도회사를 다룬——그리고 가장 생생하게는 존 스타인벡(John Steinbeck)의 『분노의 포도』(*The Grapes of Wrath*)——대공황을 다룬—에서 극적으로 표현되었다.

원래 포퓰리즘이 요구한 것은 독점체에 대한 정부의 규제, 농촌의 전화(電化), 농장 압류에 맞선 담보 보호 등이었다. 포퓰리즘의 문화적 모순을 요약적으로 보여준 것이 바로 윌리엄 제닝스 브라이언(William Jennings Bryan)의 경력이다. 급진주의자로서 1896년 미국 대통령선거에서 민주당 후보였던 그는 황금 십자가(cross of gold, 이는 브라이언이 1896년 7월 민주당 대통령 후보 수락 연설에서 월스트리트를 공격하면서 쓴 표현으로 금융권력을 상징한다—옮긴이)를 규탄했다. 1924년 테네시주에서 열린 스콥스 재판(Scopes trial, 학교에서 진화론을 가르치는 것을 금한 테네시주의 교육법을 어겨 제소된 토머스 스콥스Thomas Scopes에 대한 재판—옮긴이)에서 농민들은 금융권력의 편에서 진화론에 대해 격렬하게 비판하고 창조론을 옹호했다.[39]

포퓰리즘적 사고의 많은 것은 사람의 삶을 조작하는 눈에 보이지 않는 힘과 관련한 음모이론들 속에서 표현되었다. (포퓰리스트들은 수요와 공급을 통해 가격을 결정하는 것은 '시장'이 아니라 '조작자'라고 믿었고, 때로는 그들이 옳았다.) 영국 수필가 윌리엄 코빗(William Cobbett)이 19세기에 당시 '체제'('The Thing')를 맹비난하고 또 반동주의자들이 프랑스혁명과 러시아혁명 모두의 배후에 프리메이슨

---

39) 포퓰리스트들은 농업문제에 대해서는 일치된 견해를 보였지만, 다른 문제들과 관련해서는 자주 분열되어있었다. 중서부 공화당에는 네브래스카의 조지 W. 노리스(George W. Norris)와 아이다호의 윌리엄 E. 보라(William E. Borah)와 같은 진보주의자가 있었고, 남부의 민주당에는 미시시피의 존 랭킨(John Rankin)—값싼 전기를 공급하기 위한 테네시계곡 개발공사(Tennessee Valley Authority)의 후원자—과 역시 미시시피의 시어도어 빌보(Theodore Bilbo)와 같은 민주당원도 있었다(이 둘은 모두 반유대주의적이고 흑인에 대해 적대적이었다).

(Freemason)과 유대인이 있다고 믿은 것과 마찬가지로, 미국 포퓰리스트들은 ('메인스트리트'Main Street와 대비되는) '월스트리트'(Wall Street)를, 그리고 나중에는 '매디슨가'(Madison Avenue)를 비난했다. 오늘날 음모의 레토릭은 미디어, 자유주의자, 워싱턴 정가(政街)에 대한 것으로 이전하고 있다.

오늘날의 정치적 분위기 속에서 음모자는 엘리트주의자와 지식인들이다. (공화당 우파의 지적 지도지들 ─ 필 그램Phil Gramm, 리처드 아미Richard Armey, 뉴트 깅리치 ─ 이 이류 내지 삼류 대학이나 대학교에서 주변적인 자리를 차지하고 있었다고 지적하는 것은 사회학적 환원주의의 한 형태일 수 있지만, 그것은 조지 맥거번George McGovern이나 휴버트 험프리Hubert Humphrey 같은 민주당의 자유주의자들 또한 마찬가지다.) 하지만 반(反)지성적 레토릭도 감지할 수 있다. 깅리치가 그의 가장 절친한 친구이자 조지아 대학교 퇴직 교수인 스티븐 한서(Stephen Hanser)를 그의 개인 역사가로 임명했을 때, 한서는 『월스트리트 저널』(*Wall Street Journal*)에 빈정거리는 말투로 말했다. "어때요, 나의 무자격증이 적격이죠. 나는 하버드, 예일, 프린스턴, ABC, CBS, NBC, 『뉴욕타임스』, 『월스트리트 저널』, 그리고 당신들이 불신하는 엘리트 공룡들과는 아무런 관계가 없어요."

세 번째 테마는 정부다. 레이건 대통령은 자주 이렇게 불평했다. "도대체 정부를 신뢰하지 않는다. 나쁜 정부 또는 심지어 큰 정부가 아니라 전형적인 정당한 정부도 신뢰하지 않는다." 오늘날에는 물론 자신의 보조금 ─ 이를테면 담배, 설탕, 해상지원, 해외투자 몰수에 대한 정부의 보장 등 ─ 이 위협받게 될 때를 제외하고는 분명 '큰 정부'에 대해 반대하는 주장이 제기될 수도 있다. 이것이 바로 참여 민주주의를 그리고 지역사회에서 사람들이 자신들의 삶을 통제하는 결정에 영향을 미칠 권리 ─ 그렇지만 아마도 후일 흑인들이 같은 버스로 통학하는 것을 원치 않은 남부 보스턴의 아일랜드 사람들의 경우는 제외되었을——를 지지한 1960년대 민주사회를 위한 학생연합 (Students for a Democratic Society)의 강력한 테마였다. 그러나 지난 10년간 정부에 대한 공공연한 비난은 또한 그 성원들이 연방 법 집행관에게 기꺼이 무력을 행사하는 극단주의적인 무장단체 운동을 조장해왔다. 1995년에 수백 명의 사람이 살해된 오클라마하 시티 연방 건물 폭파사건은 그러한 판타지의 최종 결과를 전면에 드러낸 것이었다.

미국은 이데올로기적으로 양극화되고 있다. 우파 쪽 사람들이 볼때, 미국은 두 개의 국가다. 그것은 도덕적 국가와 비도덕적 국가, 전통문화와 반문화로 나누어져 있다. 자유주의적 좌파 쪽에 있는 사람들에게 미국은 증대하는 부와 소득의 불평등으로 인해 점점 더 쪼개지고 있는 사회이고, 그 속에서 가난한 사람들——흑인과 백인 모두——은 경제적 기회의 결여로 인해 뒤처지고 있다. 이러한 주장들이 서로 직접 대립하지는 않는다. 따라서 미국 생활의 다양한 차이를 분류하고 서로 다른 양식을 설명하기 위해서는 몇 가지 적절한 구분이 필요하다.

첫 번째 구분은 만약 우리가 흑인의 상황과 대도시——이들 도시 모두에서 흑인과 히스패닉이 50퍼센트 이상을 차지하고 있다——의 곤경을 '제외'할 경우 우리는 서로 다른 두 가지 교차하는 모습을 발견할 수 있다는 점에 근거한다.

흑인이 실업자일 가능성은 백인의 두 배 이상이며, 십대만 놓고 보면 네 배에 달한다. 모든 흑인의 약 3분의 1(이에 비해 백인의 경우는 10퍼센트)이 빈곤선 아래서 살고 있으며, 이 비율은 흑인 아이들 가운데서는 네 명 중 세 명으로 늘어난다. 흑인 여성들 가운데 사생아 출산율은 1972년에 45퍼센트에서 1992년에 68퍼센트로 늘어났다. 20세에서 29세까지의 모든 흑인 남성의 약 23퍼센트가 수감, 보호관찰 또는 가석방 중에 있다.

많은 미국인이 특히 도심에서 느끼는 공포의 토대로 손꼽는 문제는 범죄다. 하지만 놀라운 사실은 범죄의 압도적 다수가 흑인이 백인에게 자행한 것이 아니라 흑인이 흑인에게 자행한 것이라는 점이다.[40] 살인을 놓고 볼 때, 흑인이 살해될 가능성은 백인의 여섯 배다. 백인의 대다수가 살고 있는 대부분의 교외지역은 폭력범죄로부터 상대적으로 자유롭다. 현실과 우려 간의 이러한 차이는 아마도 시각 매체에서 또는 정치적 연설에서 통계적 사실의 맥락에 대한 해명 없이 흑인과 범죄에 반복적으로 초점을 맞추어왔다는 점에 의해서만 설명될 수 있을 것이다.

흑인과 백인 간의 사회경제적 불균형은 잘 알려져 있다. 하지만 그리 잘 알려지지 않은 것이 흑인 중간계급의 부상이다. 1980년에 25세 이상 백인 남성(1억 1,500만 명) 중에서 2,000만 명 또는 17퍼센트가 조금 넘는 비율이 대학을 마쳤다. 1993년경에 그 수치는 (1억 4,000만 명 중에서) 3,100만 명, 다시 말해 약 22.5퍼센트로 늘어났다. 1980년에 흑인은 (1,200만 명 중에서) 100만 명 또는 흑인 인구의 약 7퍼센트가 대학을 마쳤다. 1993년에는 그 수치가 2배(1,770만 명 중 200만 명)로 또는 약 12퍼센트로 늘어났다. 30년 동안 각 집단의 중간계급 사람들은 약 5퍼센트 포인트 증가했다. 그리하여 대략적으로 1990년대

---

40) 프린스턴 대학교의 존 J. 딜루리오 2세(John J. Dilulio, Jr)가 『퍼블릭 인터레스트』(*The Public Interest*) 1994년 가을호에 보고한 바에 따르면, 십대 흑인 남성이 폭행당할 가능성은 백인 성인 남성의 여섯 배가 넘었고, 백인 성인 여성의 7.5배, 백인 노인 남성의 약 20배, 백인 노인 여성 —폭행을 당하지 않을까 하는 공포가 가장 큰 것으로 자주 표현되는— 의 37.5배다.

말경에 백인 인구의 4분의 1이 '별 어려움이 없는' 중상계급이었다면, 흑인 인구의 15퍼센트가 그러했다.

탈산업사회의 모든 차원에서 교육은 출세할 수 있는 사람과 그렇지 못한 사람을 분할하는 선이다. 복지—아동부양가정 부조제도 (AFDC, Aid to Families with Dependent Children)—는 특히 보수주의자들에게 흑인공동체와 관련하여 잘못된 것의 상징이 되었다. AFDC는 부모 중 한 명(반드시 아버지)이 없는 저소득 가정에 현금을 지원한다. 약 450만 명의 성인과 950만 명의 아동이 국가복지명부에 등록되어있다. 양당이 동의한 법률에서 복지는 거의 전적으로 원래의 상태로 되돌려놓기 위한 것이고, 일을 나가지 않은 여성은 2년 후에 자신이 복지명부에서 빠져있음을 발견할 것이다.

이 모든 것에서 두드러지는 것은 흑인 가족의 곤경이 문화적 문제라고 가장 강력하게 주장하는 사람들이 경제적 제재를 이용하여 복지를 끝내고자 한다는 것이다. (흑인 경제학자 글렌 로리Glenn Loury가 의회의 한 위원회에 말했듯이, 급부를 중단하는 것으로는 가난한 여성들이 아이를 가지지 않도록 '가르칠' 수 없을 것이다.)

사생아 출산과 가족붕괴는 도덕의 타락에 관한 보수적 보고서에서 가장 주요한 쟁점이었다. 이 문제는 1965년 대니얼 패트릭 모이니핸 (Daniel Patrick Moynihan)이 존슨 행정부에서 노동부 차관보로서 "흑인 가족"에 관한 보고서를 썼을 때 처음으로 부각되었다. 하지만 30년 후 (『아메리칸 엔터프라이스』The American Enterprise 1995년 1~3월호에서) 상원의원 모이니핸은 반복해서 2000년경 미국에서 모든 출산의 40퍼센트가 혼외출산일 것이며 놀랍게도 이 수치는 영국과 웨일스에서도 동일할 것이라고 지적했다. 더 나아가 그는 12개 산업사회를 비교하며, 5개 사회—아이슬란드, 스웨덴, 덴마크, 프랑스, 영국—가 미국보다 혼외출산율이 더 높을 것이라고 지적했다.

이혼이 거의 모든 근대사회(일본 그리고 명목상 가톨릭 국가인 스페인과 이탈리아를 제외하고는)에서 흔한 일이 되었다는 것은 아주 분명하다. 미국에서는 1940년대 초에 결혼한 백인 여성의 단지 15퍼센트만이 어쩔 수 없이 이혼한 반면, 1970년대 초에는 결혼한 백인 여성의 거의 절반이 기꺼이 이혼했다. 오늘날 미국에서는 전체 여성의 30퍼센트가 이혼했지만, 그들 중 절반 이상이 이혼한 지 5년 이내에 재혼했다. 이렇듯 남성과 여성이 이혼하면, 그들은 또 재혼한다. 양(兩)부모 가정은 모든 가구의 약 80퍼센트를 구성하고 있다(반면 흑인 가정은 절반만이 양부모 가정이다).

그리고 만약 가족 가치의 유지가 보수적 대의를 결집시키는 나팔소리라면, 누군가는 또한 미국의 대통령 중 유일하게 이혼한 대통령이 로널드 레이건이라고 지적할 수도 있다. 그는 두 번의 결혼에서 얻은 아이들에게 무관심했다. (그리고 그는 결코 교회에 나가지 않았다.) 1996년 선거운동에서는 대통령 후보 로버트 돌(Robert Dole)과 그램(Gramm)이 이혼했다는 지적이 나올지도 모른다. 그리고 공화당의 뉴트 깅리치 하원 대변인은 부도덕한 이혼을 했다. 그러나 이모든 것은 또한 사실에 대한 레토릭의 승리기도 하다.[41]

따라서 사생아 출산과 가족 '붕괴'를 근거로 하여 미국을 도덕적 타락의 사례로 삼는 것은 모든 서유럽 국가 ─ 프로테스탄트 국가뿐만 아니라 가톨릭 국가들까지도 ─ 의 유사한 상황 앞에서 무너진다. 하나의 주요한 변화가 가장 근본적인 제도들 속에서 발생하고 있었다. 결혼은 더 이상 성례(聖禮)가 아니라 선택의 문제다. 대부분의 사람들에게서 이것이 (비록 때때로 방종을 정의하기도 하지만) 자유를 규

---

41) 도덕적 타락 문제에 대한 보다 상세한 분석으로는 나의 글 "The Disunited States of America," *Times Literary Supplement*(London), June 9, 1995를 보라.

정한다.

　보수적 투표가 증가하는 데서 드러나듯이, 미국에 뭔가 도덕적으
로 문제가 있다는 감상이 널리 퍼져있다. 그리하여 마약, 범죄, 폭력,
십대 임신이 주목의 대상이 되었다. 그리고 그중 많은 것이 (흑인과
관련한 완곡어구들을 이용하여) 정부와 정부의 '실패한' 정책을 비난
하게 해왔다.

　그렇다면 '타락'을 부추기는 데서 자유시장은 어떠한 역할을 하는
가? 시장은 메커니즘이지만, 그것의 작동——사고파는 것——은 사회
의 가치에 의해 인도된다. 하나의 예가 '갱스터 랩'(gangsta rap)이라
고 불리는 현상이다. 그것은 경찰에 대한 폭력을 노골적으로 선동하
고 여성을 노골적으로 폄하하고 사디즘적인 형태 등 변태 섹스를 지
지하고(「〔욕설이 난무하는〕경찰」〔Expletive〕the Police이나「매춘부를
죽이기 위해」To Kill a Hooker와 같은 제목을 보라), 그 장르에 속하는
인기 있는 가수들은 다양한 범죄로 감옥살이를 했다. 주요 음반회사
중 하나, 즉 29세의 갱 리더 슈그 나잇(Suge Knight)과 가수 닥터 드
레(Dr. Dre)가 1992년에 창업한 데스 로 레코즈(Death Row Records)
는 1,500만 장 이상의 음반을 팔았고 1억 달러 이상의 총수입을 올렸
다. 구매자들은 (데스 로 콘서트에서도 분명하게 드러나듯이) 교외에
거주하는 백인 남성 청년이고, 가수들은 도심에 사는 흑인 폭력배들
이다.

　윌리엄 베넷이 비도덕적 행동을 조장한다고 음반산업을 비난한 이
후, 타임워너사(Time Warner)는 자신의 돈벌이가 잘되는 회사 중 하
나인 인터스코프(Interscope)의 소유권을 매각했다. 하지만 몇 달 후
에 세간의 관심이 시들해졌을 때, MCA——현재는 시그램(Seagram)
이 소유하고 있다——가 인터스코프의 지분 50퍼센트를 획득하기 위

해 2억 달러짜리 계약을 체결했다. 그 거래가 이루어진 주(週)에 그 회사의 마지막 음반, 즉 투팍 샤커(Tupac Shakur)의 「올 아이즈 온 미」(All Eyez on Me)가 50만 장 팔렸고, 빌보드(Billboard) 차트 1위에 올랐다.[42]

프로테스탄트 윤리는 문란한 섹스뿐만 아니라 도박도 비난한다. 1988년까지 카지노 도박은 단지 두 개 주, 즉 네바다와 뉴저지에서 만 합법적이었나. 1994년경에는 (주정부의 도박, 복권, 경마를 제외하고도) 23개 주에서 카지노가 운영되었고, 그러한 투기사업에 참여한 기업들의 주식시장 시가총액은 (1996년 2월 당시) 300억 달러에 달했다. 로버트 굿맨(Robert Goodman)은 『사행사업』(*Luck Business*)에서 다음과 같이 보고했다.

1990년대 초에 도박산업의 수입은 나라의 제조업 수입보다 2.5배 빠르게 상승하고 있었다. ……1995년 초에 미국에서 (복권을 포함하여) 합법적 도박은 연간 370억 달러 이상의 수입을 올렸다. 이것은 빌 클린턴(Bill Clinton)이 그의 재임 첫 4년 동안 미국의 수송체계 개축을 지원하고 국가정보망을 만들고 환경을 정화하기 위한 기술을 개발하고 방위산업을 평화경제로 전환하는 일에 사용하기로 약속했던 총액보다도 많다.

음반과 도박은 미국의 삶에서 변두리에 위치한다. 그것의 중심을 차지하고 있는 것은 기업이다. 하지만 내가 아는 바로는 미국 자본주의에 대한 가장 '전복적인' 책은 브라이언 버로(Bryan Burrough)

---

42) *New York Times*, February 19, 1996. 『타임스』의 평론가 존 파렐스(Jon Pareles)는 그 앨범에 대해 이렇게 논평했다. "그것은 겉만 번지르르하고 독단적이고 전혀 수치스러운 줄 모른다."

와 존 헤일러(John Helyar)가 쓴 『문 앞의 야만인들』(*Barbarians at the Gate*)이다. 이 책은 250억 달러를 가지고 RJR 나비스코(RJR Nabisco)를 놓고 벌인 전쟁 이야기로, 이는 미국 경제사에서 가장 큰 기업 인수이자 레이건 시대를 적절히 상징하는 사건이었다.

주로 담배—윈스턴, 살렘, 카멜—와 식품—오레오 쿠키, 리츠 크래커, 라이프 세이버—을 생산하는 기업인 RJR 나비스코는 미국에서 19번째로 큰 산업체였으며, 14만 명을 고용하고 있었다. 이 이야기는 그 회사의 최고경영자 로스 존슨(Ross Johnson)이 차입매수(LBO, leveraged buyout)를 시작할 것을 제안하는 것으로 시작했다. 차입매수 과정에서 고위경영진은 월스트리트 은행가들의 도움을 받아 월스트리트 증권회사, 은행, 연금기금 등으로부터 차입한 막대한 양의 돈—루이스 D. 브랜다이스(Louis D. Brandeis)의 표현으로는 '남의 돈'—을 이용하여 일반 주주로부터 회사를 사들이자고 제안한다. 늘어나는 빚더미를 청산하기 위해서는 회사가 그 회사의 다른 부분들을 헐값에 팔아치우고, 월스트리트 회사들을 통해 저축대부조합에 판매될 '정크 본드'를 발행하거나 연구나 그와 유사한 예산을 삭감해야만 했다. 이것은 그것이 자주 그 회사의 공장들, 그 공장이 위치한 도시들, 정크 본드를 소지한 기금, 지역사회 프로젝트를 수행하기 위해 자금을 제공받던 소도시 자선단체와 재단 등이 파괴된다는 것을 제외하고는 슘페터의 '창조적 파괴'의 한 형태다. 그리고 경영진은 부자가 된다. 존슨은 차입매수 과정에서 개인적으로 약 1억 달러를 챙겼을 것이다.

또한 회사가 돈을 지불하고 있는, 경영진의 믿을 수 없는 라이프스타일도 폭로되었다. 그 회사는 아카풀코에 별장을, 그리고 콜로라도에 스키 산장을 가지고 있었고, 이 모든 것은 고객과 경영진을 접대하기 위한 것이었다. 프랭크 시나트라(Frank Sinatra)가 노래하고 밥

호프(Bob Hope)가 농담을 하는 골프 쇼에서 "참석자들은 각자가 받은 1,500달러짜리 구찌 시계를 번쩍이는 방식으로 행사에 입장하는 것을 허가받았다." 그 회사의 자랑은 RJR 에어 포스(RJR Air Force)로 알려진 전용 비행기 편대였다. 그것은 36명의 법인 조종사와 10대의 비행기로 이루어져 있었다. 존슨이 그 비행기들을 격납할 새로운 격납고를 지을 것을 지시했다. 그 회사의 격납고가 완성되었을 때, "그 웅장한 건축물은 바로 옆에 있는 코카콜라의 격납고를 작아 보이게 했다."

물론 이 모든 것은 주주들에게 손해를 끼치는 것이었다. 그러나 차입매수는 소수의 핵심 집단에게는 훨씬 더 큰 수익을 가져다줄 수 있었다. 처음에 차입매수 금액은 176억 달러로 추정되었고, 그 회사는 5년 만에 존슨 집단에게 25억 달러의 가치가 있었을 것이다. 그러나 RJR 나비스코가 '매물'이라는 말이 돌자, 콜버그 크래비스 로버츠(Kohlberg Kravis Roberts), 쉐어슨 리먼(Shearson Lehman), 포어스트만(Forstmann), 드렉셀 램버트(Drexel Lambert)—마이클 밀컨(Michael Milken)이 파트너로 있었다—를 포함한 월스트리트의 6개 주요 인수합병회사들이 각축을 벌이기 시작했다.[43]

---

43) 남부의 변호인인 조지 피츠휴즈(George Fitzhugh)는 남북전쟁 이전에 쓴 글에서 다음과 같은 이유로 자본주의적 북부를 공격했다. "그러한 사회에서 선행은 그 이기적 목적…… 자기 내세우기(self-promotion), 자기교만(self-elevation) 때문에 그 모든 훌륭함을 상실한다." 한 세기도 더 지나서 쓴 글에서 어빙 크리스톨은 다음과 같이 논평했다.

매 10년이 지날 때마다 피츠휴즈의 비난, 즉 "선행은 그 이기적 목적 때문에 그 모든 훌륭함을 상실한다"는 말이 더 타당해지고 있다고 말하는 것으로 충분하다. 미국은 공유된 가치를 가지고 있고 공정한 질서에 대한 아주 분명한 입장을 취하고 있는 자본주의적인 공화주의적 공동체이기는커녕, 성공과 특권에의 의지가 그것의 도덕적 정박지와 분리되어있는 자유민주주의 사회

입찰이 진행되었을 때, 그 회사의 '가치'는 처음에 176억 달러에서 시작되어 한 번에 10억 달러씩 증가하여 최종적으로는 250억 달러에 헨리 크래비스(Henry Kravis)와 그의 동업자들 손에 들어갔다. 매번 10억 달러씩 더해지는 빚 — 이것이 바로 그 숫자가 상징하는 것이었다 — 은 각 입찰자가 계산할 때 그 회사의 공장을 하나 더 매각하거나 더 많은 정크 본드를 발행해야 한다는 것을 의미했다. 당시에 아메리칸 익스프레스(American Express)의 전 회장 부인이자 입찰자 중 한 명의 홍보 고문이었던 린다 로빈슨(Linda Robinson)이 논평했듯이, "피터 코헨(Peter Cohen)과 토미 스트라우스(Tommy Strauss) 그리고 헨리 크래비스와 그 밖의 사람들은 자신의 실제 목표물, 즉 RJR 라비스코를 완전히 잊어버렸다. 그들의 합의는 주주가치와 수탁자의 의무와 무관하게 이루어졌다. 그것은 치열한 경쟁을 하는 마초 패거리들, 즉 가는 세로줄 무늬 정장을 입은 파크 애비뉴(Park Avenue)의 불량배들의 의지를 시험하는 것에 불과했다. ……각자는 모래상자의 왕(King of the Sandbox)이 되기로 굳게 마음먹었다."

이러한 심리학적 반쪽 진실, 그리고 은행, 증권회사, 변호사가 그 거래에서 자신들의 '일'의 대가로 받은 수수료 10억 달러와는 별개로, 그 경쟁은 다시 한번 의문을 제기하게 했다. 기업은 무엇이고 그것은 누구에게 책임을 지는가? 법적으로 기업은 주주들에 의해 소유

가 되었다.

그리고 크리스톨은 계속해서 다음과 같이 말했다. "만약 사람들이 자유사회 역시 공정한 사회라고 믿을 만한 어떠한 이유도 없다면, 그들은 그 사회에서 살 수 있을까? 나는 그렇지 않다고 생각한다."
Irving Kristol, "'When Virtue Loses All Her Loveliness' —Some Reflections on Capitalism and the 'Free Society,'" *Two Cheers for Capitalism*(New York: Basic Books, 1978), pp. 261, 262를 보라. 강조는 원저자.

되고, 지배권 싸움이 벌어질 때 그들의 주식은 위임을 통해 경영자들에 의해 투표권이 행사되거나 매입된다. 그렇다면 자신들의 삶의 대부분을 회사나 지역사회 ─ 그 회사에 세금혜택을 부여했을 수도 있고 그 회사가 그 도시에서 지출한 돈에 의해 지원을 받는 ─ 에서 보냈거나 평생 모은 돈이 그들이 산 집에 묶여있을 수도 있는 '주주'(관리자와 노동자)는 대체 뭐란 말인가? 자신들의 운명이 단지 지배권을 장악하기 위해 한 수 높게 입찰한 사람들에 의해 아주 불쑥 결정되어버릴 수도 있을 때, 그들이 가지고 있는 권리는 무엇인가? 법과 도덕 문제에 대한 설득력 있는 한 설명에 따르면, 법의 본질은 '재산권'을 위해 일하는 것이며, 기업을 '법인'(法人)으로 정의한다. 이것 또한 자본주의의 모순이다.[44]

내가 아는 한 『문 앞의 야만인들』이 미국 자본주의에 대한 가장 전복적인 책이라면, 데이비드 스토크먼(David Stockman)이 쓴 『정치의 승리』(*The Triumph of Politics*)는 미국 정치에 대한, 그리고 정책 결정과 관련한 신화에 대한 가장 전복적인 책이다. 스토크먼은 첫 레이건 행정부의 예산관리국(Office of Management and Budget) 국장이었다. 그 자리는 늘어나는 재정적자를 억제하려고 노력하던 시대 ─ 레이건 시대에 이 적자가 네 배 증가했다 ─ 에 요직이었다.

---

44) 이 문제에 대한 상세한 논의로는 나의 『탈산업사회의 도래』, 그중에서도 근대기업과 그것의 경제학화 양식과 사회학화 양식을 다룬 제4장(pp. 267~299)을 보라.

라인 국가들 ─ 독일과 베네룩스 ─ 에는 하나의 상이한 유형이 존재한다. 그곳에서는 공동결정제도(Mitbestimmung) 또는 노동자의 경영참여제도(codetermination)라고 불리는 시스템 속에서 노동자 대표가 대기업 감사회(supervisory boards) 자리의 절반을 차지한다. 회사는 사회제도로 간주되고, 수익 극대화 이외에 일자리 안정성과 같은 다른 가치들이 고려된다. '라인 모델'(Rhine model)에 대한 흥미로운 연구로는 Michel Albert, *Capitalism Against CapItalism*(London: Whurr Publishers, 1993)를 보라.

자신의 예산관리에 대한 스토크먼의 설명은 매우 복잡하게 뒤얽혀 있는 정부 재정정책에 관한 하나의 교과서다. 그러나 레이건 팀의 한 역사로서의 그 책은 교과서 그 이상이다. 스토크먼에게 큰 충격이었던 것은 대통령의 최고 조언자들 — 에드 미스(Ed Meese), 마이크 디버(Mike Deaver), 린 노프지거(Lyn Nofziger) — 의 경제적 무지였다. 그중에서도 최악은 대통령 자신이었다. 스토크먼은 "대통령은 고정 달러(constant dollars)와 경상 (인플레이션 된) 달러(current [inflated] dollars) 간의 차이를 파악하지 못했다"라고 썼다. 그리고 국방부 장관이 방위예산의 삭감에 동의하는 것 같았을 때, 대통령은 예산승인과 예산지출 간의 차이를 전혀 이해하지 못했고, 따라서 전자에서는 감축에 동의하는 것으로 보일 수도 있지만 후자에서는 수준을 유지하기를 원하는 사람들에 의해 쉽게 속아넘어갈 수 있었다.

스토크먼의 책은 재정적자가 늘어나고 있으며 불가피하게 그러할 수밖에 없다는 사실을 숨기고자 했던 자신의 노력을 상세하게 설명하고 있다. "그간 국가경제와 세계경제의 고삐를 풀어놓아 온 대대적인 재정정책의 오류는 이제 와서 어떻게도 할 수 없는 것이었다." 하지만 스토크먼은 제방에 손가락을 밀어 넣어야만 했다. 따라서 그는 '플러그 숫자'(plug numbers) — 나중에 채워 넣기로 되어 있는 정확한 숫자에 대한 대략적인 추정치 — 와 '마술 별표'(magic asterisks) — 추정수입을 계산하고 있는 중임을 나타내는 각주 — 를 사용했다. 마지막으로, 스토크먼은 자신의 책 353쪽에 다음과 같이 썼다(그렇지만 바쁜 생활 속에서 누가 거기까지 읽을까?). "나는 로널드 레이건의 첫 전체 예산에서 적자 수준을 1,000억 달러 이하로 맞추기 위해 장부를 완전히 조작하여 완전한 가짜 연간 삭감액 150억 달러를 날조해냈다."

누군가는 이전에 하버드 신학교 학생이었던 스토크먼이 부정행위를 시인하고 있다고 쌀쌀맞게 말할 수도 있다. 하지만 그는 정부를 떠나 월스트리트의 한 회사와 손을 잡았고, 거기서 백만 달러를 벌었고, 정치적으로 잊혀졌다.[45]

스토크먼이 묘사한 것은 비록 선의(善意)에서기는 했지만, 지난 20년 이상 워싱턴 정치행정에 널리 퍼져있던, 크고 작은 계산된 속임수에서 일반적인 것이었다. 그렇지만 그것은 미국적 삶의 도덕적 타락을 비난하는 사람들에 의해 좀처럼 인용되지 않는다. 그것은 학계의 방랑자와 특권 있는 사람들에게만 타락을 의미하는 것으로 보인다.

많은 사람에게 워터게이트 사건(Watergate)은 실패로 끝난 민주당 본부 주거침입 사건 및 그것에 뒤이은 서툰 은폐공작과 관련한 뭔가 이상한 에피소드였으며, 다가오는 탄핵의 위협하에서 리처드 닉슨이 대통령직을 사임하게 한 이유기도 했다. 특히 유럽인들은 외견상 '사소해' 보이는 이 사건에 어리둥절해 한다. 그러나 워터게이트 사건은 그것보다 훨씬 더 심각한 것이었다. 적에게 포위되어있다는 (때로는 이유 있는) 공포에 사로잡힌 닉슨은 FBI와 CIA에게 자신에 대한 음모를 적발하고 헨리 키신저(Henry Kissinger) 참모들의 전화를 도청하는 것과 같은 다양한 불법행동을 하게 하고자 시도해왔다. FBI와 CIA 모두가 거절했을 때(하지만 그들은 조용히 부수적인 도움을 제공했다), 닉슨은 백악관에 일명 배관공 부대(plumbers' unit)라는 조사팀을 설치했다. 이 팀을 이끈 것은 전직 CIA 국장 E. 하워드 헌트(E. Howard Hunt)였다. 헌트는 대니얼 엘즈버그(Daniel Ellsberg) 정신과 의사의 사무실을 도둑질했다. 엘즈버그는 랜드연구소(The RAND Corporation)와 펜타곤의 전직 분석가로 "펜타곤 페이퍼"(The

---

45) David A. Stockman, *The Triumph of Politics: Why the Reagan Revolution Failed*(New York: Harper & Row, 1986).

Pentagon Papers)—베트남에서의 실패에 대한 로버트 S. 맥나마라 (Robert S. McNamara)의 비밀 보고서—를 언론에 누출한 것으로 의심받고 있었다. 워터게이트 사건에서 주거침입은 민주당 전국위원회 의장 로렌스 오브라이언(Lawrence O'Brien)과 속세를 떠난 하워드 휴스(Howard Hughes)—한때 닉슨에게 자금을 제공하고 닉슨의 형을 고용했었다—의 관계를 캐내려는 노력이었다.

그러나 워터게이트 사건은 그것을 훨씬 넘어서는 것이었다. 워터게이트 사건은 닉슨 행정부가 자유주의적인 정치적 반대자들을 무시무시한 방식으로 모략하고 함정을 빠뜨리고자 한 광범한 노력 중 일부였다. 하나의 결정적인 예를 들어보자. 닉슨 내각의 법무부 장관, 즉 미국의 최고 법무관 존 미첼(John Mitchell)은 1972년 대통령 재선위원회의 위원장이 되었다. 그 직원 중 한 명이지만 또한 열성당원이자 싸움꾼인 G. 고든 리디(G. Gordon Liddy)는 비열한 책략에 관한 계획을 가지고 미첼을 찾았다. 그들은 민주당 전당대회가 열리던 마이애미에서 유람선을 빌려 거기에 창녀들을 태우고 현장에서 민주당 후보의 사진을 찍어 그 사진을 공갈협박에 이용하고자 했다. 그들은 또한 워싱턴의 브루킹스연구소 사무실을 소이탄으로 공격하고 소방관과 함께 들어가 죄를 씌울 수 있는 문서나 민주당 연구정책 보고서를 찾아내고자 했다. 그때까지 미국의 법무부 장관이었던 미첼은 단지 반박하기만 했다. 얼마나 많은 대가를 치르게 될까?

워터게이트 사건 직후에 닉슨 행정부의 거의 모든 고위 참모—수석 보좌관 H.R. 홀드맨(Harry Haldeman), 국내정책 보좌관 존 에리크만(John Erlichman), 법무부 장관 리처드 클라인디언스트(Richard Kleindienst), 백악관 법률고문 찰스 콜슨(Charles Colson)과 존 딘(John Dean), 재선위원회 직원 젭 맥그루더(Jeb Magruder)와 고든 리디—가 중죄(위증 또는 수사 방해)를 선고받고 투옥되었다.

확실한 탄핵혐의를 받은 닉슨 씨는 사임했다. 그는 미국 역사상 탄핵당한 유일한 대통령이다. 그가 죽자 로버트 돌과 헨리 키신저는 그를 위대한 미국인이라고 찬양했다. 죽은 자에 대해서는 나쁜 말을 하지 말라! 그렇다면 대체 왜 말을 하는가?

레이건 행정부의 경우를 살펴보자. 의회는 콘트라 반군(Contras)—니카라과의 마르크스주의 산디니스타(Sandinista) 정권을 전복하려는 반란집단—에 대한 어떠한 지원도 금지하는 법을 통과시켰다. 동시에 이란 정권은 미국인을 인질로 잡고 있었고, 은밀한 이면 경로를 통해 이스라엘을 경유하여 무기를 공급하는 것을 대가로 인질을 풀어줄 수 있음을 알렸다. 복잡한 계획이 두 가지 목적을 동시에 달성하기 위해 수립되었다. 무기가 이란에 밀매되었고, 돈은 스위스은행 계좌에 예치되었다. 대통령 국가안보 고문인 존 포인덱스터(John Poindexter) 제독과 그의 무관 올리버 노스(Oliver North) 대령의 주도하에 국가안보회의(National Security Council)가 이 키스톤 콥스(Keystone Kops, 미국 무성영화에 등장하는 멍청한 경관—옮긴이) 범죄계획에 깊숙이 개입했다. 대통령은 그러한 의혹에 대해 전혀 알지 못한다고 주장했다. 포인덱스터 제독은 보좌관의 가장 오래된 규칙—단지 부하를 위해서만 윙크하고 끄덕인다는 규칙—을 따랐다. 레이건 행정부의 국내 업무와 외교정책 모두에는 하나의 거짓말과 사기 패턴이 있었다. 하지만 여기서도 다른 유사한 문제들에서처럼 마키아벨리적 국가이성이 공통의 도덕—심지어는 미국 의회의 명시적 입법조차도—에 우선했다.

따라서 우리는 하나의 기만을 발견한다. 공공도덕이 비웃음당하고 있다. 자유주의자들과 복지지원을 받는 빈민이 미국 사회의 '도덕적 타락'을 이유로 비난받고 있다. 그러나 이러한 비난을 하는 사람들은 그러한 비난을 생산한 정부 측에서 행한 행위들의 신뢰가 믿을 수 없을 만큼 떨어지고 있다는 것에 대해서는 한마디도 하지 않고 있다. 위선인가? 아니면 문화적 모순의 또 다른 하나의 사례인가?

IV. 문화와 계급

하나의 미래 비전에서부터 시작해보자.

부르주아는 세계시장의 착취를 통해 모든 나라의 생산과 소비에 코즈모폴리턴적 성격을 부여해왔다. 반동주의자들에게는 매우 유감스럽게도 부르주아는 산업의 발밑에서 산업이 딛고 서 있는 국가적 토대를 허물어뜨려왔다. 옛 방식의 모든 산업은 파괴되었다. 그것들은 새로운 산업에 의해 밀려났다. 새로운 산업의 도입은 모든 문명국가에 생사가 걸린 문제가 되었다. ……종래의 지역적·국가적 격리와 자급자족 대신에 국가들은 모든 방면에서 교류하게, 즉 상호의존하게 된다.

이 진술은 마르크스의 1848년 『공산당선언』에서 따온 것이다. 이것은 자본주의의 근원적인 논리를 이해한 한 이론가의 아주 놀랄만한 예지다.[46] 하지만 마르크스는 산업사회의 변화, 즉 옛 산업 프롤레타리아를 수적으로 능가할 새로운 기술계급이 등장한다는 것, 그리고 각국 노동계급이 단일한 국제적 힘으로 결합하지 못한다는 점을 알지 못했다.

마르크스가 지적한 것은 지경학과 지정학 간의 모순적 추세였다.

---

46) Karl Marx, *Selected Works*(Moscow, 1969), vol.I, p.112.

마르크스주의자들은 이러한 충돌의 결과 전쟁이 불가피할 것으로 생각했다. (제1차 세계대전 이후 레온 트로츠키Leon Trotsky는 다음 세계전쟁은 대영제국과 미국이 세계의 헤게모니를 놓고 경쟁할 때 두 나라 간에 일어날 것이라고 말했다.) 하지만 20세기 말에 러시아, 독일, 프랑스, 대영제국, 미국, 일본 간에 (20세기에 두 번 발생했던 것과 같은) 군사적 충돌이 발발할 가능성은 거의 없다. 하지만 21세기에는 경제가 또 다른 수단으로 계속해서 전쟁을 수행할 것이다.

자본주의는 오늘날을 지배하는 생산양식이다. 그러나 그것은 기본적으로 하나의 사회경제적 체계다. 그리고 정치질서와 문화—나는 여기서 소비문화 상품이 아니라 고급예술에 대해 말한다—는 둘 다 자본주의에 의해 틀지어지지 않는다. 하나의 정치형태로서의 민주주의는 자본주의에 앞선다. 그리고 피지배자의 동의에 관한 관념뿐만 아니라 자유와 평등을 향한 욕망은 인간의 정의관념 속에 깊숙이 자리 잡고 있다. 공산주의운동이 서구 민주주의를 '부르주아 민주주의'로, 파시즘을 '독점 자본주의의 마지막 단계'로, 라이벌 사회주의자들을 '사회적 파시스트'로 특징짓고 바이마르 정권의 기반을 허무는 과정에서 "히틀러 다음에 우리가 온다"(Nach Hitler kommt uns)라는 슬로건과 함께 파시즘에 협력한 것은 마르크스주의자들이 이러한 사실을 깨닫지 못했기 때문이었다.

마르크스가 문화이론을 가진 적이 없다는 것은 그의 사상체계의 가장 큰 약점이었다. 마르크스에 따르면, 문화는 '상부구조'의 일부였다. 그러나 그는 그리고 거의 모든 마르크스주의자들도 결코 '하부구조'—지배적 생산양식—가 어떻게 독특한 문화적 유형을 낳는지를 정확하게 구체화하지 않았다. 사실 마르크스는 앞서 인용한 진술을 한 후 곧바로 다음과 같이 기술했다. "물질적 생산에서도 그렇고 정신적 생산에서도 역시 그렇다. 개별 국가의 지적 창조물은 공동의 재산이 된다. 개별 국가의 일방성과 편협성은 점점 더 불가능해지고, 수많은 민족문학과 지역문학들로부터 하나의 세계문학이 생겨난다."

계급문학은 이치에 맞지 않는다. '부르주아 문학'과 '프롤레타리아 문학'이라는 표현은 그러한 문학이 각 '계급'에 속한 개인으로부터 나왔다는 것, 또는 그 문학이 기존의 계급지배를 보강하거나 혁명적 힘으로 작동한다는 것을 의미할 뿐이다. 그렇다면 사람들이 버지니아 울프, 제임스 조이스, 윌리엄 포크너, 마르셀 프루스트의 소설에서 발견하는 거대한 공식적 실험들——의식의 흐름, 시간의 분리, 기억의 작용——을 '부르주아적'이라거나 '후기 자본주의' 분파에 속하는 것으로 한데 뭉뚱그리는 것은 어떤 의미를 지니는가?

'사회적 요소들'이 과학과 문화의 발전에 영향을 미친다는 관념은 과학과 예술에서 (즉 과학——이론이 왜 그리고 어떻게 경험적 변이나 변칙을 설명하는지에 대해 답하고자 하는——이 연구프로그램을 진행하는 데서, 또는 형식——예술가가 자신이 작업하는 장르에 의해 설정되는 제약——속에서 이를테면 음악에서의 소나타나 입체파에서의 하나의 화면畵面 위에 공존하는 서로 다른 다수의 시각과 같은 내부 조합들을 탐구하는 데서) '내부의' 힘이 수행하는 주요한 역할을 무시한다. 마르크스가 과학과 새로운 물질적 생산 형태의 시대에 왜 우리가 여전히 그리스의 예술과 비극을 감상하는가라는 질문을 받았을 때, 그는 그리스인들이 우리 인류의 유년기를 표현하고 우리가 그것의 기교에 사로잡혀 있기 때문이라고 대답했다.[47]

---

47) 과학과 문화의 '내재론적' 발전과 '외재론적' 발전 문제에 대해서는 나의 글 "The Misreading of Ideology," *Berkeley Journal of Sociology*, vol. 35, 1990을 보라. 마르크스는 문학의 최고 거장들——괴테, 레싱, 셰익스피어, 단테(Alighieri Dante), 세르반테스(Miguel de Cervantes)——의 대단한 애호가였다. 그는 그

만약 각각의 양식이 상이한 문화적 스타일을 생산하고 또 역사가 독특한 서로 다른 시기들로 구분된다면, 아마도 가장 중요한 것은 역사상의 대종교들—불교, 힌두교, 유교, 유대교, 기독교, 이슬람교—이 오늘날까지도, 즉 거대한 정치적 제국과 거대한 경제체계가 붕괴되어온 천년의 시간 동안 살아남아 있다는 것을 마르크스주의가 설명할 수 없다는 것일 것이다.

이것들은 자본주의의 문화적 모순이 아니라 사회에 대한 하나의 '총체적' 이론으로서의 마르크스주의의 문화적 모순이다.

이제 사회구조와 정체의 상호작용으로 돌아가자. 서구에서 150년 이상 동안 계급은 사회에서 사회적 분열을 규정하는 용어였다. 비록 그 윤곽이 변화하고 있기는 하지만, 계급은 여전히 존재한다.[48] 하지만 최후의 제국들(옛 소련과 옛 유고슬라비아)의 뒤끝에서 발생하고 있는 사회의 파편화 속에서, 민족성이 허물어져 가고 있는 아프리카의 씨족사회와 부족사회에서, 그리고 선진 산업사회 내의 사회적 분열 속에서 문화적 갈등이 분열의 가장 중요한 축이 되었다.

이 맥락에서 나는 '문화'라는 용어를 그것을 상상력의 산물로 보는 아널드나 엘리엇의 용법이 아니라 보다 광범한 인류학적 의미에

들의 작품들을 여러 차례 다시 읽었고, 그것의 표현과 은유들이 그의 글 곳곳에 등장한다. 그는 이들 작품이 인류의 유산이라고 믿었다. 따라서 누군가는 마르크스의 이론이 인간 상상력의 저장소로 남아있는 풍부한 레퍼토리가 아니라 (비록 부적절하기는 하지만) 주로 문화의 생산을 다루고 있다고 말하고 싶을지도 모른다. 마르크스의 문화비평과 취향에 대한 탁월한 논의로는 S.S. Prawer, *Karl Marx and World Literature*(New York: Oxford University Press, 1978)를 보라.

48) 내가 오늘날 미국에 뿌리내리고 있는 '4층 계급구조'라고 불러온 것에 대해서는 나의 글 "The World and the United States in 2013," *Daedalus*(Summer 1987), pp. 26~29를 보라.

서 사용한다. 여기서 문화는 역사와 전통, 친족과 인종, 종교와 민족성에 뿌리를 두고 있는, 그리하여 개인들 사이에 실제적 또는 허구적인 감정적 혈족관계를 만들어내어 그들을 하나로 만드는, 충성심을 결속시키는 의식이다. 벤저민 넬슨(Benjamin Nelson)은 베버의 '합리적 자본주의' 관념에 대해 뛰어난 해설을 하면서 자신의 책에 '종족적 형제애에서 보편적 타자애로'(*From Tribal Brotherhood to Universal Otherhood*)라는 부제를 붙였다.[49] 이것은 역설이다. 왜냐하면 비록 계약에 입각한 교환관계 속에 있는 개인들 사이에서는 비인격적인 양식의 경제적 관계가 여전히 형식적·보편적 규칙이지만, 귀속적·원초적 유대가 오늘날 거의 모든 사회——자본주의 사회와 비자본주의 사회——에서 응집적인 사회적 결속의 토대가 되어왔기 때문이다.

역사적으로 대부분의 사회에서 일어난 사회학적 변화는 (비록 자본주의의 초기에, 특히 교육보다는 재산이 사회에서 경제적·사회적 지위의 토대를 이루고 있을 때, 사람들은 여전히 가족기업, 가족농장, 가족직업을 가지고 있었지만) 사회 성원권의 토대를 친족에서 정체로 이동시켜왔다. 친족적 또는 원초적 애착으로 돌아가는 것은 어떤 의미에서는 전근대적 사회구조 양식으로 돌아가는 것이다. 누군가는 계급이 근대사회의 가장 중요한 분할양식의 토대라고 말할 수도 있다. 계급이 그 성원들을 규정하는 보편적 지위임을 주장할 때, 특히 그러하다. 이러한 맥락에서 현대사회에서는 정체성 정치가 그것의 탈근대적 스타일의 동의어다.

특별함의 정치(the politics of particularity)가 좌파와 우파의 축을 가로지르고 있으며, 그것은 정체성과 문화에 기초한다. 미국에서 좌파

---

49) Benjamin Nelson, *The Idea of Usury: From Tribal Brotherhood to Universal Otherhood*, 2nd ed. enlarged(Chicago: University of Chicago Press, 1969)를 보라.

에게 정체성은 인종, 젠더, 성 정체성, 인종적 정체성이다. 젠더는 여성의 권리 역할을 강조하지만, 성 정체성은 게이와 레즈비언의 권리를 인정해줄 것을 요구한다. 인종적 정체성은 학교에서의 다문화주의와 정체에서의 차별철폐 조처가 필요함을 강조한다.

우파에서는 낙태, 공립학교의 기도 시간, '가족가치', 범죄, 사생아 출산, 그리고 개인의 자유——이것은 총기를 소지하고 게이 남자와 레스비언의 요구에 반대하는 권리로 정의된다——가 추종자들을 불러 모으는 가장 중요한 정치적 쟁점이 되었다. 정치적 수준에서 이러한 쟁점의 많은 것의 배후에는 기독교인 연합(Christian Coalition)이 자리하고 있다. 이 단체는 1986년에 남부 침례교인 대회에서 통제권을 장악한 근본주의적·복음주의적 집단의 모임으로, 1,500만 명이 넘는 회원을 거느린 미국 최대의 프로테스탄트 조직체며, 약 18개 주에서 공화당의 지배적인 세력을 형성하고 있다. 이 단체의 핵심 대변인이 패트 로버트슨(Pat Robertson)이다. 그는 1988년 공화당 대통령 예비선거에 출마했고, (국제 은행가와 그들의 배후에 있는 유대인 금융업자들에 대한) 반유대주의적 음모이론을 신봉해왔고, 이스라엘 정부의 지지를 선언함으로써 지적인 유대인 신보수주의자들을 키워왔다.

몇몇 사회학자들은 (특히 유럽에서) 탈산업적 정치의 토대로서 (녹색운동과 같은) '새로운 사회운동'과 (환경이나 자연과 같은) 새로운 탈산업적 쟁점을 목도해왔다. 그러나 내가 생각하기에 이것들은 정치의 문화적 차원을 지나치게 과장한다. 서구사회에서 문화와 계급은 여전히 중요한 축들이다. 왜냐하면 거기에는 문화와 관련된 쟁점들만이 아니라 소득불평등과 복지국가——전후 사회민주주의의 주요한 성과——의 방어를 둘러싼 쟁점들이 여전히 존재하기 때문이다.

30년도 더 전에 나는 『급진우파』(*The Radical Right*)라는 책에서 리처드 호프스태터와 시모어 마틴 립셋과 함께 (문화와 계급의) '이중축'(double axes) 도식을 미국의 정치적 제휴의 변화하는 특징을 이해하는 방식으로 제안했다.[50] 이 세기의 대부분 동안 계급 또는 경제적 문제는 대부분의 역사학자와 사회학자들이 미국정치의 역사를 이해하기 위해 사용해온 주요한 분열이었다. 이것은 주로 찰스 A. 비어드(Charles A. Beard)와 같은 매우 영향력 있는 역사가의 헌법에 대한 경제적 해석, 그리고 1890년대 이후 발생하여 (어떠한 유럽 국가들에서보다도 더) 엄청나게 폭력을 유발하고 기업과의 충돌을 불러온, 그리고 얼마간은 뉴딜을 통해 경제권력을 조정하는 과정에서 발생한 노동문제의 격렬함 때문이었다.

하지만 그러한 분석은 1920년대와 1950년대를 무시한다. 그 당시는 '지위정치'(status politics), 즉 문화집단의 불안이 시대를 지배했다. 따라서 사람들은 미국정치를 두 축 중 어느 하나를 따라 고찰하고 그러한 네모 칸들 내에 서로 다른 집단들을 위치시킬 수도 있다. 따라서 이를테면 대부분의 저술가들은 노동을 경제적 문제가 두드러지기 때문에 '좌파 쪽'에 속하는 것으로 생각했다. 하지만 립셋은 또한 블루칼라 노동자들의 문화적 문제에 대한 보수적 태도 때문에 '노동계급 보수주의'에 대해 기술할 수 있었다.

적어도 오늘날 미국 정체에서는 이들 문제가 융합되어왔다. 이는 기본적으로 정치가 싸움터가 되어왔기 때문이다. 정치는 지금 그러한 문제들—권리의 요구, 낙태의 합법화, (차별철폐 조처와 같은) 어드밴티지의 요구, (교회와 국가의 헌법상의 분리에 맞서) 공립학교에서 기도를 제도화하려는 시도 등등—을 놓고 싸우고 있다.

---

50) Daniei Bell, ed., *The Radical Right*(Garden City, N.Y.: Doubleday and Co., 1963).

그 결과 종래의 정당 분할선이 모호해졌다. 이를테면 더 많은 '재정책임'과 정부권력의 축소를 원하지만 낙태 또는 게이 권리와 같은 사회문제에 대해서는 '자유주의의적'인 태도를 취하는 경제적 보수주의자들이 있다. 경제성장을 자극하기 위해 세금축소를 원하지만 (이른바 공급 중시 이론가) '가족가치'의 이름으로 도덕과 십대의 행동에 대한 정부의 보다 많은 보호감독을 원하는 사회적 보수주의자들도 있다. 자유시장이 자유로운 인간을 만든다고 믿는 밀딘 프리드먼(Milton Friedman)과 같은 자유주의자들은 그들의 자유주의적 교의를 확대하여 (일부) 약물을 합법화하고 낙태를 허용하고자 했다. 하지만 급진 공동체주의자들은 공장과 설비를 이전시킬 때 공동체를 파괴할 수도 있다는 이유로 기업이 그것들을 이전시킬 수 있는 권리를 제한하고자 했다. 캐서린 맥키넌(Catherine McKinnon)과 안드레아 드워킨(Andrea Dworkin) 같은 급진 페미니스트들은 포르노가 여성을 모욕한다는 이유로 그것을 불법화시키기—사회적 보수주의자들이 찬성하는 조처—를 원했다. 패트릭 J. 뷰캐넌(Patrick J. Buchanan)은 1996년 공화당 대통령 예비선거에 포퓰리스트 경제학자로 출마하여 대기업을 공격하면서도 기독교 우파들의 문화적 대의를 격하게 지지했다(아이오와 간부회의의 주요 테마 중 하나는 '동성 결혼'을 공화국의 가치를 훼손하는 것으로 공격하는 것이었다.)

무엇이 좌파고 무엇이 우파며 무엇이 자유주의적이고 무엇이 보수주의적인가 하는 것 모두는 서로 다른 정치적 후보자들이 순식간에 입장을 바꿈에 따라, 특히 여론조사를 지켜보고 유권자들의 변덕스러운 표현에 민감하게 반응하여 주장을 피력할 때 뒤죽박죽이 되어버렸다. 그리고 이 모든 것은 텔레비전에 의해 확대되었다(텔레비전에서 벤저민 프랭클린의 프로테스탄트 금언 "시간은 돈이다"는 그것의 가장 의미 있는 표현을 부여받는다). 정치는 '사운드 바이트'

(sound bites, TV나 라디오를 통해 방송되는 정치가 등의 짧은 인상적인 발언—옮긴이)—그것의 간결성으로 인해 다른 매체보다 텔레비전이 더 기꺼이 사용하는 시간 압축—으로 요약된다. (하버드 대학교의 키쿠 아다토Kiku Adatto는 텔레비전에서 대통령 후보들의 진술 평균 사운드 바이트가 1968년 42.3초에서 1980년 9.8초, 1992년 8.4초로 줄어들었음을 발견했다.) 그리고 후보들과 그들의 '스핀마이스터들'(spinmeisters)—메시지가 매체에 의해 이용되는 방식을 통제하기 위해 노력하는 조언자들—은 실제로 말해지는 것보다 메시지가 매체에 의해 수용되게 될 방식에 더 많은 관심을 기울이고 있다. 보수적 정치분석가 윌리엄 크리스톨(William Kristol)은 1996년 뉴햄프셔 예비 선거운동 동안에 다음과 같이 논평했다. "그것은 물론 매우 포스트모던하다. 거기에는 사건의 이미지만이 존재할 뿐 그 이상의 어떤 실제 사건도 존재하지 않는다. 몇 년 전에 행사의 진짜 사진이 포토 옵스(photo ops, 유명 인사가 대중들에게 인상적인 모습을 보여주기 위해 미리 준비해서 하는 사진 촬영—옮긴이)로 바뀌었다. 이제 누군가는 선거운동 자체가 '선거운동 옵아트'(campaign op)로 전환하고 있다고 말할 수도 있을 것이다."

이것이 민주주의에 대해 의미하는 것은 무엇인가?

민주주의는 공론장(public sphere)과 경계선을 같이 한다. 민주주의는 정보에 근거한 공개적인 논쟁 영역으로, 그 속에서 가치들이 공공정책으로 전환된다. 여론의 힘은 오래전에 니콜로 마키아벨리가 공적 평판과 명성(publicca voce e fama)—특히 출생에 의해 권력을 계승하기보다는 그렇게 많은 용병대장이 그랬던 것처럼 권력을 탈취한 통치자가 역량(virtu)과 관련하여 받아야만 하는 찬사—에 주의를 기울였을 때 인식한 것이었다. 그리고 존 로크는 그의 『인간오성론』(*Essay Concerning Human Understanding*)에서 신법(divine law)과 민법 (civil law)에 덧붙여, 사람들이 행위의 올바름을 판단하는 '여론 또는 평판 법'(law of opinion or reputation)을 제시했다.

하지만 근대적 의미에서 여론은 정부의 책임을 규정하기 위해 정부활동의 공적 소통(Offentlichkeit)을 요구한 계몽주의의 산물이다. 그리고 프랑스혁명 직전에 '여론'이라는 용어를 유럽 전역에 대중화시킨 최초의 저술가 중 한 명이 루이 16세(Louis XVI) 밑에서 재무장관을 지낸 지식인 자크 네케르(Jacques Necker)였다. 그는 세평을 우호적으로 바라볼 필요가 있음을 알고 있었다.[51]

그러나 '공론장' 관념은 근대사회를 틀 지은 세 개의 대혁명—1688년의 영국혁명, 1776년의 미국혁명, 1789년의 프랑스혁명—으로부터 거역할 수 없는 지위를 획득했다. 이들 혁명은 국가와 사회의 질서를 뒤집고 정당한 정부의 토대로서의 권리 관념을 제도화하고 자유의 중심성을 강조했다.

이들 혁명 이전에 통치자와 피통치자의 관계에 대한 중심 관념은 의무였고, 권리는 단지 통치자가 피통치자에게 부여한 관례적 권리일 뿐이었다. 그러나 프랑스의 인간과 시민의 권리선언의 제2조가 진술하고 있듯이, "모든 정치적 결사의 목적은 인간의 자연적이고 불가침한 권리들을 보전하는 것이다. 이들 권리가 바로 자유, 재산,

---

51) 네케르가 여론의 역사에서 행한 위대한 공헌은 자신의 재정에 관한 진술들을 출판하여 정부정책의 장점과 결점을 공적으로 평가할 수 있게 했다는 것이다. 그가 그렇게 한 까닭은 재무행정을 불신하기 시작하고 재무부의 수입이 자본과 그 채권자의 이자를 전혀 보호해주지 못할 수도 있다고 두려워한 공중을 진정시키기 위해서였다. Hans Speier, "The Historical Development of Public Opinion," *Social Order and the Risks of War*(New York: George W. Stewart, 1952), p. 328을 보라. 이 논문은 *American Journal of Sociology*(January 1950)에 처음 발표되었다.

그리고 압제에 대한 저항의 권리다."[52] 두 번째의 가장 중요한 테마, 즉 자유의 관념은 법의 지배 밖에서 행사되는 자의적 권력에 맞서 각 개인을 방어하는 것이었다.

모든 근대 정치이론은 자연권을 정당화하고자 한 레오 스트라우스와 그의 동료들과 같은 사람들 외에도(이 책 318~320쪽과 444~445쪽을 보라) 이들 용어의 의미와 적용을 둘러싼 논쟁에 의해 틀지어지고 있다. 이와 관련된 어려움은 이론들이 철학에 근거하여 공통적인 보편법칙을 추구하기 때문에, 근대사회의 가장 주목할 만한 사실——그것의 다양성과 모순——을 설명하는 이론가가 거의 없다는 것이다.

건국신화 또는 성문헌법을 가지고 있는 대부분의 사회는 공유된 가치와 공통의 절차에 관한 틀을 가지고 있다. 그러나 모든 사회는 또한 자신들의 삶 속에서 서로 다른 복수의 지위를 차지하고 있고 또 시간이 지남에 따라 변화하는 정체성과 이해관계를 가지고 있는 개인들로 구성된 다원적 사회기도 하다. 도덕적 이상은 사회의 이상이 아니며, 이 둘은 행위 속에서 구현될 때 자주 충돌한다. 우선권의 순서가 변화할 때, 이해관계가 영향을 받음에 따라 가치들이 충동한다. 그리고 문화에서는 '자아실현'이 그 가치인 반면 경제적 관행이 사람들을 역할로 '분절'할 때, '구조적 분리'가 발생한다.[53]

만약 우리가 다원주의 사회에서 사회를 분열 없이 관리하고자 한

---

52) Dale Van Kley ed., *The French Idea of Freedom: The Old Regime and the Declaration of Rights of 1789*(Stanford, Calif.: Stanford University Press, 1994), p. 1에서 인용함. 제1조는 다음과 같이 진술하고 있다. "인간은 권리의 면에서 자유롭고 평등하게 태어나며 그 후에도 여전히 그러하다. 사회적 구별은 공적 이익에 근거해서만 가능하다."

53) 나는 나의 글 "Social Science: An Imperfect Art," *The Tocqueville Review*, no. 1, 1995에서 이러한 문제들의 매트릭스를 사회이론과 관련하여 개관하고자 한 바 있다.

다면, 우리는 몇몇 적절한 구분에 주목할 필요가 있다. 그 하나가 공통의 이익(common good)과 공적 이익(public good) 간의 구분이다. 공통의 이익은 당연히 최소한의 지침이다. 왜냐하면 모든 사람이 공통적으로 가지고 있는 실제적 가치와 이해관계는 많지 않기 때문이다. 애덤 스미스가 지적했듯이, 일반적으로 분명한 적에 대한 방어와 안전은 공통의 이익이다. 공적 이익은 모든 개인에게 시민으로서의 정체성을 제공하는 활동들—포함의 원리—을 포괄한다. 아리스토텔레스가 2000년도 전에 『정치학』에서 지적했듯이, 자치공동체에 대한 시민의 평등한 참여는 개인의 존엄성과 그 또는 그녀의 자존감을 확인하게 해주고, 각자에게 개인적 책임감을 부여한다. 그러나 그러한 개인적 책임의 토대는 적절한 생활수준을 제공하는 일자리를 가지는 것이다. 그리고 만약 그렇다면, 복지의 빈곤이 아니라 완전고용이 좋은 사회를 위한 기본적 고려대상이지 않은가? 이것이 내가 이 책에서 제기한 '공공가계'의 테마다. 그리고 이것이 내가 여전히 경제에서 '사회주의자'인 이유다.

둘째는 공적인 것과 사적인 것 간의 구분이다. 나는 이 구분이 단지 자유주의적 철학원리—'국가'의 호기심 어린 호색적인 사생활 침해가 없는 개인적 영역 만들기—에 근거할 뿐만 아니라 거기에는 사려 깊은 이유가 존재한다고 주장한다. 사회에서 가장 파괴적인 갈등은 도덕적·문화적 문제의 정치화로부터 발생한다. 왜냐하면 그러한 믿음은 '절대적'이고 협상할 수 없는 것인 경향이 있기 때문이다. 근대 산업사회가 만들어낸 가장 성공적인 변화 중 하나는 노동쟁의를 이데올로기에서 이해관계로 전환시키고 그것을 협상 가능한 것으로 만들었다는 것이다. 노동문제는 50년 이상 동안 사회를 분열시켰지만, 단체교섭 제도와 함께 사회적 평화 구조가 창출되었다.

그러나 (낙태와 같은) 도덕적 문제는 쉽게 또는 좀처럼 협상 가능하지 않다. 선택을 개인적 결정으로 만듦으로써 문제를 사사화하는 것, 그리하여 공적 자금을 사용하지 않은 것이 그것의 해결책인 것으로 보일 수도 있다. 그러면 낙태의 선택은 하나의 사적 권리가 될 것이다. 자신이 혐오하는 관행에 "세금을 내는" 개인들은 파괴적이 될 수도 있지만, 만약 행위가 사적이라면, 저항자들은 파괴적이 될 어떠한 '권리'도 가지지 않는다. (그리고 누군가가 가난한 사람들이 그러한 선택의 대금을 어떻게 지불할 것인지를 묻는다면, 재단과 다른 사적 조직체들이 그러한 개인들에게 재정적으로 지원하리라는 것이 아마도 그 답일 것이다.)

마지막으로, 이러한 권리의 확인 과정에서는 하나의 단일한 인권 기준을 확정할 필요가 있다. 그것 없이는 어떠한 개인도 국가권력에 이의를 제기하는 사람들을 국가가 임의적인 권력을 가지고 지위를 박탈하고 고문하고 학살하는 것에 맞서는 수단을 가질 수 없다. 브라이언 헤이르(Bryan Hehir)는 다음과 같이 기술했다. "UN 헌장 이전에도 대부분의 법학자와 정부는 인권이 (그 시민들에게 무시무시한) 주권국가 권리를 침해하지 않는다는 입장을 가지고 있었다. 국제법과 그 밖의 정부들의 경우에서는 인권은 주권국가의 경계 내에서 질식사할 수도 있었다."[54]

이제 더 이상은 그렇지 않다. 제2차 세계대전이 끝난 후 살아남은 나치 지도자들에 대한 뉘른베르크 재판(Nuremberg trials)은 '반인류범죄'(crimes against humanity)에 대한 기준을 확립했다. 보스니아의 세르비아계 지도자들이 '인종청소' 속에서 행한 행위들은 문명이라는 관념 그 자체에 대한 조롱이다. 그리고 공산주의 중국 정부가 웨

---

54) Henry Steiner, ed., *Human Rights at Harvard*(Cambridge, Mass.: Harvard Law School, 1995)에서 인용함.

이징성(魏京生)에게 공개된 벽에 자신의 의견을 썼다는 '범죄'를 이
유로 하여 14년 징역형을 선고한 행위는 당 지도부가 자신들이 한때
선언한 유토피아적 이상에 대해 스스로 배반한 것과 자신들이 저항
하는 민족에게 이데올로기를 강요하면서 무수한 민중의 죽음이 발
생한 것 모두가 초래할 결과를 두려워했다는 것을 분명하게 보여준
다.[55]

　나는 인권에 대한 이러한 새로운 강조와 반인륜범죄를 다루는 상
설 재판소의 설립은 계몽주의 가치를 복원하는 토대이자 (내가 이 후

---

55) 나는 웨이징성 사건에 대한 수전 손택의 웅변적 진술(*New York Review of Books*,
　　February 13.1996)을 읽어볼 것을 권한다.

　　오랫동안 중국에 대한 거의 모든…… 사고는 중국이 개인의 권리에 대한 어
　　떠한 토착적 전통도 없는, 본질적으로 집합주의 사회라는 가정으로부터 출
　　발했다. 그리하여 중국 연구자들은 서구에서 이해되는 민주주의와 개인의
　　권리에 관한 운동이 중국에서 실제로 출현할 것이라고 기대할 수 없다고 주
　　장했다. 중국에 대한 이러한 이중기준적 사고는 과거 세대의 보편주의적인
　　도덕적·정치적 기준 ── 계몽주의 가치 ── 의 전반적 쇠퇴를 반영한다. 정치
　　적 정의, 자유, 개인의 권리, 민주주의에 대해 하나의 단일한 기준을 적용하
　　기를 점점 더 꺼리는 경향이 있다. 통상적으로 이러한 꺼림은 비유럽 사람들
　　이 '우리'의 가치를 가지기를 바라거나 원하는 것은 '식민주의적'이라거나
　　(좌파 사람들이 사용하는 딱지), '유럽 중심적'이라는 것(권위주의적인 '유교
　　문화'를 찬미하는 다문화주의적 학계 인사와 기업인들이 사용하는 딱지)에 의
　　해 정당화된다. 나는 (마치 유럽과 신유럽 나라의 '우리'는 그것들을 필요로 하
　　지만 중국과 아프리카의 사람들은 그렇지 않다는 듯이) 그러한 기준을 적용하
　　기를 꺼리는 것이 바로 식민주의적이고 잘난체하는 것이라고 생각한다.
　　　우리 중 인권운동에 적극적인 사람들은, 개인의 권리와 민주주의에 대한
　　보편적 기준을 견지하는 것과 어떤 문화와 사회는 우리 서구인들만큼 개인
　　의 권리와 민주주의를 필요로 하지 않는다고 생각하지 않게 하는 것이 바로
　　우리의 의무라고 생각해왔다. ……중국 민주주의 운동의 최근 역사는 개인
　　적 자유와 민주적 자유의 관념이 우리처럼 중국에 뿌리를 내리고 있음을 보
　　여주었다.

기에서 썼듯이) 새로운 '자연법' 개념의 근거가 될 것이 틀림없다고 생각한다.

나는 이 책의 1978년판 서문을 종교에 대한 마지막 촌평으로 끝을 맺은 바 있다. 나는 이 후기 역시 그렇게 하려고 한다. 우리가 살만 루시디(Salman Rushdie)에 대해 아야툴라 호메이니(Ayatollah Khomeini)가 내린 종교 명령(fatwa)에서 보았듯이, 종교는 본래 그 자체로 잔인하고 비타협적일 수도 있다. 모든 종교는 절대적이고 배타적인 진리에 대한 신도들의 주장을 담고 있다. 모든 종교는 신의 이름을 들먹인다. 그러나 근본적인 사실은 우리는 신이 누구에게 말하는지를 알지 못한다는 것이다.

내가 보기에, 종교는 신 또는 신들의 영역이 아니다. 그것은 신성한 것, 즉 우리를 넘어서 있고 또 우리가 범할 수 없는 것에 대한 (불가피한) 의식이다. 유대교에는 하브다라(Havdalah), 즉 분리(separation)라는 개념이 있다. 이것이 바로 자신이 랍비 가문의 후손인 에밀 뒤르켐이 상기시킨 개념—신성한 것과 세속적인 것, 초월적인 것과 현세적인 것, 신비한 것과 알 수 없는 것의 분리—이다. 내가 자본주의와 모더니즘과 관련하여 비난한 것 중 하나가 그것들이 모든 유대를 끊임없이 파괴함으로써 모더니즘에는 "신성한 것이라고는 아무것도 존재하지 않는다"라는 것이었다. 자본주의 그리고 오늘날 포스트모더니즘이 위반의 경계—'자연법'의 교의가 제공하고자 했던 것—를 확립하지 못했다는 것은 두 양식의 문화적 모순이 여전히 남아있다는 것을 말해준다.

서구의 경제적·문화적 영역에서 프로테스탄트 윤리—이는 오늘날에는 하나의 신화이다—는 물욕에 의해 압도되어왔고, 모더니즘은 포스트모더니즘과 포모의 늪 속에서 종말을 고했다. 지구경제의 저류 속에서 자본주의는 오늘날 태평양 동쪽으로 끌려갔다. 그곳에서는 물욕(과 불평등)의 새로운 조류와 신유교주의(와 정치적 민족주의)의 이데올로기가 이 새로운 시대를 특징지어왔다. 역사의 한 단계에 자랑스럽게 서 있다는 것은 (비록 어렴풋이 떠오르는 중국이 위협을 예시하기는 하지만) 아시아 국가들에게는 얼마간은 아주 만족스러운 성과일지도 모른다. 그러나 보다 심층적인 문제가 여전히 남아 있다. 만약 우리가 전통과 종교의 정박지를 상실한다면, 경제권력과 문화적 혼합주의는 이 '새로운' 문명에 자본주의의 또 다른 모순들 말고 무엇을 남겨놓겠는가?

옮긴이의 말

우리 학계에서 다니엘 벨에 대한 인상은 그리 긍정적이지만은 않다. 그의 명성은 널리 알려져 있지만, 그가 사회이론가라기보다는 교과서, 특히 정보사회론 교과서에서 낙관론적인 정보사회학자나 미래학자와 같이 소개되다 보니 그의 학문적 면모가 제대로 알려지지 않은 채 유명한 보수적인 사회학자쯤으로 인식되는 경향이 있다. 특히 사회학계에서 누군가의 입장이 보수적이라는 평가는 치명적이다. 왜냐하면 그에 대한 관심을 급격히 떨어뜨리기 쉽기 때문이다. 옮긴이 역시 벨의 원전을 꼼꼼하게 읽기 전까지는 그에 대한 2차 저술들을 통해 벨을 접했던 까닭에 그러한 세평에 갇혀 그를 바라보았던 것이 사실이다.

하지만 대우재단의 지원으로 벨의 『탈산업사회의 도래』를 번역하게 되면서 벨을 바라보는 시각이 달라졌다. 원래 그 책을 번역하기로 마음먹은 것은 내가 벨이라는 학자를 좋아하거나 그의 이론적 노선을 따라서가 아니라 사회학의 명저로 언급되는 책이 아직까지 우리말로 번역되지 않았다는 사실이 안타까웠기 때문이다(그러한 책들은 아직도 너무나도 많다). 사실 우리말 번역본이 없을 경우 그 책은 소수의 전문가만이 접할 수 있거나 아니면 그들의 평가에 의해서만 그 내용이 전달되며 과대평가되거나 과소평가될 수밖에 없다. 그리고 일부 인기 있는 저자들의 책만을 번역본으로 다수의 독자가 접할 수 있게 되며 지식의 편식이 일어날 수밖에 없다. 이것이 바로 학문의 주변국을 특징짓는 것 중 하나다. 이러한 인식은 옮긴이로 하여금 그간 많은 사회학 책을 번역하게 만들었다. 그것이 우리 사회의 주변인 사회학자로서 옮긴이가 우리 학계에 할 수 있는 기여 중 하나였기 때문이다.

그러나 『탈산업사회의 도래』를 번역하는 작업을 시작하며 나는 일종의 '충격'을 받았다. 나 자신의 벨에 대한 생각 역시 내가 우려한 것의 산물이었기 때문이다. 벨은 『탈산업사회의 도래』의 1999년판 머리말을 자신의 탈산업사회라는 개념이 무수히 인용되고 있지만 오해되고 있다는 주장으로 시작하는가 하면, 자신은 반마르크스주의자가 아니라 굳이 말하자면 '포스트 마르크스주의자'라고 강변하고 있었다. 그리고 이 책 『자본주의의 문화적 모순』의 1978년 머리말에서는 그러한 오해가 전설적인 박식가 새뮤얼 존슨처럼 필요만 부분만을 읽거나 비평가들이 재단해낸 소개글에 의존하기 때문이라고 주장한다. 나 역시 다르지 않았던 것이다. 이 충격은 나로 하여금 책을 읽을 때 정독을 넘어 번역하며 읽게 하는 버릇을 들이게 했다. 그러나 이것 또한 나에게는 한계를 만들었다. 그것은 다독의 욕구를 박탈했다. 누가 책을 읽을 때 각주 하나까지 빼놓지 않고 읽고 참고문헌은 물론 심지어 찾아보기까지 읽는단 말인가.

그러나 번역 작업도 장점은 있다. 특히 벨의 저작을 번역하는 과정은 그의 여러 분야를 넘나드는 해박하고 깊은 지식에 대해 놀라게 하고 나도 모르게 나 자신 그 지식의 숲을 헤쳐 나가고 있음을 발견하게 했고, 그가 설정한 세 가지 영역 간의 그리고 각 영역 내의 모순에 대한 치밀한 분석과 수려한 진술들은 나의 모순 분석 작업을 뒤돌아보게 했고(나의 박사학위 논문이자 첫 번째 저서는 정치위기를 세 영역—경제, 정치, 시민사회—간의 모순관계를 통해 분석하는 것이었다. 하지만 당시는 나의 지식 편식으로 벨의 저작을 접하지 못한 상태였다), 수많은 긴 각주에 실려 있는 짤막한 논평들조차도 새로운 영감을 주기에 충분했다. 그리고 그중 많은 것이 실제로 (비록 벨을 직접적으로 언급하고 있지는 않지만) 후학들에 의해 사회학의 새로운 영역들로 개척되었다. 이는 자연스럽게 벨의 또 다른 저작 『자본주의의 문화적 모순』으로 눈을 돌리게 했다. 『탈산업사회의 도래』의 자매편이라고도 할 수 있는 『자본주의의 문화적 모순』은 초판본이 일찍이 우리말로 번역되어 두 출판사에서 출간되었지만 절판 상태였다.

그 후 『자본주의의 문화적 모순』은 옮긴이의 머리에서 잠시 멀어져 있었지만, 에바 일루즈의 『낭만적 유토피아 소비하기: 사랑과 자본주의의 문화적 모순』을 번역하면서 그 책의 부제는 다시 나의 머릿속에서 계속해서 벨의 저작이 맴돌게 했다. 그리고 한길사에서 『시민사회와 정치이론』(*Civil society and political theory*)을 한길그레이트북스로 출간할 때, 출판사와 나눈 벨에 대한 대화는 이 책 『자본주의의 문화적 모순』을 다시 번역하게 만들었다. 이미 두 번역본이 나와 있었지만, 옮긴이와는 다른 번역 스타일과 번역 용어들이 눈에 많이 띄었고, 이 20주년 기념판에는 우리말 번역본으로 30쪽에 달하는 1978년판 머리말과 거의 100쪽에 달하는 1996년판 후기가 새로 추가되었다는 점이 이 책을 다시 번역하는 지난한 작업에 착수하게 했다.

이 책에서 이미 벨이 지적했듯이, 현재는 활자문화보다는 시각문화가 지배하는 시대이다. 하지만 벨이 더욱 예리하게 비평했듯이, 지식의 형성에서 인쇄물과 영상물이 문화의 응집성에 미치는 실제적 결과는 다르다. "시각 미디어는 그것의 속도를 보는 사람에게 강요하고, 말보다 이미지를 강조하고, 개념화가 아니라 드라마화를 유도한다. ……그것은 정화나 이해를 유도하는 것이 아니라 감상성과 연민, 즉 사건에 대한 곧 소멸되는 감정과 유사 참여를 통한 유사 의례를 유도한다. 그리고 그러한 양식은 불가피하게 하나의 과잉 드라마화를 초래하기 때문에 그 반응은 과장되거나 이내 싫증 난다." 하지만 "인쇄 미디어는 논점을 이해하거나 이미지를 성찰할 때 스스로의 속도 조절과 대화를 허용한다. 인쇄물은 단지 인지적인 것과 상징적인 것을 강조하기만 하는 것이 아니다. 그것은 또한 가장 중요하게는 개념적 사고에 필요한 양식이기도 하다."

한길사의 그레이트북스는 벨이 말하는 인쇄문화의 정수를 보여주는 것만 같다. 그중 하나에 포함되게 된 이 책 『자본주의의 문화적 모순』도 독자들에게 인쇄매체의 미덕을 실천할 수 있기를 기대해본다. 그리고 또한 독자들은 벨의 이 책을 통해 벨의 사회학적 사유와 벨의 치밀한 모순 분석의 묘미, 그리고 그의 사회학적 열정을 느껴보기를 바란다. 마지막으로, 이 책의 재출간을 제안하신 김언호 사장님, 꼼꼼한 교정을 통해 독자들이 옮긴이에 대해 가질 수 있는 부정적 이미지를 줄여주고자 부단히 노력해준 김대일 님, 그리고 이 책에 걸맞은 무거우면서도 산뜻한 외양을 갖추게 해 준 디자인팀에 감사한다. 하지만 이 책의 번역에 대한 모든 책임은 옮긴이에게 있다. 저서를 출간할 때보다도 역서를 출간할 때 더 무거운 마음이 드는 것은 역자의 운명인 것으로 보인다. 모든 부족함에 대해서는 독자들께 양해를 구할 뿐이다.

2021년
봄 같은 겨울날에
박형신

찾아보기

용어

인명

책

616

다니엘 벨(Daniel Bell)

1919년 뉴욕에서 출생하여 뉴욕시립대학교를 졸업하고, 20여 년간 언론인으로 활동했다. 컬럼비아 대학교에서 철학박사학위를 취득하고, 컬럼비아 대학교와 하버드 대학교 교수를 지냈다. 하버드 대학교 명예교수, 미국 학술원 회원으로 활동했다. 대통령 자문단인 기술·자동화·경제진보위원회 위원, 사회지표 위원단 공동의장, 2000년 위원회 의장 등을 역임했다. 미국 학술원이 수여하는 '탤컷 파슨스 사회과학상'과 미국 사회학회가 수여하는 '평생에 걸쳐 탁월한 업적을 남긴 학자상'을 수상하기도 했다.

20세기의 가장 중요한 사회학자 가운데 한 사람으로 꼽히는 인물인 벨은 그의 3대 저작『이데올로기의 종말』(1960),『탈산업사회의 도래』(1973),『자본주의의 문화적 모순』(1976) 외에도『꼬불꼬불한 샛길: 사회학적 여행 에세이 1960-1980』(1980),『제2차 세계대전 이후의 사회과학』(1981) 등의 저서를 출간했고, 많은 책을 공동으로 집필하거나 편집했다. 그중『이데올로기의 종말』과『자본주의의 문화적 모순』은 제2차 세계대전 종전 이후 가장 영향력을 발휘한 100대 저서에 선정되었다. 2011년에 그가 오랫동안 출간을 예고했던『정보사회』를 세상에 내놓지 못하고 매사추세츠주 케임브리지의 자택에서 91세를 일기로 사망했다.

벨은『자본주의의 문화적 모순』에서 근대사회의 두 가지 충동, 즉 자본주의의 경제적 충동과 근대성의 문화적 충동을 다룬다. 이 두 가지 충동이 금욕주의에서 쾌락주의로의 이행을 이끌었으며 자본주의의 이중적 모습 — 낮에는 금욕자이지만 밤에는 쾌락 탐닉자인 현대인 — 을 어떻게 창출해왔는지를 예리하게 분석하고, 무엇이 다시 전체 사회를 하나로 결합할 수 있을지에 대해 진지하게 고민한다.

박형신(朴炯信)

고려대학교 문과대학 사회학과를 졸업하고 고려대학교 대학원 사회학과에서 석사와
박사학위를 취득했다. 그간 강원대학교 사회과학연구소 연구교수, 고려대학교
인문대학 사회학과 초빙교수 등을 지냈다. 지금은 다시 연세대학교 사회발전연구소
연구교수로 일하고 있다. 사회이론, 감정사회학, 음식과 먹기의 사회학에 관심을
가지고 연구를 진행하고 있다. 지은 책으로는 『정치위기의 사회학』(1995),
『감정은 사회를 어떻게 움직이는가』(2015, 공저), 『오늘의 사회이론가들』(2015, 공저),
『에바 일루즈』(2018) 등이 있고, 옮긴 책으로는 『고전사회학의 이해』(2018),
『은유로 사회 읽기』(2018), 『감정과 사회관계』(2017), 『탈감정사회』(2014),
『낭만적 유토피아 소비하기』(2014, 공역), 『음식의 문화학』(2014, 공역),
『낭만주의 윤리와 근대소비주의 정신』(2010, 공역),
『문화사회학이론을 향하여』(2004, 공역) 등이 있다.

자본주의의 문화적 모순

지은이 다니엘 벨
옮긴이 박형신
펴낸이 김언호

펴낸곳 (주)도서출판 한길사
등록 1976년 12월 24일 제74호
주소 10881 경기도 파주시 광인사길 37
홈페이지 www.hangilsa.co.kr
전자우편 hangilsa@hangilsa.co.kr
전화 031-955-2000~3 **팩스** 031-955-2005

부사장 박관순 **총괄이사** 김서영 **관리이사** 곽명호
영업이사 이경호 **경영이사** 김관영 **편집주간** 백은숙
편집 박희진 노유연 최현경 이한민 박홍민 김영길
마케팅 정아린 **관리** 이주환 문주상 이희문 원선아 이진아
디자인 창포 031-955-2097
인쇄 오색프린팅 **제책** 경일제책사

제1판 제1쇄 2021년 4월 30일
제1판 제2쇄 2023년 4월 30일

값 39,000원

ISBN 978-89-356-6492-4 94080
ISBN 978-89-356-6427-6 (세트)

한길그레이트북스 인류의 위대한 지적 유산을 집대성한다